AKILLI YATIRIMCI

AKILLI YATIRIMCI

Orijinal Adı: The Intelligent Investor
Yazarı: Benjamin Graham / Jason Zweig / Warren E. Buffett
Genel Yayın Yönetmeni: Meltem Erkmen
Editör: Sinan Arslaner
Çeviri: Güneş Yıldız
Kapak Tasarım: Berna Özbek Keleş
Düzenleme: Ceyda Çakıcı Baş

2. Baskı: Nisan 2018

ISBN: 978-605-173-383-8

YAYINEVİ SERTİFİKA NO: 34590

Vizyon Basımevi
Beylikdüzü O.S.B. Mah. Orkide Cad. No:1/Z
Beylikdüzü / İSTANBUL
Matbaa Sertifika No: 28640
Tel: (0212) 671 61 51 Faks: (0212) 671 61 50

Yayımlayan:
Epsilon Yayınevi Ticaret ve Sanayi A.Ş.
Osmanlı Sk. Osmanlı İş Merkezi 18 / 4-5 Taksim / İstanbul
Tel: 0212.252 38 21 Faks: 252 63 98
İnternet adresi: www.epsilonyayinevi.com
e-mail: epsilon@epsilonyayinevi.com

AKILLI YATIRIMCI

Benjamin Graham

Jason Zweig

Warren E. Buffett

Çeviri
Güneş Yıldız

epsilon

Editörün Notları

"Akıllı Yatırımcı," zamana karşı koyan bir başyapıt. Bu eseri 30 yılı aşan yatırım bankacılık kariyerimin başlarında fark etmemiş olmam büyük kayıp. Türk sermaye piyasalarının kuruluş yılları olan 1980'lerden itibaren, Graham'ın kitabında örnek olarak gösterdiği birçok konuya bu piyasada bizzat şahit oldum. Bunca yıl sonra, piyasalarımızda maalesef bir iyileşme sağlanmamış görünüyor. Bireysel yatırımcı sayısı hâlâ yok denecek kadar az ve spekülasyon ağırlıklı piyasa faaliyetleri devam etmekte. Bu kitabı bulup, yayımlanması için gayret gösteren Epsilon Yayıncılık, bireysel yatırımcıya muhteşem bir rehber sunuyor. Sermaye piyasasında yatırım yapmak isteyenlere hizmet etmek için rehber niteliğinde, eğitici daha çok yayın olduğuna inanıyorum.

Graham'ın sermaye piyasası yatırımcılarına önerdiği temel prensip, piyasada oluşan fiyat dalgalanmalarından bağımsız olarak, duygularınıza ve piyasadaki sürü psikolojisine kapılmadan, yatırımın gerçek değerini hesaplamaktır. "Bu yatırım kaç para eder?" sorusuna cevap verdikten sonra, bu değere bir güvenlik marjı ekleyerek yatırım yapacağınız fiyata ulaşmış olacaksınız. Yine piyasa hareketlerine kapılmayıp, fiyat düşüyor diye satmayıp, fazla yükselen piyasalarda alım yapmayacaksınız. Endeks fonlarına yatırım yapmak pasif bir yatırımcı için en ideal çözüm.

Graham'ın kitabında bahsettiği ve piyasamızda eksik olan, ya da var olmayan, birkaç konuyu burada hatırlatmak istiyorum. Bunlardan en önemlisi bence yatırımcı ilişkileri. Menkul kıymet ihraç eden şirketler bu faaliyetin önemini henüz kavramış değil. Mevzuat gereği, zorunlu olduğu için, gerekli formalitelerin ve evrakın tamamlanması adına bu faaliyeti sürdürüyorlar. Oysa menkul kıymetleri satın alanlar da bir müşteri ve en az o firmanın ürünlerini satın alan müşteri kadar ilgi ve hizmet bekliyorlar.

Temettü ya da kâr payı ödemesi diye bir geleneğimiz yok. Bireysel yatırımcıyı cezbedecek, yatırımına nakit gelir sağlayacak, piyasanın gelişmesine katkıda bulunacak en önemli faktör.

Gelir bonosu, özel şirket tahvillerinin gözde olduğu piyasamızda, detaylı olarak incelenmeli. Aynı şekilde, değişken faizli tahvil ihraçlarında, değişikliklerin yatırımcı ve ihraç eden arasında eşit oranda paylaşılması önerisi de son derece ilginç.

Sinan Arslaner

İçindekiler

Farklı fırsatlar arasında hayatın tüm değişik cilveleri içinden geçerek yolumuzu çizeriz.

Aeneid

Warren E. Buffett

Dördüncü Baskıya Önsöz

Bu kitabın ilk baskısını 1950 yılının başlarında, on dokuz yaşında iken okuma fırsatım oldu. O tarihte bu kitabın yatırım yapma konusunda yazılmış açık ara en iyi kitap olduğunu düşünmüştüm. Aradan geçen bu kadar yıl sonra yine aynı görüşteyim.

Yaşamımız süresince başarılı yatırım yapmak için olağanüstü bir zekâ, alışılmamış bir iş anlayışı ya da ilk elden edinilen gizli bilgilere ihtiyaç yoktur. Karar vermek için tüm gereken, sağlam bir düşünsel yapı ile bu yapının duygular tarafından yıpratılmasını önleyecek bir yetenektir. Bu kitap net ve kusursuz bir biçimde doğru yapının tarifini verir. Duygusal disiplini ise sizin sağlamanız gerekecektir.

Graham'in savunduğu davranış ve iş prensiplerini takip ederseniz -ve 8. ve 20. bölümlerdeki paha biçilmez öğütlere özel ilgi gösterirseniz- yatırımlarınızdan kötü sonuçlar elde etmeyeceksiniz. (Bu sizin için umduğunuzdan çok daha fazla bir başarı demektir.) İyi sonuçlar almanız, yatırım kariyeriniz boyunca hüküm süren hisse senedi borsasındaki piyasa çılgınlığının boyutu ve yatırımlarınıza koyduğunuz emek ve akla da bağlı olacaktır. Hisse senedi borsasında piyasa hareketleri ne kadar saçma olursa sistematik yatırımcının şansı da o kadar büyük olur. Graham'i izleyin, çılgınlığa ortak olmak yerine ondan kâr sağlayacağınızı göreceksiniz.

Benim için, Ben Graham bir yazar ya da bir öğretmenden çok daha fazlasıydı. Hayatımı babam hariç herkesten çok daha fazla etkiledi. Ben'in 1976'daki ölümünden kısa bir süre sonra *Financial*

Analysts Journal'da onun için şu kısa anıyı yazdım. Kitabı okurken bu övgü içerisinde sözünü ettiğim niteliklerin bazılarının sizin de farkına varacağınıza inanıyorum.

Dördüncü Baskıya Giriş

BENJAMIN GRAHAM
1894-1976

Yıllar önce Ben Graham -o zamanlar neredeyse seksen yaşlarındaydı- bir arkadaşına her gün "aptalca bir şey, yaratıcı bir şey ve cömertçe bir şey" yapmayı umut ettiğini söyledi.

Bu alışılmamış hedef, onun vaaz vermek ya da kendini övmek gibi izlenimlere yer vermeyecek bir biçimde düşüncelerini toparlama becerisine sahip olduğunu göstermekteydi. Düşünceleri keskin olmasına rağmen, ifade yöntemleri kusursuz bir yumuşaklık taşıyordu.

Bu derginin okurlarının, onun yaratıcılık standartları ile ölçülen başarıları üzerine yorum yapmasına gerek yoktur. Bir disiplinin yaratıcısının, eserinin takipçileri tarafından çabucak tutulduğunu görmemesi pek enderdir. Ancak, düzensiz ve karmaşık bir faaliyete altyapı ve mantık getiren bu kitabın yayımlanmasının üzerinden kırk yılı aşkın bir süre geçmesine rağmen hâlâ hisse senedi analizi alanında ona rakip olabilecek muhtemel adaylar düşünebilmek güçtür. Yayın tarihinden sadece haftalar ya da birkaç ay sonra pek çok düşüncenin geçersizleştiği bir konuda, Ben'in ilkeleri güçlü kalmaya devam etti –daha dayanıksız akıl ve düşüncelerle yönetilen yapıları yerle bir eden finansal fırtınaların ardından bu ilkelerin çoğunlukla değerleri daha arttı ve daha iyi anlaşıldı. Kredi itibarına sahip olmak gerektiği tavsiyesi kendi takipçilerine - hatta revaçta olan parlak nasihatleri izlerken tökezleyen kabiliyetsiz kişilere bile- bitmez tükenmez ödüller getirdi.

Ben'in profesyonel alanda egemen olmasının olağanüstü bir yönü de bu başarıyı, tüm çabayı tek bir son üzerinde toplayan dar görüşlü zihinsel faaliyete ihtiyaç duymadan elde etmiş olmasıdır. Bu, daha çok, tanımları aşan düşünce özgürlüğüne sahip bir aklın küçük ve önemsiz bir yan ürünüydü. Kişisel olarak benzer nitelikte akla sahip biriyle bugüne kadar hiç karşılaşmadım. Adeta eksiksiz bir hafıza, yeni bilgilere karşı bitmek bilmez bir ilgi ve bunu ilgi alanı dışında gibi görünen sorunlara uyarlanabilir şekilde yeniden yapılandırma kabiliyeti herhangi bir konudaki düşüncelerini okumayı her zaman bir keyif haline getirmiştir.

Fakat Ben'in üçüncü şartı -bonkörlük-, yapılması mutlaka gerekli diye nitelendirdiği şartlar arasında en çok başarıya ulaştığı konu olmuştur. Ben'i öğretmenim, patronum ve arkadaşım olarak bildim. Her ilişkisinde -bütün öğrencileriyle, çalışanlarıyla ve arkadaşlarıyla olduğu gibi- hiçbir şekilde sınırlanmamış, sayı-kazandırmayan fikir, zaman ve cesaret bonkörlüğü vardı. Eğer düşünce berraklığı gerekiyor idiyse, bundan daha iyi bir adres olamazdı. Ve eğer cesaretlendirmeye ya da nasihate ihtiyaç duyulursa, Ben hep oradaydı.

Walter Lippmann başka insanların altında oturacağı ağaçları diken insanlardan söz eder. İşte Ben Graham böyle bir adamdı.

Financial Analysts Journal'dan yeniden basım, Kasım/Aralık 1976

Benjamin Graham Hakkında Bir Not

Jason Zweig

Benjamin Graham kimdi ve onu neden dinlemelisiniz?

Graham sadece yaşamış olan en iyi yatırımcılardan biri değildi; o aynı zamanda, tüm zamanların yatırım konusundaki en büyük pratik düşünürüydü. Graham'den önce parayı yönetenler ortaçağa ait bir lonca gibiydiler, büyük ölçüde batıl inançlar, tahminler ve gizli ritüeller tarafından yönlendiriliyorlardı. Graham'in *Security Analysis*'i bu köhne çemberi modern uğraşa dönüştüren bir ders kitabıdır.*

Akıllı Yatırımcı bireysel yatırımcının finansal başarıya ulaşması için gerekli olan duygusal yapıyı ve analitik araçları betimleyen ilk kitaptır. Bu kitap, yıllar sonra bile, genel halk kitlesi için yazılmış olan tek ve en iyi yatırım kitabı olmaya devam etmekte. *Akıllı Yatırımcı*, 1987 yılında *Forbes Magazine*'e acemi muhabir olarak katıldığımda okuduğum ilk kitaptı; Graham'in yakın ya da uzak bir zamanda bütün yükselen piyasaların sonunun kötü olacağı konusundaki iddasından çok etkilenmiştim. O yıl ekim ayında, ABD hisse senetleri tarihteki en kötü bir-günlük düşüşünü yaşadı, ve ben bu fikre saplanıp kalmıştım. (Bugün, 1990 sonlarının sürekli yükselişteki vahşi piyasalarından ve 2000 yılı başlarında acımasızca düşen piyasalardan sonra *Akıllı Yatırımcı* kitabı kendini her zamankinden daha fazla kehanetle okutuyor.)

Graham bu işin esasına zor yoldan ulaşmıştı; finansal kaybın acısını ilk elden hissederek ve yıllar boyunca piyasaların tarihini ve psikolojisini inceleyerek. 9 Mayıs 1894'te Londra'da Benjamin Grossbaum olarak doğdu; babası porselen tabak ve biblolar satı-

* David Dodd ile birlikte yazılmış ve ilk 1934'te yayımlanmış.

yordu.* Aile, Ben bir yaşındayken New York'a taşınmıştı. Önce iyi bir yaşam sürdüler -hizmetçileri, aşçıları ve Fransız mürebbiyeleri vardı-, Beşinci Cadde'nin yukarı kısımlarında oturuyorlardı. Fakat Ben'in babası 1903 yılında öldü, porselen işi durakladı ve aile yavaş yavaş yoksulluk içine düştü. Ben'in annesi evlerini pansiyona dönüştürdü; arkasından, kredi kullanarak, borç para ile aldığı hisse senetlerinin değeri 1907 krizinde yok olup gitti. Ben, tüm yaşamı boyunca, annesi için bir çek bozdururken banka memurunun "Dorothy Grossbaum'un beş paralık değeri var mı?" şeklindeki sorusunun utancını anımsayacaktı.

Neyse Graham, Columbia Üniversitesi'nden burs kazandı ve orada olağanüstü zekâsı bir çiçek gibi açtı. 1914'te sınıfının ikincisi olarak okulu bitirdi. Son döneminin bitmesine yakın, üniversitedeki üç bölüm birden -İngilizce, felsefe ve matematik- ondan öğretim kadrosuna katılmasını istedi. O zamanlar sadece 20 yaşındaydı.

Graham, akademik kariyer yerine Wall Street'te şansını denemeye karar verdi. Tahvil alım-satımı yapan bir şirkette memur olarak işe başladı, kısa süre içinde analist, daha sonra şirkete ortak oldu ve çok geçmeden artık kendi yatırım şirketini yönetiyordu.

Hızla gelişen ve büyüyen internet olayı ve arkasından aynı hızla batması hiçbir şekilde Graham'i şaşırtmazdı. Nisan 1919'da, parlak günler yaşayan otomotiv sektöründe yeni bir halka arz olan Savold Tire firmasına ait hisse senetlerinin ilk işlem gördüğü gün %250 kâr sağladı; ekim ayı geldiğinde ise şirketin yolsuzlukları açıklanmış ve hisse senedi fiyatı sıfırlanmıştı.

Graham, hisse senetlerinin mikroskobik ve hatta moleküler ayrıntılarına kadar araştırılması konusunda ustalaştı. 1925 yılında ABD Interstate Commerce Commission (Eyaletlerarası Ticaret Komisyonu) tarafından hazırlanan petrol boruları hakkındaki gizli kapaklı dosyalar arasında el yordamıyla güçlükle ilerlerken, Northern Pipe Line Co.'nun (Kuzey Petrol Boru Hattı Şirketi) -o sırada hisseleri 65$'dan işlem görmekteydi- yüksek nitelikli tahviller arasında en az hisse başına 80$'dan elde tutulduğunu

* Grossbaum'lar adlarını, Alman-çağrışımı yapan isimlere kuşkuyla bakıldığı I. Dünya Savaşı sırasında Graham olarak değiştirdiler.

öğrendi. (Hisseleri satın aldı, yöneticilerin temettü oranını yükseltmeleri konusunda başının etini yedi ve üç yıl sonra hisselerin fiyatı 110$'a yükselince sattı.)

1929-1932 yılları arasında yaşanan "Büyük Buhran" döneminde yatırımları yaklaşık %70 oranında bir zarara uğramasına rağmen Graham ayakta kalmayı başardı ve daha sonra yükselmeye başlayan piyasaların enkazı arasından hasatlarını toplamaya başladı. Graham'in ilk dönemlerde elde ettiği kazançların kesin bir kaydı yoktur, ancak 1936 yılından itibaren emekli olduğu 1956'ya kadar sahibi olduğu Graham-Newman Şirketi'nin asgari yıllık kazancı %14.7 olarak gerçekleşti, -aynı dönemde hisse senedi borsası nın bir bütün olarak kazancı yalnızca %12.2 olmuştu- Wall Street tarihinin uzun-vadeli en iyi başarılarından biriydi.*

Graham bunu nasıl yaptı? Graham kendi yaşadığı dönemde olduğu kadar bugün de hâlâ geçerli olan ana ilkelerini; olağanüstü düşünsel güçlerini, derin sağduyusu ve geniş tecrübesiyle harmanlayarak geliştirmeyi bildi.

- Bir hisse senedi, sadece borsa işlem panosunda bir sembol ya da elektronik bir işaret değildir, arkasında gerçek bir faaliyet söz konusudur ve bu faaliyetin altında yatan değer, o şirketin kendi hisse senedinin fiyatına bağımlı olmaz.
- Piyasa, sürdürülemez iyimserlik (hisse senetlerini çok yükseltir) ile gerekçesiz kötümserlik (hisse senetlerini çok düşürür) arasında hiç durmadan sallanan bir sarkaçtır. Akıllı yatırımcı kötümserlerden alıp iyimserlere satan bir realisttir.
- Her yatırımın gelecekteki değeri şimdiki fiyatının bir fonksiyonudur. Ödediğiniz fiyat ne kadar yüksek olursa kârınız da o oranda düşük olacaktır.
- Ne kadar dikkatli olursanız olun, hiçbir yatırımcının kaçınamayacağı tek risk hata yapma riskidir. Sadece Graham'in "güvenlik sınırı" -bir yatırım ne kadar heyecan verici görünür-

* Graham-Newman Corp, Graham'in kendi çapında usta bir yatırımcı olan Jerome Newman ile yürüttüğü ortaklıkta işlettiği ucu-açık yatırım fonudur (Bkz. Bölüm 9). Geçmişinin büyük kısmında fon yeni yatırımcılara kapalıydı. Graham-Newman'ın kazançlarını tahmin etmek için gerekli bilgiyi sağlaması nedeniyle Walter Schloss'a minnettarım. Graham'in Postscript'inde sözünü ettiği (s. 573) yıllık ortalama %20'lik kazanç işletim gideri kesintilerini hesaba katmaz gibi görünmektedir.

se görünsün asla değerinden fazla ödeme yapmayın- olarak adlandırdığı konuda ısrarlı olursanız hata yapma olasılığınız azalabilir.

- Parasal başarınızın sırrı sizin kendi içinizdedir. Hiçbir Wall Street "gerçeğini" kanıt olmadan kabul etmeyen, eleştiren bir düşünür olursanız ve "sabırlı bir güven" içerisinde yatırım yaparsanız en kötü düşen piyasalardan bile avantaj sağlarsınız. Kendi disiplininizi ve cesaretinizi oluşturarak, başkalarının ruh durumundaki dalgalanmanın sizin finansal kaderinize hükmetmesine izin vermeyebilirsiniz. Bu işin sonunda, yatırımlarınızın seyrinin, sizin kendi gidişatınızdan çok daha az önemli olduğunu unutmamanız gerekir.

Akıllı Yatırımcı'nın yeniden düzenlenmiş baskısının amacı Graham'in metnini tümüyle bozulmadan bırakarak (açıklık kazandırmak için verilen dipnotlar dışında) düşüncelerini günümüz finans piyasalarına uygulamaktır.* Graham'in her bölümünden sonra yeni bir açıklama bölümü bulacaksınız. Bu okuyucu kılavuzlarına Graham'in ilkelerinin bugün ne kadar uygulanabilir -ve ne kadar özgürleştirici- olduğunu gösterecek yeni örnekler ekledim.

Size, Graham'in başyapıtını ilk kez -belki de üçüncü ya da dördüncü kez- okumanın getireceği heyecan ve aydınlanma nedeniyle gıpta ediyorum. Kitap, bütün klasikler gibi dünyaya bakışımızı altüst ediyor ve bizi eğiterek kendini yeniliyor. Okudukça güzelleşiyor. Rehberiniz Graham olunca çok daha akıllı bir yatırımcı olacağınız da garantileniyor.

* Burada yeniden basılan metin Düzeltilmiş Dördüncü Baskı'dır, 1971-1972'de Graham tarafından güncelleştirilmiş ve 1973'te ilk olarak basılmıştır.

GİRİŞ

Bu Kitabın Yerine Getirmek İstediği Şey

Bu kitabın amacı, sıradan insanlara uygun bir biçimde yatırım politikası benimseme ve uygulamasında rehberlik sağlamaktır. Burada menkul değerlerin analiz teknikleri hakkında oldukça az şey söylenecek, esas olarak yatırım ilkeleri ve yatırımcı yaklaşımlarının üzerinde durulacaktır. Yine de biz, hisse senetlerinin belirli seçeneklerinde söz konusu olan önemli unsurların somut biçimde anlaşılmasını sağlamak için bazı özel hisse senetlerine -özellikle New York Borsası'nda yan yana işlem görenlere- ait kısa ve öz karşılaştırmalar vereceğiz.

Ancak yerimizin çoğu finansal piyasaların tarihsel modellerine ayrılacaktır, bazı durumlarda yıllar öncesine gidilecektir. Menkul değerlere akıllı yatırımlar yapabilmek için kişi, değişen koşullarda -en azından kendi deneyimleri içerisinde bunların bazılarıyla yeniden karşılaşabilir- değişik türde tahvil ve hisse senetlerinin gerçekten nasıl hareket ettiğini bilmelidir. Wall Street için hiçbir deyiş Santayana'nın ünlü uyarısı kadar doğru ve uygun değildir: "Geçmişi hatırlamayanlar onu tekrarlamaya mahkûmdurlar."

Yazımız spekülatörlerden ayrı tutulan yatırımcılara yöneliktir ve ilk görevimiz bu adeta unutulmuş olan ayrımı berraklaştırmak ve vurgulamak olacaktır. En başta bunun "nasıl milyoner olurum" kitabı olmadığını söyleyebiliriz. Wall Street'te ya da herhangi bir başka yerde zenginliğe giden kesin ve kolay yol bir yoktur. Anlattıklarımızı, özellikle çıkarılacak birden fazla ders olması nedeniyle biraz finansal tarihle açıklamak iyi olabilir. O can alıcı 1929 yılında Wall Street'te olduğu kadar ülke çapında da çok önemli bir kişi olan John J. Raskob kapitalizmin lütuflarını *Ladies'Home Journal*'da çıkan "Herkes Zengin Olmalı"* başlıklı bir makalede öve öve bitirememişti. İddiası, iyi hisse senetlerine yatırılan ayda sadece 15 dolarlık bir tasarruf ile -kâr payıyla yeniden yatırım yaparak- yirmi yıl içerisinde toplam 3.600$'lık bir para ayrılmasına karşın 80.000$'lık bir servet edinilebileceği şeklindeydi. Eğer General Motors'un kralı haklı idiyse, bu gerçekten zenginliğe giden basit bir yoldu. Ne kadar haklıydı? Bizim kabaca yaptığımız hesap sonucunda -Dow Jones Industrial Average (DJIA) listesini oluşturan 30 şirketin hisse senedine dayanarak- eğer Raskob'un reçetesi 1929-1948 yılları arasında uygulanmış olsaydı, yatırımcının 1949 yılı başındaki hisse senedi portföy değeri 8.500$ olacaktı. Bu büyük adamın 80.000$'lık öngörüsünden çok uzakta olan bu sonuç, bu tür iyimser tahminlerin ve güvencelerin aslında ne kadar güvenilmez olduğunu bize gösteriyor. Fakat bu arada şunu da belirtmeliyiz ki 20-yıllık işlem gerçekleştirildiğinde -ve bu yatırımcı alımlarına DJIA Endeksi 300 seviyesinde iken başlamış olup, 1948'deki kapanış seviyesi olan 177'ye dayandırılan bir değerle kapanmış olmasına karşın- getirinin yıllık bileşik faizi %8'den daha yüksek olacaktı. Bu gerçek, sağlam hisse senetlerinin düzenli olarak aylık bazda satın alınması ilkesi için hem iyi günde hem kötü günde -"dolar-maliyetli ortalama" olarak bilinen bir program- ikna edici bir tez olarak kabul edilebilir.

Kitabımız spekülatörlere hitap etmez, borsada alım-satım yapanlar için yazılmamıştır. Bu insanların çoğu alım ve satım için doğru karar vermeyi sağlayan çizelgelerle ve daha çok mekanik olan diğer yöntemlerle yönlendirilirler. Bütün bu sözümona "teknik yaklaşımlar"a uyarlanabilen tek ilke, hisse senedinin ya da borsanın yükselmesi *nedeniyle* alım yapılabileceği ve düşmesi *ne-*

* Raskob (1879-1950) dev kimyasal fabrikası Du Pont'un yöneticisi ve General Motors'un finans komitesinin başkanıydı. Ayrıca Demokratık Parti'nin genel başkanıydı ve Empire State Binası'nın inşasının ardındaki itici güçtü. Finans profesörü Jeremy Siegel tarafından yapılan hesaplamalar Raskob'un planının, 20 yıl sonra hemen hemen 9.000$ seviyesine geleceğini doğrular, yine de enflasyon bu kârın büyük kısmını yavaş yavaş yok edip bitirirdi. Raskob'un uzun-vadeli hisse senedi yatırımı ile ilgili görüşlerine en iyi güncel bakış için mali danışman William Bernstein'ın makalesine bakınız: www.efficientfrontier.com/ef/197raskob.htm.

deniyle satım yapılabileceği şeklindedir. Bu durum, diğer her yerde, ticari faaliyet güvenilirliğiyle taban tabana zıt düşer, Wall Street'te de kalıcı bir başarı sağlayabilme olasılığı hiç yoktur. Kendi hisse senedi piyasamızın 50 yılı aşkın bir sürelik deneyimi ve gözlemimizde bu şekilde "piyasa takip eden" bir kişinin sürekli ve kalıcı biçimde para yaptığına şahit olmadık. Bu yaklaşımın popüler olduğu kadar yanıltıcı olduğunu da açıklamaktan çekinmeyeceğiz. Hisse senedi piyasasında alım-satım için kullanılan ünlü Dow kuramından daha sonra kısaca söz ederek az önce söylediğimizi örnek göstereceğiz.*

1949 yılında ilk yayımlanmasını takiben klasik olarak her beş yılda bir *Akıllı Yatırımcı*'nın yeni düzeltmeleri yapıldı. Şimdiki versiyonu güncellemek için 1965 baskısının yazıldığından bu yana ortaya çıkan oldukça çok sayıda yeni gelişmeyle de ilgilenmek zorunda kalacağız. Bunları şu şekilde özetlemek mümkün:

1. Yüksek derecelendirmeye sahip tahvillerin faiz oranlarında yaşanan eşi benzeri görülmemiş artışlar.
2. En çok işlem gören hisse senetlerinin fiyat seviyesinde yaşanan %35'lik bir düşüş, Mayıs 1970'te sona erdi. Bu, 30 yıl içerisindeki en büyük düşüş anlamına geliyordu. (Daha düşük kalitedeki sayısız hisse senedi ihracı ise aynı dönemde daha büyük fireler verdi.)
3. 1970'te iş dünyasında yaşanan durgunluğa rağmen, ivme kazanan toptan ve tüketici fiyatlarında yaşanan kalıcı enflasyon.
4. Şirketlerin hızla holdingleşmesi, franchise işlemlerinin, ticaret ve finans dünyasındaki diğer benzer yeniliklerin hızla gelişimi. (Bunlar "kısıtlı haklara sahip hisse senetleri,"[1] hisse senedi opsiyonu varantlarının yaygınlaşması, yanıltıcı isimler, yabancı bankaların kullanılması ve diğerleri.)**

* Graham'in "kısa tartışması iki bölüm halindedir, s. 49 ve s. 218. Dow Kuramı hakkında daha fazla ayrıntı için, bkz. http://viking.som.yale.edu/will/dow/dowpage.html.

** Karşılıklı fonlar "kısıtlı haklara sahip senetleri"ni özel işlemlerde satın aldı ve bu hisseleri hemen daha yüksek bir perakende fiyattan yeniden değerlendirdi (sayfa 586'daki Graham'in tanımına bakınız). Bu kısa zamanda artan fonların 1960 ortalarında devam ettirilemeyecek yükseklikte bir kâr bildirmelerine olanak sağladı. 1969'da ABD Menkul Kıymetler ve Borsa Komisyonu bu yolsuzluğun üzerine gitti, fon yatırımcıları için bu artık sorun olmaktan çıktı. Hisse senedi opsiyonu varantları 16. Bölüm'de açıklanmıştır.

5. En büyük demiryolu şirketimizin iflası, geçmişte oldukça sağlam sayılabilecek pek çok şirketin aşırı oranda uzun-vadeli borçlanması ve hatta Wall Street kurumları arasında yaşanan rahatsız edici orandaki borçlarını geri ödemede ortaya çıkan sorunlar.*
6. Bazı bankaların işlettiği vakıf fonları da dahil olmak üzere yatırım fonları yönetiminde endişe verici sonuçlara sahip bir "performans" modasının gelip çatması.

Bu fenomenleri dikkatle değerlendireceğiz, bunlardan bazılarının sonuçlarının değiştirilmeye ve önceki baskıda olduğundan daha fazla öne çıkarılmaya gereksinmeleri olacak. Güvenli yatırımın temel ilkesi her on yıldan on yıla değişmemelidir, bu ilkelerin uygulaması finansal mekanizmalar ve iklimlerdeki önemli değişikliklere göre uyarlanmalıdır.

Son madde, ilk taslağı Ocak 1971'de tamamlanan bu baskının yazılımı esnasında denendi. O sıralarda DJIA Endeksi 1970'teki 632 seviyesine kadar düştükten sonra hızla toparlanmaya çalışıyor ve genel bir iyimserlik havasıyla 1971'deki 951 seviyesine doğru ilerliyordu. Kasım 1971'de kitabın son taslağı biterken piyasa yeni bir düşüş geçirmekteydi, Borsa endeksi gelecekle ilgili genel bir endişeyi yeniden ortaya çıkararak 797 seviyesine kadar düştü. Bu önemli dalgalanmaların, bu kitabın ilk baskısının yapıldığı 1949 yılından beri büyük ölçüde değişmeden kalan "güvenli yatırım" politikasına karşı tutumumuzu değiştirmesine izin vermedik.

1969-70 yıllarında piyasalarda yaşanan küçülme, son yirmi yıldır rağbet edilen bir yanılgıyı yok etmeye hizmet etmiş olmalıydı. Bu yanılgı, sadece en yüksek kâr garantisiyle değil, araya giren herhangi bir zararın, piyasanın yeni yüksek seviyelere tırmanışıyla yeniden yükselmesi sayesinde, kısa sürede telafi edileceği gü-

* Birleşik Devletler'deki en büyük demiryolu olan Penn Central Transportation Co., 21 Haziran 1970'te konkordato ilan etti –bu durum böylesine büyük bir şirketin iflas edebileceğini hiç beklemeyen yatırımcıları dehşete düşürdü (s. 458'e bakınız). Graham "çok büyük" borca sahip şirketler arasında Ling-Temco-Vought ve National General Corp.'u anımsamıştır (s. 468 ve 509'e bakınız). Wall Street'te "ödeme gücü sorunu" 1968 ve 1971 yılları arasında pek çok prestijli broker iflas ettiğinde ortaya çıktı.

vencesiyle, önde gelen hisse senetlerinin, her zaman, her fiyattan satın alınabileceği şeklindeydi. Bu, gerçek olamayacak kadar iyi bir görüştü. En sonunda hisse senedi piyasası "normale döndü", hem spekülatörler hem hisse senedi yatırımcıları varlık değerlerinde yükselişler kadar, önemli ve belki de uzun sürecek düşüşler yaşamaya yeniden hazırlıklı olmalıydılar.

Pek çok ikinci ve üçüncü sınıf hisse senedi fiyatlarında, özellikle yakın geçmişte kurulan şirketler arasında, piyasanın son düşüşüyle ortaya çıkan büyük zarar, çok yıkıcı oldu. Bu kendi içinde yeni bir şey değildi -1961-62 tarihlerinde de aynı düzeyde bir durum yaşanmıştı- fakat artık yeni bir gelişme söz konusuydu, bazı yatırım fonları bu türden bir hayli spekülatif ve açıkça görünür bir şekilde değerleri şişirilmiş hisse senetlerine yatırım yapmıştı. Açıkçası, Wall Street'ten başka yerlerde, büyük başarılar için heyecan gerekli olabilir, oysa Wall Street'te bu durum hiç değişmez bir şekilde felakete yol açar.

Uğraşmamız gereken ilk sorun, yüksek dereceli tahvillerin faiz oranlarındaki büyük yükseliştir. 1967 yılı sonlarından itibaren yatırımcı bu tahvillerden, örnek hisse senetlerinin kâr payından elde ettiğinden iki kat daha fazla kâr sağladı. 1972 yılı başında en üst-sınıf tahvillerde getiri %7.19 olmuştu, buna karşılık, sanayi hisse senetlerinde bu oran sadece %2.76 olarak gerçekleşti. (Bu rakamlar 1964'ün sonunda sırasıyla %4.40 ve %2.92 oldu) Bu kitabı ilk yazdığımız 1949 yılında rakamların neredeyse tam tersi olduğunu düşünebilmek çok güçtür: Tahviller sadece %2.66'lık bir getiri sağladılar, hisse senetlerinde ise %6.82 olmuştu.[2] Önceki baskılarda sürekli olarak tutucu bir yatırımcının portföyünün en az %25'inin hisse senetlerinde tutulması gerektiğinde ısrar ettik ve iki yatırım aracı arasında genel 50-50'lik bir dağılımı destekledik. Şimdi ise tahvillerin mevcut yüksek kâr getirisinin hisse senetleri getirisinden fazla olacağı şeklindeki gerçeğin, daha mantıklı bir ilişki -ki bunu beklemekteyiz- ve gelişinceye kadar yalnızca tahvile yatırım yapma politikasını doğrulayıp doğrulamayacağını araştırmalıyız. Hiç kuşkusuz, devam eden enflasyon sorunu burada sonuca ulaşmamızda büyük etken olacaktır. Bu tartışma için kitapta ayrı bir bölüm ayrılacaktır.*

Geçmişte bu kitabın hitap ettiği iki türde yatırımcı -"tutucu" ve "atak"- arasında temel bir ayrım yapmıştık. Tutucu (ya da pasif) yatırımcı en fazla önemli hatalardan ve kayıplardan kaçınmaya önem verecektir. İkinci amacı da herhangi bir çaba göstermek, sıkıntı yaşamak ve sık sık karar vermek zorunda kalmak istememesidir. Atak (ya da aktif veya agresif) yatırımcının belirleyici özelliği ise daha sağlam ve ortalamadan daha iyi performans gösteren menkul değerlerin seçimine zaman ve özen göstermesidir. Yıllar boyunca, bu tür bir atak yatırımcı, harcadığı ilave çaba ve beceri nedeniyle pasif yatırımcının elde ettiği getiriden daha yüksek ve kayda değer bir ödül bekleyen durumdaydı. Ancak bugünün koşullarında artık aktif yatırımcının gerçekten tatmin edici bir ekstra getiri sağlayıp sağlamayacağı konusunda kuşkularımız var. Gelecek yıl ya da onu izleyen yıllarda ise farklı gelişmeler olabilir. Bu nedenle, atak yatırımların, geçmiş dönemlerde olduğu gibi, tekrar cazip hale geleceklerini varsayarak onlara dikkat göstermeye devam edeceğiz.

Uzun süredir en çok popüler olan görüş, yatırım sanatında başarının temeli, gelecekte büyüme potansiyeli olan işkollarını bulmak ve bu işkollarında en fazla gelecek vaat eden şirketleri belirleyebilmektir. Örneğin, akıllı yatırımcıların -ya da onların zeki danışmanlarının- bir bütün olarak bilgisayar sektörünün, özellikle de IBM firması açısından büyük gelişme fırsatlarına sahip olduğunu uzun zaman öncesinden fark etmiş olmaları gerekirdi. Benzer şekilde diğer bazı gelişen sanayi kolları ve gelişen şirketler için de bu söz konusudur. Ancak bu seçim her zaman geçmişe dönerek yorum yapıldığı kadar kolay değildir. Bu noktanın öncelikle anlaşılmasını sağlamak için buraya ilk olarak bu kitabın 1949 baskısında kullandığımız bir paragrafı ekleyelim.

Böyle bir yatırımcı, örneğin havacılık sektörü hisse senetleri yatırımcısı olabilir, bu sektörde faaliyet gösteren şirketlerin gele-

* Bakınız Bölüm 2. 2003 başı itibariyle 10 yıllık hazine bonoları %3.8 verirken hisse senetleri (Dow Jones Industrial Average tarafından ölçülerek) %1.9 kazanç sağlamıştır. (Bu ilişki, Graham'in aktardığı1964 rakamlarından çok da farklı değildir.) Üst-kalite tahviller tarafından sağlanan kârlar 1981'den sonra hızla düşmeye başlamıştı.

ceğinin piyasanın o sırada yansıttığından çok daha parlak olacağını düşünür. Yol boyunca kendisine yardımcı olabilecek herhangi bir olumlu teknik vermek yerine, bu en popüler yatırım stratejisinde, pusuda bekleyen gizli tehlikelere karşı uyarılar içermesi nedeniyle kitabımız bu türden bir yatırımcı için değerlidir.*

Bu tuzaklar özellikle sözünü ettiğimiz havacılık sektöründe çok tehlike yaratır. Kuşkusuz, hava trafiği hacminin yıllar içerisinde nefes kesici bir biçimde büyüyeceğini öngörmek hiç de zor değildi. Bu nedenle bu şirketlerin hisseleri, yatırım fonlarının en gözde tercihi olmuştu. Ancak, gelirlerinin artmasına karşın -bilgisayar sektöründen daha büyük bir hızla- yaşanan teknolojik ve kapasite aşımı sorunları, bu şirketleri dalgalanan ve hatta yıkıcı oranda olumsuz kâr rakamlarına götürdü. 1970 yılında, işlem görme adetlerinde yaşanan artışa rağmen, havayolu şirketi hissedarları, 200 milyon dolarlık bir değer kaybıyla karşı karşıya kaldı. (1945 ve 1961'de de kayıplar söz konusuydu.) Bu şirketlerin hisse senetleri 1969-70'te bir kez daha piyasa genelinden daha büyük bir düşüş gösterdi. Kayıtlar, yatırım fonlarının tam-gün çalışan yüksek maaşlı uzmanlarının dahi, önemli ve kapalı olmayan bir sektörün hayli kısa-vadeli olan gelecek tahminlerinde bile tamamen yanıldıklarını göstermektedir.

Diğer taraftan, yatırım fonları, IBM hisse senetlerinde azımsanmayacak yatırımlara ve kazançlara sahipken bile, hisse senedi fiyatının yüksek olması ve büyüme oranından emin olamadıkları için, diyelim ki, yatırım portföylerinin %3'ten fazlasını bu olağanüstü performans gösteren şirkete ayırmadılar. Bu nedenle, bu mükemmel yatırım seçeneğinin bile sonuçların bütününü etkileyecek bir katkısı olamadı. Bunun da ötesinde, IBM'den başka

* "Hava-taşımacılığı hisse senetleri" hiç kuşkusuz 1940'ların sonlarında ve 1950'lerin başlarında, Internet hisse senetlerinin yarım yüzyıl sonra yaratacağı heyecanı yarattı. O dönemdeki en heyecan verici yatırım araçları arasında Havacılık Hisse senetleri ve Füze-Roket-Jet & Otomasyon Fonları vardı. Fakat bunlar, sahip oldukları hisse senetleriyle birlikte bir yatırım faciasına yol açtılar. Bugün herkesçe kabul edilir ki havayolu sanayiinin tüm geçmişi içindeki kümülatif kazancı negatif olmuştur. Graham'in varmak üzere olduğu sonuç, havayolu hisse senetleri almaktan kaçınmanız yönünde değildir, gelecekte bir sanayinin bütün diğerlerini geçebileceğinden "emin olmak fikri"ne asla yenik düşmemenizdir.

diğer bilgisayar-sanayi şirketlerindeki çoğu -hepsi olmasa da- yatırımları kâr getirmedi. Bu iki göze çarpan örnekten okuyucularımız için iki ders çıkarabiliriz:

1. Bir işkolunun fiziksel büyümesindeki apaçık beklentiler yatırımcılara belli kârlar sağlamaz.
2. Uzmanlar, en ümit verici sanayilerdeki en ümit verici şirketleri seçmek ve üzerlerine odaklanmak için güvenilir yöntemlere sahip değillerdir.

Yazar, bir fon yöneticisi olarak kariyeri boyunca bu yöntemi izlemedi ve denemek isteyebileceklere de özel bir danışmanlık ya da destek teklif edemez.

O zaman biz bu kitapta ne yapmayı amaçlıyoruz? Ana amacımız okuyucuyu önemli olası hatalardan korumak ve rahat edebileceği politikalar geliştirmektir. Yatırımcıların psikolojisi hakkında bir hayli şey söyleyeceğiz. Aslında, yatırımcının ana sorunu -ve hatta kendisinin en büyük düşmanı- muhtemelen kendisi olacaktır. ("Kusur, sevgili yatırımcı, yıldızlarımızda değildir -ve hisse senetlerimizde de değildir-, bizdedir...") Son yıllarda tutucu yatırımcıların hisse senedi edinmesi daha gerekli hale geldikçe ve kendisini ister istemez hisse senedi piyasasının heyecanlarına ve baştan çıkarmalarına açtıkça bu tezin doğruluğu daha çok kanıtlanmıştır. Parametreler, örnekler ve tavsiyelerle okuyucularımızın yatırım kararları almalarına uygun zihinsel ve duygusal davranış biçimleri oluşturmalarını sağlayarak, onlara yardımcı olacağımızı umut ediyoruz. Mizaç olarak yatırım sürecine uygun yapıda olan "sıradan insanlar"ın, finans, muhasebe ve hisse senedi piyasası bilgisine sahip olan, ancak bu söz konusu nitelikten yoksun olan kişilere kıyasla, daha çok para kazandıklarını ve *tuttuklarını* gördük.

Ayrıca, okuyucumuza ölçme ya da miktar belirleme konusunda bir yatkınlık aşılamak istiyoruz. 100 hisse senedi ihracından 99'u için şunu söyleyebiliriz: Bazı fiyat aralığında satın almak için çok ucuzdurlar, bazı fiyatlarda da o kadar pahalı olurlar ki mutlaka satılmalıdırlar. Ödenen fiyatı, teklif edilen fiyat ile kıyaslama alışkanlığı yatırımda çok değerli bir özelliktir. Yıllar önce bir kadın dergisinde çıkan bir makalede okuyuculara parfüm alır gibi değil, market malzemelerini alır gibi hisse senedi satın almalarını öğütledik. Son birkaç yılın (ve daha öncesine ait benzer durumların) gerçekten dehşet verici kayıpları, alıcının "Kaça?" sorusunu sormayı unuttuğu adi hisse senedi ihraçlarında ortaya çıktı.

Haziran 1970'te "Kaça?" sorusunun yanıtı sihirli sayı %9.40 -birinci sınıf kamu hizmet tahvillerinin yeni arzlarından elde edilebilir gelirler- olabilirdi. Şu sıralarda, bu rakam %7.3'e düştü fakat bu dönüşüm bile bizi şu soruyu sormaya yöneltir: "Neden başka bir yanıt daha verelim?" Fakat başka olası yanıtlar da vardır ve bunlar dikkatle değerlendirilmelidir. Yineliyoruz, hem biz hem okuyucularımız örneğin 1973-1977 arasına ait bir hayli farklı olası durumlara önceden hazırlıklı olmalıyız.

Bu nedenle oydan yoksun hisse senedi yatırımcıları için kısmen her iki yatırımcı sınıfının alanı içinde olan, kısmen de atak grup için amaçlanmış olan, lehte bir programı detaylı olarak sunmalıyız. İşin tuhafı, temel bir ihtiyaç olarak, okurlarımızın hisse senedi satın alırken, fiyatının o şirketin "maddi varlıkları"nın üzerine çıkmaması için kendilerini sınırlamalarını önereceğiz.* Bu görünüşte modası geçmiş öğüdün nedeni, hem kullanışlı hem de psikolojik olmasıdır. Deneyimlerimiz bize şunu öğretmiştir: Net varlıklarının birkaç katı değerinde büyümekte olan çok sayıda şirket mevcut olsa bile, bu tür hisse senetlerine yatırım yapanlar, borsadaki aşırılıklara ve dalgalanmalara fazlasıyla bağımlı olacaktır. Tam tersine, diyelim ki, hisse fiyatı hemen hemen net varlık değerlerine eşit olan bir kamu hizmet kuruluşu hisse senetlerine sahip bir yatırımcı, kendini her zaman güvenli ve gelişmekte olan bir işletmenin akla uygun bir fiyattan -borsa tam tersini söylese de- satın alınmış hisselerine sahip biri olarak görebilir. Böylesine tutucu bir yatırım politikasının sonu, parıltılı ve tehlikeli beklenen artışların arasında, heyecan verici maceralara sürüklenmekten daha olumludur.

* Maddi varlıklar bir şirketin finansal dengelerini (nakit, kısa-vadeli yatırımlar ve ticari alacaklar gibi) olduğu kadar fiziksel özelliklerini de (gayrimenkuller, fabrikalar, ekipman ve stoklar gibi) içerir. Maddi varlıklar içinde kapsanmayan unsurlar arasında markalar, telif hakları, patentler, şerefiyeler ve ticari markalar vardır. Maddi varlıklar değerini hesaplamak için bakınız sayfa 225 dipnot.

Yatırım sanatının genel olarak takdir edilmeyen bir özelliği vardır. Çarpıcı olmayan ama güvenilir bir sonuç, sıradan bir yatırımcının bile minimum çaba ve yeteneğiyle elde edilebilir durumdadır; ancak bu kolay ulaşılır standardı geliştirmek çok sayıda uygulama ve biraz da akıl gerektirir. Normal sonuçlardan biraz daha iyisini elde etmek için yatırım programınıza *birazcık* ekstra bilgi ve akıl katmak isterseniz, hiç de iyi etmediğinizi görebilirsiniz.

Herhangi bir kişi -sadece örnek bir listeyi elinde tutup satarak-piyasa ortalamalarını eşitleyebilir, "ortalamaların üzerine çıkmak" bir dereceye kadar basit bir iş gibi görülebilir; fakat gerçekte bu işi deneyen ve başarısız olan akıllı insanların sayısı şaşılacak derecede çoktur. Yatırım fonlarının büyük çoğunluğu bile, bütün deneyimli personellerine karşın, yıllar içerisinde genel piyasa düzeyinde performans çıkaramamışlardır. Aracı kurumların basılı piyasa tahminleri kendi öncekilerine bağlı kalır, bunun nedeni de hesaplanan öngörülerin yazı tura atmaktan daha az güvenilir olduğuna dair güçlü kanıtlar olmasıdır.

Bu kitabı yazarken yatırımcı olmanın bu temel tuzağını hiç unutmamaya çalıştık. Burada bir uzmanın küçük yardımıyla herhangi bir yatırımcının uygulayabileceği basit bir portföy politikasının üstünlükleri -birinci sınıf tahvillerin satın alınması ve birden fazla belli başlı farklı hisse senetlerinden oluşan bir hisse senedi portföyü- vurgulanmıştır. Bu güvenli ve emniyetli yatırım alanının dışındaki bir macera, özellikle davranış olarak, mücadele gerektiren zorluklarla doludur. Böyle bir maceraya atılmadan önce yatırımcı kendinden ve danışmanlarından emin olmalıdır -özellikle yatırım ile spekülasyon, piyasa fiyatı ile gerçek değerler arasındaki farklar hakkında, net fikirlere sahip olduklarından emin olmalıdırlar.

Güvenlik-marjı ilkesine sıkıca bağlı olan, azimli bir yatırım yaklaşımı, güzel sonuçlar verebilir. Tutucu yatırımın garantili meyveleri yerine bu kazançları denemek için bir karar vermeden önce yatırımcı kendini iyice sınamalıdır.

Geçmişe yönelik son bir görüş... Haziran 1914'te genç yazar Wall Street'e girdiğinde hiç kimsenin sonraki yarım yüzyılın neye benzeyeceğine dair en küçük bir fikri yoktu. (İki ay içerisinde bir Dünya Savaşı patlayacağından ve New York Borsası'nı kapayacağından piyasa henüz habersizdi.) Şimdi, 1972 yılında kendimizi dünyadaki en zengin ve en güçlü ülke olarak görüyoruz, fakat her tür büyük sorun ile dört bir yandan kuşatılmış durumdayız ve geleceğe güvenden çok kaygıyla bakıyoruz. Yine de eğer dikkatimizi Amerikan yatırımcı deneyimiyle sınırlarsak son 57 yıldan çıkarılabilecek bazı rahatlatıcı dersler olabilir. Ne kadar sarsıcı ve ne kadar öngörülemez olsalar da tüm kararsızlıklar ve felaketler arasında şu gerçek doğruluğunu sürdürmekte: Güvenilir yatırım ilkeleri genellikle güvenilir sonuçlar yaratmıştır. Bunun gelecekte de devam edeceği varsayımıyla hareket etmeliyiz.

Okuyucu için not: Bu kitap tasarruf sahiplerinin ve yatırımcıların *geniş kapsamlı* finansal politikalarına hitap etmez; sadece bir piyasası var olan (ya da paraya çevrilebilir) menkul değerlere, yani tahvil ve hisse senetlerine yatırmaya hazır oldukları fonlarla ilgilenir. Sonuç olarak biz tasarruf ve vadeli mevduatlar, tasarruf ve borç verme kurumları hesapları, yaşam sigortası, yıllık ödenekleri, gayrimenkul ipotekleri ya da şirket sermayesi mülkiyeti gibi önemli araçlardan söz etmiyoruz. Okuyucu şunu da aklından çıkarmamalıdır: Kitabın metninde "şimdi" ya da buna benzer bir sözcükle karşılaştığında sözü edilen zaman 1971 sonları ya da 1971 yılı başlarıdır.

GİRİŞ ÜZERİNE YORUMLAR

Eğer havada şatolar inşa ettiyseniz, eserinizin yok olması gerekmez; bulunmaları gereken yer orasıdır. Şimdi onların altına temeller yerleştirin.

-Henry David Thoreau, Walden

Graham'in en baştan beri bu kitabın size piyasayı nasıl vuracağınızı söylemeyeceğini bildirdiğine dikkatinizi çekeriz. Doğru sözlü hiçbir kitap bunu yapamaz.

Bunun yerine, bu kitap size üç güçlü ders öğretecektir:

- Geri konulamaz zararlar yaşama olasılıklarını en aza indirmenin yollarını;
- Sürdürülebilir kazançlar sağlamanın fırsatlarını nasıl artırabileceğinizi;
- Çoğu yatırımcının potansiyellerinin tamamına ulaşmalarını önleyen, kendi kendilerini engelleyen davranışlarını kontrol etmenin yollarını.

Teknolojik stokların değer olarak her gün ikiye katlandığı 1990 sonlarının patlama yıllarında neredeyse tüm paranı yitirebileceğin görüşü çok saçma gelirdi. Fakat 2002 yılı sonlarına gelindiğinde internet şirketleri ve Telekom hisse senetlerinin büyük kısmı değerlerinin %95'i ya da fazlasını yitirmişlerdi. Bir kez paranızın %95'ini kaybederseniz *sadece başladığınız yere geri dönmek için* %1900 kazanmanız gerekir.[1] Aptalca bir risk almanız sizi öyle

[1] Bu ifadeyi çerçeveye yerleştirmek için bir hisse senedini ne kadar sıklıkla 30$'dan alıp 600$'dan satabileceğinizi düşünün.

derin bir çukura sokar ki geri çıkmak neredeyse olanaksızdır. Bu Graham'in sürekli olarak kayıplardan sakınmanın önemini vurgulamasının -sadece 6., 14. ve 20. bölümlerde değil tüm kitap içinde ördüğü uyarı iplikleriyle bunu yapmıştır- nedenidir.

Fakat ne kadar dikkatli olursanız olun, yatırımlarınızın değeri zaman zaman aşağı düşecektir. Hiç kimse bu riskten kaçınamazken, Graham size bunu kontrol etmenin yollarını -ve korkularınızı nasıl kontrol altına alacağınızı- öğretecektir.

AKILLI BİR YATIRIMCI MISINIZ?

Şimdi yaşamsal açıdan çok önemli bir soruyu yanıtlayalım. Graham "akıllı" yatırımcı diyerek aslında neyi kasteder? Bu kitabın ilk baskısında Graham bu terimi açıklıyor –ve çok net bir şekilde bunun IQ ve Sat puanlarıyla hiçbir ilgisinin bulunmadığını ortaya koyuyor. Bu sadece sabırlı, disiplinli ve öğrenmeye hevesli olmak demektir; ayrıca duygularınızı dizginlemeli ve kendiniz için düşünmelisiniz. Bu tür bir zekâ "beyinden çok bir karakter özelliğidir," diye açıklar Graham.[2]

Akıllı bir yatırımcı için yüksek IQ ve daha yüksek bir eğitim düzeyi yeterli değildir. 1998'de bir tabur matematikçi, bilgisayar âlimi ve iki Nobel Ödülü kazanmış ekonomist tarafından yönetilen bir serbest yatırım fonu olan Long-Term Capital Management (LTCM) yalnızca birkaç hafta içerisinde tahvil piyasasının "normal"e döneceği şeklindeki büyük iddia sonucu 2 milyar dolar para kaybetti. Oysa tahvil piyasası giderek daha da anormalleşti –ve LTCM o kadar çok borç para aldı ki çöküşü neredeyse global finans sistemini altüst etti.[3]

Ve 1720'nin baharında, Sir Isaac Newton'un elinde İngiltere'nin en yakıcı hisse senetleri olan South Sea Company hisse senetleri vardı. Piyasanın kontrolden çıkmak üzere olduğunu hisseden büyük fizikçi "gök cisimlerinin hareketlerini hesaplayabileceğini, fakat insanların deliliklerini kestiremeyeceğini" mı-

[2] Benjamin Graham, *The Intelligent Investor* (Harper & Row, 1949), s. 4.

[3] "Serbest yatırım fonu" (hedge fund) büyük ölçüde hükümet tarafından kontrol edilmeyen, daha çok zengin müşteriler için saldırgan bir strateji ile yönetilen bir para havuzudur. LTCM'nin nefis hikâyesi için bkz. Roğer Lowenstein, *When Genius Failed* (Random House, 2000)

rıldanarak South Sea hisselerini ucuza elden çıkardı ve %100 kâr ederek cebine 7000$ koydu. Ancak bundan sadece birkaç ay sonra piyasanın vahşi coşkusu içinde yeniden bu kez çok daha yüksek bir fiyata atlayan Newton bu defa 20.000$ (bugünün parasıyla 3 milyon dolardan fazla) kaybetti. Ve yaşadığı sürece onun bulunduğu yerde "South Sea" sözcüklerinin telaffuz edilmesini yasakladı.[4]

Sir Isaac Newton, çoğumuzun zekâyı tanımlayış şekline göre, yaşamış en zeki insanlardan biriydi. Fakat Graham'in ifadesiyle Newton akıllı bir yatırımcı olmaktan çok uzaktı. Kalabalığın kükreyişini kendi sağduyusunun üzerine çıkaran dünyanın en büyük bilim insanı, bir aptal gibi davranmıştı.

Kısacası, buraya kadar yatırımcılıkta başarısız olduysanız aptal olduğunuz için değildir. Bunun nedeni, tıpkı Sir Isaac Newton gibi, başarılı yatırımın gerektirdiği duygusal disiplini geliştirmemiş olmanızdır. 8. Bölüm'de Graham, duygularınızı dizginleyerek ve piyasanın mantıksızlık düzeyine eğilmeyi reddederek, zekânızı nasıl canlandıracağınızı anlatır. Burada akıllı yatırımcı olmanın bir "beyin" işinden çok bir "karakter" işi olduğu konusuna hâkim olabilirsiniz.

BİR FELAKETİN KRONİĞİ

Şimdi son birkaç yılın büyük finansal gelişmelerine biraz göz atalım.

1. Büyük Bunalım'dan sonraki en kötü borsa çöküşü, Mart 2000 ile Ekim 2002 arasında gerçekleşti; ABD hisseleri değerlerinin %50.2 -ya da 7.4 trilyon dolar- altına düştü.
2. AOL, Cisco, JDS Uniphase, Lucent ve Qualcomm –artı yüzlerce Internet hisse senedinin kesin yok oluşu- gibi 1990'ların en sıcak şirketlerinin hisse senedi fiyatlarında daha derin düşüşler.
3. Enron, Tyco ve Xerox'u da kapsayacak biçimde Amerika'daki en büyük ve en saygın şirketlerin bazılarında büyük çaplı mali yolsuzluk suçlamaları.

[4] John Carswell, *The South Sea Bubble* (Cresset Pres, London, 1960), ss. 131, 199. Ayrıca bkz. www.harvard-magazine.com/issues/mj99damnd.html.

4. Conseco, Global Crossing ve WorldCom. gibi bir zamanlar parıldayan firmaların iflasları.
5. Mali firmalara yöneltilen, müşterilerinin yatırımcılarını yanıltmasını sağlamak üzere, dosyaları yaktıkları ve hatta kayıtları yok ettiklerine dair suçlamalar.
6. Önde gelen şirketlerin üst düzey yöneticilerinin kendi kişisel kazançları için yüz milyonlarca doları ceplerine indirdikleri.
7. Wall Street'teki mali analiz uzmanlarının hisse senetlerini bir taraftan halka överken kendi aralarında ise beş para etmediklerini kabul ettiklerine dair kanıtlar.
8. Bir hisse senedi piyasası, insanın kanını donduran düşüşünden sonra bile, tarihsel ölçütlere göre fazla değer biçilmiş görünebilir, bu durum uzmanlara hisselerin daha da düşebileceğini gösterir.
9. Hisse senetleri karşısında, yatırımcılara cazip bir seçenek bırakmayacak biçimde faiz oranlarında yaşanan acımasız düşüşler.
10. Ortadoğu'da savaşın ve global terörizmin öngörülemeyen tehditleriyle diken diken olmuş bir yatırım ortamı.

Graham'in ilkelerini öğrenen ve onlarla yaşayan yatırımcılar ise bu zararın büyük kısmını savuşturabilirlerdi. Graham'in deyişiyle "coşku başka yerlerde büyük başarılar için gerekliyken Wall Street'te hiç şaşmadan felakete yol açıyordu." Kendilerini onlara bırakan pek çok insan -Internet hisse senetlerine, çok "yükselen" hisse senetlerine, genel olarak hisse senetlerine- Sir Isaac Newton'ın yaptığı yanlışı tekrarladı ve diğer yatırımcıların kararlarının kendilerini yönlendirmesine izin verdi. Graham'ın "gerçekten korkunç kayıplar"ın her zaman "alıcıların 'Kaça?' sorusunu sormayı unutmalarından" sonra meydana geldiği şeklindeki uyarısını yok saydılar. En kötüsü de, iradelerine en fazla ihtiyaçları olduğu anda onu tümüyle kaybederek, Graham'in "yatırımcının esas problemi -ve hatta en kötü düşmanı- muhtemelen kendisidir," şeklindeki savını doğrulamış oldular.

KESİN OLMAYAN KESİN ŞEY

Bu insanların çoğunun teknoloji ve Internet hisse senetleriyle başları döndü, sonsuza kadar olmasa da, her geçen yıl bu sektörlere ait yüksek-teknoloji aldatıcılığının büyüyeceğine inandılar:

- 1999 ortasında, yılın sadece ilk beş ayında %117.3'lük bir kazançtan sonra, Monument Internet Fonu yöneticisi Alexander Cheung, daha sonraki üç ila beş yıllık süre içerisinde fonunun yılda %50 kazanacağını ve "sonraki 20 yıl içerisinde" de yıllık ortalama %35 getirisi olacağını öngördü.[5]
- Amerindo Teknoloji Fonu inanılmaz bir biçimde %248.9'luk getiriye yükseldiğinde, portföy yöneticisi Alberto Vilar, Internet'in ölümsüz bir para yapma makinesi olduğundan kuşku duyan herkesle alay etti: "Eğer bu sektörün dışındaysanız, beklenenden daha düşük bir performans göstereceksiniz. Siz atlı bir arabadasınız ve ben Porsche'tayım. On-misli büyüme seçeneklerinden hoşlanmıyor musunuz? O zaman başka birisiyle gidin."[6]
- Şubat 2000'de serbest-yatırım fonu yöneticisi James J. Cramer, "şimdi tek sahip olunacak hisselerin" Internet-ilişkili firmalar olduğunu açıkladı. Onun deyişiyle, bu "yeni dünyanın galipleri, yalnızca onlar iyi günde de kötü günde de sürekli yükseliyorlardı." Cramer bunun da ötesinde Graham'ı eleştirmeye kalktı: "Web'den önce var olan tüm matrisleri, formülleri ve metinleri atmalısın... Graham ve Dodd'ın bize

[5] Constance Loizos, "O&A: Alex Cheung," InvestmentNews, 17 Mayıs 1999, s. 38. Yatırım fonu tarihinde 20-yıllık en yüksek kazanç yıllık %25.8 ile 20 yıllık süre içerisinde 31 Aralık 1994'te bitecek şekilde Fidelity Magellan'ın efsanevi Peter Lynch'i tarafından kazanıldı. Lynch'in performansı 10.000$'ı 20 yıl içerisinde 982.000$'ın da üzerine yükseltti. Cheung 10.000$'ının aynı süre içerisinde 4 milyon dolara dönüşeceğini öngörmüştü. Cheung'u komik bir biçimde aşırı iyimser olarak görmek yerine, yatırımcılar ona paralarını verdiler, sonraki yıl içerisinde tahvillerine 100 milyon dolardan fazlasını savurdular. Oysa Mayıs 1999'da Monument Internet Fonu'na yatırılan 10.000$, 2002 yılı sonunda 2.000$'a gerilemişti. (Monument fonu artık özgün adıyla yaşamıyor, şimdi Orbitex Emerging Technology Fund -OrbitexYeni Teknoloji Fonu- olarak biliniyor.)

[6] Lisa Reilly Cullen, "The Triple Digit Club," *Money*, Aralık 1999, s. 170. Eğer Vilar'ın fonuna 1999 sonunda 10.000$ yatırdıysanız, 2002 sonu geldiğinde sadece 1.195$'ınız kalmış olacaktı –bu yatırım-fonu endüstri tarihindeki en kötü servet yıkımlarından biriydi.

öğrettiklerinden bir tanesini kullanmış olsaydık dahi, yönetimimizde bir kuruşumuz kalmazdı."[7]

Bütün bu sözümona uzmanlar Graham'ın ağırbaşlı uyarılarına kulak asmadı: "Bir işletmenin fiziksel büyümesine ait açık görüşler yatırımcılar için açık kazanç anlamına gelmez." Hangi işin daha hızlı büyüyeceğini öngörmek kolay görünse de, diğer yatırımcılar da aynı şeyi tahmin ediyorlarsa bu öngörünün hiçbir gerçek değeri yoktur. Herkes belirli bir sanayinin "açıkça" yatırım yapılacak en iyi yer olduğunu düşündüğünde, hisse senetlerinin fiyatları o kadar yükselir ki, gelecek dönüşümlerinin aşağıdan başka gidecek yönleri kalmaz.

Şimdi en azından, hiç kimse, teknolojinin hâlâ dünyanın en fazla gelişen endüstrisi olduğunu iddia edecek cesareti gösteremez. Ancak şunu asla unutmayın: Şimdi sıradaki "kesin şey"in sağlık ya da enerji veya emlak ya da altın olduğunu iddia eden kişiler sonunda ileri teknoloji aldatmacalarından daha fazla haklı çıkmayacaklardır.

UMUT IŞIĞI

Eğer 1990'lar hisse senetlerinin hiçbir fiyatının fazla yüksek gelmediği bir dönem olduysa, 2003 tarihine gelindiğinde de hiçbir fiyatın fazla düşük gelmediği bir noktaya eriştik. Sarkaç, Graham'in de her zaman böyle olduğunu bildiği gibi, akıldışı bir coşku ve yersiz bir kötümserlik arasında gidip gelmekte. 2002'de yatırımcılar menkul değerler piyasası yatırım fonlarından hızla 27 milyar dolar para çektiler ve Menkul Değerler Sanayii Birliği (Securities Industry Association) tarafından yürütülen bir araştırma her 10 yatırımcıdan 1'inin hisse senedi yatırımlarında en az %25'lik bir kısıntı yaptığını ortaya çıkardı. 1990 sonlarında -fiyatları yükselip de pahalılaştıklarında- hisse senedi satın almaya

[7] Bakınız www.thestreet.com/funds/smarter/891820.html. Cramer'in en gözde hisse senetleri "iyi günde de kötü günde de sürekli yükselmedi." 2002 yılı sonu geldiğinde 10 taneden 1 tanesi çoktan iflas etmişti ve Cramer'in seçtiklerine eşit olarak dağılmış olan 10.000$'lık yatırım %94 kaybetmiş ve elinizde toplam 597.44$ bırakmış olacaktı. Belki de Cramer hisse senetlerinin "yeni dünyanın" değil gelecek dünyanın "galipleri" olacağını söylemek istemişti.

çok hevesli olan bu kişiler fiyatları düşerken ve doğal olarak daha ucuzken hisselerini satmış oldular.

Bu, Graham'ın Bölüm8.'de ustaca gösterdiği durumun tam tersidir. Akıllı yatırımcı, fiyatları yükselirken hisse senetlerinin daha çok riskli, daha az değil, -ve fiyatları düşerken daha az riskli, daha çok değil- olduğunun farkındadır. Akılı yatırımcı fiyatların devamlı yükselişte olduğu piyasadan çekinir, çünkü bu durum satın alınacak hisse senetlerini pahalılaştırır. Diğer taraftan (harcamalarınızı karşılamak için gereken parayı elinizde tuttuğunuz sürece) düşen bir piyasaya sevinmelisiniz, çünkü böylece hisse senetleri yeniden satın alınabilecek duruma gelecektir.[8]

İşte bu nedenle cesaretlenin: Yükselen borsanın ölümü herkesin korktuğu gibi kötü haber değildir. Hisse senedi fiyatlarındaki inişler sayesinde, şimdi, servet yapmak için büyük ölçüde daha güvenli -ve daha makul- bir zamandır. Okumaya devam edin ve Graham'in size yol göstermesine izin verin.

[8] Bu kuralın tek istisnası emekliliğin ileri dönemlerinde olup piyasanın uzun sürecek bir düşüşüne dayanamayacak olan yatırımcıdır. Yine de yaşça daha ileri bir yatırımcı sadece fiyatları düştüğü için hisse senetlerini satmamalıdır; bu yaklaşım kâğıtlardaki kaybını gerçeğe döndürmek dışında vârislerini bu kâğıtları vergiye yönelik daha düşük fiyatlardan sahip olma şansından yoksun bırakır.

BÖLÜM 1

Spekülasyon ve Yatırım Karşı Karşıya: Akıllı Yatırımcı'nın Elde Etmeyi Umduğu Kazançlar

Bu bölüm, kitabın geri kalan kısmında ortaya konacak görüşlerin ana hatlarını özetleyecektir. Özellikle, profesyonel olmayan bir bireysel yatırımcıya uygun bir portföy politikası geliştirmeyi umuyoruz.

Spekülasyon ve Yatırım Çatışması

"Yatırımcı" derken ne demek istiyoruz? Bu kitap boyunca "yatırımcı" terimi, "spekülatör"ün bir karşıtı olarak kullanılacaktır. 1934 yılına geri gidersek, *Security Analysis*[1] adlı kitabımızda, bu iki kavram arasındaki farkı kesin olarak açıklamaya çabalamıştık: "Yatırım, çok kapsamlı yapılan bir araştırmayı takiben, yatırılan anaparanın güvenliğini sağlayan ve onun üzerinde yeterli oranda bir getiriyi vaat eden bir işlemdir. Bu koşullara uymayan işlemler ise spekülatiftir."

38 yıl boyunca biz bu tanıma inatla bağlı kalırken "yatırımcı" teriminin kullanımında bu süre içinde gerçekleşen radikal değişiklikleri de not etmekte fayda vardır. 1929-1932 yılları arasındaki Büyük Buhran sonrası, *tüm* hisse senetleri, doğaları gereği, artık spekülatif olarak kabul edilmeye başladı. (Önde gelen bir yetkili, yatırım için yalnızca tahvil satın alınabileceğini açıkça belirtmekteydi[2]) Bu nedenle, yatırımcı tarifimizi, yatırım kavramının gereğinden fazla bir kapsama alanına sahip olduğu iddialarına karşı savunmak durumunda kaldık.

Şimdi ise endişemiz karşıt türden. Okurlarımızın, "yatırımcı" terimini hisse senedi piyasasına yatırım yapan herkes olarak, yanlış algılamasını önlemeliyiz. Son baskımızda, en önde yer alan bir finansal derginin 1962 Haziran Sayısı'nın ön sayfa makalesindeki şu başlığı alıntıladık:

KÜÇÜK YATIRIMCILAR PİYASAYI DÜŞÜRÜR, ONLAR "LOT ALTI" İŞLEMLERLE AÇIĞA SATIŞ YAPAR

Ekim 1970 tarihinde ise yine aynı dergi, bu sefer, alım tarafına üşüşen "bilinçsiz yatırımcılar"ı eleştiren bir başyazıya yer verdi.

Bu alıntılar, yatırım ve spekülasyon kelimelerinin kullanımlarında yıllardan beri egemen olan karışıklığa iyi birer örnek teşkil etmekte. Yatırımın yukarıda önerilen tarifini bir düşünün: Neyi açığa sattığını bile bilmeyen, sattıklarını çok daha düşük fiyatlarda yerine koyabileceği şeklinde oldukça duygusal bir inanca sahip olan, halktan, deneyimsiz bir bireyin yaptığı birkaç hisse satışıyla kıyaslayın. (1962'deki makale yayımlandığı esnada piyasanın zaten büyük bir düşüşün sonuna geldiğini ve artık çok büyük bir yükselişe hazırlanmakta olduğunu da hatırlatmak gerekir. Açığa satış için olabilecek en yanlış dönem, o dönemdi.) Daha genel anlamıyla, "bilinçsiz yatırımcı" ifadesi kullanılan terimlerin gülünç bir çelişkisi olarak "savurgan pinti" şeklinde de anlaşılabilirdi.

Gazete "yatırımcı" kelimesini bu örneklerde kullandı. Bunun nedeni de Wall Street'in basit dilinde, ne aldığına, ne amaçla, ne fiyata aldığına, nakit ya da kredi ile alım yaptığına bakılmaksızın, menkul değer alan -ve- satan herkes yatırımcı sayılır. Bu tanımı, 1948 yılında halkın hisse senetlerine karşı tutumu ile, başka bir deyişle, araştırmadaki soruları yanıtlayanların %90'ından fazlasının hisse senedi alımına karşı olduklarını ifade ettikleri bir dönemle, kıyaslayın[3]. Yanıt verenlerin yarıya yakını gerekçe olarak "güvenli olmamasını, kumar olmasını", diğer bir yarısı ise "aşina olunmamasını" ileri sürdü.* Her türdeki hisse senedi en cazip fiyatlardan işlem görürken, spekülatif ve riskli yatırım diye nitelendirildiği bir dönemdeyken, çok kısa bir zaman sonra, borsanın tarihteki en büyük yükselişinin başlayacak olması ise gerçekten (şaşırtıcı sayılmasa da) tuhaf bir tesadüftür. *Geçmiş deneyimlerin* işaret ettiği tehlikeli fiyat seviyelerine gelinmiş olmasına rağmen, bu yükseliş furyası sonrası, artık hisse senetleri "yatırım" ve tüm hisse senedi alıcıları da "yatırımcılar" olarak nitelik değiştirdi.

Hisse senedi söz konusu olduğunda, yatırım ve spekülasyon arasında ayrım yapmak her zaman yararlı olmuştur ve bu ayrım devam etmelidir. Sorumlu bir kurum olan Wall Street' in bu ayrımı geri getirmesinin ve halkla olan tüm bağlantılarının vurgulanmasının yerinde olacağını sık sık belirtmiştik. Borsa, ağır spekülatif zararların yaşandığı bir dönemde "gerekli uyarı yapılmadı" iddialarıyla karşı karşıya kalabilir.Tesadüfen, bazı borsa şirketlerinin son günlerde yaşadığı finansman sorunlarının altında, spekülatif hisse senetlerinin kendi portföylerine dahil edilmesi olduğu görünüyor. Bu kitabın okurlarının hisse senedi satın alımlarında var olan riskler hakkında makul ölçüde net fikir sahibi olacaklarına inanıyoruz - yani vaat ettikleri kazanç fırsatları yanında riskleri de hesaba katacaklarına.

Şu son söylediklerimiz, örnek senetlerden oluşan saf bir yatırım politikasının bundan sonra belki artık geçerliliğini yitireceğini gösteriyor – bir yatırımcı, hisse senedini piyasa riski içermeyen bir fiyattan satın aldığında, ya da portföyünde bulunan senedi o gün geçerli olan piyasa fiyatı ile kıyasladığında, onu sessizliğe sü-

* Graham'in alıntıladığı araştırma Michigan Üniversitesi tarafından Amerikan Merkez Bankası (FED) için yapıldı ve Temmuz 1948'de Federal Rezerv Bülteni'nde yayımlandı. İnsanlara, "Bir adamın parasını harcamak istemediğini varsayın. Parasını bankaya yatırabilir ya da onunla yatırım yapabilir. Sizce şu günlerde parasıyla yapacağı en akıllıca şey onu bankaya yatırmak mı, onunla tasarruf bonosu almak mı, gayrimenkul yatırımı yapmak mı yoksa hisse senedi almak mı?" diye soruldu. Yalnızca %4'ü hisse senedi alımının "yeterli" bir kazanç sağlayabileceğini düşünürken, %26'sı bunun "güvenli olmadığını" ve "kumar" olduğunu düşündü. 1949'dan 1958'e kadar, hisse senedi piyasası yıllık %18.7 ortalamaya ulaşarak tarihindeki en yüksek 10 yıllık kazançlarından birini yaşadı Bu, FED'in, 2002'nin sonunda *BusinessWeek* tarafından yapılan ve üç yıl önce yatırım fonları ya da borsa portföyleri ile yatırıma istekli yatırımcı oranının %47'den %24'e düşüşünü belgeleyen bir önceki araştırmanın etkileyici bir yansımasıdır.

rükleyecek oranda bir zarar oluşmaması için her zaman bekleyebilir varsayımı-. Çoğu zaman, yatırımcı, portföyündeki hisse senetlerinde bir *spekülatif faktörün* varlığını kabul etmek zorundadır. Bu faktörü küçük bir limitte tutmak, ve kısa ya da uzun döneme yayılabilen olumsuz sonuçlar karşısında, finansal ve psikolojik olarak kendini hazırlamak yatırımcının temel görevleri arasındadır.

Halen örnek senetlerde var olan spekülatif unsurları ayırt edebilmemiz için spekülasyon konusuna iki paragraf daha eklenmelidir. Düpedüz yapılan spekülasyon, kanun dışı, ahlak dışı ya da (birçok insan için) cüzdanı kalınlaştıran bir faaliyet değildir. Bunun ötesinde, birçok hisse senedinde önemli ölçüde hem kâr hem de zarar etme imkânı vardır ve bu risklerin birileri tarafından üstlenilmesi gerektiği için bazı spekülasyonlar gerekli ve kaçınılmazdır.* Akıllı yatırım var olduğu gibi, akıllı spekülasyon da vardır. Ancak spekülasyonun akıllı olamayabileceği birçok yol da mevcuttur. En başta gelenleri şunlardır: (1) yatırım yaptığını zannederken spekülasyon yapmak; (2) uygun bilgi veya yeteneğe sahip olunmadığı halde, bir uğraş olarak değil, ciddi olarak spekülasyon yapmak; ve (3) kaybetmeye gücünün yetmeyeceği meblağda bir parayı riske atmak.

Bizim muhafazakâr görüşümüze göre, kredi kullanarak hisse senedine yatırım yapan tüm profesyonel olmayan kişiler, *aslında* spekülasyon yaptıklarının farkına varmalıdırlar ve brokerlerinin görevi de onlara bu yönde tavsiyede bulunmak olmalıdır. Ayrıca "sıcak" tabir edilen herhangi bir hisse senedi halka arzından satın alan, buna benzer bir alım yapan herkes ya spekülasyon yapıyor ya da kumar oynuyordur. Spekülasyon her zaman caziptir ve oyunu önde götürüyorsan çok eğlenceli de olabilir. Şansını denemek istiyorsan, bu amaç için sermayenden bir payı –ne kadar küçükse o kadar iyi- ayrı bir portföye koy. Sırf piyasa yükseldi ve kazanç

* Spekülasyon iki seviyede kazançlıdır: İlk olarak, spekülasyon olmadan, denenmemiş yeni şirketler (Amazon.com ya da daha eski zamanlardan the Edison Electric Light Co. gibi) genişleme için gerekli sermayeyi asla bulamazlardı. Büyük bir kazancın cazip, riskli şansı, yeniliğin makinelerini kayganlaştıran yağdır. İkinci olarak, bir hissenin alındığı ya da satıldığı her an, risk değiştirilir (ama asla yok edilmez). Alıcı, bu hissenin düşebileceği riski olan başlıca riski satın alır. Bu sırada satıcının elinde kalmaya devam eden bir risk vardır. Henüz sattığı hissenin yükselme ihtimali!

akıyor diye asla bu hesaba para ekleme. (Bu, spekülatif fondan para *çekmeyi* düşünme zamanıdır.) Spekülatif işlemlerini ve yatırım işlemlerini ne aynı hesapta karıştır ne de düşüncelerinde.

Koruyucu Konumunda Olan (Defansif) Yatırımcının Bekleyeceği Sonuçlar

Defansif yatırımcıyı en çok, güvenliğini sağlamak ve rahatsız olmamak konularıyla ilgilenen kişi olarak zaten tanımlamıştık. Genel olarak, "ortalama normal koşullar" altında -eğer böyle koşullar gerçekten varsa- nasıl bir yol izlemelidir ve nasıl bir kazanç beklemelidir? Bu soruları cevaplamak için ilk olarak, yedi yıl önce yazdığımız bir konuyu, daha sonra, o zamandan bu yana yatırımcının beklenebilir kazançlarını yöneten temel faktörlerdeki değişiklikleri ele alacağız, son olarak da ne yapması gerektiğini ve günümüz koşullarında (1972 başları) bu yatırımcının ne beklemesi gerektiğini değerlendireceğiz.

1. Altı Yıl Önce Söylediklerimiz

Yatırımcının mevcut yatırımını yüksek-dereceli tahviller ve önde gelen hisse senetleri arasında bölüştürmesini tavsiye ederiz; tahvilde oranlar %25'ten az, %75'ten fazla olmasın; hisse senedi için ise en basit tercih, piyasa %5 oranında düştüğü zaman, yapılan ayarlamalarla, ikisi arasındaki 50-50 oranını sürdürmek olacaktır. Alternatif bir politika olarak, "piyasanın tehlikeli ölçüde yüksek olduğunu hissetmişse" hisse senedi portföyünü %25'e düşürmeyi tercih edebilir ve tersine "piyasa fiyatlarındaki bir düşüşün, hisse senetlerini giderek cazip hale getirdiğini hissetmişse" %75 maksimuma doğru yükseltebilir.

1965 yılında bir yatırımcı vergiye tabi yüksek-dereceli tahvillerden %4½ ve vergiden muaf yüksek-dereceli tahvillerden %3¼ getiri sağlayabilirdi. Öncü hisse senetlerinin (DJIA - Dow Jones Sanayi Ortalaması-892 seviyesiyken) temettü getirisi ise yalnızca %3.2 idi. Bu ve benzeri faktörler temkinli olmayı gerekli kıldı. "Piyasanın normal seviyelerinde" yatırımcının hisse senedi temettü gelirleri %3.5 - 4.5 düzeyinde olacaktır, bunun üzerine aynı oranda değer artışı eklenirse, portföyün toplam artışı %7.5

olur. Tahvil ve hisse senedi arasında 50-50 eşit bir paylaşımda ise, gelir vergisi öncesi %6'lık oranda kazanç sağlanabilirdi. Hisse senedi yatırım oranı, büyük çaplı bir enflasyonun yol açacağı "satın alma gücü kaybını" da içine alacak şekilde, makul bir koruma oranı içermelidir.

Yukarıdaki aritmetiğin, 1949 ile 1964 yılları arasında hisse senedi piyasasında yaşanandan çok daha düşük oranda bir getiriyi gösterdiği vurgulanmalıdır. Bu yıllar arasında borsada kote hisselerin tamamı %10'dan daha iyi bir ortalamaya ulaşmış ve gelecekte benzer şekilde tatmin edici sonuçların alınacağına ilişkin bir çeşit garanti olarak kabul edilmiştir. Ne yazık ki pek az insan, geçmişte yaşanan bu yüksek oranlı değer artışları nedeniyle hisse senedi fiyatlarının "şimdi fazlasıyla pahalı" olduğunu ve bu nedenle 1949'dan bugüne gelen harika sonuçların gelecek için çok iyi değil, aksine, "*kötü* sonuçlar ima ettiğini" ciddi olarak incelemeye istekliydi.[4]

2. *1964'ten Bu Yana Olanlar*

1964'ten günümüze kadar yaşanan en büyük değişiklik, 1970 yılında düşük seyreden fiyatlarda kayda değer bir iyileşme olmasına karşılık, birinci sınıf tahvil faiz oranlarında ise zirveye ulaşan yükselişlerdir. Özel sektörün yüksek-dereceli tahvillerinden elde edilebilen getiri 1964'te %4½ iken şimdi %7½ ve hatta daha fazladır. Bu arada DJIA tipi (Dow Jones Sanayi Ortalaması) hisse senetlerinin kâr payı getirileri 1969-70 yıllarının düşen piyasalarında makul bir ilerleme kaydetmişti, fakat yazdığımız gibi ("Dow" 900 seviyesindeyken) bu ilerleme 1964 sonunda gerçekleşen %3.2'ye karşılık bu yıllarda %3.5'ten az olmuştur. Mevcut faiz oranlarındaki değişiklik bu dönemde orta-vadeli (sözgelimi 20 yıl vadeli) tahvillerin piyasa fiyatlarında ise yaklaşık %38'lik azami bir düşüş yarattı.

Yaşanan bu değişikliklerin çelişkili bir yönü vardır. 1964'te hisse senedi fiyatlarının aşırı yükselmesi ve sonunda ciddi bir düşüşle karşılaşması ihtimalini uzun uzun tartışmıştık. Ancak, aynı şekilde, birinci sınıf tahvil fiyatları için de bu düşüşün geçerli olma ihtimalini özel olarak ele almamıştık. (Bunu ele alan bildiğimiz başka kimse de yok.) "Uzun vadeli bir tahvil fiyatının, faiz oranlarındaki değişikliklere bağlı olarak, büyük ölçüde değişikliğe uğrayabileceği" uyarısını yapmıştık (sayfa 108). Geçmişte yaşananların ışığında bu uyarının -ilgili örneklerle- yeterince vurgulanmadığını düşünüyoruz. Gerçek şu ki, yatırımcının DJIA'da 1964'te 874 kapanış maliyetli bir portföyü varsa, bunun üzerine 1971 sonlarında ufak bir kâr sağlaması mümkündü. 1970 yılında yaşanan en düşük seviyede bile (631) hisse senedi getirisinin kaybı, yüksek-dereceli uzun vadeli tahvillerde yaşanan düşüşten daha az olacaktı. Diğer taraftan, eğer bir yatırımcı, tahvil tipi yatırımlarını ABD tasarruf bonoları, kısa vadeli özel sektör tahvilleri ya da tasarruf hesaplarıyla sınırlamış olsaydı, bu dönemde anaparasından -o tarihte geçerli piyasa fiyatlarıyla değerlendirirse- hiçbir kaybı olmazdı ve hisse senetlerine göre daha yüksek bir getiriden yararlanmış olurdu. Sonuç olarak gerçek "nakit değerler"in -teoride ise enflasyon nedeniyle, hisse senetlerinin nakit değerlere (para piyasası) tercih edilmesine rağmen- 1964 yılında, tahvillerin hisse senetlerinden daha iyi yatırımlar olduğu ortaya çıkmıştır. Uzun vadeli tahvillerin borsada kote edilmiş anapara değerlerinde yaşanan düşüş, genelde, bireylerin yatırım politikası üzerinde önemli bir etkisi olmayan ve çapraşık bir alan olan, para piyasalarındaki gelişmeler yüzündendir.

Bu gelişme, menkul kıymet fiyatlarının geleceğinin asla öngörülebilir olmadığını kanıtlayan sonu gelmez deneyim serilerinden yalnızca bir tanesidir*. Yaklaşık her dönem tahviller piyasa fiyatlarına göre çok daha az dalgalanma yaşamıştır. Yatırımcılar genellikle, piyasa değerlerinde yaşanan değişikliklerden endişelenmek zorunda olmadan, herhangi bir vadeye sahip iyi tahvilleri satın alabiliyorlardı. Bu kuralın birkaç istisnası vardı ve 1964 sonrası dönem, bu istisnalardan biriydi. Sonraki bölümlerden birinde tahvil fiyatlarındaki değişimlerle ilgili daha çok söyleyecek şeyimiz olacaktır.

* Graham'in cümlesini tekrar okuyun ve bu en büyük yatırım uzmanının ne dediğine dikkat edin: Güvenlik fiyatlarının geleceği asla öngörülebilir değildir. Kitapta ilerledikçe, Graham'in size söylediği tüm diğer şeylerin sizin bu gerçeği kavramanız için tasarlandığının farkına varın. Piyasaların hareketlerini öngöremeyeceğinize göre, kendi hareketlerinizi nasıl öngöreceğinizi ve kontrol edeceğinizi öğrenmelisiniz.

3. 1971 Sonu ve 1972 Başındaki Beklenti ve Politikalar

1971'in sonlarına doğru, orta-vadeli özel sektör tahvilleri üzerinden %8 vergilendirilebilir faiz, devlet ya da belediye tahvilleri üzerinden vergisiz %5.7 faiz elde edilmesi mümkündü. Kısa vadede ise yatırımcı beş yıl vadeli ABD devlet tahvilleri üzerinden yaklaşık %6 kazanç sağlayabilirdi. Alıcı, nispeten daha kısa olan elde tutma süresinin sonunda, %6'lık faiz kazancını da içeren tam geri ödemeden emin olduğu için, piyasa değerindeki olası bir düşüş onu endişelendirmez. 1971 yılında tekrarlanan fiyat seviyesi 900 olan DJIA ise yalnızca %3.5'lik getiri sağlıyordu.

Şimdi, geçmişte de yaptığımız gibi varsayalım; burada verilmesi gereken temel politik karar, portföyün yüksek-dereceli tahviller (diğer bir deyişle sözde "nakit değerleri") ve önde gelen DJIA tipi hisse senetleri arasında ne oranda bölüneceğidir. Yatırımcı, gelecek bir zamanda önemli bir yükselme ya da alçalma beklenmesi için güçlü bir sebep yoksa, var olan koşullarda nasıl bir yol izlemelidir? Öncelikle, ciddi olumsuz bir değişim söz konusu değilse, defansif yatırımcının, hisselerinde var olan %3.5'lik kâr payı kazancına ve %4'lük *ortalama* yıllık değer artışına güvenebileceğini belirtelim. Daha sonra da açıklayacağımız üzere, bu artış aslında, dağıtılmamış kârlara karşılık gelen yıllık meblağlar kullanılarak, şirketlerin yaptığı yeni yatırımlardan kaynaklanmaktadır. Vergi öncesi bazda, yatırımcının hisse senetlerinin birleştirilmiş kazancı, sonradan, sözgelimi, yüksek-dereceli tahvil faizinden nispeten daha düşük olan %7.5'lik ortalamayı bulur.* Vergi sonrasında ise hisse senetlerinden gelen ortalama getiri yaklaşık %5.3 olarak[5] hesaplanır. Bu rakam, vergiden muaf orta-dereceli tahvillerde şimdi temin edilebilecek tutarın neredeyse aynısıdır.

* Graham'in tahmini ne ölçüde doğru çıktı? İlk bakışta oldukça doğru çıkmış gibi görünüyor: 1972'nin başından 1981'in sonuna kadar hisse senetleri yıllık %6.5'lik bir ortalama getiri elde etti. (Graham bu tahmininin periyodunu belirtmedi, ama 10 yıllık bir zaman dilimini düşündüğünü varsaymak mümkündür.) Fakat hisse senetlerinin ürettiği tüm kazancı tüketerek, enflasyon, bu periyot boyunca yıllık %8.6'ya ulaşmıştır. Bölümün bu kısmında Graham "Gordon Denklemi" olarak bilinen, aslında borsanın gelecekteki getirisinin mevcut kâr payı geliri ile beklenen gelir artışları toplamı olduğunu öne süren şeyi, özetlemektedir. 2003'ün başlarındaki %2'nin hemen altında olan bir kâr payı geliri, %2 civarındaki uzun-vadeli gelir artışı ve %2'nin biraz üstündeki enflasyon ile, gelecek ortalama yıllık kazancın kabaca %6 olması mümkündür. (Bölüm 3'teki açıklama kısmına bakınız).

1964 tarihli analiz ile kıyasladığımızda; bu beklentiler tahvil ile kıyaslandığında pek hisse senetleri lehinde değildir. (Bu sonuç kaçınılmaz olarak tahvil faizlerinin 1964 yılından beri hisse senedi getirilerine nazaran çok daha fazla yükseldiği temel gerçeğinden çıkar.) İyi tahvil faiz ve anapara ödemelerinin çok daha iyi korunduğunu ve dolayısıyla hisse senetlerinde oluşan kâr payı ve fiyat artışından daha kesin oldukları gerçeğini hiçbir zaman göz ardı etmemeliyiz. 1971'in sonuna doğru, tahvil yatırımının hisse senedi yatırımına göre belirgin olarak daha fazla tercih edilir olduğu sonucuna ulaşmak zorunda kaldık. Bu sonucun doğruluğundan emin olabilseydik, defansif yatırımcıya *bütün* parasını tahvile yatırmasını, ve var olan hisse senetlerinin lehine getirilerde önemli bir değişiklik gerçekleşene kadar, hisse senetlerine *hiç* para yatırmamasını tavsiye ederdik.

Sadece bugüne bakarak, tahvillerin hisse senetlerinden daha başarılı bir yatırım aracı olacağından emin olamayız. Okuyucu, hemen enflasyon faktörünü güçlü bir neden olarak aklına getirecektir. Bir sonraki bölümde, bu yüzyıl boyunca Amerika Birleşik Devletleri'nde yaşanan enflasyonla ilgili deneyimlerimizin, tahvil yerine hisse senedi tercih edilmesini desteklemediğini savunacağız. Artan bir enflasyonun, hisse senedini sabit dolar ödemeli tahvile tercih edilebilir hale getirme ihtimali -uzak bir ihtimal olarak değerlendirsek de- her zaman vardır.* Alternatif bir olasılık ise -yine uzak bir ihtimal olarak değerlendirdiğimizşudur: Amerikan iş dünyası, o kadar kâr sağlayıcı hale gelecektir ki yüksek enflasyon olmaksızın, önümüzdeki birkaç yılda, hisse senedi değerlerinde büyük bir artışı haklı çıkaracaktır. Nihayet, daha tanıdık bir olasılık var ki, bu da, temel değerlerde gerçek bir değişme olmadan da hisse senedi piyasasında bir başka büyük spekülatif yükselişe tanık olacağımızdır. Bunlara benzeyen ve aklımıza gelmeyen başka herhangi bir nedenin, daha yüksek getiri

* 1997'den, Enflasyon-Korumalı Hazine Menkul Değerleri (TIPS) uygulamaya konduğundan beri, hisse senetleri artık enflasyonun yükselmesini bekleyen yatırımcılar için otomatik olarak üstün olan seçenek olmamaya başlamıştır. Diğer tahvillerin aksine TIPS, Tüketici Fiyat İndeksi yükselince değerini artırmakta ve yatırımcıyı enflasyon sonrası para kaybından kurtarmaktadır. Hisse senetleri böyle bir garanti taşımamaktadır ve esasen, yüksek dereceli enflasyona karşı nispeten daha zayıf bir tercihtir. (Daha fazla ayrıntı için Bölüm 2'nin açıklama bölümüne bakınız.)

seviyelerinde bile yatırımcının %100 oranında tahvil yatırımına yoğunlaştığına pişman olmasına yol açma *ihtimali vardır.*

Belli başlı değerlendirmeler içeren bu küçük tartışmadan sonra, defansif yatırımcılar için yine -şöyle ki, portföylerinde tahvil benzeri varlıkların ve hisse senetlerinin her zaman önemli bir yeri olmuştur- aynı temel uzlaşma politikasını öne sürüyoruz. İki bileşen arasında basit bir 50-50 bölüşümünü korumaları, ya da minimum %25 ile maksimum %75 arasında değişen bir oranı seçebilecekleri, tezi hâlâ doğrudur. Sonraki bölümlerden birinde de bu alternatif politikalarla ilgili detaylı görüşümüzü belirteceğiz.

Hisse senetlerinin öngörülen toplam getirisi tahvil ile neredeyse eşit olduğundan, yatırımcı için şimdilik beklenen kazanç, parasını iki bileşen arasında nasıl bölüştürdüğü dikkate alınmaksızın, çok az bir değişikliğe uğrayacaktır. Yukarıda hesaplandığı üzere, toplam getiri, vergi öncesi yaklaşık %7.8, ya da vergi-muafiyetli (ya da muhtemel vergisi ödenmiş) bazda %5.5 civarında olmalıdır. Bu düzeyde bir getiri tipik muhafazakâr yatırımcının uzun-vadeli geçmişte kazanmış olduğundan gözle görülür bir oranda daha yüksektir. Bu oranda bir getiri, 1949 sonrası ağırlıklı olarak iyimser piyasanın 20 yılı boyunca hisse senetlerinin gösterdiği %14 civarındaki getiri ile karşılaştırıldığında çekici görünmeyebilir. Fakat 1949-1969 yılları arasında kazançlar ve kâr payları iki katına çıkarken, DJIA hisse fiyatlarının da beş kattan fazla arttığı unutulmamalıdır. O dönemin etkileyici piyasa rekorunun büyük kısmı, şirket değerlerindeki artıştan değil, yatırımcıların ve spekülatörlerin tutumlarındaki değişimden kaynaklanmaktaydı. Bir ölçüde, buna "bünye-içi operasyon" da denilebilir.

Defansif bir yatırımcının hisse senedi portföyünü tartışırken, yalnızca Dow Jones Sanayi Ortalaması 30 listesinde yer alan, önde gelen hisse senetlerinden bahsetmiş olduk. Yalnızca bir kolaylık sağlamak istedik, sadece bu 30 senedin satın alınmasının uygun olduğunu ima etmek istemedik. Aslında, Dow Jones listesine eşit kalitede ya da ortalamayı aşan birçok başka şirket mevcut; bunlara kamu hizmet kuruluşları da (ayrı bir Dow Jones ortalamalarıyla temsil edilirler) dahildir.* Ancak burada önemli olan, defansif yatırımcı açısından, tüm sonuçların bir listeden diğerine göre belirleyici bir şekilde farklı olmamasıdır ya da -yani daha kesin olarak- ne yatırımcının kendisi ne de brokeri hangi değişikliklerin olacağını tahmin etme yeteneğine sahiptir. Yetenek dolu ya da akıllı yatırım sanatının genel piyasaya göre daha iyi performans gösteren hisse senedi arzlarının seçiminde yattığı doğrudur. Başka farklı nedenlerden dolayı defansif yatırımcının genel olarak piyasa ortalamasından daha iyi sonuçlar alabilme yeteneği olduğuna ise şüpheyle yaklaşıyoruz.** (Şüphemiz yüksek meblağlı fonların uzmanlar tarafından yönetilmesine kadar uzanmaktadır.)

Anlatmak istediğimizi başlangıçta tam aksini kanıtlıyor gibi görünebilecek bir örnekle açıklamamıza izin verin. Aralık 1960 ile Aralık 1970 tarihleri arasında DJIA Endeksi 616'dan 839'a, yani oransal olarak %36 yükseldi. Fakat aynı dönemde çok daha büyük olan Standard & Poor's 500 Ağırlıklı Endeksi 58.11'den 92.15'e, yani %58'lik bir oranda yükseldi. Açıkça görülüyor ki, ikinci grup birinciye göre daha iyi bir "satın al" stratejisini kanıtlamış oldu. Ancak, kim 1960 yılında, tüm hisse senetlerinin bir çeşitlemesi gibi görünen bir indeksin, Dow'un aristokrat "otuz diktatör"üne üstün geleceğini tahmin edecek kadar gözü kara olabilirdi? Tüm bunlar, ısrarla belirttiğimiz gibi, bir kimsenin fiyat değişimleri hakkında yapacağı kesin veya göreceli tahminlerin sadece nadiren güvenilir olabileceğini kanıtlıyor.

Burada özür dilemeden tekrar etmek durumundayız -çünkü uyarı çok sık verilemez- yatırımcı piyasaya yeni çıkan arzlara, ya da herhangi bir türdeki "sıcak" menkul kıymetlere -yani hızlı kâr sağlayacağı için önerilenlere- yatırım yaparak, "ortalama bir so-

* Bugün, Dow Jones Endüstri Ortalaması'na alternatif olarak en geniş çapta mevcut bulunanlar Standard&Poor's'un 500-borsa endeksi ("S&P") ve Wilshire 5000 endeksidir. S&P kabaca ABD sermaye piyasasının toplam değerinin %70'ini oluşturan 500 büyük, tanınmış şirket üzerinde odaklanmaktadır. Wilshire 5000 ise Amerika'daki toplamda kabaca 6.700'ü bulan neredeyse tüm önemli, halka açık şirket senetlerini izlemektedir: fakat en büyük şirketler ortalamanın toplam değerinin çoğuna karşılık geldiği için, Wilshire 5000'in getirisiyle genellikle S&P 500'ünkü oldukça benzerdir. Pek çok düşük maliyetli ortak fon, yatırımcıların hisse senetlerini bu ortalamalarda tekil ve elverişli bir portfolyo olarak tutmalarını sağlamaktadır. (Bkz. Bölüm 9).

** Bkz. s. 376-378 ve s. 384-388.

nuç"tan daha iyisini umut edemez.* Ancak bunun tam tersinin uzun vadede gerçekleşeceği ise neredeyse kesindir. Defansif yatırımcı kendini, uzun dönemden beri kârlı şekilde faaliyet gösteren ve güçlü finansal yapıya sahip, önemli şirketlerin hisseleriyle sınırlandırmalıdır. (Kazancını hak eden her finansal analist böyle bir liste oluşturabilir.) Agresif yatırımcılar ise başka tür hisse senetleri satın alabilirler, ama bunlar kesinlikle, akıllı analizler sonucu saptanan cazip bir temel üzerine oturtulmalıdır.

Bu bölümü sonlandırmak için, kısaca defansif yatırımcı için üç adet tamamlayıcı kavram ya da uygulamadan bahsetmemize izin verin. İlki, kendi hisse senedi portföyünü yaratmanın alternatifi olarak, iyi yapılandırılmış bir yatırım fonuna yatırım yapılmasıdır. Aynı zamanda birçok eyalette vakıf şirketleri ve bankalar tarafından işletilen "ortak emanet fon"u veya "karışık fonlar"dan birini de değerlendirebilir, ya da birikimi önemli bir meblağda ise, tanınmış bir yatırım danışmanlığı şirketinin hizmetlerinden faydalanabilir. Bu şekilde standartlar çerçevesinde kendi yatırım programının profesyonel olarak yönetilmesini sağlayacaktır. Üçüncü ise basit bir şekilde, hisse senetlerine her ay veya her üç aylık dönemde aynı meblağda dolar yatırılması anlamına gelen "dolar maliyeti ortalaması" düzenidir. Böylece, piyasa düşük iken, piyasa yüksek olduğu zaman satın aldığından daha çok hisse senedi satın almış olur ve muhtemelen, tüm portföyü için daha tatmin edici genel bir fiyat düzeyi elde edecektir. Açıkça söylemek gerekirse, bu yöntem, "formül yatırımı" olarak bilinen uygulamanın daha kapsamlı şeklidir. Yatırımcının mevcutlarını minimum %25 ile maksimum %75 aralığında, piyasanın tersi yönde tutması şeklindeki önerimiz de üstü kapalı şekilde söylenmişti. Bu fikirler defansif yatırımcı için değerlidir ve sonraki bölümlerde yeterince tartışılacaktır.**

Agresif (Atak) Yatırımcının Bekleyeceği Sonuçlar

Girişimci bir yatırımcı, şüphesiz, defansif veya pasif ortağın-

* Daha fazla detay için, bkz. Bölüm 6.
** "İyi-yapılandırılmış yatırım fonları" hakkında daha fazla tavsiye için Bölüm 9'a bakınız. "Tanınmış yatırım-danışmanlığı şirketleri" tarafından sağlanan "Profesyonel İdare" Bölüm 10'da tartışılmıştır. "Ortalama dolar maliyeti" Bölüm 5'te açıklanmıştır.

dan daha iyi sonuçlar elde etmeyi arzu ve ümit edecektir. Öncelikle kendi sonuçlarının daha kötü olmayacağından emin olmalıdır. Wall Street'e çok miktarda enerji, çalışma ve doğal yetenek getirip, işin sonunda kâr yerine zararlarla çıkmak kolay düşülecek bir tuzaktır. Bu yetenekler yanlış yönlendirildiği takdirde, engellerden farksız hale gelirler. En önemlisi, girişimcinin, hangi eylem planlarının olası başarı şansı sunacağı, hangilerinin sunmayacağı konusunda açık bir anlayışla işe başlamasıdır.

Öncelikle, yatırımcıların ve spekülatörlerin genellikle ortalamanın üzerinde sonuçlar almak için denedikleri bazı yolları değerlendirmemize izin verin. Bunlar aşağıdakileri konuları kapsamaktadır:

1. PİYASADA ALIM SATIM YAPMAK. Genellikle piyasa yükselişe geçtiği zaman hisse senedi satın almak ve düşmeye başladığında ise bunları satmaktır. Seçilen hisse senetlerinin piyasa ortalamasına göre daha iyi "performans gösteren"ler arasından olması muhtemeldir. Profesyonellerin küçük bir kısmı sık sık açığa satışla uğraşır. Kendilerinin sahip olmadıkları fakat borsa mekanizması içinde ödünç aldıkları menkul değerleri satacaklardır. Amaçları, bu senetleri sattıklarından daha düşük bir fiyata geri satın alarak, bunların fiyatlarındaki sonradan ortaya çıkan düşüşlerden yararlanmaktır. (*Wall Street Journal*'dan sayfa 19'da yaptığımız alıntının da belirttiği üzere, "küçük yatırımcılar" -bu terim olmaz olsun!- bile bazen açığa satışta beceriksiz ellerini kullanmaya çalışırlar.)

2. KISA-VADELİ SEÇİCİLİK. Gelirleri artan ya da artması beklenen, ya da başka bazı elverişli gelişmenin beklendiği şirketlerden hisse senetleri satın almak demektir.

3. UZUN VADELİ SEÇİCİLİK. Burada çoğu zaman vurgulanan, gelecekte de devam etmesi mümkün görülen mükemmel bir büyüme geçmişidir. Bazı durumlarda "yatırımcı" henüz etkileyici sonuçlar göstermemiş olan ancak ileride yüksek bir kazanç göstereceği beklenen şirketleri de seçebilir.

(Bu tür şirketler çoğu zaman teknoloji alanındadır -örneğin bilgisayar, ilaç, elektronik -ve genelde özellikle gelecek vaat eden yeni işlemler ya da ürünler geliştirmektedirler.)

Yatırımcının bu sıralanan hareket alanlarındaki başarı şansının tamamı konusunda zaten negatif bir görüş öne sürdük. Birincisini, hem teorik hem de gerçekçi zeminde yatırım alanından bertaraf ettik: hisse senedi alım-satımı "ayrıntılı bir analiz yapılarak anaparanın korunmasını ve tatmin edici bir kazancı vaat eden" bir işlem değildir. Sonraki bölümlerden birinde hisse senedi alımsatımı üzerinde daha fazla duracağız.*

Yakın ya da uzak vadede en fazla ümit vaat eden hisse senetlerini seçmeye çabalayan yatırımcı iki tür sorunla karşılaşır; ilki insanların yanılma payından, ikincisi ise doğasındaki rekabetten kaynaklanır. Gelecekle ilgili tahminlerinde yanılmış olabilir; ya da haklı olsa bile cari piyasa fiyatı, yatırımcının beklentisini zaten tümüyle yansıtmış durumdadır. Yakın-vadeli seçicilik alanında, şirketin cari yıl sonuçları genellikle Wall Street'in ortak malıdır; bir sonraki yılın sonuçları da öngörülebilir oldukları sürece çoktan ciddi bir şekilde değerlendirilmeye başlamıştır. Bu nedenle, senetlerini, bu yılın yüksek sonuçları ya da gelecek yıl beklenenlere ilişkin olarak kendisine söylenenler bazında ustalıkla seçen kişi, başkalarının da aynı şeyi, aynı nedenle yaptığını muhtemelen fark edecektir.

Yatırımcının *uzak-vadeli* bir getiri amacıyla hisse senedi seçerken karşılaştığı engeller temelde aynıdır. Tahminlerde açık hata yapma ihtimali -havayolu örneğiyle sayfa 21'de açıkladığımız- yakın vadeli kazanımlara kıyasla, kesin olarak daha fazladır. Uzmanlar bu tür tahminlerde çoğu zaman yollarını şaşırdıkları için, Wall Street'in genellikle yanlış tahminlerde bulunduğu bir dönemde, yatırımcının doğru tahminlerde bulunarak büyük kâr sağlaması teorik olarak mümkündür. Ancak bu yalnızca teoriden ibarettir. Favori oyunları uzun-vadeli gelecek kazançları tahmin etmek olan profesyonel analistleri, kaç adet girişimci yatırımcı, keskin zekâ ve Tanrı vergisi yeteneklerine güvenerek yenebilir?

* Bkz. Bölüm 8.

Böylece, rahatsız edici de olsa, mantıklı olan şu sonuca varıyoruz: Sürdürülebilir olarak ortalamanın üstünde makul sonuçlar elde etme şansından yararlanmak için yatırımcı (1) doğası gereği sağlam ve gelecek vaat eden, ve (2) Wall Street'te popüler olmayan politikalar izlemelidir.

Atak yatırımcılar için böyle politikalar mevcut mudur? Yine teoride, cevap evet olmalıdır ve pratikte de cevabın olumlu olduğunu düşündürecek birçok sebep vardır. Herkes spekülatif hisse senedi hareketlerinin iki yönde de, genel piyasada çoğu zaman ve bireysel menkul değer ihraçlarının bazılarında ise her zaman, çok ileri gittiğini bilir. Dahası, bir hisse senedine, ilgi eksikliği ya da herhangi bir gerekçeye dayanmayan yaygın önyargı nedeniyle az değer biçilebilir. Daha da ileri giderek, hisse senedi pazarında inanılmayacak kadar büyük bir oranda -kibarca ifadeyle- uzuvlarından birini, diğerinden ayırt edemeyen kişilerin işlem yaptığını iddia edebiliriz. Bu kitapta, fiyat ve değer arasındaki çok sayıda (geçmiş) farkın üstünde duracağız. Görünüşe göre kafası rakamlara iyi çalışan her akıllı insana, Wall Street'te başka insanların aptallıkları üstünden geçinmek çocuk oyuncağı gibi gelmelidir. Görünen budur ama işler her nasılsa o kadar kolay yürümez. İhmal edilmiş ve bu nedenle fiyatı gerçek değerinin altında kalmış bir hisse senedine yatırım yapmak genellikle uzun süren ve sabır-sınayıcı bir deneyim ister. Fazla popüler ve aşırı değer biçilmiş bir hisse senedinin açığa satışı da bir insanın yalnızca cesaretini ve tahammülünü değil, aynı zamanda cüzdanını da sınama eğilimindedir.* Bu prensip sağlamdır, başarıyla uygulanması imkânsız değildir, ama kesinlikle, üstünde kolayca ustalaşılabilecek bir sanat da değildir.

* Bir hisse senedinin açığa satışında (shorting) hisse fiyatının yükseleceğini değil düşeceğini iddia edersiniz. Açığa satış üç adımlık bir süreçtir: İlk olarak, hisse senedi sahibi birinden hisse ödünç alırsınız, sonra hemen ödünç alınmış hisse senetlerini satarsınız; son olarak da bunların yerine sonradan aldığınız yeni hisse senetlerini koyarsınız. Hisse senedi düşerse, değiştirdiğiniz senetleri daha düşük bir fiyata almış olursunuz. Ödünç aldığınız hisse senetlerinin satış fiyatı ile yerine konan hisse senetleri için ödediğiniz fiyat arasındaki fark sizin brüt (komisyon masraflarıyla birlikte kâr payı ya da faiz giderleriyle azaltılmış) kârınız olur. Fakat hisse senedi fiyatı düşmek yerine yükselirse, potansiyel kaybınızın sınırı yoktur- açığa satış çoğu bireysel yatırımcı için kabul edilemez derecede spekülatiftir.

Bir de bu alanı bilenler için yıllardır bütününde minimum risk taşıyan, yıllık en az %20 kazanç getirenler arasında geniş bir "özel durumlar" grubu vardır. Bu gruba hisseler-arası arbitrajlar, şirket tasfiyesi aşamasında yapılan ödemeler ya da zararına satışlar, belli menkul kıymet türlerinin vade tarihinde fiyatı belli olan (hedge edilmiş) vadeli satışları girer. En tipik durum, belli hisse senetlerine ilan tarihindeki fiyatlarına kıyasla ciddi anlamda daha yüksek değer öngören, şirket birleşmesi ya da şirket satın alımı haberleridir. Bu tür işlemlerin sayısı son yıllarda oldukça artmıştır ve işin ehli olanlar için oldukça yüksek kazançlı bir dönem yaşanmış olmalıdır. Fakat, aynı zamanda birleşme ilanlarının çoğalmasıyla, birleşme engelleri ve yolunda gitmeyen işlemler de çoğalmıştır; bir zamanların bu güvenilir işlemlerinde birçok kişisel zarar da oluşmuştur. Muhtemelen, toplam kâr oranı da artan rekabet yüzünden düşmüştür.*

Bu tür "özel durumlar"ın zaman geçtikçe düşen kârlılığı, bu kitabın ömrü içinde ortaya çıkmış ve kendi kendine zarar veren bir tür sürecin -azalan gelirler kuralına benzer- kanıtı olmuştur. 1949 yılında geride kalan 75 yılın borsa dalgalanmaları üzerine DJIA'yı "merkezi" veya "yapısal" değerinin altında satın alacak ve bu değerin üstünde satacak bir seviye belirleyecek -getirilerine ve cari faiz oranlarına dayalı- bir formülü destekleyen bir çalışma sunabilirdik. Bu, Rotschild'lerin yönetim prensibinin bir uygulamasıydı: "Ucuza al ve pahalıya sat."** Aynı zamanda bu uygulama, hisse senedi fiyatları yükseldiği için satın alınması, düştüğü için de satılması gerektiği yönündeki kökleşmiş, ancak zararlı Wall Street prensibine karşı çıkma avantajına sahipti.

* 1980'lerin sonlarında, rakip şirket devir alımları ve işletmelerin borçlanarak satın alımları artınca, Wall Street bu karmaşık işlemlerin fiyatlandırılmasındaki hatalardan sağlanacak kârlar için kurumsal arbitraj şubeleri kurdu. Ancak o kadar başarılı oldular ki kolay kârlar ortadan kalktı ve bu şubelerin birçoğu kapatıldı. Graham bunu tekrar tartışsa da (sayfa 198-199) yalnızca multi-milyon dolarlık ticaretler buna değer bir kâr yaratabileceğinden, bu tür alım-satım artık bir çok insan için elverişli ve uygun değildir. Varlıklı bireyler ve kurumlar bu stratejiyi birleşme vb. arbitraj alanında uzmanlaşmış koruma amaçlı fonlar üzerinden kullanabilir.

** Nathan Mayer Rothschild öncülüğünde Rothschild ailesi on dokuzuncu yüzyıl Avrupa yatırım bankacılığı ve brokerliğinde egemen bir güçtü. Parlak bir tarih için bakınız, Niall Ferguson, *The House of Rothschild: Money's Prophets*, 1798-1848 (Viking, 1998).

Ne yazık ki, 1949 yılından sonra bu formül yürümedi. Hisse senedi piyasası hareketleriyle ilgili ünlü "Dow Teorisi" ismi verilen ikinci bir uygulama, 1897-1933 dönemi hakkında sunduğu mükemmel sonuçlar ile, çok daha kuşku uyandırıcı 1934 sonrası perfomansının karşılaştırılması ile ortaya çıktı.

Son günlerde artık pek rastlanmayan altın fırsatlara üçüncü ve son bir örnek ise: Wall Street'teki işlemlerin önemli bir kısmı, net cari varlık (işletme sermayesi) değerinin altında işlem gören *ucuz hisseler* üzerinde yoğunlaşmıştır; işletme hesabını ve diğer varlıkları hesaba katmadan, hisse senedinin karşısındaki tüm borçları düştükten sonra, sadece net cari varlıklara göre fiyatlanan hisseler. Bu hisse senetlerinin özel girişim olarak, firma değerinin altında satıldığı açıktır. Hiçbir mal sahibi ya da çoğunluk hissedar, sahip olduklarını gülünç derecede düşük bir fiyata satmayı düşünmez. İlginçtir ki, böyle anormalliklerin bulunması zor değildi. 1957 yılında, neredeyse 200 kadar bu tür hisse senedi ihracının piyasada mevcut olduğunu gösteren bir liste yayımlanmıştı. Farklı yollarla bu ucuz hisse senetleri kâr getirmeye başladı ve ortalama yıllık getirileri diğer birçok yatırıma kıyasla daha yüksek gerçekleşti. Ancak, bir sonraki on yıllık dönemde, girişimci yatırımcıların kurnaz ve başarılı işlem için emniyetli gördükleri bir alan da bu senetler ile birlikte borsadan kayboldu.1970'te hüküm süren düşük fiyatlarda yeniden hatırı sayılır sayıda "işletme sermayesinin altında" ihraçlar ortaya çıktı ve piyasa güçlü bir şekilde iyileşmesine rağmen, bunu senetlerin ancak yeterli bir kısmı,normal boyutlu bir portföyü makyajlamak amacıyla, yıl sonuna kadar devam edebildi.

Günümüz koşullarında, girişimci yatırımcı ortalama sonuçlardan daha yüksek getiri almak için hâlâ çeşitli olanaklara sahip. Pazarlanabilir menkul değerlerden oluşan büyük bir listede, yeterli miktarda gerçek değerinin altında hisse senedi mevcut olmalıdır. Bu senetler mantıksal ve makul oranda güvenilecek standartlara göre değerlendirilmelidir. Böyle bir portföy ortalama olarak DJIA'dan ya da benzeri temsili listelerden daha tatmin edici sonuçlar sunmalıdır. Görüşümüze göre, bu senetlere yatırım yapmak, portföyündeki hisse senedi kısmının yıllık ortalama getirisine, diyelim ki %5, (vergiler hariç) ilave etmeyi umut etmediği sürece, yatırımcının çabalarına değmeyecektir. Aktif yatırımcının kullanımı için bu türden bir ya da daha fazla "hisse senedi seçme yöntemi" geliştirmeye gayret edeceğiz.

BİRİNCİ BÖLÜM ÜZERİNE YORUMLAR

İnsanlığın tüm mutsuzlukları tek bir şeyden gelir: Bir odada nasıl hareketsiz duracağını bilememekten.

-Blaise Pascal

New York Borsası'nın zeminindeki brokerlerin kapanış ziliyle- o gün piyasa ne yapmış olursa olsun- her zaman neşelenmeleri neden sanıyorsunuz? Çünkü ne zaman alım-satım yaparsanız, onlar para kazanıyor- siz kazansanız da kazanmasanız da. Yatırım yapmak yerine spekülasyon yaparak, kendi servetinizi inşa etme şansınızı düşürüp başkalarının şansını yükseltiyorsunuz.

Graham'in yatırım tanımı daha açık olamazdı: "Bir yatırım işlemi, kapsamlı bir analiz yoluyla anapara güvenliğini ve bunun üzerine yeterli bir getiriyi vaat eden bir işlemdir."[1] Graham'e göre yatırım yapmanın eşit ölçüde üç unsurdan oluştuğuna dikkat ediniz:

- Hisse senedini satın almadan önce şirketi ve altında yatan faaliyetin sağlamlığını derinlemesine incelemelisiniz,
- Ciddi kayıplara karşı kendinizi planlı bir şekilde korumalısınız,
- Olağanüstü performans yerine "yeterli" performans peşinde olmalısınız.

[1] Graham, tanımlamasındaki anahtar terimlerin her birini ayrıntıyla anlatarak daha da ileri gider: "Analiz yoluyla" sözü "kurulu güvenlik ve değer standartları ışığında durumları incelemek" anlamına gelirken, "anapara güvenliği" normal veya makul durumlar ve değişik durumlarda "kayıplara karşı koruma"nın önemini vurgulamaktadır ve "yeterli" (ya da "tatmin edici") kazanç ise "herhangi oran veya miktarda olan, fakat düşük, ancak yatırımcının makul bir akılla hareket ettiği müddetçe kabul etmeye hazır olduğu kazanç" demektir. (Security Analysis, 1934 ed, s. 55-56)

Bir yatırımcı, bir hisse senedinin değerini, şirketin değerini, baz alarak hesaplar. Bir spekülatör ise bir başkası daha fazla ödeyeceği için hisse senedinin bedelinin yükseleceği üzerine kumar oynar. Graham'in bir keresinde ifade ettiği gibi, spekülatörler "standartlarını piyasa fiyatı üzerinden" esas alırlarken, yatırımcılar "piyasa fiyatına, şirket değerinin var olan standartlarına göre" değer biçiyorlar.[2] Bir spekülatör için hisse senedi kotalarının sürekli dalgalanışı oksijen gibidir; bağını kesersin ve ölür. Bir yatırımcı için Graham'in "kotasyon" dediği değerler çok daha az önem taşır. Graham ancak, günlük hisse fiyatını bilmenizin imkânı olmadığı hallerde bile, sahibi olmaktan rahat hissedeceğiniz hisselere yatırım yapmanıza teşvik etmektedir.[3]

Kumar ya da at yarışı oynamak gibi, piyasada spekülasyon yapmak, heyecanlı ve hatta (olur da şansınız yaver giderse) ödüllendirici olabilir. Fakat bu servetinizi inşa etmenin hayal edilebilecek en kötü yoludur. Bunun sebebi Wall Street'in, Las Vegas, ya da hipodrom gibi, oranları, her zaman kurumun galip geleceği şeklinde ve sonunda kurumu yenmeye çalışan herkesin aleyhine olacak şekilde ayarlamasıdır.

Öte yandan, *yatırım* -lehine olan kurallara göre oynadığın takdirde sonunda kaybetmediğin- kendine özgü bir kumarhanedir. Yatırım yapanlar kendileri için, spekülasyon yapanlar, brokerleri için para kazanırlar. Bu, Wall Street'in, yatırımın dayanıklı erdemlerini önemsiz gösterip, spekülasyonun şatafatlı görünümünü abartmasının nedenidir.

YÜKSEK HIZDA TEHLİKELİ

Graham, spekülasyonu yatırımla karıştırmanın daima bir hata olduğu konusunda uyarıda bulunuyor. 1990'larda bu karışıklık büyük bir yıkıma yol açtı. Hemen hemen herkes, görünen o ki, bir anda sabrını yitirdi ve Amerika, ağustos ayında samanlıkta pır pır eden çekirgeler gibi, bir hisse senedinden diğerine zıplayan tacir nüfusuna sahip bir Spekülasyon Devleti haline geldi.

[2] Security Analysis 1934 ed., s.310.

[3] Graham'ın bir röportajda tavsiye ettiği üzere, "Kendinize sorun: Bu hisseler için bir piyasa olmasaydı bu koşullarda bu şirkete yatırım yapmak ister miydim?" (Forbes, Ocak 1, 1972, s.90.)

İnsanlar bir yatırım tekniğinin test edilişinin sadece onun "işe yarayıp yaramaması" olduğuna inanmaya başladılar. Eğer herhangi bir dönemde piyasanın üstüne çıkmışlarsa, taktikleri ne kadar tehlikeli veya aptalca olsa da insanlar "haklı" olduklarıyla ilgili böbürlenmeye başladılar. Ancak, akıllı yatırımcının geçici haklılıklara ilgisi yoktur. Uzun vadeli finansal hedeflerinize ulaşmak için sürdürülebilir ve güvenilir bir şekilde haklı olmalısınız. 1990'larda çok moda olan teknikler -günlük alım-satım, çeşitlendirmenin göz ardı edilmesi, sıcak yatırım fonları çevirmek, hisse senedi seçimi "sistemlerini" takip etmek- işe yarar gibi göründü. Fakat, Graham'ın yatırım kriterlerinin üçünü birden karşılamakta başarısız oldukları için, uzun vadede galip gelme şansları yoktu.

Geçici yüksek kazançların hiçbir şey ispat etmediğini anlamak için birbirinden 130 mil uzaklıkta iki yer hayal edin. Saatte 65 mil hızla seyredersem bu uzaklığı iki saatte gidebilirim. Fakat 130 mil hızla bir saatte giderim. Bunu dener ve hayatta kalırsam "haklı" mı oluyorum? Bunu başardığımı böbürlenirken beni duyduğunuz için, siz de mi denemeye kalkışmalısınız? Piyasanın üstüne çıkmak için cafcaflı numaralar hemen hemen aynıdır: kısa sürede şansınız yaver gittiği ölçüde işe yararlar. Zaman içinde, sizi ölüme sürüklerler.

1973 yılında Graham'in *Akıllı Yatırımcı*'yı son revize edişinden sonra New York Borsası'ndaki yıllık devir hızı oranı %20 idi, yani tipik bir hissedar, satmadan önce bir hisseyi beş yıl boyunca elinde tutmuştu. 2002'de devir hızı oranı %105'e vurmuştu- 11.4 aylık bir elde tutma dönemi. 1973'te yaklaşık üç yıl olan ortalama yatırım fonu hisse senedi elde tutma süresi, 2002'de yalnızca 10.9 aya düştü. Bu durum sanki, yatırım fonu yöneticilerinin hisse senetlerini, onları aslında satın almamaları gerektiğini öğrenmelerine yetecek kadar sürede incelemeleri ve sonra onları derhal bırakıp baştan başlamaları gibidir.

En saygın para-yönetim firmaları bile sabırsızlaşmıştır. 1995 başlarında Fidelity Magellan'ın (sonraları dünyanın en büyük yatırım fonu) yöneticisi Jeffey Vinik varlıkların %42.5'ini teknoloji hisse senetlerine yatırdı. Vinik, hissedarlarının çoğunun "yıllar sonrasına dair hedefleri için fonlara yatırım yaptıklarını" beyan etti ve "Bence amaçları benimkilerle aynı ve benim gibi inanıyorlar ki uzun vadeli bir yaklaşım en iyisidir" dedi. Fakat bu yüce gönüllü kelimeleri yazdıktan altı ay sonra, Vinik sekiz çılgın haftada yaklaşık 19 milyar dolarlık bir değeri boşaltarak, tüm teknoloji hisse senetlerini sattı. "Uzun vade"de bu kadarmış! 1999'da Fidelity'nin indirimli brokerlik bölümü, Palm el bilgisayarı kullanarak -firmanın yeni sloganı "Her saniye önemlidir" ile tam uyumlu olmuştur- müşterilerinin her an her yerde, alım-satım yapmasını teşvik ediyordu.

ŞEKİL 1-1 Hisse Senedini Elde Tutma Süreleri

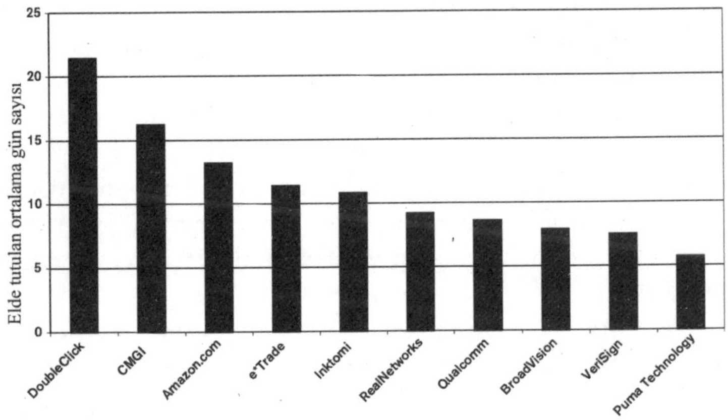

Şekil 1-1'de görüldüğü üzere NASDAQ borsasında hisse devir hızı.[4]

1999'da Puma Technology hisseleri, örneğin, ortalama her 5.7 günde bir el değiştiriyordu. NASDAQ'ın görkemli sloganına -"Sonraki Yüz Yıl İçin Hisse Senedi Piyasası"- rağmen müşterilerinin çoğu, bir hisse senedine yüz saat bile ancak dayanabiliyordu.

[4] Kaynak: Steve Galbraith, Stanford C. Berstein & Co. araştırma raporu 10 Ocak 2000. Bu tablodaki hisse senetlerinin 1999'da ortalama getirisi %1196.4'tü. 2000'de ortalama %79.1, 2001'de %35.5, 2002'de 1999'un tüm kazançlarını ve sonra birazını yok ederek- %44.5 kaybetti.

FİNANSAL VİDEO OYUNU

Wall Street, online alım-satım yapmanın kulağa, para basmanın hızlı bir yolu gibi gelmesine neden oluyordu: Morgan Stanley firmasının online cephesi olan Discover Brokerage, dağınık bir çekici kamyonu sürücüsünün zengin görünümlü bir yöneticiyi yoldan almasını içeren bir TV reklamı çekiyor. Gösterge panelinde tropikal bir sahil fotoğrafı dikkatini çeken yönetici sorar: "Seyahat?" "Aslında, orası benim evim" diye cevaplar sürücü. Şaşıran takım elbiseli "Bir adaya benziyor" der. Sessiz bir zaferle sürücü cevaplar, "Teknik olarak, orası bir ülke."

Propaganda daha da ileri gitti. İnternetten yapılan işlemler düşünme ve çalışma gerektirmiyordu. İnternet brokeri Ameritrade'in bir televizyon reklamı, koşudan dönen iki ev kadınını gösteriyordu; biri bilgisayarını açar, mouse'una birkaç kez tıklar ve sevinçten havalara uçar. "Sanırım az önce 1700$ kazandım!" Waterhouse aracı kurumu bir televizyon reklamında ise birisi basketbol koçu Phil Jackson'a "Alım-satım yapmakla ilgili hiçbir şey biliyor musun?" diye sorar. Cevabı: "Şu an yapacağım." (Bu felsefeyi sahaya taşısaydı, Jackson'ın NBA takımları kaç tane maçı kazanırdı? Bir şekilde, diğer takım hakkında hiçbir şey bilmeden "Onlarla oynamaya hazırım şimdi" demek şampiyonluk formülü gibi gelmiyor kulağa.)

1999 yılına gelindiğinde en az altı milyon insan internetten alım-satım yapıyor -ve kabaca bunların onda biri interneti ışık hızında hisse senedi alıp satmak için kullanıp günlük işlem yapıyordu. Barbra Streisand gibi şov dünyasında olanlardan New York Queens'li 25 yaşındaki garson Nicholas Birbas'a kadar herkes, sıcak kömür tutuyormuş gibi hisse senetlerini fırlatıp duruyordu. "Önceleri, uzun vadeli yatırım yapıyordum ama sonra bunun akıllıca olmadığını fark ettim" diye küçümsedi Birbas. Şimdi, Birbas günde 10 kereye kadar hisse senedi alıp satıyor ve yılda 100.000$ kazanmayı bekliyor. "Kazanç veya kayıp sütunumda kırmızı görmeye dayanamıyorum. Ben Boğa burcuyum, bir boğayım, bu yüzden kırmızıya tepki gösteriyorum. Kırmızı gördüğümde hızlıca hisselerimi satıyorum" diyerek ürkütüyordu Fortune'la yaptığı bir röportajda Streisand.[5]

Barlar, kuaförler, mutfaklar, kafeler, taksiler ve kamyon duraklarında hisse senetleriyle ilgili devamlı veri yayını yapan finansal websiteleri ve finansal televizyon, hisse senedi piyasasını kesintisiz bir ulusal video oyununa dönüştürdü. Halk, kendisini hiç olmadığı kadar piyasa hakkında bilgili hissetti. Ne yazık ki, insanlar veriler içinde boğulurken, bilgi ise hiçbir yerde yoktu. Hisse senetleri, onları piyasaya çıkaran şirketlerden -saf soyutlamalar, televizyon veya bilgisayar ekranında hareket eden sinyaller- tamamen ayrıştırılmış hale geldi. Sinyaller yukarı doğru çıkıyorsa, başka hiçbir şeyin önemi yoktu.

20 Aralık 1999'da Juno Online Services çığır açan bir iş planı ortaya çıkardı: Bilerek olabildiğince çok para kaybetmek. Juno bundan böyle tüm perakende hizmetlerini bedavaya -e-posta veya internet erişimi için para almadan- yapacağını ve sonraki yıl reklam için milyonlarca dolar harcayacağını anons etti. Bu kurumsal harakiri bildirisinin üzerine, Juno'nun hisse senetleri iki gün içinde 16.375$'dan 66.75$'a yükseldi.[6]

Neden bir işin kârlı olup olmadığını, bir şirketin hangi mal ve hizmetleri sağladığını ya da yönetiminin kim olduğunu veya hatta şirketin adını öğrenmeye tenezzül edilsin ki? Hisse senetleriyle ilgili tüm bilmeniz gereken, borsa fiyatlarında geçen göz alıcı kodlar: CBLT, INKT, PCLN, TGLO, VRSN, WBVN.[7] Bu yolla, o rahatsız edici iki dakikalık gecikmeye yol açan internet üzerinde bir araştırma yapmadan, onları çok daha hızlı satın alabilirsiniz. 1998 yılı sonlarında küçük çaplı, hisseleri çok az işlem gören bir bina bakım şirketi olan Temco Services'ın hisse senedi rekor bir seviyede, birkaç dakika içinde üç katına çıktı. Neden mi? Finansal yazı okuma körlüğünün tuhaf bir şekli olarak, binlerce hisse senedi alım-satım yetkilisi, onun borsadaki sembolü olan TM-

[5] Streisand yıldızları gözlemek yerine Graham'ı izlemeliydi. Akıllı yatırımcı asla bir hisse senedini yalnızca hisse fiyatı düştü diye bırakmaz; önce şirketin zeminindeki faaliyet değerinin değişip değişmediğini sorgular.

[6] Yalnızca 12 ay sonra Juno'nun hisseleri 1.093$'a düştü.

[7] Borsa sembolü, genellikle şirket isminin bir ila dört harfinden oluşan, alım-satım için hisse senetlerini tanımlayan bir kısaltmadır.

CO'yu, hisse senetlerinin ticaretine o gün ilk kez başlanan bir internet sevdası Ticketmaster Online'ın (TMCS)'ın sembolüyle karıştırdığı için.[8]

Oscar Wilde, toplumsal değerleri küçümseyen birisinin "herşeyin fiyatını bilmesi fakat hiçbirinin değerini bilmemesi"yle dalga geçmişti. Bu tanımın ışığında, hisse senedi piyasasıyla her zaman dalga geçilebilirdi, ama 1990'ların sonu, Oscar'ın kendisini bile şaşırtabilirdi. Fiyat hakkında iyi pişirilmemiş bir fikir, değeri tümüyle incelenmemiş olsa bile, bir şirketin hisse senedini ikiye katlayabilirdi. 1998 yılı sonlarında CIBC Oppenheimer'da bir analist olan Henry Blodget "Tüm internet hisse senetlerinde olduğu gibi değer biçme, açıkça bilimden daha ziyade, bir sanat gibidir" diyerek uyarmıştı. Daha sonra, yalnızca gelecekteki büyüme olasılığından bahsederek, Amazon.com'daki "fiyat hedefini" ani bir saldırıyla 150$ dan, 400$'a çıkardı. Amazon.com o gün -Blodget'in hedef fiyatın bir yıllık tahmin olduğu protestolarına rağmen- %19 oranında yükseldi ve yalnızca üç haftada 400$'ı aştı. Bir yıl sonra, PainWebber analisti Walter Piecyk, Qualcomm hisse senetlerinin önümüzdeki 12 ay içinde senet başına 1.000$'ı vuracağını öngördü. Hisse senetleri -o yıl zaten %1.842'ye yükselmiş olan- o gün senet başına 659$'ı vurarak %31'lik bir artış daha yaptı.[9]

FORMÜLDEN FİYASKOYA

Etekleriniz tutuşmuşçasına alım-satım yapmak, spekülasyonun tek biçimi değildir. Geçtiğimiz on yıl boyunca bir spekülatif formülün ardından bir başkası yükseltildi, popülerleştirildi ve sonra bir kenara atıldı. Her biri birkaç özelliğe sahipti -Bu hızlı! Bu kolay! Hiç acıtmayacak da!- ve bunların hepsi Graham'ın yatırım ve spekülasyon arasında yaptığı ayrımlarından en az birini ihlal etti. İşte fos çıkan moda formüllerden birkaçı:

[8] Bu, 1990'ların sonlarında günlük alım-satımcıların yeni çıkmış bir internet şirketinin borsa sembolüyle karıştırıp yanlış hisse senetlerinin fiyatlarını yükselttiği şeklinde en az üç benzer hal görüldüğünden, izole bir olay değildi.

[9] 2000 ve 2001'de Amazon.com ve Qualcomm kümülatif toplamda sırasıyla %85.8 ve %71.2 değer kaybetti.

- **Takvimden yararlanmak.** "Ocak etkisi" -küçük hisse senetlerinin yeni yıla girerken büyük kazanımlar üretme eğilimi- 1980'lerde basılan akademik makale ve popüler kitaplarda geniş ölçüde desteklenmişti. Bu çalışmalara göre, aralığın ikinci yarısında küçük hisse senetleri satın alır ve onları ocağa kadar tutarsanız piyasanın yüzde 5 ile 10 arasında üstüne çıkmış olursunuz. Bu birçok uzmanı hayran bırakmıştı. Sonuçta, bu kadar kolay olsaydı, pek tabii ki herkes bunu duyar, çoğu bunu uygular ve bu fırsatta kaybolup giderdi.

Ocak şokuna sebep olan neydi? İlk olarak, pek çok yatırımcı vergilerinden düşülebilecek olan zararlar için en kötü durumdaki hisse senetlerini yılın sonuna doğru satıyor. İkinci olarak, başarılarını muhafaza etmeyi (ya da başarısızlıklarını en düşük seviyeye indirmeyi) hedefleyen profesyonel para yöneticileri, yılın sonlarına yaklaştıkça daha dikkatli olmaya başlıyorlar. Başarısız bir hisse senedi aynı zamanda küçük ve belirsiz ise, bir para yöneticisi yıl sonu varlıkları listesinde onu göstermeye çok daha az hevesli olacaktır. Tüm bu faktörler küçük hisse senetlerini anlık pazarlıklara dönüştürüyor; ocak ayında vergiye yönelik satışlar durduğu zaman sağlam ve çabuk bir kazanım üreterek tipik olarak geri zıplıyorlar.

Ocak etkisi henüz yitip gitmedi, ama zayıfladı. Rochester Üniversitesi finans profesörü William Schwert'e göre aralık sonlarında küçük hisse senetleri satın aldıysanız ve ocak başında onları sattıysanız 1962'den 1979'a kadar piyasanın 8.5, 1980-1989 arası 4.4., 1990-2001 arası ise 5.8 puan oranında üstüne çıkmış olursunuz.[10]

Daha çok insan ocak etkisini öğrendikçe, daha çok borsa simsarı küçük hisse senetleri alarak, pazarlık payını azaltıp, böylece kazançların azalmasına yol açmışlardır. Ayrıca, ocak etkisi en çok küçük hisse senetleri arasında görülür- ancak alım-satım harcamalarında öncü otorite Plexus Grup'a göre, böylesi küçük hisselerin alım-satımından doğan toplam masraflar, yatırımınızın %8'ine kadar çıkabilir. Ne yazık ki, brokerine öde-

[10] Schwert bu bulunanları harika bir araştırma yazısında tartışır, "Anomalies and Market Efficiency", http://schwert.ssb.rochester.edu.7papers.htm.'de bulunabilir.

meni yaptığında, ocak etkisinden sağlanan tüm kazanımların eriyip gidecek.

- **Sadece "işe yarayanı" yap.** 1996'da James O'Shaughnessy adında az tanınmış bir para yöneticisi *What Works on Wall Street* isimli bir kitap yayımladı. Kitapta, "yatırımcıların piyasadan çok daha iyi yapabileceğini"ni tartıştı.[11] O'Shaughnessy dudak uçuklatan bir iddiada bulundu: 1954'ten 1994'e kadar, piyasanın 10 katı -yıllık ortalama %18.2 büyüklüğünde bir kazanç- üstüne çıkıp 10.000$'ı 8.074.504$'e çıkarabilirdiniz. Nasıl mı? En yüksek yıllık kazancı sağlamış, aralıksız beş yıllık süreyle yükselen gelirlere sahip, hisse fiyatları şirket gelirinin 1.5 katından düşük, 50 hisse senedinden oluşan bir sepet satın alarak.[12] Wall Street'in Edison'uymuş gibi, O'Shaughnessy "otomatikleştirilmiş stratejileri" için ABD Patent No 5,978,778 almış ve buluşlarını temel alan dört adet yatırım fonundan oluşan fon grubunu piyasaya sürmüştür. 1999 yılı sonlarında fonlar halktan 175 milyon dolardan fazla yatırım almıştı - ve hissedarlara yıllık mektubunda görkemli bir şekilde "Her zaman olduğu gibi beraberce, rotadan şaşmayarak ve zamanı test etmiş yatırım stratejilerimize bağlı kalarak, uzun vadeli hedeflerimize ulaşabiliriz" demiştir.

Fakat O'Shaughnessy'in duyurusundan sonra "Wall Street'te işe yarayan" artık işe yaramamaya başladı. Şekil 1-2'de görüldüğü üzere, fonlarının ikisi o kadar dibe vurdu ki 2000'in başlarında kapatmak zorunda kaldılar ve tüm hisse senedi piyasası (S&P 500 endeksine göre) neredeyse dört yıl boyunca O'Shaughnessy'nin tüm fonlarını tepetaklak etti.

[11] Plexus Grup açıklaması 54'e bakınız, "The Official Icebergs of Transaction Costs" Ocak 1998, www.plexusgroup.com/fs_research.html.

[12] James O'Shaughnessy, *What Works on Wall Street* /McGraw-Hill, 1996), s. xvi, 272-295.

ŞEKİL 1-2 Wall Street'te Bir Zamanlar İşe Yarayan...

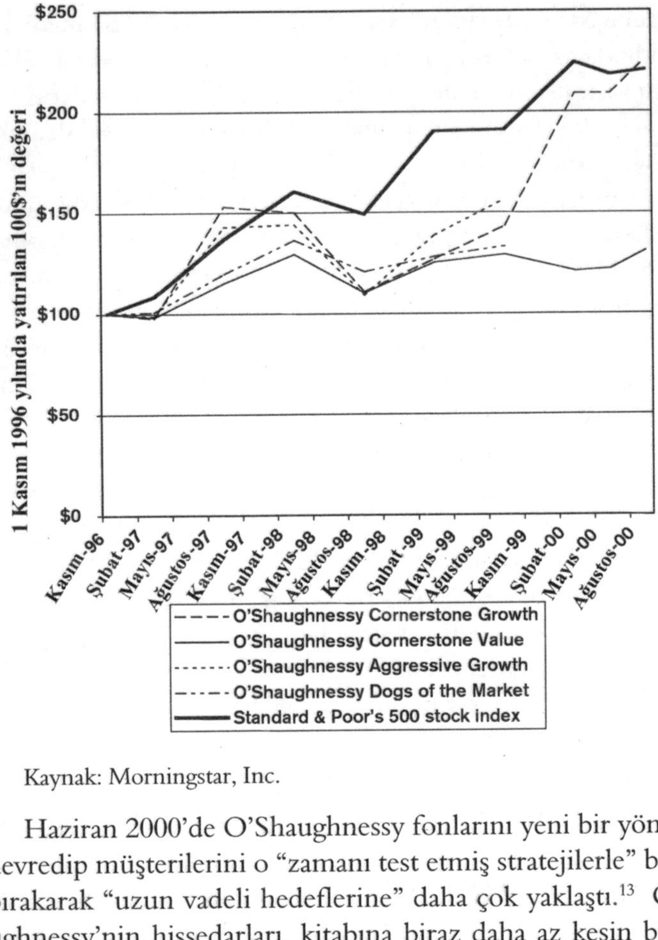

Kaynak: Morningstar, Inc.

Haziran 2000'de O'Shaughnessy fonlarını yeni bir yöneticiye devredip müşterilerini o "zamanı test etmiş stratejilerle" baş başa bırakarak "uzun vadeli hedeflerine" daha çok yaklaştı.[13] O'Shaughnessy'nin hissedarları, kitabına biraz daha az kesin bir isim koysa belki de daha az kızgın olurlardı- örneğin *Wall Street'te Bir Zamanlar İşe Yarayan...Ben bu Kitabı Yazana Kadar*.

[13] Hayatta kalan iki O'Shaughnessy fonunun (şimdi Hennesy fonları olarak biliniyor) O'Shaughnessy'nin idareyi bir başka şirkete bıraktığını anons etmesinden sonra epey iyi performans göstermeye başlaması dikkate değer bir ironidir. Fonların hissedarları öfkeliydi. www.morningstar.com'da bir konuşma odasında biri hiddetlendi: "Sanırım O'S. için 'uzun vade' 3 yılmış... Acınızı anlıyorum, ben de O'S'nin metoduna inanmıştım... Pek çok arkadaş ve akrabaya bu fondan bahsetmiştim, şimdi tavsiyeme uymadıkları için memnunum."

- **"The Foolish Four"u takip et.** 1990'ların ortalarında Motley Fool web sitesi (ve birçok kitap) "Aptal dörtlü" denen bir teknolojinin aydınlıklarını abarttı. Motley Fool'a göre yatırımlarınızı planlarken "son 25 yıldaki piyasa ortalamalarını kırıp dökebilirdiniz" ve "yılda yalnızca 15 dakika" harcayarak "yatırım fonlarınızı ezebilirdiniz". En iyisi ise, bu teknik "minimal risk" taşıyordu. Yapmanız gerekenler sadece şunlardı:

1. Dow Jones Endüstri Ortalaması'nda en düşük hisse fiyatı ve en yüksek temettü geliri olan beş hisse senedi seçin.
2. En düşük fiyatlı olanı dikkate almayın.
3. İkinci en düşük fiyatlı hisse senedine paranızın %40'ını koyun.
4. Geriye kalan üç hisse senedinin her birine %20 koyun.
5. Bir yıl sonra, Dow'u aynı şekilde ayıklayın ve birinci adımdan dördüncüye kadar portföyü yeniden ayarlayın.
6. Servet sahibi olana kadar tekrarlayın.

Motley Fool, 25 yıllık bir dönemin sonunda, bu tekniğin piyasanın yıllık yüzde 10.1 üstüne çıkacağını iddia etti. Takip eden iki adet on yıllık dönem boyunca, The Foolish Four'da yatırılan 20.000$'ın 1.791.000$'a dönüşeceğini ileri sürdüler. (Temettü gelirinin, fiyatının kare köküne oranı en yüksek olan, 5 adet Dow endeksine dahil hisseyi seçerek daha da iyisini yapabilirdiniz, en yüksek orana sahip olanı bırakıp, geride kalan 4 adedi seçerek.) Bu stratejinin Graham'ın yatırım tanımlamasıyla uyuşup uyuşmadığını değerlendirelim:

- Ne tür bir "analiz yolu", en çekici fiyat ve temettüsü olan hisseyi atmayı fakat arzu edilen nitelikleri daha düşük olan dördünü tutmayı haklı gösterebilir?
- Paranızın %40'ını sadece bir tane hisse senedine yatırmak nasıl olur da "minimal risk" taşır?
- Yalnızca dört hisse senedinden oluşan bir portföy, nasıl olur da anapara güvenliğini sağlamaya yetecek kadar çeşitlendirilmiş olabilir?

Kısacası The Foolish Four şimdiye kadar düzenlenmiş en gülünç hisse senedi seçimi formüllerinden biriydi. The Fools, O'Shaughnessy'nin yaptığı hatanın aynısını yaptı: Büyük miktardaki verilere yeterince uzun süre bakarsan devasa sayıda model belirecektir- yalnızca şans eseri olarak. Yalnızca bir rastlantı olarak, ortalamanın üstünde hisse senedi kazancı yaratan şirketler, birçok ortak şeye sahip olacaktır. Ancak bu unsurlar, hisse senetlerinin üstün performans göstermesini sağlamadığı sürece, gelecek kazançlar için tahmin yapmakta kullanılamazlar.

Motley Fools'un -en iyi skoru veren hisse senedini bırakarak, ikinci en yüksek skorluyu ikiye katlayarak, temettü gelirini stok fiyatının kare köküne bölerek- "keşfettiği" faktörlerden hiçbiri, bir hisse senedinin gelecek performansına sebep ya da açıklama oluşturamaz. Money dergisi, isimleri tekrarlayan harf içermeyen hisse senetlerinin de neredeyse The Foolish Four kadar performans gösterebileceğini bulmuştur -aynı nedenden dolayı: Tamamen şans.[14] Graham'in bize hatırlatmaktan asla bıkmadığı gibi, hisse senetlerinin gelecekte iyi ya da kötü gitmelerinin altında yatan neden, şirket faaliyetlerinin iyi ya da kötü olmasıdır, bundan ne eksiği ne de fazlasıdır.

Beklendiği gibi, piyasayı ezip geçmek yerine, The Foolish Four, bunun bir yatırım biçimi olduğuna inandırılmış binlerce insanı ezdi geçti. Sadece 2000 yılında bile dört Foolish hisse senedi -Caterpillar, Eastman Kodak, SBC ve General Motors- Dow'un yalnızca %4.7 düşmesine rağmen- %14 kaybettiler.

Bu örneklerin bize gösterdiği gibi, Wall Street'te, fiyatların düşmekte olduğu bir borsada asla zarar görmeyen tek bir şey var: salak fikirler. Tüm bu sözde yatırım yaklaşımlarından her biri Graham'in yasasına yenik düşmüştür. Daha yüksek hisse senedi performansı kazandıran her mekanik formül "bir çeşit kendi kendine zarar verici bir süreçtir- azalan getiriler kanununa benzer". Kazançların yok olmasının iki sebebi vardır. Formül yalnızca rastgele istatistiksel şansa dayanıyorsa (The Foolish Four gibi) tek

[14] Bakınız Jason Zweig, "False Profits", *Money*, Ağustos, 1999 s. 55-57. The Foolish Four'un detaylı bir tartışması ayrıca www.investorhome.com/fool.htm.'de de bulunabilir.

başına zamanın akışı bile, başından beri mantıklı olmadığını açığa çıkaracaktır. Öte yandan, formül geçmişte aslında işe yaramışsa (Ocak etkisinde olduğu gibi) daha sonra bunu ilan edince, piyasa uzmanları gelecekte işe yarama ihtimalini her zaman tüketir - ve genellikle elerler.

Tüm bunlar Graham'in, spekülasyonu kıdemli kumarbazların kumarhaneye yaptıkları ziyaretlerinde davrandıkları gibi ele almamız konusunda yaptığı uyarıyı destekler niteliktedir:

- Spekülasyon yaparken, yatırım yapıyormuş düşüncesiyle kendinizi asla kandırmamalısınız.
- Ciddiye almaya başladığınız anda spekülasyon ölümcül derecede tehlikeli olur.
- Bahse koyacağınız miktar konusunda katı sınırlar koymalısınız.

Aklı başında kumarbazların, kumarhane katına, diyelim ki,100$ ile giderek, paranın geriye kalanını otel odasının kasasında kilitli tutmaları gibi, akıllı yatırımcı da tüm portföyünün en ufak parçasını "deli para" hesabına atar. Birçoğumuz için, tüm servetimizin %10 kadarını spekülatif riske atmak kabul edilebilir maksimum miktardır. Yatırım hesabınızdaki parayla, spekülatif hesabınızdaki parayı *asla* bir araya karıştırmayın, *asla* spekülatif fikirlerinizin yatırım faaliyetlerinize yayılmasına izin vermeyin; ve ne olursa olsun *asla* varlıklarınızın %10'undan fazlasını deli para hesabına koymayın.

İyi ya da kötü, kumar içgüdüsü insan doğasının bir parçasıdır -bu nedenle birçok insan için bunu bastırmaya çalışmak bile boşunadır. Ancak, onu tutmalı ve dizginlemelisiniz. Bu, spekülasyonu yatırım ile asla birbirine karıştırmayarak, aptal durumuna düşmenizi engelleyecek en iyi tek yoldur.

BÖLÜM 2

Yatırımcı ve Enflasyon

Enflasyon ve onunla yapılan mücadele, son yıllarda halkın zihnini fazlasıyla meşgul etmektedir. Geçmişte doların satın alma gücünde yaşanan daralma ve gelecekte daha da düşeceğine ilişkin korkular (ya da spekülatörlerin umutları) Wall Street'in düşünce yapısını önemli ölçüde etkilemiştir. Sabit dolar geliri olanların, yaşam maliyeti arttığı zaman mağdur olacakları kesindir ve aynısı dolar bazında yapılan sabit bir yatırımın anaparası için de geçerlidir. Diğer taraftan, hisse senedi yatırımcısının ise, doların alım gücünde gerçekleşen bir kaybı, temettü gelirleri ve hisse senetlerindeki fiyat artışları ile dengelemesi mümkündür.

Pek çok finansal otorite bu yadsınamaz gerçeklere dayanarak şu sonuçlara varmıştır: (1) tahviller yapıları gereği istenmeyen yatırım araçlarıdır ve (2) bu yüzden hisse senetleri yapıları gereği tahvillere göre daha cazip yatırımlardır. Portföylerinin %100 hisse senedinden ve %0 tahvilden oluşmasının kendilerine önerilen bazı vakıflar olduğunu duymuşuzdur.* Bu, yatırım fonlarının yasal olarak birinci sınıf tahvillerle (ve az sayıda imtiyazlı hisse senedi) sınırlı kalmak zorunda olduğu eski günlerin tam tersine bir gelişmeydi.

* 1990'ların sonunda bu öğüt –sonsuz uzunlukta bir yatırım ufkuna sahip bir vakıf ya da bağış kurumu için uygun olan- ömürleri sonlu olan bireysel yatırımcılar arasında da yayıldı. *Stocks for the Long Run* (Uzun Vade İçin Hisse Senetleri) adlı etkileyici kitabında, WhartonSchool'un finans profesörü Jeremy Siegelnet servetlerinin üçte birinden fazlasını borçlanmanın, varlıklarının %135'ini hisse senedinde batırmak anlamına geleceğinden"risk alan" yatırımcıların yalnızca ihtiyat akçesi yatırarak alım yapmalarını tavsiye etti. Hükümet yetkilileri bile buna dahil oldu: Şubat 1999'da Maryland Hazine Müdürü saygıdeğer Richard Dixon bir yatırım konferansında izleyenlere "Hiç kimsenin tahvil fonunda parası olmasının bir anlamı yoktur," dedi.

Okurumuz, en kaliteli hisse senetlerine yapılacak yatırımın bile *her koşulda* tahvillerden daha iyi bir alım olamayacağını bilecek kadar akıllıdır -cari tahvil oranlarıyla karşılaştırıldığında, hisse senedi piyasasının ne kadar yüksek ve cari kâr payı getirisinin ne kadar düşük olduğuna bile bakılmaksızın. Bu tür bir açıklama, herhangi bir tahvilin, herhangi bir hisse senedinden daha güvenli olduğu şeklindeki karşı görüş -yıllar önce fazlasıyla sık duyulan- kadar anlamsızdır. Bu bölümde, bazı sonuçlara ulaşmak için, enflasyon olgusuna değişik ölçümler uygulayacağız (yatırımcının fiyat seviyesinde yaşanacak muhtemel artışlara ilişkin beklentilerden akıllıca etkilendiği oranda).

Finansın pek çok alanında olduğu gibi, bu konuda da, gelecek politikamıza ilişkin görüşlerimizi, geçmiş deneyimlerimizden edindiğimiz bilgilere dayandırmamız gerekiyor.

Enflasyon en azından 1965'ten bu yana geldiği ciddi konumuyla, bu ülke için yeni bir şey midir? Canlı deneyimlerimizle benzerlerini (ya da daha kötülerini) gördüysek, bugünün enflasyonuna karşı durmak için hangi dersleri çıkarabiliriz? Genel fiyat seviyesi, hisse senedi getirileri ve piyasa değerlerinde yaşanan değişiklikleri içeren, tarih sıralı bir özet liste olan Tablo 2-1'e bakarak işe başlayalım. Rakamlarımız 1915 ile başlayacak ve beş-yıllık devreler halinde 55 yılı kapsayacaktır. (Savaş zamanı fiyat kontrollerinin son yılından kaçınmak için 1945 yerine 1946'yı kullandık.)

Dikkatimizi çeken ilk şey geçmişte yaşanan enflasyon bolluğudur. Beş yıllık en büyük oran, yaşam maliyetlerinin neredeyse iki katına çıktığı 1915-1920 dönemidir. Bu 1965'le 1970 arasındaki %15'lik yükseliş ile kıyaslanır. Bu arada, üç dönem fiyat düşüşü ve sonra kimi oldukça küçük, çeşitli oranlarda altı yükseliş dönemimiz olmuştur. Bu gelişmelere bakarak yatırımcı devam eden ya da tekrarlayan bir enflasyonun gelme olasılığını açıkça hesaba katabilir.

Olası enflasyon oranını söyleyebilir miyiz? Tablomuz kesin bir yanıt ortaya koymaz; her çeşit değişimi gösterir. Fakat ipuçlarımızı son 20 yılın daha istikrarlı kayıtlarından almak akla yakın olacaktır. Bu dönemde tüketici fiyat seviyesindeki yıllık ortalama yükseliş %2.5 olmuştur; 1965-1970 yılları arasında %4.5, 1970'te ise %5.4 olmuştur. Hükümetin resmi politikası büyük ölçekli enflasyona kuvvetle karşı olmuştur ve bu politikaların gelecek yıllarda geçtiğimiz yıllardan daha etkin olacağına inanmamız için pek çok neden vardır.* Bu noktada, yatırımcının düşüncesini ve kararlarını gelecekteki *olası* (kesin olmaktan uzak) enflasyon oranını, diyelim ki, yıllık %3'e, dayandırmasının makul olduğunu düşünüyoruz.

(Bu rakam 1915-1970 döneminin tamamı için yıllık yaklaşık %2 1/2 ile kıyaslanacaktır.) [1]

Böyle bir artış ne anlama gelir? Bu artış, daha yüksek bir yaşam maliyeti içinde, orta-vadeli vergiden muaf tahvillerden (ya da birinci sınıf şirket tahvillerinin, varsayılan vergi sonrası değerinden) şu an elde edilebilir gelirin, yaklaşık olarak, yarısını tüketecektir. Bu ciddi bir daralma demektir, ancak abartılmamalıdır. Yatırımcının servetinin gerçek değerinin ya da alım gücünün yıllar geçtikçe azalması gerekeceği anlamına gelmez. Yatırımcı, vergi sonrası faiz gelirlerinin yarısını harcayacak olsa, yıllık %3'lük bir enflasyon karşısında bile alım gücü etkilenmeyecektir.

Doğal olarak sorulacak bir sonraki soru şudur: "1970-1971'in benzersiz getiri oranlarında bile, yatırımcı birinci sınıf tahviller yerine, başka şeyler satın alarak, ya da elinde tutarak, daha iyi yaptığından az çok emin olabilecek midir?" Sözgelimi, kısmen tahvil, kısmen hisse senedi programı yerine, tamamen hisse senedi programı daha tercih edilir olmayacak mıdır? Adi hisse senetlerinin enflasyon karşısında içsel korumaları yok mudur ve yıllar geçtikçe tahvillerden daha iyi getiri sağlayacakları neredeyse kesin değil midir? Çalışmamızın kapsadığı 55 yıllık dönemde hisse senetleri gerçekte yatırımcıya tahvillerden daha fazla kazandırmamış mıdır?

* Bu Graham'in ender yanılgılarından biridir. 1973'te Başkan Richard Nixon'ın ücret ve fiyatlara denetim koymasından iki yıl sonra, enflasyon II. Dünya Savaşı'nın bitiminden bu yana en yüksek seviye olan %8.7'ye vurmuştur. 1973'le 1982 arasındaki on yıllık zaman dilimi ise modern Amerikan tarihinde yaşam maliyetinin iki katına çıktığı en enflasyonist dönemdi.

TABLO 2-1 Beş-Yıllık Dönemlerde Genel Fiyat Seviyesi, Hisse Senedi Kazançları ve Hisse Senedi Fiyatları 1915-1970

	Fiyat Seviyesi [a]		S&P 500 Hisse Endeksi[b]		Önceki seviyeden değişim yüzdesi			
Yıl	Toptan	Tüketici	Kazanç	Fiyat	Toptan Fiyatlar	Tüketici Fiyatları	Hisse Senedi Kazançları	Hisse Senedi Fiyatları
1915	38.0	35.4		8.31				
1920	84.5	69.8		7.98	+%96.0	+%96.8		– %4.0
1925	56.6	61.1	1.24	11.15	–33.4	–12.4		+ 41.5
1930	47.3	58.2	.97	21.63	–16.5	– 4.7	– %21.9	+ 88.0
1935	43.8	47.8	.76	15.47	– 7.4	–18.0	– 21.6	– 26.0
1940	43.0	48.8	1.05	11.02	– 0.2	+ 2.1	+ 33.1	– 28.8
1946	66.1	68.0	1.06	17.08	+53.7	+40.0	+ 1.0	+ 55.0
1950	86.8	83.8	2.84	18.40	+31.5	+23.1	+168.0	+ 21.4
1955	97.2	93.3	3.62	40.49	+ 6.2	+11.4	+ 27.4	+121.0
1960	100.7	103.1	3.27	55.85	+ 9.2	+10.5	– 9.7	+ 38.0
1965	102.5	109.9	5.19	88.17	+ 1.8	+ 6.6	+ 58.8	+ 57.0
1970	117.5	134.0	5.36	92.15	+14.6	+21.9	+ 3.3	+ 4.4

a. Yıllık ortalamalar. Tabloda fiyat seviyesi için 1957=100 olarak alınmıştır. 1967=100 olarak yeni taban kullanıldığında 1970 ortalaması borsa endeksi için tüketici fiyatlarında 116.3 toptan fiyatlarda 110.4'tür.
b. 1941-1943 ortalama= 10.
c. Fiyat kontrollerinden kaçınmak için 1945 yerine, 1946 yılı kullanılmıştır.

Bu soruların yanıtları biraz karmaşıktır. Adi hisse senetleri gerçekten de geçmişte uzun bir dönem tahvillerden daha iyi performans göstermiştir. 1915'te ortalama 77 olan DJIA'nın (Dow Jones Sanayi Ortalaması) 1970 yılında ortalama 753'e yükselişi yaklaşık olarak yıllık bileşik %4 oranında hesaplanır ki, bu orana ortalama kâr payı getirisi olarak bir %4 daha ekleyebiliriz. (S&P Bileşik Endeksi'ne denk düşen rakamlar da hemen hemen aynıdır.) Yıllık %8'lik bu bileşik sayılar şüphesiz aynı 55 yıllık dönem içinde tahvillerden kazanılan getiriden çok daha iyidir. Ancak, birinci sınıf tahvillerin *şimdi* sunduğunu ise aşamaz. Bu, bizi şu mantıksal soruya götürür: Hisse senetlerinin gelecek yıllarda son elli beş yıldan daha iyi olacağına inanmak için ikna edici bir neden var mıdır?

Bu hayati soruya yanıtımız kesin bir *hayır* olmalıdır. Hisse senetleri gelecekte geçmişten daha kazançlı olabilirler, fakat bu görüş kesin olmaktan uzaktır. Burada yatırım sonuçlarının iki farklı zaman unsurunu ele almalıyız. Birincisi, muhtemelen uzun vadeli bir geleceği, sözgelimi, önümüzdeki 25 yılı kapsayacaktır. İkincisi, kısa ya da orta vadelerde, sözgelimi, beş yıl ya da daha kısa bir sürede -finansal ve psikolojik olarak- yatırımcının yaşaması olası gelişmelerle ilgilidir. Yatırımcının düşünce yapısı, umutları ve kaygıları, yaptıklarına ilişkin memnuniyeti ya da memnuniyetsizliği, hepsinden önemlisi, bir sonraki adıma yönelik kararları, ve bunların hepsi, bir yatırımın geçmişine bakılmasından daha çok, yatırımcının yıldan yıla edindiği deneyimle belirlenir.

Bu noktada kategorik hareket edebiliriz. Enflasyonist (ya da deflasyonist) koşullarla hisse senedi kazanç ve fiyat hareketleri arasında yakın bir zaman ilişkisi yoktur. 1966 ile 1970 arasındaki yakın dönem en çarpıcı örnektir. Yaşam maliyetindeki artış %22 ile 1946-1950 döneminden beri en yüksek orandı. Ancak 1965'ten sonra hem hisse senedi kazançları hem de hisse senedi fiyatları bir bütün olarak düştü. Önceki beş yıllık dönemlerin kayıtlarında da her iki yönde benzer çelişkiler vardır.

Enflasyon ve Şirket Kazançları

Konuya bir diğer ve önemli yaklaşım Amerikan işletmelerinin

"sermayeleri üzerinden sağladıkları kazanç" oranına ilişkin yapılan çalışmadır. Bu alanda ekonomik faaliyetin genel hızıyla birlikte dalgalanmalar yaşanmıştır. Ancak, toptan fiyatlar ya da yaşam maliyetiyle birlikte artma gibi bir genel eğilim göstermemiştir. Aslına bakılırsa, bu oran, dönem boyunca yaşanan enflasyona rağmen, son yirmi yılda, önemli ölçüde düşme göstermiştir. (Düşüşün nedeni, bir ölçüde, daha liberal amortisman oranlarının uygulanmasıdır. Bkz. Tablo 2-2.) Ayrıntılı çalışmalarımız DJIA Grubu'na bakıldığında (hisse getirilerinin altında, net maddi varlıklar - defter değeri- üzerinden yaklaşık %10) yukarıdaki son beş yıllık sermaye kazancı oranlarına yatırımcının pek güvenemeyeceği sonucuna götürmüştür.[2] Bu hisselerin piyasa değeri, defter değerlerinin çok üzerinde -sözgelimi, 1971 yılı ortasında 900 piyasaya karşılık 560 defter- olduğu için, cari piyasa fiyatı üzerinden kazançlar %6 ¼'e karşılık gelir. Bu ilişki çoğu zaman tersinden, ya da "çarpı kazançlar" -yani DJIA 900'ün fiyatı, Haziran 1971'de sona eren 12 aylık sürede, gerçek kazançların 18 katına eşittir- şeklinde ifade edilir.

Rakamlarımız bir önceki bölümdeki* "Yatırımcı hisse senetlerinin piyasa değeri üzerinden yaklaşık ortalama %3.5 kâr payı getirisi ve yeniden yatırılan kârlar ile birlikte yıllık, sözgelimi, %4 değer artışı varsayabilir" şeklindeki öneriye doğrudan ters düşer. (Defter değerine eklenen her doların, burada piyasa fiyatını yaklaşık 1.60$ yükselttiğinin varsayıldığına dikkat edin.)

Okuyucu, yıllık %3'lük enflasyon tahmini nedeniyle, sonuçta, bu hesapların hisse senedi kazanç ve değerlerinde bir artışa yol açmamasına itiraz edecektir. Bizim gerekçemiz ise, geçmişe ait benzer bir enflasyon rakamının "hisse başına getiri" üzerinde *doğrudan* bir etkisi olduğunu gösteren herhangi bir işaretin olmayışıdır. Rakamlar bize, son yirmi yılda DJIA gelirlerinde yaşanan tüm büyük artışların nedeninin, tekrar yatırıma yönlendirilen kârlardaki oransal büyüme olduğunu gösteriyor. Eğer enflasyon olumlu yönde etki yapan bağımsız bir faktör olsaydı, etkisi, mevcut sermayenin "değer"ini artırmak olurdu. Mevcut sermayedeki bu artışın, eski ve yeni sermaye artışı ile birlikte toplam getiri oranını da artırması gerekirdi. Ancak toptan fiyatların neredeyse

* Bkz. s.40

%40 oranında arttığı son 20 yılda, bu tür bir gelişme yaşanmadı. (Şirket gelirleri "tüketici fiyatları"ndan ziyade toptan fiyatlardan etkilenmelidir.) Enflasyonun hisse senedi değerlerini artırabilmesinin tek yolu, sermaye yatırımının getirisini yükseltmektir. Geçmişin kayıtlarına göre ise, durum böyle olmamıştır.

Geçmişin ekonomik döngüleri içinde, işlerin iyi gittiği dönemlere yükselen fiyatlar, kötü gittiği dönemlere ise, düşen fiyatlar eşlik ediyordu. Genellikle "küçük bir enflasyon"un işletme kârları için iyi olduğu düşünülürdü. Bu görüş, 1950-1970 yılları arasında gerçek oldu. Genel olarak devam eden refah düzeyi ve yükselen fiyatlar bu döneme eşlik etti. Ancak, rakamlar bize tüm bunların etkisinin hisse senedi sermayesinin (özkaynak) gelir getirme gücü üzerinde oldukça sınırlı olduğunu gösteriyor; aslında, yatırımdan sağlanan kazanç oranının sürdürülmesine bile bir faydası olmamıştır. Genelde, Amerikan şirketlerinin gerçek kârlılığında herhangi bir artışı engelleyen önemli denge unsurları vardır. Muhtemelen bunların en önemlileri (1) ücret oranlarında verimliliği aşan artışlar ve (2) büyük miktarlarda yeni sermaye ihtiyacıdır, böylelikle satışların kullanılan sermayeye oranı aşağıya çekilmiş olur.

Tablo 2-2'deki rakamlar enflasyonun şirketlere ve hissedarlarına yararlı olmak bir yana, etkisinin tam ters yönde olduğunu göstermektedir. Tablomuzdaki en çarpıcı rakamlar 1950 ile 1969 arasında şirket borçlarının büyümesine ilişkin olanlardır. Ekonomistlerin ve Wall Street'in bu gelişmeye çok az ilgi göstermesi ise şaşırtıcıdır. Şirketlerin vergi öncesi kâr artışları iki katın biraz üzerinde, şirket borçları ise, yaklaşık beş kat büyümüştür. Dönem boyunca faiz oranlarında yaşanan büyük artışlar ile birlikte, toplam şirket borçları belli bir büyüklüğe sahip, olumsuz bir ekonomik etken haline gelerek, birçok bireysel işletme için gerçek bir sorun olmuştur. (1950 yılında faiz sonrası, ancak vergi öncesi, net kazançlar, şirket borcunun yaklaşık %30'unu karşılarken, 1969'a gelindiğinde ise borcun sadece %13.2'sini karşıladığına dikkat ediniz. 1970 yılı borç karşılama oranı çok daha az olmalıdır.) Toplamda şirket özkaynaklarının %11'lik getirisinin önemli bir kısmı (vergi indirimi sonrası %4 ya da daha az maliyetli) büyük meblağlı yeni borçların kullanımı ile elde edilmiş gibi görünüyor.

Eğer şirketler 1950 yılının borçluluk oranını sürdürselerdi, öz-kaynak getiri oranları enflasyona rağmen daha da aşağı düşecekti.

TABLO 2-2 Şirket Borçları, Kârlar ve Sermaye Üzerinden Kazançlar, 1950-1969

		Şirket kârları		Sermaye Getiri Yüzdesi	
Yıl	**Net Şirket Borcu (milyar)**	**Gelir Vergisi Öncesi (milyon)**	**Vergi Sonrası (milyon)**	**S&P Verileri[a]**	**Diğer Veriler[b]**
1950	$140.2	$42.6	$17 8	%18.3	%15.0
1955	212.1	48.6	27.0	%18.3	%12.9
1960	302.8	49.7	26.7	%10.4	%9.1
1965	453.3	77.8	46.5	%10.8	%11.8
1969	692.9	91.2	48.5	%11.8	%11.3

a) Standard&Poor's sanayi endeksi kazançları bölü yılın ortalama defter değeri

b) 1950 ve 1955 rakamları Cottle and Whitman'dan; 1960-1969 *Fortune*'dan alınmıştır.

Borsa, enflasyonun esas kurbanının kamu sektörü olduğunu düşünür. Bu kurumlar borçlanılan paranın maliyetindeki büyük artış ile, kurallarla belirlenen fiyatları artırma güçlüğü arasında, sıkışıp kalırlar. Ancak, elektrik, gaz ve telefon hizmetlerinin birim maliyetlerinin genel fiyat endeksinden çok daha az artıyor olması gerçeği, bu kurumları gelecekte güçlü bir stratejik konuma koyar.[3] Bu kurumlar, yatırım sermayesi üzerinden yeterli bir geri dönüşe uygun bir fiyat saptamak için yasal olarak yetkilendirilmişlerdir. Bu yöntem, kamu şirketi hissedarlarını geçmişin enflasyonundan koruduğu gibi, muhtemelen gelecekte de koruyacaktır.

Yukarıda anlatılanların tümü, bizi yatırımcının 1971 yılı sonlarının fiyat düzeyinde satın alınan DJIA tipi adi hisse senetleri portföyü üzerinden, sözgelimi %8'lik toplam ortalama getiri beklemesinin sağlam bir temeli olmadığı sonucuna geri götürür. Ancak bu beklenti büyük ölçüde küçültülmüş olsa bile, tamamı hisse senedi olan bir yatırım portföyü de savunulamaz. Gelecek için garanti edilebilecek bir şey varsa, o da bir hisse senedi portföyünün getirisi ve yıllık ortalama piyasa değerinin tekdüze %4 oranında ya da başka bir oranda büyümeyeceğidir. Önceki kuşak J.P. Morgan'ın unutulmaz sözcükleriyle "*Onlar dalgalanacaklardır.*"* Bu, şu anlama gelir: Birincisi, bugünün –ya da yarının- fiyatlarıyla bir hisse senedi alıcısı, yıllar boyunca kötü sonuçlar alma gerçek riskini taşıyacaktır. 1929-1932 çöküşü kayıplarını telafi etmek, General Electric'in (ve bizzat DJIA'nın) 25 yılını almıştır. Ayrıca, eğer yatırımcı portföyünü adi hisse senetlerinde yoğunlaştırırsa, heyecan veren artışlar ya da stresli düşüşlerin aklını çelme olasılığı vardır. Özellikle yükselen bir enflasyon beklentisi içindeyse, bu gerçek olacaktır. Bu arada bir başka yükselen piyasa ortaya çıkarsa, yatırımcı bu büyük yükselişi, ne kaçınılmaz düşüş için bir tehlike sinyali olarak ne de büyük kârlarından yararlanma fırsatı olarak ele alacaktır; yatırımcı bu durumu enflasyon hipotezinin teyidi olarak, piyasa seviyesi ne kadar yüksek ya da kâr payı getirisi ne kadar düşük olursa olsun, hisse senedi almaya devam etmenin bir nedeni olarak ele alacaktır. Pişmanlık işte burada yatar.

Enflasyona Karşı Koruma Sağlayan, Hisse Senedine Alternatif Araçlar

Tüm dünyada kendi para cinslerine güvenmeyen tüm insanların standart politikası altın almak ve tutmak olmuştur. Bu strateji Amerikan vatandaşları için 1935'e kadar yasadışı olmuştur ve bunun için şükretmeleri gerekir. Son 35 yılda açık piyasada altın fiyatları sadece %35'lik bir artışla, onsu 35$'dan, 1972 başlarında 48$'a yükselmiştir. Fakat tüm bu süre içinde ellerinde altın tutanların sermayelerinde hiçbir gelir artışı olmadığı gibi, bir de

* John Pierpont Morgan on dokuzuncu yüzyıl sonu ve yirminci yüzyıl başının en güçlü finansçısıydı. Çok geniş etkisi nedeniyle hisse senedi piyasasının ne yapacağı kendisine sık sık sorulurdu. Morgan insaflı bir kısalık ve şaşmaz bir kesinlikle yanıtlardı: "Dalgalanacak." Bkz. Jean Strouse, *Morgan: American Financier* (Random House, 1999), s.11.

saklama masrafları ödemek zorunda kalmışlardır. Belli ki, genel fiyat seviyesindeki artışa rağmen, paraları banka faizinde çok daha iyi durumda olacaktı.

Doların alım gücündeki düşüş karşısında, altının neredeyse tamamen başarısız kalması, sıradan bir yatırımcının parasını "şey"lere yatırarak enflasyondan korunma becerisini ciddi olarak sorgulatır.* Yıllar boyunca az sayıda -elmas, ustaların tabloları, kitapların ilk baskıları, ender bulunan pul ve madeni paralar vb.- değerli malzemenin piyasa değerinde çarpıcı artışlar olmuştur. Fakat bu durumların bir kısmında, hatta pek çoğunda, kote edilen fiyatlarda, yapay ya da şüpheli, hatta asılsız unsurlar vardır. 1804 tarihli (o yıl basılmış bile olmayan) bir ABD gümüş dolarına 67.500$ ödemeyi bir "yatırım işlemi" olarak düşünmek biraz zordur.[4] Bu alanı anlamakta zorlandığımızı kabul etmeliyiz. Okurlarımızdan pek azı bu sularda yüzmeyi güvenli ve kolay bulacaktır.

Gayrimenkul yatırımı enflasyon karşısında epeyce büyük ölçüde koruma taşıyan uzun vadeli sağlam bir yatırım olarak değerlendirilmiştir. Maalesef taşınmaz mal değerleri de büyük dalgalanmalara maruz kalır; bölge seçiminde, ödenen fiyatta vb. ciddi hatalar yapılabilir; satıcı kurnazlıkları tuzaklar içerebilir. Son olarak, ılımlı yatırımcı için çeşitlilik pratik değildir. Başkaları ile birlikte hareket ederek, özel riskler taşıyan yeni halka arzlar hariç olarak -hisse senedi sahipliğinden fazla farklı değildir- yine bu da bizim alanımız değil. Yatırımcıya söyleyebileceğimiz tek şey şudur: "Üzerine atlamadan önce size ait olduğuna emin olun."

* Yatırım felsefecisi Peter L. Bernstein, Graham'in değerli madenler, özellikle de enflasyonu geride bırakma açısından ciddi bir beceri gösteren altın konusunda (en azından Graham bu bölümü yazdıktan sonra) "tamamen yanıldığı"nı düşünür. Finans danışmanı William Bernstein kıymetli maden fonuna aktarılan ufacık bir payın (söz gelimi toplam varlıklarınızın %2'si) altının zayıf olduğu zamanlarda genel kazancınızı incitemeyecek kadar küçük olacağına işaret ederek bunu onaylar. Fakat altının iyi kazandırdığı zamanlarda getirisi genelde öylesine görkemlidir ki –zaman zaman yıllık %100'ü geçer-, aksi halde sönük olan bir portföyü tek başına parlak bir hale getirebilir. Fakat akıllı yatırımcı yüksek saklama ve sigorta masrafları nedeniyle doğrudan altın yatırımından kaçınır; bunun yerine kıymetli maden şirketlerinin hisse senetlerinde uzmanlaşan ve yıllık %1 in altında bir maliyet yükleyen iyi çeşitlenmiş yatırım fonları arar. Riskinizi toplam finansal varlıklarınızın %2'siyle (ya da 65 yaşın üzerindeyseniz belki %5'i ile) sınırlandırın.

Sonuç

Doğal olarak, bir önceki bölümümüzde önerilen politikaya geri dönüyoruz. Yatırımcı sadece gelecekteki belirsizlikler yüzünden -ne tahvillerin son zamanlarda sağladığı beklenmedik yüksek getirilere rağmen tahvil sepetine ne de sürekli enflasyon beklentisine rağmen hisse senedi sepetine- "tüm fonlarını aynı sepete" koymaya cesaret edemez.

Yatırımcı, portföyüne ve portföyünün sağladığı gelire ne kadar çok bel bağlarsa, yaşamının bu parçasındaki beklenmedik ve şaşırtıcı şeylere karşı tetikte olmaya o kadar çok ihtiyacı olacaktır. Tutucu bir yatırımcının risklerini minimize etme arayışında olma zorunluluğu doğru olarak kabul edilir. Sözgelimi yaklaşık %7½ getirisi olan bir telefon şirketi tahvili almakla oluşan riskler DJIA 900'de (ya da buna eşdeğer herhangi bir hisse senedi listesi) almaktan çok daha azdır. Ama *büyük çaplı* enflasyon olasılığı sürmektedir ve yatırımcının buna karşı bir miktar sigortası olmalıdır. Bir hisse senedi unsurunun böylesi bir enflasyon karşısında yeterli garanti sağlayacağı kesin değildir, ancak tahvil bileşeninden "daha fazla" koruma taşımalıdır.

1965 baskımızda (s.97) bu konuda şunları söylemiştik ve bugün yine aynısını yazıyoruz:

> Bu seviyelerde (DJIA için 892) hisse senedi yatırımı için hiç hevesli olmadığımız okur için anlaşılır olmalıdır. Belirttiğimiz nedenlerden ötürü, kötünün iyisi olarak değerlendirmemize rağmen, defansif yatırımcının portföyünde -tamamen tahvil tutmanın riski daha büyük olduğu için- kayda değer oranda hisse senedi olmamasını göze alamayacağını düşünüyoruz.

İKİNCİ BÖLÜM ÜZERİNE YORUMLAR

Amerikalılar giderek daha kuvvetli oluyorlar. Yirmi yıl önce on dolarlık bir tahıl sepetini ancak iki kişi taşıyabiliyordu. Şimdi aynı sepeti beş yaşında bir çocuk bile taşıyabilir.

-Henny Youngman

Enflasyon mu? Kimin umurunda?

Sonuçta 1997-2000 yılları arası mal ve hizmetlerdeki yıllık maliyet artış ortalaması %2.2'den daha düşük düzeydeydi -ve ekonomistler asgari oranın bile abartıldığına inanıyorlardı.-[1] (Örneğin, bilgisayarların ve ev elektronik sistemlerinin fiyatlarının nasıl düştüğünü ve malların kalitesinin nasıl arttığını, tüketicilerin paralarının değerinin nasıl arttığını düşünün.) Son yıllarda ABD'deki yıllık enflasyonun gerçek oranı %1 -bazı uzmanlara "enflasyon öldü"[2] duyurusu yaptıracak kadar küçük bir artış- civarındadır.

PARA YANILSAMASI

Yatırımcıların enflasyonun önemini göz ardı etmelerinin bir nedeni daha vardır: Psikologların "para yanılsaması" dedikleri şey.

[1] Enflasyonu ölçen Tüketici Fiyat Endeksi'ni hesaplayan ABD İş İstatistikleri Bürosu'nun kapsamlı ve yararlı web sayfası www.bls.gov/cpi/home.htm adresindedir.

[2] "Enflasyon öldü" senaryosuna ilişkin daha canlı bir tartışma için **www.pbs.org/newshour/bb/economy/july-dec97/inflation_12-16.html** adresine bakınız. 1996'da hükümet tarafından resmi enflasyon oranının doğru olup olmadığını araştırması istenen Boskin Komisyonu, bu oranın her yıl yaklaşık yüzde iki puan fazla hesaplandığını tahmin etmiştir. Komisyon raporu için www.ssa.gov/history/reports/boskinrpt.html. adresine bakınız. Birçok yatırım uzmanı şimdi deflasyonun ya da düşen fiyatların enflasyondan daha büyük bir tehdit olduğunu düşünüyor; bu riske karşı önlem almanın en iyi yolu tahvilleri portföyünüzün kalıcı bileşenleri yapmaktır. (Dördüncü bölümün açıklamasına bakınız.)

Enflasyon %4'iken %2'lik bir artış elde ettiğiniz bir yıl, enflasyonun sıfır olup %2'lik bir maaş kesintisine uğradığınız yıla göre, kendinizi kesinlikle daha iyi hissedersiniz. Hâlbuki maaşınızdaki her iki değişiklik de sizi gerçekte aynı durumda -enflasyon sonrası %2 yoksullaşma- bırakır. *Nominal* (ya da mutlak) değişiklik pozitif olduğu sürece, bunun iyi bir şey -*gerçek* (ya da enflasyon sonrası) sonuç negatif olsa bile- olduğunu düşünürüz. Ayrıca maaşınızdaki her değişiklik bir bütün olarak ülke ekonomisindeki genel fiyat artışından daha etkili ve özeldir.[3] Benzer şekilde, yatırımcılar 1980'de banka mevduat sertifikalarından %11 kazanmaktan memnundular ama 2003'te yaklaşık %2 civarında kazanmak -o tarihte enflasyon sonrası para kaybına uğruyor ama şimdi enflasyonla başa baş kalıyor olsalar da- onları hayal kırıklığına uğratmakta. Kazandığımız nominal oran bankanın reklamlarında basılı ve camında yazılıdır ve bu büyük rakamla kendimizi iyi hissederiz. Fakat enflasyon bu yüksek rakamı gizliden gizliye, ağır ağır tüketir. Enflasyon, reklam yapmak yerine servetimizi alıp götürür. İşte bu yüzden enflasyonu göz ardı etmek böylesine kolaydır -ve yatırım başarınızı sadece kazandığınızla değil enflasyon sonrası elinizde kalanla ölçmek bu kadar önemlidir.

Daha basit söylemek gerekirse, akıllı yatırımcı beklenmeyen ve eksik değerlendirilen her şeye karşı tetikte olmalıdır. Enflasyonun ölmediğine inanmamız için üç önemli neden var:

- 1973-1982 gibi yakın tarihlerde, ABD, tarihimizdeki en sancılı enflasyon patlamasını yaşadı. Tüketici Fiyat Endeksi'nin ölçtüğü gibi, fiyatlar yıllık olarak hesaplanmış haliyle %9 yükselerek bu dönem içinde iki kattan fazla artış göstermiştir. Sadece 1979'da enflasyon "stagflasyon" olarak bilinen şekilde ekonomiyi felç ederek %13.3'e çıkmış ve birçok yorumcunun Amerika'nın küresel piyasada rekabet edip edemeyeceğini sorgulamasına neden olmuştur.[4] 1973 başında 100$ eden

[3] Bu davranışsal tehlikelerin içyüzünü anlamak için bakınız: "Para Yanılsaması", Eldar Shafir, Peter Diamond ve Amos Tversky, ed. Daniel Kahneman ve Amos Tversky, *Choises, Values and Frames* (Cambridge University Press, 2000), s. 335-355.

[4] O yıl Başkan Jimmy Carter "milli irademizi tam kalbinden, temelinden ve ruhundan vuran" ve Amerika'nın toplumsal ve siyasi dokusunu bozmakla tehdit eden "bir güven krizi" konusunda bizi uyardığı ünlü "keyifsiz" konuşmasını yapmıştır.

mal ve hizmetler, 1983 sonuna gelindiğinde doların değerini 45 Sentin altına indirerek 230$'a mal oluyordu. Stagflasyonu yaşayan hiç kimse servetin böylesine yıkımıyla alay edemez, sağduyulu hiç kimse onun tekrar oluşması riskine karşı korunmayı elden bırakamazdı.

- 1960'tan bu yana dünyanın piyasaya dönük ülkelerinin %69'u yıllık olarak hesaplanmış enflasyon oranının %25 ya da daha fazla olduğu en az bir yıl geçirmişlerdir. Bu enflasyonist dönemler yatırımcının satın alma gücünü ortalama %53 oranında yıkıma uğratmıştır.[5] Amerika'nın böyle bir felaketten bir şekilde kurtulmasını arzu etmemek için deli olmamız gerekir. Ancak bir daha asla gerçekleşmeyeceği sonucuna varmak için ise zırdeli olmalıyız.[6]
- Yükselen fiyatlar, Sam Amca'nın, enflasyon tarafından ucuzlatılan dolarla borçlarını ödemesine izin verir. Kökü tamamen kazınan enflasyon, düzenli olarak para ödünç alan her hükümetin ekonomik çıkarlarına aykırıdır.[7]

KORUNMANIN YARISI

O halde akıllı yatırımcı enflasyona karşı durmak için ne yapabilir? Bunun standart yanıtı "Hisse senedi alabilir"dir fakat bu yanıt, çoğu gibi, bütünüyle doğru değildir.

Şekil 2-1, 1926'dan 2002'ye kadar geçen her yıl için, enflasyon ile hisse senedi fiyatları arasındaki ilişkiyi gösterir.

[5] Bkz. Stanley Fischer, Ratna Sahay, ve Carlos A. Vegh, "Modern Hyper and High Inflations", National Bureau of Economic Research, Working Paper 8930, www.nber.org/papers/w8930 adresinde.

[6] Aslına bakılırsa ABD'de iki hiperenflasyon dönemi olmuştur. Amerikan devrimi sırasında 1777'de başlayıp yağın yarım kilosunun 12$ ve bir varilinin [barrel=yaklaşık 80 kg. –çn.] 1600$ olduğu 1779 yılı boyunca Devrimci Massachusetts'ta fiyatlar her yıl kabaca üçe katlandı. İç Savaş sırasında enflasyon yıllık %29'a (Kuzey'de) ve yaklaşık %200'e (Konfederasyon'da) ulaştı. 1946'ya kadar yakın bir geçmişte ABD'de enflasyon %18.1'e vurdu.

[7] Ford Foundation'dan Laurence Siegel'a alaycı fakat doğru sezgisi için minnet duyuyorum. Tersine deflasyon (ya da fiyatların düzenli düştüğü) zamanında borç alan olmak yerine borç veren olmak daha avantajlıdır. İşte çoğu yatırımcının varlıklarının en azından küçük bir kısmında düşen fiyatlara karşı bir tür sigorta olan tahvilleri elde tutmalarının nedeni de budur.

Grafiğin sol tarafında gördüğünüz gibi tüketici mal ve hizmet fiyatlarının düştüğü yıllarda hisse senedi fiyatları çok kötüydü – piyasa %43'e kadar değer kaybına uğramıştı.[8] Grafiğin sağında görülen yıllarda olduğu gibi enflasyon %6'nın üzerine çıktığı zamanlarda hisse senetleri de berbattı. Enflasyonun %6'yı geçtiği 14 yılın sekizinde ise borsa para kaybetti; bu 14 yılın ortalama getirisi olarak %2.6 gerçekleşen değersiz bir orandı.

Ilımlı enflasyon, şirketlerin artan hammadde maliyetlerini müşterilerine yıkmalarına izin verirken, yüksek enflasyon ise, müşterileri satın alımlarından kesinti yapmaya zorlayarak ve ekonomideki faaliyetleri baskılayarak büyük hasara yol açar.

Tarihsel kanıtlar açıktır: Borsanın kesin verilerine ulaşıldığı 1926 yılından bu yana 64 adet beş-yıllık dönem geçmiştir (yani 1926-1930, 1927-1931, 1928-1932 ve devamı en son 1998-2002'ye kadar). Bu 64 beş-yıllık dönemin 50'sinde (sürenin %78'i) hisse senetleri enflasyonu geçmiştir.[9] Bu etkileyicidir, ancak mükemmel değildir; demek ki geçen zamanın beşte birinde hisse senetleri enflasyona ayak uyduramamıştır.

[8] Enflasyon negatifse buna teknik olarak "deflasyon" denir. Düzenli olarak düşen fiyatlar başlangıçta Japonya örneği aklınıza gelinceye kadar, cazip görünebilir. Japonya'da fiyatlar 1989'dan itibaren, menkul ve gayrimenkul piyasalarının her yıl değer kaybetmesiyle düşüyordu –dünyanın ikinci büyük ekonomisi için sonu gelmeyen bir su işkencesi.

[9] Ibbotson Associates, *Stocks, Bonds, Bills and Inflation, 2003 Elkitabı* (Ibbotson Associates, Chicago, 2003), Tablo 2-8. Aynı yapı ABD dışında da barizdir: Yirminci yüzyılda enflasyonun özellikle yüksek olduğu Belçika, İtalya ve Almanya'da "Enflasyonun hisse senedi ve tahvil piyasaları üzerinde olumsuz etkisi olmuştur," der Elroy Dimson, Paul Marsh ve Mike Staunton, *Triumph of the Optimists: 101 Years of Global Investment Returns* (Princeton University Press, 2002), s. 53.

ŞEKİL 2-1 Hisse Senetleri Enflasyon Karşısında Ne Kadar Koruma Sağlar?

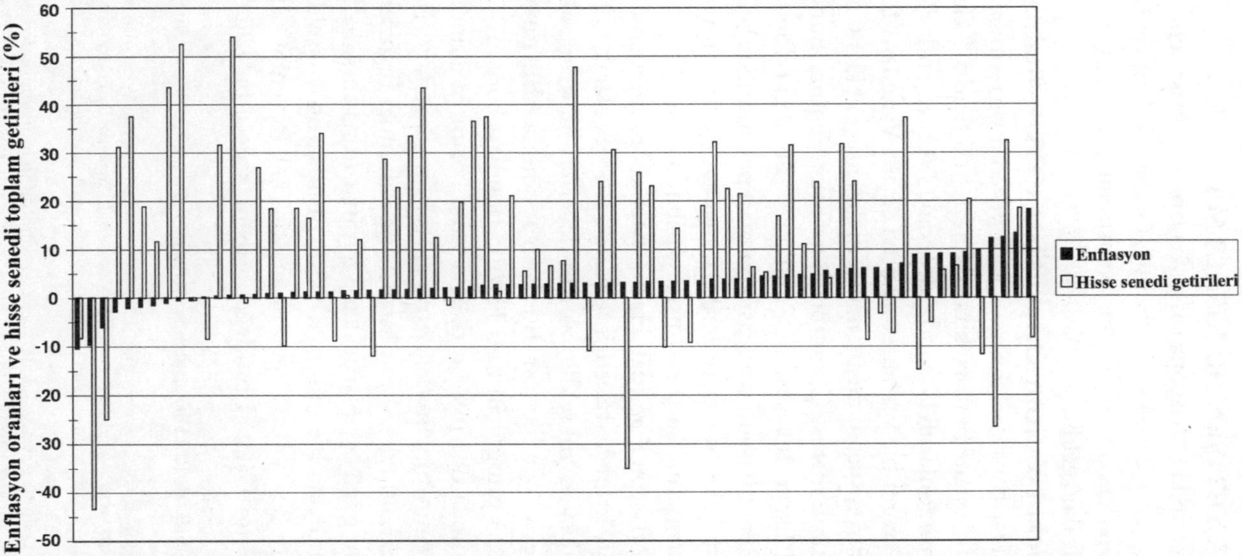

Bu grafik 1926 ile 2002 yılları arasında enflasyonu ve hisse senedi getirisini –kronolojik sırayla değil de- yıllık en düşük enflayon oranından en yüksek orana doğru sıralar. Enflasyonun büyük ölçüde negatif olduğu zaman (bakınız en sol) hisse senetleri başarısızdır. Enflasyon bu dönemin çoğu yıllarında ki gibi ılımlı olursa genelde hisse senetleri başarılı olur. Fakat enflasyon çok yüksek seviyelere çıkarsa (bakınız en sağ), hisse senetleri çoğu zaman en az %10 kaybederek dengesizlik gösterir.

Kaynak: Ibbotson Associates

İMDADA YETİŞEN İKİ KISALTMA

Bereket versin ki enflasyona karşı savunmanızı hisse senetlerinin ötesine geçerek destekleyebilirsiniz. Graham kaleme aldığından bu yana iki enflasyon savaşçısı yatırımcılar tarafından geniş ölçüde tanınır hale geldi:

Gayrimenkul Yatırım Ortaklıkları (GYO) -Real Estate Investment Trusts ya da REITs- Ticari ve konut gayrimenkullerine yatırım yapan, bunları kiraya veren şirketlerdir.[10] Gayrimenkul yatırım fonlarını bir arada toplayan GYO'lar, enflasyonla mücadelede saygın bir yer alırlar. En iyi seçim Vanguard REIT Index Fund'dır; nispeten düşük maliyetli diğer seçenekler Cohen & Steers Reality Shares, Columbia Real Estate Equity Fund ve Fidelity Real Estate Investment Fund'dır.[11] Bir REIT fonunun dört dörtlük bir enflasyon savaşçısı sayılması pek mümkün olmasa da, uzun vadede, tüm getirilerinizi engellemeden, satın alma gücünüzün erimesine karşı savunma yapabilmenizi sağlar.

TIPS - Enflasyon Korumalı Hazine Menkul Kıymetleri (Treasury Inflation-Protected Securities ya da TIPS) ilk olarak 1997'de çıkarılan, enflasyon yükseldiği zaman değerleri otomatik olarak artan ABD devlet tahvilleridir. Bunların arkasında ABD'nin tüm güven ve itibarı yattığı için tüm Hazine Bonoları borcun (ya da faizin) zamanında ödenmeme riskine karşı korunma altındadır. Ancak TIPS yatırımınızın değerinin enflasyon karşısında erimeyeceğini de garanti eder. Basit bir paketle kendinizi finansal kayıplara ve alım gücü kayıplarına karşı teminat altına alırsınız.[12]

Lakin bunun da bir bityeniği vardır. Enflasyon yükseldikçe TIPS'in de değeri yükseldiği zaman Internal Revenue Office (IRS-ABD Vergi Dairesi) bu değer artışını, sadece bir kâğıt ka-

[10] Bazen güncel olmasa da REIT'ler hakkında ayrıntılı bilgi www.nareit.com adresinde bulunabilir.

[11] Daha fazla bilgi için, bkz. www.vanguard.com, www.cohenandsteers.com, www.columbiafunds.com ve www.fidelity.com. Eğer bir ev sahibiyseniz REIT fonuna yatırım yapma gerekliliği daha zayıftır, zira bu size gayrimenkul sahipliğinde içsel bir risk getirir.

[12] TIPS'in iyi bir tanıtımı www.publicdebt.trea.gov/of/ofinflin.htm adresinde bulunabilir. Daha ileri tartışmalar için bkz. www.federalreserve.gov/Pubs/feds/2002/200232/200232pap.pdf, www.tiaa-crefinstitute.org/Publications/resdiags/73_09-2002.htm ve www.bwater.com/research_ibonds.htm

zancından ibaret olsa da (yükselmiş yeni fiyatından satmadığınız sürece) vergilendirilebilir kazanç olarak ele alır. IRS'in buradaki mantığı nedir? Akıllı yatırımcı finansal analist Mark Schweber'in bilgece sözlerini anımsayacaktır: "Bir bürokrata asla sorulmaması gereken soru 'Neden?'dir." Bu sinir bozucu vergi karmaşası yüzünden TIPS, en çok, vergilendirilebilir gelirinizi yükseltmeyen IRA, Keogh ya da 401 (k) gibi vergi ertelemeli emeklilik hesapları için uygundur.

TIPS'i doğrudan ABD hükümetinden, www.publicdebt.treas.gov/of/ofinflin.htm adresinden ya da Vanguard Inflation-Protected Securities ya da Fidelity Inflation Protected Bond Fund gibi düşük maliyetli yatırım fonundan alabilirsiniz.[13] TIPS'ler doğrudan ya da bir fon aracılığıyla emeklilik fonlarınızın, aksi halde nakit olarak elde tutacağınız kısmı için, ideal bir alternatiftir. Onları satmayın: TIPS'ler kısa dönemde dengesiz olabilir bu yüzden kalıcı, ömür boyu elde tutmak en iyi sonucu verir. Birçok yatırımcı için tüm emeklilik varlıklarının en az %10'unu TIPS'e ayırmak paranın bir kısmını mutlak güvende -ve enflasyonun uzun, görünmez pençelerinden tamamen uzakta- tutmanın akılcı bir yoludur.

[13] Bu fonlara ilişkin ayrıntılı bilgi için bkz. www.vanguard.com veya www.fidelity.com

BÖLÜM 3

Yüzyıllık Borsa Tarihi 1972 Yılı Başlarında Hisse Senedi Fiyatları

Yatırımcının "hisse senedi portföyü" Borsa olarak bilinen o engin ve ürkütücü kurumun bir kesitini temsil eder. Borsa tarihi hakkında, özellikle fiyat seviyesindeki önemli dalgalanmalar, bir bütün olarak hisse senedi fiyatlarıyla, onlardan elde edilen kazançlar ve kâr payları arasındaki değişken ilişkiler açısından, "sağduyulu bir yatırımcı"nın yeterli bilgi sahibi olması gerektiği öngörülür. Edindiği bu bilgiler sayesinde, yatırımcı, farklı zamanlarda kendini gösteren, piyasada yaşanan cazibeler ve tehlikeler konusunda, değerli hükümler oluşturacak bir konuma sahip olabilir. Şans eseri fiyatlar, getiriler ve kâr paylarına ilişkin yararlı istatistiksel veriler 100 yıl öncesine, 1871 yılına kadar uzanır. (Dönemin ilk yarısına ait materyal ikinci yarısındakiler kadar eksiksiz ve güvenilir değildir, fakat işe yarayacaktır.) Bu bölümde rakamları iki amacı göz önünde tutarak oldukça yoğun bir biçimde sunacağız. Birincisi, hisse senetlerinin geçmiş yüzyılın piyasa döngüleri arasında esas ilerlemeyi kaydettiği genel tarzı göstermektir. İkincisi ise, -üç önemli faktör arasındaki değişken ilişkiyi ortaya çıkarabilmek amacıyla- yalnızca hisse senetleri fiyatlarını değil, aynı zamanda kazançları ve kâr paylarını da -birbiri ardından gelen on-yıllık ortalamalar açısından görmektir. Arka plandaki bu zengin malzemeyi kullanarak, 1972 başında hüküm süren hisse senedi fiyatları hakkında bir değerlendirme yapacağız.

Borsanın bu uzun döneme yayılan tarihi, iki adet tablo ve çizelgede özetlenmiştir. Tablo 3-1, son 100 yılın,19 adet düşen ve yükselen piyasa dalgalanması boyunca, yaşanan en düşük ve en yüksek puanları ortaya koyar. Burada iki endeks kullandık. Birincisi, 1870'lere kadar geriye giderek, Cowles Komisyonu'nun eski bir çalışmasının eklenmesi, iyi bilinen Standard & Poor's'un 500 hisse senedinin bileşik endeksinde bir araya gelen karışımı temsil eder. İkincisi ise 1897'ye kadar dayanan daha meşhur Dow Jones Sanayi Ortalaması'dır (DJIA ya da "Dow"); bu endeks biri Amerikan Telefon ve Telgraf olan diğer 29 büyük sanayi kuruluşuyla birlikte 30 şirketi kapsar.[1]

Standard & Poor's'un izniyle aşağıda sunduğumuz Çizelge I, 1900'den 1970'e kadar S&P 425-sanayi-endeksinde yaşanan piyasa dalgalanmalarını gösterir. (Buna denk düşen DJIA çizelgesi de neredeyse bunun aynısı olacaktır.) Okuyucu, her biri 70 yılın yaklaşık üçte birini kapsayan, oldukça belirgin üç farklı model görecektir. Birincisi, 1900'de başlar, 1924'e kadar devam eder. Bu dönemin büyük bir kısmı, üç ya da beş yıl devam eden, bir dizi, birbirine oldukça benzeyen dalgalanmaları gösterir. Bu dönemin yıllık artış ortalaması %3 civarındadır. Bundan sonra ise, 1929 yılında doruğa ulaşan "Yeni Çağ" iyimser piyasasına ve ardından gelen korkunç çöküşle beraber, 1940 tarihinde sonlanan, oldukça düzensiz bir dalgalanma dönemine geçiyoruz. 1949'un ortalama seviyesini, 1924 ile kıyasladığımızda, yıllık artış oranının %1 ½'tan ibaret olduğunu buluruz; bu nedenle, ikinci dönemimizin sonu, halkın hisse senedi yatırımı için hiç de hevesli olmadığı bir dönemdir. Zıtlıklar yasasına göre, çizelgemizin son üçte birlik kısmında gösterildiği gibi, tarihimizdeki en büyük iyimser piyasanın başlaması için, zaman artık olgunlaşmıştı. Bu olgu Standard & Poor's'un 425 sanayi endeksine göre (ve 500 hisse senedi endeksi için 108) 118 seviyesiyle, Aralık 1968 tarihinde, doruğa ulaşmıştı. Tablo 3-1'in gösterdiği gibi 1949 ile 1968 tarihleri arasında (özellikle 1956-57 ve 1961-62 dönemlerinde) çok sayıda geçici gerileme yaşanmıştır, ancak bunlar öyle çabuk atlatılmıştır ki, ayrı ayrı piyasa döngüleri yerine, tek bir iyimser piyasadaki durgunluk dönemleri olarak nitelendirilmiştir. "Dow" için, 1949

TABLO 3-1 1871'le 1971 Tarihleri Arasında Başlıca Borsa Hareketleri

	Cowles Standart 500 Bileşimi			Dow Jones Sanayi Ortalaması		
Yıl	Yüksek	Düşük	Düşüş Oranı	Yüksek	Düşük	Düşüş Oranı
1871		4.64				
1881	6.58					
1885		4.24	28%			
1887	5.90					
1893		4.08	31			
1897					38.85	
1899				77.6		
1900					53.5	%31
1901	8.50			78.3		
1903		6.26	26		43.2	45
1906	10.03			103		
1907		6.25	38		53	48
1909	10.30			100.5		
1914		7.35	29		53.2	47
1916-18	10.21			110.2		
1917		6.80	33		73.4	33
1919	9.51			119.6		
1921		6.45	32		63.9	47
1929	31.92			381		
1932		4.40	86		41.2	89
1937	18.68			197.4		
1938		8.50	55		99	50
1939	13.23			158		
1942		7.47	44		92.9	
1946	19.25			212.5		
1949		13.55	30		161.2	24
1952	26.6			292		
1952-53		22.7	15		256	13
1956	49.7			521		
1957		30.9	24		420	20
1961	76.7			735		
1962		54.8	29		536	27
1966-68	108.4			995		
1970		69.3	36		631	37
1972 başları		100	-		900	-

yılı ortalarında en düşük seviye olan 162 rakamı ile 1966 başındaki en yüksek 995 düzeyi arasındaki artış, 17 yılda -ki bu, yıllık, sözgelimi %3 ½'lik kâr paylarını hesaba katmadan, ortalama yıllık %11'lik bileşik orandır- altıya katlanmıştır. (Standard & Poor's'un bileşik endeksi için ise artış, bir şekilde, DJIA'deki artıştan daha büyüktür -gerçekte 14'ten 96'ya.)

Bahsi geçen %14 ve daha yüksek oranlı getiriler, 1963 yılında ve sonrasında, tanıtımı daha iyi yapılmış bir çalışmayla belgelenmiştir.*[2] Bu çalışma, üstün başarılarıyla,Wall Street'te doğal bir tatmin sağlamış, gelecekte de hisse senetlerinden aynı şekilde fevkalade sonuçların beklenebileceği şeklinde, mantıksız ve tehlikeli bir inanışa yol açmıştır. Ancak az sayıda insan, artışın ulaştığı boyutun, abartılmış bir seviyeyi gösterebileceğini düşünebilir. Standard & Poor's bileşiği için 1968'in en yükseğinden, 1970'in alçağına doğru gerçekleşen bir sonraki düşüş %36'dır (ve DJIA için %37). Bu düşüş, 1939 ile 1944 tarihleri arasında yaşanan, Pearl Harbour sonrası tehlikeleri ve belirsizlikleri yansıtan, %44'ten sonraki en büyük düşüş olmuştur. Tipik bir Wall Street karakteristiği olarak, Mayıs 1970'in en düşük seviyesinin ardından dramatik bir biçimde her iki ortalamada da büyük çaplı ve hızlı iyileşmeler gelmiş ve 1972 başlarında Standard and Poor's Sanayi Endeksi'nin yeni ve tüm zamanların en yüksek oranına ulaşılmıştı. Her iki yılın ortalama rakamları kullanılarak, 1949 ve 1970 yılları arasındaki yıllık fiyat artış oranı ise S & P bileşiği (ya da sanayi endeksi) için yaklaşık %9 olarak çıkar. Doğal olarak, bu tırmanış oranı, 1950 öncesi benzer bir döneme göre çok daha büyüktür. (Fakat son on yılda artış oranı çok düşüktü -S & P bileşik endeksine göre %5 ¼ ve DJIA için bir zamanlar bilinen %3.)

* Bu çalışmanın son şekli için Lawrence Ficher ve James H. Lorie'nin "Adi Hisse Senedi Yatırımlarında Getiri Oranları: Yıllık Kayıtlar, 1926-65" (Rates of Return on Investments in Common Stock: The Year-by-Year Record,1926-65), The Journal of Business, Cilt XLI, No: 3 (Temmuz 1968), s. 291-316. Çalışmanın geniş çaplı etkisinin bir özeti için bkz. http://library.dfaus.com/reprints/work_of_art/.

ÇİZELGE 1

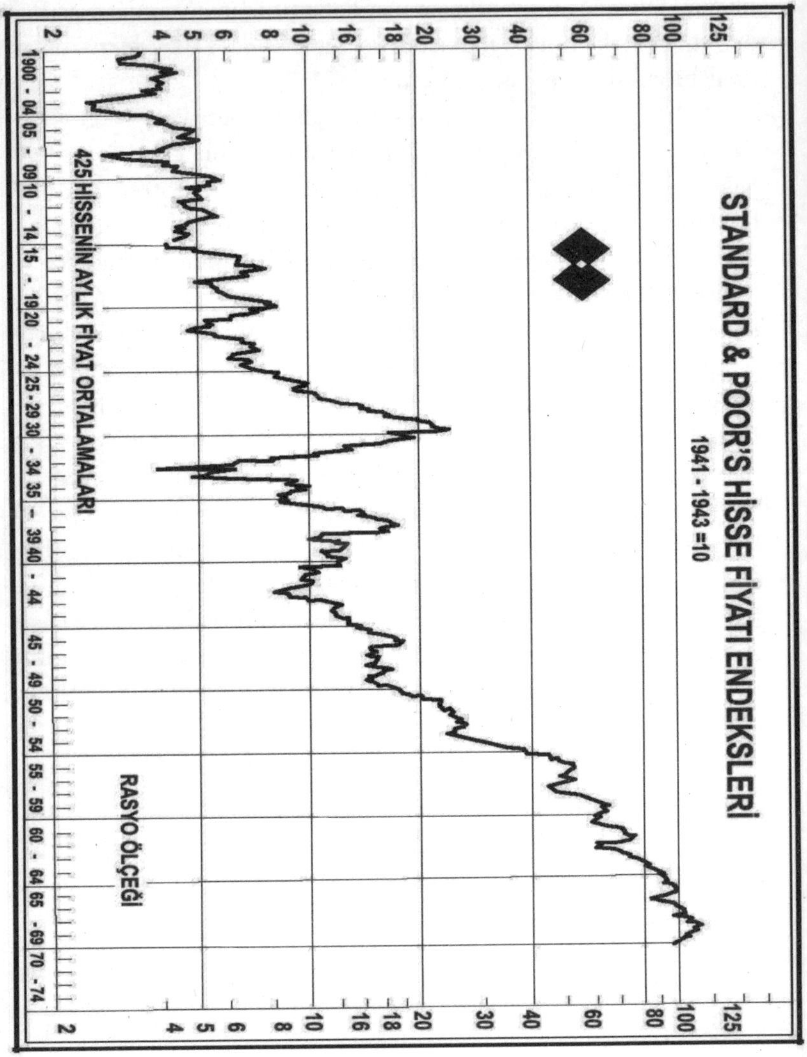

STANDARD & POOR'S HİSSE FİYATI ENDEKSLERİ
1941 - 1943 =10
425 HİSSENİN AYLIK FİYAT ORTALAMALARI
RASYO ÖLÇEĞİ
125
100
80
60
40
30
20
18
16
10
8
6
5
4
2
1900 - 04
05 - 09
10 - 14
15 - 19
20 - 24
25 - 29
30 - 34
35 - 39
40 - 44
45 - 49
50 - 54
55 - 59
60 - 64
65 - 69
70 - 74

Hisse senedi ekonomimize, on adet on-yıllık dönem boyunca, neler olduğuna ilişkin bir görüşe sahip olmak için, fiyat hareketlerine, bunlara denk düşen getiri ve kâr payı rakamları eklenmelidir. Tablo 3-2'de bu tür bir özet sunuyoruz. Okuyucudan tüm bu rakamları dikkatle incelemesini beklemek haksızlık olur ama kimi okurların bunları ilginç ve eğitici bulacaklarını umut ediyoruz.

Bu "on yıllık" rakamlar üzerinde şu açıklamayı yapalım: Tüm on-yıllık rakamlar, yıllık bazdaki dalgalanmaları yumuşatır ve geride sürekli büyümenin genel bir görüntüsü kalır. İlk on-yıldan sonraki dokuz adet on-yıllık dönemin sadece iki tanesi, kazançlarda ve ortalama fiyatlarda (1891-1900 ve 1931-1940) bir düşüşü gösterir ve 1900'den sonraki hiçbir on-yıllık dönemde, ortalama kâr paylarında bir düşüş görülmez. Ancak bu üç kategorinin değişme oranları epey değişkendir. Genelde II. Dünya Savaşı'ndan bu güne gelen performans eski on yıllardan üstün olmuştur, 1960'lardaki artış ise 1950 yılına kıyasla daha az belirgindir. Günümüz yatırımcısı bir sonraki on-yılda, getirilerde, temettü gelirlerinde ve fiyatlarda yüzde kaçlık bir kazanım bekleyebileceğini bu kayıtlara bakarak söyleyemez. Ancak bu yaklaşım, kendisine tutarlı bir hisse senedi yatırım politikası uygulaması için gereken tüm cesareti sağlar.

Ancak bu tabloda açıklanmayan bir konunun burada belirtilmesi gerekir. 1970 yılı, şirketlerin genel kazançlarında yaşanan kesin bir bozulmayı işaret eder. Bu tarihte, yatırım sermayesi üzerinden elde edilen kâr oranı, II. Dünya Savaşı* yıllarından sonraki en düşük yüzdeye inmiştir. Kayda değer sayıda şirketin 1970 yılında net zarar beyan ettiği gerçeği de aynı derecede çarpıcıdır; çok sayıda şirket "finansal olarak sorunlu" hale gelmiş ve otuz yıldır ilk olarak birkaç önemli iflas takibi olmuştur. Bu ve benzeri faktörler,1969-1970'te büyük yükseliş döneminin artık sona erebileceğini söyleyen yukarıdaki ifadeye yol açmıştır.

Tablo 3-2'nin çarpıcı bir özelliği de II. Dünya Savaşı'ndan

* Bkz s.71-74

itibaren "fiyat/kazanç oranı"nda yaşanan değişikliklerdir.* Haziran 1949'da S & P bileşiği, son 12 aylık döneme ait fiyat/kazanç oranını yalnızca 6.3 katı olarak gösteriyordu. Mart 1961'de bu oran 22.9 idi. Benzer şekilde, S & P Endeksi üzerinden kâr payı getirisi 1949'da %7'nin üzerindeyken 1961'de %3.0'e düşmüştür. Üstelik aynı dönemde, birinci sınıf tahvillerin faiz oranları %2.60'tan %4.50'ye yükselmiştir. Bu dönem, tüm borsa tarihi boyunca, halkın yatırım davranışlarında yaşanmış, en dikkat çekici sapmadır.

Uzun bir tecrübeye sahip ve doğuştan temkinli olan insanlara, böylesi bir uçtan diğerine geçiş, önlerinde bir sorun olduğu uyarısı taşır. Bu yatırımcılar, 1926-1929 yılları arasında, iyimser beklentilerin arasında, sonu trajik olan bir piyasayı kaygılı bir şekilde düşünmekten kendilerini alamazlardı. Ancak gelişmeler, bu korku yıllarını doğrulamıyor. 1970'te DJIA'nın kapanış fiyatının, 6 ½ yıl öncesiyle aynı seviyede olduğu doğruydu. "Yükselen Altmışlar"ın, esas olarak, bir dizi yükseliş ve sonrasında yaşanan düşüşlerden ibaret olduğu da ortaya çıkmıştı. Ancak bu dönemi, 1929-1932'nin kötümser piyasası ve depresyonuyla karşılaştırdığımızda, iş dünyasında da, hisse senedi fiyatlarında da, hiçbir şey olmamış sayılır.

* Bir hisse senedinin veya S & P 500-hisse senedi endeksi gibi bir piyasa ortalamasının "fiyat/kazanç" oranı piyasanın hararetini ölçen basit bir araçtır. Örneğin, bir önceki yıl hisse başına 1$ net gelir kazandıysa ve onun hisse senedi hisse başına 8.93$'dan satılıyorsa bu şirketin fiyat/kazanç oranı 8.93'tür; fakat hisse senedi 69.70$'dan satılıyorsa o zaman fiyat/kazanç oranı 69.7'dir. Genelde 10'un altında bir fiyat/kazanç oranı (F/K) düşük, 10 ile 20 arası orta ve 20'den büyüğü pahalı olarak değerlendirilir. (F/K oranları hakkında daha fazlası için bkz. s196)

TABLO 3-2 Borsa Performansının Bir Görüntüsü 1871-1970[a]

Dönem	Ortalama Fiyat	Ortalama Kazanç	Ortalama F/K Oranı	Temettü Ortalaması	Ortalama Getiri	Ortalama Ödenen	Ortalama Büyüme Oranları Kazanç	Ortalama Büyüme Oranları Temettü
1871–1880	3.58	0.32	11.3	0.21	6.0%	67%	—	—
1881–1890	5.00	0.32	15.6	0.24	4.7	75	– 0.64%	–0.66%
1891–1900	4.65	0.30	15.5	0.19	4.0	64	– 1.04	–2.23
1901–1910	8.32	0.63	13.1	0.35	4.2	58	+ 6.91	+5.33
1911–1920	8.62	0.86	10.0	0.50	5.8	58	+ 3.85	+3.94
1921–1930	13.89	1.05	13.3	0.71	5.1	68	+ 2.84	+2.29
1931–1940	11.55	0.68	17.0	0.78	5.1	85	– 2.15	–0.23
1941–1950	13.90	1.46	9.5	0.87	6.3	60	+10.60	+3.25
1951–1960	39.20	3.00	13.1	1.63	4.2	54	+ 6.74	+5.90
1961–1970	82.50	4.83	17.1	2.68	3.2	55	+ 5.80[c]	+5.40[c]
1954–1956	38.19	2.56	15.1	1.64	4.3	65	+ 2.40[d]	+7.80[d]
1961–1963	66.10	3.66	18.1	2.14	3.2	58	+ 5.15[d]	+4.42[d]
1968–1970	93.25	5.60	16.7	3.13	3.3	56	+ 6.30[d]	+5.60[d]

a) Bu veriler esas olarak N. Molodovsky'nin "Hisse Senedi Değerleri ve Hisse Senedi Fiyatları" (Stock Values and Stock Prices), Financial Analysts Journal, Mayıs 1960 başlıklı makalesinde belirtilen rakamlara dayanır. Bunlar sırayla 1926'dan önceki yıllar için Cowles Commission'ın Hisse Senetleri Endeksi kitabından ve 1926 sonrası Standard & Poor's 500-hisse senedi bileşik endeksinden alınmıştır.

b) Yıllık büyüme artışı rakamları 1890, 1900 ve diğerlerinde sonlanan birbiri ardından gelen 21-yıllık dönemi kapsayan Molodovsky derlemeleridir.

c) 1968-1970 büyüme hızına karşılık 1958-1960.

d) Bu büyüme oranı rakamları 1954-1956'ya karşılık 1947-1949, 1961-1963'e karşı 1954-1956 ve 1968-1970'e karşılık 1958-1960.

1972 Yılı Başlarında Borsa

Hisse senetlerinin, fiyatların, kazançların ve kâr paylarının gözümüzün önündeki bir asırlık özetiyle, Ocak 1972 tarihi itibariyle, bileşik endeksin DJIA için yaklaşık 900 ve S & P için 100 olan seviyesinden bazı sonuçlar çıkarmaya çalışalım.

Önceki baskılarımızın her birinde, borsanın, bu kitabı yazdığımız sırada geldiği düzeyi tartışmış ve tutucu alımlar için çok yüksek olup olmadığı sorusunu yanıtlamaya gayret etmiştik. Okuyucu açısından, bu önceki durumlarda ulaştığımız sonuçları gözden geçirmek bilgilendirici olabilir. Bu bütünüyle bir kendini cezalandırma alıştırması değildir. Borsanın son yirmi yıldaki çeşitli aşamalarını birleştiren bir tür bağ dokudur ve aynı zamanda mevcut piyasa seviyeleri konusunda bilgi sahibi olmak ve eleştirel bir hükme varmak isteyen herkesin karşılaştığı zorlukların yaşamdan çekilen bir fotoğrafıdır. Öncelikle, kitabımızın 1965 yılı baskısında verilen 1948, 1953 ve 1959 analizlerinin özetlerini yeniden yazalım:

> 1948'de Dow Jones 180 seviyesine tutucu standartlar uyguladık ve "altta yatan değerlere ilişkin olarak fazla yüksek olmadığı" sonucuna ulaşmakta hiç zorluk çekmedik. 1953'te bu soruna yaklaştığımızda o yılın ortalama piyasa seviyesi, beş yılda %50'den fazla artarak 275'e ulaşmıştı. Kendimize aynı soruyu sorduk -yani "Dow Jones Sanayileri için 275 seviyesi güvenli yatırımlar için fazla yüksek midir, değil midir?" Arkasından gelen muhteşem ilerlemenin ışığında, 1953 seviyesinin çekiciliği hakkında kesin bir sonuca varmanın bizim için hiç de kolay olmadığını söylemek zorunda olmak tuhaf görünebilir. Ama yeterince kesin bir tarzda, "değer göstergeleri -temel yatırım rehberimiz- açısından 1953 hisse senedi fiyatlarının tatminkâr olduğu sonucunu," söyledik. Fakat 1953'te, ortalamaların, geçmişteki iyimser piyasaların çoğundan daha uzun dönemlerde artmış olması ve mutlak seviyesinin tarihsel olarak yüksek oluşu gerçeği bizi kaygılandırmıştı. Bu faktörleri, lehimize olan değer yargılarının karşısına koyarak,

temkinli ya da uzlaşmacı bir politika önerdik. Sonuçta bunun özellikle parlak bir öğüt olmadığı ortaya çıktı. Ancak çok iyi bir falcı, piyasa seviyesinin, sonraki beş yılda ilave bir %100 oranında daha da yükseleceğini öngörebilirdi. Belki de kendimizi savunmak için, işi hisse senedi tahmini yapmak olanların -bizimki bu değildi- çok azının ya da hiçbirinin, önümüzde neyin yattığına ilişkin bizden daha iyi bir sezgisi olmadığını da ilave etmeliyiz.

1959 başında ise DJIA'yı tüm zamanların en yükseği olan 584 seviyesinde bulduk. Her açıdan bakarak, yaptığımız uzun analizler aşağıda özetlenmiştir (1959 baskısı sayfa 59): "Toplamda hisse senedi fiyatlarının mevcut seviyesinin tehlikeli bir seviye olduğu sonucunu ifade etmek zorunda olduğumuzu hissediyoruz. Fiyatlar, şimdiden aşırı yüksek olduğu için, bu çok da vahimdir. Durum henüz böyle değilse bile, yükselen ivme, piyasayı kaçınılmaz olarak gereksiz derecede yüksek seviyelere taşıyacaktır. Açıkçası, gelecekte ciddi zararların asla olmayacağı ve her acemi yatırımcının hisse senedi alımlarında büyük oranda kâr edeceğinin garanti olacağı bir piyasa düşünemiyoruz."

1954 tarihindeki benzer tutumumuz ile karşılaştırıldığında, 1959'da yaptığımız bu uyarıyı, uyarı sonrasında yaşananlar bir şekilde daha haklı çıkarmıştır. Ancak yine de, tamamen doğru olduğunu kanıtlamaz. DJIA 1961'de 685 seviyesine yükselmiştir; yılın sonrasında, bizim 584 seviyemizin biraz altına (566) inmiş ve sonra neredeyse panik halinde, altı ay gibi kısa bir dönemde, %27'lik düşüş kaydederek Mayıs 1962'de 536 seviyesine inmiştir. Aynı zamanda en popüler "büyüme hisse"lerinde -tartışılmaz lider International Business Machines'in (IBM) Aralık 1961'de 607 olan yüksek seviyesinden, 1962 Haziran'ında 300'e düşüşünün çarpıcı bir şekilde kanıtladığı gibi- çok daha ciddi bir daralma olmuştur.

Bu dönemde, küçük işletmeler, saçma sayılabilecek oran ve yüksek fiyatlarla halka arz edilmiştir. Bu yeni halka arzların, gereksiz spekülasyonlarla neredeyse anlamsız bir seviyeye doğru daha da yukarı çekilerek, daha sonra ise -sıcak ihraçlar diye adlandırılan- tamamen çöküşünü gördük. Bu hisselerin çoğu, sadece birkaç ay içinde, fiyatlarının %90 ve daha fazlasını kaybettiler.

1962'nin ilk yarısındaki bu düşüş, spekülatör olarak kabul edilen birçok kişi için ve belki de kendilerine "yatırımcı" diyen daha fazla sayıdaki tedbirsiz insan için, yıkıcı olmasa bile, kaygı vericiydi. Ancak yılın sonraki aylarında gelen aksi yöne dönüş ise finans dünyası tarafından beklenmiyordu. Borsa ortalamaları bu dönemde aşağı tablodaki sırayı oluşturarak yükselişe devam etti:

	DJIA	*Standard & Poor's 500*
Aralık 1961	735	72.64
Haziran 1962	536	52.32
Kasım 1964	892	86.28

Hisse senedi fiyatlarının iyileşmesi ve yeniden yükselişi gerçekten dikkat çekici oldu ve Wall Street düşünce yapısında da bir revizyon yarattı. Haziran 1962'nin düşük seviyesinde tahminler ağırlıklı olarak düşme yönündeydi, yıl sonuna doğru yaşanan kısmen bir iyileşme sonrası, tahminler şüpheci tarafa doğru yönelerek, karışık bir hal aldı. Ancak 1964 yılı başında aracı kurumların doğal iyimserliği yeniden görünür hale geldi; neredeyse tüm tahminler bir yükseliş yönündeydi ve 1964 yükselişi boyunca da bu beklentiler aynı yönde devam etti.

Daha sonra, Kasım 1964'ün borsa seviyesine (DJIA için 892) değer biçme görevine giriştik. Birçok açıdan yeni şeyler öğrenip tartıştıktan sonra, üç önemli sonuca vardık: Birincisi, "eski standartların (değerlendirme için) uygulanamaz göründüğü; yeni standartların ise o sırada sınanmamış olduğu" şeklindeydi. İkincisi, "yatırımcının politikasını başlıca belirsizliklerin var olduğu üzerine dayandırması" zorunluluğuydu. Bir yanda, uzun süren ve daha da ilerleyen bir piyasa –sözgelimi %50 oranında ya da DJIA için 1350-; diğer yanda ortalamayı 450'nin yakınına getiren aynı çapta büyük habersiz bir çöküş " (s.63) Üçüncüsü ise daha kesin terimlerle ifade edilmişti ve şöyle demiştik: "Açıkça ifade edilecek olursa, eğer 1964 fiyat düzeyi aşırı yüksek değildiyse *herhangi bir* fiyat seviyesinin çok yüksek olduğunu nasıl söyleyebilirdik?" Bölümün sonu aşağıdaki gibiydi:

İzlenecek Yol

Yatırımcılar, 1964 yılında piyasanın tehlikeli bir düzeyde olduğu sonucuna, sadece bu kitapta okudukları için varmasınlar. Bizim düşünce tarzımızı, Wall Street'deki en usta ve deneyimli insanlardan duydukları tam ters düşünme tarzı ile ölçmeleri gerekir. Sonuçta, herkes kendi kararını verecek ve bundan doğan sorumluluğu da kabul edecektir. Ancak biz, eğer bir yatırımcının hangi yolu izleyeceği konusunda kuşkuları varsa, temkinli yolu seçmesini öneririz. Burada önerdiğimiz "yatırım politikası" ilkeleri 1964 yılı koşullarında, aciliyet sırasına göre aşağıdaki davranışları gerektirir:

1. Hisse senedi almak ya da tutmak için borçlanmayın.
2. Adi hisse senetlerinin portföyünüzdeki payını artırmayın.
3. Adi hisse senedi mevcutlarını gerektiğinde toplam portföyün en fazla %50'sine kadar düşürün. Menkul kıymet sermaye artışı (iradı) vergisi mümkün olduğu kadar gönüllü ödenmeli, elde edilen kazançlar birinci sınıf tahvillere yatırım ya da tasarruf mevduatı olarak tutulmalıdır.

Bir süredir iyi niyetle ortalama dolar maliyetli bir yatırım planı takip eden yatırımcılar, mantıksal olarak, dönemsel alımlarına eskisi gibi devam etmeyi, ya da, piyasanın geldiği seviyenin artık tehlikeli olmadığını hissedinceye kadar, alımları askıya almayı seçebilirler. 1964 yılı sonları düzeyinde, yeni bir "ortalama dolar maliyetli plan"ın başlatılmasının karşısında olduğumuzu kuvvetle belirtmeliyiz- ilk sonuçlar epey olumsuz olarak görünürse, pek çok yatırımcı böyle bir yatırım planını takip etme gücü bulamayacaktır.

Temkinli olmakla bu defa haklı çıktığımızı söylemeliyiz. DJIA %11 daha artarak 995 rakamına ulaştı, ancak düzensiz bir şekilde 1970 yılında 632'ye kadar düşerek yılı 839 seviyesinde tamamladı. Aynı türden bir çöküş, 1961-62 gerilemesinde olduğu gibi "sıcak-halka arzların" -yani %90'ı bulan düşüşler- fiyatlarında yaşandı. Ve Giriş kısmında belirtildiği gibi, tüm "finansal tablo" daha az yatırım hevesi ve daha fazla kuşku yönünde değişmiş gibi görünüyor. Tek bir olgu tüm bu hikâyeyi özetleyebilir: DJIA endeksi 1970 yılını, altı yıl öncesinden -1944'ten beri böyle bir şey ilk defa oldu- daha düşük bir seviyede kapattı.

Borsanın geçmişini değerlendirme çabalarımız bundan ibarettir. Bizim ve okurlarımızın bundan öğrenebileceği bir şey var mıdır? Yatırım yapmak için piyasa seviyesini 1948 ve 1953'te (fakat sonraki yılda çok temkinli olarak) olumlu, 1959'da (DJIA 584) "tehlikeli" ve 1964'te "fazla yüksek" (892) bulduk. Bu görüşlerin tümü, bugün bile, ustaca planlanmış tezler ile savunulabilir. Ancak yapacağımız şu sıradan öneri kadar yarar sağlayacakları şüphelidir: Bir yanda tutarlı ve kontrollü bir hisse senedi politikası izlerken, diğer yandan, "piyasayı yenmek" ya da "kazanan senetleri seçmek" benzeri çabalardan uzak durmak.

Söyleyeceklerimiz, pratikte faydalı olmaktan ziyade, daha ilginç ya da işaret edici olsa da, okuyucularımızın, –bu defa 1971 sonu itibariyle- gözden geçirilmiş bir piyasa yorumundan yarar sağlayacaklarını düşünüyoruz. Aristoteles'in *Etik*'inin hemen başında hoş bir pasaj vardır: "Belirli bir öznenin doğasının ne kadar kesinliğe izin verdiğini beklemek eğitimli bir zihnin işaretidir. Bir matematikçiden, sadece muhtemel sonuçları kabul etmek ve bir hatipten, katı bir gösteri beklemek kadar anlamsızdır." Bir finansal analistin görevi ise matematikçi ile hatibin ortasında bir yerdedir.

Dow Jones Sanayi Ortalaması 1971 yılında birçok kez, önceki baskımızda ele aldığımız gibi Kasım 1964'ün 892 seviyesinde durmuştur. Mevcut istatistiksel çalışmada Standard & Poor's'un bileşik endeksiyle (S & P 500) ilişkili fiyat seviyesini ve verileri kullanmaya karar verdik, çünkü daha kapsayıcı ve genel bir piyasayı (30-hisse senetli DJIA'dan daha iyi) temsil ediyor. Eski tarihli dört baskımızla –yani 1948, 1953, 1958 ve 1963 yıl sonları- artı 1968 baskımızla karşılaştırma üzerine yoğunlaşacağız; cari fiyat seviyesi için, 1971'de ve 1972 başlarında birçok defa kaydedilmiş, kullanışlı bir rakam olan 100'ü alacağız. Dikkat çekici veriler Tablo 3-3'te ortaya konmuştur. Kazanç rakamları için hem geçen yılı, hem de üç takvim yılının ortalamasını sunuyoruz; 1971 kâr payları için son on iki ayın rakamlarını; 1971 tahvil faizi ve toptan fiyatları için de Ağustos 1971'i kullanıyoruz.

Piyasanın 3 yıllık fiyat/kazanç oranı, Ekim 1971 tarihinde, 1963 yılı sonundan ve 1968'den daha düşüktü. 1958 ile hemen hemen aynıydı ama uzun süren iyimser bir piyasanın ilk yıllarından çok daha yüksekti. Bu önemli göstergeden, tek başına ele alındığında, piyasanın özellikle Ocak 1972'de yüksek olduğu anlamı çıkarılamaz. Birinci sınıf tahvillerin faiz getirileri ortaya konduğunda ise sonuçlar daha az elverişlidir. Tablomuzda hisse senedi getirilerinin (kazanç/fiyat) tahvil getirilerine oranı tüm dönem boyunca daha kötüleştiği okuyucunun dikkatini çekmiştir, öyle ki bu ölçüte göre, Ocak 1972 rakamı hisse senetleri için incelediğimiz önceki yılların hiçbirinde olmadığı kadar elverişsizdi. Kâr payı getirilerini tahvil getirileriyle karşılaştırdığımızda, 1948 ile 1972 yılları arasında bu ilişkinin tamamen ters olduğunu görürüz. 1948'de hisse senetleri tahvillerin iki katı getiri sağlamıştır; şimdi ise tahviller hisse senetlerinin iki katından fazla kazandırmaktadır.

Nihai görüşümüze göre, tahvil getirisi/hisse senedi getirisi oranında yaşanan bu tersine değişiklik, -3 yıllık kazanç rakamlarına göre- daha iyi bir fiyat/kazanç getirisini 1971 yılı sonu itibariyle dengelemiştir. Başka bir deyişle, 1972 piyasası hakkındaki görüşümüz, 7 yıl öncesiyle aynı olma eğilimindedir –tutucu yatırım açısından cazip bir durum değildir- (DJIA'nın sözgelimi 1971 yılında 800'le 950 arasında seyreden, fiyat aralığının çoğuna uygulanabilecektir.)

Daha önceki piyasa salınımlarına göre, 1971 yılı manzarası, 1969-1970 yıllarında yaşanan kötüye gidişin, düzensiz bir iyileşmesi olarak görünebilir. Geçmişte yaşanan bu tür iyileşmeler, bizi, 1949 tarihinde başlayan, tekrarlanan ve kalıcı olan, iyimser piyasanın yeni bir aşamasına götürebilir. (Genel olarak Wall Street'in 1971 boyunca beklentisi bu yöndeydi.) 1968-1970 döngüsü esnasında, düşük dereceli hisse senedi arzlarına maruz kalan halktan alıcıların yaşadığı korkunç deneyimden sonra, -ihraç dönme dolabında- yeni bir dönüş için henüz çok erkendir (1971 itibariyle). Bu yüzden, bir önceki baskımızda ele alındığı şekliyle, Kasım 1964'teki DJIA 892 seviyesi gibi, piyasada gelmesi yakın bir tehlikeye ilişkin, güvenilir bir işaret şu an yoktur. Teknik olarak görünüm, bir sonraki gerileme ya da çöküşten önce, DJIA 900 seviyesinin çok ötesinde bir başka önemli yükselişin lehinedir. Ancak bu konuyu böyle bırakamayız, ancak belki de bırakmamız gerekir. Bize göre, 1971 yılı başında, piyasanın bir yıldan az bir süre önceki rahatsız edici deneyimlerine itibar etmemesi endişe verici bir işarettir. Bu dikkatsizlik cezasız kalabilir mi? Biz, yatırımcının gelecekteki zorlu günlere hazırlanması gerektiğini düşünüyoruz –belki 1969-1970 düşüşünün epey hızlı bir tekrarı biçiminde, ya da belki de arkasından daha da yıkıcı bir çöküşün geleceği bir başka yükselen piyasa sıçraması biçiminde.[3]

TABLO 3-3 Değişik Yılların Standard & Poor's Bileşik Endeksine İlişkin Veriler

Yıl[a]	1948	1953	1958	1963	1968	1971
Kapanış fiyatı	15.20	24.81	55.21	75.02	103.9	100[d]
Cari yılda kazanılan	2.24	2.51	2.89	4.02	5.76	5.23
Son 3 yılın ortalama kazancı	1.65	2.44	2.22	3.63	5.37	5.53
Cari yılda temettü geliri	.93	1.48	1.75	2.28	2.99	3.10
Birinci sınıf tahvil faizi	%2.77	%3.08	%4.12	%4.36	%6.51	%7.57
Toptan fiyat endeksi	87.9	92.7	100.4	105.0	108.7	114.3
Oranlar:						
Fiyat/geçen yıl kazancı	6.3 x	9.9 x	18.4 x	18.6 x	18.0 x	19.2 x
Fiyat/3 yılın kazancı	9.2 x	10.2 x	17.6 x	20.7 x	19.5 x	18.1 x
3 yılın "kazanç getirisi" [c]	%10.9	%9.8	%5.8	%4.8	%5.15	%5.53
Temettü geliri	%5.6	%5.5	%3.3	%3.04	%2.87	%3.11
Hisse senedi kazanç getirisi/tahvil getirisi	3.96x	3.20x	1.41x	1.10x	.80x	.72x
Temettü geliri /tahvil getirisi	2.1x	1.8x	.80x	.70x	.44x	.41x
Kazançlar/defter değeri [c]	%11.2	%11.8	%12.8	%10.5	%11.5	%11.5

a) S & P AAA tahvilleri getirisi

b) 1948-1968 takvim yılları, artı Haziran 1971'le biten yıl

c) "kazanç getirisi" kazançların % olarak fiyata bölümü demektir

d) DJIA 900'e denk düşen Ekim 1971 fiyatı

e) Üç-yıllık ortalama rakamlar

İzlenecek Yol

Son baskımızda söyleyip 75. sayfada yeniden yazdıklarımıza geri dönün.

DJIA'nın 1972 başındaki fiyat seviyesine -mesela 900- ilişkin görüşlerimizle 1964 yılı sonundaki görüşümüz aynıdır.

ÜÇÜNCÜ BÖLÜM ÜZERİNE YORUMLAR

Nereye gittiğini bilmiyorsan dikkatli olmalısın, zira oraya varamayabilirsin.

-Yogi Berra

İYİMSER PİYASA SAÇMALIĞI

Graham, bu bölümde ne kadar kehanette bulunabildiğini gösteriyor. 1973-1974'te ABD hisse senetlerinin %37 değer kaybına uğradığı kötümser piyasa "felaketini" önceden tahmin ederek iki yıl sonrasını görüyor.[1] Ayrıca, o hayattayken henüz ufukta bile görünmeyen piyasa guruları ve en çok satan kitaplar mantığının içini temizleyerek, yirmi yıl sonrasına bakıyor.

Graham'ın argümanının özü, akıllı yatırımcının geleceği sadece geçmişten anlam çıkartarak tahmin etmemesidir. Ne yazık ki, 1990'larda uzmanların peş peşe yaptıkları hata tam da buydu. Wharton finans profesörü Jeremy Siegel'in *Stocks for the Long Run* (1994) (Uzun Vadede Hisse Senetleri) adlı eserini, vahşi bir artışla James Glassman ve Kevin Hassett'in *Dow 36000*'i, David Elias'ın *Dow 40000*'i ve Charles Kadlec'in *Dow 100000*'i (hepsi 1999'da yayımlanmıştır) ile doruğa ulaşan bir iyimser kitaplar akımı izledi. Tahminciler 1802'den bu yana hisse senetlerinin enflasyon sonrası ortalama yıllık %7 getirdiğini ileri sürdüler. Bu nedenle, yatırımcıların gelecekten beklemeleri gereken de budur diye sonuç çıkardılar.

[1] Kâr payları dahil edilmez ise, bu iki yıl içinde, hisse senetleri %47.8 oranında düşmüştür.

Bazı spekülatörler daha da ileri gitti. En az otuzar yılı kapsayan her dönemde, hisse senetleri, tahvilleri "her zaman" yendikleri için tahvillerden, hatta bankadaki nakitten bile daha az riskli olmalıydı. Üstelik hisse senetlerini sadece yeterince uzun bir süre elinizde tutmakla onlara sahip olma riskini bertaraf edebilirseniz, en başta ne ödediğiniz konusunu neden boş yere sorun ediyorsunuz? (Nedenini öğrenmek için 100.sayfadaki ek bilgi kutusuna bakınız.)

1999'da ve 2000'de iyimser piyasa saçmalıkları her yerdeydi:

- 7 Aralık 1999'da Firsthand yatırım fonlarının portföy yöneticisi Kevin Landis, CNN'in *Moneyline* adlı televizyon programına çıktı. Kendisine kablosuz telekomünikasyon hisselerinin değerlerinin şişirilip şişirilmediği -çok sayıda insanın şirket kazancının çok üzerinde fiyatlarla alıp sattığı- sorulduğunda Landis hazır bir yanıtla "Bu çılgınlık değildir," diye hararetle karşılık verdi. "Şu sınırsız büyümeye, büyümenin mutlak değerine bakın. Bu büyük bir değerdir."
- 18 Ocak 2000'de Kemper Fund'ın baş yatırım stratejisti Robert Froelich, *Wall Street Journal*'a şu demeci vermiştir: "Bu yeni dünya düzenidir. İnsanların, hisse senetlerinin fiyatları çok yüksek olduğu için, en doğru vizyona sahip, en doğru insanların olduğu, en doğru şirketleri terk ettiklerini görüyoruz –bu bir yatırımcının yapacağı en büyük hatadır."
- *BusinessWeek*'in 10 Nisan 2000 tarihli sayısında o sırada Lehman Brothers'da baş yatırım stratejisti olan Jeffrey M. Applegate, etkileyici bir tarzda soruyordu: "Borsa bugün sadece fiyatlar yüksek olduğu için iki yıl öncesinden daha mı risklidir? Cevap *hayır*dır."

Oysa cevap evettir. Hep evet olmuştur. Hep evet olacaktır.

Ve Graham "Bu dikkatsizlik cezasız kalabilir mi?" diye sorduğunda bu ebedi sorunun cevabının *hayır* olduğunu biliyordu. Borsa hiddetli bir Yunan tanrısı gibi, 1990 sonlarında elde edilen yüksek getirinin bir tür ilahi hak olduğuna inanmaya başlayan herkesi ezip geçti. Landis, Froelich ve Applegate'in tahminlerinin nasıl tutmadığına bir bakın:

- 2000'den başlayıp 2002 yılı boyunca Landis'in gözde kablosuz hisselerinin en istikrarlısı olan Nokia "sadece" %67 kaybetti –bu arada en kötüsü Windstar Communications %99.9 değer kaybetti.
- Froelich'in favori hisse senedi –Cisco Systems ve Motorola- 2002 sonunda %70'ten fazla düşmüştü. Yatırımcılar sadece Cisco'da 400 milyar$'dan fazla –Hong Kong, İsrail, Kuveyt ve Singapur'un bir arada toplam üretiminden daha fazla- kaybettiler.
- Applegate'in o etkileyici sorusunu sorduğu Nisan 2000'de, Dow Jones Sanayi 11.187'de; NASDAQ Bileşik Endeksi 4446 ise duruyordu. 2002'nin sonuna gelindiğinde Dow 8300 seviyesi civarında topallarken NASDAQ, geçmiş altı yılın tüm kazanımlarını tahrip ederek kabaca 1300'de kuruyup kalmıştı.

EN ŞİŞMANIN HAYATTA KALIŞI

Hisse senetlerinin uzun vadede tahvilleri "her zaman" yendikleri şeklindeki argümanda ölümcül bir hata vardır. 1871 öncesine ait güvenilir rakamlar bulunmamaktadır. ABD borsasının en eski getirilerini temsil etmek için kullanılan endeksler yedi (evet 7!) hisse senedine aittir.[1] Oysa 1800'e kadar Amerika'da 300 kadar şirket (çoğu Internet'in Jeffersoncu eşdeğeri olan ahşap yollar ve kanallar) vardı. Bunların çoğu iflas etti ve yatırımcıları her şeylerini kaybettiler.

Fakat hisse senedi endeksleri, teknik olarak "sağ kalma yanlılığı" diye bilinen bir sorunla, ilk yıllarda iflas eden şirketleri görmezden geldiler. Bu nedenle, bu endeksler gerçek yaşamdaki yatırımcıların –hangi yedi adet hisse senedini alacağını bilmek için gereken 20/20 anlayıştan yoksun olan- kazandığı sonuçları pervasızca şişirmiştir. Bank of

New York ve J.P. Morgan dahil bir avuç şirket, 1790'lardan itibaren sürekli olarak zenginleşmiştir. Ancak, mucizevi bir biçimde sağ kalan yatırımcılar için, Dismal Swamp Canal CO., Pennsylvania Cultivation of Vines Co. ve Snickers's Gap Turnpike Co, gibi -hiçbiri "tarihsel" hisse senedi endekslerine dahil edilmeyen- binlerce finansal felaket vardı.

Jeremy Siegel'ın verileri enflasyon sonrası 1802'den 1870 yılına kadar, hisse senetlerinin yılda %7.0, tahvillerin %4.8 ve nakit paranın %5.1 kazandığını gösterir. Fakat Elroy Dimson ve London Business School'daki meslektaşları, 1871 öncesi hisse senedi getirilerinin yılda en az yüzde iki puan şişirildiğini tahmin ederler.[2] O sırada, gerçek dünyada hisse senetleri nakitten ve tahvilden daha iyi değildi- ve belki biraz daha kötüydü. Her kim, hisse senetlerinin uzun dönem kayıtlarının, tahvili ya da nakit parayı aşacağını garantilediğini "ispatlarsa", o kara cahildir.

---

[1] 1840'larda bu endeksler azami yedi finansal hisse senedini ve 27 demiryolu hisse senedini –hâlâ genç ve delişmen Amerikan borsasını anlamsız bir şekilde temsil etmeyen bir örnektir- kapsayacak kadar genişlemiştir.

[2] Bkz. Jason Zweig, "New Cause for Caution on Stocks," *Time*, 6 Mayıs 2002, s.71. Graham'ın sayfa 65'te ipucu olarak verdiği gibi, iz bırakmadan iflas eden yüzlerce otomobil, havacılık ve radyo şirketi sayesinde 1871 ve 1920'ler arasındaki hisse senedi endeksleri bile sağ kalma yanlılığından mağdur olmuşlardır. Bu getiriler de muhtemelen yüzde 1 ya da 2 puan şişirilmiştir.

NE KADAR YÜKSEĞE ÇIKARLARSA O KADAR SERT DÜŞERLER

Graham, bu tür yükselen piyasa saçmalığına kalıcı bir çare bulmak için akıllı yatırımcıyı, bazı basit, şüpheci sorular sormaya sevk eder. Hisse senetlerinin gelecekteki getirileri neden her zaman geçmiştekiyle aynı olmak zorundadır? Her yatırımcı hisse senetlerinin uzun dönemde para kazandırdığına inanmaya başlayınca, piyasada fiyatlar vahşice şişmiş olmayacak mıdır? Ve bir kez böyle bir şey meydana geldikten sonra, gelecekteki getiriler nasıl yüksek olabilir?

Graham'ın cevaplarının kökleri her zamanki gibi mantık ve sağduyuda yatar. "Herhangi bir yatırımın değeri, ona ödediğiniz fiyatın bir fonksiyonudur" ve her zaman öyle olmak zorundadır. 1990'ların sonuna gelindiğinde enflasyon azalırken, şirket kârları gürlemeye başlıyordu ve dünyanın büyük bir kısmı barış içindeydi. Fakat bu hisse senetlerinin *her fiyatta* alınmaya değer oldukları anlamına gelmiyordu –hiçbir zaman da gelemezdi. Şirketlerin edebileceği kârlar sınırlı olduğundan, yatırımcıların hisse senetleri için ödemek isteyecekleri fiyatlar da sınırlı olmak zorundadır.

Şu şekilde düşünün: Michael Jordan tüm zamanların en iyi basketbolcusu olabilir ve taraftarlarını Chicago Stadyumu'na dev bir elektrikli mıknatıs gibi çekmiştir. Chicago Bulls, meşin bir topu ahşap zemin üzerinde zıplatması için Jordan'la yılda 34 milyon dolarlık ucuz bir anlaşma yapmıştır. Fakat bu Bulls'un ona sezon başına 340 milyon dolar, ya da 3.4 milyar dolar, ya da 34 milyar dolar, ödeme yapmasının haklı olduğu anlamına gelmez.

İYİMSERLİĞİN SINIRLARI

Graham, getiriler umut verici olduğu zaman, piyasanın "son zamanlardaki getirileri"ne odaklanmanın "aynı derecede muhteşem sonuçların, adi hisse senetleri için gelecekte de beklenebileceği şeklinde oldukça mantıksız ve tehlikeli bir sonuca yol açacağı" konusunda uyarmıştır. 1995'ten 1999'a kadar, piyasa her yıl en az %20 oranında yükselirken -Amerikan tarihinde benzeri görülmemiş bir yükseliş- hisse senedi alıcıları daha da iyimser oldular:

- 1998 ortalarında Gallup Organization'ın, PaineWebber aracılık firması için araştırdığı yatırımcılar bir sonraki yılda portföylerinin kabaca ortalama yıllık %13 kazanmasını bekliyorlardı. 2000 başlarına gelindiğinde ise, beklenen ortalama getirileri %18'den fazlaya sıçramıştı.

- "Sofistike profesyoneller" de gelecekteki getirilere ilişkin kendi varsayımlarını şişirerek, aynı derecede yükselen piyasanın tarafında oluyorlardı. Örneğin 2001'de SBC Communications, öngörülen emeklilik planını %8.5'ten %9.5'e yükseltmişti. 2002'ye gelindiğinde Standard & Poor's 500 -Hisse Senedi Endeksi'ndeki şirketlerin emeklilik planlarının varsayılan ortalama getiri oranı %9.2'ye kadar şişerek yükselme rekoru kırmıştı.

Hızlı bir takip, bize aşırı istekliliğin nasıl kötü sonuçlara yol açtığını gösterebilir:

- Gallup 2001 ve 2002'de, hisse senetlerinin bir yıllık getirilerine ilişkin ortalama beklentiler %7 düşmüştü –yatırımcıların artık 2000 yılına göre yaklaşık %50 daha düşük fiyatlarla alış yapıyor olmalarına rağmen.[2]
- Emeklilik planlarının getirilerine ilişkin aşırı istekli varsayımlar, son Wall Street tahminlerine göre, şirketlere 2002 ile 2004 tarihleri arasında, S & P 500'e göre en az 32 milyar dolara mal olmuştu.

Tüm yatırımcılar, ucuz alıp pahalı satmaları gerektiğini bildikleri halde, pratikte genellikle tersini yaparlar. Graham'ın bu bölümdeki uyarısı basittir: "Karşıtlıklar kuralına göre, yatırımcılar uzun vadede borsa için ne kadar istekliyseler, kısa vadede haksız çıkmaları o kadar kaçınılmaz olur." 24 Mart 2000'de ABD borsasının toplam değeri 14.75 trilyon dolarla zirveye ulaştı. Yaklaşık 30 ay sonra, 9 Ekim 2002'de, toplam ABD borsası 7.34 trilyon dolar, ya da %50.2 daha az –yaklaşık 7.41 triyon dolar kayıp- ediyordu. Bu arada, pek çok piyasa uzmanı, gelecek yıllarda–hatta onlu yıllarda- düz, hatta negatif piyasa getirileri tahmin ederek, dokunaklı bir şekilde piyasayı düşürme eğilimine girdiler.

[2] Hisse senetlerinin fiyatlarının daha ucuz olması, şüphesiz yatırımcıların %7'lik hisse senedi getiri beklentilerinin gerçekleşeceği anlamına gelmez.

Bu noktada Graham basit bir soru soracaktır: "Uzmanlar"ın en son bir konuda anlaştıkları zaman, nasıl da felaket getirecek şekilde yanıldıkları göz önüne alınacak olursa, akıllı yatırımcının onlara şimdi inanması hangi akla hizmet eder?

SIRADA NE VAR?

Bunun yerine, gürültüye kulağımızı kapatalım ve Graham'ın yapacağı gibi gelecekteki getiriler üzerine düşünelim. Borsanın performansı üç faktöre bağlıdır:

- gerçek büyüme (şirketlerin kazançları ve kâr paylarındaki artış)
- enflasyonist büyüme (ekonomi genelinde genel fiyat artışı)
- spekülatif büyüme -ya da düşüş (yatırımcı halkın hisse senedine duyduğu iştahın artması ya da azalması)

Uzun vadede hisse başına kazanç oranlarında (fiyat / kazanç) yıllık büyüme ortalama %1.5'ten %2'ye (enflasyon hesaba katılmadan) çıkmıştır.[3] 2003 başları itibariyle, yıllık enflasyon %2.4 civarındaydı; hisse senetlerinin kâr payı getirisi %1.9'du. Böylece,

%1,5 ten %2'ye	(fiyat / kazanç)
+ %2.4	(enflasyon oranı)
+ %1.9	(temettü –kâr payı getirisi)

=%5.8 den %6.3'e eşittir.

Uzun vadede bu hisse senetlerinden kabaca yıllık ortalama %6'lık (ya da enflasyon sonrası %4) bir getiri beklemenizin makul olduğu anlamına gelir. Şayet, yatırım yapan halk yeniden açgözlü bir hale gelir ve hisse senetlerini tekrar yörüngeye koyarsa, o zaman yaşanacak bir spekülatif heyecan, getirileri geçici olarak yukarıya sürükleyecektir. Şayet bunun yerine yatırımcılar 1930'larda ve 1970'lerde olduğu gibi korkuyorlarsa, hisse senetlerinin getirileri geçici olarak düşecektir. (2003'te bu noktadayız.)

[3] Bkz. Jeremy Siegel, Stocks for the Long Run (McGraw-Hill, 2002), s.94 ve Robert Arnott ve William Bernstein, "The Two Percent Dilution" başlıklı çalışması, Temmuz 2002.

Yale Üniversitesi finans profesörü Robert Shiller kendisinin değerleme yaklaşımına Graham'ın ilham verdiğini söyler. Shiller, Standard & Poor's'un 500-Hisse Senedi Endeksi'nin cari fiyatını, son 10 yılın (enflasyon sonrası) ortalama şirket kârlarıyla karşılaştırır. Shiller, geçmiş kayıtları tarayarak bulduğu bu oranın, 20'nin epey üzerine çıkması durumunda, piyasanın daha sonra çoğu zaman, zayıf getiriler elde edeceğini göstermiştir; oran 10'un altına indiğinde ise hisse senetleri, genellikle, gelecekte büyük kazançlar üretirler. 2003 başlarında, Shiller'in matematiğine göre, hisse senetleri son on yılın enflasyona göre düzeltilmiş ortalama kazançlarının 22.8 katından fiyatlanmıştır –yine tehlike sınırındadır, ama Aralık 1999'da kazançların 44.2 katı olduğu çılgın seviyenin epey altındadır.

Piyasa geçmişte, bugünkü seviyede fiyatlandığında nasıl gitmişti? Şekil 3-1, hisse senetlerinin benzer yükseklikte olduğu geçmiş dönemleri ve bu dönemleri izleyen 10 yıllık gerilimlerin nasıl üstesinden gelindiğini gösterir:

ŞEKİL 3-1

Yıl	Fiyat / Kazanç oranı	Sonraki 10 yılda toplam getiri
1898	21.4	9.2
1900	20.7	7.1
1901	21.7	5.9
1905	19.6	5.0
1929	22.0	-0.1
1936	21.1	4.4
1955	18.9	11.1
1959	18.6	7.8
1961	22.0	7.1
1962	18.6	9.9
1963	21.0	6.0
1964	22.8	1.2
1965	23.7	3.3
1966	19.7	6.6
1967	21.8	3.6
1968	22.3	3.2
1972	18.6	6.7
1992	20.4	9.3
Ortalamalar	20.8	6.0

Kaynaklar: http://aida.econ.yale.edu/~shiller/data/ie_data.htm; Jack Wilson and Charles Jones, "An Analysis of the S & P 500 Index and Cowles' Extensions: Price Index and Stock Returns, 1870-1999," The Journal of Business, cilt 75, no.3, Temmuz 2002, s. 527-529; Ibbotson Associates.

Notlar: Fiyat/kazanç oranı Shiller'in hesabıdır (S & P 500-hisse senedi endeksinin 10 yıllık ortalama gerçek kazancı / 31 Aralık endeks değeri). Toplam getiri nominal yıllık ortalamadır.

Demek ki, 2003 başındakilere benzeyen değerleme seviyelerinde borsa, peş peşe gelen 10 yılda bazen çok iyi, bazen kötü olmuş ve diğer zamanlarda da idare etmiştir. Her zaman tutucu olan Graham, bence, geçmişteki en düşük ve en yüksek getiriler arasındaki farkı ayırır ve bir sonraki on yılda hisse senetlerinin kabaca yıllık %6, ya da enflasyon sonrası %4, kazandıracağını tahmin ederdi. (İlginçtir, bu tahmin daha önce gerçek büyüme, enflasyonist büyüme ve spekülatif büyümeyi bir araya getirip topladığımızda çıkan tahminle uyuşur.) 1990'larla karşılaştırıldığında %6 rakamı devede kulaktır. Fakat tahvillerin sunacağı olası getiriden kıl payı daha iyidir –ve bu çoğu yatırımcı için riski dağıtılmış bir portföyün parçası olarak hisse senedi tutmak için yeterli bir nedendir.

Fakat Graham'İn yaklaşımında ikinci bir ders vardır. Gelecekte, hisse senetleri üzerine tahminde bulunurken, güven duyabileceğiniz tek şey, sonunda, muhtemelen yanılacağınızdır. Geçmişin bize öğrettiği tartışılmaz tek doğru, geleceğin bizi her zaman şaşırtacağıdır -her zaman! Ve şu finansal tarih yasasının sonucunda, piyasaların en zalim bir biçimde şaşırtacağı insanlar, gelecek tahminlerinin doğru olduğundan en fazla emin olanlar olacaktır. Graham'in yaptığı gibi, tahmin güçleriniz konusunda alçakgönüllü olmak, yanlış çıkabilecek bir gelecek görüşü üzerine fazla risk almaktan sizi uzak tutacaktır.

Öyleyse, mutlaka beklentilerinizi "düşürmelisiniz" -ancak, ruhunuzu bunalıma sokmamak için kendinize iyi bakın. Akıllı yatırımcı için, umut hep sonsuzda tomurcuklanır, çünkü böyle yapmak *zorundadır.* Mali piyasalarda, gelecek ne kadar kötü görünürse, sonunda o kadar iyi olur. Bir zamanlar, sinik felsefeye sahip bir İngiliz romancı ve metin yazarı, G. K. Chesterton'a şöyle söyledi: "Her kim hiçbir şey beklemezse o kutsanmıştır, zira asla hayal kırıklığı yaşamayacaktır." Chesterton şu cevabı yapıştırır: "Her kim hiçbir şey beklemezse kutsanmıştır, zira o her şeyin tadını çıkaracaktır."

BÖLÜM 4

Genel Portföy Politikası: Koruyucu (Defansif) Yatırımcı

Bir yatırım portföyünün temel karakterlerini, genelde, sahibinin ya da sahiplerinin pozisyonu ve karakterleri belirler. Bir uç noktada bankalar, hayat sigortası şirketleri ve yasal vakıf fonları adı verilen fonlar var. Bir önceki kuşağın yatırımları birçok eyalette yasal olarak birinci sınıf tahviller, ve bazı durumlarda, yüksek kaliteli imtiyazlı hisse senetleriyle sınırlandırılmıştı. Diğer uçta ise, cazip bir alım olarak değerlendirdiği takdirde, her türlü tahvili ve hisse senedini kendi menkul kıymet listesine eklemeye hazır, varlıklı ve deneyimli işadamlarımız var.

Riske girmeyi göze alamayanların, yatırım fonlarından göreceli olarak düşük getiriler elde etmekle yetinmeleri gerektiği, eski ve doğru bir ilkedir. Buradan, yatırımcının hedeflediği getiri oranının, şu ya da bu şekilde almaya hazır olduğu riskle orantılı olduğu genel kavramına varılır. Biz farklı bir görüşteyiz. Aranan getiri oranı, yatırımcının bu konuda uygulamak istediği ya da uygulayabildiği akıllı çabanın miktarına dayanmalıdır. En düşük getiri, hem güvenilirlik hem de endişeden uzak olmayı isteyen pasif yatırımcıya gider. Azami getiri, azami akıl ve beceriyi kullanan dikkatli ve girişimci yatırımcı tarafından elde edilir. 1965'te şu eklemeyi yaptık: "Pek çok durumda, büyük kâr şansı sunan bir "ucuz hisse" satın almak, yaklaşık %4½ getiren geleneksel bir tahvil almaktan daha az riskli olabilir." Sonraki yıllarda faiz oranlarının yükselmesi nedeniyle, en gözde uzun vadeli tahviller bile önemli ölçüde piyasa kaybettikleri için, bu ifadenin doğruluk payı, bizim sandığımızdan daha büyüktü.

Tahvil-Hisse Senedi Paylaşımı Temel Sorunu

Defansif yatırımcının portföy politikasını zaten en kısa şekilde özetlemiştik.* Defansif yatırımcı, fonlarını birinci sınıf tahviller ve birinci sınıf adi hisse senetleri arasında paylaştırmalıdır.

Temel bir yol gösterici kural olarak, yatırımcının, fonlarının asla %25'ten azını veya %75'ten fazlasını adi hisse senedinde tutmaması (bunun sonucu olarak da tahviller için %75 ile %25 arası bir oran) gerektiğini önermiştik. Buradan, iki ana yatırım aracı için "standart" paylaşımın bire-bir, ya da 50-50 olması gerektiği sonucu çıkar. Geleneğe göre, adi hisse senetlerinin yüzdesini artırmanın sağlam gerekçesi, "uzun süredir düşen piyasa"da oluşan "ucuz fiyat" seviyelerinin ortaya çıkmasıdır. Bunun aksine, yatırımcı piyasa seviyesinin tehlikeli bir yüksekliğe ulaştığına hüküm veriyorsa, güvenilir yöntem, adi hisse senedi bileşiğinin %50 nin altında olmasını gerektirir.

Bu basmakalıp kuralları beyan etmek her zaman kolay, uygulamak ise her zaman zor olmuştur -çünkü bu kurallar, yükselen ve düşen piyasaların aşırılığını üreten insan doğasına aykırıdır. *Ortalama* bir hisse senedi yatırımcısı için, piyasanın belirli bir noktayı aşması durumunda, elindekileri hafifletmesini ve buna karşılık gelen bir düşüşte, elindekileri artırmasını uygun bir politika olarak önermek, neredeyse çelişkili bir ifadedir. Geçmişin büyük iniş ve çıkışlarını yaşamamızın nedeni, ortalama bir insanın bunun tam tersi yönde işlem yapması, ya da açıkça görüldüğü gibi, yapmak zorunda kalmış olmasıdır ve –yazarın inandığı budur- muhtemelen gelecekte de aynı şeyleri yaşayacağız.

Yatırım ile spekülatif işlemler arasındaki ilişki, şimdi de, geçmişteki kadar net olsaydı yatırımcıları, ellerindeki her şeyi, şanssız ve düşüncesiz spekülatörlere yüksek fiyata satan ve daha sonra baskılanmış seviyelerdeki fiyatlarla geri satın alan, becerikli ve deneyimli bir grup olarak zihnimizde canlandırabilirdik. Bu tablonun gerçekleşmesi geçmişte belki mümkündü, ancak 1949 yılından beri süregelen gelişmeler sonucunda, artık saptanması çok zordur. Bu tür profesyonel işlemlerin, yatırım fonlarında olduğu gibi, bu şekilde yürütüldüğüne dair hiçbir gösterge yoktur. İki tip

* Bkz. Graham, "Conclusions" Bölüm 2, s. 56-57.

ana yatırım fonu -"dengeli" ve "adi hisse senedi"- tarafından hisse senetlerinde tutulan portföy yüzdesi, yıldan yıla çok az değişiklik gösterir. Bu fonların satış faaliyetleri, büyük ölçüde, daha az gelecek vaat eden mevcutlardan daha çok vaat edenlere geçiş yapma çabalarıyla sınırlıdır.

Uzun zamandır inandığımız gibi, eğer, borsa eski sınırlarıyla olan bağını artık kaybetmişse ve yenisi henüz kurulmadıysa, yatırımcıya hisse senedi mevcutlarını asgari %25'e doğru düşürmesi ve daha sonra azami %75 oranına yeniden getirmesi konusunda güvenilir bir kural veremeyiz. Genel olarak, yatırımcı hisse senedi pozisyonunun sağlam olduğuna tamamen güvenmedikçe, ve 1969-70 tipi bir piyasa düşüşünü soğukkanlılıkla izleyebileceğinden emin olmadıkça, "özkaynaklarının yarısından fazlasını hisse senedinde tutmaması gerektiği" konusunda baskı yapabiliriz. Böylesine sarsılmaz bir güvenin, nasıl olur da, 1972 başlarında hüküm süren piyasa seviyelerini doğruladığını anlamakda güçtür. O dönemde, adi hisse senetlerine %50'den fazla pay ayrılmasına karşı uyarırdık. Ancak, birbirini tamamlayan nedenlerden ötürü, yatırımcı, *kendi kafasında* borsanın cari seviyesi hakkında endişelenmedikçe ve herhangi bir piyasa yükselişinde, toplam portföyünü, söz gelimi, %25'i ile sınırlamakla yetinmediği sürece, hisse senedi oranını %50'nin epey altına indirmeyi önermek, neredeyse aynı derecede zordur.

Bu yüzden okuyucularımızın çoğuna, aşırı basitleştirilmiş bir 50-50 forüulü gibi gelecek bir öneri sunmaya hazırlanıyoruz. Bu plana kılavuzluk edecek kural, tahviller ve hisse senetleri arasında, mümkün olduğu kadar uygulanabilir eşit oranda paylaşımı sürdürmektir. Piyasanın hisse senedi bileşenini, örneğin %55'e çıkardığı zaman, hisse senedi portföyünün "on birde biri"nin satışıyla elde edilen gelirleri tahvile aktararak denge sağlanacaktır. Bunun tersine, portföydeki hisse senedi oranının %45'e düşmesi durumunda, tahvil pozisyonunun "on birde biri"nin ilave hisse senedi alımı için kullanılmasını gerektirecektir.

Yale Üniversitesi 1937'den sonra birkaç yıl süreyle, az çok benzer bir planı takip etmişti, ancak hisse senetleri pozisyonu "normal mevcutlar"ın %35'i gibi bir orana oturmuştu. Oysa

1950'lerin başlarına gelindiğinde, Yale bir zamanlar ünlü olan bu formülünden vazgeçmiş gibi görünüyor. 1969 yılında portföyünün %61'ini hisse senedi olarak (bazı hisse senedi ile değiştirilebilir tahviller dahil) tuttuğunu görüyoruz. (O sırada bu tür 71 kurumun toplam 7.6 milyar doları bulan bağış fonları yatırımları [endowment fund; anaparası korunup sadece faizi kullanılan fon-ç.n.)] %60.3 oranında hisse senedinde tutuluyordu.) Yale örneği, piyasada yaşanan büyük yükselişin, bir zamanlar popüler olan, *yatırımda formül kullanma yaklaşımı*na olan öldürücü etkisini gösterir. Buna rağmen, bu yaklaşımın 50-50 versiyonunun defansif yatırımcı için anlamlı olduğuna inanıyoruz. Bu son derece basittir; tartışmasız doğru yönü hedefler; takipçisine piyasadaki gelişmeler karşısında en azından biraz hareket ediyormuş hissi verir; en önemlisi, piyasa giderek daha tehlikeli bir yüksekliğe doğru ilerledikçe, yatırımcıyı adi hisse senetlerinin daha fazla içine çekilmekten alıkoyar. Ayrıca, gerçekten tutucu bir yatırımcı, portföyünün yükselen borsada yer alan yarısının getirisinden hoşnut olurken, ciddi bir düşüşte ise, kendisinin maceracı birçok arkadaşından daha iyi durumda olduğunu düşünerek teselli bulacaktır.

Önerdiğimiz 50-50 oranındaki paylaşım, kuşkusuz tasarlanabilen en basit "çok-amaçlı program"dır, ama elde edilen sonuçlar açısından en iyi program olmayabilir. (Tabii ki, mekanik olan, ya da tam aksi olan hiçbir yaklaşım, bir diğerinden daha iyi olacağı güvencesiyle ilerlemez.) Şu anda, temsili hisse senetlerine kıyasla, kaliteli tahvillerin sunduğu çok daha büyük gelirler, tahvil bileşenini tercih etmek için kuvvetli bir argümandır. Yatırımcının, hisse senetlerinde %50 ya da daha düşük bir oran seçmesi, esas olarak, kendi mizacına ve yargısına bağlı olabilir. Avantajları soğukkanlılıkla tartabilen biri gibi davranabilirse, tahvillerle hisse senetleri arasında tam ortadan 50-50 bölüşümü sağlamadan önce, DJIA temettü getirisi, tahvil getirisinin üçte ikisi oluncaya kadar beklemeyi düşünerek, muhtemelen o sırada düşük olan, %25 hisse senedi bileşenini tercih edecektir. DJIA 900 ile ve birim başına 36$'lık kâr payı ile başlamak, önde gelen hisse senetlerinin bugünkü getirilerinde herhangi bir değişikliğe yol açmaksızın; ya vergiye tabi tahvil getirilerinde %7 ½'den %5.5'e bir düşüş; ya da tahvil getirilerinde bir düşüş ve kâr paylarında bir artış olmaması durumunda, DJIA'da 660'a varan bir düşüşü gerektirecektir. Ara değişikliklerin bir birleşimi aynı "alış nokta"sını üretebilir. Bu tür bir sorun fazla karmaşık değildir; işin zor kısmı, onu benimsemek, ve sonuçta çok daha tutucu olma ihtimalini düşünmeden, ona bağlı kalmaktır.

Tahvil Bileşeni

Yatırımcı portföyünün tahvil bileşeni içindeki kâğıtlar iki temel sorunun etrafında dönecektir: Yatırımcı vergilendirilebilir tahvil mi ya da vergiden muaf tahvil mi almalıdır ve kısa vadelileri mi uzun vadelileri mi seçmelidir? Vergi kararı, yatırımcının vergi dilimi ile karşılaştırılınca getiride çıkan farkı dikkate alarak, büyük ölçüde aritmetiğin konusu olmalıdır. Ocak 1972'de 20 yıl-vadelilerde yapılacak tercih, sözgelimi "Aa sınıfı" şirket tahvillerinde %7½, başlıca vergiden muaf kâğıtlarda %5.3'tü. ("yerel belediyeler" terimi çoğu zaman devlet taahhütleri dahil vergiden muaf tahvillerin tüm çeşitlerine uygulanır.) Burada şirket alanından yerel alana geçişte bu vade için gelirde %30'luk bir eksilme vardır. Bu nedenle şayet yatırımcı %30'dan büyük azami vergi diliminde olup, yerel tahvilleri seçerse vergi sonrası net bir tasarrufu olur; azami vergisi %30'un altındaysa, tersini yapmalıdır. Tek başına bir kişi kesintilerden sonraki geliri 10.000 doları geçtiği zaman %30'luk bir oran ödemeye başlar; evli bir çift için birleştirilmiş vergilendirilebilir gelirleri 20.000 doları geçerse bu oran uygulanır. Bireysel yatırımcıların büyük bir kısmının, sağlam şirket tahvilleri yerine, sağlam belediye tahvillerinden vergi sonrasında daha yüksek getiri elde edeceği açıktır.

Daha uzun ya da daha kısa vadelilerin seçimi daha farklı soruları içerir. Bu sorular şunlardır: Yatırımcı 1) daha düşük yıllık getiri ve 2) anapara değerinde kayda değer bir *kazanımı* kaybetme ihtimali pahasına, kendini tahvil fiyatlarında bir düşüş karşısında garanti etmek ister mi? Bu soruyu Yatırımcı ve Piyasa Dalgalanmaları başlıklı 8. Bölüm'de tartışmanın daha iyi olacağını düşünüyoruz.

Geçmişte, uzun yıllar süren bir dönemde bireyler için tek akla yakın tahvil alımları ABD tasarruf bonolarıydı. Onların sağlamlığı sorgulanmazdı –şimdi de sorgulanmaz; onlar diğer birinci kalite tahvil yatırımlarından daha yüksek getiri sağlamışlardır; cazibelerini daha da artıran, parayı geri verme garantileri ve başka ayrıcalıkları vardı. Eski baskılarımızda "ABD Tahvilleri: Yatırımcılar İçin Bir Nimet" başlıklı ayrı bir bölümümüz vardı.

İleri süreceğimiz gibi, ABD tasarruf bonoları herhangi bir bireysel yatırımcının uygun bir alım yapması için elverişli bazı özgün erdemlere hâlâ sahiptir. Mütevazı bir sermayeye sahip biri için –diyelim tahvile yatıracak $10.000 dolardan fazlasına sahip olmayan biri- bonoların hâlâ en kolay ve en iyi seçim olduğunu düşünüyoruz. Fakat daha büyük fonlara sahip olanlar, başka araçları daha arzu edilir bulabilirler.

Yatırımcı tarafından değerlendirilmeyi hak eden birkaç tip temel tahvili listeleyelim ve onları genel bilgi, güvenilirlik, getiri, piyasa fiyatı, risk, gelir vergisi durumu ve diğer özellikleri açısından, kısaca tartışalım.

1. ABD TASARRUF BONOLARI, E VE H SERİLERİ. Önce bunların önemli unsurlarını özetleyeceğiz, sonra bu özgün, çekici ve son derece elverişli yatırımların çok sayıdaki avantajını kısaca tartışacağız. H serisi tahviller diğer tahviller gibi altı ayda bir faiz öderler. Oran ilk yıl için %4.29'dur ve vadeye kadar olan dokuz yılda oran tam %5.10'dur. E serisi tahvillerin faizi ödenmez, geri ödeme değerindeki artış aracılığıyla yatırımcıya birikim sağlar. Tahviller itibari değerlerinin %75'ine satılırlar, satın alındıktan 5 yıl 10 ay sonra %100 değere ulaşınca vadeleri dolar. Vade sonuna kadar bekletilirse, getirinin altı aylık devrede bileşiği %5 olur. Daha önce ödenirse, getiri birinci yıl asgari %4.01'den, sonraki 4 5/6 yılda, ortalama olarak %5.20'ye yükselir.

Tahvil faizi, Federal gelir vergisine tabidir, ancak eyalet gelir vergisinden muaftır. Fakat E serisi tahviller üzerinden ödenen Federal gelir vergisi, yatırımcının tercihine göre, faiz tahakkuk ettikçe (daha yüksek ödeme değeri ile) yıllık olarak ödenebilir ya da tahvil fiilen elden çıkartılıncaya kadar ödenmeyebilir.

E serisi tahvil sahipleri tahvilleri her an (aldıktan kısa süre sonra) cari geri ödeme değerinden nakde çevirebilirler. H serisi tahvil sahiplerinin de benzer şekilde onları itibari değer (maliyet) üzerinden nakde çevirme hakları vardır. E serisi tahviller bazı vergi avantajlarıyla seri H tahvilleriyle değiştirilebilirler. Kayıp, tahrip olmuş veya çalınmış tahviller masrafsız değiştirilebilir. Yıllık alımlar sınırlandırılmıştır ama aile üyelerinin ortak mülkiyetlerine ilişkin liberal kurallar, yatırımcının gücü yettiği kadar almasını mümkün kılar. *Yorum*: 1) anapara ve faiz ödemelerini kesin güvence altına almayı 2) her an "paranın" tamamen "geri alınmasını" talep etme hakkını 3) en az on yıl boyunca en az %5 faiz garantisini, birleştiren başka hiçbir yatırım aracı yoktur. E serisi tahvillerin ilk sayılarını ellerinde tutanların, vadesi gelince tahvillerini uzatma ve böylelikle gittikçe artan oranlarda yıllık değerler biriktirmeye devam etme hakları vardı. Gelir vergisi ödemelerinin bu uzun dönemler boyunca ertelenmesi büyük bir dolar avantajı sağlamıştır; tipik durumlarda bunun etkin vergi-sonrası net oranı üçte bir artırdığını hesaplıyoruz. Buna karşılık, tahvilleri maliyet fiyatına ya da daha iyi bir fiyata nakde çevirme hakkı, düşük faiz oranlarının yaşandığı geçmiş yıllarda, birçok tahvil yatırımcısının başına gelen anapara daralmasına karşı, alıcılara tam koruma sağlamıştır; başka türlü ifade edecek olursak, yatırımcının düşük faizli mevcut yatırımlarını, çok yüksek kupon ihraçları ile değiştirerek, faiz oranlarındaki yükselişten *faydalanma* imkânı vermiştir.

Görüşümüze göre, tasarruf bonosu sahiplerinin şimdi yararlandıkları özel avantajlar, diğer doğrudan devlet taahhütleriyle karşılaştırıldığında, daha düşük cari geri dönüşü telafi etmekten öteye geçecektir.

2. DİĞER ABD TAHVİLLERİ. Bu ihraçlar çok değişik kupon oranları ve vade tarihleriyle piyasada büyük miktarlarda bulunurlar. Anapara ve faiz ödemesine ilişkin olarak hepsi tamamen sağlamdır. Federal gelir vergisine tabidirler, ama eyalet gelir vergisinden muaftırlar. 1971 sonunda uzun vadeli tahviller –on yıldan

fazla- ortalama %6.09 getiri gösterdiler, orta vadeli olanlar (üçle beş yıl arası) %6.35 ve kısa vadeliler %6.03 getiri sağladı.

1970 yılında, büyük iskontolarla bir miktar eski ihraçlardan satın almak mümkündü. Bunlardan bazıları, emlak vergisi borcunun kapatılması için itibari değerden kabul edilirdi. Örneğin: 1990 vadeli ABD Hazinesi 3½'ları bu kategoridedir; 1970'te 60'tan satılıyorlardı, ancak 1970'i 77'nin üzerinde kapattılar.

Birçok durumda, ABD hükümetinin dolaylı taahhütlerinin, aynı vadeli, dolaysız taahhütlerinden, fark edilir bir oranda daha fazla getiri sağladığını kaydetmek de ilginçtir. Dediğimiz gibi "ABD Ulaştırma Bakanlığı'nın Ulaştırma Bakanı tarafından tamamen garanti edilen Sertifikalar"ı %7.05 getiriyle ihraç edilmiştir. Bu getiri, ABD'nin aynı yıl (1986) vadesi dolan doğrudan yükümlülüklerinden %1 daha yüksektir. Sertifikalar, gerçekte Trustees of the Penn Central Transportation Co. adına ihraç edilmişti, fakat ABD Başsavcısı bu garantinin "tam bir inanç ve itibarla desteklenen bir genel ABD taahhüdüdür" şeklinde belirtilen ifadesine dayanarak satılmıştır. Bu tür dolaylı taahhütlerin birçoğu, geçmişte ABD hükümeti tarafından üstlenilmiş ve hepsi titizlikle onurlandırılmıştır.

Okuyucu, Ulaştırma Bakanımızdan açıkça "kişisel garanti" isteyen ve sonuçta vergi mükellefine maliyeti daha yüksek olan bu hokus-pokusun nedenini merak edebilir. Bu hilenin başlıca nedeni, devlet borçlanmasına Kongre tarafından getirilen kısıtlamadır. Açıktır ki, devlet garantileri borç olarak değerlendirilmez -daha uyanık yatırımcılar için anlamsal bir talih kuşu. Belki de bu durumun en önemli etkisi, ABD garantisinin bir eşdeğerinden yararlanan ve gerçekte devlet tahvillerine denk vergi muafiyeti taşıyan tek ihraç olan vergisiz Konut İdaresi tahvillerinin yaratılması olmuştur. Devlet destekli bir diğer ihraç türü yakın geçmişte yaratılan, Eylül 1971'de %7.60 getiri sunan Yeni Halk "borç senetleridir"dir. [debenture; teminatsız tahvil, borçlanma senedi-ç.n.]

3. EYALET VE BELEDİYE TAHVİLLERİ. Bunlar Federal gelir vergisi muafiyetinden yararlanırlar. Ayrıca genellikle yalnızca ihraç edildiği eyalette -başka durumda değil- gelir vergisinden muaftırlar. Eyaletin veya bir alt bölümün doğrudan taahhüdü, ya da bir paralı yol, köprü, gayrimenkul kiralama vb.nin gelirleri üzerinden faiz ödemelerine bağlı "gelir tahvilleri"dir. Ancak tüm vergisiz tahviller defansif yatırımcı tarafından satın alınmayı haklı göstermeye yetecek kadar güçlü bir biçimde korunmamaktadır. Moody's ya da Standard & Poor's tarafından her yeni ihraç için yapılan ayrı derecelendirme, defansif yatırımcıya tercih sırasında yol gösterici olabilir. Her iki kurum tarafından verilen en yüksek üç dereceden biri -Aaa (AAA), Aa (AA) ya da A- yeterli güvenilirlik için uygun bir gösterge olmalıdır. Bu tahvillerin getirisi hem niteliğine, hem vadesine göre değişkenlik gösterir, kısa vadelilerin getirisi daha düşüktür. 1971 sonlarında, Standard & Poor's belediye tahvil endeksinde temsil edilen ihraçların ortalama derecesi AA, vadeleri 20 yıl, getirileri %5.78 idi. Vineland, N.J. tahvillerinin tipik bir halka arzı AA olarak derecelendirilmişti, bir yıllık vadede sadece %3 getiri sağlıyordu, 1995 ve 1996 vadelilerde ise getiri %5.8'e çıkıyordu.[1]

4. ÖZEL SEKTÖR TAHVİLLERİ. Bu tahviller hem Federal hem de Eyalet gelir vergisine tabidirler. 1972 başlarında, Moody's'in Aaa şirket tahvil endeksinin yayımlanan getirisine yansıdığı gibi, en yüksek kalitelilerin, 25-yıllık bir vadede getirisi %7.19'du. Düşük-orta dereceli diye anılan arzlar –Baa olarak derecelendirilen- daha uzun vadelerde %8.23 getiri sağlıyordu. Her kategoride, kısa vadeli kâğıtların getirisi, uzun vadeli olanlardan biraz daha düşük olacaktı.

Yorum: Yukarıda yapılan özetler, ortalama yatırımcının birinci sınıf tahviller arasından birçok seçim yapma imkânı olduğunu gösterir. Yüksek gelir vergisi dilimi içinde olanlar, kuşkusuz sağlam vergisiz kâğıtlardan çok daha iyi bir getiri elde edebilirler. Diğerleri için 1972 başlarının vergilendirilebilir getiri açıklığı, ABD tasarruf bonolarında özel opsiyonları ile %5, birinci sınıf özel sektör ihraçlarında ise %7 ½ arasında olacakmış gibi görünür.

Daha Yüksek Getirili Tahvil Yatırımları

Yatırımcı, kaliteden fedakârlık ederek, elindeki tahvillerden daha yüksek getiri sağlayabilir. Uzun süreli deneyimler ise, sıradan bir yatırımcının bu tür yüksek getirili tahvillerden uzak duracak kadar akıllı olduğunu göstermiştir. Bu tür tahviller bir bütün olarak ele alınıp, baştan sona tüm getiriler açısından bakıldığında, birinci kalite kâğıtlardan biraz daha fazla başarılı olurken, sahibini endişe verici fiyat düşüşlerinden, gerçek iflasa kadar, istenmeyen gelişmelerin münferit risklerine maruz bırakabilir. (Düşük dereceli tahvillerde pazarlık etme imkânının sık sık ortaya çıktığı doğrudur, fakat bunlardan fayda sağlamak, özel inceleme ve beceri gerektirir.)*

Belki de burada ABD'nin doğrudan tahvil ihraçlarına Kongre tarafından konan sınırların yatırımcılar için devlet destekli taahhüt alımlarında en az iki tür "ucuzluk fırsatları" yarattığını eklemeliyiz. Bunlardan biri vergiden muaf "Yeni Konut" menkul kıymetleri ve diğeri yakın geçmişte yaratılan (vergilendirilebilir) "Yeni Halk Bonoları"dır.Temmuz 1971'de Yeni Konut tahvil ihracı, hem Federal hem eyalet vergisi muafiyetiyle %5.8'lik bir getiri sağlarken, Eylül 1971'de satılan Yeni halk bonolarının (vergilendirilebilir) bir ihracı %7.60'lık bir getiri elde etmiştir. Her iki taahhüdün de arkasında ABD hükümetinin "tam güven ve itibarı" vardır ve bu yüzden sorgusuz güvenlidir. Ve -net esasa göre- getirileri sıradan ABD tahvillerinden kayda değer ölçüde yüksektir. **

Tahvil Yerine Vadeli Mevduat

Yatırımcı bugün, bir ticari bankada, bir mevduat bankasında (ya da banka mevduat sertifikasında) açacağı vadeli tasarruf mev-

* Graham'in yüksek getirili tahvillere itirazı bugün yatırım fonlarının riski yayan geçerliliği ve "çürük tahvil"in araştırılmasıyla yatışmıştır. Daha fazla ayrıntı için Bölüm 6'ya bakınız.

** "Yeni Konut " tahvilleri ve "Yeni halk tahvilleri" artık böyle değil. Yeni Konut İdaresi tahvilleri ABD Toplu Konut ve Kentsel Gelişim İdaresi (HUD) tarafından desteklenmişti ve gelir vergisinden muaftı, fakat bunlar 1974'ten beri ihraç edilmemektedir. HUD tarafından desteklenen Yeni halk tahvilleri 1968'de çıkarılan bir federal yasa ile yetkili kılınmıştır. Bu tahvillerin yaklaşık 350 milyon doları 1975 yılı boyunca ihraç edilmiş, ancak program 1983'te sonlandırılmıştır.

duatına, kısa vadeli birinci sınıf bir tahvilden aldığı kadar faiz elde edebilir. Banka mevduat faiz oranı gelecekte düşebilir, ancak mevcut koşullarda, bireysel yatırımcının kısa vadeli tahvil yatırımını ikame edecek, uygun bir alternatiftir.

Hisse Senedi ile Değiştirilebilir Tahviller

Bu menkul kıymet türleri Bölüm 16'da tartışılmıştır. Fiyat değişkenleri, genel olarak, "Yatırımcı ve Piyasa Dalgalanmaları" başlıklı, Bölüm 8'de ele alınmıştır.

Geri Çağırma Opsiyonlu Tahviller

Önceki baskılarımızda tahvil finansmanının bu yönünü uzun uzun tartışmıştık, çünkü yatırımcı açısından ciddi ama pek fark edilmeyen bir adaletsizliği içeriyordu. Tipik bir durumda, tahviller ihraçtan bir süre sonra ihraç fiyatının üzerinde çok düşük primlerle -örneğin %5- geri ödenebilir hale gelirler. Bu durum, geçerli faiz oranlarında geniş çaplı dalgalanmaların olduğu bir dönemde, yatırımcının olumsuz değişikliklerin bütün ağırlığını taşımak zorunda olduğu, olumlu olanlara ise, ancak çok cılız bir katılım sağlayabildiği anlamına geliyordu.

ÖRNEK: Standart örneğimiz 100-yıl vadeli %5'lik American Gas & Electricity teminatsız tahvillerinin (debenture) ihracıdır; halka 1928'de 101'den satılmıştır. Dört yıl sonra panik benzeri koşullarda bu sağlam tahvillerin fiyatı, %8 getiri sağlayarak %62½'ye düşmüştür. 1946'da büyük bir ters dönüşle bu tür tahviller ancak %3 getiri sağlayacak şekilde satılabiliyordu ve %5'lik kâğıt, 160'a yakınken teklif edilmiş olmalıdır. Fakat bu noktada şirket, geri çağrılma hükmünden yararlanmış ve kâğıdı 106'da kurtarmıştır.

Tahvil sözleşmelerinin geri çağrılma özelliği "tura gelirse kazanırım, yazı gelirse kaybedersin"in ince bir biçimde gizlenmiş halidir. En sonunda, tahvil satın alan kurumlar bu haksız düzenlemeyi reddetmişlerdir; son yıllarda ise, uzun vadeli yüksek kuponlu arzların çoğu ihraçtan sonra on yıl ya da daha uzun süre itfaya karşı korunmuşlardır. Bu itfa koruması olası fiyat değer artışını sınırlandırır, ancak bunu insafsızca yapmaz.

Uygulamada, uzun vadeli geri çağırma opsiyonlu tahvillerde, vadeden önce geri çağrılmama güvencesi -sözgelimi 20 ya da 25 yıl boyunca- elde etmek için, yatırımcıdan, getiriden küçük meblağda bir fedakârlık yapmasını öneririz. Benzer şekilde, yaklaşık nominal değerinde satılan ve birkaç yıl içinde itfa edecek olan yüksek kupon değerli tahvil yerine, iskontolu düşük kuponlu tahvil* almanın avantajı vardır. Çünkü iskonto -örneğin, %63 ½'te %3½'lik tahvilin %7.85 getiri sağlaması- ters bir geri çağırma işlemine karşı tam koruma taşır.

Sabit Faizli –Hisse Senedi ile Değiştirilmeyen - İmtiyazlı Hisse Senetleri

İmtiyazlı hisse senetleri konusuyla ilgili olarak burada bazı genel gözlemlere yer verilmelidir. Gerçekten sağlam imtiyazlı hisse senetleri vardır, ancak bunlar içsel olarak kötü bir yatırım türü olmalarına rağmen, sağlamdırlar. Tipik bir imtiyazlı senet, hissedarının kendi güvenliği, şirketin *adi hisse senetleri* üzerinden kâr payı ödeme kabiliyeti ve arzusuna bağımlıdır. Adi senetler üzerinden kâr payı bir kez atlanırsa, hatta bir tehlike durumu olursa, hissedarın durumu belirsizleşir, çünkü yöneticilerin herkese ödemese yapmamaları halinde ona ödeme yükümlülükleri yoktur. Öte yandan, tipik imtiyazlı hisse senedi, şirketin kârlarında sabit kâr payı oranının ötesinde bir pay taşımaz. Bu nedenle, imtiyazlı hisse senedi yatırımcısı, tahvil sahibinin (ya da kreditör) yasal hak iddiasından da, adi hisse senedi hissedarının (ya da ortak) kâr olanaklarından da mahrumdur.

İmtiyazlı hisse senetlerinin hukuki durumundaki bu zayıflıklar, bunalım dönemlerinde tekrar tekrar su yüzüne çıkar. Tüm imtiyazlı kâğıtların sadece küçük bir bölümü, tüm iniş çıkışlarda sorgusuz sualsiz bir yatırım statüsünü kuvvetle sürdürecek kadar sağlamdır. Deneyimler bize, imtiyazlı hisse senedi alma zamanının, fiyatlarının geçici zorluklar nedeniyle gereğinden fazla baskılandığı zamanlar olduğunu öğretir. (Böyle zamanlar saldırgan yatırımcı için uygun olabilir ama defansif yatırımcı için fazla alışılmış değildir.)

* Bir tahvilin "kuponu" onun faiz oranıdır; "düşük kuponlu" bir tahvil piyasa ortalamasının altında gelir faizi oranı öder.

Bir başka deyişle, ya ucuzluk bazında satın alınmalı ya da hiç alınmamalıdır. Bazı özel kâr olanakları taşıyan konvertibl ve benzer şekildeki imtiyazlı kâğıtlara daha sonra değineceğiz. Ancak bu tür menkul kıymetler, tutucu bir portföy için, sıradan seçimler değildir.

İmtiyazlı hisse senetlerinin genel durumundaki bir diğer tuhaflık, üzerinde durulmaya değerdir. Vergi açısından, bireysel yatırımcılardan çok, kurumsal yatırımcılar için elverişlidir. Kurumlar kâr paylarından elde ettikleri gelirin sadece %15'i üzerinden, fakat normal faiz gelirlerinin tamamı üzerinden gelir vergisi öderler. Kurumlar vergisinin 1972 oranı %48 olduğuna göre, imtiyazlı hisse senedi kâr payı olarak alınan 100$ üzerinden, vergi tutarı sadece 7.20$ iken, tahvil faiz geliri olarak alınan 100$'dan ise 48$ vergi alınır. Öte yandan bireysel yatırımcıların imtiyazlı hisse senetlerine ödedikleri vergi, yakın geçmişteki ufak bir istisna hariç, tahvil faizi üzerinden ödediklerinin aynısıdır. Bu nedenle, katı mantık çerçevesinde, tüm yatırım-dereceli imtiyazlı hisse senetleri, kurumlar tarafından satın alınmalıdır; tıpkı tüm vergiden muaf tahvillerin gelir vergisi ödeyen yatırımcılar tarafından satın alınması gerektiği gibi.*

Menkul Kıymet Formları

Şimdiye kadar tartışıldığı gibi tahvil formu ve imtiyazlı hisse senedi formu iyi bilinen ve görece basit konulardır. Tahvil sahibi belirli bir tarihte sabit bir faiz ve anapara ödemesi alma hakkına sahiptir. İmtiyazlı hisse senedi sahibinin ise, herhangi bir ortak kâr payından önce ödenmesi gereken sabit bir kâr payı hakkı vardır ve başkaca bir hakkı yoktur. Anapara belirlenmiş herhangi bir tarihte itfa olmaz. (Kâr payı birikimli ya da birikimsiz olabilir. Oy hakkı olabilir ya da olmayabilir.)

Yukarıda anlatılanlar, standart koşulları, tahvillerin ve imtiyaz-

* Graham'in mantığı geçerli kalırken rakamlar değişmiştir. Kurumlar cari olarak kâr paylarından sağladıkları gelirin %70'ini düşebilirler ve standart kurumlar vergisi oranı %35'tir. Bu nedenle bir kurum imtiyazlı hisse senetlerinden 100$'lık kâr payından kabaca 24.50$ vergi öder, buna karşılık 100$ faiz gelirinden 35$ vergi öder. Bireylerin kâr payı geliri üzerinden ödedikleri gelir vergisi faiz gelirinden ödedikleri ile aynıdır, böylece imtiyazlı hisse senetleri onlara bir vergi avantajı sunmaz.

lı senetlerin çoğunu açıklar, ancak bu formların çok sayıda farklı türleri vardır. En iyi bilinenler, konvertibl benzeri ihraçlar ve gelir bonolarıdır. Gelir bonosu şirketin gelirlerine endekslidir, gelir yoksa faizin ödenmesi gerekmez. (Ödenmemiş faizler, gelecek kazançlara karşılık olarak hesapta birikebilir, fakat bu süre genellikle üç yıl ile sınırlıdır.) Gelir bonoları, kurumlar tarafından şu an kullanıldıklarından çok daha yaygın olarak kullanılmalıdır. Popüler olmamasının nedeni ekonomi tarihinde yer alan bir kazadan kaynaklanır -gelir bonoları ilk olarak demiryolu düzenlemesi ile bağlantılı olarak kullanılmıştır ve bu nedenle finansal güçsüzlük ve zayıf yatırım algısı yaratır-. Bu yatırım araçlarının, özellikle son yılların sayısız (konvertibl) imtiyazlı hisse senedi ihracıyla karşılaştırılması ve hisse senetlerinin yerini almasının bazı pratik yararları vardır. Bunların başında, şirketin vergilendirilebilir geliri üzerinden ödenen faizin düşürülebilmesi gelir ve bu, formun maliyetini yarıya indirir. Yatırımcı açısından her koşulda olumlu muhtemel sonuçlar şunlardır: 1) Şirket *kâr sağladığı zaman,* koşulsuz faiz ödeme alma hakkı ve 2) Eğer faiz kazanılmamış ve ödenmemişse, iflas işlemlerinden *başka* koruma biçimlerine sahip olma hakkı. Gelir bonosu hükümleri, hem borç alana, hem borç verene uygun tarzda düzenlenebilir. (Dönüşüm ayrıcalıkları doğal olarak eklenebilir.) Zayıf bir yapıda olan imtiyazlı hisse senedi formunun herkes tarafından kabul edilmesi, buna karşılık daha güvenilir ve uygun olan gelir bonosu formunun, kabul görmemesi ise ilginçtir. Geleneksel kurumların ve alışkanlıkların, sıklıkla taze görüş sunan yeni koşullara karşı çıkması ve Wall Street'te ısrar etmesinin bir izahıdır. Her yeni iyimserlik ya da kötümserlik dalgasıyla, geçmişi ve zaman ile sınanmış ilkeleri terk etmeye hazırız, ancak önyargılarımıza inatla ve kayıtsız şartsız tutunuruz.

DÖRDÜNCÜ BÖLÜM ÜZERİNE YORUMLAR

Bir şeyi kadere bırakırsan sonrasında hiç şansın olmaz.

-Basketbol koçu Pat Riley

Portföyünüz ne kadar saldırgan olmalı?

Graham bunun sahip olduğunuz yatırımın cinsinden çok nasıl bir yatırımcı olduğunuza bağlı olduğunu söyler. Akıllı bir yatırımcı olmanın iki yolu vardır:

- dinamik bir hisse senedi, tahvil ya da yatırım fonu karışımını sürekli araştırmak, seçmek ve izlemek;
- veya otomatik pilotla çalışan ve başka hiçbir çaba gerektirmeyen (ama çok az heyecan yaratan) kalıcı bir portföy oluşturmak.

Graham ilk yaklaşımı "atak" ya da "girişimci" diye niteler; bu yaklaşım çok zaman alır ve bol enerji gerektirir. "Pasif" ya da "defansif" stratejinin fazla zamana ve çabaya ihtiyacı olmaz ama piyasanın çekici patırtısından elini ayağını çekmeyi gerektirir. Yatırım düşünürü Charles Ellis'in açıkladığı gibi, girişimci yaklaşım fiziksel ve zihinsel olarak külfetlidir, defansif yaklaşım ise duygusal olarak talepkârdır.[1]

Zamanınız varsa ve oldukça hırslıysanız, bir taraftar gibi düşünüyor ve karmaşık bir zihinsel meydan okumadan zevk alı-

1 Bir yanda zorlu fiziksel ve zihinsel yatırımlar ile öte yanda zorlu duygusal yatırımlar arasındaki ayrım için bkz. Bölüm 8 ve Charled D. Ellis, "Three Ways to Succeed as an Investor," Charles D. Ellis ve James R. Vertin, ed. *The Investor's Anthology* (John Wiley & Sons, 1997), s.72.

yorsanız, aktif yaklaşım sizin için biçilmiş kaftandır. Her zaman telaşlıysanız, basitliği arzularsanız ve para düşünmekten keyif almazsanız, o zaman size pasif yaklaşım uygundur. (Bazıları her iki yöntemin karışımında kendilerini rahat hissederler –ağırlıklı olarak aktif ve kısmen pasif bir portföy yaratmak ya da tersi.)

Her iki yaklaşım da aynı derecede akıllıdır ve her ikisiyle de başarılı olabilirsiniz -eğer doğru olanı seçecek kadar kendinizi iyi tanıyorsanız, yatırım hayatınız boyunca ona bağlı kalırsanız, maliyetlerinizi ve duygularınızı kontrol altında tutarsanız. Graham'in aktif pasif yatırımcı ayrımı, finansal riskin sadece çoğumuzun onu aradığı yerde -ekonomide ya da yatırımlarımızda- değil, aynı zamanda, kendi içimizde yattığı şeklindeki bir başka uyarısıdır.

CESUR OLABİLİR MİSİNİZ YOKSA YIKILIR MISINIZ?

Öyleyse defansif bir yatırımcı işe nasıl başlamalıdır? İlk ve en temel karar hisse senedine ne kadar, tahvile ve nakde ne kadar yatırılacağıdır. (Graham'in sizi, enflasyonun en kötü düşmanlarınızdan biri olduğu bilgisiyle önceden silahlandırarak, bu tartışmayı kasıtlı olarak enflasyonla ilgili bölümden sonraya koyduğuna dikkat ediniz.)

Graham'in varlıklarınızı hisse senedi ve tahvil arasında nasıl dağıtacağınız tartışması ile ilgili en çarpıcı nokta onun "yaş" sözcüğünü hiç kullanmamasıdır. Bu Graham'in tavsiyesini sağduyu rüzgârlarının -ne kadar yatırım riski almanız gerektiğinin esas olarak kaç yaşında olduğunuza bağlı olduğunu savunan- kesinlikle karşısına koyar.[2] Geleneksel parmak hesabı kuralı, yaşınızı 100'den çıkartmak ve çıkan yüzdeyi hisse senedine, kalanı tahvil veya nakde yatırmaktır. (28 yaşındaki biri parasının %72'sini hisse senedine yatıracaktır; 81 yaşında biriyse hisse senedine sadece %19 yatıracaktır.) Başka her şeyde olduğu gibi bu varsayımlar 1990'ların sonunda aşırı ısıtılmıştır. 1999'a gelindiğinde popüler bir kitap 30 yaşından gençseniz paranızın %95'ini hisse senedine

[2] Yakın geçmişte Google'da "yaş ve varlık dağılımı" ibaresinde 30.000 çevrim içi referans çıkmıştır.

yatırmanız -riske tahammülünüz "orta karar" olsa bile- gerektiğini ileri sürmüştür![3]

Bu önerinin destekçilerini takip edip IQ'nuzdan 100 çıkarmadıysanız eğer, burada yanlış bir şeyler olduğunu söyleyebilirsiniz. Yaşınız alabileceğiniz riski neden belirler? 3 milyon dolarlık büyük bir emekli maaşına ve bir sürü toruna sahip 89 yaşında birinin, parasının çoğunu tahvile kaydırmak için aptal olması gerekir. Zaten bol geliri vardır ve torunlarının (sonuçta onun hisse senetlerini miras olarak alacak olan) önünde yatırım yapabilecekleri onlarca yıl bulunmaktadır. Öte yandan evlilik ve peşin parayla ev almak için tasarruf yapan 25 yaşında birinin, tüm parasını hisse senedine yatırması için aklını kaybetmesi gerekir. Şayet borsa bir Acapulco yüksek dalışı yaparsa, bu yatırımcı kaybını -ya da arka tarafını- kapatacak bir tahvil geliri bulamaz.

Dahası ne kadar genç olursanız olun, bugünden 40 yıl değil, 40 dakika sonra paranızı hisse senedinden aniden çekmek isteyebilirsiniz. En ufak bir uyarı olmadan, işinizi kaybedebilir, eşinizden ayrılabilir, sakatlanabilir veya kim bilir ne tür bir sürpriz yüzünden acı çekebilirsiniz. Beklenmedik şeyler herkesi, her yaşta vurabilir. Herkes bir miktar varlığını, nakdin risksiz limanında tutmalıdır.

Nihayet, birçok kişi yatırım yapmayı bırakır *çünkü* borsa düşmektedir. Psikologlar çoğumuzun gelecekte duygu yüklü bir olay karşısında ne hissedeceğimizi bugünden bilme konusunda başarısız olduğumuzu göstermiştir.[4] 1980'lerde ve 1990'larda olduğu gibi hisse senetleri yılda %15 veya %20 artarken, sizin ve hisse senetlerinizin sonsuza kadar evli kalacağını düşünmek kolaydı. Fakat yatırdığınız her liranın darbe yiyerek kuruşa inişini izlediğiniz zaman tahvillerin ve nakdin "güvenliğine" direnmek güçtür. Hisse senetlerini satın almak ve elinde tutmak yerine, sonuçta birçok insan, kendini yüksek satın alıp düşük satarken bulur ve buldukları aslında, elleri arasındaki, kendi başlarından başka bir

[3] James K. Glassman ve Kevin A. Hassett, *Dow 36.000: The New Strategy for Profiting from the Coming Rise* in *the Stock Market* (Times Business, 1999), s.250.

[4] Bu psikolojik olgu üzerine büyüleyici bir makale için bkz. Daniel Gilbert and Timothy Wilson, "Miswanting," www.wjh.harvard.edu/~dtg/Gilbert_&_Wilson(Miswanting).pdf.

şey değildir. Çok az sayıda yatırımcının düşen piyasada hisse senetlerine tutunacak cesareti olduğu için, Graham herkesin asgari %15 tahvil tutmasında ısrar eder. Konan bu tamponun, borsanın batmasına rağmen, size paranızın kalan kısmını hisse senetlerinde tutma cesareti vereceğini ileri sürer.

Ne kadar risk alabileceğiniz konusunda yüreğinize su serpilmesi için yaşamınızın temel durumlarını, ne zaman ödeme yapacaklarını, ne zaman değişebileceklerini ve nakit ihtiyacınızı etkileme ihtimallerinin ne olduğunu düşünün:

- Bekâr mısınız, evli misiniz? Eşiniz ya da partneriniz ne iş yapar?
- Çocuklarınız var mı ya da olacak mı? Okul taksitleri evi ne zaman vuracak?
- Size para miras kalacak mı, yoksa yaşlı ve hasta anne-babalarınızdan mali olarak sorumlu mu olacaksınız?
- Mesleğinize ne tür faktörler zarar verebilir? (Bir banka veya bir konut firması için çalışıyorsanız faiz oranlarındaki sıçrama sizi işinizden edebilir. Kimyasal imalat işinde çalışıyorsanız, yükselen petrol fiyatları kötü haber olabilir.)
- Serbest çalışıyorsanız, sizin işinize benzer işler ne kadar uzun ömürlü olur?
- Yatırımlarınızın nakit gelirinizi desteklemesi gerekir mi? (Genel olarak tahviller destekleyecek, hisse senetleri desteklemeyecektir.)
- Maaşınız ve harcama ihtiyaçlarınız veri olarak alındığında, yatırımlarınız üzerinden ne kadar para kaybetmeye katlanabilirsiniz?

Şayet yukarıdaki faktörleri göz önünde tutarak, daha fazla hisse senedine sahip olmanın doğasında var olan, daha büyük riskleri alabileceğinizi düşünüyorsanız, Graham'in yaklaşık asgari %25 tahvil ve nakdine aitsiniz demektir. Eğer düşünmüyorsanız, Graham'in, azami %75 tahvil ve nakit sınırına yanaşarak, hisse senetlerinden büyük ölçüde sakının. (%100'e kadar çıkıp çıkamayacağınızı öğrenmek için s.131'teki ek bilgi kutusuna bakınız.)

Bir kez hedef yüzdeleri oluşturduktan sonra, onları sadece yaşam koşullarınız değişince değiştirin. Borsa yükseldi diye daha fazla hisse senedi almayın; düştü diye onları satmayın. Graham'in yaklaşımının tam kalbi, tahminin yerine, disiplini geçirmektir. Neyse ki, 401(k) aracılığıyla portföyünüzü kalıcı bir otomatik pilota bağlamak kolaydır. Oldukça yüksek bir risk seviyesinde -sözgelimi varlıklarınızın %70'i hisse senedi %30'u bono olsun- kendinizi iyi hissettiğinizi varsayalım. Borsa %25 yükselirse (fakat tahviller sabit kalır) hisse senetleriniz %75'in hemen altında olur ve tahvilleriniz sadece %25 olur.[5] 401 (k)'nızın web sitesini ziyaret edin (ya da ücretsiz telefonunu arayın) ve 70-20 hedefinizde yeniden denge sağlamak için hisse senedi fonlarınızdan yeterli miktarda satış yapın. İşin anahtarı öngörülebilir, sabırlı bir programda -sizi çıldırtacak kadar sık, hedefleriniz bozulacak kadar seyrek olmadan- yeniden denge sağlamaktır. Benim önerim altı ayda bir, ne daha sık ne daha seyrek, yılbaşı ya da 4 Temmuz gibi hatırda kalacak tarihlerde, yeniden-dengelemektir.

Bu dönemsel yeniden-dengelemenin güzelliği, yatırım kararlarınızı faiz oranlarının başı çektiği ya da Dow'un neredeyse öbür dünyayı boylayacağını düşündüğünüz katıksız tahminler yerine, basit ve nesnel standartlar -Şu an planlarımın gerektirdiğinden daha fazla varlığa mı sahibim?- temeline dayandırmanız için sizi zorlamasıdır. T. Rowe Price dahil bazı yatırım fonu şirketleri kısa bir süre sonra, bir daha asla aktif bir karar verme ihtiyacınız olmayacak şekilde 401 (k) portföyünüzü önceden belirlenmiş hedeflerinize otomatik olarak yeniden-dengeleyecek hizmetler getirecektir.

[5] Kolaylık adına bu örnek, hisse senetlerinin hemen yükseldiğini varsayar.

NEDEN %100 HİSSE SENEDİ DEĞİL?

Graham toplam varlıklarınızın %75'inden fazlasını hiçbir zaman hisse senedine yatırmamanızı tavsiye eder. Fakat tüm paranızı borsaya yatırmak *herkes* için mantıksız mıdır? Yatırımcıların çok küçük bir azınlığı için %100 hisse senedi portföyü anlamlı olabilir. Siz de bunlardan birisiniz, eğer:

- ailenizi en az bir yıl geçindirmeye yetecek kadar nakdi bir kenara koyduysanız
- gelecekte en az 20 yıl boyunca düzenli olarak yatırım yapacaksanız
- 2000'de başlayan düşen piyasada hisse senedi satmadıysanız
- 2000'de başlayan düşen piyasa sırasında daha fazla hisse senedi aldıysanız
- bu kitabın 8. bölümünü okuyup kendi yatırım davranışınızı kontrol etmek için resmi bir planı hayata geçirdiyseniz.

Tüm bu testlerden dürüstçe geçemediyseniz tüm paranızı hisse senedine koymakla işiniz olmaz. Her kim önceki düşen piyasada paniğe kapıldıysa, bir sonrakinde de paniğe kapılacaktır -ve nakit ve tahvil tamponuna sahip olmadığı için pişman olacaktır.

GELİR YATIRIMININ AYRINTILARI

Graham zamanında bono yatırımcılarının iki temel seçeneği vardı: Vergili mi vergisiz mi? Kısa vadeli mi uzun vadeli mi? Bugün bir üçüncü seçenek var: Tahviller mi tahvil fonları mı?

Vergili mi, vergisiz mi? En düşük vergi diliminde değilseniz[6] emeklilik hesabınızın dışında sadece vergisiz (belediye) fonları almalısınız. Aksi takdirde tahvil gelirinizin çok büyük bir

[6] 2003 vergi yılı için en düşük Federal vergi dilimi: bekârlar için 28.400$'dan az kazananlar ya da evliler (ortak başvurulan) için 47.450$'dan az kazananlar.

kısmı Vergi Dairesi'nin elinde olacaktır. Vergili tahvil sahibi olabileceğiniz tek yer, gelirleri üzerinden hiçbir cari vergi çıkmayan -ve vergi avantajları çöpe gittiği için[7] belediye tahvillerinin alanı olmayan- 401 (k)'leriniz ya da bir başka korumalı hesaptır.

Kısa vadeli mi uzun vadeli mi? Tahviller ve faiz oranları tahterevallinin iki ucunda inip çıkarlar: Faiz oranları yükselirse, tahvil fiyatları düşer –kısa vadeli tahvilin uzun vadeliden çok daha az düşmesine rağmen. Öte yandan faiz oranları düşerse, tahvil fiyatları yükselir –ve uzun vadeli tahviller kısa vadelilerden üstün olacaklardır.[8] Aradaki farkı 5 ya da 10 yıl içinde vadesi gelen orta vadeli fon –tahterevallinin onlara ait ucu yükseldiğinde fırlamayan ama yere de çakılmayan- satın alarak bölebilirsiniz. Çoğu yatırımcıya göre, faiz oranlarını tahmin etme oyunundan çıkmanızı sağlayacağı için, orta vadeli tahviller en basit seçenektir.

Tahviller mi tahvil fonları mı? Tahviller genelde 10.000$'lık lotlarla satıldığı için ve bir tanesinin batması durumunda riskin yayılmasını sağlamak amacıyla asgari 10 tahvile ihtiyacınız olduğundan yatırım yapacak en az 100.000 dolarınız yoksa münferit tahvil satın almanın hiçbir yararı yoktur. (Tek istisna ödenmemeye karşı Amerikan hükümetinin tüm gücüyle korunduğu için ABD Hazinesi tarafından ihraç edilen bonolardır.)

Tahvil fonları komisyon ödemeden mevcut oranlar üzerinden fona yeniden yatırılabilen aylık gelir elde etme kolaylığının yanı

[7] Belediye tahvillerinin ve vergisiz tahvillerin vergi sonrası gelirlerini hesaplamanıza yardım edecek iyi çevrimiçi hesaplayıcıları www.investinginbonds.com/cgi-bin/calculator.pl ve www.lebenthal.com/index_infocenter.html. adreslerinde bulabilirsiniz. Eğer bir muni'nin (muni: ABD'de municipal bond,yani belediye bonosu-kısaltması-çn.) sizin için uygun olduğuna karar verirseniz bu hesaplayıcılar tarafından oluşturulan "vergilendirilebilir eşdeğer getiri"yi bulun ve rakamı o sırada mevcut Hazine bonolarından sağlanan getiri ile karşılaştırın (http://money.cnn.com/markets/bondcenter/ya da www.bloomberg.com/markets/C13.html). Eğer Hazine bonosunun getirisi vergilendirilebilir eşdeğer getiriden daha yüksekse, muni'ler size göre değildir. Her durumda, belediye tahvillerinin ve fonların, vergilendirilebilir tahvillerin çoğundan daha düşük gelir ve daha fazla fiyat dalgalanması anlamına geldiği konusunda uyarılmış olun. Ayrıca şimdi pek çok orta sınıf Amerikalıyı vuran alternatif asgari vergi, belediye tahvillerinin avantajını çürütebilir.

[8] Tahvil yatırımına harika bir başlangıç için bkz. http://flagship.vanguard.com/web/planret/AdvicePTIBInvestmentsInvestingIn.Bonds.html#InterestRates. Daha da basit bir tahvil açıklaması için bkz. http://money.cnn.com/pf/101/lessons/7/. Değişik vade erimleri olan tahvilleri tutan "basamaklı" bir portföy, faiz oranı riskinden bir diğer korunma biçimidir.

sıra ucuz ve kolay çeşitlilik sunar. Çoğu yatırımcı için tahvil fonları bireysel tahvilleri gözü kapalı yenerler (başlıca istisnalar Hazine menkul değerleri ve bazı belediye tahvilleridir). Vanguard, Fidelity ve T. Rowe Price gibi önemli firmalar düşük maliyetle geniş bir tahvil fonu büfesi sunarlar.[9]

Tahvil yatırımcıları için seçenekler tavşan gibi çoğalmaktadır, bu yüzden Graham'in elimizde olanlar listesini güncelleyelim. 2003 yılı itibariyle faiz oranları öylesine düşmüştür ki, yatırımcılar getiriye aç hale gelmişlerdir, fakat faiz gelirinizi aşırı bir risk almaksızın güçlendirmenin yolları vardır.[10] Şekil 4-1 artıları ve eksileri özetler.

Şimdi özel ihtiyaçları karşılayabilen birkaç tip bono yatırımına bakalım.

NAKİT ATIK DEĞİLDİR

Nakdinizden nasıl daha fazla gelir kopartabilirsiniz? Akıllı yatırımcı banka mevduat sertifikalarından veya para piyasası hesaplarından çıkıp -son zamanlarda cılız getiriler sunan- şu nakit alternatiflerden bazılarına geçmeyi değerlendirmelidir:

[9] Daha fazla bilgi için bkz. www.vanguard.com, www.fidelity.com, www.schwab.com ve www.troweprice.com.

[10] Erişilebilir çevrimiçi tahvil yatırımı özeti için bkz. www.aaii.com/promo/20021118/bonds.shtml.

ŞEKİL 4-1 Tahviller Dünyası

Tür	Vade	Asgari Alım	Ödememe Riski
Kısa vadeli Hazine bonoları	1 yıldan az	1.000$ (D)	Çok çok az
Orta vadeli Hazine bonoları	1 ile 10 yıl arası	1.000$ (D)	Çok çok az
Hazine bonoları	10 yıldan fazla	1.000$ (D)	Çok çok az
Tasarruf bonoları	30 yıla kadar	25$ (D)	Çok çok az
Mevduat sertifikaları	1 aydan 5 yıla	genelde 500 $	Çok düşük 100.000$'a kadar sigortalı
Para piyasası fonları	397 veya daha az gün	genelde 2.500$	Çok düşük
Mortgage borcu	1-30 yıl arası	2000-3000 (F)	Genelde orta karar ama yükselebilir
Belediye tahvilleri	1-30 yıl ya da fazlası	5500$ (D)	Genelde orta karar ama yükselebilir
İmtiyazlı hisse senetleri	Belirsiz	yok	yüksek
Yüksek getirili ("çürük") tahviller	7-20 yıl	2000-3000 (F)	yüksek
Yükselen piyasa borçları	30 yıla kadar	2000-3000 (F)	yüksek

Kaynaklar: Bankrate.com, Bloomberg, Lehman Brothers, Merill Lynch, Morningstar, www.savingsbonds.gov

Notlar: (D): doğrudan alım. (F): yatırım fonu aracılığıyla alım. "Vadeden önce satış kolaylığı" vadeden önce makul bir fiyata satmaya ne kadar hazır olduğunuzu gösterir; yatırım fonları tipik olarak münferit tahvillerden daha kolay satılırlar. Para-piyasası fonları şayet bir FDIC [Federal Mevduat Sigorta Kurumu-çn] üyesi bankadan satın alınmışsa devlet tarafından 100.000 dolara kadar garantilidir, aksi takdirde değer kaybetmemek için sadece içsel bir güvence taşır. Tasarruf bonoları üzerinden Federal gelir vergisi itfaya ya da vadeye kadar ertelenmiştir. Belediye tahvilleri genelde, sadece ihraç edildikleri eyaletlerde eyalet gelir vergisinden muaftırlar.

Faiz oranı artışı halinde risk	Vade öncesi satış kolaylığı	Eyalet gelir vergi. çoğundan muaf mı?	Federal gelir verg. muaf mı?	Ölçüt	Getiri 31.12.2012
Çok düşük	Yüksek	Evet	hayır	90 gün	1.2
Orta	Yüksek	Evet	hayır	5 yıl	2.7
				10 yıl	3.8
Yüksek	Yüksek	Evet	hayır	30 yıl	4.8
Çok düşük	Düşük	Evet	hayır	Mayıs 95 sonrası alınan EE tahvil serisi	4.2
Düşük	Düşük	hayır	hayır	1 yıl ulusal ortalama	1.5
Düşük	Yüksek	hayır	hayır	Vergilendiri-lebilir para piyasası ortalama	0.8
Ortadan yükseğe	Ortadan düşüğe	hayır	hayır	Lehman Bros. MBS endeksi	4.6
Ortadan yükseğe	Ortadan düşüğe	hayır	evet	Ulusal uzun vade yatırım fonu ortalama	4.3
Yüksek	Ortadan düşüğe	hayır	hayır	yok	Oldukça değişken
Orta	düşük	hayır	hayır	Meryll Lynch yüksek getiri endeksi	11.9
Orta	düşük	hayır	hayır	Yükselen piyasa tahvili	8.8

Hazine bonosu Amerikan hükümetinin taahhütleri olarak gerçekte hiçbir kredi riski taşımaz –zira Sam Amca borcunu geç ödemek yerine, vergileri yükseltir ya da canı istedikçe para basar. Hazine bonoları 4, 13 veya 26 hafta vadelidir. Çok kısa vadeli oldukları için, Hazine bonoları, yükselen faiz oranları diğer gelir getiren yatırımların fiyatlarını kırarken, çok az etkilenirler; fakat uzun vadeli Hazine borcu, faiz oranlarının yükselmesinden ciddi şekilde zarar görür. Hazine kâğıtları üzerinden faiz geliri genelde eyalet (Federal değil) bazında, gelir vergisinden muaftır. Ve halkın elindeki 3.7 trilyon dolarla Hazine borcu piyasası devasa bir piyasadır, bu nedenle vadeden önce paranızı geri isterseniz kolaylıkla alıcı bulursunuz. Hazine bonolarını, kısa vadeli senetleri ve uzun vadeli tahvilleri aracılık komisyonu ödemeksizin www.publicdebt.treas.gov adresini kullanarak doğrudan hükümetten alabilirsiniz. (Enflasyon korumalı TIPS (enflasyon korumalı hazine senetleri) hakkında daha fazla bilgi için Bölüm 2'nin açıklamalarına bakınız.)

Tasarruf bonoları, Hazine'den farklı olarak, satılabilir değillerdir; onları bir başka yatırımcıya satamazsınız ve beş yıldan önce paraya çevirmek isterseniz, üç aylık faizi yakmanız gerekecektir. Bu yüzden esasen gelecekteki bir harcamayı karşılamak için "kenara konan para" olmaya uygundurlar ancak –yıllar sonra gerçekleşecek dini bir tören hediyesi ya da yeni doğan çocuğunuzu Harvard'a yerleştirmek için hızlı bir başlangıç. Kupürlerinin 25 dolara kadar düşmesi nedeniyle torunlar için ideal armağanlardır. Yıllarca bir miktar nakde dokunmayacağına güvenen yatırımcılar için yakın zamanda enflasyon korumalı "I-tahvilleri" %4'lük cazip bir getiri sunmaktadır. Daha fazla bilgi için www.savingsbonds.gov adresine bakınız.

SAM AMCA'NIN ÖTESİNE GEÇMEK

İpotek senetleri. ABD çapında binlerce ipotekten toplanan bu bonolar Federal National Mortgage Association ("Fannie Mae"; Federal Ulusal İpotek Birliği) ya da Government National Mortgage Association ("Ginnie Mae"; Hükümet Ulusal İpotek Birliği) gibi aracılar tarafından ihraç edilir. Fakat ABD Hazinesi tarafından desteklenmezler, bu yüzden daha büyük olan riski yansıtmak için, daha yüksek getiriyle satılırlar. İpotek senetleri, genelde faiz oranları düşerse piyasanın altına düşerler ve faiz oranları yükselince fırlarlar. (Uzun vadede bu hareketler eşitlenir ve daha yüksek ortalama getiriler açığı kapatır.) Sağlam ipotek bonoları Vanguard, Fidelity ve Pimco'dan alınabilir. Fakat bir broker size özel bir ipotek bonosu ya da "CMO" satmaya çalışırsa, ona proktologist ile randevunuza geç kaldığınızı söyleyin.

Yıllık Gelir Sigortası. Bu sigorta benzeri yatırımlar, cari vergileri ötelemenizi ve emeklilik sonrası bir gelir akışı elde etmenizi sağlar. Sabit yıllık gelir sigortaları belirli bir getiri oranı sunarlar; değişken olarak dalgalanan bir getiri temin ederler. Fakat defansif yatırımcının kendini koruması gereken şey, saldırgan satış yapan sigorta temsilcileri, brokerler, yıllık gelir sigortalarını doymak bilmez yüksek bedellerle, kapı kapı dolaşıp satan finansal plancılardır. Çoğu durumda yıllık gelir sigortası sahibi olmanın yüksek masrafları -erken çekişlerinizi kemiren "sigorta iptal masrafları" dahil- avantajlarını boğacaktır. Az sayıda sağlam yıllık gelir sigortası alınır, satılmaz; şayet bu gelir sigortaları satıcıya dolgun komisyonlar sunarsa, muhtemelen alıcıya çok ufak sonuçlar getirecektir. Ameritas, TIAA-CREF ve Vanguard gibi tedarikçilerden doğrudan satın alabileceklerinizi düşünün sadece.[11]

İmtiyazlı hisse senedi. İmtiyazlı hisseler her-iki-dünyanın-en kötü yatırımlarıdır. Şirketin iflası durumunda sadece ikinci derece hak sahibi oldukları için, tahvillerden daha az güvenlidirler. Adi hisse senetlerine göre daha az kâr potansiyeli sunarlar, çünkü faiz oranları düşünce veya kredi derecelendirmesi iyileşince, şirketler imtiyazlı hisselerini genel anlamda "çağırırlar" (ya da zorla geri satın alırlar). İhraç eden şirket, tahvilleri üzerinden faiz ödemelerinden farklı olarak, imtiyazlı kâr payı ödemelerini kurumlar vergisi hesabından düşemez. Kendi kendinize şunu sorun: Eğer bu şirket benim yatırımıma layık olacak kadar sağlıklı idiyse, tahvil ihraç etmek ve vergiden düşmek yerine, neden imtiyazlı hisse senetleri üzerinden dolgun kâr payı ödemektedir? Olası yanıt, şirketin sağlıklı olmadığı, tahviller piyasasının tıkan-

[11] Genel olarak değişken yıllık gelir sigortaları emeklilik sırasında yüksek vergi diliminde olmayı bekleyen veya mevcut 401 (k) ya da IRS hesaplarına azami katkıyı yapmamış bulunan 50 yaş altı yatırımcılara çekici gelmez. Sabit yıllık sigorta gelirleri (TIAA-CREF'ten olanların dikkat çekici istisnasıyla) "garantili" oranlarını değiştirebilirler ve ağır iptal masraflarıyla size tokat atabilirler. Yıllık gelir sigortalarının daha ayrıntılı ve nesnel bir analizi için Walter Updegrave'in iki harikulade makalesine bakınız: "Income for life," *Money*, Temmuz 2002, s. 89-96 ve "Annuity Buyer's Guide," *Money*, Kasım 2002, s. 104-110.

dığıdır ve bu şirketin imtiyazlı hisselerine yaklaşımınız, soğutulmamış bir ölü balığa yaklaşımız gibi olmalıdır.

Adi hisse senedi. 2003 başında http://screen.yahoo.com/stocks.html web adresindeki hisse senedi ekranına bir ziyaret, Standard & Poor's 500 Endeksi'ndeki hisse senetlerinin 115 tanesinin kâr payı (temettü) getirilerinin %3 ya da daha büyük olduğunu göstermiştir. Hiçbir akıllı yatırımcı, getiriye ne kadar aç olursa olsun, sadece kâr payı getirisi için asla hisse senedi almaz; şirket ve yaptığı iş sağlam olmalıdır ve hisse senedi fiyatı da makul olmalıdır. Fakat 2000'de başlayan düşen piyasa sağ olsun, bazı önde gelen hisse senetleri, şimdi Hazine bonolarından daha fazla getiri sağlamaktadır. Bu yüzden en defansif yatırımcı bile, tümü ya da çoğu-tahvil olan portföye seçerek eklenen hisse senetlerinin, gelir getirisini *çoğaltabildiğini* -ve potansiyel geri dönüşü artırabildiğini- kavramalıdır.[12]

[12] Portföyde kâr paylarının rolü hakkında daha fazla bilgi için bkz. Bölüm 19.

BÖLÜM 5

Defansif Yatırımcı ve Adi Hisse Senetleri

Adi Hisse Senetlerinin Yatırım Değerleri

İlk baskımızda (1949) o sırada tüm yatırım portföylerinde adi hisse senedi bileşeninin önemli ölçüde bulunmasının nedenini uzun uzadıya açıklama gereği hissetmiştik.* Adi hisse senetleri genelde, oldukça spekülatif ve bu yüzden de güvensiz olarak görülür; 1946'nın yüksek seviyelerinden büyük ölçüde düşmüştür, ancak bu uygun fiyatlar, yatırımcıları çekmek yerine, bu düşüşün ters etkisiyle, menkul kıymetlere duyulan güveni baltalamıştır. Sonraki 20 yılda, hisse senedi fiyatlarındaki büyük artışın, güvenli ve aslında kayda değer ölçüde bir riski de beraberinde getiren, rekor seviyede yüksek kârlı yatırımlar olarak görülmesine neden olan çelişkili durumu yorumladık.**

1949 yılında adi hisse senetleri için ileri sürdüklerimiz iki ana noktada toplanır: Birincisi, tahvillerin hiçbir koruma sağlamamalarına kıyasla, hisseler enflasyon nedeniyle yatırımcının dolarının aşınmasına karşı önemli ölçüde koruma sunar. Adi hisse senetlerinin ikinci avantajı, yıllar geçtikçe yatırımcıya daha yüksek ortalama getiri sağlamalarında yatar. Bu getiri, hem sağlam tahvillerin getirilerini aşan ortalama kâr payı geliri hem de yıllar geçtikçe

* 1949 başında son 20 yılda hisse senetleri tarafından yaratılan yıllık ortalama getiri, uzun vadeli Hazine bonolarının %3.9'una karşı %3.1'di. Yani hisse senetlerine yatırılan 10.000$ o dönemin sonunda 18.415$'ı buluyordu bu arada bonolara yapılan aynı tutarda bir yatırım 21.494$'a ulaşıyordu. Kuşkusuz 1949 hisse senedi alımı için harika bir yıl olmuştu: Sonraki on yılda Stantard & Poor's 500 hisse senedi endeksi yılda %20.1 artış gösterdi. Bu ABD borsa tarihinin en iyi uzun dönem getirilerinden biriydi.

** Graham'in bu konuya ilişkin önceki yorumları s. 19-20'dedir. Graham'in kırılan her yeni yükseklik rekorunun hisse senetlerinin zenginliğe giden en risksiz yol olduğuna dair yeni bir "kanıt" olarak ele alındığı 1990'ların sonlarında borsaya ilişkin neler düşüneceğini hayal edin!

dağıtılmamış kârların yeniden yatırılmasının sonucunda, piyasa değerindeki temel artış tarafından üretilir.

Bu iki avantaj çok büyük önem taşırken -ve geçen uzun dönemde adi hisse senetlerine tahvillerden çok daha iyi bir sicil vermişlerdir- biz hisse senedi alıcısının hisseleri için çok yüksek fiyat ödemesi durumunda, bu avantajları kaybedeceği konusunda sürekli uyarmıştık. 1929'daki durum tam olarak bu şekildeydi ve piyasanın 1929-1932* yılları arasında feci bir şekilde düştüğü eşiğe yeniden tırmanması tam 25 yıl sürdü. 1957'den bu yana, adi hisse senetleri yüksek fiyatlarıyla, bir defa daha kâr payı getirilerinin, tahvil faiz oranları karşısındaki geleneksel avantajlarını kaybettiler.** Enflasyon faktörünün ve ekonomik büyüme faktörünün gelecekte bu çok önemli ters gelişmeyi telafi edip edemeyeceği ileride görülecektir.

1971 sonu itibariyle, hisse senetleri DJIA 900 seviyesinde iken, hiç yatırıma istekli olmadığımız gün gibi açık olmalıdır. Daha önce belirttiğimiz*** nedenlerden ötürü defansif yatırımcının hisse

* 3 Eylül 1929'da Dow Jones Sanayi Ortalaması 381.17 ile zamanın yükseklik rekorunu kırarak kapanmıştı. 382.74'e çıktığı 23 Kasım 1954 –çeyrek asır sonra- tarihine kadar bu seviyenin üzerinde kapanmadı. ("Uzun-vadeli" hisse senedi sahibi olmak istiyorum dediğiniz zaman uzun vadenin ne kadar uzun olabileceğini –ya da 1929'da alış yapan yatırımcıların çoğunun 1954'te hayatta bile olmadıklarını- kavrıyor musunuz?) Fakat gelirlerini yeniden yatıran sabırlı yatırımcılar için kâr payı getirilerinin yıllık ortalaması %5.6'yı aştığı için hisse senedi getirileri başka bakımlardan sönük bu dönem için pozitifti. London Business School profesörleri Elroy Dimson, Paul Marsh ve Mike Staunton'a göre 1900 yılında ABD hisse senetlerine 1$ yatırmış ve tüm kâr paylarınızı harcamış olsaydınız 2000 yılına gelindiğinde hisse senedi portföyünüz 198$ artmış olurdu. Fakat tüm kâr paylarınızı yeniden yatırmış olsaydınız hisse senedi portföyünüzün değeri 16.797$ olacaktı! Akla sonradan gelen bir düşünce olmanın çok ötesindeki kâr payları hisse senedi yatırımındaki en büyük güçtür.

** Hisse senetlerinin "yüksek fiyatları" onların kâr payı getirilerini neden etkiler? Bir hisse senedinin getirisi nakit kâr payının adi hisse senedinin bir hissesinin fiyatına oranıdır. Bir şirket hisse bedeli hisse başına 100 dolarken yıllık 2$ kâr payı öderse getirisi %2'dir. Fakat kâr payı sabit kalırken hisse fiyatı iki kat artarsa kâr payı getirisi %1'e düşecektir. Graham'in 1957'de saptadığı eğilim,1959 yılına gelindiğinde herkes tarafından görülür hale geldiğinde, Wall Street'in çoğu uzmanı bunun devam etmesinin mümkün olmadığını söyledi. Daha önce hisse senedi getirileri asla tahvillerden az olmamıştı; zaten hisse senetleri tahvillerden daha riskli olduğuna göre bu büyük bir riski telafi edecek ekstra bir kâr payı geliri sağlamayacak olduktan sonra kim neden hisse senedi alsın ki? Uzmanlar tahvillerin en fazla birkaç ay daha hisse senetlerinden daha fazla getiri sağlayacağını ve sonra her şeyin "normal"e döneceğini ileri sürdüler. Kırk yıldan fazla bir süre geçtikten sonra bile bu ilişki bir daha hiç normal olmadı; hisse senetleri getirisi (şimdilik) tahvil getirisinin sürekli altında kaldı.

*** Bkz. s. 70-72 ve 98-99

senedini iki kötüden daha az kötü olanı -daha kötüsü tamamen tahvil tutmaya bağlı risklerdir- diye nitelemesine rağmen, portföyünde kayda değer bir hisse senedi oranı tutmamayı ise göze alamayacağını düşünüyoruz.

Adi Hisse Senedi Bileşeni Kuralları

Defansif yatırımcının portföyü için hisse senedi seçimi görece basit bir mesele olmalıdır. Burada izlenmesi gereken dört kural öneriyoruz:

1. Yeterli fakat abartılı olmayan bir çeşitlilik gerekir. Bu en az on, en fazla otuz farklı şirket anlamına gelebilir. *
2. Seçilen her şirket büyük, seçkin ve geleneksel tarzda finanse ediliyor olmalıdır. Bu sıfatlar belirsiz olsa da genel anlamları açıktır. Bu noktadaki gözlemler bölüm sonuna eklenmiştir.
3. Her şirket, kâr payı ödeme konusunda devamlılık gösteriyor olmalıdır. (Dow Jones Sanayi Ortalaması'ndaki tüm kâğıtlar 1971'de bu kâr payı şartını karşılıyordu.) Bu noktada daha açık olmak için en az 1950'de başlayan kâr payı ödeme devamlılığı şartını öneriyoruz. **
4. Yatırımcı, bir kâğıt için ödeyeceği fiyata, sözün gelişi, geçmiş yedi yıl üzerinden bir sınır koymalıdır. Bu sınırın, ortalama kazancın 25 katı olmasını (fiyat/kazanç) ve son on iki aylık dönemin 20 katından fazlası olmamasını öneririz. Fakat, böyle bir kısıtlama, portföyün en güçlü ve en gözde şirketlerini elimine edecektir. Özellikle geçmiş bazı yıllarda hem spekülatörlerin hem kurumsal yatırımcıların favorisi olan tüm "artış sağlayan hisse senedi" kategorisini fiilen yasaklayacaktır. Böylesine çarpıcı bir dışlamayı önerme nedenlerimizi açıklamak zorundayız.

* Çeşitlilik konusunda bir başka görüş için Bölüm 14 üzerine Açıklamalar'ın ek bilgi notuna bakınız (s.409).

** Günümüzün koruyucu yatırımcısı muhtemelen en az 10 yıllık devamlı kâr payı ödemesinde (Dow Jones Sanayi Ortalamasının sadece bir üyesinin -Microsoft- göz önüne alınmasını elimine edecek ve yine de geride S & P 500 endeksi içinden en az 317 hisse senedi kalacaktır) ısrarcı olmalıdır. 20 yıllık kesintisiz kâr payı ödemesinde bile ısrar etmek aşırı kısıtlayıcı olmayacaktır; Morgan Stanley'e göre S & P 500 içinden 255 şirket 2002 sonu itibariyle bu standardı karşılamıştır.

Artış Sağlayan Hisse Senetleri ve Defansif Yatırımcı

"Artış sağlayan hisse senedi" terimi, geçmişte hisse başına düşen kazancı, genel olarak adi hisse senetleri kazançlarının çok üzerinde olan, ve gelecekte de bu kazançların aynı şekilde devam etmesi beklenen, hisse senetlerini kapsar. (Bazı uzmanlar gerçek bir artış sağlayan hisse senedinin on yıl içinde hisse başına düşen kazancı en az ikiye katlaması gerektiğini söyleyecektir -yani yıllık bileşik %7.1 oranından daha yüksek bir oranda artırması.)* Açıktır ki, ödenen fiyat aşırı olmadığı sürece, bu tür hisse senetlerini satın almak ve sahip olmak caziptir. Artış sağlayan hisse senetleri, cari kazançlara kıyasla, çok uzun zamandır ve geçmiş dönemin ortalama kârının çok üzerinde fiyatlarda satıldığı için, sorun doğal olarak burada yatar. Bu durum, artış sağlayan hisse senedi tablosuna, kayda değer bir spekülatif unsur getirmiştir.

International Business Machines (IBM) uzun zamandır artış sağlayan hisse senetlerinin önde gelenlerinden biri olmuştur ve yıllar boyunca onu satın alan ve inatla elinde tutanlara, olağanüstü ödüller getirmiştir. Fakat daha önce de işaret ettiğimiz ** gibi bu "en iyi adi hisse senedi" 1961-62 yıllarında, altı aylık bir düşüş sonucu, piyasa fiyatının %50'sini ve 1969-70 arasında da yaklaşık aynı oranda değer kaybetmiştir. Diğer artış sağlayan senetler, bu olumsuz gelişmeler karşısında daha da zayıf durumda kalmışlardır; bazı durumlarda sadece fiyatlar değil, kazançlar da düşmüş, bu senetleri elinde tutanların çifte bozgun yaşamalarına neden olmuştur. Bizim amacımızı göstermesi açısından, ikinci bir iyi örnek, hisse başı kazancı 40 sentten 3.91 dolara çıkarken, kâr payı ödemeksizin fiyatı altı yılda 5 ten 256'ya yükselen Texas Instruments'tır. (fiyatın kârdan beş kat daha hızlı yükseldiğine dikkat ediniz; popüler adi hisse senetlerinde bu ti-

* "72 Kuralı" kullanışlı bir zihinsel araçtır. Bir miktar paranın ikiye katlanacağı zamanı tahmin etmek için beklenen artış oranını sadece 72'ye bölün. Örneğin %6 oranında, para 12 yılda ikiye katlanacaktır. (72 bölü 6 = 12). Graham'in sözünü ettiği %7.1 oranında artış sağlayan hisse senedi getirisini 10 yılın biraz üzerinde bir sürede ikiye katlayacaktır. (72 / 7.1 = 10.1 yıl).

** Graham sayfa 95'te buna işaret eder.

pik bir durumdur.) Ancak iki yıl sonra, kazançlar yaklaşık %50 düşmüş, fiyat ise beşte dört oranında düşerek 49 olmuştur.*

Bu örneklerden sonra okuyucu, genel olarak "yükselen hisse senetleri"ni, defansif yatırımcı açısından "fazla belirsiz ve riskli araçlar" olarak değerlendirmemizin nedenlerini anlayacaktır. Tabii ki, doğru seviyelerde satın alınan ve daha sonra büyük yükselişlerden ardından ve olası bir düşüşten önce satılan, doğru bireysel seçimlerle mucizeler elde edilebilir. Ancak, ortalama bir yatırımcının bunu başarmayı beklemesi, ağaçlarda para yetiştiğini görmekten daha imkânsızdır. Aksine, göreceli olarak daha az popüler olan, bu nedenle makul kazanç çarpanlarında** satın alınabilir büyük şirket gruplarının, genelde halka, gösterişli olmasa da, sağlam bir seçim alanı sunduklarını düşünüyoruz. Bu görüşümüzü, portföy seçimi bölümünde örneklendireceğiz.

Portföy Değişiklikleri

Kalitelerinin artırılıp artırılamayacağını görme amacıyla, tüm menkul kıymet listelerinin dönemsel denetime tabi tutulması, artık standart bir uygulamadır. Bu, doğal olarak, yatırım danışmanları tarafından müşterilere sağlanan hizmetin önemli bir parçasıdır. Neredeyse tüm aracı kurumlar, hiçbir özel ücret almaksızın, söz konusu aracılık işleminin karşılığı olarak uygun önerilerde bulunmaya hazırdırlar. Bazı aracı kurumlar ise yatırım hizmetlerini, ücret temelinde sürdürürler.

Defansif yatırımcımız, portföyünde aradığı değişikliklere ilişkin olarak, muhtemelen portföyün başlangıç tarihinde aldığı yatırım tavsiyesinin -yılda en az bir defa- aynısını almalıdır. Güvenebileceği bir kişisel tecrübesi çok az olduğu için, sadece itibarı

* Graham'in gözlemlerinin kalıcı bir doğruluk taşıdığını göstermek için IBM yerine Microsoft'u ve Texas Instruments yerine Cisco'yu geçirebiliriz. Otuz yıl arayla sonuçlar olağanüstü bir benzerlik taşır: Cisco hisseleri -önceki 6 yılda kabaca 50-kat yükselen- 2000'den 2002'ye %76 değer kaybederken, Microsoft hisseleri 2000'den 2002'ye %55.7 oranında düşmüştür. Texas Instruments'ta olduğu gibi, Cisco'nun hisse senedi fiyatlarındaki düşüş sadece %39.2 oranında azalan (1997-1999 arasındaki üç yıllık ortalamayı 2000-2002 ile karşılaştırarak) kazançlarındaki düşüşten daha keskindi. Her zaman olduğu gibi, ne kadar sıcak olurlarsa o kadar sert düşerler.

** "Kazanç çarpanı" yatırımcıların altta yatan işin kârlılığı ile karşılaştırıldığında bir hisse senedine ne kadar ödemeye istekli olduklarının ölçüsüdür. F/K ya da fiyat/kazanç oranının eşanlamlısıdır. (Bkz. Bölüm 3 s.91 dipnot) yüksek şirketlere güvenmesi esastır; aksi takdirde, ehliyetsiz ya da ilkesiz ellere kolayca düşebilir. Ayrıca, yatırım danışmanı ile her görüştüğünde, hisse senedi seçiminin daha önce verilen dört kuralına sıkıca bağlı kalmak istediğini açıkça belirtmesi önemlidir. Eğer bu liste ilk anda becerikli bir şekilde seçildiyse, sık ve çok sayıda değişikliğe ihtiyaç olmaması gerekir. *

Ortalama Dolar Maliyeti

New York Borsası, yatırımcının bir ya da daha fazla adi hisse senedi almak için, aynı meblağda dolar ayırmasını kapsayan "aylık satın alma planını" yaygınlaştırmak için epey çaba sarf etmiştir. Bu, "ortalama dolar maliyeti" olarak bilinen özel bir "yatırım formülü" uygulamasıdır. 1949'dan beri, genelde yükselen piyasa sürecinde, bu tür bir prosedürün sonuçları, özellikle alımların yanlış zamanlara yoğunlaşmasını engellediği için büyük ölçüde başarılıydı.

Lucile Tomlinson, yatırım formülü planları[1] üzerine yaptığı kapsamlı incelemesinde,Dow Jones Sanayi Endeksi'ni oluşturan hisse senetleri grubunun ortalama dolar maliyeti sonuçlarının hesaplanışını sunmuştur. İlki 1929'da, sonuncusu 1952'de sonlanan on-yıllık alım dönemini kapsayan 23 adet test yapılmıştır. Her test, ya alım döneminin kapanışında, ya da takip eden beş yıl içindeki kârı göstermiştir. Alınan kâr payları hariç, 23 alım dönemi sonunda belirtilen ortalama kâr %21.5'ti. Bazı durumlarda, piyasa değerinde geçici olarak önemli düşmeler olduğunu söylemeye gerek yok. Bayan Tomlinson, bu ultra-basit yatırım formülü tartışmasını şu çarpıcı cümle ile bitirir: "Menkul kıymet fiyatlarına ne olacağına bakılmaksızın, bu güne kadar hiç kimse, nihai bir başarı için güvenli olarak kullanılabilecek Ortalama Dolar Maliyeti'nden başka bir formül bulamamıştır."

İlke olarak sağlam olmasına rağmen, sözgelimi, yirmi yıl boyunca adi hisse senedi yatırımı için, her yıl aynı miktarda orta-

* Yatırımcılar artık sahip olduklarının kalitesini denetlemek için www.quicken.com, moneycentral.msn.com, finance.yahoo.com, ve www.morningstar.com gibi web sitelerindeki interaktif "portföy izleyicileri"ni kullanarak kendi otomatik sistemlerini kurabilirler. Fakat Graham bu tür sistemlere münhasıran güvenmeme konusunda uyarırdı; yazılımı tamamlamak için kendi değerlendirmenizi kullanmalısınız.

lama dolar maliyetine para ayırabilecek çok az sayıda insan bulunabileceği için, pratikte gerçekçi olmadığı öne sürülerek itiraz edilebilir. Bence, bu belirgin itiraz son yıllarda gücünü epey kaybetmiştir. Adi hisse senetleri, genelde sağlam tasarruf-yatırım programlarının zorunlu bir bileşeni olarak kabul edilir hale gelmektedir. Bu yüzden, adi hisse senetlerinin sistemli ve tekdüze alımları, ABD'de tasarruf bonosu ve hayat sigortası için yapılan -tamamlayıcı olması gereken- benzer sürekli ödemelerden daha fazla psikolojik ve finansal güçlük göstermezler. Aylık tutarlar küçük olabilir, ama yirmi yıl ya da daha uzun bir süre sonrasının sonuçları, tasarrufçu açısından etkileyici ve önemli olabilir.

Yatırımcının Kişisel Durumu

Bu bölümün başında bireysel portföy yatırımcısının konumuna kısaca değinmiştik. Sonraki genel politika tartışmamızın ışığında bu tartışmaya geri dönelim. Yatırımcının seçtiği menkul kıymet türleri, onun içinde bulunduğu koşullara göre ne ölçüde değişkenlik gösterir? Birbirinden geniş ölçüde farklı durumları temsil eden, somut örneklerle konuyu ele alalım: (1) Kendisi ve çocuklarını desteklemesi için 200.000$ birikimi kalan dul bir kadın; (2) kariyerinin ortasında 100.000$'lık tasarrufu olan ve yıllık 10,000$ ek birikim sağlayan başarılı bir doktor; ve (3) haftada 200$ kazanan ve yılda 1000$ biriktiren genç bir adam.*

Dul kadın için mevcut geliri ile yaşamak güçtür. Öte yandan, yatırımlarında tutucu olma ihtiyacı ise çok büyük boyuttadır. Portföyünün devlet tahvilleri ve birinci sınıf hisse senetleri arasında eşit paylaşımı, bu amaçlar ile uzlaşmasını sağlayacak ve defansif yatırımcı için koyduğumuz genel kurallara da uygun düşecektir. (Şayet yatırımcı bu karara psikolojik olarak hazırsa ve çok yüksek bir seviyede satın almadığından eminse, hisse senedi oranı %75'e kadar çıkartılabilir. 1972 başlarında durum kesinlikle böyle *değildi*.)

Dul bir kadının girişimci yatırımcı niteliklerine sahip olma ih-

* Graham'in sayılarını güncellemek için bu bölümdeki her bir dolar tutarını beşle çarpın.

timalini dışlamıyoruz; bu durumda, amaçları ve yöntemleri çok farklı olacaktır. Dul kadının *yapmaması* gereken şey "fazladan gelir elde etmek için" spekülatif risklere girmektir. Burada, genel başarıya tam anlamıyla güvenmeyi garanti edecek gerekli ekipmanlara sahip olmadan, kâr ve yüksek gelir elde etmeye çalışmayı kastediyoruz. Bu kadın için, geçimini sağlamak amacıyla her yıl anaparasından 2000$ çekmek, bu tutarın yarısını zayıf temelli ve bu yüzden spekülatif risklere atmaktan çok daha iyi bir karar olacaktır.

Zengin doktorun ise, dul kadının karşı karşıya kaldığı baskı ve sorumlulukları yoktur, buna rağmen, onun yatırım seçimlerinin de hemen hemen aynı olacağını düşünüyoruz. Yatırım işine ciddi bir ilgi duyacak mıdır? Gereken dürtü ve beceriye sahip değilse, defansif yatırımcı rolünü kolayca kabul edecektir. Bu nedenle, portföyünün parçaları "tipik" dul kadınınkinden farklı olmayacak, ve hisse senedi yatırımının büyüklüğünü saptarken, aynı kişisel seçim alanına sahip olacaktır. Yıllık tasarruflar portföye eklenirken, mevcut portföyde ise aynı oranlar yaklaşık olarak korunmalıdır.

Ortalama bir doktorun girişimci yatırımcı olmayı seçmesi ihtimali, ortalama dul kadının aynı şeyi seçme ihtimalinden yüksektir, üstelik doktorun bu işte başarılı olma ihtimali daha yüksektir. Fakat doktorun bir engeli vardır -yatırım eğitimine ve fonlarının idaresine ayıracak daha az zamanı olduğu gerçeği. Aslında tıp insanları, menkul kıymet işlerinde başarısız olmak gibi bir kötü şöhrete sahiptirler. Bunun nedeni, genelde kendi zekâlarına fazla güven duymaları ve paralarının iyi bir getiri sağlamasını -konuya yeterli ilgiyi göstermeyi ve menkul değerlere profesyonel tarzda bir yaklaşımı gerektirdiğini kavramaksızın- şiddetle istemeleridir.

Son olarak, yılda 1000$ tasarruf eden genç adam -ve yavaş yavaş daha başarılı olmayı uman- farklı nedenleri olmasına karşın, kendisini aynı seçimlerin karşısında bulur. Tasarruflarının bir kısmı otomatik olarak E serisi tahvillere gitmelidir. Bakiye öylesine mütevazıdır ki, atak bir yatırımcı olması için, sıkı bir eğitime ve davranışlarını disipline etmesine değmeyecek gibi görünür. Bu nedenle defansif yatırımcıda, standart programımızın basit bir uygulaması, kendisi için ilk aşamada en kolay ve en mantıklı yatırım politikası olacaktır.

Burada insanın doğasına kayıtsız kalmayalım. Finans dünyası, sınırlı araçlara sahip çok sayıda parlak genç insan için büyüleyicidir. Yatırım kazancı, onlar için maaşlarından çok daha az önemli olsa da, yatırımlarını yerleştirmede hem akıllı hem de girişimci olmak isterler. İyi ki de yaklaşımları böyledir. Genç bir kapitalistin, finans eğitimine ve deneyimine erken başlaması büyük bir avantajdır. Atak bir yatırımcı olarak hareket edecekse, bazı hatalar yapacağı ve biraz kaybedeceği de kesindir. Gençlik döneminde, bu hayal kırıklıklarına dayanabilir ve onlardan yararlanabilir. Menkul kıymet yatırımına yeni başlayan birisine, gücünü ve parasını, piyasayı yenmeye çalışmak için kullanmamasını teşvik ederiz. Bırakalım, menkul değerleri incelesin, başlangıçta aldığı fiyata değecek bir getiriyi, konusunda verdiği kararları mümkün olan en küçük miktarlarla sınasın.

Böylece en başta söylediğimiz, "satın alınacak menkul değerlerin türü ve aranan getiri oranı, yatırımcının mali kaynaklarına değil bilgi, deneyim ve mizaç açısından mali donanımına bağımlıdır" şeklindeki ifadeye geri dönüyoruz.

"Risk" Kavramı üzerine Not

İyi tahvillerin, iyi imtiyazlı hisse senetlerinden daha az riskli olduğunu, iyi imtiyazlı senetlerin de, iyi adi hisse senetlerinden daha az riskli olduğunu söylemek bir alışkanlık olmuştur. Federal Reserve Board'un 1948 anketinden, adi hisse senetlerine karşı "güvenilir" olmadıkları popüler önyargısını türetiyoruz. "Risk" ve "güvenilir" sözcüklerinin, düşünce karmaşasından doğan iki farklı anlamda menkul değerlere uygulandığına işaret etmeliyiz.

Faiz ya da anapara yükümlülüğünü yerine getirmeyen bir tahvilin güvenilir olmadığı kesinlikle kanıtlanmış demektir. Benzer şekilde, imtiyazlı ve hatta adi bir hisse senedi, belirli bir kâr payı oranının devam edeceği beklentisi ile satın alındıysa, temettü gelirinin eksilmesi ya da ödenmemesi halinde, güvenilir olmadığı kanıtlanmış demektir. Yatırımcının, geçerli fiyatın maliyetin epey altında olduğu bir anda, satmak zorunda kalma olasılığı varsa, yatırımın risk taşıyacağı da doğrudur.

Yaşanan düşüş döngüsel ve geçici dahi olsa; böylesi zamanlarda satmaya zorlanmamış bile olsa; bir menkul değerin fiyatındaki olası düşüşe uygulanmak amacıyla risk tanımı, sıkça genişletilir. Bu ihtimal ABD tasarruf bonoları hariç, üst düzey hisselerden ziyade, adi hisse senetlerinin çoğunda daha büyük ölçüde geçerlidir. Fakat burada söz konusu olanın gerçek manada bir risk olmadığına inanıyoruz. Bir bina üzerinde ipoteğe sahip olan birisi onu elverişsiz bir zamanda satmak zorunda kalırsa, önemli bir kaybı üstlenmek zorundadır. Tek ölçüsü zamanında ödenmesi olan sıradan gayrimenkul ipoteklerinin güvenilirliğini ya da riskini değerlendirirken, bu unsur hesaba katılmaz. Aynı şekilde, sıradan ticari bir iş ile bağlantılı bir risk, satıcı onu satmak zorunda kalırsa ne olacağı ile değil, para kaybetme ihtimali ile ölçülür.

Bölüm 8'de iyi niyetli yatırımcının elinde tuttuğu senetlerin salt piyasa fiyatı düştüğü için para kaybetmeyeceği inancımızı ortaya koyacağız; bunun sonunda bir düşüşün meydana gelmesi olgusu, yatırımcının gerçek bir kayıp riski yaşadığı anlamına gelmez. Eğer bir grup iyi seçilmiş adi hisse senedi yatırımı, yıllar boyunca ölçüldüğü gibi başarılı bir genel getiri gösterirse bu yatırım grubu "güvenilir" olarak kabul edilir. Bu dönem içinde piyasa değeri dalgalanmaya mahkûmdur ve muhtemelen bir süre için alış maliyetinin altında da işlem görecektir. Eğer bunlar yatırımı riskli yapıyorsa aynı zamanda hem riskli hem güvenilir olarak nitelenmelidir. Risk kavramını yalnızca, fiili bir satışla gerçekleşen, ya da şirketin durumunun önemli ölçüde kötüleşmesi sonucu -belki de daha büyük bir sıklıkla, bir hisse senedine aşırı bir fiyat ödenmesi sonucu- doğan değer kaybına uygularsak, bu karışıklık engellenebilir.[2]

Birçok adi hisse senedi, bu tür değer kaybetmeyi içeren riskler taşır. Ancak bizim tezimiz, düzgün çalışan yatırım gruplarının, adi hisse senetlerinde, bu türde önemli bir risk taşımadığı ve bu yüzden de sadece fiyat dalgalanması yüzünden "riskli" diye nitelenmemesi şeklindedir. Ama eğer hisse fiyatının, içsel değerlerine -sonra gelen herhangi bir ciddi piyasa düşüşü yıllar sonra telafi edilebilse bile- göre açıkça fazla yüksek olması tehlikesi varsa, böyle bir risk de söz konusudur.

"Büyük, Önemli ve Tutucu Şirketler" Kategorisi Üzerine Not

Ara başlığımızda tırnak içine alınan ifade, önceki bölümlerimizde koruyucu yatırımcının sınırlı miktarda alması gereken -kayda değer sayıda yıl boyunca sürekli kâr payı ödemeleri koşuluyla- adi hisse senetlerini tanımlamak için kullanılmıştı. Sıfatlara dayalı bir ölçüt her zaman bulanıktır. Büyüklüğü, önemliliği ve finansal yapının tutuculuğunu ayıran çizgi nerededir? Son noktada, gelişigüzel de olsa, kabul edilen düşünce ile uyumlu özel bir standart önerebiliriz: Bir sanayi şirketinde, adi hisse senedi miktarı (defter değeri üzerinden) -tüm banka borçları dahil- toplam piyasa değerinin en azından yarısını temsil etmezse, o şirket tutucu değildir.[3] Demiryolu veya kamu sektörü için bu sayı en az %30 olmalıdır.

"Büyük" ve "önemli" sözcükleri, sanayide önde gelen bir konum ile birleşmiş kayda değer büyüklük nosyonunu taşır. Bu tür şirketler genelde "birincil" şirketler olarak adlandırılır; bu durumda onları satın alanlar tarafından normalde ayrı bir sınıfa yerleştirilen artış sağlayan hisse senetleri hariç, tüm diğer hisse senetlerine "ikincil" denir. Burada somut bir unsur sunmak için bugünün koşullarında "büyük" diye nitelenmek için bir şirketin 50 milyon dolarlık varlıkları ya da 50 milyon dolarlık işi olması gerektiğini ileri sürelim.* Yine "önemli" olması için bir şirketin kendi sanayi grubunda büyüklük olarak ilk çeyrek ya da ilk üçte birde derecelenmesi gerekir.

Ancak bu tür rasgele ölçütler üzerinde ısrar etmek aptalcadır. Genellikle, kılavuz isteyenlere sadece kılavuzluk etmeleri için önerilir. Yatırımcının anladığı manadaki "büyük" ve "önemli" sözcükleri ile kıyaslandığında, kabul edilebilir ölçüdedir. Defansif yatırıma uygun olanlar arasına dahil edilen ya da edilmeyen büyük bir şirket grubu olmalıdır. Bu türde bir görüş ve eylem çeşitliliğinin hiçbir zararı yoktur. Aslında, borsa koşulları üzerine faydalı bir etkisi vardır, birincil ve ikincil hisse senedi ihracı kategorileri arasında çok yavaş bir farklılaşmaya ve geçişe izin verir.

* Bugünün piyasalarında büyük diye anılmak için bir şirketin toplam borsa fiyatı (ya da piyasa) ya da toplam hisse senedi değeri en az 10 milyar dolar olmalıdır. http://screen.yahoo.com/stocks.html adresindeki çevrimiçi borsa ekranı 2003 başlarında "büyük" olarak seçilebilecek yaklaşık 300 adet hisse senedi veriyordu.

BEŞİNCİ BÖLÜM ÜZERİNE YORUMLAR

İnsanın mutluluğu çok ender meydana gelen büyük Talih ile değil, her gün oluşan küçük avantajlarla sağlanır.

- *Benjamin Franklin*

EN İYİ SAVUNMA İYİ BİR SALDIRIDIR

Son birkaç yılda yaşanan kıyımdan sonra defansif yatırımcı hisse senedine bir kuruş bile yatırmayı neden istesin ki?

Birincisi, Graham'in "Ne kadar koruyucu olacağınız, risk toleransınızdan çok portföyünüze zaman ve enerji harcama isteğinize bağlıdır," ısrarını anımsayın. Bu işe doğru şekilde koyulursanız, hisse senetlerine yatırım yapmak paranızı tahvilde ya da nakit tutmak kadar kolaydır. (Bölüm 9'da göreceğimiz gibi, sabah giyinmeye harcadığınız çaba kadar çaba harcayarak borsa endeks fonu satın alabilirsiniz.)

2000 yılının ortasında başlayan düşüş piyasası ile kendinizi yanmış hissetmeniz -ve bu hissin sizi bir daha hiçbir zaman hisse senedi almamaya kararlı hale getirmesi- anlaşılır bir şeydir. Eski bir Türk atasözünün belirttiği gibi "Sütten ağzı yanan, yoğurdu üfleyerek yer." 2000-2002 çöküntüsü o kadar korkunçtu ki, birçok yatırımcı şu an, hisse senetlerini yakacak kadar riskli görmekte; ama çelişkili bir biçimde bizzat bu kırılmanın kendisi, borsadaki riskin çoğunu alıp götürmüştür. Önceleri sıcak süttü, ancak şimdi oda ısısında yoğurt haline geldi.

Mantıksal olarak bakıldığında, bugün hisse senedi sahibi olup olmama kararının, birkaç yıl önce hisse senedine sahip olup da kaybettiğiniz parayla bir ilişkisi yoktur. Hisse senetleri gelecekte size büyüme getirmeye yetecek makul bir fiyat artışı sağlarlarsa, size yakın geçmişte mal olduğu zararlara bakmaksızın, onlara sahip olmalısınız. Bu tez, düşük tahvil getirilerinin, yatırımlarınızın gelecekteki getirilerini düşürdüğü zaman, daha da doğrudur.

Bölüm 3'te gördüğümüz gibi hisse senetleri (2003 başlarına nazaran) tarihsel standartlara göre sadece biraz yüksek fiyatlıdır. Bu arada, tahviller son zamanlardaki fiyatlarla, öylesine düşük getiri sağlar ki, sözümona güvenli olduğu için, tahvil satın alan yatırımcı, düşük katranlı sigara içerek akciğer kanserinden kendini koruyabileceğini sanan birisi gibidir. Ne kadar defansif bir yatırımcı olursanız olun -Graham'e göre, düşük düzeyde koruma anlamında, ya da düşük riskin çağdaş tanımında - bugünün değerleri, paranızın en azından bir kısmını hisse senedinde tutmanız gerektiği anlamına gelir.

Neyse ki, defansif bir yatırımcı için, hisse senedi almak hiç bu kadar kolay olmamıştı. Paranızın küçük bir kısmını her ay önceden belirlenmiş yatırımlara çaba harcamadan koyan, süresiz otomatiğe bağlanmış bir portföy, hayatınızın büyük bir kısmını hisse senedi toplamaya adamak ihtiyacına karşı sizi koruyabilir.

"BİLDİĞİNİZ ŞEY"İ Mİ ALMALISINIZ?

Ancak, ilk olarak defansif yatırımcının her zaman karşı savunma yapması gereken bir şeye bakalım: Hiç ev ödevi yapmadan hisse senedi toplayabileceğiniz inancı. 1980'lerde ve 1990'ların başında en popüler yatırım sloganlarından biri "Bildiğin şeyi satın al" şeklindeydi. 1977'den 1990'a kadar Fidelity Morgan'ı bir yatırım fonunun elde edebileceği en iyi performansa götüren Peter Lynch, bu öğretinin en karizmatik vaizlerinden biriydi. Lynch, amatör yatırımcıların, profesyonel yatırımcıların kullanmayı unuttukları bir şeye sahip olduklarını ileri sürmüştü: "Ortak bilginin gücü." Yeni bir restoran, bir araba, diş macunu ya da kot pantolon -yakın bir işyerinin otoparkının her zaman dolu olduğunu, ya da Jay Leno'nun yayını bitirmesinden çok sonra insanların şirketin idare merkezinde çalışmaya devam ettiklerini fark ederseniz- keşfederseniz, profesyonel analistin ya da portföy yöneticisinin hiçbir zaman seçmeyeceği kişisel bir sezginiz var demektir. Lynch'in dediği gibi, "Arabalar ve kameralar satın almakla geçen bir ömürde, neyin iyi neyin kötü olduğuna, neyin satıp neyin satmadığına dair bir sezgi geliştirirsiniz... ve bunun en önemli tarafı, sizin bunu Wall Street'ten önce bilmenizdir."[1]

Lynch'in kuralı -"daha önceden bildiğiniz şirketlere ve sanayilere yatırım yapma avantajını kullanırsanız uzmanları geçebilirsiniz"- tamamen mantıksız değildir ve yıllar boyunca pek çok yatırımcı bu kuraldan kazanç sağlamıştır. Fakat Lynch'in kuralı, ancak sonuçlarını da izlerseniz işe yarar: "Gelecek vaat eden şirketi bulmak sadece ilk adımdır. İkinci adım araştırma yapmaktır." Lynch bir şirketin üretimi ne kadar büyük, otoparkı ne kadar dolu olursa olsun, şirketin finansal raporlarını incelemeden ve ticari değerini tahmin etmeden, hiç kimsenin o şirkete yatırım yapmamasında ısrarcıdır.

Yazık ki çoğu hisse senedi alıcısı bu kısma kayıtsız kalmıştır. Barbara Streisand, günlük işlem yapan diva, insanların Lynch'in öğretisini ihlal ediş biçimlerinin canlı bir örneğidir. Streisand 1999'da şöyle mırıldanmıştır: "Her gün Starbucks'a gidiyoruz, bu yüzden Starbucks hisse senetleri alıyorum." Fakat Komik Kız, uzun ince latteleri ne kadar severseniz sevin, Starbucks'ın finansal hesaplarını yine de incelemeniz ve hisse senedinin, kahveye göre daha yüksek fiyatlandırılmadığından emin olmanız gerektiğini unutmuştu. Sayısız hisse senedi yatırımcısı, web sitesini çok beğendikleri veya kendi çevrimiçi brokerleri olduğu için, e-ticaretle hisse senedi satın almayı çok sevdikleri için Amazon.com hisselerine yüklenirken de aynı hatayı yapmışlardı.

"Uzmanlar" da bu fikre güvence sağladılar. 1999 sonlarında CNN'de bir televizyon söyleşisinde Firsthand Funds'ın portföy yöneticisi Kevin Landis'e hüzünlü bir şekilde şöyle sorulmuştu: "Bunu nasıl yapıyorsun? Aynı şeyi ben niye yapamayayım Kevin?" (1995'ten 1999 sonuna kadar Firsthand Technology Value fonu %58.2 gibi hayret verici bir yıllık ortalama kazanç sağladı.) Landis "Evet, *yapabilirsiniz*," dedi neşeyle cıvıldayarak. "Gerçekten yapmanız gereken tek şey, bildiğiniz şeylere odaklanmak ve

[1] John Rothchild ile birlikte Peter Lynch, *One up on Wall Street* (Penguin, 1989), s.23.

bir sanayide çalışan insanlarla her gün konuşmak ve o sanayiye yakın durmak."[2]

Lynch kuralının en acı verici tersliği, kurumsal emeklilik planlarında ortaya çıktı. Şayet "bildiğin şeyi satın almak" zorundaysan, 401 (k) için kendi şirketinin hisse senedinden daha iyi bir yatırım senin için ne olabilir? Her şeye rağmen burada çalışıyorsun, şirketi dışarıdan birinin bildiğinden daha iyi bilmiyor musun? Enron, Global Crossing ve WorldCom çalışanları –çoğu tamamen silinip süpürülecek olan tüm emeklilik varlıklarını, kendi şirketlerinin hisse senetlerine yatıran- içerdekilerin, gerçeğe değil, sadece bilginin yanılsamasına sahip olduğunu üzülerek öğrendiler.

Carnegie Mellon Üniversitesi'nden Baruch Fischhoff'un önderliğindeki psikologlar rahatsız edici bir gerçeği belgelemişlerdir: bir konuya daha fazla aşina olmak, insanların o konu hakkında gerçekte bildiklerini abartma eğilimlerini azaltmaz.[3] İşte bu nedenle "bildiğiniz şeye yatırım yapmak" çok tehlikeli olabilir; başlangıçta ne kadar çok bilirseniz, bir hisse senedinin zayıflıklarını o kadar az irdelersiniz. Aşırı güvenin bu kötü biçimine "aile ocağı önyargısı" ya da zaten bildiğin şeye yapışma alışkanlığı denir:

- Bireysel yatırımcılar yerel telefon şirketlerinde, tüm diğer telefon şirketlerinin birleşmiş halinden üç kat daha fazla hisseye sahiptirler.
- Tipik yatırım fonu idare merkezleri, fonun merkez şubesine ortalama ABD şirketinden 185 km. daha yakın olan hisse senetlerine sahiptir.
- 401 (k) yatırımcıları emeklilik varlıklarının %25 ile %30 arasını kendi şirketlerinin hisse senetlerinde tutarlar.[4]

[2] 5 Kasım 1999, standart doğu saatiyle saat 11.00, CNN, *In the Money*'de Kevin Landis söyleşisi. Şayet Landis'in kendi kaydı bir gösterge ise, "bildiğiniz şeylere odaklanmak" hisse senetlerini başarıyla toplamak için "tek yapmanız gereken şey" değildir. 1999 sonundan 2002 sonuna kadar Landis'in fonu (Silikon Vadisi'ndeki üssünden "ilk elden" bildiğini iddia ettiği teknoloji şirketleriyle dolu) o dönem içinde ortalama teknoloji fonundan daha kötü darbe yiyerek değerinden %73.2 kaybetti.

[3] Sarah Lichtenstein ve Baruch Fischhoff, "Daha iyi bilenler ne kadar iyi bildiklerini de daha iyi bilirler mi?" *Organizational Behavior and Human Performance*, cilt 20, no. 2, Aralık 1977, s. 159-183.

[4] Bkz. Gur Huberman, "Familiarity Breeds Investment"; Joshua D. Caval ve Tobias J. Moskowitz, "The Geography of Investment"; Gur Huberman ve Paul Sengmulleri "Company Stock in 401 (k) Plans," hepsi http://papers.ssrn.com. adresinde mevcut.

Kısacası, aşinalık kayıtsızlık doğurur. TV haberlerinde her zaman şoke olmuş bir sesle "Öyle iyi bir adamdı ki?" diyen suçlunun komşusu, en iyi arkadaşı ya da annesi veya babası değil midir? Bunun nedeni, birisine ya da bir şeye ne kadar yakın olursak, daha uzak bir şeyle karşılaştığımız zaman yaptığımız gibi, onları sorgulamak yerine, inançlarımızın doğru olduğunu kabul ederiz. Bir hisse senedi ne kadar tanıdıksa, defansif yatırımcıyı, ödev yapmaya gerek olmadığını düşünen tembel yatırımcıya dönüştürme, ihtimali de o kadar yüksektir. Bunun başınıza gelmesine izin vermeyin.

KENDİ BAŞINA YAPABİLİR MİSİN?

Neyse ki, hisse senedi portföyü oluşturma ödevini yapmaya niyetli bir defansif yatırımcı için bu çağ Altın Çağıdır: Finans tarihinin hiçbir anında hisse senedine sahip olmak hiç bu kadar ucuz ve kolay olmamıştı.[5]

Kendin yap. www.sharebuilder.com, www.foliofn.com ve www.buyandhold.com gibi uzmanlaşmış çevrimiçi brokerler aracılığıyla ayıracak çok az miktarda nakdiniz olsa bile otomatik olarak hisse senedi satın alabilirsiniz. Bu web siteleri, binlerce ABD hisse senedinin her bir dönemsel alımı için 4$ gibi düşük bir ücret isterler. Her hafta ya da her ay yatırım yapabilir, kâr paylarını yeniden yatırabilir ve hatta banka hesabınızdan elektronik çekişlerle veya doğrudan maaş çekinizden yatırarak, paranızı azar azar hisse senedine aktarabilirsiniz. Sharebuilder sitesinde satış masrafları -rulo haline getirilmiş bir gazeteyle burnunuza vurur gibi yatırımda hızlı satışın istenmediğini size hatırlatarak- alıştan daha yüksekteyken, FolioFN harika bir vergi izleme-aracı sunar.

Geleneksel brokerlerden veya 2000 veya 3000$'dan aşağıya sizi kapıdan içeri sokmayan yatırım fonlarından farklı olarak, bu çevrimiçi firmaların minimum hesap bakiyesi zorunluluğu yoktur ve acemi portföylerini otomatik pilota bağlamak isteyen yeni

[5] Columbia Business School'dan finans profesörü Charles Jones'a göre New York Borsası'na kayıtlı hisse senedinin küçük tek taraflı alım-satımın (ya satış ya alış) maliyeti Graham zamanındaki %1.25'ten 2000 yılında %0.25'e düşmüştür. Yatırım fonları gibi kurumlar için bu maliyetler aslında daha yüksektir. (Bkz. Charles M. Jones, "A Century of Stock Market Liquidity and Trading Costs," http://papers.ssrn.com.)

başlayan yatırımcılar için biçilmiş kaftandır. Kuşkusuz 4$'lık işlem masrafı aylık 50$'lık yatırımın %8 gibi dev bir kısmını alır -fakat ayırabileceğiniz para bundan ibaretse, bu mikro-yatırım siteleri çeşitlilik gösteren bir portföy oluşturmak için türlerinin en iyisidirler.

Ayrıca bireysel hisse senetlerini, doğrudan ihraç eden şirketlerden de alabilirsiniz. 1994'te ABD Menkul Kıymetler ve Borsa Komisyonu (SEC) halka doğrudan satışa uzun zaman önce taktığı kelepçeleri gevşetti. Yüzlerce firma, yatırımcıların broker aracılığı olmaksızın, hisse satın almasına izin veren internet ortamlı programlar yaratarak buna karşılık verdiler. Hisse senedi alımı üzerine bazı faydalı çevrimiçi kaynaklar www.dripcentral.com, www.netstock.com (Sharebuilder'ın şubesi) ve www.stockpower.com sitelerini doğrudan kapsar. Sık sık yıllık 25$'ı aşan birtakım baş ağrıtan masraflara maruz kalabilirsiniz. Yine de doğrudan hisse senedi alımı programları genelde borsa brokerlerinden daha ucuzdur.

Fakat yıllar boyunca ufak gelir artışlarıyla hisse senedi satın almanın, vergi konusunda baş ağrısına yol açma ihtimaline karşı dikkatli olun. Alımlarınızın kalıcı ve enine boyuna ayrıntılı bir kaydını tutmaya hazırlıklı değilseniz, alım yapmaya hiç başlamayın. Son olarak, sadece bir hisse senedine yatırım yapmayın –hatta sadece birkaç hisse senedine de yapmayın. Riskinizi yaymak istemiyorsanız, riske hiç girmeyin. Kendi hisse senetlerini toplamak isteyen yatırımcılar için Graham'in, 10 ile 30 arası bir sayıda hisse senedine sahip olma ilkesi, iyi bir başlangıç olmaya devam eder ama tek bir sanayiye aşırı yoğunlaşmamaya dikkat ediniz.[6] (portföyünüzü oluşturma amacıyla bireysel hisse senedi toplama konusunda daha fazla bilgi için bkz. Bölüm 11, 14 ve 15 s. 145-146.)

Şayet böyle bir çevrimiçi otomatik portföy oluşturduktan sonra, kendinizi yılda iki defadan fazla alım-satım yaparken -veya yatırımlarınız üzerinde ayda toplam bir ya da iki saatten fazla za-

[6] Sahip olduğunuz hisse senetlerinin farklı sanayi sektörlerine yeterli ölçüde dağılıp dağılmadığını belirlemenize yardımcı olmak için www.morningstar.com'un ücretsiz "Instant X-Ray" fonksiyonunu kullanabilir veya www.standardandpoors.com'daki sektör bilgisine (Küresel Sanayi Sınıflandırma Standardı- Global Industry Classificaiton Standard) danışabilirsiniz.

man geçirirken- bulursanız fena halde yanlış giden bir şeyler var demektir. İnternetin sağladığı rahatlık ve güncellik hissinin, sizi baştan çıkararak bir spekülatör haline getirmesine izin vermeyin. Defansif yatırımcı kıpırdamadan oturarak yarışır –ve kazanır.

Biraz yardım alın. Defansif yatırımcı bir iskontocu, bir finansal planlamacı veya tam hizmet veren bir borsa acentesi vasıtasıyla da, hisse senedi sahibi olabilir. İskonto simsarlığında hisse senedi toplama işinin büyük kısmını bizzat sizin yapmanız gerekecektir; Graham'in ilkeleri, asgari devamlılık gerektiren ve düzenli bir getirinin azami avantajlarını sunan, bir çekirdek portföy oluşturmanıza yardımcı olacaktır. Öte yandan, kendiniz yapmak için zaman ayıramıyor veya ilgi duymuyorsanız, sizin için hisse senedi veya yatırım fonu toplama konusunda birini tutmanızda utanılacak hiçbir şey yoktur. Ama asla devretmemeniz gereken bir yükümlülüğünüz vardır. Bir danışmanın güvenli olup olmadığını ve makul bir ücret alıp almadığını (paranızı vermeden *önce*) siz araştırmalısınız, sizden başka hiç kimse bunu yapmamalı. (Daha fazla öneri için bkz. Bölüm 10.)

İşi başkalarına yükleyin. Yatırım fonları, defansif bir yatırımcının kendi portföyünün kötü tarafının polisliğini yapmaksızın, hisse senedi sahibi olmanın iyi tarafını yakalamasının nihai yoludur. Görece düşük maliyetle –hisse senetlerinin profesyonel olarak toplanmasına ve sizin için izlenmesine izin vererek- büyük ölçüde çeşitlilik ve uygunluk satın alabilirsiniz. En iyi biçimleriyle -endeks portföyleri- yatırım fonları gerçekte hiçbir izlem ve bakım gerektirmezler. Endeks fonları, herhangi bir mağduriyete ya da, Washington Irving'in tembel çiftçisi gibi 20 yıl uyusanız bile, bir sürprize neden olma ihtimali oldukça düşük bir tür Rip Van Winkle yatırımlarıdır. Bunlar defansif yatırımcının gerçek olan hayalleridir. Daha fazla ayrıntı için Bölüm 9'a bakınız.

ÇUKURLARI DOLDURMAK

Mali piyasalar bata çıka yol alarak, günbegün yükselip düşerlerken, defansif yatırımcı bu kaosu kontrol edebilir. Aktif olmayı reddedişiniz, gelecek tahmininde bulunan sahte yeteneklerden feragat edişiniz, en güçlü silahlarınız haline gelebilir. Her yatırım kararını otomatiğe bağlayarak, hisse senetlerinin nereye gittiğini bilme konusunda kendinizi aldatmaktan vazgeçersiniz ve ne kadar biçimsizce sıçrarsa sıçrasın, piyasanın sizin keyfinizi kaçırma gücünü ortadan kaldırırsınız.

Graham'in değindiği gibi "ortalama dolar maliyeti" bir yatırıma düzenli aralıklarla sabit bir tutar para koymanızı sağlar. Her hafta, her ay ya da her üç ayda bir –piyasalar yukarı aşağı, sağa-sola gitse (ya da gitmek üzere olsa) bile daha fazla alırsınız. Önemli her yatırım fonu şirketi ya da broker, parayı otomatik olarak ve güvenli bir şekilde elektronik ortamda size iletir, bu nedenle hiçbir zaman çek yazmak ya da bilinçli olarak ödeme sancısı çekmek zorunda kalmazsınız. Gözden uzakta olan, akıldan uzaktadır.

Ortalama dolar maliyetine gitmenin ideal yolu, satın alınmaya değer her hisse senedine ve tahvile sahip olan "endeks fonları portföyü"ne girmektir. Bu şekilde, sadece piyasanın nereye gittiği konusunda değil, hangi sektörlerin -ve onların içinden özellikle hangi hisse senetleri ya da tahvillerin- en iyi olduğu konusunda da tahmin oyunu oynamayı bırakırsınız.

Ayda 500$ tasarruf ettiğinizi varsayalım. Sadece üç endeks fonuna sahip olarak ve ortalama dolar maliyetiyle –toplam ABD borsasına yatırım yapan fona 300$, yabancı hisse senetleri fonuna 100$ ve ABD tahvilleri fonuna 100$- gezegende yatırım yapmaya değer her yatırım aracına sahip olmayı garantileyebilirsiniz.[7] Her ay tıkır tıkır işleyen bir saat gibi, daha fazla satın alırsınız. Piyasa düştüyse, önceden ayarladığınız tutar bir önceki aydan daha fazla hisse satın alarak daha ileri gider. Piyasa yükseldiyse, paranız o zaman daha az hisse satın alır. Portföyünüzü bu şekilde otomatiğe bağlayarak, piyasa çok çekici (ve aslında çok tehlikeli) göründüğü zaman para saçmaktan, ya da bir piyasada yaşanan bir çöküşün sonrasında yatırımlar gerçekten çok ucuzlamışken (fakat görünürde daha "riskli") alış yapmayı reddetmekten kendinizi korursunuz.

Önde gelen finansal araştırma firması Ibbotson Assciates'a göre, Eylül 1929'un ilk günlerinde Standard & Poor's 500 hisse

[7] Portföyünüzün bir kısmında yabancı hisse senetleri tutmanın rasyoneli üzerinde daha fazla bilgi için bakınız s. 217-218.

senedi endeksine 12.000$ yatırmış olsaydınız, 10 yıl sonra geride sadece 7.223 dolarınız kalırdı. Fakat 100$ gibi küçük bir tutarla başlayıp, her ay sadece 100$ yatırım yapsaydınız Ağustos 1939'da paranız 15.571$ olurdu! Disiplinli alımın gücü -Büyük Bunalım'a ve tüm zamanların en kötü düşüş piyasasına rağmen- işte *budur.*[8]

En iyisi, kalbi ve çekirdeği endeks fonları olan, kalıcı otomatik bir portföyü bir kez inşa ettikten sonra her bir piyasa sorusunu, defansif yatırımcının verebileceği en güçlü cevapla karşılayacaksınız: "Bilmiyorum ve umurumda değil." Eğer biri size tahvillerin hisse senetlerinden daha iyi olup olmadığını sorarsa sadece "Bilmiyorum ve umurumda değil," diye yanıtlayın. Siz zaten otomatik olarak her ikisini de satın alıyorsunuz. Sağlık hizmetleri hisse senetleri, ileri teknoloji hisse senetlerinin sağlıksız görünmesine mi neden olacak? "Bilmiyorum ve umurumda değil." Siz her ikisinin de devamlı alıcısısınız. Bir sonraki Microsoft ne olacak? "Bilmiyorum ve umurumda değil." Alınacak büyüklükte olduğu sürece endeks fonunuz ona sahip olacak ve siz de laf olsun diye eşlik edeceksiniz. Gelecek yıl yabancı hisse senetleri ABD hisse senetlerini yenecek mi? "Bilmiyorum ve umurumda değil." Yenerlerse kazancı yakalayacaksınız; yenmezlerse daha düşük fiyatla daha fazla alacaksınız.

[8] Kaynak: tablo Ibbotson Associates izni ile temin edilmiştir. 1976'ya kadar perakende yatırımcıların tüm S & P 500 endeksini almaları mümkün olmamasına karşın, örnek yine de hisse senedi fiyatları düşerken daha fazla satın almanın gücünü gösterir.

ŞEKİL 5-1 Her Küçük Parça İşe Yarar

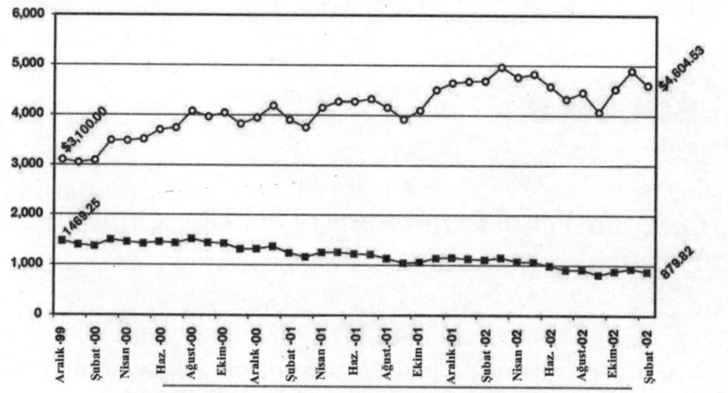

1999'un sonundan 2002'nin sonuna kadar, S & P 500-hisse senedi ortalaması durmaksınız düştü. Fakat şayet 3.000$'lık minimum bir yatırımla bir endeks fonu hesabı açmış ve her ay 100$ eklemiş olsaydınız, toplam 6.600$'lık yatırımınız %30.2 kaybedecekti –piyasanın %41.3'lük düşüşünden kayda değer ölçüde daha az. Daha iyisi, düzenli olarak düşük fiyatlarda yaptığınız alımlar, piyasa yeniden yükseldiğinde patlamaya hazır bir iyileşmenin temelini inşa edecektir.

Kaynak: The Vanguard Group

Sizin "Bilmiyorum ve umurumda değil," diyebilmenizi sağlayan kalıcı otomatik bir portföy, finansal piyasaların ne durumda olacağını tahmin etmenin gerektiği -ve başkalarının bunu yapabildiği yanılsamasından- duygusundan sizi kurtarır. Gelecek ile ilgili ne kadar az şey bilebileceğiniz gerçeği, -cehaletinizi kabul edince katlanarak- defansif yatırımcının en güçlü silahıdır.

BÖLÜM 6

Girişimci Yatırımcı için Portöy Politikası: Olumsuz Yaklaşım

"Saldırgan" yatırımcı defansif yatırımcıyla aynı zeminden başlamalıdır, şöyle ki, fonlarının bir kısmı mantıklı fiyatlarla alınmış birinci sınıf tahviller ve birinci sınıf hisse senetlerinden oluşmalıdır.* Başka türden menkul değer yatırımlarına yönelmeye hazırlıklı olacak, fakat her durumda, hareket etmek için makul bir gerekçe isteyecektir. Bu konuyu sistemli bir biçimde anlatmak güçtür, çünkü saldırgan işlemler için tek ya da ideal bir model yoktur. Seçme alanı çok geniştir; seçim sadece bireyin ustalığına ve donanımına değil, ama belki de aynı derecede ilgisine ve tercihlerine bağlı olmalıdır.

Bir girişimci yatırımcı için en faydalı olabilecek genellemeler hep olumsuz türdendir. Bırakalım, çok tercih edilen birinci-sınıf hisse senetlerine kurumsal alıcılar sahip olsun. Yine bırakalım düşük-kaliteli tahvillerden ucuza satın alamıyorsa -bu yüksek-kuponlu hisse senetlerini genellikle en az %30 altına ve daha düşük kuponluları daha da düşük fiyatlara almak anlamına gelir- kaçınsın.** Getirisi cazip olsa da yabancı-devlet tahvillerini başkalarının almasına seyirci kalacaktır. Hisse senedi ile değiştirilebilir tahvillere, oldukça baştan çıkarıcı görünen imtiyazlı hisse

* Graham burada bir dil sürçmesi yapmış. Bölüm 1'de "girişimci" yatırımcı tanımının sadece aradığınız risk miktarına değil, harcamak istediğiniz emek miktarına bağlı olduğunu iddia ettikten sonra girişimci yatırımcıların daha "saldırgan" olduğu şeklindeki alışılmış görüşe geri dönüyor. Bununla birlikte, bölümün geri kalanında Graham'in ilk tanımına sadık kaldığı çok nettir. (Büyük İngiliz ekonomisti John Maynard Keynes "girişimci" terimini analitik yatırımın eşanlamlı sözcüğü gibi kullanan ilk kişi gibi görünür.)

** "Yüksek-kuponlu hisse senetleri"

senetlerine, yakın geçmişte çok iyi kazandıran adi hisse senetleri de dahil olmak üzere tüm yeni hisse senedi ihraçlarına ihtiyatla yaklaşacaktır.

Saldırgan yatırımcı standart tahvil yatırımları için defansif meslektaşına önerilen yolu izlemekle iyi edecek ve seçimini şimdi %7¼ civarında getirisi olan vergiye tabi birinci-sınıf kâğıtlar ile daha uzun vadelerde %5.30'a kadar kâr sağlayan vergiye tabi olmayan iyi-kaliteli tahviller arasında yapacaktır.*

İkinci-Sınıf Tahviller ve İmtiyazlı Hisse Senetleri

1971 sonlarından bu yana %7¼ kazanç sağlayan birinci-sınıf şirket tahvilleri bulmak mümkündür, ayrıca ikinci-sınıf hisse senetlerini sadece daha yüksek getiri sağladıkları için satın almak pek mantıklı olmayacaktır. Kredi derecelendirmesi kötü olan şirketler, son iki yıl içerisinde "düz tahvilleri", başka bir deyişle, konvertibl olmayanları- halka satma imkânı bulamadılar. Bu nedenle, borç finansmanları hisse senedi ile değiştirilebilir tahvil (HDT) (ya da teminat eklenmiş tahvillerin) ihracı ile yapılır, bu da şirketleri farklı bir kategoriye yerleştirir. Buradan, düşük kredi notlu tüm konvertibl olmayan tahvillerin, büyük indirimle satılan, daha eski hisse senetlerinin yerini aldığı sonucu çıkar. HDT'ler ileride uygun koşullar altında anapara değerlerinin azımsanmayacak biçimde yükselmesine olanak sağlarlar – bu, şirket için iyileştirilmiş bir kredi notu ile daha düşük genel faiz oranlarının birleşimi anlamına gelir.

Ancak fiyat indirimleri ve bunun sonucu olarak ortaya çıkan esas kazançta bile ikinci-sınıf tahviller daha kaliteli ihraçlar ile rekabete girerler. "Eski-stil" kupon değerlerine sahip (%2½ ile %4 arası) bazı çok sağlam tahviller 1970'te, dolardan neredeyse 50 sent daha ucuza satıldı. Örnekler: Amerikan Telefon & Telgraf 2 5/8'ler, 1986 vadeyle 51'den satıldılar; Atchison Topeka & San-

* 2003'e kadar yakın bir tarihte, birinci-sınıf şirket tahvillerinin eşdeğer getirileri kabaca %5.1 olup, 20-yıllık vergiden-muaf devlet tahvillerinde bu %4.7'idi. Bu getirileri güncellemek için bakınız www.bloomberg.com/markets/rates.html ve www.bloomberg.com/markets/psamuni.html.

te Fe RR 4'ler, 1995 vadeyle 51'den satıldılar; McGraw-Hill 3 7/8'ler, 1992 vadeyle 50½'tan satıldılar.

Bununla beraber 1971 sonlarının koşulları altında, çok iyi indirimle satılan iyi-kalite tahvillerden, mantık çerçevesi içinde, arzu ettiklerinin tümünü muhtemelen hem gelir hem de değer artış fırsatı olarak girişimci yatırımcılar satın alabilirdi.

Biz, bu kitap boyunca geçmişe ait, sınırları belli ve süresi uzatılmış herhangi bir piyasa koşulunun, gelecekte geri dönme olasılığına değiniyoruz. Dolayısıyla birinci-sınıf hisse senetlerinin fiyatları ve getirileri daha önceki normallerine döndüğü takdirde, saldırgan yatırımcının, tahvil piyasasında hangi politikayı seçmek zorunda kalabileceğine bakmalıyız. Bu nedenle burada, 1965 yılında, birinci-sınıf tahviller sadece %4½ kâr getirdiğinde bu konu hakkında edindiğimiz gözlemleri, yeniden basacağız.

%8 ya da daha fazla getiriyi kolayca sağlayan ikinci-sınıf hisse senetlerine yatırım yapmak konusunda burada bazı şeyler söylenmelidir. Birinci ve ikinci sınıf tahviller arasındaki temel fark, genellikle gelirlerin faiz giderlerini karşılama katsayısıdır. Örnek: 1964 başında Chicago, Milwaukee'de St. Paul ve Pacific'in %5 gelir getiren teminatsız tahvilleri, 1968'de %7.35 kazanç sağladı. Ancak vergi öncesi gelirler, 1963'te iyi-korunmuş bir demiryolu hisse senedinden talep ettiğimiz 5 kata karşılık, sadece 1.5 kat, faiz giderlerini karşıladı.[1]

Pek çok yatırımcı bu tür menkul kıymetleri satın alır, çünkü "gelir ihtiyaçları" vardır ve birinci-sınıf hisse senetlerinin sunduğu yetersiz getiriyle idare edemezler. Deneyim çok açık bir biçimde şunu gösterir: Gereken emniyetten yoksun bir tahvili ya da imtiyazlı hisse senedini, sadece cazip getirisi olduğu için almak akıllılık olmaz.* (Burada "sadece" sözcüğü hisse senedinin büyük bir indirimle satılmadığını ve anapara değerinde önemli bir kazanç fırsatı sunmayacağını ifade etmektedir.) Bu menkul kıymetler iskontosuz fiyattan satın alındığında -100'ün çok puan

* Graham'in iddiasını acı bir biçimde destekleyen daha sonraki bir örnek için bakınız aşağıda s. 164.

altında değil*- gelecekte bir gün bunların sahibi çok daha düşük fiyat teklifleriyle karşılaşacaktır. Bu tür menkul kıymetler, bir sorun ortaya çıktığında ya da piyasa kötüleştiğinde, ciddi düşüşlere fazlasıyla açıktır; genellikle faizleri ya da kâr payları ertelenmiş ya da en azından tehlikeye atılmıştır ve işletme sonuçları hiç kötü olmasa da sıklıkla belirgin bir fiyat zayıflığı vardır.

Adı geçen ikinci-derece kıdemli menkul kıymet ihraçlarının belirgin bir özelliği olarak, 1946-47'de demiryolu grubunu oluşturan on adet *gelir tahvillerinin* fiyat hareketlerini özetleyelim. Tahviller, 1946'da 96 ya da daha yüksek bir fiyattan satılmış olup, yüksek fiyat ortalamaları 102½'tur. Bir sonraki yıl, grup ortalaması sadece 68 olan düşük fiyatlar kaydederek çok kısa zamanda piyasa değerlerinin üçte-birini kaybettiler. Oysa 1947'de, ülkedeki demiryolları tuhaf bir biçimde 1946'da olduğundan daha fazla kâr sağlamışlardı; bu nedenle şiddetli düşüş, işletmenin finansal tablosuyla taban tabana zıttı ve genel piyasada yaşanan elden çıkarmanın bir yansımasıydı. Ancak bu tahvillerdeki değer kaybının, oransal olarak Dow Jones sanayi listesindeki adi hisse senetlerinin düşüşünden daha büyük olduğuna dikkat çekilmelidir (yaklaşık %23). Bu tahvilleri 100'ün üzerinde bir maliyetle satın alan kişinin, piyasada devam eden muhtemel bir yükselişe katılması da beklenemez. Tek cazip özellik, ortalama %4.25 olan gelir kazancıdır (birinci-sınıf tahviller için %2.50'ye karşılık, yıllık gelirde %1.75'lik kâr). Fakat sonuç, çok çabuk ve çok basit bir biçimde geldi, bu ikinci-sınıf tahvillerin yatırımcısı, yıllık gelirinde küçücük bir yükselme sağlamak adına, anaparasının önemli bir kısmını tehlikeye atıyordu.

Yukarıdaki örnek "işadamı yatırımı" olarak bilinen o popüler yanılgıya saygılarımızı sunmamıza izin verir. Bu, birinci-sınıf menkul kıymetlerden elde edilebileceğinden daha fazla kazanç gösteren ve buna paralel olarak daha fazla risk taşıyan bir yatırımdır. Yalnızca %1 ya da %2'lik bir ilave getiri uğruna, anapara

* Tahvil fiyatları "nominal değer" yüzdeleri ya da 100 ile ifade edilmiştir. "85" olarak fiyatlanan bir tahvil, esas değerinin %85'inden satılıyordur; 10.000$'dan sunulan fakat şimdi 85'ten satılan bir tahvile 8.500$ ödenir. Tahviller 100'ün altında satıldıklarında "indirimli" tahvil, 100'ün üzerinde ise "primli" tahvil olarak adlandırılırlar.

kaybetme olasılığını kabul etmek kötü bir ticarettir. Eğer biraz risk üstlenmek istiyorsanız, işler iyi gittiği takdirde, anapara üzerinden gerçekten önemli bir kazanç sağlayabileceğinizden emin olmalısınız. %5.5 ya da 6'lık ikinci sınıf bir tahvilin *nominal değerden satışı* hemen her zaman, kötü bir yatırımdır. Aynı kâğıt 70'te, iskontolu iken daha anlamlı olabilir -ve eğer sabırlıysanız muhtemelen bu düzeyden satın alabilirsiniz.

İkinci-sınıf tahviller ve imtiyazlı hisse senetleri akıllı yatırımcının net bir şekilde hep aklında bulundurması gereken iki zıt özelliğe sahiptirler. Neredeyse herkes kötü piyasalarda ciddi düşüş dönemleri yaşar. Buna karşılık, bunların büyük bir kısmı iyi şartlar geri döndüğünde konumlarını düzeltirler ve en nihayetinde "yola girerler". Bu yıllar boyunca kâr payı (temettü) ödeyemeyen (kümülatif) imtiyazlı hisse senetleri için de geçerlidir. 1940 yılı başlarında, 1930'ların uzun süren ekonomik krizinin sonucunda ortaya çıkan böyle birkaç hisse senedi vardı. 1945-47'nin savaş-sonrası ekonomik canlanma döneminde, bu büyük birikimlerin çoğu ya nakit olarak ya da yeni hisse senedi olarak geri ödendi ve genellikle anapara da alındı. Sonuç olarak, birkaç yıl önce bu hisse senetlerini hiç kimse tarafından istenmedikleri bir dönemde satın alıp, düşük fiyatlardan satanlar tarafından büyük kârlar elde edildi.[2]

Ayrıntılı bir değerlendirme yapıldığında, ikinci-derece kıdemli ihraçlardan elde edilebilecek daha yüksek kazançların, telafi edilemeyecek anapara kayıplarını dengeleyeceği görülecektir. Başka bir deyişle, bu türden kâğıtları arz edilen fiyatlardan satın almış olan bir yatırımcı, *uzun vadede,* muhtemelen birinci-sınıf hisse senetleriyle kendini sınırlamış olan biri kadar ve hatta biraz daha başarılı olacaktır.[3]

Fakat, uygulamada bu değerlendirme büyük ölçüde anlamını kaybeder. İkinci-sınıf ihraçları indirimsiz bir fiyattan satın alan yatırımcı, sonucuna bakmadan, fiyatların paldır küldür düşüşünden endişe duyacak ve rahatsız olacaktır. Üstelik "ortalama" bir sonucu garantilemek için, ne yeterli miktarda menkul kıymet satın alabilecek ne de kalıcı olacağa benzeyen anapara kayıplarını dengelemek, ya da "amorti" etmek, için daha büyük bir kaynak ayırabilecek bir konumdadır. Son olarak, eğer uzun deneyimler, bu menkul kıymetlerin bir sonraki zayıf piyasada, 70 ya da altına alınabileceklerini söylüyorsa, onları 100 civarında satın almaktan sakınmak daha akıllı olacaktır.

Yabancı Devlet Tahvilleri

Tüm yatırımcılar, hatta az deneyimli olanlar bile, 1914'ten sonra yabancı tahvillerin tümüyle kötü bir yatırım geçmişine sahip olduğunu bilirler. Bu iki dünya savaşının ve araya giren benzersiz derinlikteki dünya çapında bir büyük ekonomik bunalımın ışığında kaçınılmaz bir sonuçtur. Yine de birkaç yıllık aralarla, piyasa koşulları, yabancı hisse senetlerinin nominal değerden satışına izin vermeye yeterince uygun olur. Bu olay bize ortalama bir yatırımcının mantığı hakkında yeteri kadar -ve yalnızca tahvilde değil- bilgi verir.

Avustralya ya da Norveç tahvilleri gibi saygın yabancı tahvillerin gelecekteki aşamalarıyla ilgili endişelere kapılmak için hiçbir somut gerekçeye sahip değiliz. Fakat şunu iyi biliriz ki, ne zaman bir sıkıntı baş gösterirse, yabancı tahvil sahibinin elinde hak talep etmek için hiçbir yasal ya da başka bir yol yoktur. 1953'te Küba Cumhuriyeti'nin 4½'larını 117 kadar yüksek bir fiyattan satın alanlar, bu tahvillerin faizlerini vadelerinde ödeyemediklerini ve nihayetinde 1963 yılında, asıl fiyatlarından 20 sent daha ucuza satıldıklarını gördüler. O yıl New York Borsası tahvil listesi Belçika Kongosu 5¼'lerine 36'dan, Yunan 7'lerine 30'dan ve Polonya'nın muhtelif hisse senetlerine 7 kadar düşük bir fiyattan yer vermişti. Kaç okuyucumuzun Çekoslovakya'nın, bu ülkede ilk kez 1922'de 96½'tan sunulan %8'lik tahvillerinin tekrar eden değişik safhalarına dair bir fikri vardır? Bunlar 1928'de 112'ye çıktılar, 1932'de 67¾'e indiler, 1936'da 106'ya çıkarak toparlandılar, 1939'da 6'ya düştüler, 1946'da 117'ye çıkarak (inanılmaz bir biçimde) toparlandılar, 1948'de hızlı bir şekilde 35'e indiler ve 1970'te 8 gibi düşük bir fiyattan satıldılar!

Yıllar önce burada, bizim gibi zengin ve kredi sağlayan bir ulusun, dışarıya borç vermek için ahlaki yükümlülük altında olması temeline dayandırılarak, yabancı tahviller satın alması konusunda sıradan bir tartışma açıldı. İntikamlarını da beraberinde getiren zaman, şimdi bizi kendimize ait zorlu bir dış-ödemeler-dengesi sorunuyla uğraşırken buldu; bu kısmen de olsa, küçük kârlı getiriler arayan Amerikalı yatırımcıların büyük-ölçekte yabancı tahviller satın almasının üzerine atılabilir. Geçmiş pek çok yıl süresince, bu tür yatırımların doğal çekiciliğini, alıcının bakış açısından sorguladık; yatırımcının bu tür fırsatları geri çevirdiğinde, hem ülkesine hem de kendisine yararı dokunacağını, belki de şimdi, burada eklemeliyiz.

Genel Olarak Yeni Menkul Kıymet İhraçları

Olabilecek en geniş kalite ve çekicilik yelpazesine sahip olmaları nedeniyle, yeni menkul kiymet ihraçlarını ayrı bir sınıf olarak ele alıp, genellemeler yapmamak tedbirsizlik olacaktır. Her ortaya atılan kural için kesinlikle istisnalar olacaktır. Önerilerimizden bir tanesi, bütün yatırımcıların yeni ihraçlara *temkinli* bir biçimde yaklaşmalarıdır -bu basitçe şu anlama gelir: satın alınmadan önce dikkatli incelemelerden ve alışılmadık derecede ciddi sınavlardan geçirilmelidir.

Bu çift uyarının iki nedeni vardır. İlki, yeni halka arzların arkasında özel bir satış becerisi vardır, bu da özel bir satış direncine neden olur.* İkincisi de yeni arzların çoğu "uygun piyasa koşullarında" satılır -bu da satıcı için olumlu olmakla birlikte, alıcı için daha az uygundur.**

Bu değerlendirmeler, birinci-sınıf tahvillerden, ikinci-dere-

* Yeni adi hisse senedi ihraçları –birincil halka arz ya da IPO (Initial Public Offering)- normal olarak %7'lik "satış garantisi (underwriting) indirimi" (satış fiyatına dahil bir komisyon) ile satılır. Buna karşılık, daha eski hisselerdeki komisyon tipik olarak %4'ün altında kalır. Wall Street ne zaman yeni bir şeyi kabaca eskinin iki katına satsa, yenilerini satmak o kadar zorlaşır.

** Yakın zamanda, finans profesörleri University of Chicago'dan Owen Lamont ile University of Notre Dame'dan Paul Schultz borsanın zirve yapmaya yakın olduğu zamanlarda şirketlerin halka yeni hisseler sunduğunu açıkladı. Bu hisse ihraçlarının teknik tartışması için http://papers.ssrn.com.'da Lamont'un "Evaluating Value Weighting: Corporate Events and Market Timing"i ile Schultz'un "Pseudo Market Timing and the Long-Run Performance of IPO's"una bakınız.

ce kıdemli olanlara ve oradan da en aşağıdaki adi-hisse-senedi ihraçlarına inerken giderek daha fazla anlam kazanır. Geçmişte, piyasadaki tahvillerin geri çağırma fiyatı üzerinden itfası ve daha düşük kuponlular ile değiştirilmesi için çok büyük finansman gerekmişti. Bu işlem birinci-sınıf tahviller ve imtiyazlı hisse senetleri kategorisinde yapılmıştı. Yatırımcılar büyük ölçüde finans şirketleriydi ve yatırımlarını korumak için fazlasıyla vasıflıydılar. Bu arzlar, kıyaslanabilir menkul kıymetlerin rayiç bedelini karşılayabilmek için dikkatle fiyatlandırılmıştı ve satış becerilerinin pek katkısı olmamıştı. Faiz oranları aşağı düştükçe, yatırımcılar bu ihraçlar için fazla yüksek fiyat öder oldular ve bunların pek çoğu, daha sonra piyasada gözle görülür bir biçimde değer kaybetti. Koşullar halka arz eden şirket için uygun olduğunda, her türden yeni menkul kıymet satmak genel bir eğilimdir; ancak birinci-sınıf arzlar söz konusu olduğunda, yatırımcıya yansıyabilecek olumsuz sonuçlar muhtemelen ciddi olmaktan uzak, sadece nahoş olacaktır.

1945-46 ve 1960-61 dönemlerinde satılan düşük-dereceli tahvilleri ve imtiyazlı hisse senetlerini incelediğimizde ise durum biraz farklıdır. Burada satış çabasının etkisi daha belirgindir, çünkü bu hisse senetleri muhtemelen bireysel ve deneyimsiz yatırımcılara yönelik sunulmuştur. Bu arzlarda tipik bir özellik vardır: Yeterli sayıda yılı kapsayan bir dönem boyunca gerçek performansa göre değerlendirildikleri zaman, bu şirketlerin yatırıma uygun olmadıkları ortaya çıkar. Yakın geçmişte sağladıkları gelirlerin ciddi bir aksama olmadan devam edeceği varsayılır, ancak yine de güvenli görünmezler. Bu ihraçları ortaya çıkaran yatırım bankacıları muhtemelen bu varsayımı kabullendi ve satıcılar da kendilerini ve müşterilerini, olumlu yaklaşmaya ikna etmekte zorlanmadılar. Her şeye rağmen, güvenilmez bir yaklaşımdı ve muhtemelen pahalıya mal olacaktı.

Yükselen-piyasalar, genellikle çok sayıda özel şirketin borsada halka arz edilmesiyle tanımlanır. 1945-46 yılları ve 1960'ta yeniden başlayan piyasa yükselişleri birer örnektir. Bu süreç olağandışı boyutlara ulaştı ve Mayıs 1962'de feci bir düşüşle sonuçlandı.

Birkaç yıllık alışılmış "tövbe etme" döneminden sonra, 1967-1969 yıllarında bütün bu trajikomedi, adım adım aynen tekrarlandı.*

Yeni Adi Hisse Senedi Halka Arzları

Aşağıdaki paragraf 1959 baskısından hiç değiştirilmeden alınmış olup, bazı açıklamalar eklenmiştir:

> Adi hisse senedi finansmanı iki farklı biçimde yapılır. Borsaya kote şirketlerde ek hisseler mevcut hisse sahiplerine belirli bir oranda sunulur. İhraç fiyatı günlük piyasa fiyatının altında tutulur, "rüçhan hakkı" kullanımı için bir başlangıç değer vardır.** Yeni hisselerin satışı neredeyse her seferinde bir ya da daha fazla yatırım bankası tarafından garantilenmiştir (underwriting), fakat genel umut ve beklenti, bütün yeni hisselerin rüçhan hakkı seçeneğinin kullanılması yoluyla satın alınacağıdır. Dolayısıyla, borsaya kote şirketlere ait rüçhan hakkı kullanımı, normal olarak dağıtım yapan aracı kurum açısından etkin bir satış çabası gerektirmez.

* Haziran 1960'tan Mayıs 1962'ye kadar geçen iki yıl içerisinde 850'den fazla şirket ilk kez hisse senetlerini kamuya sattı –satış ortalama her gün için birden fazlaydı. 1967 sonlarında IPO piyasası yeniden ısındı: 1969'da 781 şaşırtıcı yeni hisse senedi ortaya çıktı. Bu üretim-fazlası 1969 ile 1973-1974'ün düşen piyasalarının yaratılmasına neden oldu. 1974'te IPO piyasası o kadar ölüydü ki bütün yıl boyunca sadece dokuz yeni hisse senedi çıkarıldı; 1975 sadece 14 hisse senedinin doğuşunu gördü. Bu yetersiz arz da, kabaca 4.000 yeni hisse senedinin piyasayı boğduğu 1980'lerin yükselen piyasasının beslenmesine -1987 yıkımına götüren aşırı-coşku tetiğini çekerek- yardımcı oldu. 1988-1990'da IPO'lar kuruyunca döngü tersine işlemeye başladı. Bu sıkıntı 1990'ların yükselen piyasasının oluşumuna yardım etti -ve tam da o sırada Wall Street yeni kâğıtlar yaratma işine girdi, kalitesine bakmaksızın yaklaşık 5.000 IPO üretti. 2000'de sabun köpüğü söndükten sonra, 2001'de yalnızca 88 IPO çıkarıldı- bu 1979'dan beri yapılan en düşük yıllık toplamdı. Her durumda, IPO'lar tarafından canları yanmış olan kamu en az iki yıl boyunca onlardan uzak durdu, fakat her seferinde yeniden haşlanmak üzere geri döndü. Menkul değerler piyasalarının varoluş süreleri boyunca yatırımcılar hep bu manik-depresif döngünün içine girdiler. 1825'te, Amerika'nın ilk IPO patlamasında bir adam, yeni Southwark Bankası'nda hisse senedi almaya çalışırken izdiham yaratan spekülatörler tarafından neredeyse ezilerek ölüyordu; en varlıklı alıcılar sıranın önüne geçebilmek için adam tutmuşlardı. Ve hiç kuşkusuz, 1829 geldiğinde hisse senetleri değerlerinin %25 altına düştü.

** Graham burada, zaten hisse senedine sahip olan yatırımcılardan, şirkette aynı faiz oranını sürdürmek üzere daha da fazla para ödemelerinin istendiği öncelik haklarından söz ediyor. Avrupa'da hâlâ çok yaygın olan bu finansman biçimine, kapalı-uçlu-fonları hariç tutarsak, Birleşik Devletler'de pek ender rastlarız.

İkinci tip arz, özel şirketlerin hisse senetlerinin borsa yoluyla halka arz edilmesidir. Bu hisse senetlerinin büyük kısmı, mevcut çoğunluk hisselerini elinde bulunduranlar tarafından yapılan satışlardır.

Bu sayede hissedarlar elverişli fiyatlarda hisselerini paraya çevirme ve finansman ihtiyaçlarını çeşitlendirme olanağı sağlarlar. (Firma için yeni para toplandığında ise, bu para genellikle, daha önce de belirtildiği gibi, imtiyazlı hisse senetlerinin satışı kanalıyla gelir.) Bu faaliyet, sınırları iyi çizilmiş bir yol izler, ne var ki, borsanın doğası gereği, halka pek çok zarar ve hayal kırıklığı yaşatması da kaçınılmazdır. Tehlikeler, hem bu şekilde finansman sağlanan ticari kuruluşların özelliğinden hem de finansmanı olası kılan piyasa koşullarından kaynaklanır.

Yüzyılın ilk başlarında, önde gelen şirketlerimizin büyük bir kısmı halka arz ile tanıştırılmıştı. Zaman geçtikçe, hisseleri sıkıca elde tutulan bu tür birinci sınıf kuruluşların sayısı hızla azaldı; sonuç olarak da asıl hisse senedi satışları giderek artan bir biçimde, göreli küçük kuruluşlar üzerinde yoğunlaştı. Talihsiz bir bağlantı olarak, aynı dönemde hisse senedi satın alan halk, büyük şirketleri vazgeçilmez bir biçimde tercih ederken küçük kuruluşlara da benzer bir tutum ile yaklaşıyordu. Bu önyargı, tıpkı birçoğu gibi, yükselen piyasalar olgunlaşınca zayıflama eğilimi gösterir; hisse senetlerinin bir bütün olarak gösterdiği büyük ve hızlı kârlar, kamunun gözü doymaz içgüdüsünü keskinleştirdiği gibi eleştiri yeteneğini de köreltir. Aynı dönemlerde mükemmel sonuçlar gösteren birkaç özel firmaya da rastlanabilir -yine de rakamlar on ya da daha fazla yıl geriye taşındığında, halka açık olmayan bu firmaların çok etkileyici rakamlar sunmadıkları görülür.

Bu saydığımız unsurlar bir araya toplandığında şu sonuçlar ortaya çıkar: Yükselen piyasanın ortasında bir yerlerde halka arzların başladığı görülür. Bu senetlerin fiyatları bir hayli caziptir ve bu ilk hisse senetlerini satın alanlar büyük kârlar elde etmişlerdir. Piyasadaki yükseliş sürdükçe, bu finansman markası daha hızlı büyür; şirketlerin kalitesi hızla düşer; istenen ve elde edilen fiyatlar çok yüksek sınırlara yaklaşır. Küçük ve ne olduğu belirsiz şirketlerin, yeni çıkan adi hisse senetlerinin piyasaya sunuldukları fiyatlar, uzun bir piyasa geçmişine sahip pek çok orta-büyüklükte şirketin mevcut fiyat düzeyinden daha yüksek olur. Artık bu durum yükselen piyasanın yaklaşan sonunun oldukça inanılır bir belirtisidir. (Burada, bu tür hisse senedi finansmanının çok az bir kısmının normalde iyi boyutta ve önde gelen bankalar tarafından yapıldığı da eklenmelidir.)*

Halkın gafleti ve satış yapan kurumların kâr getirebilecek ne varsa satmaya istekli olmasının sadece bir sonucu olabilirdi -fiyatların çökmesi. Pek çok durumda yeni halka arzlar, ilk çıkış fiyatlarının %75'ini ve hatta fazlasını kaybettiler. Durum şu gerçekle daha da kötüleşti: Esasında halk, dikkatsiz bir anda çabucak alınan bir tür küçük hisse senedine gerçek anlamda tiksinti duymaktaydı. Bu hisse senetlerinin çoğu, daha önceden gerçek değerlerinin üzerinde satılırken, belirli bir oranda bu değerlerin çok altına düştü.

Akıllı yatırımcı için temel bir gereksinme de, yükselen piyasalarda yeni adi hisse senetleri arz eden satıcıların dil dökmelerine direnebilme yeteneğidir. Kalite ve değerlendirmeyle ilgili ciddi deneylerden sadece bir ya da ikisinin geçtiği görülse de bu tür bir işe bulaşmak kötü bir politikadır. Kuşkusuz satıcı, iyi piyasa avantajlarına sahip böyle pek çok hisse senedine -tam da satıldığı gün, ilgi çekici bir biçimde yükselen bazı kâğıtları da dahil ederek- dikkat çekecektir. Fakat bütün bunların hepsi spekülatif atmosferin bir parçasıdır. Bu kolay paradır. Bu yöntemle kazandığınız

* Graham'in zamanında, en prestijli yatırım bankaları genellikle, toy yatırımcıların saygın olmayan istismarı olarak değerlendirilen IPO işinin dışında kaldılar. 1999 sonları ve 2000 başlarında IPO patlamasının doruğunda her nasılsa, Wall Street'in en büyük yatırım bankaları bu işe balıklama atladılar. Eski ve saygın firmalar geleneksel ihtiyatlarını bir kenara bıraktılar ve değerleri şişirilmiş hisse senetlerini tıpkı çamur içinde boğuşan sarhoş güreşçiler gibi çılgınca istekli halka sokuşturmaya çalıştılar. Graham'in IPO sürecinin nasıl işlediğine dair tanımı yatırım-bankacılığı etiği derslerinde -eğer varsa- okutulması gereken bir klasiktir.

her dolar için sonunda iki dolar kaybetmezseniz, kendinizi şanslı saymalısınız.

Bu arzların bazıları –birkaç yıl sonra, hiç kimse onları istemediğinde ve gerçek değerlerinin sadece çok küçük bir bölümüyle satın alınabilecek duruma gelindiğinde- mükemmel bir alım fırsatı ortaya çıkabilir.

1965 baskısında bu konunun irdelenmesine şöyle devam ettik:

1949'dan beri hisse senedi piyasası hareketlerinin daha kapsamlı boyutları uzun tecrübelere dayalı analizlere uygun değillerdi, yeni hisse senetlerinin satışa sunulması tam tamına eski reçetelere uygun yürütüldü. Daha önceden, 1960-1962 döneminde yaşadığımız oranda yeni, düşük kaliteli ve böylesine aşırı fiyat düşüşlü hisse senedi arzlarının olduğu kuşkuludur.[4] Borsanın bir bütün olarak kendisini hızla ve tümüyle bu felaketten kurtarması gerçekten de olağandışı bir olaydır; 1925'teki Florida gayrimenkul piyasası çöküşü karşısında, o dönem, borsanın sağlam duruşunu uzun süre sonra yeniden bize anımsatmıştır.

Mevcut yükselen-piyasa sona gelmeden yeni-hisse-senedi-arzı çılgınlığından kurtulmanın bir yolu var mıdır? Kim bilir? Fakat biliyoruz ki, akıllı bir yatırımcı 1962'de ne olduğunu unutmayacaktır ve bu alanda bir sonraki hızlı kâr partisini yakalamayı ve sonucundaki yıkıcı kayıpları yaşamayı başkalarına bırakacaktır.

Bu paragrafları 1965 baskısındaki "Korkunç Bir Örnek" başlığı altındaki yazıdan alıntıladık, şöyle ki, Aetna Maintenance Co.'nun hissesi Kasım 1961'de 9$'dan satıldı. Normal olarak hisseler hemen 15$'a çıktı; sonraki yıl 2 3/8'e ve 1964'te 7/8'e düştüler. Bu şirketin daha sonraki olağandışı gidişatı, son yıllarda Amerikan iş hayatında yer alan büyük küçük bazı tuhaf değişimleri gösteriyordu. Meraklı okuyucu bu kuruluşun daha eski ve daha yeni geçmişini Ek 3'te bulacaktır.

1967-1970 yıllarına yayılan "aynı eski hikâye"nin daha yeni versiyonunda çok daha sinir bozucu örnekler bulmak hiç de zor değildir. Hiçbir şey amacımıza, Standard & Poor's'un *Stock Guide*'ında o dönem yer alan ilk şirket olan AAA Enterprises'ın durumundan daha uygun değildir. Hisseler, halka 1968'de 14$'dan satıldı, hızla 28'e ilerledi, fakat 1971 başlarında kasvetli bir fiyata, 25 sente işlem gördüler. (Bu şirket için bu fiyat bile şişirilmiş bir değerdi, çünkü şirket tam o sırada umutsuz bir durumda iflas mahkemesine düşmüştü.) Bu hisse senedi ihracı hikâyesinden çok fazla öğrenilecek şey ve çok fazla alınacak öğüt vardır, bu nedenle ayrıntılı inceleme için bunu aşağıda Bölüm 17'ye erteledik.

ALTINCI BÖLÜM ÜZERİNE YORUMLAR

Sizi asıl yıpratan kaçırdığınız yumruklardır.

-Boks antrenörü Angelo Dundee

Defansif yatırımcı için olduğu kadar saldırgan yatırımcının da başarısı için yapmadıkları, yaptıkları kadar önemlidir. Graham bu bölümde saldırgan yatırımcının "yapmaması gerekenler"i listeliyor. Aşağıda bugünün listesini bulacaksınız.

KAVGACILAR?

Yüksek-getirili tahviller -Graham'in "ikinci-sınıf" ya da "düşük-sınıf" olarak adlandırdığı ve bugün "çürük tahviller" olarak adlandırılanlar- Graham'den kesin olumsuz not alıyor. Onun zamanında bireysel yatırımcı için geri ödememe risklerini dağıtmak çok maliyetli ve çok külfetliydi.[1] (Geri ödememenin ne kadar kötü olabileceğini öğrenmek ve "sofistike" ve profesyonel tahvil yatırımcılarının bile ne kadar dikkatsizce bunlardan birini satın alabileceğini görmek için s. 174'deki ek bilgi kutusuna bakınız.) Yine de bugün 130'dan fazla yatırım fonu çürük tahvillere uzmanlaşmış durumda. Bu fonlar, bir yığın döküntü satın alırlar; düzinelerce farklı tahvil tutarlar. Graham'in portföy çeşitlemesinin zorluğuna dair şikâyetlerini de biraz hafifletirler. (Diğer taraftan, yüksek-getirili imtiyazlı hisse senetleriyle ilgili olumsuz görüşü hâlâ geçerlidir, bunların risklerini dağıtacak hiç yaygın ve ucuz bir yöntem yoktur.)

[1] Graham'in yazdığı 1970'lerin başında "çöp tahviller"in sayısı bir düzineden daha azdı, neredeyse hepsinin %8.5'a kadar çıkan ilk satış komisyonu vardı; hatta bazılarında, yatırımcıların aylık kâr paylarını fonla birlikte yeniden yatırabilmeleri için bir bedel ödemeleri gerekiyordu.

1978'den beri, çürük-tahvil piyasası yıllık ortalama temerrüt oranı %4.4 olmuştur – buna rağmen çürük tahviller hâlâ 10-yıllık ABD Hazine bonolarının %8.6'sına karşılık yıllık %10.5'lik bir getiri sağlıyordu.[2] Ne yazık ki çoğu çürük-tahvil *fonları* yüksek bedeller karşılığında alınırlar ve ilk yatırdığınız anaparayı korumayı beceremezler. Çürük fon ancak emekliyseniz ve emekli maaşınızı desteklemek için aylık bir gelire gereksiniminiz varsa, piyasa değerindeki geçici düşüşlere dayanabilecekseniz, uygundur. Eğer bir bankada ya da bir başka finans şirketinde çalışıyorsanız, faiz oranlarındaki ani bir yükseliş maaş zammınızı sınırlayabilir ve hatta iş güvenliğinizi tehlikeye atabilir. Demek ki, bir çürük-tahvil fonu, akıllı yatırımcı için -zorunluluk değil- küçük bir seçenek olmalıdır.

WORLDCOM TAHVİLLERİNDEN ZARAR GÖREN DÜNYA DOLUSU İNSAN

Bir tahvili sadece kârı için almak tıpkı seks için evlenmeye benzer. Sizi ilk anda çeken şey bitip tükendiğinde, kendinizi "Orada başka ne var?" sorusunu sorarken bulursunuz. Yanıt "Hiçbir şey" olduğunda ise eşler de tahvil-sahipleri de, aynı şekilde kırık bir kalple ortada kalırlar.

9 Mayıs 2001'de WorldCom, Inc. ABD kurumsal tarihinin -11.9 milyar dolar değerindeki- en büyük tahvil arzını yaptı. Çok istekliler arasında dünyanın en büyük emekli maaşı fonlarından biri olan California Public Employees' Retirement System, yöneticilerinin daha sonra "Yüksek getirileri o sırada bize çok çekici gelmişti" açıklamasını yaptıkları Retirement Systems of Alabama ve WorldCom'un dolgun getirisinden dört köşe olan eş- yöneticisinin "Aldığımız risk için gereğinden fazla ek ödeme alıyoruz," diyerek böbürlendiği Strong Corporate Bond Funds da vardı.[1]

Fakat WorldCom'un tahvil ihraç izahnamesine 30 sani-

[2] Edward I. Altman ve Gaurav Bana, "Defaults and Returns on High-Yield Bonds," araştırma makalesi, Stern School of Business, New York University, 2002.

yelik bir bakış bile bu tahvillerin kârlarından *başka* sunacak hiçbir şeyleri olmadığını -her şeyin kaybedilecek olduğunu- gösterirdi. Önceki beş yılın ikisinde WorldCom vergi öncesi geliriyle (şirketin IRS'e resmi vergilerini ödemeden önceki kârları) 4.1 milyar dolar gibi büyük bir sabit bedeli (tahvil sahiplerine faiz ödeme bedelleri) ödeyemeyecekti. WorldCom, bu tahvil ödemelerini ancak bankalardan daha fazla borç alarak kapatabilirdi. Ve şimdi WorldCom, bu dağ gibi yeni tahviller yardımıyla yıllık 900 milyon dolar gibi bir miktarla faiz maliyetlerini şişirmekteydi![2] Tıpkı Monty Python'un *The Meaning of Life*'ındaki Mr. Creosote gibi, WorldCom kendisini patlama noktasına gelene kadar tıka basa doldurmaya devam etti.

Hiçbir kazanç bir yatırımcının bu tür bir patlamayı göze almasına değecek kadar yüksek olamaz. WorldCom tahvilleri birkaç aylık süre boyunca %8 gibi dolgun kârlar getirdi. Fakat daha sonra Graham'in öngördüğü biçimde, bu getiriler aniden hiçbir sığınak sunmamaya başladı.

- WorldCom Temmuz 2002'de iflas başvurusunda bulundu.
- WorldCom Ağustos 2002'de kazançlarını 7 milyar dolardan fazla şişirmiş olduğunu itiraf etti.[3]
- WorldCom tahvilleri, şirket faiz bedellerini ödeyemez duruma geldiğinde temerrüte düştü; tahviller başlangıç değerlerinin %80'den fazlasını kaybetti.

[1] Bakınız www.calpers.ca.gov/whatshap/hottopic/worldcom_faqs.htm ve www.calpers.ca.gov/whatsnew/press/2002/0716a.htm; 31 Mayıs 2001 için Retirement Systems of Alabama Quarterly Investment Report,www.rsa.state.al.us/Investments/quarterly_report.htm; John Bender, Corporate Bond Fonu Eşbaşkanı, www.businessweek.com/magazine/content/01_22/b3734118.htm.

[2] Bu rakamların tümü WorldCom rehberinden ya da tahvil arzlarının satış belgelerinden alınmıştır. 11 Mayıs 2011 tarihiyle kayıtlı, www.sec.gov/edgar/searchedgar/com-

panysearch.html ("Şirket adı" yerine "WorldCom" giriniz). Bugünün WorldCom kazançlarının hileli bir biçimde aşırı şişirildiğine ait 20/20 geriye bakış bilgisi olmadan bile WorldCom'un tahvil arzları Graham'i dehşete düşürürdü.

[3]WorldCom'un çöküşüyle ilgili belgeler için, bkz. www.worldcom.com/infodesk.

VOTKA-VE-BURRITO PORTFÖYÜ

Graham yabancı tahvillerin de çürük tahviller kadar kötü olduklarını düşünüyordu.[3]

Ancak bugün hâlâ yabancı tahvillerin bir türü, fazla risk üstlenebilecek yatırımcılara çekici gelebilir. Kabaca bir düzine yatırım fonu, Brezilya, Meksika, Nijerya, Rusya ve Venezuela gibi yükselen piyasalara sahip (ya da bir zamanlar "Üçüncü Dünya Ülkeleri" olarak anılan) ülkelerde ihraç edilen tahvillerden oluşur. Hiçbir aklı yerinde yatırımcı, toplam tahvil portföyünün %10'undan fazlasını bu tür menkul kıymetlere yatırmak istemez. Ne var ki, yükselen-piyasalara ait tahvil fonlarının ABD borsasıyla uyumlu hareket etmesi pek enderdir, bu nedenle bunlar sadece Dow düştüğü için düşmesi pek muhtemel olmayan yatırımlardır. Bu da en çok, ihtiyacınız olduğu bir zamanda, portföyünüzde sizi rahatlatacak bir köşe oluşmasını sağlar.[4]

BİR BORSA SİMSARININ ÖLÜMÜYLE ÖLMEK

Bölüm 1'de görmüş olduğumuz gibi, gün içi işlemler -hisse senetlerini bir seferde birkaç saat süresince elde tutmak- finansal intihar için keşfedilmiş en iyi silahlardan biridir. Bazı alım-satımlarınız para kazanabilir, ne var ki çoğu zaman para kaybedecektir, ancak borsadaki aracınız ise her zaman para kazanacaktır.

3 Graham'in yabancı tahvilleri eleştirisi düşüncesizce değildi, çünkü mesleğinin ilk zamanlarında birkaç yıl boyunca Japon alıcılar için New York-merkezli tahvil aracısı olarak görev yapmıştı.

4 İki düşük-fiyatlı, iyi işletilen yükselen-piyasa tahvil fonları Fidelity New Markets Income Fund ve T. Rowe Price Emerging Markets Bond Fund'dır; daha fazla bilgi için bakınız www.fidelity.com, www.troweprice.com, ve www.morningstar.com. Yıllık işletme masrafları %1.25'ten fazla olan fonları almayınız ve bu fonların bazılarının kısa-vadeli ödeme harçlarını, yatırımcıların bunları üç aydan önce elden çıkarmalarını önlemek için yüklediğini de unutmayınız.

Bir hisse senedini almak ya da satmak için göstereceğiniz açgözlülük kazancınızı azaltır. Bir hisse senedini almak için gözü dönmüş olan kişi buna kolaylıkla herhangi bir satıcının elden çıkarmak isteyeceği en son hisse fiyatından 10 sent daha yüksek bir fiyat teklif edebilir. "Piyasa etkisi" olarak anılan bu ek maliyet, hiçbir zaman aracı kurumun hesap ekstresinde görünmez, fakat gerçektir. Eğer 1000 adedin üzerinde hisse senedi almak için hevesliyseniz ve fiyatını sadece 5 sent yukarı çekerseniz, bu size görünmez, ama aslında çok gerçek bir 50$'a mal olmuştur. Diğer taraftan kolayca paniğe kapılan yatırımcılar, bir hisse senedini satmak isteyip de onu en son fiyatın altında elden çıkarırlarsa, piyasa etkisi yine can evinden vurur.

Alım-satım masrafları sizin gelirlerinizi zımparalar. Küçük bir hisse senedini almak ya da satmak size %2 ya da %4'e (ya da "gidiş-dönüş" alım-satım işlemi için %4'ten hesaplandığında %8'e) patlar.[5] Bir hisse senedine 1.000$ yatırırsanız daha işe başlamadan işlem masraflarınız yaklaşık 40 dolarınızı eksiltecektir. Hisseleri satarken de işlem masrafları için bir %4 daha ödemek zorunda kalacaksınız.

Ah, evet -Bir şey daha var. Yatırım yerine alım-satım yaparsanız uzun-vadeli kazançlarınızı (%20'lik maksimum sermaye-kâr oranıyla vergilendirilmiş olarak) sıradan gelire (%38.6'lık maksimum oranla vergilendirilmiş olarak) dönüştürürsünüz.

Hepsini üst üste koyun, hisse senedi alıp satan bir kişi alırken ve satarken *sadece masrafını karşılamak için* en az %10 kazanmalıdır.[6] Bunu herkes hayatında bir kez şans eseri yapabilir. Bu saplantılı dikkati vermek -artı, yarattığı kâbus gibi baskıyı haklı çıkaracak kadar sık yapmak- imkânsızdır.

[5] Plexus Group of Santa Monica, California, borsa aracısı masrafları için kusursuz kaynaktır. Websitesi: www.plexusgroup.com. Plexus inandırıcı bir biçimde, tıpkı buzdağı kütlesinin büyük kısmının suyun altında olması gibi, aracı masraflarının önemli bir kısmının da görünmez olduğunu iddia eder –bu ise yatırımcıları komisyon masrafları düşük olduğu takdirde alım-satım masraflarının da düşük olacağı yanılgısına götürür. NASDAQ hisse senetlerini alıp satmanın masrafı NYSE-koteli hisse senetlerinin alım-satımından önemli oranda daha yüksektir (bakınız s. 154, dipnot 5).

[6] Gerçek dünya koşulları daha da serttir, bu örnekte eyalet gelir vergilerini dikkate almıyoruz.

Binlerce kişi denemiştir, sonuç açıktır: Ne kadar çok al-sat yaparsanız, o kadar az elinizde tutarsınız.

University of California'nın finans profesörleri Brad Barber ve Terrance Odean düşük-komisyonlu büyük bir aracı kurumun 66.000'den fazla müşterisinin alım-satım kayıtlarını incelemişlerdir. Bu müşteriler 1991'den 1996'ya kadar 1.9 milyon alım-satımdan fazlasını yapmışlardır. İşlem masrafları getirileri zımparalamadan önce, inceleme grubundaki kişiler borsayı her yıl için en az yarım yüzde puanıyla aşmışlardı. Fakat masraflardan sonra, bu kişilerin en aktifi -her ay hisse senetlerinin %20'den fazlasını değiştiren- piyasayı yenmekle başlayarak, yıllık 6.4'lük berbat yüzdeyle piyasa ortalamasının altında kalmaya kadar uzanmıştır. Bununla birlikte en sabırlı yatırımcılar -bir ayda, ellerindeki toplam hisselerin ortalama %0.2'lik küçücük bir bölümüyle alım-satım yapanlar- masraflar çıktıktan sonra bile piyasayı kıl payı da olsa aşmayı başarmışlardır. Kazançlarının büyük bir kısmını komisyonculara ve IRS'e vermemek için, neredeyse her şeyi ellerinde tutmuşlardır.[7] Bu sonuçları görmek için bakınız Şekil 6-1.

Alınacak ders açıktır: Bir şeyi sadece yapmakla kalmayın, orada durun. Herkesin "uzun-vadeli yatırımcı" teriminin gereksiz olduğunu bilmesi zamanı gelmiştir. Çünkü uzun-vadeli yatırımcı, olması gereken tek yatırımcı tipidir. Hisselerini birkaç aydan fazla elinde tutamayan birisi, galip olmak yerine, mağdur olacaktır.

ERKEN KALKAN YOL ALIR

1990'larda yatırımcı halkın kafasını zehirleyen hızlı-zengin-ol toksinleri arasında en öldürücü olanı IPO alarak zengin olabileceğinizdi. IPO, bir şirketin hisselerinin (Initial Public Offering) "İlk Halka-Arz"ı ya da ilk satışıdır. İlk bakışta, IPO'lara yatırım yapmak harika bir fikir gibi görünüyordu –sonuçta, 13 Mart 1986'da halka açıldığında 100 adet Microsoft hissesi satın

[7] Barber ve Odeon'un sonuçları için bakınız http://faculty.haas.berkeley.edu/odean/Current%20Research.htm ve http://faculty.gsm.ucdavis.edu/~bmbarber/research/default.html. Muhtelif araştırmalar, profesyonel para yöneticileri arasında, rastlantı eseri olarak neredeyse aynı sonuçları bulmuşlardır -bu nedenle bu problem sadece "toy" kimselere özgü değildir.

aldıysanız 2.100 dolarlık yatırımınız 2003 başında 720.000 dolara erişecektir.[8] Finans profesörleri Jay Ritter ve William Schwert, Ocak 1960'ta sadece toplam 1.000$'ı ilk arz fiyatından her IPO'ya yayarak yatırıp, her ay sonunda bunları satarak ve her ayın başarılı malına yeniden yatırım yaparak devam edilmiş olsa, 2001 yılının sonu geldiğinde 533 desilyon [milyonun onuncu kuvveti -ç.n.] dolardan fazla değere sahip bir portföy edinilebileceğini göstermişlerdir.

(Basılı kâğıt üzerinde aynen şöyle görünür: 533,000,000,000,000,000,000,000,000,000,000,000$)

ŞEKİL 6-1 Ne Kadar Hızlı Koşarsan O kadar Arkada Kalırsın

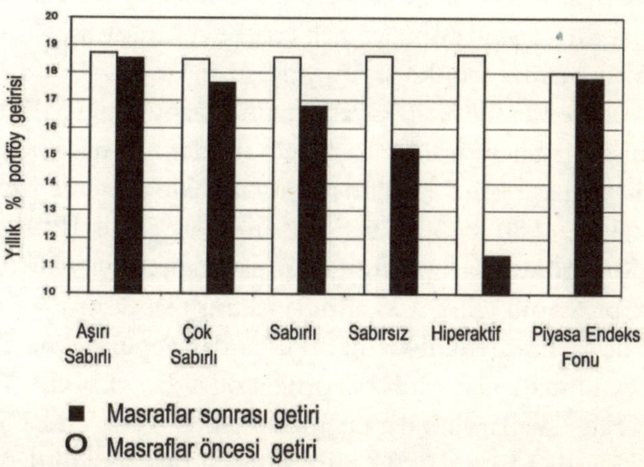

Araştırmacı Brad Barber ve Terrance Odean binlerce al-satçıyı menkul kıymetlerini hangi sıklıkla alıp sattıklarına göre beş gruba ayırdı. En az alım-satım yapanlar (soldakiler) kazançlarının çoğunu tuttular. Oysa, sabırsız ve hiperaktif al-satçılar kendilerini değil, brokerlerini zenginleştirdiler. (En sağdaki çubuklar kıyaslama yapılabilmesi için piyasa indeks fonunu göstermektedir.)

Kaynakça: Profesör Brad Barber, University of California at Davis ve Profesör Terrance Odean, University of California at Berkeley

[8] Bakınız www.microsoft.com/msft/stock.htm., "IPO yatırım sonuçları".

Ne yazık ki, Microsoft gibi büyük bir kazanan olan her IPO için binlerce kaybeden vardır. Daniel Kahnerman ve Amos Tversky adlı psikologlar, insanların bir olayın olabilirliğini ya da sıklığını saptarken, sonuca bu olayın kaç kez tekrar ettiğine bakarak değil, geçmiş örneklerinin ne kadar canlı olduğuna bakarak karar verdiklerini göstermişlerdir. Hepimiz "sonraki Microsoft" hissesini almak isteriz -kesinlikle, çünkü ilk Microsoft'u kaçırdığımızın farkındayızdır. Fakat diğer IPO'ların korkunç yatırımlar olduklarını da işimize geldiği gibi görmezden geliriz. Şu 533 desilyon dolarlık kazanca ancak, IPO piyasasının ender rastlanan kazançlarından hiçbirini kaçırmadığınız takdirde –bu pratik olarak kuşkusuz, olanakdışıdır- erişebilirdik. Bir de IPO'ların yüksek getirilerinin çoğu, ayrıcalıklı bir özel kulübün üyeleri tarafından -hisseleri halka açık işlemler başlamadan ilk (ya da "satış garantili") fiyatından alan büyük yatırım bankaları ve fonlar- elde edilir. En büyük fiyat yükselişleri, genellikle çok küçük meblağlı menkul kıymet ihraçlarında olur ve pek çok büyük yatırımcı bunlardan hiç satın alamaz, çünkü sayıca yetersizdirler.

Eğer, siz de neredeyse her yatırımcının yaptığı gibi, IPO'lara sadece, hisseler bu ayrıcalıklı başlangıç fiyatlarının üzerine fırladıktan *sonra* ulaşırsanız, korkunç sonuçlar elde etmeniz kaçınılmaz olacaktır. 1980 - 2001 arası dönemde vasat bir IPO'yu ilk halka açıldığı günün kapanış fiyatından satın alıp üç yıl elde tuttuğunuzda, piyasanın yıllık %23 altında kalmış olacaktınız.[9]

Belki de hiçbir menkul kıymet IPO'lardan zengin olma hayallerinin VA Linux kadar canlı bir örneği değildir. "LNUX YENİ MSFT" erken alıcıları havalara uçurdu; "ŞİMDİ AL VE BEŞ YIL SONRA EMEKLİ OL."[10] 9 Aralık 1999'da bu menkul değerler 30$'lık ilk arz fiyatıyla halka sunuldu. Fakat hisselere talep o kadar azgıncaydı ki, o sabah NASDAQ açıldığında, VA Linux'un ilk

[9] Jay R. Ritter ve Ivı Welch, "A Review of IPO Activity, Pricing, and Allocations," *Journal of Finance*, Ağustos 2002, s. 1797. Ritter'in web sitesi: http://bear.cba.ufl.edu/ritter/ ve Welch'in ana sayfası: http://welch.som.yale.edu/, IPO'larla ilgilenen herkes için altın madeni değerindedir.

[10] 9 numaralı mesaj, "GoldFingers69" tarafından 16 Aralık, 1999'da messages.yahoo.com'daki VA Linux (LNUX) mesaj tahtasına gönderilmiştir. MSFT Microsoft Corp.'un borsa ekranındaki kısaltılmış adıdır.

sahiplerinden hiçbiri fiyat 299$'a vuruncaya kadar ellerindekileri bırakmadı. Hisse senetleri 320$ ile zirve yaptı ve 239.25$'dan kapandı, yalnızca *tek bir günde* %697.5'lik bir kazanç sağlamışlardı. Fakat bu kazanç sadece bir avuç kurumsal trader tarafından elde edilmişti; bireysel yatırımcılar ise neredeyse tümüyle saf dışı bırakıldı.

Daha da önemlisi, IPO satın almak kötü bir fikirdir çünkü Graham'in en temel kurallarından birine bariz bir şekilde uymaz: "Bir hisse senedine ne kadar çok kişi sahip olmak isterse istesin, siz hisse senedini sadece istediğiniz firmaya sahip olmanın ucuz yolu olduğu için satın almalısınız". Birinci gün, yatırımcılar VA Linux'un hisselerini toplam 12.7 milyar dolar olarak değerlendiriyorlardı. Firmanın faaliyet alanı ne kadar ederdi? Beş yaşından daha genç olan VA Linux, 44 milyon dolar değerinde yazılım ve hizmet geliri oluşturmuş, ama sonuçta 25 milyon dolar kaybetmişti. Bu firmanın, son çeyrekte satış gelirleri 15 milyon dolar olmuş, ancak 10 milyon dolar zarar yazmıştı, yani her aldığı dolar için neredeyse 70 sent para kaybetmekteydi. VA Linux'un birikmiş açığı (toplam masrafların gelirlerini aştığı miktar) 30 milyon dolardı.

Eğer,VA Linux yan evde oturan komşuya ait bir şirket olsaydı ve bahçe çitinin üzerinden uzanıp, size çabalayan küçük işletmesini elinden almak için ne kadar para ödeyeceğinizi sorsaydı, "Oh, 12.7 milyar dolar bana iyi geliyor," der miydiniz? Yoksa nazikçe gülümser, dönüp mangalınıza doğru ilerler ve komşunuzun acaba ne içmiş olduğunu mu düşünürdünüz? Hiçbirimiz, kendi kararımızla, daha şimdiden 30 milyon dolar içeride olan bir para-kaybeden için, yaklaşık 13 milyar dolar ödemeyi hiçbir şekilde kabul etmezdik.

Fakat yalnız başımıza olmak yerine kalabalık içinde olduğumuzda, değer biçme aniden bir popülarite yarışmasına dönüştüğünde, bir menkul kıymetin fiyatı temsil ettiği işten daha önemli görünebilir. Başka bir kişi, bir hisse senedi için sizin ödediğinizden fazlasını ödüyorsa, işletmenin değerinin ne kadar olduğunun ne önemi vardır?

Bu çizelge, bunun neden önemli olduğunu gösterir.

ŞEKİL 6-2 VA Linux Efsanesi

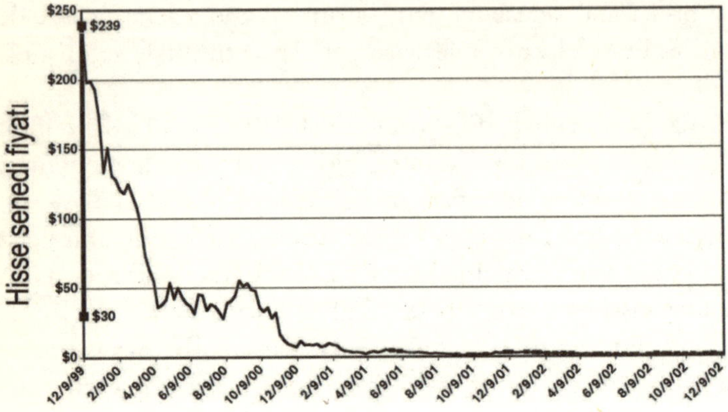

Kaynaklar: VA Linux Systems Inc., www.morningstar.com

İşlemlerin ilk gününde bir işaret fişeği gibi havaya fırlayan VA Linux, daha sonra yağlı tuğla gibi yere indi. Hisselerin 239.50$ olduğu 9 Aralık 2002'den tam üç yıl sonra, hisse fiyatı 1.19$'a düştü.

Elimizdekileri nesnel olarak tartınca, akıllı yatırımcının IPO'nun (bizim kısaltmamızla İHA) yalnızca "ilk halka-arz"ın kısaltması olmadığını düşünmesi gerektiği şeklinde bir sonuca varırız. Bu olsa olsa "ilk halk-aldatmacası"nın kısaltması olabilir.

BÖLÜM 7

Girişimci Yatırımcı İçin Portföy Politikası: Olumlu Yön

Girişimci yatırımcı, doğası gereği, dikkat ve çabalarının makul bir bölümünü kontrolden çıkmış yatırım sonuçlarından daha iyisini elde etmek için kullanacaktır. Genel yatırım politikası çalışmamızda özellikle girişimci yatırımcıya hitap eden *tahvil yatırımları*yla ilgili bazı önerilerde bulunmuştuk. Bu yatırımcı, aşağıda sıraladığımız özel fırsatlarla ilgilenecektir:

1) Amerikan hükümetinin etkin teminatına sahip ve vergiden-muaf Yeni Toplu Konut İdaresi tahvilleri
2) Vergiye tabi, ancak yüksek-getirili Yeni Halk Tasarruf bonoları, bunlar da Amerikan hükümetinin teminatına sahiptirler.
3) Güçlü şirketler tarafından yapılan uzun vadeli finansal kiralamalar ile finanse edilen belediyelerce çıkarılmış vergiden-muaf sanayi tahvilleri

Bu farklı tür tahvil ihraçlarına Bölüm 4'te değinilmiştir.*

Görüntünün diğer tarafında, çok düşük fiyatlardan elde edilme fırsatı sunmaları nedeniyle gerçekten ucuza alınabilen düşük-kalite tahviller bulunabilir. Fakat bunlar, tahviller ve adi hisse senetleri arasında gerçek bir ayrımın olmadığı "özel durum" sınıfına dahil olacaktır.**

*Daha önce de dikkat çekildiği gibi (bakınız s. 96, dipnot †) Yeni Toplu Konut İdaresi ve Halk Tasarruf bonoları ihraçları artık yapılmamaktadır.

** Bugün "özel durum" alanındaki bu "düşük-kalite tahviller" iflas etmiş firmaların hisse senetleri ya da temerrüde uğramış tahviller olarak bilinirler. Bir firma iflasa yaklaştığında (ya da iflas etmiş olduğunda) bunun neticesi olarak hisse senetleri değer kaybeder. Birleşik Devletler İflas Kanunu, tahvil sahiplerine hisse sahiplerinden çok daha fazla yasal hak tanır. Fakat eğer şirket yeniden kendini toparlayıp iflastan çıkarsa, tahvil sahipleri genellikle yeni şirketten hisse alırlar ve şirket yeniden faiz ödemeye başladığında bu hisselerin değeri toparlanır. Dolayısıyla sıkıntıya düşmüş bir şirketin tahvilleri neredeyse sağlıklı bir şirketin hisse senetleri kadar iyi bir performans gösterebilir. Bu gibi özel durumlarda, Graham'in ifade ettiği gibi, "tahviller ve hisse senetleri arasında hiçbir gerçek fark yoktur."

Adi Hisse Senedi İşlemleri

Girişimci yatırımcı için adi hisse senedi alanında özellikle karakteristik olan hareketler dört başlık altında toplanabilir:

1. Düşük piyasalarda alıp, yüksek piyasalarda satmak
2. Dikkatle seçilmiş "değer artışı sağlayan hisse senetleri"
3. Farklı türden ucuz hisseler almak
4. "Özel durumlar"a rağbet etmek

Genel Piyasa Politikası – Zamanlama Formülü

Durgunluk döneminde borsaya girme ve canlanmanın ileri aşamalarında elden çıkarma politikasının olanakları ve kısıtlamalarıyla ilgili tartışmamızı bir sonraki bölüme saklıyoruz. Geçmişte pek çok yıl boyunca, en azından piyasanın dönemsel dalgalanmalarını gösteren şemaya ilk bakışta, bu parlak fikir hem basit hem de makul görünüyordu. Geçmiş 20 yıl içerisindeki piyasa hareketlerinin, hiçbir matematiksel temelde, bu türden işlemler için uygun olmadığını acı acı kabul ettik. Meydana gelen dalgalanmalar, pek küçük olmasa da, onlardan fayda sağlayabilmek için alım-satım konusunda özel bir ustalık ya da "his" gerektiriyordu. Bu ise okuyucularımızda var olduğunu düşündüğümüz akıldan oldukça farklıdır ve böyle bir yeteneğe dayanan işlemleri, yetki sınırımızın dışında bırakmalıyız.

Defansif yatırımcıya önerdiğimiz ve 114. sayfada tanımladığımız 50-50 planı, 1972 yılı koşulları altında, tüm yatırımcılara tavsiye edebileceğimiz otomatik bir formüldür. Buna rağmen, hisse senetlerinin %25'lik minimumuyla %75'lik maksimumu arasında, genel piyasa düzeyinin tehlikeleri ya da çekiciliği hakkında güçlü görüşlere sahip bu yatırımcılar için, geniş bir hareket alanı bırakmış olduk. 20 yıl kadar önce, eldeki hisse senetlerinin çeşitlendirme yüzdesi için tanımlanmış birkaç formülü, bu planların pratik olmalarına güvenerek tartışmak mümkün olabilirdi.[1] Bu tür yaklaşımların üzerinden çok zaman geldi geçti. Ayrıca 1949'dan bu yana borsaya giriş ve borsadan çıkış şablonları için yeni zeminler oluşturmaya çalışmak çok anlamlı olmaz. Bu süre, geleceğe güvenilir bir kılavuz bırakmak için çok yetersiz ve kısa bir zaman dilimidir.*

Gelir Artışı Sağlayan Hisse Senedi Yaklaşımı

Her yatırımcı, birkaç yıl peş peşe ortalamanın üzerinde gelir getiren şirketlerin hisse senetlerine yatırım yapmak ister. Değer artışı sağlayan hisse senedi, bunu geçmişte yapıp, gelecekte de yapması beklenen kâğıtlar olarak tanımlanabilir.[2] Akıllı yatırımcının değer artışı sağlayan hisse senetleri üzerinde yoğunlaşması mantıklı görülür. Aslında göstermeye çalışacağımız gibi, konu biraz daha karmaşıktır.

Geçmişin "ortalamanın üzerinde performans gösteren" şirketlerini tanımlamak sadece istatistiksel bir iştir. Yatırımcı, brokerinden 50 ya da 100 civarında bu tür şirket ismi alabilir.** O zaman, neden bu gruptan sadece en uygun görünen 15 ya da 20 adet hisse senedini seçmiyor ve başarı-garantili bir borsa portföyü oluşturmuyor?

Bu basit düşüncenin iki püf noktası vardır. İlki, düzgün kayıtlara ve görünüşe göre iyi fırsatlara sahip hisse senetleri, bu duruma paralel olarak, zaten yüksek fiyatlardan satılırlar. Yatırımcı beklentilerinde haklı çıkabilir ama yine de çok başarılı olmayabilir, beklediği zenginlik için zaten tam (ve belki de fazla) ücret ödemiştir. İkinci olarak, gelecekle ilgili beklentisi yanlış çıkabilir. Beklenmedik hızda bir büyüme sonsuza kadar süremez; bir şirket, parlak bir büyüme kaydettiğinde, iş hacmindeki bu artış, başarısının tekrarını daha da güçleştirir. Bir noktada büyüme eğrisi yassılaşır ve çoğu durumda da aşağı doğru döner.

* Graham'in burada söylediği şeye çok dikkat ediniz. 1972 yılında yazdığında, 1949'da başlayan dönemin -22 yıldan daha uzun bir zaman dilimi- güvenilir sonuçlar çıkarmak için fazla kısa bir dönem olduğunu iddia ediyor! Graham, matematikteki ustalığıyla, nesnel sonuçların büyük miktarda verinin çok uzun örneklemelerini gerektirdiğini asla unutmadı. "Zamanı test edilmiş" hisse senedi seçme yutturmacalarını satan dolandırıcılar, bulduklarını neredeyse her zaman Graham'in kabul edebileceğinden daha küçük örneklere dayandırdılar. (Graham geçmiş verileri analiz etmek için genellikle 50-yıllık dönemleri kullandı.)

** Bugün, girişimci bir yatırımcı böyle bir listeyi internetten www.morningstar.com (Stock Quickrank aracını kullanmayı deneyin), www.quicken.com/investments/stocks/search/full ve http://yahoo.marketguide.com. sitelerinden toparlayabilir.

Kişi, geçmişe bakarak, kendini birkaç seçilmiş örneğe hapsederse, değer artışı sağlayan hisse senedi alanında, servetin rahatlıkla elde edilebildiği gibi, çabucak kaybedilebildiğini de görür. Buradan çıkarılan sonuçlarla nasıl düzgün bir karar verebiliriz? Değer artışı sağlayan hisse senedi yaklaşımında, özel ilgi alanı olan yatırım fonlarının incelenmesiyle oldukça sağlam sonuçlara varılabileceğini düşünüyoruz. New York Borsası'nın üyesi olan Arthur Wiesenberger & Company tarafından her yıl basılan güvenilir elkitabı *Investment Companies* (Yatırım Şirketleri) bu türden 120 "değer artışı fonu"nun birkaç yıllık dönem içerisindeki yıllık performansını hesaplar. Bunlardan 45'i, 10 yıla ya da daha uzun bir süreye yayılan kayıtlara sahiptir. Bu şirketlerin ortalama geniş kapsamlı kazancı –fonun büyüklüğüne göre azdır- 1961-1970 arasındaki 10 yıllık dönem için %108'e denk gelir, oysa S&P bileşiği için %105 ve DJIA için %83'tür.[3] 1969 ve 1970'te 126 adet "değer artışı fonu"nun büyük çoğunluğu, her iki endeksin de altında kalmıştır. Daha eski araştırmalarımızda da benzer sonuçlar bulunmuştur. Buradaki olası sonuç, genel olarak, adi hisse senetlerine yapılmış bir yatırımla karşılaştırıldığında, büyüyen şirketlere dağıtılmış bir yatırımdan hiçbir kayda değer ödül gelmediği şeklindedir.*

Ortalama bir akıllı yatırımcının yıllar içerisinde, çok çaba harcayarak bile, değer artışı sağlayan hisse senetlerinin alım-satımından, bu alanda uzmanlaşmış olan yatırım kuruluşlarından daha yüksek bir gelir sağlayacağını düşünmenin bir nedeni yoktur. Hiç kuşkusuz finans kuruluşları, bu konuda sizden daha

* 31 Aralık 2002'de biten 10 yıllık süre boyunca büyük değer artışı sağlayan kuruluşlar -bugün Graham'in "değer artışı sağlayan fonlar" olarak adlandırdığı- ortalama yıllık %5.6 kazandı ve tüm her yıl için ortalama 3.7 yüzdelik puan kadar hisse senedi piyasasının altında kaldı. Bununla beraber daha mantıklı fiyatlandırılan büyük şirketlerin "yüksek değerli" fonları da aynı dönem içerisinde piyasanın (tamı tamına bir yüzdelik puan kadar) altında kaldılar. Problem, değer artışı fonlarının gelecekte piyasa değerlerinin üzerine çıkacak hisse senetlerini eksiksiz bir biçimde seçemeyeceklerindedir. Ya da ortalama bir fonu (değer artışı sağlayan ya da "değer" yaratan şirketlere ait hisselerden hangisini alırsa alsın) işletmenin yüksek masraflarının yöneticilerin hisse senedi seçimlerinden kazanabilecekleri ek getirileri aşması mıdır? Tipe göre fon performansını güncelleştirmek için bakınız: www.morningstar.com "Category Returns". Farklı yatırım stillerinin performansının ne kadar dayanıksız olduğuna dair aydınlatıcı bir hatırlatma için bakınız: www.callan.com/resource/periodic_table/pertable.pdf.

akıllıdırlar ve sizden daha iyi araştırma imkânları vardır. Sonuç olarak girişimci yatırımcıyı, alışılmış türde değer-artışı-sağlayan-hisse-senedi bağlantısına karşı uyarmalıyız.* Bu, piyasadaki en iyi beklentilerin tümüyle fark edilip, güncel fiyat-kazanç oranlarına önceden, örneğin 20'den daha yüksek olarak, yansıtıldığı bir durumdur. (Girişimci yatırımcı için satın alma fiyatının üst sınırı olarak geçmiş yedi yılın ortalamasının 25 katı fiyat/kazanç önermiştik. Çoğu durumda iki ölçüt neredeyse tam tamına denk gelir.)**

Değer artışı sağlayan hisseler hakkında en çarpıcı olan şey piyasa fiyatlarındaki geniş yaylar çizme eğilimleridir. Bu eğilim en büyük ve en köklü kurumlar için de geçerli olup -General Electric ve International Business Machines gibi- daha yeni ve daha küçük şirketler için daha da çok söz konusudur. "En parlak başarıları gösteren ve bizzat kendileri yüksek bir yatırım sınıfına girmeye hak kazanan şirket hisselerinin içine çok spekülatif bir unsurun sokulması, 1949'dan bu yana borsanın en temel özelliği olmuştur," şeklindeki tezimizi doğrular. (En yüksek kredi itibarına sahiptirler ve en düşük faiz oranlarından borçlanırlar.) Böyle bir *şirket*in yatırım çapı uzun yıllar boyunca değişmeden kalabilir, ancak *hisse*nin risk özelliği borsada yaşanacaklara bağlıdır. Halkın ilgisi ne kadar artar

* Graham, "girişimci" yatırımcının ortalamadan daha fazla risk alan ya da "saldırganca değeri artan" menkul kıymetler satın alan bir yatırımcı olmadığını size hatırlatmak için bu noktaya değinmiştir; girişimci yatırımcı sadece portföyünü araştırmak için ek zaman ve çaba harcayan kişidir.

** Graham'in fiyat/kazanç oranını, çok-yıllı geçmiş kazanç ortalamalarına dayandırarak hesaplama konusundaki ısrarına dikkat ediniz. Bu yöntemle bir şirketin değerini, kârlılıktaki geçici yükselişine bağlı olarak, olduğundan daha yüksek gösterme olasılıklarını düşüreceksiniz. Bir şirketin geçmiş 12 ay boyunca 3$ kazandığını, ancak önceki altı yıl boyunca hisse başına ortalama sadece 50 sent kazanmış olduğunu düşününüz. Hangi sayı –ani 3$ mı yoksa sabit 50 sent mi- sürdürülebilir bir eğilim gösterir? En son yıl 25 kez kazandığı 3$'dan hisse senedine 75$ fiyat biçilecektir. Fakat geçmiş yedi yılın ortalama getirileri 25 ile çarpıldığında (6$'lık toplam getiri bölü yedi, ortalama yıllık getirilerde hisse başına 85.7 sent edecektir), hisse senedinin fiyatı sadece 21.43$ olacaktır. Hangi sayıyı seçtiğiniz, büyük fark yaratır. Nihayet, şuna da dikkat etmeliyiz: Wall Street'de geçerli olan bugüne-dayalı fiyat/kazanç oranlarını esas olarak "gelecek yılın kazançları"na dayandırmak Graham'in lanetlediği bir şeydir. Bir şirketi henüz yapmadığı kazançlarla değerlendirmek nasıl mümkün olabilir? Bunun, ev fiyatlarını Cinderella'nın köşebaşında bir şato inşa edeceği söylentisine dayandırarak saptamaktan hiçbir farkı yoktur.

-şirket kazançlarındaki gerçek büyümeye oranla- ne kadar daha çok olursa, bu yatırım önerisi o kadar riskli olacaktır.*

Ancak şu doğru değil midir, diye okuyucu sorabilir: geleceğine büyük güven duydukları bir şirketin erken yıllarında bu şirkete büyük yatırım yapanlar, ilk aldıkları hisseleri -100 katı ya da daha fazla değer kazandıkları zaman bile- kararlı olarak ellerinden çıkarmayanlar, hisse senetlerinden gerçek büyük servet kazananlar değil midir? Yanıt "Evet"tir. Fakat tek bir şirketten kazanılan serveti, o özel şirketle yakın bir ilişkisi -o şirkette çalışan ya da aile bağlantısı vb- olan, bütün kararsızlıklara ve karşısına çıkan yüksek fiyat cazibesine karşılık, kaynaklarını aynı araçta ya da senette bağlı tutan, yatırımcılar sağlamıştır. Diğer taraftan, bu kadar yakın bir kişisel iletişimden yoksun olan yatırımcı ise, sürekli olarak, yatırım portföyünün fazlaca büyük bir bölümünün bu tek araca bağlı kalıp kalmadığı sorusuyla yüzleşecektir.** Her düşüş -ne kadar geçici olursa olsun- bu problemi artıracaktır; dış ve iç baskılar, muhtemelen yatırımcıyı, iyi bir kâr gibi görünen fakat aslında nihai zenginliğe çok uzak olan bir seçeneğe razı olmaya zorlayacaktır.[4]

* Son örnekler Graham'in ikna edici anlatımını kuvvetle savunur. 21 Eylül 2001'de bilgisayar çiplerinin yapımcısı olan Intel Corp. hasılatının bir sonraki çeyrekte %5 artacağını beklediğini açıkladı. İlk bakışta bu çok güzel görünüyordu; büyük şirketlerin çoğu satışlarını üç aylık süre içerisinde %5 artırmaktan memnuniyet duyardı. Oysa karşılık olarak, Intel'in hisse senetleri %22 düştü, bir-günlük kayıpları toplam değerde yaklaşık 91 milyar dolardı. Neden? Wall Street analistleri Intel'in hasılatının %10'a kadar artacağını beklemişlerdi. Aynı şekilde 21 Şubat 2001'de, EMC Corp., bir veri-saklama şirketi, hasılatının 2001'de en az %25 artmasını beklediğini -fakat müşteriler arasındaki yeni bir uyarının "daha uzun satış döngülerine neden olabileceği"ni- duyurdu. Bu tereddüt anında EMC hisseleri yalnızca bir gün içerisinde %12.8 değer kaybetti.

** "Belli bir şirket ile yakın ilişkisi olan" yatırımcıların günümüzdeki karşılığı, kontrolü elinde bulunduran, olarak adlandırılan kişilerdir -şirketi yönetmeye yardımcı olan ve çok büyük sayıda hisseleri ellerinde tutan eski yöneticiler ya da direktörler. Microsoft'un Bill Gates'i ya da Berkshire Hathaway'in Warren Buffet'ı vb. yöneticiler, şirketlerinin kaderini doğrudan kontrol ederler- dışarıdaki yatırımcılar ise bu baş yöneticilerin çoğunluk hisselerini bir güvenoyu olarak ellerinde tutmaya devam etmelerini isterler. Oysa daha düşük unvanlı yöneticiler ve diğer çalışanlar bireysel kararlarıyla bir şirketin hisse fiyatını etkileyemezler; dolayısıyla varlıklarının küçük bir yüzdesinden fazlasını işveren şirketlerinin hisselerine yatırmamalıdırlar. Dışarıdaki yatırımcılar için de, şirketi ne kadar iyi tanıdıklarını düşünürlerse düşünsünler, aynı sakınca geçerlidir.

"Girişimci Yatırımcı"ya Önerilen Üç Alan

Uzun bir çabadan sonra ortalamadan daha iyi yatırım sonuçları elde etmek, bir seçim politikası ya da iki misli beceri isteyen bir operasyon gerektirecektir: (1) Bağımsız ya da rasyonel olan temel geçerlilik kriterlerini karşılamalıdır; (2) Çoğu yatırımcı ve spekülatörün izlediği politikadan farklı olmalıdır. Deneyimimiz ve araştırmalarımız bizi bu ölçütleri karşılayan üç yatırım yaklaşımını önermeye yöneltir. Bunlar birbirlerinden büyük ölçüde farklıdırlar ve her biri bunu deneyecek kişiler için farklı türden bilgi ve yapı gerektirecektir.

Diğerleriyle Kıyaslandığında Popüler Olmayan Büyük Şirket

Piyasanın, büyük artış gösteren ya da başka nedenlerden dolayı çekici gelen hisse senetlerini mevcut halinden daha değerli gösterme eğiliminde olduğunu kabul edersek, geçici bir durumun yarattığı olumsuz sonuçlardan dolayı, gözden düşen şirketlere gerçek değerlerinin de altında değer biçecekleri -en azından göreceli olarak- beklentisi içine girmek mantıklıdır. Bu borsanın temel kuralı olarak kabul edilebilir ve hem tutucu hem de umut verici bir yatırım yaklaşımını akla getirir.

Buradaki kilit koşul, girişimci yatırımcının beğenilmeme döneminden geçmekte olan daha büyük şirketler üzerinde yoğunlaşmasıdır. Küçük şirketler de benzer nedenlerden dolayı hafife alınabilirler; çoğu kez sonradan kazançlarını ve hisse değerlerini yükseltebilirler ama yine de kesin kazanç kayıpları, ya da daha iyi kazançlara rağmen, piyasanın uzayan ihmalleri gibi risklerin içine sürüklenebilirler. Bu yüzden büyük şirketler diğerlerinin iki katı avantaja sahiptirler. Öncelikle, onları sıkıntılı bir sürecin içerisinden çıkaracak ve yeniden tatmin edici kâr zeminlerine taşıyacak sermaye kaynaklarına ve beyin gücüne sahiptirler. İkinci olarak da piyasa, gösterilen her iyileşmeye mantıklı bir çabuklukla tepki verme eğilimindedir.

Dow Jones Sanayi Ortalaması'nda rağbet görmeyen hisse senetlerinin fiyat iniş çıkışları üzerine yapılan araştırmalarda bu tezin güvenilirliğiyle ilgili önemli bir kanıta rastlanır. Bu araştırmalarda, o yıl ya da önceki yıla ait kazançlarının en düşük çarpan-

TABLO 7-1 "Büyümesi Beklenen Fonlar"ın Ortalama Sonuçları 1961-1970

	1 Yıl 1970	5 Yıl 1966-1970	10 Yıl 1961-1970	1970 Kâr Getirisi
17 büyük fon	-%7.5	+%23.2	+%121.1	%2.3
106 daha küçük fon - A Grubu	-17.7	+20.3	+102.1	1.6
38 daha küçük fon - B Grubu	-4.7	+23.2	+106.7	1.4
Adlarında "büyüyen" olan 15 fon	-14.2	+13.8	+97.4	1.7
Dow Jones sanayi ortalaması	+8.7	+2.9	+83.0	3.7

[a]Bu rakamlar Wiesenberger Finansman Servisleri tarafından temin edilmiştir.

larından işlem gören DJIA'daki altı ya da on adet hisse senedine, her yıl yatırım yapıldığı kabul edilir. Bunlar listedeki "en ucuz" hisse senetleri olarak adlandırılabilirler ve ucuzlukları yatırımcılar ya da traderlar tarafından beğenilmediklerini açıkça yansıtır. Bunun da ötesinde, bu alımların, birden beş yıla kadar uzanan bir elde tutma döneminden sonra satılacakları kabul edilir. İşte bundan sonra bu yatırımların sonuçları, ya bütün olarak DJIA sonuçlarıyla, ya da en yüksek fiyat / kazanç çarpanına dahil grupta (başka bir deyişle en popüler grupta) gösterilen sonuçlarla karşılaştırılır.

TABLO 7-2 Deneme İhraçlarda Ortalama Yıllık % Getiri ya da Kayıplar 1937-1969

)önem	10 Düşük Çarpanlı Senet	10 Yüksek Çarpanlı Senet	30 DJIA Hisse Senedi
937-1942	-2.2	-10.0	-6.3
943-1947	17.3	8.3	14.9
948-1952	16.4	4.6	9.9
953-1957	20.9	10.0	13.7
958-1962	10.2	-3.3	3.6
963-1969 (8 yıl)	8.0	4.6	4.0

Sahip olduğumuz detaylı bilgi geçmiş 53 yılın her birindeki yıllık alımları kapsar.[5] Daha önceki dönemde, 1917-1933 arasında, bu yaklaşımın kazanç getirmediği görüldü. Fakat 1933'ten bu yana ise çok başarılı sonuçlar verdi. Drexel & Company (şimdiki Drexel Firestone)* tarafından bir-yıllık hisse senetlerinde gerçekleştirilen 34 denemede -1937'den 1969'a kadar- ucuz hisse senetleri sadece üç durumda açık bir biçimde DJIA'den daha kötüydü; sonuçlar altı durumda neredeyse aynıydı; ve ucuz hisse senetleri açık bir biçimde 25 yıl ortalamasının üstüne çıktı. Düşük-çarpan-

* Bir Philadelphia yatırım bankası olan Drexel Firestone, 1973'te Burnham & Co. ile birleşti ve daha sonra 1980 devralma furyasında çürük-tahvil finansmanıyla tanınan Drexel Burnham Lambert oldu.

lı hisse senetlerinin DJIA ve on yüksek-çarpanlının sonuçlarıyla karşılaştırıldığında, sürekli daha iyi olan performansları, beş-yıllık başarılı dönemlerin ortalama sonuçlarıyla gösterilmiştir (Tablo 7-2).

Drexel ölçümlemesi ayrıca 1936'da düşük-çarpanlı hisse senetleriyle yapılan ve her yıl ilke doğrultusunda değiştirilen 10.000$'lık ilk yatırımın 1962 yılı geldiğinde, büyüyerek 66.900$'a ulaştığını gösterir. Yüksek-çarpanlı hisse senetlerindeki aynı işlemler sadece 25.300$'lık bir meblağ ile sonuçlanırken, otuz hisse senedinin tümündeki işlemler ilk yatırımı 44.000$'a kadar çıkaracaklardı.*

"Rağbet edilmeyen büyük şirketler"i satın alma düşüncesi ve bunun grup bazında gerçekleştirilmesi, yukarıda tarif edildiği gibi, oldukça basittir. Fakat şirket bazında baktığımızda, bunun tersi özel bir unsuru da bazen hesaba katmak gerekir. Çok değişen kazançları nedeniyle yapıları gereği spekülatif olan şirketler, iyi yıllarında hem göreceli yüksek fiyatlar hem de düşük çarpanlarla, kötü yıllarında ise, tam tersine, düşük fiyatlar ve yüksek çarpanlarla işlem görme eğilimindedir. Bu tür ilişkiler Chrysler Corp.'a ait hisse senedi dalgalanmalarını kapsayan Tablo 7-3'te gösterilmektedir. Bu durumlarda, piyasa ılımlı bir değerlendirme için, olağandışı kârlarının sürekliliğine bir hayli kuşkulu yaklaşır, diğer taraftan, kazançlar düşük olduğunda ya da hiç kazanç olmadığında, bunun tam tersi söz konusudur. (Şuna dikkat ediniz: Matematiksel olarak, eğer bir şirket "neredeyse yok" derecede az kazanıyorsa, hisseler bu çok küçük kârların üzerinde bir çarpandan satılmalıdır.)

Gerçekte Chrysler, DJIA'nın önde gelen şirketler listesinde bir hayli kuraldışı kalır ve dolayısıyla düşük-çarpanlı hesaplamaları büyük ölçüde etkilemez. Ayrıca, geçmişteki *ortalama* kazançlarına ya da benzer bir kritere ilişkin olarak, fiyatların düşük olması koşuluyla, bu türden aykırı hisse senetlerini daha düşük çarpanlı bir listeye dahil etmekten kaçınmak da oldukça kolaydır.

* Dow Jones Sanayi Ortalaması'ndaki en ucuz tahvilleri alma stratejisi şimdi "Dogs of Dow" lakabıyla anılır.

TABLO 7-3 Chrysler Adi Hisse Senedi Fiyatları ve Kârları, 1952-1970

Yıl	Hisse Başına Kazanç	Yüksek ya da Düşük Fiyat	F/K Oranı
1952	$9.04	H 98	10.8
1954	2.13	L 56	26.2
1955	11.49	H 101 ½	8.8
1956	2.29	L 52 (1957'de)	22.9
1957	13.75	H 82	6.7
1958	(zarar) 3.88	L 44[a]	-
1968	24.92[b]	H 294[b]	11.8
1970	zarar	L 65[b]	-

a 1962 en düşük değeri 37½
b Hisse bölünmelerine göre ayarlanmış. zarar: net zarar

Bu revizyonu yazarken, düşük-çarpanlı-DJIA yönteminin sonuçlarını 1968 sonunda satın alındıkları varsayılan ve 30 Haziran 1971'de yeniden değer biçilen bir gruba uygulayarak denedik. Ancak, bu kez sonuçlar büyük düş kırıklığı yarattı; rakamlar altı ya da on düşük-çarpanlı için keskin bir düşüş, yüksek çarpanlı seçimler için ise iyi bir kazanç göstermekteydi. Yine de, bu tek kötü durum 30-sıradışı denemenin sonuçlarına zarar vermemeli, fakat yakın zamanda gerçekleşmesi nedeniyle, karşı görüş özel bir önem kazandırmalıdır. Girişimci yatırımcı, belki de "düşük-çarpanlı" fikriyle işe başlamalı, fakat portföyünü oluştururken diğer nicelik ve nitelik koşullarını da dikkate almalıdır.

Ucuz Hisse Senedi Arzlarına Yatırım

Ucuz hisseler, yapılan bir analizle oluşturulan gerçeklere göre, mevcut satış fiyatından çok daha değerli gibi görünen hisse senetleridir. Söz konusu sınıf, nominal değerlerinin altında satılan tahvilleri, imtiyazlı senetleri ve adi hisse senetlerini kapsar. Eğer bir menkul kıymetin, "analiz sonucu görünen değeri", mevcut satış fiyatından en az %50 oranda daha yüksek değilse, bu menkul kıymetin gerçekten "ucuz" sayılamayacağını somut olarak söyleyebiliriz. Bu kadar büyük bir farkı, hangi gerçek ispat edecektir? İndirimler nasıl ortaya çıkar ve yatırımcı onlardan nasıl kâr sağlar?

Ucuz fiyata sahip bir adi hisse senedini bulup ortaya çıkarmak için iki yöntem vardır. İlki değer biçme yöntemidir. Bu daha çok gelecek kazançları tahmin etmeye ve bunları o hisse senedine uygun bir faktörle çarpmaya dayanır. Eğer ortaya çıkan değer, piyasa fiyatının yeterince üzerindeyse -ve eğer yatırımcının uygulanan bu tekniğe güveni de varsa- söz konusu hisse senedini ucuz olarak etiketleyebilir. İkinci yöntemde ise halka açık olmayan benzer özel bir şirketin değeri göz önüne alınır ve bu değer genellikle gelecekte sağlanması beklenen kazançlarla saptanır –bunun sonucu da ilkiyle aynı olabilir. Fakat ikinci yöntemde, net cari aktifler ya da işletme sermayesine özel bir vurgulama yapılarak, paraya çevrilebilir *varlıklara* daha fazla dikkat edilir.

Genel olarak piyasa düştüğünde, bu standartlarla ölçülen hisse senetlerinin büyük bölümü ucuz hisseler grubuna girer. (1941'de 30$'ın altında satılan -1971 hisselerinde ise 5$ eşdeğeri- General Motors buna tipik bir örnektir. Hisse başına kazanç 4$'dan fazla iken, hisse senedi sahiplerine temettü olarak 3.50$, ya da fazlası ödenmekteydi.) Güncel kazançlar ve yakın gelecek beklentilerinin her ikisi de zayıf olabilir, fakat gelecekteki ortalama koşulların sağlıklı olarak değerlendirilmesi, bize piyasa fiyatlarının çok üzerinde değerler gösterecektir. Bu nedenle, durgun piyasalarda cesur olma akıllılığını göstermek, yalnızca deneyimin sesiyle değil, akla yatkın değerleme analizi tekniklerinin uygulanmasıyla da sağlanır.

Genel listede sürekli ucuz görünen geçici durumlar, hemen hemen tüm piyasa düzeylerinde görülen, pek çok münferit ucuzluğun da nedenidir. Pireyi deve yapmakta ve sıradan kararsızlıkları büyük aksaklıklar olarak göstermekte piyasanın üstüne yoktur.* Sadece ilgi ya da heyecan yokluğu bile, bir fiyat düşüşünü saçma derecede aşağı seviyelere itebilir. Böylesine değerden düşmenin iki büyük nedeni vardır: (1) sürekli moral bozucu sonuçlar ve (2) müzminleşmiş bir ihmal ya da beğenilmeme durumu.

Buna rağmen, tek başlarına, bu nedenlerin her ikisine de başarılı hisse senedi yatırım kılavuzu olarak itibar edilemez. O sırada geçerli olan can sıkıcı durumların, gerçekten sadece geçici durumlar olduğundan nasıl emin olabiliriz? Gerçekten, bu olayın kusursuz örneklerini verebiliriz. Çelik hisse senetleri konjonktürel nitelikleriyle ün saldılar; açıkgöz bir alıcı onları kazançların düşük olduğu zamanlarda düşük fiyatlarla alıp, ekonominin canlandığı yıllarda çok iyi bir kârla satabilirdi. 7-3 Numaralı Veri Tablosu'nda gösterildiği gibi Chrysler Corporation buna çarpıcı bir örnektir.

Eğer dalgalı getiriye sahip hisse senetlerinin *standart* davranışı buysa, o zaman hisse senedi piyasasında kazanç sağlamak kolay bir iştir. Ne yazık ki, kendiliğinden düzelmeyen pek çok getiri ve fiyat düşüş örneği verebiliriz. Anaconda Wire and Cable bunlardan biriydi, şirket 1956'ya kadar büyük kazançlar sağladı ve o yıl hisseleri 85$ gibi yüksek bir fiyata ulaştı. Sonraki altı yıl boyunca kârlar düzensiz bir inişe geçti; 1962'de fiyatlar 23½'a düştü ve izleyen yıl ana şirketi (Anaconda Corporation) tarafından sadece 33$ gibi bir bedel karşılığında devralındı.

Bu türden pek çok deneyim, yatırımcının, sağlam bir alım-satım zemini yaratmak için hem kazançların, hem fiyatların düşüşünden çok daha fazlasına ihtiyacı olduğunu gösterir. En azından, geçmiş on yıl ya da daha uzun bir zaman dilimi içerisinde, kazanç-

* Pirenin yaptığı en büyük deve şuydu: Mayıs 1998'de Pfizer Inc. ile Amerikan Gıda ve İlaç Kurumu, Pfizer'ın iktidarsızlık ilacı Viagra alan altı kişinin seks yaparken kalp krizinden öldüğünü açıkladı. Pfizer'ın hisse senetleri anında gevşedi ve tek bir gün içerisinde hacimli işlemlerde %3.4 kaybetti. Fakat sonraki araştırmaların panik için bir neden olmadığını ortaya çıkarması üzerine hisseler yükseldi; sonraki iki yıl süresince hisse senetleri kabaca üçte bir oranında yükseldi. 1997 sonlarında, Warner-Lambert Co.'nun yeni ishal ilacı İngiltere'de geçici olarak durdurulduğunda hisseleri bir günde %19 düştü; altı ay içerisinde hisse fiyatları neredeyse ikiye katlandı. 2002 sonlarında, yolcu gemileri işleten Carnival Corp. yolcuların ciddi ishal ve kusma şikâyetleriyle -başka şirketlerin gemilerinde- rahatsızlanmaları sonucunda değerinin %10'unu kaybetti.

larda mantıklı bir denge olduğuna dair bir işaret -başka bir deyişle hiçbir yıl zarar yazmamış olması- ve buna ek olarak, gelecekteki olası terslikleri karşılamak üzere, yeterli hacim ve finansal güç aramalıdır. Bu nedenle, buradaki ideal kombinasyon, büyük ve önde gelen bir şirketin, hem geçmişteki ortalama fiyatından hem de geçmişteki ortalama fiyat/kazanç çarpanından, iyice aşağıda bir fiyattan işlem görmesidir. Bu ideal durum, hiç kuşkusuz Chrysler benzeri şirketlerdeki en kârlı fırsatları yok sayar. Fakat şimdi okuyucuya teminat verelim -ve hiç kuşkusuz bunu tekrarlayacağız- "sonradan anlaşılan kârlar" ile "gerçek-para kârları" arasında çok büyük farklar vardır. Fakat Chrysler benzeri "iniş-çıkış" ların, bizim girişimci yatırımcımızın işlemleri için uygun bir ortam olduğundan ciddi bir şekilde kuşkuluyuz.

Uzun süren bir "ihmalin ve rağbet görmeyişin" aşırı fiyat düşüşlerinin ikinci nedeni olduğundan söz etmiştik. National Presto Industries, bu türden güncel bir vakadır. 1968'in yükselen piyasasında 45$ gibi yüksek bir fiyattan satıldığında, bu rakam o yılki 5.61$'lık kazancın sadece 8 katıydı. Hisse-başı kârlar hem 1969 hem 1970'te arttı, ancak 1970'te fiyat sadece 21'e düştü. Bu o yılki (kayıtlı) kazançların 4 katından daha azdı ve net cari aktif değerinin de altındaydı. Mart 1972'de 34'ten satıyordu, hâlâ son bildirilen kazancın sadece 5½ katı ve hemen hemen net cari aktif değerinin artırılmış hali kadardı.

Bunun günümüzdeki başka bir örneği de, çok önemli bir şirket olan Standard Oil of California'dır. 1972 yılı başlarında 13 yıl önceki fiyatından satıyordu, diyelim ki 56'dan. Kazançları dikkate değer bir şekilde sabitti, göreceli olarak küçük bir artışa sahip olsalar da tüm dönem içerisinde sadece tek bir küçük iniş göstermişlerdi. Net defter değeri neredeyse piyasa değeriyle aynıydı. Az çok tatminkâr olan bu 1958-71 kaydıyla şirket hiçbir zaman günlük kazançlarının 15 katı kadar yüksek bir yıllık fiyat ortalaması göstermemişti. 1972 başlarında fiyat/kazanç oranı ise sadece 10 idi.

Bir hisse senedinin aşırı düşük fiyatları için üçüncü bir neden de, piyasanın o şirkete ait gerçek kazanç tablosunun farkına varamaması olabilir. Buradaki klasik örneğimiz 1946-47'de hisseleri 36'dan 13½'a düşen Northern Pacific Demiryolları olacaktır; 1947'de yolun gerçek kazancı hisse başına 10$'a yakındı. Hisse senedi fiyatları 1$'lık temettü nedeniyle baskı altında kalmıştı. İhmal edilmesinin başka bir nedeni de, büyük gelir getirme gücünün demiryollarına özgü muhasebe yöntemleriyle gizlenmiş olmasıydı.

En kolay tanımlanan ucuz hisse senedi, şirketin bütün eski borçlarını düştükten sonra kalan net işletme sermayesinden bile daha düşüğe satılanıdır.* Bu alıcının, sabit varlıklar –binaları, makine parkı vs. ya da mevcut şerefiyeler- için hiçbir şey ödemeyeceği anlamına gelir. Pek az şirket, bazı seyrek örnekler görülebilse de, tek başına işletme sermayesinden daha az en son değere sahiptir. Daha da şaşırtıcı olanı, piyasada bu satış temeline göre değer biçilen pek çok işletmenin mevcut olduğudur. Piyasa düzeyinin hiçbir şekilde düşük olmadığı 1957 yılında yapılan bir veri değerlendirmesi, böyle 150 adet hisse senedini açığa çıkarmıştır. Tablo 7-4'te, 31 Aralık 1957'de Standard & Poor's'un *Monthly Stock Guide*'ında verileri açıklanan 85 şirkete ait birer hisse alımının ve onları iki yıl boyunca elde tutmanın getirdiği sonuçları özetledik.

TABLO 7-4 Düşük Değer Biçilmiş Hisse Senetlerinin Kâr Deneyimi (1957-1959)

Piyasa Yeri	Şirket Sayısı	Hisse Başı Birleşik Net Cari Aktif	Toplu Fiyat Aralık 1957	Toplu Fiyat Aralık 1959
New York Borsası	35	$ 748	$ 419	$ 838
Amerikan Borsası	25	495	289	492
Midwest Borsası	5	163	87	141
Borsa Dışı	20	425	288	433
Toplam	85	$ 1.831	$ 1.083	$ 1.904

* Graham, "net işletme sermayesi" ile bir şirketin cari aktifleri (nakit, yatırım tahvilleri ve stoklar) eksi toplam pasiflerini (imtiyazlı hisse senetleri ve uzun-vadeli borçları) kastetmektedir.

Bir rastlantı eseri olarak, grupların her biri iki yıl içerisinde, toplu net-cari-aktif değerine yakın bir yerlere geldi. O dönem için tüm "portföy" getirisi, Standard & Poor's'un 425 endüstriyelinin %50'sine karşılık %75 idi. Daha da şaşırtıcı olan, hisse senetlerinden hiçbiri önemli kayıplar göstermedi, yedisi yaklaşık aynı kaldı, 78'i kayda değer artışlar yaptı.

Bu türden bir yatırım seçimiyle yaşadığımız deneyim -çeşitlendirilmiş bir tabanda- 1957'den önce çok sayıda yıllar süresince tekdüze olarak iyi sonuç verdi. Bu seçimin, "az değer biçilmiş" durumlara karar vermek ve onlardan faydalanmak için emin ve kazançlı bir yöntem olduğunu hiç duraksamadan doğrulayabiliriz. Bununla beraber, 1957'den sonraki genel piyasa yükselişinde, bu tür fırsatlar oldukça sınırlı sayıda kaldı ve eldekilerin çoğu da düşük faaliyet kârlarını ve hatta kayıplarını beraberinde getirdi.1969-70'in piyasa düşüşü, bu tür "işletme sermayesi altındaki" hisse senetlerinden yeni bir grup yarattı. Bu grubu, Bölüm 15'te girişimci yatırımcı için hisse senedi seçiminde tartışacağız.

İKİNCİL ŞİRKETLERDE UCUZ HİSSE SENEDİ MODELİ. İkincil şirketi, oldukça önemli endüstrilerde lider olmayan şirket, olarak tanımladık. Bu nedenle çoğunlukla kendi alanındaki küçük işletmelerden biridir, önemsiz bir üretim hattının başlıca ünitesi de olabilir. İstisna olarak, kendisini değer artışı sağlayan hisse senedi olarak tanıtmış herhangi bir şirket, normal olarak "ikincil" kabul edilmez.

1920'lerin yükselen piyasasında endüstri liderleriyle, borsaya kote diğerleri arasında -bu şirketlerin hatırı sayılır büyüklükte olması şartıyla- göreceli olarak küçük bir ayrım yapılmıştı. Halk, bu dönemde orta-boyutta bir şirketin fırtınadan salimen çıkmak için yeterince güçlü olduğunu ve çok büyük çapta bir şirketten daha fazla büyüme fırsatına sahip olduğunu hissediyordu. 1931-32 buhran yılları, yine de, hacim olarak ya da özünde, istikrar bakımından birinci sınıfın altında yer alan şirketler için, yıkıcı bir etki yaptı. Bu deneyimin sonucunda o günden sonra, yatırımcılar endüstriyel liderleri belirgin bir biçimde yeğlerken, ikinci derecede önem taşıyan sıradan şirketlere karşı çoğunlukla ilgisiz kaldılar.

Bu, pek çok durumda, ikinci grubun kazanç ve malvarlığı ile ilgili olarak ilk grup şirketten daha ucuza satılması anlamına geliyordu. Birçok durumda fiyatlar o kadar düştü ki, bu hisse senetleri ucuz senetler grubuna dahil edildi.

Yatırımcılar, ikinci sınıf şirketlerin hisse senetlerini daha ucuz fiyattan satılmalarına rağmen, işe yaramaz bulduklarında, bu tür şirketleri karanlık bir gelecek beklediğine dair bir inanç ya da korku beslediklerini ifade etmiş oluyorlardı. Gerçekte, en azından bilinçaltında, *her* fiyatın fazla yüksek olduğunu hesaplıyorlardı, zira yok olmaya doğru gidiyorlardı -tıpkı 1929'da, hiçbir fiyatın onlar için yüksek sayılmayacağı, çünkü geleceklerine ait imkânların sınırsız olduğu şeklindeki "blue chips" (en değerli hisse senedi-çn) eşkuramı gibi. Her iki görüş de abartılıydı ve ciddi yatırım hatalarına açıktı. Aslında, tipik orta-boyda borsaya kote bir şirket, sıradan bir özel şirketle karşılaştırıldığında daha büyük sayılır. Bu tür şirketlerin süresiz olarak faaliyet göstermemesi için önemli bir neden yoktur, ekonomimizin tipik kararsızlıklarının içine girer, ancak sonunda, her şey hesaba katıldığında ödenmiş sermayelerinin üzerinde makul bir getiri kazanırlar.

Bu kısa değerlendirme, borsanın ikincil şirketlere karşı tutumunun gerçekçi olmadığı ve bunun sonucunda normal zamanlarda, sayısız eksik değer biçme durumları yarattığı şeklindedir. Aslında, II. Dünya Savaşı dönemiyle, savaş sonrası canlanma dönemi büyüklerden çok, küçük işletmelerin işine yaradı, çünkü o dönemlerde normal satış rekabeti askıya alınmıştı, küçükler satışlarını ve kâr marjlarını gözle görülür bir biçimde genişletebilirlerdi. 1946'ya gelindiğinde ise, piyasa savaş öncesinin tam tersi bir düzene girmişti. Dow Jones Sanayi Ortalaması'ndaki önde gelen hisseler 1938'in sonundan 1946'ya kadar en fazla %40 yükselirken, aynı dönem içerisinde Standard & Poor's'un düşük-fiyatlı hisseler endeksi ise %280'in altına inmemişti. Spekülatörler ve -çok çabuk unutan bir hafızaya sahip- birçok sözde yatırımcı, önemsiz şirketlerin hem yeni, hem eski arzlarını şişirilmiş fiyatlardan satın almaya hazırdılar. Böylece, sarkaç ters tarafa doğru sallanmış oldu. Daha önceden en yüksek oranda işlem fırsatı sağlayan ikinci sınıf senetler, şimdi çok yüksek sayıda aşırı-talep ve aşırı-değer-biçme örneği veriyordu. Bu olay 1961 ve 1968 yıllarında farklı bir biçimde -ikincil kategoriden de düşük şirketlerin yeni halka arzlarında ve çok tutulan "elektronik", "bilgisayar", "franchise" ve benzeri* alanlardaki neredeyse tüm şirketlere daha büyük önem verilerek- tekrarlandı.

Beklenildiği gibi, takip eden piyasa düşüşleri, en çok bu aşırı-değerlenenlerin üzerine yıkıldı. Bazı durumlarda sarkaç, kesin olarak *düşük* değerlendirmeye sahip senetlere kadar uzandı.

Eğer ikincil hisse senetlerinin çoğu, normal olarak düşük-değerlendirilmeye eğilimli olursa, yatırımcı böyle bir durumdan kâr sağlayabileceğine nasıl inanabilir? Bu durum, sonu belirsiz bir süreklilik gösterirse, yatırımcı, piyasada her zaman, hisse senedini ilk satın aldığı noktada kalmayacak mıdır? Buradaki yanıt biraz karmaşıktır. İkincil şirketlerin ucuz fiyatlarla alımından, azımsanmayacak kadar önemli kazançlar muhtelif biçimlerde ortaya çıkar. İlk olarak, kâr getirisi göreceli olarak yüksektir. İkinci olarak, yeniden yatırılan bu kazançlar, borsada ödenen fiyatlardan daha büyüktür ve bu fiyatı da etkileyecektir. Beş-yedi yıl arası bir dönem içerisinde, iyi-seçilmiş bir listenin bu türden avantajları çok fazlalaşacaktır. Üçüncü olarak, yükselen bir piyasa, genellikle düşük-fiyatlı senetlere cömert davranır; bu nedenle tipik bir senedi hiç olmazsa mantıklı bir fiyat düzeyine çıkarma eğilimindedir. Dördüncü olarak, göreceli olarak hiçbir özelliği olmayan piyasa dönemlerinde bile, sürekli bir fiyat ayarlama süreci vardır, bu da düşük-değerlendirilen ikincil hisselerin en azından kendi türlerindeki hisseler için normal sayılan seviyelere yükselmesini sağlar. Beşinci olarak, kârlılıkta moral bozucu sonuçlara sebep olan bazı faktörler, yeni koşulların oluşması, yeni politikaların

* 1975'ten 1983'e kadar, küçük ("ikincil") kâğıtlar, büyük kâğıtları her yıl için yüzde 17.6'lık şaşırtıcı bir ortalamayla geçtiler. Yatırımcı kitle küçük kâğıtlara yöneldi, yatırım fonu şirketleri bunlardan oluşan yüzlerce yeni fon çıkardı ve sonraki on yıl içerisinde küçük kâğıtlar, *piyasa ortalaması altında kalan* büyük kâğıtlar tarafından yıllık yüzde beş puana bağlandılar. Bu döngü küçük kâğıtların büyük kâğıtları yaklaşık yüzde dokuzluk bir puanla geçtikleri 1999 yılında tekrar etti, bu durum yatırım bankacılarını kamuya ilk kez yüzlerce sıcak ve küçük yüksek-teknoloji kâğıdı satmaya teşvik etti. Adlarının içinde "elektronik", "bilgisayar", ya da "franchise" olmak yerine, ".com", "optik", "wireless" gibi yeni klişeler ve hatta "e-" ve "I-" gibi önekler bulunuyordu. Klişe yaratmak, her seferinde onlara inananları doğrayan daire-testereler yarattı.

benimsenmesi ya da şirket yönetiminde meydana gelen bir değişiklikle düzeltilebilir.

Son yıllardaki önemli bir yeni neden de küçük şirketlerin, büyükler tarafından, genellikle farklı alanlara yayılma programı kapsamında, devralınmasıdır. Bu örneklerde yakın zamana kadar hüküm süren ucuz fiyatların çok üzerinde cömert ödemeler yapıldı.

Faiz oranları 1970 seviyesinin çok daha altına indiğinde, indirimli hisselerin alanı tahvillere ve talep edilen fiyatlarının çok daha altında satılan imtiyazlı hisse senetlerine kadar uzandı. Bu günlerde içinde bulunduğumuz farklı durumda, teminatlı tahviller %4½ ya da altındaki kupon oranlarında büyük indirimlerle satılmaktadır. Örneğin: 1986 vadeli Amerikan Telefon & Telgraf 2 5/8'leri 1970'te 51 gibi düşük bir fiyattan satıldı; 1983 vadeli Deere & Co. 4½'ları 62 gibi düşük bir fiyattan satıldı. Eğer geçerli faiz oranları önemli ölçüde düşseydi, bu tahviller çok geçmeden birer iskontolu alım fırsatına dönüşebilirdi. İndirimli tahviller için daha geleneksel anlamda, belki de mali zorluk içindeki demiryollarının 20'ler ya da 30'lar içinde satılan ilk-ipotek tahvillerine dönmeliyiz. Bunlar, uzman olmayan yatırımcılar için uygun değildir; gerçek değer anlayışından yoksun olması nedeniyle, uzman olmayan yatırımcı parmaklarını yakabilir. Fakat bu piyasanın düşme eğilimi içinde olmasına dikkat edilmelidir; sonuç olarak bu grup, yatırımcının dikkatli ve cesur analizini ödüllendirebilir. 1948'de sona eren on-yıllık dönemde, milyar-dolarlık temerrüde düşmüş demiryolu tahvilleri grubu, bu alanda sayısız çarpıcı fırsat sundu. O zamandan beri bu tür fırsatlara ender rastlanır oldu, fakat bunlar 1970'lerde geri döneceğe benziyor.*

* Vadesinde ödenmeyen demiryolu tahvilleri bugün kayda değer fırsatlar sunmaz. Bununla beraber, her zaman vurgulandığı gibi yıpranmış ve temerrüde düşmüş çürük tahvillerle birlikte yüksek-teknoloji şirketleri tarafından piyasaya çıkarılan dönüştürülebilir tahviller 2000-2002 piyasa çöküşünün ardından gelen dönemde gerçek değerlerini sunabilirler. Fakat bu alanda çeşitlilik gereklidir –ve yalnızca yıpranmış tahvillere en az 100.000$'lık bir meblağ ayrılmadan bu işe yaramaz. Bundan kat kat fazla paraya sahip bir milyoner değilseniz bu türden bir çeşitlilik tercih etmemelisiniz.

Özel Durumlar ya da "Denemeler"e

Özel durumlar, pek de uzak olmayan bir geçmişte, izleyecekleri yolu iyi bilenlere çekici bir getiri oranını nerdeyse garantileyen bir yatırım alanıydı ve her tür genel piyasa koşulunda getiri sağlamak fırsatı vardı. Gerçekte genel halk kitlesine yasaklanmış bir alan da değildi. Bu türden bir konuda becerisi olanlar işi öğrenebilir, uzun akademik çalışmalara ve stajyerliğe gereksinme duyulmaksızın, oldukça yetenekli uygulayıcılara dönüşebilirlerdi. Diğerleri, bu yaklaşımda saklı olan sağlamlığı tanıyacak, ve kendilerini esas olarak bu türden "özel durumlar"a tahsis edilmiş fonları idare eden genç ve parlak adamlara bağlayacak kadar, uyanık davranacaklardır. Fakat son yıllarda, daha sonra açıklayacağımız nedenlerden dolayı, bu "ara-kazanç ve deneme" alanı daha riskli ve daha az kazançlı olacaktır. Gelecek yıllarda bu alandaki koşullar daha da elverişli hale gelecektir. Yine de her durumda, bu işlemlerin genel doğasını ve çıkış noktasını bir-iki açıklayıcı örnekle özetlemeye değerdir.

Karakteristik "özel durum" ürün çeşitliliği ilkesinin giderek artan sayıda yönetim tarafından benimsenmesi sonucunda, büyük şirketlerin, kendilerinden küçük şirketleri daha fazla oranda satın almasıyla ortaya çıkar. Sıfırdan başlamaktansa, girmek istediği alanda halen varlık gösteren bir şirketi satın almak, çoğunlukla akıllıca bir girişim gibi görünür. Böyle bir satın almayı olası kılmak ve daha küçük şirketin hisse sahiplerinin gerekli çoğunluğu tarafından anlaşmanın kabulünü sağlamak için, her zaman, geçerli düzeyin bir hayli üzerinde bir fiyat teklif etmek gereklidir. Böyle kurumsal hamleler, bu alanı kendisine iş edinenler ve kararları bol deneyimle desteklenen kişiler için ilginç kâr fırsatları sunar.

Çok uzun zaman öncesine gitmeye gerek yoktur, yakın zamanlarda iflas durumundaki demiryolları tahvillerini -demiryolları en sonunda yeniden yapılandığında değerlerinin maliyetlerinin üzerine çıkacaklarını bildikleri tahvilleri- satın alan açıkgöz yatırımcılar büyük paralar kazandılar. Yeniden yapılanma planlarının resmen açıklanmasından sonra bu yeni menkul kıymetlerin "çıkarılma zamanları"nın önem kazandığı bir piyasa ortaya çıktı. Bunlar neredeyse her zaman ilk ihraç edilenlerin maliyetinden bir hayli yüksek fiyata satılabilir ve elden çıkarılırlardı. Her zaman planların tamamlanamaması ve beklenmedik gecikmelerin oluşması riski söz konusuydu, fakat bütün olarak ele alındığında, bu türden "ara-kazanç işlemleri" çok kârlıydı.

1935 mevzuatına uygun kamu hizmeti holdinglerinin dağılmasından sonra ortaya çıkan benzer fırsatlar da vardı. Neredeyse bu girişimlerin tümü, holdingden ayrı bir şirkete dönüştüklerinde çok daha yüksek değerlere sahip oldular.

Burada altta yatan faktör, menkul kıymetler piyasalarının her tür "karmaşık yasal işlemlerle karşı karşıya kalan ihraçların eksik değerlendirilmesi" eğilimidir. Eski bir Wall Street özdeyişi şöyle der: "Bir hukuk davasının asla tarafı olmayın." Bu elindekileri hızlı hareket ettirmek isteyen yatırımcı için güvenilir bir öğüt olabilir. Fakat bu tutumun genel halk kitlesi tarafından benimsenmesi, etkilenen menkul değerlerde zorunlu bir ucuzlama eğilimi yaratır, çünkü bunlar hakkındaki önyargı, fiyatları gereğinden fazla düşük seviyelerde tutar.*

Özel durumlardan faydalanmak, oldukça olağandışı bir düşünce şekli ve donanım gerektirir. Muhtemelen, girişimci yatırımcılarımızın sadece çok küçük bir bölümü bu konunun içine gireceklerdir, ve bu kitap bunun güçlüklerini açıklamak için uygun bir ortam değildir.[6]

Yatırım Kurallarımız Hakkında Daha Kapsamlı İpuçları

Burada şekillendirilen haliyle, yatırım politikası, ilk olarak yatırımcının defansif (pasif) ya da saldırgan (girişimci) rolüne

* Klasik bir yeni örnek Philip Morris'tir. Şirketin hisseleri bir Florida mahkemesinin şirket aleyhinde –ki sonunda sigaranın kansere neden olduğunu kabul etti- 200 milyar dolara kadar cezai tazminata karar vermek üzere jüri üyelerine yetki vermesinden iki gün sonra %23 düştü. Bir yıl içerisinde Philip Morris'in hisseleri -daha sonra Illinois'daki çokmilyar-dolarlı yargıdan sonra yeniden düşmek üzere- iki katına çıkmıştı. Aralarında Johns Manville, W. R. Grace ve USG Corp.'un da olduğu bazı hisse senetleri dava yükümlülükleri nedeniyle neredeyse yok edildiler. Bu sebeple "Bir hukuk davasının asla tarafı olmayın," en gözü kara yatırımcılar dışında herkes için geçerli bir kuraldır.

bağlıdır. Saldırgan yatırımcı, hisse senedi değerleriyle ilgili ciddi anlamda, hatta hisse senedi işlemlerini bir ticari kurum kadar inceleyebilmeyi garantileyecek kadar bilgi sahibi olmalıdır. Bu felsefede, pasif ve saldırgan sınıf arasında başka bir şey, hiçbir başka aşama yoktur. Birçok, belki de çoğu yatırımcı kendisini bir ara kategoriye sokmak ister; oysa kanımızca bu uzlaşma muhtemelen kazançtan çok düş kırıklığı getirecektir.

Bir yatırımcı olarak, işinizde sağlayacağınız normal kâr oranının ancak yarısını yatırımlarında kazanmayı bekleyen "yarım işadamı" olamazsınız.

Bu düşünceden, hisse senedi sahiplerinin büyük kısmının, koruyucu sınıflandırmayı seçmesi gerektiği sonucu çıkar. Çünkü yarım-işe yatırım yapmaya girişecek ne zamanları ne de kararlılıkları ve zihinsel donanımları vardır. Bu nedenle de koruyucu bir portföyün sağladığı kusursuz dönüşümle (hatta daha da azıyla) mutlu olmalı ve bu kazancı artırmak için başka yollara sapmak üzere onları sürekli kışkırtan cazibeyi bastırmalıdırlar.

Girişimci yatırımcı, eğitiminin ve sezgilerinin yeterli olduğu, ve *belirlenmiş iş standartlarına göre ölçüldüğünde* yeterince kârlı görünen her hisse senedi işlemine girişebilir.

Bu gruptaki yatırımcılara yaptığımız öneri ve uyarılarda bu iş standartlarını uygulamaya çalıştık. Defansif yatırımcı için şu koşulları öne sürdük: Hem psikolojik hem matematiksel açılardan temel emniyet, basit seçim ve tatmin edici sonuçlar. Bu kriterler, muhtelif yatırımcılara uygun görünebilecek bir takım hisse senedi sınıflarını önerilen yatırımlar alanının dışına çıkarır. Bu yasaklar ilk bölümümüzde s.52'da listelenmiştir.

Şimdi bu anlatılmak istenenleri öncekinden biraz daha kapsamlı ele alalım.

Üç önemli menkul kıymet kategorisinde "tam fiyattan" alıma karşı gelmiştik: (1) Yabancı tahviller, (2) Sıradan imtiyazlı hisse senetleri ve (3) İkinci sınıf adi hisse senetleri, hiç kuşkusuz bu türden işlemlerin ilk halka arzlarını da kapsayacak şekilde. "Tam fiyat" ile kastettiğimiz, tahviller ya da imtiyazlı hisse senetleri için nominal değere yakın fiyatlardır, adi hisse senetleri söz konusu olduğunda ise kuruluşun adil şirket değerini yansıtan fiyatlardır. Bu kategorilerden, fiyatları ne olursa olsun daha büyük sayıda yatırımcı kaçınmalıdır; girişimci yatırımcı bunları sadece indirimli fiyatlardan satın almalıdır -bu da bizim tanımımıza göre hisse senetlerinin tahmini değerinin üçte ikisinden yüksek olmamalıdır.-

Tüm yatırımcılar bu konularda bizim tavsiyelerimize göre davransalar ne olurdu? Bu mesele s.165'te yabancı tahviller göz önünde tutularak ele alınmıştır ve ekleyecek başka bir şeyimiz yoktur. Yatırım-dereceli imtiyazlı hisse senetleri bir tek, ihraçlarının sahiplerine sağladıkları özel gelir-vergisi statüleri nedeniyle, sigorta şirketleri gibi kurumlar tarafından satın alınacaklardır.

Politikamızın en can sıkıcı sonucu, ikinci sınıf adi hisse senetleri alanındadır. Eğer yatırımcıların büyük çoğunluğu, defansif kategoride olmaları nedeniyle, bunlardan satın almazsa, olası alıcıların alanı ciddi bir biçimde kısıtlanmış olur. Bunun da ötesinde, eğer saldırgan yatırımcılar bunları sadece indirimli düzeylerden satın alırlarsa, bu ihraçlar, akılsızca alım durumları dışında, borsa rayiçlerinden çok daha düşük değerlerde satılmaya mahkûm olacaklardır.

Bu ciddi ve hatta biraz da ahlak dışı görünebilir. Oysa gerçekte, geçmiş 40 yılın büyük kısmında bu alanda gerçekten neler olduğunu zar zor anlıyoruz. İkinci sınıf senetler, çoğunlukla, kendi borsa rayiçlerinin oldukça altında bir merkez düzeyinde inip çıkarlar. Zaman zaman bu değere ulaşır ve hatta geçerler; fakat bu yükselen piyasaların zirve yaptığı dönemlerdedir; pratik deneyimlerden alınan dersler, hisse senetlerine bu cari fiyatlarda yatırım yapmanın güvenli olmadığını gösterir.

Bu nedenle biz, saldırgan yatırımcının ikinci sınıf senet şartlarını kabullenmelerini ve kendi alım seviyelerine eşlik etmesi için, bu sınıf için normal olan, "merkez piyasa düzeyleri"ni kullanmalarını öneriyoruz.

Yine de burada bir paradoks vardır. İyi-seçilmiş ikinci sınıf bir şirket, endüstri lideri olan şirket kadar ümit verici olabilir. Daha küçük olan kuruluş, kendi eksiğini yüksek büyüme olasılıklarıyla kolayca telafi edebilir. İkinci sınıf senetlerin tam "işletme değerleri"nden alımı için "akılsızca" deyimini kullanmak, bazı okuyucularımıza mantıksız gelebilir. En güçlü mantığın ise deneyim olduğunu düşünüyoruz. Finans tarihi, yatırımcının ikincil adi hisse senetlerinden tatmin edici sonuçlar bekleyebilmek için borsa dışı özel bir yatırımcının vereceği fiyattan daha düşük bir fiyattan -kelepir fiyat- alması gerektiğini söyler.

Son cümle bu ilkenin *dışarıdaki* sıradan yatırımcıyla bağlantısını gösterir. İkincil bir şirketi *kontrol* edebilen ya da böyle bir kontrole sahip, şirket içindeki bir grubun parçası olan herhangi bir kişi, "aile şirketi"ne ya da diğer özel işlere yatırım yaptığı zaman kullandığı aynı ilkelere dayanarak, bu hisseleri satın alabilir. İçeridekilerin ve dışarıdakilerin konumuyla bunu izleyen yatırım politikası arasındaki ayrım, işletmenin önemi *azaldıkça* daha fazla önem kazanır. Tek bağımsız hissenin, genellikle kontrollü bloktaki hisse kadar değer taşıması, birincil ya da önde gelen şirketlerin temel özelliğidir. İkincil şirketlerde ise bağımsız bir hissenin ortalama borsa değeri önemli ölçüde ana şirkete olan değerinden daha azdır. Bu nedenden dolayı, hissedar-yönetim ilişkileri ve içeridekilerle dışarıdaki hissedarlar arasındaki ilişki konusu ikincil şirketlerde ana şirketlerde olduğundan daha önemli ve daha çekişmelidir.

Bölüm 5'in sonunda ana ve ikincil şirketler arasında hızlı ve güçlü bir ayrım yapmanın zorluğundan söz ettik. Sınırda olan pek çok adi hisse senedi düzgün olarak, ara fiyat tutumu sergileyebilir. Bir yatırımcının, böyle bir hisse senedi ihracını, gösterilen ya da tahmini değeri üzerinden *küçük* bir indirimle alması, öncelikli sınıfa çok yakın olması nedeniyle nitelik olarak yetersiz olsa da, çok yakın bir zamanda böyle bir derecelendirmeye girebileceği kuramına dayanarak, mantıksız sayılmaz.

Bu nedenle, ana ve ikincil hisse senetleri arasındaki sınır çok da kesin değildir; çünkü eğer öyle olsaydı, o zaman küçücük bir kalite farkı, gerekçeli fiyatta büyük bir değer farkı yaratırdı. Bunu söylerken, yatırımcıların sınıflandırmasında bir ortak noktaya önceden karşı-görüş bildirmiş olmamıza karşılık, adi hisse senetlerinin sınıflandırmasında ise böyle bir ortak noktayı kabullenmiş oluyoruz. Bu belirgin tutarsızlık için şöyle bir gerekçemiz vardır: Tek bir hisse senedindeki görüş belirsizliğinin büyük bir zararı olmayacaktır, zira böyle durumlar istisnadır ve çok önemli bir tehlike söz konusu değildir. Fakat yatırımcının defansif ya da saldırgan olmak konusundaki seçimi onun için büyük sonuç taşır; bu nedenle esas kararını verirken kafasının karışmasına ve bunu riske atmasına izin vermemelidir.

YEDİNCİ BÖLÜM ÜZERİNE YORUMLAR

Büyük servet yapmak için çok fazla cesaret ve çok fazla dikkat gerekir; ona sahip olduğunuzda bunu elinizde tutabilmek için ise on kat daha fazla akla ihtiyacınız vardır.

-Nathan Mayer Rothschild

ZAMANLAMA HİÇBİR ŞEYDİR

Akıllı bir yatırımcı, ideal bir dünyada, elindeki kâğıtları ucuz olduklarında elinde tutacak, fiyatları yükseldiğinde onları satacak, sonra tahvil ve nakit ambarının içine dalacak ve hisse senetleri yeniden satın alınacak düzeye inene kadar, elinde nakit bulundurarak, bekleyecektir. Bir araştırma, 1966'dan 2001 sonlarına kadar sürekli olarak hisse senetlerinde tutulan 1 doların sonunda 11.71$'a yükseldiğini ortaya koymuştur. Fakat eğer hisse senetlerinizi, her yılın en kötü beş gününden önce elinizden çıkarmışsanız, baştaki 1$'ınız 987.12$ olmuştur.[1]

Bu da çoğu sihirli borsa fikri gibi, el çabukluğuna dayanır. Tam olarak nasıl hangi beş günün yılın en kötü beş günü olduğunu -o günler gelmeden *önce*- bileceksiniz (ya da bilecekler)? *New York Times,* 7 Ocak 1973'te yatırımcıları hiç kuşkulanmadan hisse senedi almaya kışkırtan ulusun en önde gelen tahmincilerinden biriyle bir söyleşi yapmıştı: "Şimdi bulunduğunuz koşulsuz

[1] "The Truth AboutTiming," [Zamanlama Hakkındaki Gerçek –ç.n.] *Barron's*, 5 Kasım 2001, s. 20. Bu makalenin başlığı akıllı yatırımcı için ebedi bir ilkenin anımsatıcısıdır. Yatırımla ilgili bir makalede nerede "gerçek" sözcüğünü görürseniz kendinizi hazırlayın; bundan sonra gelecek alıntıların çoğu muhtemelen yalandır. (Öncelikle, 1966'da hisse senedi satın alan ve bunları 2001 sonlarına kadar elinde tutan bir yatırımcı, işi en az 40$ ile bitirecektir, 11.71$ ile değil; *Barron's*'dan alıntılanan araştırmada kâr paylarının yeniden yatırımı göz ardı edilmiştir.)

yükseklikte bir daha bulunmanız çok ender rastlanan bir durumdur." Bu tahmincinin adı Alan Greenspan idi ve daha sonra hiç kimsenin, geleceğin Merkez Bankası başkanı olacak bu kişinin, o gün yanıldığı kadar yanıldığı görülmedi; 1973 ile 1974 ekonomik büyüme ve borsa açısından Büyük Buhran'dan sonraki en kötü yıllar oldu.[2]

Acaba profesyoneller borsayı Alan Greenspan'den daha iyi bir şekilde zamanlayabilirler mi? Borsa-zamanlama firması R. M. Leary&Co.'nun başkanı Kate Leary Lee, 3 Aralık 2001'de "Ekonomik gerilemenin çoğunun arkamızda olduğunu düşünmemek için hiçbir neden göremiyorum," diyerek düşüncesini açıkladı. "Bu, borsada olmak isteyeceğiniz zamandır," diye ekleyerek 2002'nin ilk çeyreğinde hisse senetlerinin "iyi görüneceği" öngörüsünde bulundu.[3] Sonraki üç ay içerisinde hisse senetleri %28 gibi çok düşük bir kazanç getirdi ve efektif paranın yüzdelik 1.5 puan kadar da altında kaldı.

Leary yalnız değildi. Duke Üniversitesi'nden iki finans profesörü tarafından yapılan bir araştırmada bütün borsa-zamanlama haber bültenlerinin en iyi %10'unun takip edilmesi durumunda, 1991'den 1995'e kadar yıllık olarak hesaplanmış %12.6'lık bir kazanç sağlanacağı belirtiliyordu. Fakat bunlardan kaçınıp, parayı bir hisse senedi endeksli yatırım fonuna yatırmak %16.4 kazandıracaktı.[4]

Danimarkalı felsefeci Søren Kierkegaard'ın da belirttiği gibi, "Hayat yalnızca geriye doğru anlaşılabilir-ama ileri doğru yaşanmalıdır." Geriye baktığınızda, ne zaman almanız ve ne zaman satmanız gerektiğini hep kesin ve net bir şekilde görürsünüz. Fakat

[2] New York Times, 7 Ocak 1973, özel "Ekonomik Araştırma" bölümü, ss. 2, 19, 44

[3] Basın duyurusu "R. M. Leary&Company, borsaya girmek için iyi bir zaman, diyor," 3 Aralık 2001.

[4] Ayrıca yıllık abonelik ücretlerinde (bu haber bültenlerinin dönüşümlerinin tahminlerinde hesaptan düşülmemiş olan) binlerce dolar biriktirebilirdiniz. Ve aracı ücretleri ve kısa-vadeli sermaye kazancı vergileri borsa zamanlayıcıları için al-ve-tut yatırımcılarından genellikle çok daha yüksektir. Duke araştırması için bakınız John R. Graham ve Campbell R. Harvey, "Grading the Performance of Market-Timing Newsletters," [Borsa-Zamanlama Bültenlerinin Performans Sınıflandırması] *Financial Analysts Journal*, Kasım/Aralık, 1997, ss. 54-66, ayrıca www.duke.edu/~charvey/research.htm.'de de bulunabilir.

gerçek zamanda ne zaman borsaya girip çıkabileceğinizi görebileceğinizi sanarak, kendinizi aldatmayın. Finans piyasalarında, geriye bakış her zaman 20/20'dir fakat ileri bakış yasal olarak kördür. Ve bundan dolayı, çoğu yatırımcı için borsa zamanlaması pratik ve duygusal bir imkânsızlıktır.[5]

YUKARI ÇIKAN...

Tıpkı stratosferde yükselirken hız kazanan uzay araçları gibi, yükselen hisse senetleri de yerçekimine karşı gelirler. Şimdi 1990'ların yükselen en sıcak üç hisse senedine bakalım: General Electric (GE), Home Depot ve Sun Microsystems. (Bakınız Şekil 7-1.)

1995'ten 1999'a kadar her yıl, bunların ayrı ayrı her biri daha da büyüdü ve daha kârlı bir hale geldi. Sun'da gelirler ikiye katlandı, Home Depot'ta iki katının da üzerine çıktı. Value Line'a göre, GE'nin gelirleri %29 arttı; kazançları %65 yükseldi. Home Depot ve Sun'da hisse başı kazanç kabaca üç katına çıktı.

Fakat başka bir şey daha gerçekleşmekteydi ve bu durum Graham'i hiçbir şekilde şaşırtmayacaktı. Bu şirketlerin büyüme hızı arttıkça, hisse senetleri daha da pahalılaşıyordu. Hisse senetlerinin ait oldukları şirketlerden daha hızlı büyümeleri, her zaman yatırımcılar için hüsranla sonuçlanır. Şekil 7-2'nin gösterdiği gibi: *Hisse senetleri için çok fazla fiyat ödediğiniz bir büyük şirket, büyük bir yatırım demek değildir.*

Bir hisse senedi ne kadar yükselirse, yukarı çıkışını sürdürmeye o kadar meyillidir. Fakat bu sezgisel inanç, finansman fiziğine ait temel bir kuralla açıkça çelişir: Büyüdükçe, büyümeler yavaşlar. 1 milyar dolarlık bir şirket, satışlarını kolayca ikiye katlayabilir; oysa 50 milyar dolarlık bir şirket, çalışmaya hazır bir başka 50 milyar dolar bulmak için ne tarafa dönebilir?

Yükselen hisse senetleri fiyatları mantıklıyken alınmaya değerdir, fakat fiyat / kazanç oranları 25 ya da 30'un çok fazla üzerine çıktığında fiyatlar çirkinleşir:

[5] Borsa zamanlamada daha akla yatkın seçenekler -yeniden dengeleme ve ortalama dolar-maliyeti- için bakınız Bölüm 5 ve 8.

- Gazeteci Carol Loomis, 1960'tan 1999'a kadar *Fortune*500 listesindeki en büyük 150 şirketten sadece sekizinin, yirmi yıllık bir dönem içerisinde kazançlarını en az %15'lik bir yıllık ortalamayla yükseltmeyi becerebildiklerini ortaya çıkardı.[6]
- Sanford C. Bernstein&Co. araştırma şirketinin elli yıllık verilerine baktığımızda, arka arkaya gelen en az beş yıllık bir süre boyunca büyük ABD şirketlerinin sadece %10'u kazançlarını %20 artırmıştır, sadece %3'ü en az 10 yıl boyunca muntazam %20 büyümüştür ve bir tek tanesi bile bunu 15 yıl boyunca sürekli yapamamıştır.[7]

[6] Carol J. Loomis, "The 15% Delusion," [%15 Çılgınlığı] *Fortune*, 5 Şubat, 2001, ss. 102-108.

[7] Bakınız Jason Zweig, "A Matter of Expectations," [Tahmin İşi] *Money*, Ocak 2001, ss. 49-50

ŞEKİL 7-1 Yukarı, Yukarı ve Uzağa

		1995	1996	1997	1998	1999
General Electric	Gelirler (milyon $ olarak)	43.013	46.119	48.952	51.546	55.645
	Hisse başına düşen kazanç ($)	0.65	0.73	0.83	0.93	1.07
	Hisse senedinin yıllık getirisi (%)	44.5	40.0	50.6	40.7	53.2
	Yılsonu fiyat-kazanç oranı	18.4	22.8	29.9	36.4	47.9
Home Depot	Gelirler (milyon $ olarak)	15.470	19.536	24.156	30.219	38.434
	Hisse başına düşen kazanç ($)	0.34	0.43	0.52	0.71	1.00
	Hisse senedinin yıllık getirisi (%)	4.2	5.5	76.8	108.3	68.8
	Yılsonu fiyat-kazanç oranı	32.3	27.6	37.5	61.8	73.7
Sun Microsystems	Gelirler (milyon $ olarak)	5.902	7.95	8.598	9.791	11.726
	Hisse başına düşen kazanç ($)	0.11	0.17	0.24	0.29	0.36
	Hisse senedinin yıllık getirisi (%)	157.0	12.6	55.2	114.7	261.7
	Yılsonu fiyat-kazanç oranı	20.3	17.7	17.9	34.5	97.7

Kaynaklar: Bloomberg, Value Line

Notlar: Gelirler ve kazançlar mali yıl içindir; hisse senedi dönüşümü takvim yılı içindir; fiyat/kazanç oranı ise 31 Aralık fiyatının önceki dört çeyrek için bildirilen kazançlara bölünmesidir.

TABLO 7-2 Test Hisse Senetlerde Yıllık Ortalama Kazanç ya da Zarar 1937-1969

	Hisse senedi fiyatı 31/12/99	Hisse senedi fiyatı 31/12/02	F/K oranı 31/12/99	F/K oranı Mart 2003
General Electric	51.58$	24.35$	48.1	15.7
Home Depot	68.75$	23.96$	97.4	14.3
Sun Microsystems	38.72$	38.72$	123.3	u/d

u/d: Uygun değil; Sun 2002'de net zarar gösterdi.

Kaynaklar: www.morningstar.com, yahoo.marketguide.com

- 1951'den 1988'e kadar binlerce ABD hisse senedinin akademik araştırması 10-yıllık dönemler içerisinde, net kazançların yıllık %9.7'lik bir ortalamayla büyüdüğünü ortaya çıkardı. Fakat şirketlerin %20'sini oluşturan en büyükler için, kazançlar yılda ortalama sadece %9.3 büyüdü.[8]

Pek çok kurumsal lider bile bu oranları anlamakta zorluk çeker (s. 214'teki ek bilgi kutusuna bakınız). Bununla birlikte, akıllı yatırımcı, yükselen büyük kâğıtlarla en popüler oldukları dönemlerde değil, bir şeyler ters gittiğinde ilgilenir. Temmuz 2002'de Johnson & Johnson kendi ilaç fabrikalarından birinde hatalı kayıt tutma suçlamalarının Federal düzenleyiciler tarafından araştırıldığını duyurduğunda hisse senetleri bir gün içerisinde %16 değer yitirdi. Bu durum J&J'in hisse fiyatlarını önceki 12 ayın kazançlarının 24 katından 20 katına çekti. Johnson & Johnson, bu düşük düzeyde- bir kez daha yükselen hisse senedi olmayı deneyebilir ve bunu Graham'in "göreceli popüler olmayan büyük şirket" olarak adlandırdığı örneğe dönüştürebilirdi, şimdi büyüyecek yeri

[8] Louis K. C. Chan, Jason Karceski ve Josef lakonishok, "The Level and Persistence of Growth Rates," [Büyüme Oranlarının Seviyesi ve Kalıcılığı] National Bureau of Economic Research, Working Paper [Çalışma Belgesi] No. 8282, Mayıs 2001, www.nber.org/papers/w8282.

vardı.[9] Bu türden bir geçici rağbet görmeme durumu, büyük bir şirketin hisselerini ucuza almanıza yol açarak kalıcı bir servet yaratmanızı sağlayabilir.

ALDATICI POTANSİYEL İÇİN YÜKSEK POTANSİYEL

Hiper-büyümenin sonsuza kadar süreceği yanılgısının tek kurbanı yatırımcılar değildir.

Şubat 2000'de Nortel Networks'ün başkanı John Roth'a dev fiber-optik fabrikasının daha ne kadar büyüyeceği sorusu soruldu. Roth, buna "Endüstri her yıl %14 ile %15 arası büyüyor, biz ise bundan altı puan daha hızlı büyüyeceğiz. Bizim çapımızda bir şirket için bu oldukça kolay bir iştir," şeklinde bir yanıt verdi. Önceki altı yıl içerisinde yaklaşık yıllık %51 yükselmeyle ilerleyen Nortel'in hisse senetlerinin alım-satımı, o sıralarda Wall Street'in 2000 tahmininin 87 katıydı. Hisse senetleri yüksek fiyattan mı satılıyordu? "Oralara doğru gidiyor," diye omuz silkti Roth "fakat kablosuz strateji üzerinde çalıştığımız sürece yüksek değerlerimizi artırmak için hâlâ yeterince yer bulunmaktadır." ("Neticede, Cisco Sistemleri öngörülen kazançlarının 121 katı kadar alım-satım yapmaktadır!" diye de ekledi.)[1]

Kasım 2000'de başkanı John Chambers, Cisco için, şirketinin yıllık en az %50 büyümeye devam edebileceği konusunda ısrar etti. "Mantık, bunun bir atak olduğunu gösterecektir," diye açıkladı. Cisco'nun hisse senetleri çok aşağı inmişti –o sırada önceki yılın kazançlarının sadece 98 katı kadar alım-satıma sahipti- ve Chambers yatırımcıları almaya zorluyordu. "Peki kime oynayacaksınız?" diye sordu. "Fırsat şimdi olabilir."[2]

Oysa tam tersine büyüyen bu şirketler büzüldü –ve yüksek fiyatlı hisseleri kuruyup buruştu. Nortel'in gelirleri 2001'de %37 düştü ve şirket yılda 26 milyar dolardan faz-

[9] Tam tamına 20 yıl evvel, Ekim 1982'de, bilinmeyen bir yabancı tarafından içine siyanür katılan Tylenol'u yutan birkaç kişinin ölmesinden sonra Johnson & Johnson'ın hisse senetleri bir hafta içerisinde değerlerinin %17.5 altına düştü. Johnson & Johnson buna, kurcalamaya-dayanıklı paketlemeye öncülük ederek yanıt verdi ve hisse senetleri 1980'lerin büyük yatırımlarından biri olmaya devam etti.

la para kaybetti. Cisco'nun gelirleri 2001'de %18 yükseldi, fakat şirket 1 milyar dolardan fazla bir net zararla karşılaştı. Roth konuşurken 113.50$ olan Nortel hisseleri 2002'yi 1.65$'la kapattılar. Chambers, şirketini "ani atak"ta olarak nitelendirdiğinde 52$ olan Cisco hisseleri 13$'a düştü.

O zamandan beri her iki şirket de gelecekle ilgili tahminlerinde daha tedbirli davranıyor.

[1] Lisa Gibbs, "Optic Uptick," [Optik Artış] *Money*, Nisan 2000, s. 54-55

[2] Brooke Southall, "Cisco's Endgame Strategy," [Cisco'nun Son Aşama Stratejisi] *Investment News*, 30 Kasım 2000, s. 1, 23.

BÜTÜN YUMURTALARINIZI AYNI SEPETE Mİ KOYMALISINIZ?

Andrew Carnegie bir yüzyıl kadar önce "Bütün yumurtalarınızı aynı sepete koyun ve sonra o sepete çok dikkat edin," demişti. "Şansınızı dağıtmayın... Yaşamdaki büyük başarılar yoğunlaşma sayesinde sağlanır." Graham'in vurguladığı gibi "adi hisse senetlerinden kaynaklanan gerçek büyük servetler" bütün paralarını çok iyi bildikleri bir yatırıma koyanlar tarafından elde edilmiştir.

Amerika'da en zenginlerin neredeyse hepsi varlıklarını tek bir endüstrideki ve hatta tek bir şirketteki toplu yatırımlarına dayandırırlar (Bill Gates ile Microsoft'u, Sam Walton ile Wal-Mart'ı ya da Rockefellers ile Standard Oil'u aklınıza getirin). 1982'de ilk derlendiğinden bu güne kadar *Forbes* 400 en zengin Amerikalılar listesine, örneğin, hep dağıtılmamış servetler egemen olmuştur.

Buna karşılık, küçük servetlerin neredeyse hiçbiri bu şekilde edinilmemiştir –ayrıca bu şekilde *devam ettirilen* büyük servetlerin sayısı da çok fazla değildir. Carnegie'nin söz etmeyi unuttuğu şey, bu yoğunlaşmanın aynı zamanda yaşamdaki en büyük *başarısızlıkların* da nedeni olduğudur. Yeniden *Forbes*'in "Zenginler Listesi"ne bakalım. 1982'de ortalama bir *Forbes* 400 üyesinin net zenginliği 230 milyon dolardı. Vasat bir 1982 *Forbes* 400 üyesinin, 2002'deki *Forbes* 400'e kadar gelebilmek için -banka hesaplarının bile bundan daha fazlasını verdiği ve borsanın ortalama %13.2 kazandığı bir dönemde- servetinin üzerine sadece ortalama %4.5'luk bir yıllık dönüşüm alması yeterliydi.

Buna göre, acaba 1982'deki *Forbes* 400 listesinden kaç kişi 20 yıl sonra hâlâ listede kalmaya devam ediyordu, dersiniz? İlk üyelerden sadece 64'ü -%16'lık çok düşük bir oran- 2002'de hâlâ aynı listedeki yerlerini korudular. Bütün yumurtalarını aynı sepette tutarak -petrol ve gaz, ya da bilgisayar ve bilgisayar donanımı sistemleri, ya da temel üretimler gibi bir zamanların gelişen sanayilerindeki- listeye giren bütün diğer üyeler düşmüşlerdi. Zor günler gelip çattığında, bu insanların hiçbiri -büyük servetlerin getirdiği bütün büyük üstünlüklere karşılık- gereğince hazırlıklı değillerdi. Tek yapabilecekleri şey, bir kenara çekilerek sürekli değişen ekonominin ellerindeki tek sepeti ve yumurtalarını kırmasını beklemek olacaktı.[10]

UCUZLUK SEPETİ

Bitmek tükenmek bilmez ağ bağlantılarına sahip dünyamızda Graham'in ucuzluk kriterlerini karşılayacak bir dizi hisse senedi oluşturmak ve almak çok kolay, diye düşünebilirsiniz (s. 198). İnternetin yardımı olsa da işin çoğunu elle yapmak zorundasınız.

Bugünkü *Wall Street Journal*'ı alın, "Para & Yatırım" bölümünü açın ve geçmiş yıl içerisinde yeni taban yapan o günün hisse senedi listesini bulmak üzere NYSE ve NASDAQ sonuç çizelgelerine bakın -bu, Graham'in net-işletme-sermayesi testlerini geçebilen şirketleri araştırmanın en kolay ve çabuk yoludur. (Çevrim için şunu deneyin: http://quote.morningstar.com/highlow.html?msection=HighLow.)

Bir hisse senedinin net işletme sermayesi değerinin (Graham'in takipçilerinin "net netleri" olarak adlandırdıkları şey) altında satıp satmadığını görmek için şirketin internet sitesinden ya da www.sec.gov. adresindeki EDGAR veritabanından, en yeni üç aylık ya da yıllık raporu yükleyin ya da isteyin. Şirketin cari değerlerinden, herhangi bir imtiyazlı hisse senedini ya da uzun-vadeli

[10] *Forbes* 400 listesinde kalmanın çok zor olduğu görüşü için, yatırım yöneticisi Kenneth Fisher'a (kendisi de *Forbes* köşeyazarıdır) minnettarım.

borcu da dahil ederek, pasifler toplamını çıkartın. (Ya da halk kütüphanenizdeki Value Line Investment Survey'in bir nüshasına başvurun, böylece bir yıllık yüksek abone ücretini ödemekten kurtulmuş olursunuz. Her sayı, Graham'in tanımına uyan "İndirimli Hisse Senetleri" listesi sunar.) Bu kâğıtların çoğu, yüksek-teknoloji ve telekomünikasyon gibi son zamanlarda bombalanmış olan alanlardadır.

31 Ekim 2002 itibariyle, örneğin, Comverse Technology'nin kendisine 1.4 milyar dolarlık net işletme sermayesi sağlayacak şekilde, cari değerlerde 2.4 milyar doları, ve pasifler toplamında 1.0 milyar doları vardı. 190 milyonun altında hisse senedi ve hisse başına 8$'ın altında bir fiyatla, Comverse 1.4 milyar doların biraz altında bir toplam piyasa değerine sahipti. Hisselere, Comverse'ün nakdi ve stok mevcudunun üzerinde fiyat verilmemesi nedeniyle, şirketin devam etmekte olan işi, esasında bedavaya satılıyordu. Graham'in da öngördüğü gibi, Comverse gibi bir şirketin hisselerinde hâlâ para kaybedebilirsiniz -bu nedenle bunları her seferinde sadece birkaç düzine bulabildiğiniz zamanlarda satın almalı ve sabırla elinizde tutmalısınız. Fakat Bay Piyasa'nın gerçek ucuzluk yarattığı çok ender durumlarda, her halükârda para kazanacağınızdan emin olabilirsiniz.

DIŞ POLİTİKANIZ NEDİR ?

Yabancı hisse senetlerine yatırım yapmak akıllı yatırımcı için zorunlu değildir, fakat kesinlikle tavsiye edilir. Neden? Küçük bir düşünce deneyi yapalım. 1989'un sonundasınız ve Japonsunuz. İşte gerçekler:

- Geçmiş 10 yıl içerisinde, borsanız yıllık ortalama %21.2 değer kazanmıştır, bu ABD'deki %17.5 yıllık kâr oranının iyice önündedir.
- Japon şirketleri, Birleşik Devletler'den, Pebble Beach golf kursundan tutun da Rockefeller Center'a varıncaya kadar her şeyi satın almaktadırlar. Aynı arada ise Drexel Burnham Lambert, Financial Corp. of America ve Texaco gibi Amerikan şirketleri iflas etmektedirler.

- ABD yüksek-teknoloji endüstrisi ölüyor. Oysa Japonlar'ınki patlıyor.

Yükselen güneşin ülkesinde, 1989'da, Japonya dışına yatırım yapmanın otomatik suşi-satış-makinelerinden sonra gelen en aptalca fikir olduğu sonucuna varabilir ve doğal olarak da bütün paranızı Japon hisse senetlerine yatırırsınız.

Sonuç? Sonraki on yıl içerisinde paranızın kabaca üçte ikisini kaybedersiniz.

Ders? Japonya'daki gibi, yabancı borsalara yatırım yapmamanız gerektiği şeklinde değildir; Japonlar paralarının tümünü asla içeride tutmamalıydı. Sizin için de aynı şey geçerlidir. ABD'de yaşıyor, çalışıyor ve Amerikan Doları üzerinden maaş alıyorsanız, daha şimdiden ABD ekonomisi üzerine çok katmanlı bir yatırım yapmışsınız demektir. Tedbirli olmak için, yatırım portföyünüzün bir kısmını başka bir yerde tutmalısınız –çünkü hiç kimse, hiçbir yerde, geleceğin dünyaya, ya da ülkenize ne getireceğini bilemez. Paranızın üçte birini yabancı hisseleri içeren yatırım fonlarına yatırmak (yükselen piyasaları da dahil ederek) kendi arka bahçemizin her zaman yatırım yapılacak en iyi yer olmaması riskine karşı iyi bir sigortadır.

BÖLÜM 8

Yatırımcı ve Piyasa Dalgalanmaları

Bir yatırımcı, fonlarının diğerlerine göre vadesi daha kısa olan -yedi yıl ve altında bir süre- üst-sınıf tahvillere yatırılmaları ölçüsünde piyasa fiyatlarındaki değişikliklerden önemli ölçüde etkilenmeyecektir, bu nedenle onları dikkate almamalıdır. (Bu her zaman maliyet-fiyatından ya da fazlasından paraya çevrilebilecek olan ABD tasarruf tahvili yatırımları için de geçerlidir.) Daha-uzun-vadeli tahvillerin, vade süreleri boyunca göreceli olarak daha geniş fiyat salınımları olabilir ve adi-hisse-senedi portföyünün birkaç yıllık bir dönem içerisinde değer dalgalanmasına tutulacağı da neredeyse kesindir.

Yatırımcı, bu olasılıkları bilmeli ve onlara karşı hem mali açıdan hem de psikolojik açıdan hazırlıklı olmalıdır. O, piyasa seviyesindeki değişikliklerden -zamanla artan hisse değerleriyle ve belki de avantajlı fiyatlarla alım ve satım yaparak- fayda sağlamak isteyecektir. Onun açısından bu kaçınılmaz bir çıkardır ve bu konuda yeterince haklıdır. Fakat onu spekülatif davranışlara ve faaliyetlere sürükleyebileceği tehlikesini de içinde taşır. Bizim için, size spekülasyon yapmayın, demek çok kolaydır, oysa bu nasihate uymak çok zordur. Başlangıçta söylemiş olduğumuzu yineleyelim: Eğer spekülasyon yapmak istiyorsanız, gözlerinizi açın da öyle yapın ve muhtemelen sonunda para kaybedeceğinizi bilin; riske attığınız miktarı sınırladığınızdan ve bunu yatırım programınızdan tümüyle ayırdığınızdan emin olun.

Öncelikle adi hisse senetlerindeki fiyat değişiklikleri gibi daha önemli bir konuyu ele alacağız ve daha sonra tahvillere geçeceğiz. Bölüm 3'te, borsanın geçmiş yüzyıl içerisindeki hareketlerinin tarihi bir araştırmasını vermiştik. Bu bölümde zaman zaman bu malzemeye geri dönecek ve geçmiş kayıtların yatırımcıya ne sözü verdiğini -başarılı yükselişler ve düşüşlerde göreceli olarak değişmeden kalan portföyün uzun vadede değer kazanması biçiminde, ya da düşen piyasanın tabanlarında satın alıp, yükselen piyasanın tavanlarına yakın satarak- göreceğiz.

Yatırım Kararlarını Yönlendiren Piyasa Dalgalanmaları

Hisse senetlerinin, yatırım kategorisindekiler de dahil olmak üzere geniş ve yinelenen dalgalanmalara sahip olmaları nedeniyle akıllı bir yatırımcı, bu sarkaç salınımlarından kâr sağlama olanaklarının peşine düşmelidir. Bunu yapmanın iki olası yolu vardır: *zamanlama* yolu ve *fiyatlandırma* yolu. Zamanlama ile borsanın hareketlerini öngörmeye çalışmaktan söz ediyoruz –gelecekteki yönünün yukarıya doğru olacağı düşünüldüğünde satın almak ya da elde tutmak, yön aşağı döndüğünde satmak ya da almaktan sakınmak. Fiyatlama ile, hisse senetlerini borsada gerçek değerlerinin altında işlem gördüklerinde satın almak ve bu değerin üzerine çıktıklarında satmak için çalışmaktan bahsediyoruz. Fiyatlama yöntemini daha az iddialı biçimde uygulamak için, hisse senetlerinizi satın alırken çok fazla para ödemediğinizden emin olmalısınız. Bu, uzun-vadeli elde tutmaya yoğunlaşmış defansif yatırımcı için yeterlidir; fakat böyle olunca da piyasa düzeylerine gereken minimum dikkat gösterilmelidir.[1]

Biz, akıllı bir yatırımcının her iki türde fiyatlamadan da tatmin edici sonuçlar elde edebileceğine inanıyoruz. Aynı şekilde şundan da eminiz, eğer gücünü zamanlama üzerinde yoğunlaştırırsa, tahmin açısından, sonunda bir spekülatöre dönüşecek ve bir spekülatörün parasal sonuçlarına sahip olacaktır. Meslekten olmayanlar için bu ayrım çok belirsizdir ve Wall Street'te genellikle kabul görmez. Bir iş yapış olarak ya da belki esaslı bir fikir olarak, brokerleri ve yatırım servisleri, hem yatırımcılarının hem de spekülatörlerin hisse senedi piyasa tahminlerine çok dikkat etmeleri gerektiği fikrinde birleşirler.

Kişi Wall Street'ten uzaklaştıkça, menkul kıymetler piyasası tahminleri ve zamanlamaları hakkındaki iddialar konusunda giderek artan bir kuşkuya kapılacaktır. Yatırımcı neredeyse her gün ortaya atılan ve isterse seçip kullanabileceği sayısız tahmini pek ciddiye almamalıdır. Yine de pek çok durumda onlara kulak verir ve hatta onlara göre hareket eder. Neden? Çünkü borsanın gelecekteki seyrine dair *bazı* görüşlerin kendisi için önemli olduğuna inandırılmıştır, broker ya da yatırım hizmeti tahminlerinin en azından kendisininkinden daha güvenilir olduğunu düşünmektedir.*

Burada piyasa tahmin işinin olumlu ve olumsuz yönlerini tartışmak için yeterince yerimiz yoktur. Bu alana giren çok fazla beyin gücü vardır ve hiç kuşkusuz *bazı insanlar* borsa analisti olarak iyi paralar kazanırlar. Fakat *genel kitlenin* piyasa tahminlerinden para kazanabileceğini düşünmek ise saçma olur. Bir sinyal verildiğinde, genel halk kitlesi kâr etmek üzere satmak için koşturduğunda, alıcı kim olacaktır? Eğer sen, okuyucu, bir sistemi ya da piyasa tahmini liderini izleyerek yıllar içerisinde zengin olmak istiyorsan, sayısız insanın amaçladığını da yapmaya çalışmalı ve üstelik bunu, piyasadaki sayıca çok fazla olan rakiplerinden daha iyi yapmalısın. Tipik ya da sıradan bir yatırımcının piyasa hare-

* 1990'ların sonlarında "piyasa stratejisi uzmanlarının" ön tahminleri daha önce olduğundan daha etkin bir hale gelmişti. Ne yazık ki pek de doğru çıkmadılar. 10 Mart 2000'de tam da NASDAQ bileşik endeksinin tüm-zamanların en yükseği 5048.62'ye eriştiği gün, İhtiyat Fonları'nın en üst düzeydeki teknik analisti Ralph Acampora *USA Today*'de NASDAQ'ın 12 ile 18 ay arası bir süre içerisinde 6000'e ulaşmasını beklediğini açıkladı. Beş hafta sonra, NASDAQ 3321.29'a gerilemişti –fakat Donaldson, Lufkin&Jenrette'de bir piyasa strateji uzmanı olan Thomas Galvin "NASDAQ için en fazla 200 ya da 300 puanlık bir iniş ya da 2000 puanlık bir çıkış olasılığı olabilir," dedi. Hiçbir çıkış olmadığı gibi, 2000 puanın üzerinde bir iniş söz konusu oldu ve NASDAQ 9 Ekim 2002'de 1114.11 ile dibe vurana kadar düşmeye devam etti. Mart 2001'de, Goldman, Sachs&Co.'nun baş yatırım stratejisti Abby Joseph Cohen, Standard&Poor's 500-hisse senedi endeksinin yılı 1650'den kapatacağını ve Dow Jones Sanayi Ortalaması'nın da 2001'i 13.000'den bitireceğini öngördü. Cohen "Bir durgunluk beklemiyoruz ve bu yılın daha sonraki dönemlerinde kurumsal kazançların alışılmış oranlara yakın seviyelerde artacağına inanıyoruz," dedi. Onun bu konuşmayı yaptığı sırada bile ABD ekonomisi bir ekonomik çöküşün içine girmekteydi ve Dow 2001'i 10021.50'den kapatırken, S & P 500 2001 yılını 1148.08'den – Cohen'in tahminlerinin sırasıyla %30 ve %23 altında- kapattı.

ketlerini, bir parçası olduğu genel halk kitlesinden daha başarılı bir biçimde, öngörebileceği düşüncesi ne mantıksal ne de deneyimsel bir temele dayanır.

"Zamanlama" felsefesinin bir yönü vardır ki, bu herkesin gözünden kaçar. Zamanlama spekülatör için psikolojik açıdan büyük önem taşır, zira bir an önce kâr sağlamak istemektedir. Elindeki senetlerin yükselmesi için bir yıl bekleme fikri ona ters gelir. Fakat böyle bir bekleme dönemi, bir yatırımcı için hiç önemli değildir. Satın alma zamanının geldiğini gösteren bazı güvenilir işaretler alana kadar (muhtemelen) parasını yatırım yapmadan bırakmanın ona ne gibi bir faydası olabilir? Bu avantajdan, kâr paylarındaki kaybını dengelemek için yeterince *düşük fiyattan*, ancak bekleyerek satın aldığında yararlanabilir. Bunun anlamı şudur: Zamanlamanın, fiyatlandırmayla örtüşmedikçe –yani kişiye hisselerini önce sattığı fiyatın önemli ölçüde altında bir fiyattan yeniden almayı sağlamadığı sürece- hiçbir değeri yoktur.

Bu anlamda zamanlamaya dayalı alım ve satımlar için ünlü Dow teorisinin sıradışı bir tarihçesi vardır.* Kısaca bu teknik, alım sinyalini yukarı taraftaki hisse senedi ortalamalarının özel türde bir "hamle"sinden, satış sinyalini ise aşağı taraftaki benzer bir hamleden alır. Bu yöntemi kullanmanın tahmini -gerçek olması şart değil- sonuçları 1897'den 1960'ların başlarına kadar neredeyse hiç kırılmayan bir kâr zinciri oluşturmuştur. Bu sunuma göre Dow kuramının pratik değeri sağlam temellere dayanır gibi görünecekti; eğer bir şüphe varsa, bu da bir Dow kuramcısının piyasada gerçekte ne yapacağının tablosu olan bu basılı "kayıt"a olan güvenilebilirlik konusuna duyulan kuşkudur.

Sayıların daha yakından incelenmesi Dow kuramının sergilediği sonuçların niteliğinin 1938'den sonra -bu kuramın Wall Street'te ciddi olarak kabul görmeye başlamasından birkaç yıl sonra- radikal bir biçimde değiştiğini gösterir. Dow teorisinin, 1929'daki ekonomik çöküşten yaklaşık bir ay önce 306'dan satış sinyali vermesi çarpıcı bir başarıydı, bu sayede takipçilerini, bor-

* Bakınız s. 16.

sa 1933'te 84'ten belini doğrultana kadar sürecek uzun bir piyasa düşüşünün dışında tuttu. Ancak 1938'den sonra bu kuram uygulayıcılarını oldukça iyi fiyatlardan dışarı çıkarıp, daha sonra daha yüksek fiyatlardan yeniden içeri sokacak şekilde işledi. Bundan sonraki 30 yıl süresince, kişi sadece DJIA satın alıp elinde tutarak bile daha iyi bir iş çıkardı.[2]

Kanımızca, bu konudaki derinlemesine incelemelere dayanarak, Dow kuramı sonuçlarındaki değişiklikler rastlantı değildir. Bunlar, ticaret ve finans alanlarında kullanılan geleceği tahmin ile alım-satım formülleri içinde bulunan bir özelliği gösterir. Bu formüller, bir dönem boyunca çok işe yaramaları veya zaman zaman sırf geçmişin istatistiksel kayıtlarına makul bir biçimde uyarlanabilmeleri nedeniyle destekleyici ve önemlidirler. Ancak daha çok kabul edildikçe, güvenilirlikleri azalır. Bunun iki nedeni vardır: Birincisi, geçen zaman beraberinde eski formülün uymayacağı yeni durumları getirir. İkincisi, borsa işlerinde bir ticaret kuramının popülerliği piyasa hareketleri üzerinde uzun vadede kâr-yapma olanaklarını azaltacak bir etki yapar. (Dow kuramı gibi bir şeyin popülaritesi kendi doğrulamasını yaratıyor görünebilir, zira al ya da sat sinyali verildiği zamanlarda kendi takipçilerinin hareketi borsanın çıkmasına ya da inmesine neden olabilir. Bu türden bir "izdiham" hiç kuşkusuz, sıradan bir alım-satımcı için bir avantaj olmaktan ziyade, bir tehlikedir.)

Düşük-Al-Yüksek-Sat-Yaklaşımı

Sıradan yatırımcının fiyat hareketlerini başarılı bir şekilde öngöremeyeceğine inanıyoruz. Bunlar gerçekleştikten *sonra* onlardan bir yarar sağlayabilir mi -yani her büyük inişten sonra satın alıp, her büyük çıkıştan sonra satarak? 1950'den önceki pek çok yıl süresince gerçekleşen piyasa dalgalanmaları bu görüşe önemli ölçüde destek verdi. Zaten "açıkgöz yatırımcı"nın klasik tanımı "düşen piyasada herkes satarken alan ve yükselen piyasada herkes alırken satan kişi" şeklindeydi. Eğer Standard&Poor's'un 1900 ile

1970 yılları arasında bileşik endeksindeki iniş çıkışları içeren Çizelge I'i ve Tablo 3-1'deki (s. 88) destekleyici rakamları incelersek, bu görüşün neden son yıllara kadar geçerli kaldığını çabucak görebiliriz.

1897 ile 1949 yılları arasında düşen-piyasa tabanından yükselen-piyasa tavanına ve sonra yeniden düşen-piyasa tabanına inecek şekilde gerçekleşmiş olan on adet eksiksiz piyasa dalgalanması vardır. Bunlardan altısı, dört yıldan daha az sürmüştür, dördü altı ya da yedi yıl sürmüştür ve bir tanesi de -1921-1932'nin meşhur "yeni-çağ" dalgalanması- on bir yıl devam etmiştir. Düşüklerden yükseklere çıkış yüzdesi %44 ile %500 arasında gidip gelmiş olup en çok %50 ile %100 arasında gerçekleşmiştir. Bunları izleyen düşüşler %24 ile %89 arasında olup en fazla %40 ile %50 arasında gerçekleşmiştir. (%50'lik bir düşüşün önceki %100'lük bir çıkışı tam olarak dengelediğini de burada hatırlatmalıyız.)

Neredeyse tüm yükselen piyasaların bazı iyi tanımlanmış ortak özellikleri vardır: Bunlar (1) geçmişe ait yüksek fiyat seviyesi, (2) yüksek fiyat/kazanç oranı, (3) tahvil getirileri karşısında düşük kalmış getiriler, (4) kâr spekülasyonları, (5) düşük kalitede yeni adi hisse senedi ihraçlarıdır. Bu nedenle bir borsa tarihi öğrencisi için, akıllı yatırımcı, ilkinde satın almak, ikincisinde satabilmek ve bunu daha çok makul kısalıktaki zaman aralıklarıyla yapabilmek amacıyla, tekrar eden, düşen ve yükselen piyasaları tanımak zorundaymış gibi görünür. Genel piyasanın alım ve satım düzeylerini saptayabilmek için ya değer faktörlerine, ya fiyatların yüzdelik hareketlerine ya da her ikisine dayandırılan muhtelif yöntemler geliştirilmiştir.

Fakat şunu da ifade etmeliyiz ki 1949'da başlayan, daha önce hiç örneğine rastlanmamış olan yükselen piyasadan önce bile, başarılı piyasa döngülerinde, arzu edilen düşük seviyeden alıp yüksekten satma sürecini zaman zaman karıştırıp engellemeye yetecek sayıda farklılık vardı. Bu farklılıkların en kayda değer olanı, hiç kuşkusuz, 1920'lerin sonlarındaki, bütün hesaplamaları boşa çıkaran büyük yükselen piyasaydı.* Bu nedenle 1949 yılında bile, yatırımcının finans politikalarını ve yöntemlerini, düşen piyasalarda düşük seviyelerden satın alma ve yükselen piyasalarda yüksek düzeylerden satma temeli üzerine dayayabileceği hiçbir surette kesin değildi.

Devam filminde, tam tersinin doğru olduğu ortaya çıktı. Geçmiş 20 yıl içerisinde, borsa hareketleri ne daha önceki örnekteki yolu izlemiş, ne bir zamanlar iyi yapılandırılmış olan tehlike sinyallerini dinlemiş ne de düşükten alıp yüksekten satma şeklindeki eski kuralları uygulayacak bir başarıya izin vermişti. Oldukça düzenli bir biçimde yükselen-ve-düşen eski piyasa modelinin geri dönüp dönmeyeceğini bilmiyoruz. Ancak yatırımcının şimdiki politikasını klasik formül üzerine dayandırmaya çalışması -başka bir deyişle *herhangi* bir hisse senedini satın almak için kanıtlanabilir düşen-piyasa seviyelerini beklemesi- bize çok gerçekçi görünmez. Bizim önerdiğimiz politika, yatırımcı bunu yapmayı seçtiği takdirde, mevcut hisse fiyatlarının, değerlendirme standartlarına göre daha az, ya da daha çok cazip oluşuna göre, portföyündeki hisse senetlerinin tahvillere *oran*ında değişiklikler için önlem alır.**

Formül Planları

1949-50'de başlayan borsa yükselişinin ilk yıllarında borsa dalgalanmalarından çıkar sağlamanın muhtelif yöntemlerine hatırı sayılır oranda ilgi gösterilmişti. Bu yöntemler "formül yatırım

* Hisse fiyatlarını yeniden aşağı çekecek düşüş piyasaları olmaksızın "düşük satın almak" isteyen herhangi bir kimse kendini tümüyle geride kalmış hissedecekti –ve bütün eski tedbirleri her zamankinden çok daha fazla boşlayarak fırsatlara balıklama atlayacaktı. İşte bu nedenden dolayı Graham'in duygusal disiplinin önemi hakkındaki mesajı bu kadar önemlidir. Ekim 1990'dan Ocak 2000'e kadar Dow Jones Sanayi Ortalaması durmak bilmeksizin yükseldi, hiçbir zaman %20'den fazla kaybetmedi ve sadece üç kez %10'luk ya da bundan biraz daha fazla bir düşüş yaşadı. Toplam kazanç (kâr paylarını saymazsak) %395.7 idi. Crandall, Pierce & Co.'ya göre bu geçmiş yüzyılın ikinci-en uzun kesintisiz yükseliş piyasasıydı; bir tek 1949-1961 patlaması ondan uzun sürmüştü. Yükselen piyasa ne kadar uzun sürerse, yatırımcılar o kadar daha fazla bellek kaybına uğrayacaklardır; beş yıl ya da daha uzun bir süre sonra çoğu kişi düşüş piyasalarının gerçekleşebileceğine inanmakta güçlük çeker. Bütün unutkanlar hatırlamaya mahkûmdur ve borsada ortaya çıkarılan anılar her zaman tatsızdır.

** Graham bu "önerilen politika"yı Bölüm 4'te tartışıyor. (s. 113-114) Şimdi "taktikli servet dağıtımı" olarak adlandırılan bu politika emeklilik fonları ve üniversite bağışları gibi kurumsal yatırımcılar tarafından kullanılır.

planları" olarak bilinirdi. Bütün bu planların esası -basit ortalama dolar maliyeti durumu haricinde- borsanın önemli ölçüde yükselmesi durumunda, yatırımcının otomatik olarak *bir miktar* adi hisse senedi satmasıdır. Bu durumların çoğunda, piyasadaki çok büyük bir yükseliş, bütün adi hisse senedi poziyonunun satışıyla sonuçlanacaktır; küçük bir oranı oluşturan diğer hisse senetleri de, her durumda elde tutulacaktır.

Bu yaklaşım hem mantıklı (ve tutucu) görünmesi hem de geçmişteki pek çok yıl süresince borsada geriye dönük olarak uygulandığında mükemmel sonuçlar vermesi nedeniyle iki misli cazibeye sahiptir. Bir şanssızlık eseri olarak popülaritesi, tam da en kötü işlemeye yazgılı olduğu zamanda çok yükselmiştir. "Formül planlamacıları"nın çoğu 1950'lerin ortasında kendilerini bazı açılardan az kalsın tümüyle ya da kısmen borsanın dışında bulmak üzereydiler. Doğrudur, kusursuz kârlar sağlamışlardır, fakat daha geniş anlamda, piyasa bundan sonra onların "elinden kurtulmuş" olup formüller bir adi-hisse-senedi pozisyonunu geriye satın alabilecek fırsatı pek sunamamıştır.*

1950'lerin başında formüllü-yatırım yaklaşımını benimseyenlerle, 20 yıl gibi bir süre sonra bunun tam mekanik bir versiyonu olan Dow teorisine kucak açanların yaşadıkları arasında bir benzerlik vardır. Her iki durumda da, tam popülerliğin geldiği anda sistem iyi çalışamamaya başladı. Biz de kendi "merkezi değer yöntemi"mizle Dow Jones Sanayi Ortalaması'nda gösterilen alım ve satım düzeylerini belirlerken, sinir bozucu benzer bir deneyim yaşamıştık. Bundan alınacak ders şudur: Borsada kolaylıkla tarif edilebilen ve pek çok kişi tarafından takip edilen para-yapacak her yaklaşım uzun sürmek için fazla yalın ve fazla kolaydır.** Spi-

* Bu "formül planlayıcılar"ın çoğu 1954 sonunda, ABD borsası, kayıtlardaki ikinci en yüksek yıllık getiri olan %52.6'lık düzeye yükseldiğinde bütün kâğıtlarını satacaklardı. Bu piyasa-zamanlayıcıları sonraki beş yıl boyunca da hisseler iki katına çıkarken kenarda durup seyredeceklerdi.

** Menkul kıymetler borsasında para yapmanın kolay yolları iki nedenden dolayı yavaş yavaş önemini yitirir: Bunlar trendlerin zaman içerisindeki değişme eğilimi, başka bir deyişle "vasata geri çekilmesi" ile bir hisse-senedi-seçme planının yığınlarca insan tarafından benimsenip oraya ilk gelenleri bertaraf etmesidir. (Graham'in, kendi "sinir bozucu deneyimi"ne değinirken, kusurlarını itiraf etmek konusunda -her daim olduğu gibi- dürüst olduğuna dikkat ediniz.) Bakınız Jason Zweig, "Murphy Was an Investor," ("Murphy Bir Yatırımcıydı") *Money*, Temmuz 2002, s. 61-62 ve Jason Zweig, "New Year's Play," ("Yeni Yılın Oyunu") *Money*, Aralık 2000, s. 89-90.

noza'nın son sözü felsefeye olduğu kadar Wall Street'e de uyar: "Her mükemmel şey, az bulunduğu oranda zordur."

Yatırımcı Portföyünün Piyasa Dalgalanmaları

Adi hisse senedi sahibi her yatırımcı, yıllar içerisinde bunların değer dalgalanmalarına tanık olmayı beklemelidir. Son baskımızdan sonra, 1964'te yazılmış olan DJIA'nın tutumu muhtemelen, elindeki kâğıtları büyük, seçkin ve korumalı bir şekilde finanse edilen şirketlerle sınırlayan tutucu bir yatırımcının hisse senedi portföyüne ne olduğunu yansıtır. 1966'da toplam değer, ortalama seviye olan 890'dan 995'e çıktı (1968'de yine 985 idi), 1970'te 631'e düştü ve 1971 başında neredeyse tümüyle düzelerek 940'a çıktı. (Hisse senetleri tek başlarına yüksek ve düşük puanlarını farklı zamanlarda yaptıkları için, Dow Jones grubundaki dalgalanmalar, bir bütün olarak, bağımsız bileşenlerden daha az keskindir.) Diğer türdeki riskleri dağıtılmış ve korumalı adi-hisse-senedi portföylerinin fiyat dalgalanmaları arasında iz sürdük ve kapsamlı sonuçların yukarıdakilerden önemli derecede farklı olmadığını bulduk. Genel olarak, ikinci-sıradaki şirketlerin* hisseleri büyüklerden daha çok dalgalanır; fakat bu, mutlaka bir grup sağlam ama daha küçük firmanın oldukça uzun bir dönem içerisinde daha zayıf bir durum sergileyecekleri anlamına gelmez. Önümüzdeki beş yıl içinde, *yatırımcı elinde tuttuklarının çoğunun en düşük noktalarından, sözgelimi %50 ya da daha yüksek bir oranda, değer kazanması ve sonra bu en yüksek noktadan buna eşdeğer üçte-bir ya da fazla oranda düşmesi ihtimaline katlanmalıdır.***

* Graham'in "ikinci-sıra şirketler" olarak adlandırdıklarının bugünkü eşdeğeri, Standard&Poor's'un 500-hisse-senedi endeksinde kapsanmayan binlerce hisse senedinden herhangi bir tanesi olabilir. S & P endeksindeki 500 hisse senedinin düzenli olarak yenilenen bir listesi www.standardandpoors.com adresinde bulunabilir.

** Burada Graham'in ne söylediğine dikkat ediniz. Sahip olduğunuz kâğıtların çoğunun en düşük fiyatlarının üzerine %50 kazanacakları ve en yüksek fiyatlarından %33 kaybedecekleri sadece olanaklı değil, aynı zamanda olasıdır -hangi hisselere sahip olduğunuz ya da piyasanın -iniyor ya da çıkıyor- hangi durumda olduğu hiç fark etmez. Bununla yaşayamıyorsanız -ya da portföyünüzün sihirli bir biçimde bunun dışında kalacağını düşünüyorsanız- kendinizi akıllı yatırımcı olarak adlandırmayınız. (Graham %33'lük düşüşü eşdeğer üçte-bir olarak adlandırıyor çünkü %50 kâr 10 dolarlık hisse senedini 15 dolara taşır. 15$'dan %33'lük bir kayıp [ya da 5$'lık düşüş] onu ilk başlangıç miktarı olan 10$'a geri götürür.

Ciddi bir yatırımcı, borsanın günden güne ya da aydan aya dalgalanmalarının kendisini daha zenginleştireceğine ya da daha fakirleştireceğine inanmaz. Fakat daha uzun vadelere ve daha geniş değişikliklere ne demeli? Burada pratik sorular ortaya çıkar ve psikolojik sorunlar karmaşık hale gelebilir. Piyasadaki önemli bir yükseliş hem memnuniyet için yasal bir nedendir hem de ihtiyatlı yatırımlara yol açar, fakat beraberinde tedbirsiz davranışlara doğru güçlü bir kışkırtılma getirmesi de muhtemeldir. Hisse senetleriniz yükseldi, güzel! Eskiden olduğunuzdan daha zenginsiniz, güzel! Fakat fiyatlar *fazla* yükseldi de, elinizdekileri satmayı mı düşünüyorsunuz? Ya da fiyatlar daha düşük olduğunda daha fazla satın almadığınız için sızlanıyor musunuz? Ya da -en kötü düşünce- yükselen piyasa atmosferine izin verip, halkın çoğunluğunun (sonunda siz de bunun bir parçasısınız) arzusu, aşırı güveni ve ihtirasına tutularak daha büyük ve daha tehlikeli bağlantılar mı yapıyorsunuz? Yazıldığı şekliyle bu son sorunun yanıtı net bir *hayır*dır, fakat akıllı bir yatırımcının bile, kalabalığı takip etmekten kaçınması için, hatırı sayılır bir irade gücüne gereksinmesi vardır.

İşte insan doğasında bulunan bu türden mantık yürütmeler nedeniyle biz, yatırımcının portföyündeki tahvil-hisse senedi oranına çeşitlilik kazandırmak için, finansal kazanç ya da kaybın hesaplanmasını değil, bir çeşit mekanik yöntemi tercih ediyoruz. Asıl kazanç, belki de, böyle bir formülün yatırımcıya *yapacak bir şey* vermesinde saklıdır. "Piyasa yükseldikçe zaman zaman hisselerini elden çıkaracak, kazançlarını tahvillere yatıracaktır; piyasa düştüğünde de işlemi tersine çevirecektir". Bu hareketler, onun tersi durumlarda fazlasıyla baskılanacak olan enerjisi için bir çıkış yolu olacaktır. Eğer doğru türde bir yatırımcıysa yaptığı işlemlerin, kalabalık tarafından yapılanların tam tersi olduğunu bilmekten de ek bir memnuniyet duyacaktır.*

* Günümüz yatırımcısı için, bu "formül"ün peşinden gitmenin ideal stratejisi, sayfa 129-130'da ele aldığımız yeniden dengelemedir.

Hisse Senedi Değerlendirmeleri Karşısında Şirket Değerlendirmeleri

Piyasa dalgalanmalarının yatırımcının gerçek durumu üzerindeki etkisi, muhtelif şirketlerde hisse sahibi olan bir hissedarın bakışı açısından ele alınabilir. Piyasası olan hisselerin sahipleri gerçekte çift statüye sahiptir ve seçimine göre her ikisinden de yararlanabilir. Bir taraftan, azınlık hissedara ya da özel bir şirketin sessiz ortağına benzeyen bir konuma sahiptir. Bu konumda sonuçlar, tümüyle hissedarı olduğu teşebbüsün kârlılığına ya da, esas varlıkların değerindeki bir değişikliğe bağlıdır. Böyle bir özel-şirketin değerini, en son bilanço tablosunda gösterilen özvarlıklarında, kendi payını hesaplayarak bulacaktır. Diğer taraftan ise, borsa yatırımcısının elinde, bir andan diğerine değişen ve bilanço değerinden çok farklı fiyatlarla birkaç dakika içinde satılabilecek olan -o da borsa açık olduğu zamanlarda- oymalı kakmalı bir hisse senedi sertifikası bulunmaktadır.*

Son onlu-yıllarda borsanın gelişmesi tipik yatırımcıyı fiyat kotasyonlarının gidişatına daha çok bağımlı kılmış olup, kendisini sadece bir işletme sahibi olarak görmek isteyen yatırımcıyı da, bu konuda eskisinden daha az özgür bırakmıştır. Bunun nedeni şudur: Yatırımcının mevcutlarını yoğunlaştırmak istediği başarılı şirketler, neredeyse sürekli olarak net aktif değerlerinin (ya da defter değeri veya "bilanço değeri"nin) iyice üzerinde fiyatlardan satılırlar. Yatırımcı, bu piyasa primlerini öderken servet kazanmak adına değerli teminatlar bırakır zira yükümlülüklerini geçerli kılmak için borsaya güvenmek zorundadır. **

* Bugün çoğu firma "oymalı hisse senedi sertifikası"nı sadece özel istek üzerine verir. Hisse senedi, çoğunlukla, elektronik formdadır (banka hesabınızdaki bilgisayarla işlenmiş krediler ve borçlar gibi, aktif para olarak değil) ve alım-satımları Graham'in zamanında olduğundan daha kolaydır.

** Net aktif değer, muhasebe değeri, bilanço-tablosu değeri ve maddi varlık değeri, hepsi birden net değerle ya da bir şirketin fiziki ve finansal varlıklarının toplam değerinden, borçlarının çıkarılmasından sonra kalan değerle eşanlamlıdır. Bir şirketin yıllık ya da üç aylık raporlarındaki bilanço tablolarını kullanarak hesaplanabilir; toplam özkaynaklardan isim değeri, marka ve diğer maddi olmayan şeyler gibi tüm "yumuşak" varlıkları çıkartın. Hisse başı defter değerine ulaşmak için tamamen seyreltilmiş önde gelen hisse sayısına bölün.

Bu, günümüz-yatırımında çok önemli bir unsurdur fakat hak ettiğinden daha az ilgi çekmiştir. Borsa fiyat kotasyonlarının toplu yapısı içinde yerleşik bir çelişki taşır. Bir şirketin sicili ve gelecek beklentileri ne kadar iyiyse, hisse fiyatlarının, defter değerleriyle daha az ilişkisi olacaktır. Fakat defter değerinin üzerindeki prim miktarı arttıkça, şirketin gerçek değeri hakkında karar verme esasları belirsizleşir –başka bir deyişle, bu "değer"in artması borsanın havasına ve ölçümlerine daha çok bağımlı olması anlamına gelir. Böylece son paradoksa geliyoruz, bir şirket ne kadar başarılıysa, hisse fiyatlarındaki dalgalanma eğilimi de o kadar fazla olacaktır. Bunun gerçek anlamı şudur, gerçekten de bir hisse senedinin kalitesi ne kadar iyiyse *spekülatif* olma eğilimi o kadar artacaktır -en azından çok sıradan orta sınıf ihraçlarla karşılaştırıldığında.* (Şimdi söylemiş olduğumuz şey, gelişmekte olan öncü şirketlerin bir yığın sağlam firmayla kıyaslanmasında uygulanabilir; yaptıkları işin özünün spekülatif olması nedeniyle, çok spekülatif olan hisse senetlerini kapsam dışı tutuyoruz.)

Yukarıda savunulan tez, en başarılı ve en etkileyici şirketlerin kararsız fiyat davranışlarını açıklamış olmalıdır. En favori örneğimiz, bütün hepsinin kralı olan International Business Machines'dir (IBM). 1962-63'te yedi ay içerisinde IBM'in hisse fiyatları 607'den 300'e indi; 1970'teki iki çatlaktan sonra fiyatı 387'den 219'a indi. Benzer bir biçimde Xerox da -son yılların en etkileyici kazandırıcısı- 1962-63'te 171'den 87'ye ve 1970'te 116'dan 65'e indi. Bu çarpıcı kayıplar IBM ve Xerox'un uzun vadeli büyümesi hakkında en küçük bir kuşku barındırmıyordu; bu mükemmel

* Graham'in "paradoks" sözcüğünü kullanması muhtemelen, değeri artan yüksek-fiyatlı hisse senetlerine yatırım yapmakla her yazı gelişinde ödemenin artırıldığı bir dizi yazı tura üzerine bahse girmeyi karşılaştırdığı David Durand'ın "Growth Stocks and the Petersburg Paradoks" ("Değeri Artan Hisse Senetleri ve Petersburg Paradoksu") başlıklı klasik makalesine, The Journal of Finance, vol. XII, no. 3, Eylül 1957, s. 348-363, bir dokundurmadır. Durand, değeri artan hisse senetlerinin belirsiz bir süre boyunca büyük bir oranla artmaya devam etmesi halinde, yatırımcının (kuramsal olarak) bu hisselere sonsuz bir fiyat ödemeye hazır bir duruma geleceğine dikkat çeker. O zaman, neden hiçbir senet, hisse başı sınırsız bir paradan satılmamıştır? Çünkü gelecekte beklenilen artış oranı ne kadar yüksek ve bu beklenti süresi ne kadar uzun olursa, hata marjı da o kadar yükselir ve küçücük bir yanlış hesaplamanın bedeli çok yüksek olur. Graham bu sorunu daha sonra Ek Bölüm 2'de (s. 605) ele alacaktır.

kazanç fırsatlarını değerlendirmek yerine, borsanın yaşadığı güvensizliğini yansıtmaktaydı.

Önceki tartışma bizi, adi hisse senetlerinin defansif yatırımcısı için pratik önemi olan bir sonuca götürür. Eğer portföy seçimine biraz dikkat etmek istiyorsa, maddi varlıklarının değerlerine mantıklı bir yakınlıkta seyreden hisse senetlerine yoğunlaşmalıdır -örneğin, rakamı aslının üçte-biri kadar aşmayanlara. Bu düzeylerde ya da altında yapılan alımlar şirketin bilançosuna uygun olarak kabul görür ve dalgalanan piyasa fiyatlarından bağımsız olarak desteklenir ve onaylanır. Defter değeri üzerine konulacak olan prim, borsa kotasyonu ve onunla beraber yürüyen pazarlanabilirlik lehine ödenen bir tür ek ücret olarak görülebilir.

Burada bir uyarıda bulunmamız gerekiyor. Sadece aktif değerine yakın bir fiyattan alınabilmesi bir hisse senedini sağlam bir yatırım yapmaz. Buna ek olarak yatırımcı, tatmin edici bir kazanç-fiyat oranı, yeterince güçlü bir finansal yapı ve mevcut kârlılığın yıllar içinde en azından sürdürüleceği beklentisini talep etmelidir. Bunlar mütevazı biçimde fiyatlandırılmış bir hisse senedinden çok şey istemek gibi gelebilir, fakat tehlikeli derecede yüksek piyasa koşulları dışındaki tüm piyasa koşullarında, bu şartları karşılamak çok zor değildir. Yatırımcı çok parlak beklentilerden vazgeçerse -başka bir deyişle, ortalama büyüme beklentisinin üzerinde olan- bu kriterlere uyan pek çok hisse senedi bulmakta zorluk çekmeyecektir.

Adi hisse senedi seçimi hakkındaki bölümlerimizde (Bölüm 14 ve 15) DJIA hisse senetlerinin yarısından çoğunun, 1970 yılı sonunda aktif-değer kriterimizi karşıladığını gösteren veriler sunacağız. Tüm zamanların en revaçta yatırımı -American Tel. & Tel.- bunları yazmakta olduğumuz şu sıralarda maddi varlık değerinin altında satılmakta. Çoğu aydınlatma-ve-enerji hisseleri diğer yararlarının yanı sıra, şimdi (1972 başı) bir de aktif değerlerine mantıklı yakınlıkta fiyatlardan satılmakta.

İçinde bu şekilde defter değerlerine sahip hisse senetleri bulunan bir portföye sahip olan bir yatırımcı, borsa dalgalanmaları hakkında, hem kazancın hem de maddi varlık değerinin kat kat üzerini ödeyenlerden, daha bağımsız ve yansız bir görüşe sahiptir. Elindeki senetlerin kâr etme gücü tatmin edici düzeyde kaldığı sürece, borsanın çılgınlıklarına kapılmadan durabilir. Bunun da ötesinde, bu çılgınlıkları zaman zaman, düşük alıp yüksek satma şeklindeki, ana oyunu oynamak için kullanabilir.

A. & P. Örneği

Bu noktada size çok eskilerden olmakla birlikte, şirket ve yatırım deneyimin pek çok yönünü birleştirmesi nedeniyle bizim için ayrı bir önem taşıyan özgün örneklerimizden birini vereceğiz: Great Atlantic & Pacific Tea Co. İşte öyküsü:

A. & P. hisseleri ilk kez 1929'da şimdiki Amerikan Borsası olarak bilinen"Serbest" piyasada satışa sunuldu ve hisseler 429'a kadar çıkan fiyatlardan satıldı. 1932'de hisse fiyatları 104'e düştü, oysa şirketin kazançları genel olarak feci bir yıl olan o senede, öncesinde olduğu kadar iyiydi. 1936'da 111 ile 131 arasında gidip geldikten sonra, 1938 yılındaki durgunluk dönemi ve düşen piyasada hisseler yeni bir tabana, 36'ya düştü.

Bu olağanüstü bir fiyattı. Bu durumda, şirket nakit olarak 85 milyon doları ve işletme sermayesi (ya da net cari aktifleri) olarak da 134 milyon doları olduğunu bildirmesine rağmen, şirketin imtiyazlı hisse senetleriyle adi hisse senetlerinin birlikte toplam satış fiyatı sadece 126 milyon dolar edecekti. Yıllar boyunca sürekli ve etkileyici kazançlar sağlayan A. & P. dünyada değilse de Amerika'daki en büyük perakendeci işletmeydi. Buna rağmen bu seçkin kuruma 1938'de Wall Street'te sadece cari aktiflerinin altında bir değer biçildi – bu değer, faaliyetini sürdürmesi durumunda tasfiye edilmiş halinin daha da altına düşecekti. Neden? Öncelikle zincir mağazalarda özel vergi tehditleri vardı; ikinci olarak da bir önceki yıl net kârlar düşmüştü, üçüncü olarak ise genel piyasa sıkıntıdaydı. Bu nedenlerin ilki abartılmıştı ve er ya da geç dayanaksız kalacak bir korkuydu; diğer ikisi tipik geçici etkilerdi.

Şimdi, yatırımcının A. & P. adi hisse senetlerini 1937'de, diyelim ki beş-yıllık ortalama kazancının 12 katından ya da 80'den aldığını varsayalım. Sonraki 36'ya düşüşün onun için önemli olmayacağı şeklinde bir şey iddia edemeyiz. Yatırımcıya yanlış hesaplama yapıp yapmadığını görmek üzere bu tabloyu dikkatle incelemesi tavsiye edilmiş olmalıdır. Araştırmasının sonuçları tatmin edici olduğu takdirde -ki öyle olmuştur- sunulan satış zemininde daha fazla satın alarak çıkar sağlayacak kadar kaynağı ve cesareti yoksa, bu borsa düşüşünü geçici bir finansal heves olarak dikkate almaz.

Sonuç ve Yansımalar

Bir sonraki yıl olan 1939'da, A. & P. hisseleri 117½'a yükseldi ya da başka bir ifadeyle 1938'in en düşük fiyatının üç katına, 1937 ortalamasının da bir hayli üzerine çıktı. Adi hisse senetleri hareketlerinde böyle bir sapma hiçbir şekilde sıradışı sayılmasa da A. & P.'nin durumunda bu çok çarpıcıydı. 1949'dan sonraki yıllar içerisinde market zincirlerinin hisse senetleri genel piyasayla birlikte yükseldiler, ta ki 1961'de bölünmüş hisseler (1'e karşı 10) 70½'a yükselene kadar, bu rakam 1938 hisselerindeki 705'e eşdeğerdi.

Bu 70½ fiyatı, 1961'in 30 katı olması nedeniyle çok dikkat çekiciydi. Böyle bir fiyat/kazanç oranı –o yılın DJIA'sının 23 katı- çok yüksek kazanç beklentilerini ifade ediyor olmalıydı. Oysa şirketin önceki yıllara ait kazanç kayıtlarında bu iyimserliği destekleyecek hiçbir gerekçe yoktu ve bunun tümüyle yersiz bir iyimserlik olduğu daha sonra ortaya çıktı. Sonraki dönemde kazançlar hızla yükselmek yerine genellikle inişteydi. 70½ tavanını yaptıktan sonraki yıl, fiyat neredeyse yarıya inerek 34 oldu. Fakat bu kez hisseler 1938'de sahip oldukları düşük fiyat avantajını da taşımıyorlardı. Çeşitli dalgalanmalardan sonra fiyat 1970'te 21½ ve 1972'de 18 gibi yeni düşük seviyelere indi –ve tarihindeki ilk üç aylık zararı ilan etti.

Bu tarihçede büyük bir Amerikan kuruluşunun bir kuşaktan daha kısa süren bir dönemde bile, ne kadar geniş kapsamlı değişiklikler olabileceğini ve halkın, hisseleri aşırı iyimserlik ve kötümserlikle birlikte, hangi yanlış hesaplamaları kullanarak değerlendirdiğini görüyoruz. 1938'de işletme yok pahasına satılırken hiç alıcı yoktu; 1961'de ise halk anormal yüksek fiyatlara rağmen satın almak için saldırıyordu. Bundan sonra hızlı bir düşüş yaşayan şirket, piyasa değerinin yarısını kaybetti, birkaç yıl sonra önemli bir düşüş daha yaşandı. Bu arada şirket seçkin bir şirket olmaktan çıkmış, sıradan bir kâr yapana dönüşmüştü; patlama yılı olan 1968'de kârı 1958 yılındakinin de altına düşmüştü; ve küçük miktarda, güncel ilavelerin garanti altına alınmadığı, kafa karıştırıcı bir dizi hisse senedi kâr payı ödemişti vs. A. & P. 1961 ve 1972'de 1938'de olduğundan daha büyük bir şirketti ama o zamanlardaki kadar iyi yönetilmiyordu, o zamanlar olduğu kadar kârlı ve çekici değildi.*

Bu öyküden iki büyük ders çıkar. İlki, borsanın yanlış yolda uzaklara doğru gittiği şeklindedir, ancak uyanık ve cesur bir yatırımcı, zaman zaman ortaya çıkan hatalardan ders alır. Diğeri, çoğu işletmenin yıllar geçtikçe karakter ve kalite olarak değişeceğidir, bu bazen iyiye doğru olur, fakat belki de daha sık olarak, kötüye doğru olur. Yatırımcı, şirketlerin performansını bir atmaca gibi izlememelidir; bunun yerine ara sıra dikkatli ve etraflıca inceleme yapmalıdır.

Şimdi pazarlanabilir hisselere sahip olan kişiyle, özel bir işletmede hissesi olan kişi arasındaki karşılaştırmamıza dönelim. Birincinin, kendini yatırım yapmış olduğu çeşitli şirketlerin bir ortağı olarak, ya da ne zaman isterse piyasada işlem gören fiyatlarından borsada satılabilecek nitelikte hisselerin sahibi olarak, görme *seçeneğine* sahip olduğunu söylemiştik.

Fakat şu önemli gerçeğe dikkat ediniz: Hakiki yatırımcı hemen hiçbir zaman *hisselerini satmaya zorlanmaz* ve bütün diğer zamanlarda kote edilen güncel fiyatı dikkate alıp almamakta serbesttir. Ona, sadece kitabına uyduğu ölçüde uyar ve ona göre davranır, o kadar.** Gerekçesiz piyasa inişlerinin kendini korkutup kaçırmasına ya da aşırı derecede kaygılandırmasına izin veren bir

* A & P'nin daha yakın tarihi de çok farklı değildir. 1999'un yıl-sonunda hisse fiyatı 27.875$ idi, 2000'in yıl-sonunda 7.00$ oldu; bir yıl sonra 23.78$ ve 2002 yıl-sonu 8.06$ oldu. Daha sonra A & P'deki bazı muhasebe usulsüzlükleri ortaya çıksa da, marketler gibi göreceli sağlam kurumların değerlerinin bir yıl içerisinde dörtte-üç oranında düşüp diğer yıl üç katına çıkıp, sonraki yıl yine üçte-iki düşebileceğine inanmak çok mantıklı değildir.

** "Kitabına uyduğu ölçüde" ile kastedilen "fiyatın hisseyi satmasına değecek uygunlukta olması"dır. Geleneksel broker dilinde "kitap" yatırımcının hisselerinin ve işlemlerinin defter-i kebiridir.

yatırımcı, huysuz bir telaşla temel avantajını temel bir dezavantaja dönüştürmektedir. Bu kişi, elindeki hisselerin bir piyasa rayici olmaması durumunda, kendini daha iyi hissedecektir, çünkü o zaman *diğer kişilerin* hataları ve kararlarının yol açacağı kederden kurtulmuş olacaktır.*

Bu arada, 1931-1933 yıllarındaki ekonomik buhranın karanlık günlerinde benzer durumlar gerçekten çok yaygınlaşmıştı. O dönemlerde piyasa rayici olmayan kuruluşların menkul kıymetlerine sahip olmak psikolojik bir avantajdı. Örneğin, faiz ödemeye devam eden gayrimenkul birinci ipoteklerine sahip olanlar, başka türlüsünü gösteren bir piyasa rayici olmadıkça yatırımlarının tam değerlerini muhafaza etmeyi sürdürdüğüne inanabilirlerdi. Öte yandan borsada kote olan, çok daha kaliteli ve daha güçlü birçok şirket tahvilinin piyasa fiyatları ciddi fireler vererek, sahiplerinin fakirleşiyoruz korkusuna kapılmalarına neden olmuşlardı. Oysa gerçekte bu menkul kıymet yatırımcıları borsada kote edilen düşük fiyatlarına rağmen, daha varlıklıydılar. Çünkü istedikleri ya da zorlandıkları takdirde en azından bu menkul kıymetleri satabilirlerdi -muhtemelen daha iyi alımlara yer vermek için. Ya da mantıklarını kullanarak, piyasa hareketini geçici ve anlamsız olarak değerlendirir ve dikkate almayabilirlerdi. Fakat menkul kıymetlerinizin *sadece* bir piyasa rayiç değeri olmayışı *nedeniyle* hiç değer kaybı yaşamadığınızı söylerseniz de, kendinizi aldatmış olursunuz.

1938'deki A. & P. hisse sahibi örneğimize geri dönelim, bu yatırımcı hisselerini elinden çıkarmadığı sürece bunların fiyat düşüşlerindeki kayıplardan etkilenmedi, oysa kafasına göre hareket etmiş olsaydı taban ya da gerçek değerlerde zarara uğrayabilirdi. Böyle bir zarar söz konusu olmayınca, zamanı geldiğinde piyasadaki fiyat kotasyonunun 1937 düzeyine çıkacağı, hatta daha da iyileşeceği -gerçekten de bir sonraki yıl böyle oldu- şeklinde bir beklentiye girmeye hakkı vardı. Bu anlamda, piyasası olmayan bir

* Bu pekâlâ Graham'in kitabının tümündeki en önemli paragraf olabilir. Bu 86 sözcükte Graham bir yaşamlık deneyimini özetlemektedir. Bu sözcüklere sık sık rastlayamazsınız; bunlar inen piyasalar için tıpkı Kriptonit gibidirler. Eğer bunları yakınınızda tutar ve yatırım yaşamınız boyunca onların sizi yönlendirmesine izin verirseniz, piyasalar size ne yaparsa yapsın hayatta kalırsınız.

özel şirketin hisselerine sahip kişiyle aynı konumdaydı. Çünkü bu durumda da 1938 durgunluğunun etkisi nedeniyle, elindeki hisselerin değerinin bir bölümünü zihninde kırpmakta haklı olabilir ya da olmayabilirdi –bu şirkete ne olduğuna bağlı olarak.

Hisse senedi yatırımındaki "değer yaklaşımı" kavramını eleştirenler, piyasada işlem gören hisse senetlerinin, benzer özel bir kuruluşun hisseleriyle aynı şekilde değerlendirilemeyeceğini iddia ederler, zira düzenli bir borsanın varlığı "özsermaye mülkiyetine yeni ve çok önemli bir niteliği, likiditeyi sokmuştur." Fakat bu likiditenin gerçek anlamı nedir? Öncelikle, yatırımcı hisse senedi piyasasının günlük ve değişken değerlendirmesine *-bu değerlendirme ne olursa olsun, hiç fark etmez-* sahip olma avantajına sahiptir, ikinci olarak da yatırımcı *-eğer isterse-* yatırımını piyasanın günlük rakamı üzerinden azaltma ya da artırma olanağına sahiptir. Bu anlamda, koteli bir piyasanın varlığı yatırımcıya, borsaya kote edilmemiş bir hisse senedinin sağlayamayacağı *bazı fırsatlar* sunar. Ancak değer konusundaki görüşünü başka bir kaynaktan almayı yeğleyen bir yatırımcıya da, zorla güncel fiyat kotasyonu dayatmaz.

Şimdi bu bölümü bir ders çıkartarak bitirelim. Özel bir işkolunda size 1000$'a mal olan küçük bir hisseye sahip olduğunuzu düşünün. Ortaklarınızdan biri olan Bay Piyasa gerçekten de çok yardımseverdir. Tek tek her gün yatırımınızın değerinin ne olduğunu söyler ve bunun da ötesinde bütün hisseleri satın almanızı ya da bu dayanakla başka bir yatırım yapmanızı önerir. Bazen değer hakkındaki görüşü akla yatkındır ve iş gelişmeleri ve beklentileriyle desteklenir. Bay Piyasa bir taraftan da ilgileri ve korkularını çoğunlukla kendisiyle birlikte alıp götürür, bu nedenle önermiş olduğu değer, size biraz saçma da görünebilir.

Eğer tedbirli bir yatırımcı ya da sağduyulu bir işadamıysanız Bay Piyasa'nın günlük iletişiminin, bir şirketteki 1000$'lık yatırımınız hakkındaki görüşünüzü yönlendirmesine izin verir misiniz? Sadece onunla aynı fikirdeyseniz, ya da onunla iş yapmak istiyorsanız bu mümkün olabilir. Saçma sapan yükseklikte bir fiyat kotasyonu olduğunda elinizdekilerin hepsini ona sattığınız için mutlu olacak, ya da fiyatı düşük olduğu zaman ondan satın almaktan aynı derecede mutluluk duyacaksınız. Fakat geri kalan zamanlarda şirketin faaliyetleri ve mali durumları hakkında hazırladıkları tam raporlara dayanarak elinizde tuttuğunuz senetlerin değeri hakkında kendi görüşlerinizi oluşturacak kadar akıllı olmak durumundasınız.

Gerçek yatırımcı borsada kote bir adi hisse senedine sahip olduğu zaman işte tam bu konumdadır. Günlük piyasa fiyatının avantajını, kendi eğilimleri ve kararları doğrultusunda kullanabilir ya da bunu hiç dikkate almayabilir. Önemli fiyat hareketlerine dikkat etmelidir, aksi takdirde kararları dayanaksız kalacaktır. Bunlar muhtemelen, kulak verdiği takdirde, kendisine yararlı olacak bir uyarı işareti vereceklerdir –basit ifadeyle bu şu anlama gelir: Hisselerini satmak zorundadır *çünkü* fiyatlar düşmüştür, bu ise daha kötü şeylerin habercisi olabilir. Bizim görüşümüze göre, bu tür işaretler yararlı oldukları kadar yanıltıcı da olabilirler. Esasında fiyat dalgalanmalarının gerçek yatırımcı için tek bir anlamı vardır. Bu durumlar, ona fiyatlar sert bir biçimde düştüğünde akıllılık ederek alma ve çok yükseldiklerinde de satma fırsatı sağlarlar. Bütün diğer zamanlarda, borsayı unutarak, kâr getirilerine ve hisselerine sahip olduğu şirketlerin faaliyet sonuçlarına yoğunlaşsa daha iyi olur.

Özet

Yatırımcı ve spekülatör arasındaki en gerçekçi ayrım, borsa hareketleri karşısındaki tutumlarıdır. Spekülatörün esas ilgisi, piyasa hareketlerini öngörmek ve onlardan kâr sağlamak üzerinedir. Oysa bir yatırımcının esas ilgisi, uygun hisse senetlerini, uygun fiyatlardan satın almakta ve uygun fiyatlarla elinde tutmakta saklıdır. Piyasa hareketleri pratik anlamda kendisi için önemlidir, çünkü bunlar ona, dönüşümlü olarak satın almanın akıllılık olacağı düşük fiyat seviyeleriyle, satın almaktan kesinlikle kaçınması gerektiği ve muhtemelen satmasının akıllılık olacağı yüksek fiyat seviyelerini getirirler.

Tipik bir yatırımcının genel olarak düşük piyasa seviyeleri görünene kadar satın almaktan kaçınması gerektiği de çok kesin değildir, zira bu beraberinde uzun bir bekleyişi, gelir kaybını ve yatırım fırsatlarının olası ıskalanmasını getirebilir. Bir yatırımcı hisse senedi alımını, genellikle hisse senetlerine yatıracak parası olduğu zamanlarda yapmalıdır, genel piyasa düzeyinin sağlam değer standartlarıyla desteklenebileceğinden çok daha yüksek olduğu durumlar *istisnadır.*Yatırımcı eğer becerikli olmak istiyorsa, bireysel bazda hisse senetlerinde her dönem var olan indirim fırsatlarına dikkat etmelidir.

Genel piyasanın hareketlerini tahmin etmenin dışında, Wall Street'te gelecekte oldukça kısa bir dönem içerisinde, fiyatı diğerlerinden "daha iyi olacak" hisse senetlerinin ve endüstriyel grupların seçimi doğrultusunda, çok çaba gösterilmiş ve beceri harcanmıştır. Bu gayret ne kadar mantıklı görünürse görünsün, biz bunun gerçek yatırımcının ihtiyaçlarına, ya da yaradılışına –özellikle aynı şeyi yapmaya çalışan çok sayıda borsa simsarı ve birinci sınıf finansal analist ile rekabet durumu söz konusu olduğunda- uygun olacağını düşünmüyoruz. İlk olarak fiyat hareketlerini, ikinci olarak gizli değerleri vurgulayan diğer bütün faaliyetlerdeki gibi, bu alanda da sürekli emek harcamış pek çok akıllı insanın çalışmasının, yıllar içerisinde daha yansız ve özengelleyici olacağı görülecektir.

Güvenli hisselerden oluşan bir portföye sahip yatırımcı, fiyatların dalgalanacağını öngörmelidir ve ne oldukça büyük inişlerden korkmalı ne de oldukça büyük çıkışlarla heyecanlanmalıdır. Piyasa fiyatlarının, yararlanması ya da sakınması için orada onun kullanımına hazır bulunduğunu her zaman hatırlamalıdır. Bir hisse senedini asla yükselmesi *nedeniyle* satın almamalı ve düşmesi *nedeniyle* satmamalıdır. Daha basit bir deyişle düsturu "Bir hisse senedini büyük bir yükselişten hemen sonra asla almayın ve büyük bir düşüşten hemen sonra asla satmayın," olmalıdır.

Ek Bir Düşünce

Yönetim becerisinin bir ölçüsü olarak ortalama piyasa fiyatlarının önemi hakkında bir şeyler söylenmelidir. Bir hisse sahibi kendi yatırımının başarılı olup olmadığına, hem eline geçen kazançlar hem de ortalama piyasa değerinin uzun dönemli trendiyle karar verebilir. Bu aynı kriter, bir şirketin yönetim becerisini ve şirketin hissedarlarına karşı olan tutumunun güvenilirliğini ölçmek için de kullanılabilir.

Bu açıklama bilinen bir gerçek gibi gelse de, özel bir vurgulamayı hak ediyor. Zira şirket yönetiminin, piyasa görüşünün içine dahil edilmesi konusunda, bugüne kadar kabul edilmiş hiçbir teknik, hiçbir yaklaşım yoktur. Tam tersine, yönetimler her zaman hisselerinin piyasa değerlerinde beklenen gelişmeler hakkında *hiçbir türde* yükümlülük taşımadıklarını iddia etmişlerdir. Kuşkusuz, bu doğrudur, altta yatan fiyat koşulları ve değerleriyle hiçbir ilişkisi olmayan bu *dalgalanmalardan* sorumlu değillerdir. Ancak bu söz konusu dokunulmazlık, sıradan hisse senedi sahiplerinin dikkat ve akıl yoksunluğu neticesinde piyasa fiyatına yansıyabilir, hatta baskı altında ve düşük fiyatlara sebep olabilir. İyi yönetimler iyi bir ortalama piyasa fiyatını, kötü yönetimler de kötü piyasa fiyatlarını yaratırlar.**

Tahvil Fiyatlarındaki Dalgalanmalar

Yatırımcı, uzun-vadeli bir tahvilin anaparası ve faizinin son derece güvenilir olmasına karşılık, faiz oranlarının etkisiyle piyasa fiyatının ise çok büyük farklılıklar göstereceğinin farkında olmalıdır. Tablo 8-1'de, yüksek-sınıf şirket tahvilleri ve vergi-dışı tahvillerin 1902'ye kadar uzanan çeşitli yıllara ait getirilerini kapsayan bilgiler veriyoruz. Ayrı örneklemelerde ise benzer bir dönem içerisindeki iki temsili demiryolu tahvilinin fiyat dalgalanmalarını ekliyoruz. (Bunlar kuşaklar boyunca bizim ilk nakit ödenmesi mümkün olmayan tahvillerimizden biri olan Atchison, Topeka&Santa Fe'ye ait 1995 vadeli genel ipotek 4'leri, 2047 vadeli Northern Pacific Ry. 3'leri -150- yıllık vade tarihine sahip!-tipik Baa-notlu tahvil.)

* Graham'in şimdi "kurumsal yönetim" olarak bilinen konuda daha pek çok söyleyecek şeyi vardır. On Dokuzuncu Bölüm Üzerine Açıklamalar'a bakınız.

Aralarındaki ters ilişkiden dolayı düşük getiriler, yüksek fiyatlara karşılık gelirler ya da bunun tam tersi geçerlidir. 1940 yılında Northern Pacific 3'lerindeki düşüş, tahvilin güvenilirliğine karşı duyulan kuşkuların bir göstergesiydi. Sonraki birkaç yıl içerisinde fiyat tüm-zamanların en yükseğine çıktı ve daha sonra en çok da genel faiz oranlarındaki yükseliş nedeniyle fiyatının üçte-ikisini kaybetti. Geçtiğimiz kırk yıl içerisinde birinci sınıf tahvillerin fiyatlarında bile şaşırtıcı farklılıklar olmuştur.

Tahvil fiyatlarının, hesaplanan getiriler ile aynı (tersine) büyüklükte dalgalanmadığına dikkatinizi çekeriz, bunun nedeni %100'lük sabit vade sonu değerlerinin yatıştırıcı etkisidir. Bununla birlikte fiyatlar ve getiriler, Northern Pacific örneğimizdeki gibi çok uzun vadelerin sonunda neredeyse aynı orana yakındırlar.

1964'ten bugüne yüksek-sınıflı tahvil piyasasında her iki yönde de *rekor hareketler* gerçekleşmiştir. "Birinci sınıf belediye tahvilleri"ni (vergiden muaf) örnek olarak alın, getirileri Ocak 1965'te %3.2'den, Haziran 1970'te %7'ye, iki katın üzerinde arttı. Paralel olarak fiyat endeksleri 110.8'den 67.5'e düştü. 1970 ortalarında uzun-vadeli birinci-sınıf tahvillerin getirileri *bu ülkenin yaklaşık 200 yıllık ekonomik tarihinde yaşanandan* daha yüksek oldu.* Yirmi-beş yıl önce, tam da yükselen-piyasanın başlamasından hemen önce tahvil getirileri tarihteki *en düşük* noktadaydı; uzun vadeli belediye tahvilleri %1 gibi düşük getirilere sahiptiler, sanayi tahvilleri ise daha önceden normal olarak değerlendirilen %4½ - 5'e karşılık %2.40 veriyorlardı. Wall Street'te uzun bir deneyime sahip olanlarımız Newton'ın "etki-tepki, eşit ve zıt" kanununun borsada defalarca kendini tekrarladığını görmüştür -en hatırı sayılır örnek DJIA'nın 1921'de 64'ten, 1929'daki 381'e yükselmesi

* Graham'in 2002'de "zıtlar kuralı" olarak adlandırdığı şeyle uzun-vadeli ABD Hazine bonoları 1963'ten bu yana gerçekleşen *en düşük* seviyeye geldiler. Bono getirilerinin fiyatla ters orantıda hareket etmesi nedeniyle, bu düşük getiriler fiyatların yükselmiş olduğu –ve yatırımcıların bonoları en pahalı oldukları ve gelecekteki getirilerinin düşük olmasının neredeyse garantilendiği bir dönemde satın almaya yönelttikleri- anlamına geliyordu. Bu Graham'in akıllı yatırımcının piyasa dalgalanmalarına dayanarak kararlar vermemesi gerektiği yönündeki dersinin başka bir kanıtıdır.

ve bunu 1932'deki rekor düşüş olan 41'e inişin izlemesidir. Ancak bu sefer en geniş sarkaç hareketleri, birinci-sınıf tahvillerin fiyatları ve getirilerindeki genellikle temkinli ve yavaş-hareketli, sıralamalar esnasında gerçekleşti. Kıssadan hisse: Wall Street'teki önemli hiçbir şeye, daha önce olduğu gibi gerçekleşecek diye güvenilmez. Bu en rağbet gören atasözümüzün ilk yarısıdır. "*Ne kadar değişirse*, o kadar aynı kalır."

TABLO 8-1 Tahvil Getirilerinde ve İki Temsili Tahvil Fiyatındaki Dalgalanmalar, 1902-1970

	Tahvil getirileri			*Tahvil fiyatları*	
	S&P AAA Bileşik	**S&P Belediye**		**A.T. & S.F. 4'leri 1995**	**Nor. Pac. 3'leri 2047**
1902 düşük	%4.31	%3.11	1905 yüksek	105 ½	79
1920 yüksek	6.40	5.28	1920 düşük	69	49½
1928 düşük	4.53	3.90	1930 yüksek	105	73
1932 yüksek	5.52	5.27	1932 düşük	75	46 ¾
1946 düşük	2.44	1.45	1936 yüksek	117 ¼	58 ¼
1970 yüksek	8.44	7.06	1939-40 düşük	99½	31½
1971 kapanış	7.14	5.35	1946 yüksek	141	94 ¾
			1970 düşük	51	32 ¾
			1971 kapanış	64	37 ¼

Eğer hisse senetlerinin fiyat hareketleri hakkında işe yarayacak öngörülerde bulunmak mümkün değilse, tahviller için ise bu tamamıyla imkânsızdır.* En azından eski günlerde, kişi önceki tahvil hareketlerini incelediğinde inen ya da çıkan piyasanın sona yaklaştığına dair yararlı bir kanıt bulabilirdi, ancak faiz oranlarındaki ve tahvil fiyatlarındaki değişikliklerle ilgili hiçbir benzer belirti verilmezdi. Bu nedenle kişi uzun-vadeli ve kısa-vadeli tahvil yatırımlarını esas olarak kendi kişisel tercihleri üzerinden yapmak zorundaydı. Piyasa değerlerinin düşmeyeceğinden emin olmak istediği takdirde en iyi seçenek Birleşik Devletler tasarruf bonolarının yukarıda sayfa 117'de tanımlanan E ya da H serileri olacaktı. Her kâğıt ona %5 getiri sağlayacaktı (ilk yıldan sonra), E serisi 5 5/6 yıla kadar, H serisi on yıla kadar, garantilenmiş maliyet bedeli ya da fazlasıyla.

Eğer yatırımcı uzun-vadeli şirket tahvillerinin şimdiki %7.5'lik oranını ya da belediyeye ait vergiden-muaf tahvillerdeki %5.3'ü istiyorsa, bunların fiyat dalgalanışlarını görmeye de hazırlıklı olmalıydı. Bankalar ve sigorta şirketleri bu türden yüksek-oranlı tahvilleri piyasa fiyatlarını dikkate almayan "amortize edilmiş maliyet" cinsinden matematiksel bir temelde değerlendirme ayrıcalığına sahiptirler; bireysel yatırımcının da buna benzer bir değerlendirme yapması hiç de fena bir fikir sayılmaz.

Hisse senediyle değiştirilebilir tahvillerin (HDT) ve imtiyazlı hisse senetlerinin fiyat dalgalanmaları üç farklı unsurun sonucudur: (1) İlgili hisse senedinin fiyatındaki oynamalar, (2) şirketin kredi itibarındaki oynamalar, (3) genel faiz oranlarındaki oynamalar. Oldukça fazla sayıda HDT en iyinin altında kredi notuna sahip şirketler tarafından satılmıştır.[3] Bunların bazıları 1970'teki finansal darboğazdan çok kötü etkilenmiştir. Sonuç olarak, HDT'ler bir bütün olarak, son yıllarda üç misli oranda sıkıntı verici durumla karşı karşıya kalmışlardır ve fiyat oynamaları çok büyük olmuştur. Tipik durumda, bu nedenle, yatırımcı eğer HDT'lerde birinci-sınıf tahvilin güvenirliği ve fiyat güvencesiyle birlikte adi

* Günümüz okuyucuları için, son yıllardaki kazançları, çok çeşitli tahvilleri ve günümüzde bulunabilecek tahvil fonlarını açıklayan güncellenmiş bir analiz, Bölüm 4'ün açıklamalarında bulunabilir.

tahvillerin fiyatlarındaki yükselişlerden yararlanma fırsatını bulacağı beklentisine girerse, kendini kandırmış olacaktır.

Bu noktada "geleceğin uzun-vadeli tahvilleri" ile ilgili bir önerine bulunmak uygun olacaktır. Bazı pratik ve adil esaslara dayanarak neden faiz oranı değişikliklerinin etkileri borçlananla borç veren arasında pay edilmez? Bir olasılık, uzun-vadeli tahvilleri, rayiç fiyatına uygun bir endekse göre değişen faiz ödemeleriyle satmak olabilir. Böyle bir düzenlemenin başlıca sonuçları şöyle olacaktır: (1) Eğer şirket kredi derecelendirmesini korursa yatırımcının tahvilleri her zaman 100 civarında anapara değerine sahip olacaklar fakat alınacak kâr, sözgelimi yeni konvansiyonel ihraçlarla sunulan oranlarla birlikte, değişiklik gösterecektir; (2) şirket uzun-vadeli bir borcun avantajlarına sahip olacaktır –sık sık tekrarlayan yeniden borçlanma masraflarından ve problemlerinden kurtulacaktır- ancak faiz masrafları yıldan yıla değişecektir.[4]

Geçtiğimiz on yıl içerisinde tahvil yatırımcısı ciddi bir ikilemle karşı karşıya kalmıştır: Değişken ve genellikle düşük faiz oranlarına karşılık (kısa-vadeli) değişmez bir anapara değerini mi seçecektir? Yoksa, anapara değerinde hatırı sayılır değişikliklere uğrayabilse de (genellikle aşağı doğru) faizi sabit kalacak bir gelir mi seçecektir? Yatırımcılar, bu iki aşırı uç arasında uzlaşmaya varabilselerdi ve faiz getirileriyle anapara değerlerinin belirli bir zaman süresince, diyelim ki 20 yıllık bir zaman dilimi içerisinde, belirlenen bir minimum miktarın altına düşmeyeceğinin garantisini alsalardı, çok iyi olurdu. Bu durum hiçbir güçlük yaşanmadan uygun formatta yeni bir tahvil sözleşmesiyle sağlanabilirdi. Önemli not: Aslına bakılırsa ABD hükümeti ilk tasarruf bonosu anlaşmalarını daha yüksek faiz oranlarıyla uzatırken benzer bir şey yapmıştı. Buradaki önerimiz, tasarruf bonolarından daha uzun süreli bir sabit yatırım dönemini kapsayacak ve faiz-oranı hükümlerinde esneklik sağlayacaktır.*

Burada, dönüştürülemeyen imtiyazlı hisse senetleri hakkın-

* 2 ve 4. bölümlerin Açıklamaları'nda belirtildiği gibi, Enflasyon-Korumalı Hazine-Bonoları ya da TIPS (Treasury Inflation-Protected Securities) Graham'in burada iddia ettiğinin yeni ve geliştirilmiş bir biçimidir.

da konuşmaya değmez, zira bunların güvenilir olanları özel vergi statüleri nedeniyle bireylerden çok şirketler tarafından -örneğin sigorta şirketleri- tercih edilirler. Daha düşük kalitede olanlar neredeyse her zaman çok dalgalanırlar, yüzde olarak değerlendirildiklerinde adi hisse senetlerinden çok da farklı değildirler. Bunlar hakkında yararlı olabilecek başka bir görüş belirtemeyiz. Aşağıda 16. Bölüm, sayfa 406'daki Tablo 16-2, Aralık 1968 ile Aralık 1970 arasında düşük kalite imtiyazlı hisse senetlerinin fiyat değişiklikleri hakkında bize bazı bilgiler verir. Ortalama düşüş, adi hisse senetlerinin %11.3'lük S & P bileşik endeksine karşılık, %17'dir.

SEKİZİNCİ BÖLÜM ÜZERİNE YORUMLAR

Popüler olmak isteyenlerin mutluluğu başkalarına bağlıdır; haz arayanların mutluluğu kendi kontrolleri dışında ruh halleriyle inip çıkar; fakat bilgenin mutluluğu kendi özgür davranışlarından kaynaklanır.

-Marcus Aurelius

DR. JEKYLL VE MR. PİYASA

Piyasa çoğu kez, çoğu hisse senedi fiyatlamasında haklı çıkar. Fiyat pazarlığı yapan milyonlarca alıcı ve satıcı şirket değerlendirmesi konusunda çok başarılıdırlar –ortalama olarak. Fakat bazen, fiyat doğru değildir; çoğu kez gerçekten de çok yanlıştır. Ve böyle zamanlarda Graham'in çizdiği Bay Piyasa resmini anlamanız gerekir, bu muhtemelen hisse senetlerinin nasıl yanlış fiyatlandırıldığına dair yapılabilecek en iyi benzetmedir.[1] Manik-depresif Bay Piyasa, hisse senetlerini her zaman bir eksperin ya da bir özel müşterinin bir işletmeyi değerlendirdiği gibi değerlendirmez. Bunun yerine, hisse senetleri yükseldiği zaman güle oynaya gerçek değerlerinin üzerinde bir fiyat öder; fiyatları düşerken de onları gerçek değerlerinin altında satacak kadar telaşa kapılır.

Bay Piyasa hâlâ ortalıkta mı? Hâlâ bipolar mı? Emin olabilirsiniz, öyle. 17 Mart 2000'de Inktomi Corp. hisse senetleri yeni bir tavan yaptı ve 231.625$'a ulaştı. Piyasaya arzları Haziran 1998 olduğundan, İnternet arama yazılım şirketinin hisse senetleri kabaca %1,900 gibi bir kâr sağlamıştı. Aralık 1999'dan sonraki birkaç hafta içerisinde, hisse senetleri neredeyse üç katına çıkmıştı.

[1] Graham'in sayfa 247-248 arasındaki metnine bakınız.

Inktomi şirketinde, Inktomi hisse senetlerini bu kadar değerli kılacak ne vardı? Cevap açıktır: olağandışı büyüme. Aralık 1999'la biten üç ay içerisinde, Inktomi 36 milyon dolarlık ürün ve hizmet sattı. Bu, Aralık 1998'de biten yılın tüm satışlarından daha fazlaydı. Eğer Inktomi önceki 12 ay içerisindeki büyüme hızını sadece beş yıl daha koruyabilseydi, geliri üç aylık dönemdeki 36 milyon dolardan, aylık 5 milyar dolara çıkacaktı. Böylesine aşikâr bir büyümeyle, hisse senetleri çok hızlı yükseldi ve daha da yükselmesi kaçınılmazdı.

Fakat Bay Piyasa, Inktomi hisse senetleriyle arasındaki vahşi aşk ilişkisinde şirkete ait bir ayrıntıyı gözden kaçırmıştı. Şirket para kaybetmekteydi -hem de çok fazla. Şirket son üç aylık dönem içerisinde 6 milyon dolar, ondan önceki 12 ay içerisinde 24 milyon dolar ve ondan önceki yıl içerisinde de 24 milyon dolar kaybetmişti. Inktomi, tüm kurumsal hayatı boyunca bir kuruş dahi kâr yapmamıştı. Buna rağmen 17 Mart 2000 tarihinde Bay Piyasa bu küçük işletmeye 25 milyar dolar değer biçmişti. (Evet yanlış duymadınız, milyar.)

Fakat daha sonra, Bay Piyasa aniden kâbus gibi bir bunalıma girdi. 30 Eylül 2002'de, hisse başı değeri 231.625$'a geldikten iki buçuk yıl sonra Inktomi hisse senetleri 25 sentten kapandı –toplam piyasa değeri 25 milyar dolardan 40 milyon doların altına düşmüştü. Inktomi'nin işi mi bitmişti? Kesinlikle hayır, önceki 12 ay içerisinde şirket 113 milyon dolar gelir sağlamıştı. O zaman değişen neydi? Değişen sadece Bay Piyasa'nın ruh haliydi: 2000 yılı başlarında yatırımcılar Internet için o kadar delirmişlerdi ki, Inktomi'nin hisselerini şirketin gelirlerinin 250 katı olarak fiyatlandırdılar. Oysa şimdi gelirlerinin 0.35 katını ödeyeceklerdi. Bay Piyasa Dr. Jekyll'dan Mr. Hyde'a dönüşmüştü ve onu aptal yerine koyan her hisse senedini gaddar bir şekilde tahrip ediyordu.

Fakat Bay Piyasa ne manik coşkusunda haklıydı ne de gece yarısı öfkesinde. 23 Aralık 2002'de, Yahoo! Inc. Inktomi'yi 1.65$'lık hisse değeriyle satın alacağını ilan etti. Bu neredeyse Inktomi'nin 30 Eylül'deki hisse senedi fiyatının yedi katıydı. Tarih Yahoo!'nun firmayı ucuza kapattığını büyük bir olasılıkla gösterecektir. Bay Piyasa hisse senetlerini bu kadar ucuzlattığı zaman, bütün şirketlerin hızla satılması kaçınılmazdı.[2]

KENDİNİZ DÜŞÜNÜN

Bir zırdelinin haftada beş kez karşınıza geçip, o ne hissediyorsa sizin de aynı şeyleri hissetmenizi istemesine, bile bile izin verir misiniz? O sevinçten havalara uçarken siz de kendinizi öyle hisseder misiniz -ya da sırf o istediği için sefil olur musunuz? Kuşkusuz hayır. Deneyimlerinize ve inançlarınıza dayanarak kendi duygusal yaşamınızı kontrol etme hakkınızda ısrar edersiniz. Ancak konu finans yaşamlarına geldiğinde, milyonlarca kişi Bay Piyasa'nın kendilerine -zaman zaman kaçık birinden daha da kaçık olabileceğini bilmelerine rağmen- ne hissetmeleri ve ne yapmaları gerektiğini söylemesini isterler.

1999'da Bay Piyasa neşeli çığlıklar atarken, Amerikalı çalışanlar maaş çeklerinin ortalama %8.6'lık bir kısmını 401 (k) emeklilik planlarına yatırdılar. 2002'ye doğru, Bay Piyasa üç yıl boyunca hisse senetlerini siyah çöp torbalarına doldurduktan sonra, ortalama katkı payı yaklaşık bir çeyrek oranında düştü ve tam tamına %7 oldu.[3] Hisse senetleri ucuzladıkça, insanların onları alma isteği azaldı –çünkü kendileri düşünmüyorlar, bunun yerine Bay Piyasa'yı taklit ediyorlardı.

Akıllı bir yatırımcı Bay Piyasa'yı tümüyle saf dışı bırakmamalıdır. Bunun yerine, onunla işbirliği yapmalıdır –fakat bunu sadece menfaatine hizmet ettiği ölçüde yapmalıdır. Bay Piyasa'nın görevi size fiyatları sunmaktır; sizin göreviniz ise onların size uygun olup olmadığına karar vermektir. *Size sürekli yalvardığı için onunla ticaret yapmak zorunda değilsiniz.*

Bay Piyasa'nın size hâkim olmasını reddettiğinizde, o sizin hizmetinize girmiş olur. Değerleri tahrip eder göründüğü zamanlar-

[2] Graham'in 1932'deki klasik makaleler dizisinde de belirttiği gibi, Büyük Ekonomik Buhran, düzinelerce şirketin hisselerinin nakit değerlerinin ve diğer likit varlıklarının altına düşerek, "ölü fiyatlara satılmasına" neden oldu.

[3] Basın bülteni, The Spectrum Group, "Plan Sponsors Are Losing the Battle to Prevent Declining Participation and Deferrals into Defined Contribution Plans," (Program Sponsorları Tanımlı Katkı Programlarına Katılımın Azalmasını ve Gecikmeleri Engelleme Savaşını Kaybediyorlar) 25 Ekim 2002.

da bile başka yerlerde onları yaratmaktadır. 1999 yılında, Wilshire 5000 endeksi -ABD hisse senedi performansına ait en kapsamlı ölçü- teknoloji ve telekomünikasyon hisse senetleriyle güçlenerek %23.8 kazandı. Fakat Wilshire'daki 7.234 hisse senedinden 3.743'ü, ortalamaları yükselirken bile değer olarak düşüyorlardı. Bu yüksek-teknoloji ve telekom hisse senetleri, bir ağustos günü öğleden sonrasında, hisseler bir yarış arabasının kaportasından daha sıcakken, binlerce "Old Economy" hisse senedi -giderek ucuzlayarak- çamura batmış donuyordu.

CMGI, "kuluçka makinesi" -ya da Internet start-up firmalarının holding şirketi- hisse senetleri 1999'da %939.9 gibi şaşırtıcı bir rakama çıktılar. Bu arada Berkshire Hathaway -Graham'ın en büyük taraftarı olan William Buffett'ın Coca Cola, Gillette ve Washington Post Co. gibi "Old Economy" devlerini bünyesinde bulunduran holding- %24.9 oranında düştü.[4]

Fakat, her zaman olduğu gibi, o zaman da piyasa aniden sarsıldı. Tablo 8-1, 1999'un kalitesizlerinin nasıl 2000 ile 2002 arasındaki dönemin yıldızları olduğunu örnekler.

Bu iki holding şirketi ise, CMGI 2000'de de %96 kaybetmeye devam etti, 2001'de bir %70.9 daha ve 2002'de %39.8 daha -%99.3'lük bir kümülatif kayıp- kaybetti. Berkshire Hathaway 2000'de %26.6 çıktı, 2001'de %6.5 yükseldi, 2002'de ise %3.8'lik küçük bir düşüş gerçekleşti -kümülatif kazanç ise %30 idi.

[4] Birkaç ay sonra, 10 Mart 2000'de –tam da NASDAQ'in tüm zamanların tavanını yaptığı günde -çevrimiçi ticaret üstadı James J. Cramer son günlerde Berkshire Hathaway'i açığa satmak için defalarca kışkırtıldığını (William Buffet'ın hisselerinin daha da düşeceği şeklindeki iddia) yazdı. Cramer, belden aşağı bir iğnelemeyle Berkshire'ın hisselerini "götürme zamanının geldiğini" bile açıkladı. Aynı gün, Prudential Securities'den piyasa stratejisti Ralph Acampora sordu: "Norfolk Southern ya da Cisco Sistemleri: Gelecekte nerede olmak istiyorsunuz?" Yarının internet otobanının anahtarı olan Cisco, dünün demiryolu sisteminin bir parçası olan Norfolk Southern'ın önünde görünüyordu. (Sonraki yıl Norfolk Southern %35 kazanırken Cisco %70 kaybetti.)

ŞEKİL 8-1 Pis Kokandan Yıldızlara

Toplam Dönüşüm

Şirket	İşkolu	1999	2000	2001	2002	1/1/1999'da Yatırılan 1000$'ın Son Değeri
Angelica	endüstri üniformaları	-43.7	1.8	19.3	94.1	1,328
BallCorp.	metal ve plastik paketleme	-12.7	19.2	55.3	46.0	2,359
Checkers Drive-In Rest.	fastfood	-45.5	63.9	66.2	2.1	1,517
Family Dolar Stores	indirimli perakendeci	-25.1	33.0	41.1	5.0	1,476
International Game Technology	kumar malzemesi	-16.3	136.1	42.3	11.2	3,127
JB HuntTransportation	kamyon taşımacılığı	-39.1	21.9	38.0	26.3	1,294
Jos. A. Bank Clothiers	konfeksiyon	-62.5	50.0	57.1	201.6	2,665
Lockheed Martin	savunma ve roket	-46.9	58.0	39.0	24.7	1,453
Pier 1 Imports	ev eşyası	-33.2	63.9	70.5	10.3	2,059
UST Inc	enfiye tütünü	-23.5	21.6	32.2	1.0	1,241
Wilshire Internet Endeksi		139.1	-55.5	-46.2	-45.0	315
Wilshire 5000 Endeksi (toplam borsa)		23.8	-10.9	-11.0	-20.8	778

Kaynaklar: Aronson + Johnson + Ortiz, L.P.; www.wilshire.com

PROFESYONELLERİ KENDİ OYUNLARINDA YENEBİLİR MİSİNİZ?

Graham'in en güçlü anlayışı şudur: "Gerekçesiz değer düşüşlerinden paniğe kapılan ve çok etkilenen yatırımcı, en temel avantajlarını yanlış yolda en temel dezavantajlara dönüştürür."

Graham "temel avantaj" derken neyi kastetmektedir? Graham, akıllı bir yatırımcının Bay Piyasa'yı izleyip izlememe kararını verme özgürlüğünden söz etmektedir. Kendi düşüncenizi yaratma lüksünüz vardır.[5]

Bununla birlikte, tipik bir para yöneticisi, Bay Piyasa'nın her hareketini kopya etmekten -yüksek iken almak, düşük iken satmak, neredeyse hiç düşüncesizce onun kararsız adımlarını atmak- başka bir şansa sahip değildir. Yatırım fonu yöneticilerinin ve diğer profesyonel yatırımcıların önlerine çıkan engeller şunlardır:

- Yönetimleri altındaki milyarlarca dolarla, en büyük hisse senetlerinin -portföylerini doldurmak için sadece çok milyar dolarlı miktarlarda alabilecekleri hisse senetleri- çekimine kapılmaktan kendilerini alıkoyamayacaklardır. Bu yüzden pek çok fon sonunda, yüksek fiyat biçilmiş olan bu az sayıdaki devlere sahip olurlar.
- Piyasa yükseldikçe yatırımcılar fonlara daha çok para akıtma eğilimine girerler. Yöneticiler bu yeni nakdi ellerindeki mevcut hisse senetlerinden daha da fazla almak üzere kullanacaklar ve fiyatları daha da tehlikeli yüksekliklere çıkaracaklardır.
- Eğer fon yatırımcıları piyasa düştüğünde paralarını geri isterlerse, yöneticiler bu parayı vermek için hisse senetlerini satmak zorunda kalabilirler. Tıpkı fonların yükselen bir piyasada şişirilmiş fiyatlardan hisse senedi almaya zorlanmaları gibi, hisse senetleri ucuzladığında da satışa zorlanırlar.
- Pek çok portföy yöneticisi, borsada piyasa getirisinin üzerinde gelir kazandıkları zaman ikramiye alırlar, bu nedenle

[5] Çoğu bireysel yatırımcının başarılı olmasını önleyen şeyin ne olduğu sorulduğunda Graham'in kısa bir cevabı vardır: "Başarısızlıklarının ana nedeni borsanın sürekli ne yaptığına bakmalarında yatar." Bakınız "Benjamin Graham: Thoughts on Security Analysis" [konuşmanın kopyası: Northeast Missouri State University Business School, Mart 1972], *Financial History* dergisi, sayı 42, Mart 1991, s. 8.

de getirilerini takıntılı bir biçimde S&P 500 endeksi gibi değerlendirmelerle karşılaştırırlar. Eğer bir şirket, bir endeks listesine dahil olursa, yüzlerce fon onu satın almaya kendini zorunlu hisseder. (Bunu yapmadıklarında bu hisse senedi iyi kâr sağlarsa, yöneticiler aptal durumuna düşerler; Öte yandan, bu kâğıtları satın alırlar ve bunlar iyi kâr sağlamazlarsa, hiç kimse onları suçlamayacaktır.)

- Fon yöneticileri giderek daha fazla uzmanlaşmak zorundadırlar. Tıpta pratisyen hekimin, pediatrik alerji uzmanına ve geriatrik kulak-burun-boğaz uzmanına öncelik vermesi gibi, fon yöneticileri ya sadece "küçük hisse senetleri" ya da "orta-değerde" hisse senetleri almalı ya da "büyük stok karışımları"ndan başka da hiçbir şey satın almamalıdırlar.[6] Eğer şirket fazla büyürse ya da fazla küçülürse, ya da fazla ucuzlarsa ya da biraz pahalılaşırsa fon bunu satmak zorundadır -yönetici bu kâğıdı sevse dahi.

Bu nedenle sizin de profesyoneller kadar başarılı olmamanız için hiçbir neden yoktur. Yapmamanız gereken şey (tüm uzmanlar yapabileceğinizi söyleseler de) "profesyonelleri kendi oyunlarında yenmek" olacaktır. *Profesyoneller kendi oyunlarını bile kazanmaktan acizdirler!* Neden siz de aynı oyunu oynamak isteyesiniz ki? Eğer onların kurallarını izlerseniz kaybedersiniz –çünkü kendinizi tıpkı profesyoneller gibi Bay Piyasa'nın kölesi olmuş bir halde bulursunuz.

Bunun yerine, akıllıca yatırım yapmanın, kontrol edilebileni kontrol etmek olduğunu bilin. Satın aldığınız hisse senetleri ya da fonların piyasayı bugün, bu hafta, bu ay ya da bu yıl geçip geçemeyeceğini bilemezsiniz; kısa vadede kazançlarınız Bay Piyasa'nın ve onun isteklerinin tutsağı olacaktır. Fakat kontrol edebilecekleriniz şunlardır:

- **komisyon masraflarınız**, alım-satımları ender olarak, sabırla ve ucuza yaparak

[6] Bu terimlerin anlamlarına kafa yormayın. Kamu içinde bu sınıflandırmalar büyük saygı görse de, özel olarak yatırım işindeki çoğu kişi bunlara, genelde komik olmayan şakalarda yer alan bir küçümsemeyle yaklaşırlar.

- **yatırım masraflarınız**, yıllık masrafları yüksek olan yatırım fonlarını almayarak
- **beklentileriniz,** kârlarınızı öngörmek için düş gücünü değil, gerçekçiliği kullanarak[7]
- **riskiniz,** toplam varlıklarınızın ne kadarını borsada riske sokabileceğinize karar vererek
- **vergi faturalarınız,** hisse senedi satışlarınızdan elde edeceğiniz kazancın borçlarını azaltmak için hisse senetlerini en az bir yıl ve her mümkün olduğunda en az beş yıl süresince elinizde tutarak
- ve hepsinden çok **kendi davranışlarınız.**

Finans TV'sini izler ve piyasa yazarlarını okursanız, yatırımcılığın bir tür spor ya da bir savaş veya tehlikeli bir çölde hayatta kalmak için yapılan bir mücadele olduğunu düşünürsünüz. *Fakat yatırım başkalarını kendi oyunlarında geçmek demek değildir. Yatırım kendi oyununuzda kendinizi kontrol etmekle ilgilidir.* Akıllı yatırımcının zorlu görevi en çok yükselecek ve en aşağı düşecek hisse senetlerini bulmak değildir, bunun yerine kendi kendisinin en kötü hasmı olmasını -sadece Bay Piyasa "Al!" dediği için yüksek fiyattan almasını ve Bay Piyasa "Sat!" dediği için düşük fiyattan satmasını- engellemektir.

Eğer yatırım ufkunuz uzunsa -en az 25 ya da 30 yıllık- sadece tek bir mantıklı yaklaşım vardır: Her ay otomatik olarak satın alın, diğer zamanlarda parayı tutabilirsiniz. Bu yaşam boyu elde tutulacak tek bir seçenek vardır, o da borsa toplam endeks fonudur. Sadece nakde ihtiyacınız olduğunda satın (psikolojik bir destek için, size ait "Yatırımcı Kontratı"nı -s.259'te bulabilirsiniz- imzalayıp bir kenara iliştirin).

Akıllı bir yatırımcı olmak için, mali başarınızı tamamıyla yabancı birtakım kişilerin başarılarıyla ölçmeyi reddedin. Dubuque ya da Dallas veya Denver'da birisi S&P 500'ü geçer de siz geçemezseniz, daha yoksul olmayacaksınız. Hiç kimsenin mezar taşında "PİYASAYI YENDİ" yazmaz.

[7] Walter Updegrave'in muhteşem yazısı "Keep It Real," *Money*, Şubat 2002, sayfa 53-56'ya bakın.

Bir zamanlar Florida'nın en zengin emekli topluluğu olan Boca Raton'daki bir grup emekliyle söyleşi yapmıştım. Bu insanlara -çoğu yetmişlerindeydiler- yatırım hayatlarında piyasayı geçip geçmediklerini sordum. Bazıları evet, bazıları hayır diye cevap verdi; çoğu emin değildi. Sonra içlerinden biri şöyle dedi: "Kimin umurunda? Yatırımlarım, beni Boca'ya getirecek kadar kazandırdı."

Daha mükemmel bir cevap olabilir mi? Sonuçta, yatırımın en önemli noktası, ortalamadan daha çok para kazanmak değildir, ihtiyaçlarınıza yetecek kadar para kazanmaktır. Yatırım başarınız en iyi, piyasayı geçip geçmediğinizle değil, sizi istediğiniz yere götürebilecek nitelikte iyi bir finansal plan ve davranış disiplini kurmuş olup olmadığınızla ölçülür. Ve sonunda önemli olan, bitirme çizgisini herkesten önce geçmeniz değil, onu geçeceğinizden emin olmaktır.[8]

PARANIZ VE BEYNİNİZ

O zaman neden yatırımcılar Bay Piyasa'yı bu kadar karşı konulmaz buluyorlar? Burada beyinlerimizin, başımızı belaya sokmaya göre ayarlı olduğu sonucu ortaya çıkıyor; insanlar şablon-arayan hayvanlardır. Psikologlar, insanlara rasgele bir dizilim sunulduğunda -ve bunun öngörülemez olduğu söylendiğinde- onların yine de sıradakinin ne olduğunu inatla tahmin etmeye çalışacaklarını bize göstermişlerdir. Tıpkı bunun gibi biz de, zarın bir sonraki atımının yedi geleceğini, beyzbol oyuncusunun beyzbol vuruşu yapmak üzere olduğunu, loto çekilişinin 4-27-9-16-42-10 ile sonuçlanacağını -ve bu sıcak hisse senedinin yeni bir Microsoft olacağını- "biliriz".

Nörobilimde çığır açan yeni bir araştırma, beyinlerimizin olmayacak yerlerde dahi trendleri algılamak üzere programlandığını ortaya koymuştur. Bir olay arka arkaya iki üç kere tekrarlandıktan sonra, insan beyninin anterior cingulate ve nucleus accumbens bölümleri otomatik olarak bunun yinelenmesini bekler. Eğer yinelenirse, doğal bir kimyasal olan dopamin salgılanır ve

[8] Bakınız Jason Zweig, "Did You Beat the Market?" (Piyasayı Geçtiniz mi?) *Money*, Ocak, 2000, sayfa 55-58.

beyniniz yumuşak bir mutlulukla kaplanır. Bu nedenle bir hisse senedi birkaç kez arka arkaya yükselince, siz bunun süreceği beklentisine girersiniz ve beyin kimyanız hisse senedi yükseldikçe değişerek sizin kendinizi "çok mutlu" hissetmenize neden olur. Böylece öngörülerinize bağımlı olursunuz.

Fakat hisseler düştüklerinde ortaya çıkan parasal kayıplar beyninizin amigdala bölümünü -beynin korku ve endişeyi yönlendiren ve tüm köşeye sıkıştırılmış hayvanlarda ortaya çıkan ünlü "dövüş ya da kaç" tepkisini harekete geçiren bölümü- çalıştırırlar. Tıpkı bir yangın alarmı çaldığında kalp atışınızın yükselişini, bir çıngıraklı yılan yürüyüş yolunuzun üzerine çıktığında geri kaçışınızı engelleyemediğiniz gibi, hisse senedi fiyatları düşerken de korkmaktan kendinizi alamazsınız.[9]

Aslına bakılırsa, parlak psikologlar Daniel Kahneman ve Amos Tversky parasal kaybın acısının, eşdeğer bir kazancın getireceği sevincin iki katından da yoğun olduğunu kanıtladılar. Bir hisse senedinden 1000$ kazanmak insana kendini çok iyi hissettirir; ancak 1000$'lık bir kayıp bunun iki katından daha güçlü bir duygusal darbe yaratır. Para kaybetmek birçok insan için o kadar acı vericidir ki, bu kayıpların daha da devam etmesi durumunda çok dehşete kapılırlar ve piyasa dibe yakınken ellerindekileri satar ve yenilerini almayı reddederler.

Piyasadaki düşüşün işlenmemiş büyüklüğünde sabitleşip, kayıpları kıyaslamaya sokmayı unutmamızın nedeni işte budur. Bu nedenle, bir TV habercisi "Borsa *düşüyor* –Dow 100 puan *düştü!*" şeklinde bağırmaya başladığında pek çok kişi içgüdüye dayalı olarak ürperir. Fakat son Dow seviyesi olan 8000'de bu sadece %1.2'lik bir düşüştür. Bir de şunun saçmalığını düşünün: Dışarıda hava 81 derece Fahrenheit ve TV hava durumu sunucusu "Derece düşüyor, 81'den 80'e düşüyor," diye çığlık atıyor. Bu da %1.2'lik bir düşüştür. Değişen piyasa fiyatlarını yüzdelik oranlarda düşünmeyi unuttuğunuzda, küçük titreşimlerle paniklemek çok kolaydır. (Eğer önünüzde uzun yatırım yılları varsa, finans

[9] Yatırım yapmanın nörobilimi, http://money.cnn.com/2002/09/25/pf/investing/agenda_brain_short/index.htm. sitesinde Jason Zweig'in "Are You Wired for Wealth?" *Money*, Ekim 2002, s. 74-83 yazısında görülebilir. Ayrıca bakınız, Jason Zweig, "The Trouble with Humans," *Money*, Kasım 2000, s. 65-70.

haberlerini gözünüzün önüne getirmenin daha iyi bir yolu vardır; sayfa 257'deki ek bilgi kutusuna bakın.)

1990'ların sonunda pek çok kişi ellerindeki hisse senetlerinin fiyatlarını günde birkaç kez kontrol etmeden kendilerini emniyette hissetmiyorlardı. Fakat Graham'in da dediği gibi tipik bir yatırımcı "elindeki senetlerin hiçbir piyasa fiyatı olmaması durumunda daha rahat idare edecektir, çünkü bu durumda diğer kişilerin yargı hatalarının neden olacağı manevi ıstıraptan kurtulmuş olacaktır." Hisse senedi portföyünüzün değerini 13:24'te kontrol ettikten sonra 13:37'de tekrar kontrol etmek için dayanılmaz bir istek duyuyorsanız, kendinize şu soruları sorunuz:

- Evimin piyasa değerini öğrenmek için saat 13:24'te bir emlak komisyoncusunu aradım mı? Saat 13:37'de bu aramayı bir kez daha tekrarladım mı?
- Eğer bunu yapmış olsaydım fiyat değişir miydi? Değişmiş olsaydı evimi satmak için deli gibi koşturur muydum?
- Evimin piyasa değerini birkaç dakika arayla hiç kontrol etmesem ve hatta hiç bilmesem bile, onun zaman içinde değer kazanmasını engellemiş olur muyum?[10]

Bu sorulara verilebilecek tek yanıt *kuşkusuz hayır* olacaktır. Portföyünüze de aynı şekilde bakmalısınız. 10- ya da 20- ya da 30- yıllık yatırım ufkunda Bay Piyasa'nın günlük oyunları hiçbir şey ifade etmez. Her durumda, gelecek yıllar için yatırım yapan her kişi için, düşen hisse senedi fiyatları kötü değil, iyi haberdir, çünkü daha az parayla daha çok almanızı sağlarlar. Hisse senetlerinin düşüşü ne kadar uzun sürerse ve ne kadar dik olursa, siz de bu düşüş esnasında almaya devam ettiğiniz sürece *–eğer* sonuna kadar dayanırsanız- nihayetinde çok para kazanırsınız. Düşen piyasadan korkmak yerine, onu kucaklayın. Akıllı yatırımcı, borsa gelecek 10 yıl içinde günlük fiyat açıklaması yap-

[10] Şunu da sormaya değer: Evinizin piyasa fiyatı her gün kuruşu kuruşuna gazetelerde ve televizyonda ilan edilse evinizde mutlu bir şekilde yaşamaya devam edebilir miydiniz?

masa bile, mükemmel rahatlıkla bir hisse senedine ya da yatırım fonuna sahip olabilir.[11]

Çelişkili bir biçimde, nörobilimci Antonio Damasio "Kontrolün sizde olmadığını fark ettiğinizde" diye açıklıyor ve devam ediyor, "çok daha fazla kontrol altında olacaksınız." Yüksekten satın alıp düşükten satma yönündeki biyolojik eğiliminizi fark ederek, dolar-maliyetli ortalama ve yeniden dengeleme yapmak gerektiğini kabullenir ve arkasından bir yatırım kontratı imzalarsınız. Portföyünüzün büyük kısmını otomatik eş-pilotun ellerine bırakarak, tahmin bağımlılığıyla mücadele edebilir, uzun-vadeli finansal hedeflerinize odaklanabilir ve Bay Piyasa'nın çalkantılı ruh hallerini görmezden gelebilirsiniz.

KULLANABİLECEĞİNİZ HABERLER

Hisseler düşüyor. Son piyasa haberlerini almak için televizyonu açıyorsunuz. Fakat CNBC ya da CNN yerine Benjamin Graham Finans Haberleri Kanalı'nı dinliyorsunuz (BGFN). BGFN'de borsanın kapanış çanının sesi duyulamıyor; kamera borsada öfkeli kemirgenler gibi koşuşturan brokerlerin üzerine yönelmiyor. BGFN, borsa fiyatlarını şeride kaydeden elektronik alet üzerinde kırmızı oklar vızıldadıkça, buz tutmuş kaldırımlarda nefes nefese kalan yatırımcıların kamera görüntülerini de almıyor.

Bunun yerine TV ekranınızı dolduran görüntü New York Borsası'nın cephesi, üzerine "İNDİRİM! %50!" yazan bir afiş asılmış. Tanıtım müziği olarak, Bachman-Turner Overdrive'ın eski popüler parçası "You Ain't Seen Nothin' Yet"in birkaç notası çalınıyor. O sırada haber sunucusu coşkuyla şöyle diyor: "Bugün Dow %2.5 daha

[11] 1980'lerin sonlarındaki bir dizi inanılmaz deneyde, Columbia ve Harvard'da psikolog olan Paul Andreassen hisse senetlerine ait sık güncellemeler gönderilen yatırımcıların, hiç bilgi almayan yatırımcıların kazandıkları paranın yarısı kadar dönüşüm aldıklarını ispat etti. Bakınız: Jason Zweig, "Here's How to Use the News and Tune Out the Noise," ("Haberleri Nasıl Kullanabilir ve Gürültüyü Nasıl Duymazdan Gelebilirsiniz?") *Money*, Temmuz 1998, sayfa 63-64.

düştü ve hisse senetleri bir kez daha çekici hale geldi- hisse senetlerinin ucuzluğunda *arka arkaya dördüncü gün.* Teknoloji sektörü yatırımcıları, Microsoft gibi önde gelen şirketlerin bugün yaklaşık *%5 düşerek* hisseleri daha *alınabilir* hale getirmesiyle daha da başarılı oldular. Bu, hisse senetlerinin daha *şimdiden* %50 düşmesi, geçmiş yılın müjdeli haberinin de önüne geçiyor ve onları *yıllardır* görülmemiş *ucuz* fiyatlardan satışa sunuyor. Ayrıca bazı öne çıkan analistler fiyatların gelecek haftalar ve aylarda *daha da düşebileceği* şeklinde bir iyimserliğe sahipler."

Haber yayını, bir Wall Street firması olan Ketchum&Skinner'ın piyasa stratejisti Ignatz Anderson ile kesiliyor; Anderson şöyle diyor: "Benim öngörüm hisse senetlerinin haziran ayına kadar %15 daha düşeceği şeklindedir. İhtiyatlı bir *iyimserliğe* sahibim, eğer her şey iyi giderse, hisse senetleri %25, hatta belki daha da fazla düşebilir."

"Umalım ki Ignatz Anderson haklı çıksın," diyor, haber yorumcusu neşeyle. "*Düşen* hisse senedi fiyatları çok uzun bir *ufka* sahip bir yatırımcı için *harika* bir haberdir. Şimdi Hava Durumu *özeti* için mikrofonu Wally Wood'a bırakıyoruz."

MR. PİYASA SİZE LİMON VERDİĞİNDE LİMONATA YAPIN

Graham size, Mr. Piyasa her "sat" dediğinde almanız gerektiğini öğretmiş olsa da, akıllı yatırımcının anlaması gereken kural dışı bir durum vardır. Düşen bir piyasada satmak, ancak eğer bir vergi düşeşi yaratacaksa anlamlı olur. ABD Milli Gelir Yasası, olağan gelirde gerçekleşen kayıplarınızı (hisselerinizi satarak tahsil ettiğiniz değer düşüşleri) 3000$'a kadar indirerek dengelemeye izin verir.[12] Diyelim ki Ocak 2000'de tanesi 60$'dan 200

[12] Federal Vergi Yasası sürekli değişime açıktır. Burada verilen Coca-Cola hisse senedi örneği, 2003'teki mevcut durumuyla Birleşik Devletler vergi hukuku koşullarında geçerlidir.

adet Coca-Cola hisse senedi satın aldınız –toplam 12.000$'lık bir yatırım yaptınız. 2002'nin yıl sonu geldiğinde, bu hisseler, hisse başı 44$'a indiler ve sizin payınıza 8.800$ düştü– 3.200$ zarardasınız.

Çoğu kişinin bu durumda yapacağını yapabilirsiniz -ya kaybınız için ağlar ya da onu halının altına süpürür ve hiç olmamış gibi kabul edersiniz. Ya da kontrolü ele alırsınız. 2002 bitmeden önce tüm Coke hisselerinizi satarsanız 3.200$'lık kaybın içine kilitlenirsiniz. IRS (Vergi Dairesi) kurallarına uymak için 31 gün bekledikten sonra yeniden 200 adet Coke hissesi satın alırsınız. Sonuç: 2002'de vergiye tabi gelirinizi 3000$ azaltmış olursunuz ve kalan 200$'lık kaybı da 2003'teki gelirinizi dengelemek için kullanırsınız. Daha da iyisi, geleceğine inandığınız bir şirkete hâlâ sahipsinizdir -fakat şimdi ona ilk seferinde ödediğiniz fiyatın neredeyse üçte biri kadar daha azını ödeyerek sahip olmuşsunuzdur.[13]

Sam Amca'nın kayıplarınızı azaltmasından sonra satış yapıp bir kayba kilitlenmek anlamlı olabilir. Eğer Sam Amca piyasayı, kıyaslama sayesinde mantıklı kılmak isterse, biz kimiz ki şikâyet edelim?

YATIRIM SAHİBİ SÖZLEŞMESİ

Ben, ________________, gelecekteki pek çok yıl süresince servet biriktirme peşinde bir yatırımcı olduğumu burada beyan ederim.

Pek çok kez fiyatlarının yükselmiş (ya da yükseliyor) olması nedeniyle baştan çıkarak hisse senedi ve tahvil yatırımı yapacağımı ve başka zamanlarda da şeytana uyarak sırf fiyatlarının düşmüş (ya da düşüyor) olması nedeniyle yatırımlarımı satacağımı biliyorum.

[13] Bu örnek, yatırımcının 2002'de hiçbir gerçekleşmiş sermaye geliri olmadığını ve Coke kâr paylarıyla yeniden yatırım yapmadığını varsayar. Vergi takasları hafife alınmamalıdır, çünkü kolaylıkla kötüye kullanılabilirler. Vergi takası yapmadan önce IRS Publication 550'yi okuyunuz (www.irs.gov/pub/irspdf/p550.pdf). Yatırım vergileriniz için iyi bir rehber de Robert N. Gordon ile Jan M. Rosen'ın *Wall Street Secrets forTax-Efficient Investing* (Bloomberg Press, Princeton, New Jersey, 2001). Son noktada, tetiği çekmeden önce profesyonel bir vergi danışmanına başvurun.

Bir sürü yabancının benim için parasal kararlar almasını reddettiğimi burada beyan ederim. Daha da öteye giderek BORSA yükseldiğinde yatırım yapmayacağıma, düştüğünde ise asla satmayacağıma resmen söz veririm. Bunun yerine otomatik bir yatırım planıyla ya da "ortalama dolar maliyeti programı" ile şu aşağıda listelenen yatırım fonlarına ya da riskleri dağıtılmış portföy(ler)e her ay ____.$ yatırım yapacağım:

______________________,

______________________,

______________________,

Ayrıca her nakit imkânı bulduğumda (ve bunu kısa vadede kaybetmeyi göze alabildiğimde) ek miktarlarda yatırım yapacağım.

Bu yatırımların her birini devamlı olarak en azından aşağıdaki tarihe kadar (bu sözleşmenin yapıldığı tarihten en az 10 yıl sonrasına kadar) elimde tutacağımı burada beyan ederim: __________, 20_ . Bu sözleşme şartlarının izin verdiği tek istisna sağlıkla ilgili acil bir durum ya da ani iş kaybı gibi ani ve baskı yapıcı bir nakit ihtiyacı ya da ev peşinatı veya okul taksiti gibi planlı bir ödemedir.

Aşağıya imza atarak bu sözleşmenin şartlarına bağlı kalmayı ve yatırımlarımı satmak üzere her baştan çıkışımda bu belgeyi yeniden okumayı amaçladığımı belirtirim.

Bu sözleşme en az bir tanık tarafından imzalandığında geçerli olacak ve gelecekteki başvurular için erişimi kolay emniyetli bir yerde saklanacaktır.

İmza: Tarih:

_______________ ________________, 20___

Tanıklar:

__________ ________________________

__________ ________________________

BÖLÜM 9

Yatırım Fonlarına Yatırım Yapmak

Defansif yatırımcının gidebileceği yollardan bir tanesi de parasını yatırım-şirketlerinin hisselerine yatırmaktır. Yatırımcının isteği üzerine net aktif değerden paraya çevrilebilir olanlar genellikle "yatırım fonları" (ya da "açık uçlu fonlar") olarak bilinirler. Bunların çoğu aracı kurumlar aracılığıyla aktif olarak satılmaktadırlar. Paraya çevrilebilir nitelikte olmayanlar "kapalı-uçlu- fonlar ise yatırım ortaklıkları olarak adlandırılır; bunların hisse sayıları sabit kalır. Önemli bütün fonlar Menkul Kıymetler ve Borsalar Komisyonu (SEC) tarafından kaydedilir ve onun kuralları ve kontrolleri altındadır.*

Endüstri çok büyüktür. 1970 sonlarında SEC'e kayıtlı, toplam varlıkları 54.6 milyar dolar olan 383 fon vardı. Bunların 50.6 milyar dolarlık 356 tanesi yatırım fonuydu, 4 milyar dolarlık 27 şirket ise kapalı-uçluydu.**

Fonları sınıflandırmanın farklı yöntemleri vardır. Bir tanesi portföylerinin dağılımına göredir; belli oranda (genellikle üçte-bir civarında) tahvil ve hisse senedi içerenler "dengeli fonlar" dır; varlıklarının neredeyse tümü adi hisse senetleri olanlar ise "hisse-senedi fonları"dır. (Burada "tahvil fonları", "hedge fon-

* Açık-uçlu bir yatırım fonunun, kapalı-uçlu fonun ya da borsa yatırım fonunun, Menkul Kıymetler ve Borsalar Komisyonu tarafından "kayıt"lanmadan (ya da zorunlu finansal dosyalamaları yapılmadan) kamuya hisse satması Federal yasayı ihlal etmektir.

** Fon endüstrisi "çok büyük"ten deve doğru yol almıştır. 2002 yılının sonunda, 6.56 trilyon dolarlık 8.279 yatırım fonu vardı; bunlardan 514'ü 149.6 milyar dolarlık toplam varlık sahip olup kapalı-uçluydu; 109.7 milyar dolarlık toplam varlığa sahip, 116 adet borsada işlem gören fonlar (ETF) mevcuttu. Bu rakamlar değişken poliçeleri ve unite yatırım ortaklıklarını (UITS kapsamaz.

ları", vb. gibi başka türde fonlar da vardır.)* Diğer sınıflandırma yöntemi amaçlarına göredir, temel amaçları gelir, fiyat istikrarı ya da sermaye kazancı (artışı) olabilir. Başka bir ayrım da satış yöntemleriyle yapılır. "Komisyonlu fonlar" satış öncesi değere bir satış harcı yüklerler (bu genellikle minimum alış için aktif değer üzerinden %9'dur).[1] "Komisyonsuz" fonlar olarak bilinen diğerleri ise böyle bir harç almazlar; yönetimler, fonu idare ettikleri için alınan yatırım-danışmanlığı harcıyla yetinirler. Satış komisyonu ödeyememeleri nedeniyle "komisyonsuz" fonların çapı genellikle düşüktür.** *Kapalı-uçlu* fonların (yatırım ortaklıkları) alım ve satım fiyatları şirketler tarafından belirlenmeyip, açık piyasada sermayeyi temsil eden sıradan bir hisse senedi gibi dalgalanırlar.

Pek çok fon, kazançlarından iki kere vergi ödenmemesi için gelir-vergisi kanununun özel şartlarıyla çalışır. Aslında, fonlar tüm sıradan gelirleri -kâr payları, kazanılmış faizler, eksi masraflar- ödemek zorunda olmalıdırlar. Ayrıca yatırımlar üzerinde gerçekleşmiş uzun-vadeli kârları da -değer-artış kâr payı olarak- ödeyebilirler, bunlar hissedarlar tarafından kendi hisselerinin getirileri olarak algılanır.

(Burada karışıklığa neden olmamak için söz etmediğimiz başka bir seçenek daha vardır.)*** Neredeyse tüm fonlarda ortak tek bir menkul kıymet vardır: 1967'de uygulamaya konan yeni bir

* Önemli yatırım fonlarının listesini www.ici.org/pdf/g2understanding.pdf ve http://news.morningstar.com/fundReturns/Categoryreturns.html. sitelerinde bulabilirsiniz. Kullanışı kısıtlı hisse senedi fonları (letter stocks) artık mevcut değildir, hedge fonlarının ise SEC kurallarıyla yıllık geliri 200.000$'ın altında ya da özvarlığı 1 milyon doların altında olan kişilere satılması yasaklanmıştır.

** Bugün bir hisse senedi fonunun maksimum satış komisyonu %5.75 civarındadır. Bir fona düz %5.75'lik satış komisyonuyla 10.000$ yatırdığınızda, 575$ doğrudan onu size satan kişiye (ve aracı firmaya) giderek sizi 9.425$'lık net başlangıç yatırımıyla bırakacaktır. 575$ satış komisyonu gerçekte bu miktarın %6.1'ine denk düşer, Graham bu nedenle bu komisyonu hesaplamakta kullanılan standart yöntem için "satış hilesi" deyimini kullanır. 1980'lerden beri komisyonsuz fonlar popüler olmuştur ve şimdi bunlar sayı olarak komisyonlu fonlardan hiç de daha az değildir.

*** Bugün neredeyse her yatırım fonu "kontrollü yatırım şirketi" ya da RIC (regulated investment company) olarak vergilendirilir, bu da bütün gelirlerini hisse sahiplerine ödediği sürece kurumlar vergisinden muaftır. Graham'ın "karışıklığa neden olmamak" için kaçındığı "seçenek"te bir fon varlıklarından birini doğrudan fonun hisse sahiplerine dağıtmak üzere SEC'den izin isteyebilir -tıpkı Graham-Newman Corp.'un 1948'de GEICO hisselerini bölüp Graham-Newman'ın kendi hissedarları arasında dağıtması gibi. Bu türden bir dağıtım çok ender görülür.

teknik, sermayeyi imtiyazlı senetlere (bunlar tüm olağan gelirleri alır) ve sermaye artışı sonucu ihraç edilen hisse senetlerine (bunlar tüm kârları ve satış gelirlerini alır) arasında böler. Bu tür fonlar "çift-amaçlı fonlar" olarak adlandırılırlar.*

Temel amaçlarını, sermaye artışı olarak açıklayan fonlar "büyüme potansiyeli olan senetler" üzerine odaklanmıştır ve genellikle isimlerinde "büyüme" sözcüğünü taşırlar. Bazıları kimyasal maddeler, havacılık, yurtdışı yatırımlar gibi belirlenmiş konularda uzmanlaşmıştır; bu genellikle isimlerinde yer alır.

Fon hisselerine akıllıca yatırım yapmak isteyen bir yatırımcının önünde bu şekilde çok ve hatta şaşırtıcı sayıda seçenek bulunur –bunlar doğrudan yapılan yatırımlarda sunulanlardan çok da farklı değillerdir. Bu bölümde bazı önemli sorulara yanıt vereceğiz, şöyle ki:

1. Bir yatırımcının, doğru fonları seçerek ortalamadan daha iyi sonuçlar elde etmesinin bir yolu var mıdır? (Alt soru: Performans fonları [ortalamanın üzerinde bir kârlılığı hedef alan fonlar] nasıldır?)**
2. Eğer yoksa, ortalamanın altında sonuçlar verecek fonları seçmekten nasıl kaçınılabilir?
3. Farklı türde fonlar arasında akıllı seçimler yapabilir mi –örneğin, dengeli fonlara karşı hisse fonları, açık uçluya karşı kapalı uçlu, komisyonluya karşı komisyonsuz?

Genel Olarak Yatırım-Fonu Performansı

Bu soruları yanıtlamaya başlamadan önce fon endüstrisinin çalışması hakkında genel olarak bir şeyler söylemeliyiz. Bu endüstri hisse senedi sahiplerinin işine yaramış mıdır? En genel anlamda, fon yatırımcıları, doğrudan yatırım yapanlara kıyasla nasıl

* 1980 sonlarında popüler olan çift-amaçlı fonlar piyasadan kalkmıştır –ne yazık! Çünkü bunlar yatırımcılara John Neff gibi büyük tasnifçilerin yeteneklerinden yararlanmak üzere daha esnek imkânları sunuyorlardı. Düşen son piyasa belki de bu çekici yatırım aracının rönesansına neden olabilir.

** "Performans fonları" 1960'ların sonlarında son derece yaygındı. Bunlar 1990 sonlarının artış sağlayan saldırgan fonlarına karşılık geliyordu ve yatırımcılarına performans fonlarından daha yararlı olmadılar.

bir kazanç elde etmişlerdir? Bir bütün olarak, fonların yararlı bir amaca hizmet ettiğinden oldukça eminiz. Tasarruflar ve yatırım konusunda iyi alışkanlıklara önayak olmuşlardır; sayısız bireyi borsada pahalıya patlayacak yanlışlardan korumuşlardır; katılımcılarına hisse senetlerinin toplam getirileriyle orantılı gelir ve kâr sağlamışlardır. Kıyaslama yaparsak, geçtiğimiz on yıl içerisinde parasını sadece yatırım-fonlarına bağlayan ortalama bir bireyin, hisse senedi alımlarını doğrudan yapan ortalama bir kişiden daha iyi para kazandığı şeklindeki tahmini tehlikeye atmış oluruz.

Bir bütün olarak fonların gerçek başarısının hisse senetlerinden daha iyi olmamasına ve yatırım fonlarına yatırım yapmanın bedelinin daha fazla olmasına rağmen, bu son nokta muhtemelen doğrudur. Ortalama bireyin gerçek seçimi, iyi-dengelenmiş bir adi-hisse-senedi portföyü oluşturmak ve edinmekle, aynı şeyi biraz daha pahalı bir şekilde fon alımıyla sağlamak arasında olmamalıdır. Büyük olasılıkla yapacağı seçim, kapısına dayanan yatırım-fonu satıcısının hilelerine boyun eğmekle, yeni ihraç edilen ikinci ve üçüncü sınıf hisse senetlerinin daha hileli ve tehlikeli satıcılarına boyun eğmek arasında gidip gelecektir. Ayrıca, mütevazı şekilde hisse-senedi yatırımı yapmak üzere bir komisyon hesabı açan ortalama bireyin, kendisini muhtemelen spekülasyon ve spekülatif kayıplar yönünde istenmeyen etkiler tarafından kuşatılmış bir halde bulacağını da düşünmeden edemiyoruz; bu tür kışkırtmalar yatırım-fonu alıcısı için çok daha düşük bir seviyede olmalıdır.

Yatırım fonları genel piyasaya kıyasla nasıl performans göstermiştir? Bu biraz çelişkili bir konudur, yine de basit ama uygun bir biçimde bu konuyu açıklamaya çalışacağız. Tablo 9-1, en büyük on adet hisse senedi fonunun 1970 sonunda 1961-70 arası dönem için hesaplanmış bazı sonuçlarını, her yönetim grubundan sadece en büyüğünü seçerek veriyor. Bu fonların 1961-1965, 1966-1970 ve tek olarak 1969 ve 1970 yılları için toplam getirilerini özetliyor. Ayrıca, on adet fonun her birinin bir hissesinin toplamına dayanan ortalama sonuçlar da veriyoruz. Bu şirketler 1969 sonunda 15 milyar dolar değerindeki varlıklarını ya da tüm hisse senedi fonlarının yaklaşık üçte-birini bir araya getirmişti. Bu nedenle bir bütün olarak ele alındıklarında, bu sektörü iyi bir şekilde temsil edeceklerdir. (Teorik olarak bu liste, sektör performansından daha iyi yönde olan taraflı bir listedir, zira daha iyi durumda olan bu fonlar diğerlerinden daha hızlı bir büyümeye sahiptirler; oysa uygulamada durum farklı olabilir.)

Bu tablodan bazı ilginç sonuçlar çıkarılabilir. Öncelikle, bu on adet fonun 1961-1970 arası dönemdeki kapsamlı sonuçlarının Standard&Poor's'un 500-hisse-senedi endeksi bileşik ortalamasından (ya da S & P 425-sanayi hisse senedi ortalamasından) çok da farklı olmadığını görüyoruz. Ancak, DJIA'dan daha iyi oldukları kesindir. (Bu DJIA'daki 30 devin neden Standard & Poor's tarafından kullanılan çok çeşitli ve çok yönlü listeden daha kötü sonuçlar aldığı şeklindeki ilgi çekici soruyu akla getirir.)* İkinci nokta da fonların, S&P karşısındaki toplam performanslarının son beş yıl içerisinde, bir önceki beş yıla oranla, bir şekilde düzeldiği şeklindedir. Fon kazançları 1961-1965 arasında S & P'ninkinden biraz daha düşük, 1966-1970 arasında S & P'den biraz daha yüksekti. Üçüncü nokta da, bireysel bazda fon sonuçları arasında büyük farklılıklar olduğudur.

* 10 yıla kadar uzanan dönemler için, Dow ve S & P 500 getirileri çok büyük farklar gösterir. Tipik bir yatırım hayatında –diyelim ki 25 ile 50 yıl arasında- dönüşümleri birbirlerine bir hayli yaklaştı.

TABLO 9-1 On Büyük Yatırım Fonunun Yönetim Sonuçları[a]

	(Gösterilen) 5 yıl, 1961-1965 (Tümü+)	5 yıl 1966-1970	10 yıl 1961-1970 (Tümü+)	1969	1970	Net Aktifler Aralık 1970 (milyon)
Affiliated Bond	71%	%+19.7	%105.3	%-14.3	%+2.2	$1,600
Dreyfus	97	+18.7	135.4	-11.9	-6.4	2,232
FidelityFund	79	+31.8	137.1	-7.4	+2.2	819
Fundamental Inv.	79	+1.0	81.3	-12.7	-5.8	1,054
Invest. Co. Of Am.	82	+37.9	152.2	-10.6	+2.3	1,168
Investors Stock Fund	54	+5.6	63.5	-80.0	-7.2	2,227
Mass. Inv. Trust	18	+16.2	44.2	-4.0	+0.6	1,956
National Investors	61	+31.7	112.2	+4.0	-9.1	747
Putnam Growth	62	+22.3	104.0	-13.3	-3.8	684
United Accum.	74	-2.0	72.7	-10.3	-2.9	1,141
Ortalama	72	18.3	105.8	-8.9	-2.2	$13,628 (toplam)
Standard&Poor's bileşik endeksi	77	+16.1	104.7	-8.3	+3.5	
DJIA	78	+2.9	83.0	-11.6	+8.7	

[a] *Bunlar 1970 sonlarında en büyük net aktiflare sahip borsa fonlarıydı, fakat her gruptan sadece bir fon kullanılmıştır. Veriler Wiesenberger Financial Systems tarafından sağlanmıştır.*

Yatırım-fonu endüstrisinin genel olarak piyasadan daha başarılı olmaması nedeniyle eleştirileceğini düşünmüyoruz. Yöneticileri ve profesyonel rakipleri pazarlanabilir tüm hisse senetlerinin o kadar büyük bir bölümünü yönetmektedirler ki, piyasanın başına gelen her şey mutlaka onların tüm fonlarının da (yaklaşık olarak) başına gelecektir. (Şuna dikkat ediniz, sigortalı ticari banka vakıflarının aktifleri 1969 yılı sonunda 181 milyar dolarlık hisse senedi içeriyordu; eğer bu rakama yatırım danışmanları tarafından yönetilen hesaplardaki adi hisse senetlerini ve 56 milyar dolarlık yatırım fonlarını ve benzerlerini eklersek, bu profesyonellerin birleştirilmiş kararlarının, hisse senedi ortalamalarının hareketlerini oldukça iyi bir biçimde belirlediklerini görürüz; bu hisse senedi ortalaması hareketleri de fonların toplam sonuçlarını belirler.)

Ortalama fonlardan daha iyi fonlar var mıdır ve yatırımcı kendisi için çok iyi sonuçlar almak amacıyla bunları seçebilir mi? Hiç kuşkusuz bütün yatırımcılar bunu yapamaz, çünkü bu durumda başladığımız yere geri döneriz, hiç kimse bir diğerinden daha iyi bir sonuç elde etmez. Sorunu öncelikle, basitleştirilmiş bir biçimde ele alalım. Yatırımcı, geçmişte yeterli sayıdaki yıl süresince yapılan işlemler içerisindeki en iyi performansı hangi fonun yapmış olduğunu neden bulamasın ve buna dayanarak onun en başarılı yönetime sahip olduğuna ve bu nedenle gelecekte ortalamanın üzerinde bir performans göstereceğine karar verip, parasını o fona yatırmasın? Bu fikir yatırım fonları için çok pratik görünüyor, zira yatırım fonlarında bu "en becerikli yönetim"i bulurken diğerlerinde ödediği hiçbir özel primi ödemiyor. (Tam tersine, yatırım dışı kurumlar arasında en iyi yönetilen şirketler, günlük kazançlarına ve mevcut varlıklarına göre nispeten daha yüksek fiyatlardan satış yaparlar.)

Bu noktanın kanıtlanması yıllar içerisinde tutarsızlık göstermiştir. Ancak en büyük on fonu kapsayan 9-1 numaralı tablomuz, 1961-1965 en iyi beşinin sonuçlarının -bu kümedeki iki tanesinin diğerleri kadar başarılı olmamasına rağmen- *bütün olarak* 1966-1970 arası döneme taşındığını gösteriyor. Araştırmalarımız, geçmişteki birkaç yıl içinde, sözgelimi en az beş yıl içerisinde, eldeki veriler, piyasanın genel olarak büyük ve net bir yükseliş hareketini yansıtmadığı *takdirde,* yatırım-fonu yatırımcısının, bu kıyaslamayı dikkate alabileceğini gösterir. Bu son durumda, alışılmışın dışında yöntemlerle –bir sonraki "performans" fonları hakkındaki bölümümüzde gösterileceği gibi- şaşırtıcı derecede olumlu sonuçlar elde edilebilir. Bu sonuçlar kendi içlerinde sadece, fon yöneticilerinin beklenmedik spekülatif riskler aldıklarını ve *o an için* onların bedelini ödemediklerini gösterebilir.

"Performans" Fonları

Son yılların yeni fenomenlerinden bir tanesi yatırım fonu (ve hatta çoğu vakıf fonu) yönetiminde bir "performans" kültünün ortaya çıkışıdır. Bu bölüme, bu durumun sağlam fonların büyük kısmı için geçerli olmadığı, ancak sektörün aşırı ilgi çeken oldukça küçük bir bölümüne uygulanabildiği şeklindeki iddiamızdan vazgeçerek başlamalıyız. Bunun hikâyesi oldukça basittir. Yöneticilerin bazıları ortalama sonuçlardan (DJIA) daha iyisini yapmak üzere yola çıkarlar. Bunu uygularken bir süre başarılı oldular, bol bol şöhret kazandılar ve yönetmek üzere ek fonlar elde ettiler. Hedefleri yeterince yasaldı; ne yazık ki, gerçekten büyük çaplı fonların yatırımı bağlamında, bu hedeflere büyük risklere maruz kalmadan ulaşılamayacaktı. Ve çok kısa bir süre içerisinde bunlar sorun çıkaracaktı.

"Performans" olayı çevresindeki koşullardan bazıları, deneyimleri eskiye dayanan -hatta 1920'lere kadar uzanan- ve bu nedenle düşünceleri bu (ikinci) "Yeni Çağ"a demode ve uygunsuz gelen bazılarımız tarafından, pek hayra yorulmadı. İlk olarak, bu parlak performans gösterenler, finans deneyimleri 1948-1968 arasındaki yılların sürekli yükselen piyasasıyla sınırlı kalmış, çoğu otuzlu, kırklı yaşlarda olan genç adamlardı. İkinci olarak, bu kişiler çoğunlukla, gelecek birkaç ay içerisinde iyi bir yükseliş sağlayacak bir hisse senedini "güvenli yatırım" olarak tanımlıyorlardı. Bu ise varlıklarına ya da kayıtlı kazançlarına orantılı olmayan aşırı yüksek fiyatlardan daha yeni riskli girişimlere bağlanmak anlamına geliyordu. Bu kişiler sadece, bu tür yatırımların gelecekteki performansı hakkında yeterli bilgi sahibi olmayan hırslı bir yatırımcının spekülatif heveslerini sömürmek için "destek" sağlayabilirdi.

Bu bölüm bu kişilerin isimlerini vermeyecektir. Lakin bu tür şirketlerden örnekler vermek için sağlam gerekçelerimiz vardır. Halkın "performans fonu" olarak en çok kabul ettiği fon, hiç kuşkusuz 1965 sonunda kurulan Manhattan Fund, Inc. idi. İlk arzında fiyatları hisse başına 9.25$ ile 10$ arasında değişen 27 milyon hisse ihraç etti. Fon 247 milyon dolar sermaye ile işe başladı. Kuşkusuz en fazla önem verdiği şey sermaye kârlarıydı. Portföyün çoğu güncel kazançların yüksek katlarından satılan hisse senetlerine yatırılmıştı, kâr payı ödemiyordu (ya da çok az ödüyordu), büyük spekülatif takipçileri ve inanılmaz fiyat hareketleri vardı. Fon 1967'de S&P bileşik endeksi %11 iken toplam %38.6 kazandı. Ancak bundan sonra performansı Tablo 9-2'de de gösterildiği gibi hiç doyurucu olmadı.

TABLO 9-2 Bir Performans-Fonunun Portföyü ve Performansı

(Manhattan Fonu büyük çaplı yatırımları, 31 Aralık, 1969)

Mevcut hisseler (Bin)	Hisse senedi	Fiyat	Kazanılan 1969	Kâr payı 1969	Piyasa fiyatı (Milyon)
60	Teleprompter	99	$.99	Yok	$6.0
190	Deltona	60½	2.32	Yok	11.5
280	Fedders	34	1.28	$.35	9.5
105	HorizonCorp.	53½	2.68	Yok	5.6
150	RouseCo.	34	.07	Yok	5.1
130	Mattel Inc.	64 ¼	1.11	.20	8.4
120	Polaroid	125	1.90	.32	15.0
244[a]	Nat'lStudentMkt'g	28½	.32	Yok	6.1
56	TelexCorp	90½	.68	Yok	5.0
100	Bausch&Lomb	77 ¾	1.92	.80	7.8
190	FourSeasonsNursing	66	.80	Yok	12.3[b]
20	Int. Bus. Machines	365	8.21	3.60	7.3
41.5	Nat'l Cash Register	160	1.95	1.20	6.7
100	SaxonInd.	109	3.81	Yok	10.9
105	Career Academy	50	.43	Yok	5.3
285	KingResources	28	.69	Yok	8.1
					$130.6
				Diğer Hisse	93.8
				Diğer	19.6
				Toplam Yat[c]	$244.0

[a] *2'ye-1 bedelsiz hisse dağıtımı sonrası*
[b] *Ayrıca 1.1 milyon dolar bağlı hisse senetleri için*
[c] *Nakde eşdeğer varlıkları kapsamaz*

Yıllık Performansın S & P Bileşik Endeksiyle Karşılaştırılması

	1966	1967	1968	1969	1970	1971
Manhattan Fonu	%-6	%+38.6	%-7.3	%-13.3	%-36.9	%+9.6
S&P Bileşik	%-10.1	%+23.0	%+10.4	%-8.3	%+3.5	%+13.5

Manhattan Fonu'nun 1969 yılı sonundaki portföyü, en azından alışılmışın dışındaydı. Sonraki altı ay içerisinde fonun en büyük yatırımları arasında yer alan iki şirketin iflas etmesi, 1971 yılı içinde bir üçüncüsünün de alacaklıların yasal takibine maruz kalması, olağandışı bir gerçekti. Bu batmış şirketlerden en azından birinin hisseleri yalnızca yatırım fonları tarafından değil, üniversite bağış fonları, büyük bankacılık şirketlerinin saklama ve portföy yönetimi bölümleri ve benzerleri tarafından da alınmıştı.* Üçüncü olağandışı nokta, Manhattan Fonu'nun kurucu-yöneticisinin, kendi hisselerini ayrı örgütlenmiş bir yönetim şirketi içine koyarak, 20 milyon doların üzerinde hisse senedi yatırımı olan başka bir büyük fona satmasıydı; satılan yönetim şirketinin o sırada varlıklarının değeri ise 1 milyon doların altındaydı. Bu hiç kuşkusuz, "yöneten" ve "yönetilenler"in sonuçları arasında tüm zamanların en büyük dengesizliklerinden biriydi.

1969[2] sonunda basılan bir kitap, "başka insanların milyarlarca dolarını yönetme oyununda en tepedeki" 19 adamın profilini veriyordu. Özette şunlar söylenmekteydi: "Onlar çok gençler... bazıları yılda bir milyon dolar kazanıyorlar... bu yeni bir finans soyu... hepsi piyasaya tam ilgi duyuyor... ve kazananlara yetişmek için çarpıcı bir beceriye sahipler." Yönettikleri fonlar incelendiğinde bu üstün grubun becerileri hakkında oldukça iyi fikir edinebiliriz. Bu sonuçlar *The Money Managers*'da anlatılan on dokuz kişiden on ikisinin yönettiği fonlarda mevcuttur. Bu fonlar, tipik bir biçimde, 1966'da iyi görünüyorlardı, 1967'de çok parlaktılar, 1968'de performansları bütün içinde hâlâ iyi olmakla birlikte bireysel fonlara göre biraz karışıktı. 1969'da hepsi düştüler, sadece bir yönetici S & P bileşik indeksinden biraz daha iyiydi. 1970'te ise karşılaştırmalı performansları 1969'dakinden de kötü oldu.

Bu tabloyu bir dersi vurgulamak üzere çizdik, tıpkı eski bir Fransız atasözünün dediği gibi: *Plus ca change, plus c'est la même cho-*

* Graham'in değindiği bu kötü "talihli şirketler"den bir tanesi, hikâyesi Andrew Tobias'ın *The Funny Money Game*'de (Playboy Press, New York, 1971) çok güzel anlatılan dolandırıcı National Student Marketing Corp. idi. NSM'nın karizmatik kurucusu Cort Randell tarafından güç duruma sokulan sözümona sofistike yatırımcılar arasında Cornell ve Harvard'ın bağış fonlarıyla Morgan Guaranty ve Bankers Trust gibi prestijli bankaların saklama ve portföy yönetimi bölümleri de vardı.

se. (her şey ne kadar değişirse, o kadar aynı kalır.) Parlak, enerjik insanlar -çoğunlukla bir hayli gençler- "başkalarının paraları"yla mucizeler yaratmaya söz vermişler, ezelden beri. Bunu bir süreliğine yapmayı başarmışlardı -ya da en azından öyle görünüyorlardı- ve en sonunda halka kaçınılmaz kayıplar yaşattılar.* Yaklaşık yarım yüzyıl önce "mucizeler"e genellikle çirkin dalavereler, yanıltıcı şirket raporları, korkunç sermaye yapıları ve diğer yarı düzmece finans uygulamaları eşlik ederdi. Bütün bunlar, SEC tarafından finansal kontrollere ait ayrıntılı bir sistemin getirilmesine ve kamuda hisse senetlerine karşı dikkatli bir tutumun yerleşmesine yol açtı.1926-1929 arasındaki hilekârlıklardan sonra 1965-1969 arasındaki yeni "para yöneticileri"nin operasyonları da bir tam kuşaktan biraz daha uzun sürdü.** 1929 çöküşünden sonra yasaklanan bazı özel yanlış uygulamalara -hapis cezası riski taşımaları nedeniyle- artık başvurulamıyordu. Fakat Wall Street'in pek çok köşesinde bunlar yerlerini çok benzer sonuçlar doğuracak olan yeni oyunlara bıraktılar. Fiyatların açık manipülasyonu yok oldu, fakat "sıcak" arzlarda, kolay kandırılan halkın dikkatini kâr fırsatlarına çekecek başka yöntemler vardı. Satışları, açıklanmamış kısıtlamalara tabi olan çok sayıda "kullanışı kısıtlı senet"[3] piyasa fiyatlarının altında satın alınabiliyordu; bunlar hemen raporlarda tam piyasa değerlerinden yer alarak, hoş ve aldatıcı kârlar gösterirlerdi. Ve benzerleri... Tamamıyla farklı bir yönetmelik ve yasakların olduğu bir ortamda Wall Street'in, 1920'lerin hata ve taşkınlıklarını nasıl kopya ettiğini görmek çok şaşırtıcıdır.

Yeni tüzük ve yönetmelikler kuşkusuz kaçınılmazdır. 1960 sonlarının belirli suiistimalleri adil ve uygun bir biçimde Wall Street'te yasaklanacaktır. Ancak spekülasyon yapma dürtüsünün

* "Her şey ne kadar değişirse, o kadar aynı kalır," sözünün en son kanıtı olarak Ryan Jacob, 29 yaşında bir harika çocuk, bir önceki dot-com fonuyla %216'lık bir getiri yarattıktan sonra 1999'un yıl sonunda Jacob Internet Fonu'nu başlattı. Yatırımcılar, 2000 yılının ilk birkaç haftası içinde Jacob'ın fonuna yaklaşık 300 milyon dolar akıttılar. 2000 yılında %79.1 kaybetmeye devam etti, 2001'de %56.4 ve 2002'de %13 -%92'lik bir kümülatif çöküş. Bu kayıp Bay Jacob'ın yatırımcılarını, ondan daha fazla akıllandırıp yaşlandırmış olabilir.

** Tuhaf bir biçimde, 1999-2002 yıllarındaki korkunç canlanma ve çöküş, bir önceki benzer çılgın döngüden yaklaşık 35 yıl sonra gerçekleşti. Son "Yeni Ekonomi" deliliğini hatırlayan yatırımcıların, hatırlamayanlara kıyasla daha etkin olmaları belki de 35 yıl sürmüştür. Bu önsezi doğruysa eğer, akıllı yatırımcı 2030 yılları civarında özellikle uyanık olmalıdır.

tümüyle ortadan kalkacağına ya da yasaklanacağına ise inanmak zordur. Bu "Sıradışı Popüler Aldanmalar"ı[4] bilmek ve onlardan olabildiğince uzak durmak akıllı yatırımcının cephanesinin önemli bir parçasıdır.

Eğer 1967'nin çarpıcı sonuçlarından *sonra* incelemeye başladığımız takdirde, performans fonlarının çoğunun çizdiği resmin kötü olduğunu görürüz. 1967 rakamlarına göre genel görünümleri hiç de feci değildir. Buna dayanarak, "The Money Managers"ın işletmecilerinden biri S & P bileşik endeksinden biraz daha iyi sonuç almış, üçü açık bir biçimde daha düşük, altısı ise hemen hemen aynı kalmıştır. Şimdi, başka bir grup performans fonunu -1967'de en iyi duruma sahip olan ve kazançları o tek yıl içerisinde %84 ile %301 arasında değişen on adet fonu- inceleyelim. Bunlardan dördünün dört-yıllık toplam performansı, 1967 kazançları dahil edildiğinde S & P endeksinden daha iyiydi; iki tanesi 1968-1970 arasında endeksin üzerine çıktı. Bu fonların hiçbiri büyük değildi, ortalama büyüklükleri 60 milyon dolardı. Bu şekilde, olağanüstü sonuçları sürekli olarak elde etmek için, daha küçük çaplı olmanın gerekli bir unsur olduğuna dair güçlü kanıtlar vardı.

Yukarıdaki açıklama, yatırım-fonu yöneticilerinden üstün performans aramanın bazı özel riskleri de beraberinde getirebileceği sonucunu içinde barındırır. Şimdiye kadar yaşanan tüm finans deneyimleri, doğru bir biçimde yönetilen büyük fonların yıllar içerisinde ortalamanın ancak biraz üzerinde sonuçlar aldıklarını göstermiştir. Doğru bir şekilde yönetilmedikleri takdirde, bir süre için olağanüstü ama çok aldatıcı kârlar elde edecekler ve bunu vahim kayıplar izleyecektir. Sürekli olarak, örneğin on yıl ya da daha uzun bir süre boyunca, piyasa ortalamalarını geçen fon örneklerine rastlanmıştır. Ancak bunlar, özel uzmanlık alanlarında faaliyet gösteren nadir örneklerdir, işletme sermayesinde dahili sınırlara sahiptirler -ve aktif olarak halka satılmazlar.*

* Graham'in bu ender örneğinin günümüz karşılığı, yeni yatırımcılara kapalı olan -yöneticilerin nakit alımını durdurmaları anlamına gelir- açık-uçlu fonlar olabilir. Bu kazanabilecekleri yönetim ücretlerini azaltırken, mevcut hisse sahiplerinin dönüşüm miktarlarını azamiye çıkarır. Çoğu fon yöneticisi 1 Numara'yı seçmek yerine 1 Numara olmak ister, bu nedenle bir fonu yeni yatırımcılara kapatmak ender ve cesur bir adımdır.

Açık-Uçluya Karşı Kapalı-Uçlu Fonlar (Yatırım Ortaklıkları)

Hemen hemen tüm yatırım fonları açık-uçlu fonlardır, bunlar sahiplerine portföydeki hisselerini günlük değerlerinden nakde çevirme hakkı verirler, yeni hisse satışları için de uygun bir sistmeleri vardır. Bu sayede fonların çoğu yıllar içerisinde büyümüştür. Neredeyse tümü çok uzun zaman önce kurulmuş olan bu kapalı-uçlu şirketler, değişmez bir sermaye yapısına sahiptirler ve bu nedenle nispi dolar büyüklükleri zaman içinde azalmıştır. Açık-uçlu fonlar çok sayıda enerjik ve ikna edici satış elemanı tarafından satılırken kapalı-uçluların satışıyla hiç kimse özellikle ilgilenmez. Sonuç olarak çoğu "yatırım fonu"nu halka net cari değerlerinin üzerine %9 sabit bir prim koyarak (satıcı komisyonunu karşılamak vs. için) satmak mümkün olmuştur, oysa kapalı-uçlu hisselere hiç değişmez bir biçimde aktif değerlerinin *altında* fiyatlardan sahip olunabilir. Bu fiyat indirimi şirketler arasında değişkenlik gösterir, ayrıca grubun ortalama iskontosu bir tarihten diğerine farklılık gösterir. Tablo 9-3 bu konuyla ilgili olarak 1961-1970 yılları arasındaki döneme ait sonuçları verir.

Kapalı-uçlu fonların açık-uçlu fonlar karşısındaki göreceli olarak düşük olan fiyatlarının, iki grubun toplam yatırım sonuçları arasındaki farkla hiçbir ilgisinin olmadığını düşünmek için çok zeki olmak gerekmez. Bunun doğruluğu tablo 9-3'te, iki grubun 1961-1970 arasındaki döneme ait yıllık sonuçlarının karşılaştırmasında gösterilmiştir.

Böylelikle yatırımcının seçimleri için belirgin birkaç kuraldan bir tanesine varıyoruz. Eğer yatırım fonu almak istiyorsanız, açık-uçlu bir fonun hisselerine aktif değerlerinin üzerine %9 prim ödeyerek almak yerine, aktif değerlerinin %10 ile %15 altındaki indirimli fiyatlardan bir grup kapalı-uçlu hisse satın alınız. Her iki grubun gelecekteki kâr paylarının ve aktif değer değişikliklerinin yaklaşık aynı olacağını varsayarak, kapalı-uçlu hisselerden beşte-bir oranında daha fazla para kazanacaksınız.

TABLO 9-3 Kapalı Uçlu Fonlar (Yatırım Ortaklıkları), Yatırım Fonları ve S&P Bileşik Endeksine ait Bazı Veriler

Yıl	Kapalı uçlu fonların ortalama indirimi	Kapalı uçlu fonların ortalama sonuçları[a]	Hisse senedi yatırım fonlarının ortalama sonuçları[b]	S&P Endeksi sonuçları[c]
1970	%-6	Eşit	-%5.3	+%3.5
1969		-%7.9	-12.5	-8.3
1968	(+7)[d]	+13.3	+15.4	+10.4
1967	-5	+28.2	+37.2	+23.0
1966	-12	-5.9	-4.1	-10.1
1965	-14	+14.0	+24.8	+12.2
1964	-10	-16.9	+13.6	+14.8
1963	-8	+20.8	+19.3	+24.0
1962	-4	-11.6	-14.6	-8.7
1961	-3	+23.6	+25.7	+27.0
10 yıllık rakamların ortalaması		+%9.14	+%9.95	+%9.79

[a] *On farklı şirketin Wiesenberger ortalaması*

[b] *Adi hisse senedi fonlarının her yıl için beş Wiesenberger ortalaması*

[c] *Her durumda dağılımlar yeniden eklenmiştir.*

[d] *Prim*

Bir yatırım-fonu satıcısı bu sonuca karşı olduğunu hemen belli eder: "Ama kapalı-uçlu hisseler alırsanız onları hangi fiyattan satacağınızı asla bilemezsiniz. İndirim bugünkünden daha fazla olabilir ve geniş fiyat aralığından zarar görürsünüz. Bizim hisselerimizi her zaman %100 aktif değerlerinden, asla daha azından değil, geri vermeniz garantilenmiştir." Bu konuyu biraz inceleyelim; mantık ve sağduyu açısından iyi bir çalışma olacaktır. Soru: Kapalı-uçlu hisselerdeki fiyat düşüşünün gerçekten de iyice arttığını varsayalım; elinizdeki bu kapalı-uçlu hisselerle, bunlara eşdeğer açık-uçlu hisselerine göre, daha yoksul bir duruma düşmeniz ne kadar muhtemeldir?

Bu biraz aritmetik gerektirir. A Yatırımcısı'nın, aktif değerlerinin %109'unu ödeyerek bazı açık-uçlu hisseler aldığını, B Yatırımcısı'nın da %85'ten kapalı-uçlu hisseler aldığını ve bunun üzerine de %1½ komisyon ödediğini düşünelim. Her iki hisse grubu da bu aktif değerin, diyelim ki dört yıl içerisinde, %30'unu kazanıp ödeyecek ve başlangıç fiyatına dönecektir. A Yatırımcısı hisselerinin bedelini %100'den geri almış, fakat ödediği %9 primi kaybetmiş olacaktır. Bu dönem için toplam getirisi aktif değer üzerinden %30'un %9 eksilmiş hali yani %21 olacaktır. Dolayısıyla bu yatırımının %19'u olur. B Yatırımcısı ise kapalı-uçlu hisselerinden, A Yatırımcısının açık-uçlu hisselerinden elde ettiği aynı miktardaki dönüşümü almak için ne kazanmalıdır? Cevap %73 ya da aktif değerden %27'lik bir fiyat düşüşüdür. Başka bir ifadeyle, kapalı-uçlu yatırımcı getirisi açık-uçlu yatırımcının getirisine denk gelinceye kadar piyasa iskontosunda 12 puanlık bir büyümeye maruz kalacaktır (yaklaşık iki katı). Kapalı-uçlu hisselerin geçmişinde bu boyutun tersi bir değişiklik gerçekleşmişse bile, bu pek enderdir. Bundan dolayı, kapalı-uçlu (tipik) bir şirketin ucuza alınmış hissesinden -şirketin yatırım performansı tipik yatırım fonuna eşit olduğu takdirde- daha düşük bir toplam getiri alacağınız şeklindeki bir olgu pek muhtemel değildir. Eğer az-komisyonlu (ya da hiç komisyonsuz) bir fon, her zamanki "%8½" komisyonlu fonun yerine geçirilirse, tabii ki kapalı-uçlu yatırımın avantajı azalır, fakat yine avantajlı olarak kalmaya devam eder.

TABLO 9-4 Çeşitlendirilmiş Kapalı-Uçlu Fonların (Yatırım Ortaklığı) Ortalama Sonuçları, 1961-1970[a]

	1970	5 yıl, 1966-1970	1961-1970	Prim ya da indirim, Aralık 1970
Primli satılan üç fon	-%5.2	+%25.4	+%115.0	%14.4 prim
İndirimli satılan on fon	**+1.3**	**+22.6**	**+102.9**	**%9.2 indirim**

[a] *Veriler: Wiesenberger Finans Servisleri*

Az sayıda kapalı-uçlu fonun, çoğu yatırım fonunda uygulanan %9'luk gerçek komisyon üzerinde *primler*den satılması yatırımcıyı başka bir soruyla karşı karşıya bırakır. Bu primli şirketler, yükseltilmiş fiyatlarını garantiye alacak kadar yeterli değere sahip fon yöneticisi kullandıklarında memnun kalmışlar mıdır? Eğer yanıt, geçmiş beş-on yılın karşılaştırmalı sonuçlarında aranacaksa, cevap muhtemelen "hayır" olacaktır. Altı primli şirketten üç tanesi ağırlıklı olarak dış yatırımlara sahiptir. Bunların dikkat çeken bir özelliği de, birkaç yıllık süre içerisinde fiyatlarında gösterdikleri büyük değişikliklerdir; 1970 yılının sonunda bir tanesi en yüksek değerinin sadece dörtte-biri fiyatından, diğeri üçte-birinden, başka bir tanesi yarı fiyatının da altından satılmıştır. Eğer aktif değerlerinin üzerinden satılan üç yerli kuruluşu dikkate alırsak, on-yıllık toplam getiri ortalamasının, on adet iskontolu fondan çok az daha iyi olduğunu görürüz, ancak son beş yıl içerisinde bunun tam tersi olmuştu. En eski ve en büyük kapalı-uçlu şirketlerimiz olan Lehman Corp. ile General American Investors'ın 1961-1970 kayıtlarının karşılaştırması Tablo 9-5'te verilmiştir. Bunlardan biri, net varlık değerinin %14 üstünden, diğeri ise %7.6 altından satılmıştır. Bu rakamlar, fiyat-net varlık ilişkisi arasındaki farkı doğrulamaz.

TABLO 9-5: İki Lider Kapalı-Uçlu Fon (Yatırım Ortaklığı) Karşılaştırılması[a]

	1970	5 yıl, 1966-1970	1961-1970	Prim ya da iskonto, Aralık 1970
General Am. Investors Co.	-%3.0	+%34.0	+%165.6	%7.6 iskonto
LehmanCorp.	**-7.2**	**+20.6**	**+108.0**	**%13.9 prim**

[a] *Veriler: Wiesenberger Finans Servisleri*

Dengeli Fonlara Yatırım

Wiesenbergeer Raporu'nda ele alınan 23 adet dengeli fon, varlıklarının %25 ile %59'u arası oranlarda imtiyazlı hisse senetlerine ve tahvillere yatırım yapmış olup, ortalaması ise %40'tır. Denge ise, adi hisse senetleriyle sağlanır. Sıradan bir yatırımcının tahvil tipi yatırımlarını, yatırım fonu portföyünün bir parçası olarak yapmasından ziyade, doğrudan yapması daha mantıklıdır. Bu dengeli fonların 1970'de getirdiği ortalama gelir getirisi aktif değer üzerinden yıllık sadece %3.9 idi, ya da ihraç fiyatı üzerinden %3.6' da diyebiliriz. Yatırımcının tahvil portföyündeki tahvil kısmı için daha iyi seçenekler, ABD tasarruf bonoları, ya da A sınıfı ya da daha üst dereceye sahip şirket tahvilleriyle, vergiden muaf tahviller olabilir.

DOKUZUNCU BÖLÜM ÜZERİNE YORUMLAR

Öğretmeni Billy Bob'a sorar: "Eğer oniki koyunun olsaydı ve biri çitin üzerinden atlayıp kaçsaydı, kaç koyunun kalırdı?"
Billy Bob cevap verir, "Hiç kalmazdı."
"Pekala," der öğretmen, "o zaman sen kesinlikle çıkarma yapmayı bilmiyorsun."
"Olabilir," der Billy Bob, "ama koyunlarımı çok iyi biliyorum."

-eski bir Teksas fıkrası

NEREDEYSE KUSURSUZ

Saf bir Amerikan buluşu olan yatırım fonları 1924 yılında eski bir alüminyum tencere ve tava satıcısı olan Edward G. Leffler tarafından piyasaya sürülmüştür. Yatırım fonları oldukça ucuzdur, çok pratiktir, genel olarak riskleri dağıtılmıştır, profesyonelce yönetilirler ve Federal güvenlik hukukunun en katı hükümlerinin sıkı denetimi altındadırlar. Yatırımı kolay ve ulaşılabilir hale getiren bu fonlar 54 milyon Amerikalı aileyi (ve dünya üzerindeki milyonlarcasını daha) yatırım ana akımının içine sokmuştur –bu muhtemelen parasal demokraside atılmış en büyük adımdır.

Bununla birlikte yatırım fonları kusursuz değil, *neredeyse* kusursuzdur, işte bütün farkı bu tek sözcük yaratır. Kusurları nedeniyle, çoğu fonlar piyasa ortalamasının altında kalırlar, yatırımcılarına pahalıya patlarlar, vergi sıkıntılarına neden olurlar ve düzensiz performans salınımlarıyla değer kaybederler. Akıllı bir yatırımcı, kocaman bir karışıklığa bulaşmak istemiyorsa, fonlarını seçerken çok dikkatli davranmalıdır.

TABLOLARIN EN TEPESİ

Çoğu yatırımcı hızla yükselen bir fonu, yükselmeye devam edeceğini düşünerek satın alır. Neden olmasın? Psikologlar, kısa dönemli bir seri sonuca bakarak bile, uzun döneme ait tahminlerde bulunulabileceğine inanmaya, insanların doğuştan eğilimli olduklarını göstermişlerdir. Bunun da ötesinde, kendi deneyimlerimize dayanarak, bazı tesisatçıların diğerlerinden daha iyi, bazı beyzbol oyuncularının ötekilerden daha başarılı olduklarını, en favori restoranımızın her zaman harika yemekler sunduğunu ve akıllı çocukların sürekli olarak iyi notlar aldıklarını biliriz. Etrafımızda yetenek ve akıl ve çalışkanlık fark edilir, ödüllendirilir -ve sürekli olarak tekrarlanır. Bu nedenle, eğer bir fon piyasayı geçerse, sezgilerimiz bize bu fonun yükselişine devam edeceğini söyler.

Ne yazık ki finans piyasalarında, yetenekten çok, şans önemlidir. Eğer bir yönetici doğru zamanda piyasanın doğru köşesinde olursa, çok zeki görünecektir - bir zamanlar sıcak olanın aniden soğuması ve fon yöneticisinin IQ seviyesinin 50 puan gerilemesi beklenenden daha sık gerçekleşir. Tablo 9-1, 1999'daki en sıcak fonların akıbetini gösterir.

Bu tablo, piyasanın en sıcak sektörünün -1999'da bu teknolojiydi- sık sık köreltici bir hızla ve hiçbir sinyal vermeden sıvı nitrojen kadar soğuyabildiğini ifade eden başka bir hatırlatmadır.[1] Ve bu fonları sadece geçmiş performanslarına bakarak satın almak bir yatırımcının yapabileceği en aptalca şeylerden biridir. Finans bilimcileri yatırım-fonu performansını en az elli yıldır incelemekte olup bazı noktalarda tam anlamıyla hem fikirdirler:

- Ortalama bir fon araştırma ve satış masraflarını karşılayacak kadar iyi hisse senetleri seçmez;
- Bir fonun masrafları ne kadar yüksekse, getirisi o kadar düşük olur;

[1] Hemen hemen düşünebildiğiniz her endüstride sektör fonları mevcuttur –ve 1920'lere kadar uzanırlar. Neredeyse 80 yıllık bir tarihten sonra, kanıt çok büyüktür: Herhangi bir yılın en kazançlı ve dolayısıyla en popüler sektörü, genellikle bir sonraki yılın en kötü performans gösterenleri arasına girer. Tıpkı, boş duran ellerin şeytanın atölyesi olması gibi, sektör fonları da yatırımcının can düşmanıdır.

- Bir fon ne kadar sık hisse senetlerini değiştirirse, o kadar az kazanır;
- İnip çıkan çok istikrarsız fonlar, istikrarsız kalmaya mahkûmdur;
- Geçmiş getirileri yüksek olan fonlar uzun süre kazanmaya devam etmezler.[2]

Geçmişteki kazançlarına dayanarak gelecekte en iyi performansı gösterecek fonları seçme şansınız çok düşüktür. Başka bir deyişle, şansınız sıfır değildir -ancak neredeyse buna yakındır. (Sayfa 293'deki ek bilgi kutusuna bakınız.)

Ama iyi haberler de vardır. İyi bir fon bulmanın ne kadar zor olduğunun farkına varmak, sizin daha akıllı bir yatırımcı olmanıza yardımcı olur. İkinci olarak, geçmiş performans gelecek kazançların kötü bir göstergesi olsa da, iyi bir fon bulma şansınızı artırmak için kullanabileceğiniz başka unsurlar vardır. Ve son olarak, bir fon piyasayı geçemese bile size mükemmel faydalar sağlayabilir -varlıklarınızı çeşitlendirmek için ekonomik bir yöntem bulmak ve kendi hisse senetlerinizi seçmek dışında yapabilecekleriniz için size boş zaman bırakmak gibi.

[2] Yatırım fonu performansı üzerine yapılan araştırmalar alıntılamak için çok geniştir. Faydalı özetler ve linkler şuralarda bulunabilir: www.investorhome.com/mutual.htm#do, www.ssrn.com (arama penceresine "mutualfund" yazın) ve www.stanford.edu/~wfsharpe/art/art.htm.

TABLO 9-1 Başarısızlar Kulübü

Fon	Toplam Getiri 1999	2000	2001	2002	1/1/1999'da Yatırılan 10.000$'ın 31/12/02'deki Değeri
Van Wagoner Emerging Growth	291.2	–20.9	–59.7	–64.6	4,419
Monument Internet	273.1	–56.9	–52.2	–51.2	3,756
Amerindo Technology	248.9	–64.8	–50.8	–31.0	4,175
PBHG Technology & Communications	243.9	–43.7	–52.4	–54.5	4,198
Van Wagoner Post-Venture	237.2	–30.3	–62.1	–67.3	2,907
ProFunds Ultra OTC	233.2	–73.7	–69.1	–69.4	829
Van Wagoner Technology	223.8	–28.1	–61.9	–65.8	3,029
Thurlow Growth	213.2	–56.0	–26.1	–31.0	7,015
Firsthand Technology Innovators	212.3	–37.9	–29.1	–54.8	6,217
Janus Global Technology	211.6	–33.7	–40.0	–40.9	7,327
Wilshire 5000 endeksi (toplam menkul kıymetler piyasası)	23.8	–10.9	–11.0	–20.8	7,780

Kaynak: Lipper

Not: Monument Internet daha sonra Orbitex Emerging Technology adını aldı.OLAN

Bu on fon 1999'un en sıcak performans gösterenleri arasındaydı –ve gerçekte tüm zamanların en yüksek yıllık performansçıları arasındaydılar. Fakat sonraki üç yıl, 1999'un bütün dev kazançlarını sildi, ve daha sonra da birazını.

Neden fazla kazandıran fonlar kazandırmaya devam etmiyor? Bir fon ne kadar iyi performans gösterirse yatırımcıların önüne o kadar fazla engel çıkar:

Göç eden yöneticiler. Bir hisse senedi seçicisi Midas dokunuşuna sahip göründüğünde herkes onu ister –rakip fon şirketleri de dahil olmak üzere. Eğer Glen Bickerstaff'in yeteneklerinden faydalanarak, Transamerica Premier Özel Sermaye Fonu'nu aldıysanız -bu fon 1997'de %47.5 kazandı- çok şanssızdınız; TCW 1998 ortalarında kendisine ait TCW Galileo Select Equities Fund'ı yönetmek üzere Bickerstaff'i kaptı ve Transamerica fonu sonraki dört yılın üçünde pazarda geride kaldı. Fidelity Aggressive Büyüme Fonunu 2000'in en başlarında alarak, hisse sahiplerinin parasını 1997'den sonra neredeyse üç katına çıkaran Erin Sullivan'ın yüksek kârlarından yararlanmak istediyseniz, ne âlâ: kendi hedge fonu şirketini kurarak 2000'de işi bıraktı ve önceki fonu sonraki üç yıl içerisinde değerinin dörtte üçünden fazlasını kaybetti.[3]

Varlıklarda fil hastalığı. Bir fon yüksek kârlar kazandığında bu yatırımcıların dikkatini çeker -birkaç hafta içerisinde bu fona yüz milyonlarca dolar dökerler. Bu da fon yöneticisine çok az seçenek bırakır -bunların hepsi de kötüdür. Parayı kötü günler için emniyetle saklayabilir, ancak o zaman da eğer hisse senetleri yükselmeye devam ederse, nakit para getirilerinin düşük kalması, fonun sonuçlarını olumsuz etkileyecektir. Parayı elindeki mevcut hisse senetlerine koyabilir –ilk aldığı zamandan bu yana muhtemelen yükselmişlerdir ve eğer onlara milyonlarca dolar daha pompalarsa tehlikeli bir biçimde aşırı değer kazanacaklardır. Ya da şimdiye kadar çok beğenmeyip almamış olduğu yeni hisse senetlerinden satın alabilir -ancak bunları en başından başlayarak araştırmak zorunda kalacak ve gözünü alışkın olduğundan daha fazla sayıda şirketin üzerinden ayırmamak zorunda olacaktır.

Nihayetinde, 100 milyon dolarlık Nimble Fon'u varlıklarının

[3] Bunu söylemekteki amacımız süper-yıldız olan yöneticiler yerlerinde kalmış olsalardı fonlar daha başarılı olurlardı demek değildir; emin olduğumuz tek şey bu yöneticilerin yokluğunda fonların başarısız olduğudur.

%2'sini (ya da 2 milyon doları), toplam piyasa değeri 500 milyon dolar olan bir hisse senedi olan Minnow Corp.'a koyduğunda Minnow'un %1'inin yarısından daha azını almış oluyordu. Fakat sıcak performansın Nimble Fonu'nu 10 milyar dolara şişirmesi durumunda, bu varlıklarının %2'si olan bir yatırım olacak ve 200 milyon dolar edecekti -neredeyse Minnow'un tüm değerinin yarısıydı ve Federal yasalar altında bile izin verilmeyen bir tasarruf seviyesiydi. Eğer Nimble'ın portföy yöneticisi hâlâ küçük hisse senetleri edinmek istiyorsa, parasını geniş bir şekilde daha fazla sayıda şirkete yaymak zorundaydı –bu da onun dikkatini fazlasıyla azaltacaktı.

Artık lüks ayak işleri yok Bazı şirketler fonlarını "kuluçkaya yatırmak" konusunda uzmanlaşmışlardır –onları halka satmadan önce bir test sürüşü yaparlar. (Tipik olarak, tek hissedarları kendi çalışanları ve şirkete bağlı kuruluşlarıdır.) Bunları küçük tutan sponsor, gerçekten küçük hisse senetleri alarak ya da halka ilk arzların çok seri işlemlerine girerek kuluçka fonlarını, küçük paralarla çok iyi işleyen riskli stratejiler için bir kobay olarak kullanır. Eğer stratejisi başarılı olursa, fon bu özel getirilerini açıklar ve kamu yatırımcılarını toplu olarak cezbeder. Diğer vakalarda, fon yöneticisi yöneticilik harçlarından "feragat eder" (ya da borcu atlar) ve net kazancı yükseltir -bu harçları daha sonra, yüksek kârlar pek çok müşteriyi çektikten sonra yeniden ekler. Neredeyse hiç istisnasız, kuluçkaya yatırılan ya da harcından feragat edilen fonlar, dışarıdan gelen yatırımcıların onlara milyonlarca dolar dökmesinden sonra sıradan hale dönüşür.

Yükselen masraflar. Büyük miktarlar hisse senedi alım satımlarında masraflar küçük meblağlardan daha fazladır; daha az sayıda satıcı ve alıcının birbirlerini bulması daha zor olur. 100 milyon dolarlık varlıklara sahip bir fon yıllık %1 alım-satım masrafı ödeyebilir. Ancak yüksek kârlar, fonu 10 milyar dolara çıkartırsa, alım satımları kolaylıkla bu varlıkların en az %2'sini yiyebilir. Tipik bir fon, hisse senetlerine bir seferde, sadece 11 ay süresince bağlanabilir, bu nedenle ticari masraflar tıpkı çürütücü bir asit gibi kârları yiyip bitirir. Bu arada, varlıklar çoğaldıkça fonun işletme masrafları pek ender düşer -ve bazen yükselebilir bile. Ortalama %1.5'luk işletme masrafı ve yaklaşık %2 civarında alım satım harcıyla, tipik bir fon her yıl masraflardan önce 3.5 yüzdelik puanla piyasayı geçmek zorundadır ki masraflardan sonra geride kalmasın!

Sürü Davranışları. En nihayetinde bir fon başarıya ulaştığında yöneticileri ürkek ve taklitçi bir eğilime girerler. Bir fon büyüdükçe ücretleri de yükselir -yöneticilerini tekneyi sallamak konusunda isteksiz bırakır. Başlangıçtaki yüksek kazançları sağlamak için yöneticilerin aldıkları riskler, şimdi yatırımcıları kaçırabilir -ve bütün o yüksek geliri tehlikeye atar. Bu nedenle en büyük fonlar, hepsi birbirine benzeyen aşırı besili koyun sürüsü gibidir, hepsi aynı anda uyuşuk bir kortej gibi hareket etmekte, hepsi aynı zamanda "meee" demektedir. Neredeyse her büyüme fonu, Cisco ve GE ve Microsoft ve Pfizer ve Wal-Mart'a hemen hemen aynı oranlarda sahiptir. Bu tutum o kadar yaygındır ki, finans bilimcileri bunu basit olarak bir sürüye çobanlık etmek olarak adlandırır.[4] Ancak fon yöneticileri kendi gelirlerini korurken, dışarıdaki yatırımcılarına üstün kazançlar sağlama becerilerine de gölge düşürürler.

[4] Burada ikinci bir ders vardır. Başarmak için, yatırımcı, ya dev kuruluşlar tarafından kullanılmış olan en gözde hisse senetleri listesinden alışveriş yapmamalı, ya da onlara daha büyük bir sabırla sahip olmalıdır. Bakınız Erik R. Sirri ve Peter Tufano, "Costly Search and Mutual Fund Flows," [Pahalı Araştırma ve Yatırım Fonu Akımları] *The Journal of Finance*, cilt 53, no. 8, Ekim 1998, sayfa 1589-1622; Starks, "Of Tournaments and Temptations," [Yarışmalar ve Ayartmalara Dair] The Journal of Finance, cilt 51, no. 1, Mart 1996, sayfa 85-110; Josef Lakonishok, Andrei Shleifer ve Robert Vishny, "What Do Money Managers Do?" [Para Yöneticileri Ne Yapar?] çalışma belgesi, University of Illinois, Şubat 1997; Stanley Eakins, Stanley Stansell ve Paul Wertheim, "Institutional Portfolio Composition," [Kurumsal Portföy Bileşeni] *Quarterly Review of Economics and Finance*, cilt 38, no. 1, bahar 1998, sayfa 93-110; Paul Gompers ve Andrew Metrick, "Institutional Investors and Equity Prices," [Kurumsal Yatırımcılar ve Hisse Senedi Fiyatları] *The Quarterly Journal of Economics*, cilt 116, no. 1, Şubat 2001, sayfa 229-260.

TABLO 9-2 Fon Performans Hunisi

31 Aralık 2002'den geriye baktığımızda kaç tane ABD hisse senedi fonu Vanguard 500 Endeks Fonu'nu geçmiştir?
Bir Yıl
2.423 fonun 1186'sı (ya da %48.9'u)
Üç Yıl
1.944 fonun 1157'si (ya da %59.5'i)
Beş Yıl
1.494 fonun 768'i (ya da %51.4'ü)
On Yıl
728 fonun 227'si (ya da %31.2'si)
On beş Yıl
445 fonun 125'i (ya da %28.1'i)
Yirmi Yıl:
248 fonun 37'si (ya da %14.9'u)

Kaynak: Lipper Inc.

Şişkin maliyetleri ve kötü davranışları yüzünden çoğu fon kendi geçimini sağlayamaz. Yüksek kârların, dondurulmamış balıklar gibi dayanıksız olmasına hiç şaşmamak lazımdır. Bunun da ötesinde, zaman geçtikçe aşırı masraf yükü, 9-2 numaralı Tablo da görüldüğü gibi çoğu fonun daha çok geride kalmasına neden olur.[5]

O zaman akıllı bir yatırımcı ne yapmalıdır?

Öncelikle, bir hisse senedi endeks fonunun -"en iyisini" seçme ve "en kötüsünden" kaçınma bahanesi yoktur ve piyasadaki tüm hisse senetlerinin sahibidir-uzun vadede çoğu fonu geçeceğini bilin. (Eğer şirketiniz 401(k)'nızın içinde size düşük-mas-

[5] Şaşılacak biçimde bu ilüstrasyon, alındığı veritabanı bu dönemlerde yok olan yüzlerce fonun geçmiş performanslarını kapsamadığı için endeksli yatırım fonlarının avantajlarını *küçümsemektedir.* Daha dikkatlice ölçüldüğünde endeksleme avantajı çok baskın çıkacaktır.

raflı endeks fonu sunmazsa, iş arkadaşlarınızı ayarlayarak bir tane eklenmesini isteyin.) genel işletim masraflarında en düşük düzey olan yıllık %0.2 ve yıllık alım- satım masrafı %0.1, endeksli fona, aşılması mümkün olmayan bir avantaj sağlar. Eğer hisse senetleri sonraki 20 yıl içerisinde, diyelim ki yıllık olarak hesaplanmış %7'lik bir kazanç sağlarsa, Vanguard Total Stock Market gibi düşük-masraflı bir endeks fonu %6.7'nin hemen altında dönüşüm sağlayacaktır. (Bu da 10.000$'lık bir yatırımı 36.000$'ın üzerine çıkaracaktır.) Diğer taraftan ortalama bir hisse senedi fonu ise, %1.5'luk işletme masrafları ve kabaca %2'lik alım satım masraflarıyla birlikte yıllık toplam %3.5 kazandığında şanslı sayılacaktır. (Bu da 10.000$'ı tamı tamına 20.000$'a -ya da indeks fonunun sonucunun *yaklaşık* %50 azına- dönüştürecektir.)

Endeks fonlarının bir belirgin kusuru vardır: Sıkıcıdırlar. Hiçbir zaman bir davete gidip ülkedeki en iyi performansı gösteren fona sahip olduğunuz için böbürlenemezsiniz. Asla piyasayı geçmiş olmakla övünemezsiniz, zira endeks fonunun görevi piyasa kazancını geçmek değil, ona uyum sağlamaktır. Endeks-fonu yöneticiniz "zar atıp" bir sonraki büyük endüstrinin ışınlama, rastgele seçilmiş websiteleri ya da telepatik zayıflama klinikleri olacağı şeklinde kumar oynayamayacaktır; fon, sadece bir yöneticinin bir sonraki yeni şeyle ilgili tahminine bağlı kalmadan, her zaman, her hisse senedine sahip olmak zorundadır. Ancak yıllar geçtikçe, endekslemenin masraf avantajı acımasızca artacaktır. Bir endeks fonunu her yıl üzerine yeni miktarlar ekleyerek 20 yıl ya da daha uzun bir süre elinizde tutun; profesyonel ve size benzer diğer bireysel yatırımcıların büyük çoğunluğunu geride bırakacağınıza neredeyse kesin gözüyle bakabilirsiniz. Hayatının daha sonraki dönemlerinde Graham, endeks fonlarını bireysel yatırımcılar için en iyi seçenek olarak gördü, tıpkı Warren Buffet gibi.[6]

[6] Bakınız Benjamin Graham, *Benjamin Graham: Memoirs of the Dean of Wall Street*, Seymour Chatman, ed. (McGraw-Hill, New York, 1996), s. 273 ve Janet Lowe, *The Rediscovered Benjamin Graham: Selected Writings of the Wall Street Legend* (John Wiley&Sons, New York, 1999), s. 273. Warren Buffet'ın 1996 yıllık raporunda belirttiği gibi "Hem kurumsal hem bireysel çoğu yatırımcı adi hisse senetlerine sahip olmanın en kolay yolunun minimal masrafa sahip endeks fonlarıyla olacağını fark etmişlerdir." Bu yolu izleyenler kesinlikle yatırım profesyonellerinin büyük çoğunluğu tarafından elde edilen net sonuçları (harçlar ve masraflar çıktıktan sonra) geride bırakacaklardır." (Bakınız www.berkshirehathaway.com/1996ar/1996.html.)

Bütün engelleri üst üste sıraladığınızda ne kadar az fonun endeksi geçtiğini değil, geçen olup olmadığını merak ederiz. Böyle fonlar vardır. Bunların ortak özellikleri nelerdir?

Bu fonların yöneticileri aynı zamanda en büyük hissedarlarıdır. Fon yöneticileri için neyin, yatırımcılar için ise neyin iyi olduğu arasında oluşan çıkar çatışması, çoğunluk hisse sahipleri arasında yöneticileri olan fonlarda, daha azdır. Longleaf Partners gibi bazı firmalar, yöneticilerinin kendi fonlarından başka fonlara sahip olmalarını yasaklarlar. Longleaf'de ve Davis ve FPA gibi diğer şirketlerde yöneticiler o kadar fazla fona sahiptir ki, muhtemelen sizin paranızı da kendi paralarıymış gibi işleteceklerdir –masrafları yükseltme, fonları şişirme ya da sizinle birlikte kötü bir vergi faturasını paylaşma ihtimalini azaltacaklardır. Bir fonun EDGAR veritabanı aracılığıyla www.sec.gov. websitesinde mevcut olan vekil beyanı ve Ek Bilgi Durumu, fon hisselerinin en az %1'inin yöneticilerine ait olup olmadığını gösterir.

Ucuzdurlar. Fon işindeki en yaygın mitlerden biri "ne ödersen onu alırsın"dır -yüksek kazançlar, daha yüksek ücretler için en iyi gerekçedir. Bu iddianın iki sorunu vardır. Öncelikle, bu doğru değildir; yıllar boyunca yapılan araştırmalar daha yüksek ücretlere sahip fonların zaman içerisinde daha düşük kârlar sağladıklarını ortaya çıkarmıştır. İkinci olarak, yüksek kazançlar geçicidir, oysa yüksek ücretler granit kadar kalıcıdır. Eğer bir fonu sıcak kârları için satın alıyorsanız, işin sonunda elinizde bir avuç soğuk kül kalabilir –diğer taraftan fonun kârı düşse de, ona sahip olmak için yaptığınız masraflar kesinlikle düşmeyecektir.

Farklı olmaya kalkışırlar. Peter Lynch, Fidelity Magellan'ı işletirken -diğer fon yöneticilerinin ellerinde ne olduğuna bakmadan- kendisine ucuz görünen her şeyi aldı. 1982'de en büyük yatırımı Hazine bonolarıydı; bundan hemen sonra, en büyük tahvili Chrysler oldu, oysa pek çok uzman otomobil üreticisinin iflasını bekliyordu; daha sonra, 1986'da Lynch, Fidelity Magellan'ın %20'sini Honda, Norsk Hydro ve Volvo gibi yabancı hisse senetlerine yatırdı. Bir ABD hisse senedi fonunu almadan önce, son raporundaki şirket listesini S & P 500 endeks listesiyle karşılaştırın; eğer birbirlerine tıpatıp benziyorlarsa, başka bir fon satın alın.[7]

Kapıyı kapatırlar. En iyi fonlar genellikle yeni yatırımcılara kapalıdır, sadece kendi hissedarlarının daha fazla hisse almasına izin verirler. Bu, kapıya yığılan yeni alıcıların çılgınca saldırılarına engel olur ve fonu mevduat devleşmesinin sancılarından korur. Bu ayrıca fon yöneticilerinin, cüzdanlarını sizin cüzdanlarınızın önüne geçirmediğinin de bir işaretidir. Fakat fon, büyüme patlaması yaşamadan önce -sonra değil- kapı kapanmalıdır. Kapılarını kapatan bazı firma örnekleri şunlardır: Longleaf, Numeric, Oakmark, T. Rowe Price, Vanguard ve Wasatch.

Reklam yapmazlar. Platon'un *The Republic*'te söylediği gibi, ideal hükümdarlar hükmetmek istemeyenlerdir, en iyi fon yöneticileri de sizin paranızı istemiyormuş gibi davranırlar. Sürekli olarak finans televizyonlarında boy göstermezler, ya da 1 Numara olan getirileriyle böbürlenen reklamlar vermezler. Küçük ve istikrarlı Mairs&Power Büyüme Fonu 2001 yılına kadar bir web sayfasına bile sahip değildi ve hâlâ sadece 24 eyalette hisselerini satmaya devam etmektedir. Torray Fonu 1990'da faaliyete başladığından beri hiçbir tüketici reklamı yapmamıştır.

Başka nelere dikkat etmelisiniz? Çoğu fon alıcısı öncelikle geçmiş performansa, sonra yöneticinin ününe, sonra fonun riskliliğine ve en sonunda (belki de hiç) fonun masraflarına bakar.[8]

Akıllı yatırımcı da aynı şeylere bakar –fakat bunu yaparken, sondan başa doğru gider.

Bir fonun masrafları gelecekteki riskinden ya da kazancından daha kolay anlaşılır, onlar sizin ilk filtreniz olmalıdır. Fon katego-

[7] S & P 500'ü oluşturan şirketlerin tam listesi www.standardandpoors.com. Sitesinde mevcuttur.

[8] Bakınız Noel Capon, Gavan Fitzsimons ve Russ Alan Prince, "An Individual Level Analysis of the Mutual Fund Investment Decision" [Yatırım Fonu Kararının Bireysel Seviyede Analizi], *Journal of Financial Services Research*, cilt 10, 1996, sayfa 59-82; Investment Company Institute, "Understanding Shareholders' Use of Information and Advisers" [Hissedarların Bilgi Kullanımını ve Danışmanları Anlamak], İlkbahar, 1997, www.ici.org/pdf/rpt_undstnd_share.pdf, sayfa 21; Gordon Alexander, Jonathan Jones ve Peter Nigro, "Mutual Fund Share holders: Characteristics, Investor Knowledge, and Sources of Information" [Yatırım Fonu Hissedarları: Özellikleri, Yatırımcı Bilgisi ve Bilgi Kaynakları], OCC çalışma belgesi, Aralık 1997, www.occ.treas.gov/ftp/workpaper/wp97-13pdf.

risine göre yıllık işletme masraflarının şu seviyelerinden fazlasını ödemeniz için hiçbir gerekçe yoktur:

- Vergiye tabi tahviller ve belediye tahvilleri: %0.75
- ABD hisse senetleri (büyük ve orta-çapta hisse senetleri): %1.0
- Yüksek-getirili (çürük) tahviller: %1.0
- ABD hisse senetleri (küçük hisse senetleri): %1.25
- Yabancı hisse senetleri: %1.50[9]

Daha sonra, riski değerlendirin. Her fon, izahnamesinde (ya da yatırımcı rehberinde) bir çubuk grafiğiyle üç takvim ayı içindeki en kötü kaybını göstermelidir. Eğer üç ay içerisinde böyle bir miktarı kaybetmeyi göze alamıyorsanız, başka bir yere gidin. Ayrıca bir fonun Morningstar derecelendirmesine de bakabilirsiniz. Önde gelen bir yatırım araştırma şirketi olan Morningstar, fonların kazançlarını elde etmek için ne kadar risk aldıklarına bakarak onlara "yıldız dereceleri" verir (tek yıldız en kötüsü, beş yıldız en iyisidir). Fakat tıpkı geçmiş performansı gibi, bu derecelendirmeler de geçmişe bakar; hangi fonların geçmişte iyi olduğunu söyler, gelecekte hangilerinin iyi olacağını değil. Aslında beş-yıldızlı fonların tek-yıldızlı fonlardan daha düşük performans göstermek gibi şaşırtıcı bir özellikleri vardır. Öyleyse önce, yöneticileri esas hisse sahipleri olan, düşük-masraflı bir fon bulun, farklı olmaya cesaret edin, getirilerine aldanmayın ve fonlar fazla büyümeden kapıyı kapatmak için istekli olun. İşte o zaman, ve yalnız o zaman, Morningstar derecelendirmesine başvurun.[10]

En sonunda geçmiş performansa bakın, bunu yaparken, geçmişin gelecek kazançlar için kötü bir kâhin olduğunu, aklınızdan çıkarmayın. Görmüş olduğumuz gibi, dünün galipleri genellikle yarının mağluplarıdır. Fakat araştırmacılar bir şeyin neredeyse

[9] Yatırımcılar www.morningstar.com ve http://money.cnn.com adreslerindeki fon-seçme araçlarını kullanarak kolayca masraf engellerini aşabilecek fonları arayabilirler

[10] Bakınız Matthew Morey, "Rating and Raters: An Investigation of Mutual Fund Rating Services," [Derecelendirme ve Değerlendirici: Yatırım Fonu Derecelendirme Hizmetleri Hakkında Bir Araştırma] *Journal of Investment Consulting*, cilt 5, no. 2, Kasım/Aralık 2002. Yıldız derecelendirmeleri gelecekteki sonuçlar için zayıf bir öngörü olsa da Morningstar, bireysel yatırımcılar için fonlar hakkındaki en iyi bilgi kaynağıdır.

kesin olduğunu göstermişlerdir: Dünün mağlupları asla yarının galipleri olmazlar. Öyleyse geçmiş getirileri sürekli zayıf olan fonlardan kaçınalım –özellikle yıllık masrafları ortalamanın üzerindeyse.

KAPALI-UÇLU FONLARIN KAPALI DÜNYASI

Kapalı-uçlu hisse senedi fonları, 1980'lerde çok rağbet görmelerine karşın, giderek körelmişlerdir. Bugün sadece 30 tane çeşitlendirilmiş yerli hisse senedi fonu vardır, çoğu küçüktür, günlük işlem hacimleri sadece birkaç yüz hissedir, masrafları yüksek ve stratejileri tuhaftır (içki, gazino ve sigara gibi "alışkanlık-yapıcı" endüstrilerin hisse senetlerinde uzmanlaşan Morgan Fun-Shares gibi). Lipper Inc.'in kapalı-uçlu fon uzmanı Donald Cassidy tarafından yapılan bir araştırma, Graham'in önceki gözlemlerini destekler: Çeşitlendirilmiş portföye sahip ve iskontolu satılan kapalı-uçlu hisse senedi fonları, primli satılanlara göre daha yüksek getiri sağlamakla kalmayıp, ortalama bir açık-uçlu yatırım fonundan da daha iyi kâr getirirler. Yine de ne yazık ki çeşitlendirilmiş kapalı-uçlu hisse senedi fonları tozlanmış ve bozulmaya yüz tutmuş piyasada indirimli fiyatlardan bulunmazlar.[11]

Diğer taraftan belediye-tahvili alanında, özellikle güçlü seçeneklere sahip yüzlerce kapalı-uçlu tahvil fonu bulunmaktadır. Bunlar ucuz fiyatlardan satıldıklarında, getirileri sağlamlaştırılmış olur, bu nedenle de yıllık masrafları, yukarıda listelenen eşiklerin altında kaldığı sürece, çok çekici gelebilirler.[12]

Borsada işlem gören yeni tür endeks fonları da araştırmaya değerdir. Bu düşük maliyetli "ETF'ler" [Borsada İşlem Gören Fonlar] bazen bir yatırımcının, Belçika merkezli şirketler, ya da yarı-iletken endüstrisi hisse senetlerden oluşan vb sığ piyasalara girmelerini sağlarlar. Diğer endeks ETF'leri çok daha geniş piyasa fırsatları sunar. Ancak, genellikle düzenli olarak para topla-

[11] Kapalı-uçlu bir fon, açık-uçlu bir yatırım fonundan farklı olarak , yeni hisse almak isteyenlere doğrudan dağıtım yapmaz. Yatırımcı bunları fonun kendinden değil, onları satmak isteyen başka bir hisse sahibinden almalıdır. Bu nedenle, hisse fiyatları arz ve talebe göre, net aktif değerlerinin altında ve üzerinde dalgalanır.

[12] Daha fazla bilgi için bakınız www.morningstar.com ve www.etfconnect.com.

mak isteyen yatırımcılar için uygun değildir, brokerlerin çoğu, yapacağınız her yeni yatırıma ayrı bir komisyon yüklerler.[13]

FONLARI SATACAĞINIZ ZAMANI BİLİN

Bir kez fon sahibi olduktan sonra satma zamanının geldiğini nasıl bileceksiniz? Standart cevap, bir fon eğer –bir ya da iki? ya da üç? yıl- arka arkaya piyasanın (ya da benzer portföylerin) altında performans göstermişse onu elinizden çıkarmanın zamanı gelmiştir. Fakat bu çok anlamlı bir öğüt değildir. Sequoia Fonu 1970'teki doğumundan 1999'a kadar geçen 29 yılın 12 yılında -tüm zamanının %41'inden daha da uzun bir süre boyunca- S & P 500 endeksinin altında kaldı. Bununla birlikte Sequoia, bu dönem içerisinde %12.500'den fazla kazandı, oysa endeks %4.900 idi.[14]

Çoğu fonun performansı, tercih ettikleri hisse senetlerinin gözden düşmesi nedeniyle duraklar. Eğer özel bir yöntemle yatırım yapmak üzere bir yönetici tuttuysanız, onu vaat ettiklerini yaptığı için neden işten atasınız? Bir yatırım biçiminin modası geçtiğinde satış yaparsanız, yalnızca kayba kilitlenmezsiniz, kendinizi tüm-kaçınılmaz iyileşme yöntemlerinin dışına atmış olursunuz. Bir araştırmanın sonuçlarına göre yatırım-fonu yatırımcıları 1998 ile 2001 yılları arasında -sadece yüksek alıp düşük sattıkları için- kendi fonlarının yıllık yüzde 4.7 puan altında kaldılar.[15]

Öyleyse ne zaman satmalısınız? Burada birkaç kesin tehlike işareti veriyoruz:

- **stratejide keskin ve beklenmeyen bir değişiklik**, 1999'da "değer artış " fonunun teknoloji hisse senetleri yüklenmesi ya da 2002'de "büyüme" fonunun tonlarca sigorta hisse senedi alması gibi;

[13] Endeks yatırım fonlarının tersine, endeks ETF'ler alınıp satılırken standart hisse senedi komisyonlarına tabidirler –bu komisyonlara genellikle ek alımlar ya da yeniden yatırılan kazançlar üzerinden değer biçilir. Detaylar www.ishares.com, www.streettracks.com, www.amex.com ve www.indexfunds.com adreslerinde bulunabilir.

[14] Bakınız www.sequoiafund.com/Reports/Quarterly/SemiAnn99.htm. Adresindeki Sequoia 30 Haziran 1999 tarihli hissedarlara sunulan rapor. Sequoia 1982'den beri yeni yatırımcılara kapalıdır, bu durum onun üstün performansını güçlendirmiştir.

[15] Jason Zweig, "What Fund Investors Really Need to Know" [Fon yatırımcılarının Gerçekten Bilmesi Gerekenler], *Money*, Haziran 2002, sayfa 110-115.

- **giderlerde artış**, yöneticilerin kendi ceplerini doldurduklarını ima eder;
- **sık ve büyük vergi faturaları,** aşırı alım satımdan oluşur;
- **ani ve istikrarsız dönüşler,** daha önce tutucu olan bir fonda büyük bir kayıp oluştuğunda (ya da büyük bir kazanç oluştuğunda).

OUIJA TAHTALARIMIZI [ruh çağırma tahtası-çn] NEDEN SEVERİZ

Geleceğin en iyi fonlarını seçebileceğimize inanmak – ya da sadece umut etmek bile-bizim kendimizi iyi hissetmemizi sağlar. Kendi yatırım hedefimizden kendimizin sorumlu olduğu şeklindeki hoş duyguya neden olur. Bu "burada-kontrol-bende" duygusu insanlık halinin bir parçasıdır; bu psikologların aşırı-güven olarak adlandırdıkları şeydir. Aşağıda bunun nasıl işlediğini gösteren bazı örnekler vardır:

- 1999'da *Money* dergisi 500'den fazla kişiye portföylerinin piyasayı geçip geçmediğini sordu. Her dört kişiden biri evet dedi. Kârlarını belirtmeleri istendiğinde bu yatırımcıların %80'i piyasa seviyesinin *altında* kazançlar bildirdiler. (Yüzde dördünün portföylerinin ne kadar yükseldiğine dair hiçbir fikirleri yoktu –ancak yine de piyasayı geçmiş olduklarından emindiler!)
- Bir İsveç araştırması ciddi araba kazaları geçiren sürücülerden direksiyon becerilerini derecelendirmelerini istedi. Bu insanlar -polisin kazadan sorumlu bulduğu kişiler ve yaralarının ciddiyeti nedeniyle soruşturmaları hastane yatağında yapılan ötekiler de dahil olmak üzere- ortalama sürücüden daha iyi sürücüler olduklarını iddia ettiler.
- 2000 sonlarında yapılan bir ankette *Time* ve CNN, 1000 uygun istekliye gelir olarak nüfusun en üst %1'lik diliminde olup olmadıklarını sordular. Yüzde on dokuzu kendilerini %1'lik en zengin Amerikalı grubun içine dahil ettiler.

1997 sonlarında, 750 yatırımcı üzerinde yapılan bir araştırma %74'ünün ellerindeki yatırım-fonu mevcutlarının "her yıl sürekli olarak Standard&Poor's 500'ü geçeceğine" -çoğu fon S & P 500'ü uzun vadede geçmeyi başaramasa da ve pek çoğu *hiçbir* yıl onu geçemese de-inandığını ortaya çıkardı.[1]

Böyle bir iyimserlik sağlıklı bir aklın işareti olsa da, onu iyi yatırım politikası yapmaz. Bir şey ancak gerçekten öngörülebiliyorsa, sizin de aynısını yapacağınızı düşünmek anlamlıdır. Gerçekçi olmadıkça, kendinize saygı arayışınız, kendi kendinizi engellemeye dönüşecektir.

Bakınız Jason Zweig, "Did You Beat the Market?" [Piyasayı Geçtiniz mi?"], *Money*, Ocak 2000, sayfa 55-58; Time/CNN poll#15, Ekim 25-26, 2000, soru 29.

Yatırım danışmanı Charles Ellis'in belirttiği gibi "Evli kalmağa hazırlıklı değilseniz, evlenmemelisiniz."[16] Fon yatırımcılığı da farklı değildir. Eğer bir fonla en az üç zayıf yıl boyunca beraber kalmaya hazır değilseniz, öncelikle onu satın almamalısınız. Sabır bir fon yatırımcısının en güçlü tek müttefikidir.

[16] Ellis ile söyleşiye bakınız, Jason Zweig, "Wall Street's Wisest Man" [Wall Street'in En Akıllı Adamı], *Money*, Haziran 2001, sayfa 49-52.

BÖLÜM 10

Yatırımcı ve Danışmanları

Menkul kıymetlere yatırım yapmak, neredeyse her zaman, bir dereceye kadar da olsa, başkalarından alınacak tavsiyelere dayanması nedeniyle, ticari faaliyetler içinde emsalsizdir. Yatırımcıların büyük kısmı amatördür. Doğal olarak, menkul kıymetlerini seçerken profesyonel yardım almanın onlara yarar sağlayacağını düşünürler. Yine de yatırım danışmanlığı kavramının özünde bazı tuhaflıklar bulunmaktadır.

Eğer yatırımın amacı para kazanmaksa, danıştıkları kişilerin onlara nasıl para kazanacaklarını söylemelerini istiyorlar demektir. Bu düşüncede bir saflık bulunmaktadır. İşadamları işlerinin muhtelif alanlarında profesyonel tavsiyeler alabilirler, ancak nasıl kazanç sağlayacaklarının onlara söylenmesini beklemezler. Bu gerçekte onların kendi yetki alanlarıdır. Ticaretle uğraşmayan kişiler ise, kendileri için *yatırım kârı* sağlanması konusunda başkalarına güvendiklerinde, alışılmış ticari faaliyetlerde örneği bulunmayan bir tür sonuç beklentisi içine girerler.

Menkul kıymetlere yatırım yaparak normal ya da standart *gelir*lere kavuşulabileceği varsayıldığında, danışmanın rolü kolaylıkla kabul edilebilir. Üstün eğitimini ve deneyimini müşterisinin hatalara karşı korunmasında kullanacak, parasının hak ettiği sonucu almalarını sağlayacaktır. Ancak yatırımcı parasıyla ortalama bir getiriden daha fazlasını kazanmak istediğinde, ya da danışman müşterisi için daha iyi bir sonuç taahhüdüne girdiğinde, ödenmesi muhtemel olan miktardan fazlasının istenip istenmediği ya da vaat edilip edilmediği sorulacaktır.

Yatırım önerileri muhtelif kaynaklardan alınabilir. Bunlar: (1) menkul kıymetler hakkında bilgisi olduğu düşünülen yakın bir arkadaş ya da akraba; (2) yerel (ticari) bir bankacı; (3) aracı kurum ya da yatırım bankası; (4) finansal hizmet ya da süreli yayın; ve (5) yatırım danışmanıdır.* Bu listenin karışık niteliği, yatırımcıların kafalarında bu konuda henüz hiçbir mantıksal ya da sistematik bir yaklaşımın açıklığa kavuşmadığını gösterir.

Bazı sağ-duyulu düşünceler, yukarıda sözü edilen normal ya da standart kritere bağlıdır. Temel tezimiz şudur: Eğer yatırımcı fonlarını yönetmek için daha çok başkalarının tavsiyelerine uyacaksa, ya kendisiyle danışmanlarını, standart koruyucu ve hatta hiçbir hayal gücü yetisine ihtiyacı olmayan yatırım biçimleriyle sınırlamalı, ya da parasını başka kanallara yönlendirecek kişi hakkında, aşırı derecede özel ve tatminkâr bilgilere sahip olmalıdır. Fakat yatırımcıyla danışmanı arasında, sıradan bir iş ilişkisi ya da sıradan bir profesyonel ilişki varsa, o zaman yatırımcı *daha az koruyucu* olan önerilere, bilgi ve deneyim olarak sadece kendi donanımının izin verdiği ölçüde yaklaşabilir; ancak bu şekilde başkalarının önerileri hakkında bağımsız kararlara varabilecek kadar yetenekli hale gelir. İşte o zaman, defansif ya da girişimci olmayan yatırımcı sınıfından, saldırgan ya da girişimci yatırımcı sınıfına geçmiş olur.

Bankaların Yatırım Danışmanlık ve Saklama Hizmetleri

Gerçek profesyonel yatırım danışmanları -bunlar yıllık ücretleri yüksek olan iyi yapılandırılmış yatırım danışmanlığı şirketleridir- vaatlerinde ve isteklerinde oldukça mütevazıdırlar. Çoğunlukla, müşterilerinin fonlarını standart faiz-ve-kâr-pa-

* Yatırım danışmanlığı konusundaki kaynak listesi Graham'in bunu yazdığı zaman olduğu kadar "karışık" olmaya devam ediyor. 2002 sonlarında bir Wall Street ticari grubu olan Menkul Kıymetler Endüstrisi Birliği için yapılan bir yatırımcı araştırması yatırımcıların %17'sinin yatırım tavsiyesi almak için eşlerine ya da arkadaşlarına, %2'sinin bir bankacıya; %16'sının bir brokere; %10'unun finans dergilerine; ve %24'ünün bir finansal planlamacıya danıştıklarını ortaya çıkardı. Graham'in zamanıyla tek fark, günümüzde yatırımcıların %8'inin Internet'e, %3'ünün de finansal televizyona bel bağlamalarıdır. (Bakınız www.sia.com.)

yı-ödeyen menkul kıymetlere yatırırlar ve kapsamlı sonuçlar için daha çok normal yatırım deneyimlerine bel bağlarlar. Standart bir durumda bu danışmanların, toplam fonun %10'undan fazlasını önde gelen şirketler ve devlet (hazine ve belediye) dışındaki menkul kıymetlere yatırdıkları şüphelidir, ayrıca genel piyasadaki salınımlardan yararlanmak için hiçbir ciddi çaba harcamazlar.

Önde gelen yatırım-danışmanlığı şirketleri parlak olma iddiasında değillerdir; onlar dikkatli, koruyucu ve uzman olmakla övünürler. Temel amaçları, yıllar içerisinde ana değeri korumak ve az çok kabul edilebilir bir gelir oranı sağlamaktır. Bunun ötesindeki her beceriyi sunulmuş ek hizmet olarak değerlendirirler -ve amacı geçmek için uğraşırlar da. Belki de müşterileri için asıl önemleri, onları pahalıya patlayacak hatalardan korumalarında yatmaktadır. Defansif yatırımcıya genel kitleye hizmet veren herhangi bir danışmandan alabileceği kadar hizmet verirler.

İyi-yapılandırılmış yatırım danışmanlığı firmaları hakkında söylemiş olduklarımız genellikle, daha büyük bankaların saklama ve danışmanlık servislerine de uygulanabilir.*

Finansal Hizmetler

Finansal hizmetler olarak anılan kuruluşlar üyelerine düzenli bültenler gönderirler. Konular, iş hayatının mevcut durumunu ve beklentilerini, menkul kıymetler piyasalarının hareketleriyle, beklentilerini ve özel konularla ilgili bilgi ve tavsiyeleri içerir. Bireysel bir üyenin sorularını yanıtlamak üzere genellikle bir "başvuru departmanı" bulunur. Bu hizmetin fiyatı ortalama olarak, yatırım danışmanlarının bireysel müşterilerinden aldıkları ücretlerin çok daha altındadır. Bazı kuruluşlar -özellikle Babson's ve Standard & Poor's-finansal hizmet ve yatırım danışmanlığı

* Yatırım danışmanlığı şirketlerinin ve saklama bankalarının özelliği değişmemiştir, fakat günümüzde genellikle, finansal varlıkları 1 milyon doların üzerinde olmayan yatırımcılara hizmet sunmazlar; bazı durumlarda 5 milyon ya da fazlası şartı aranır. (Analizci Robert Veres'in ifadesiyle) Yatırım fonlarının yatırım seçeneği olarak piyasadaki en iyi hisse senetlerinin; çeşitliliğin de bir emniyet standardı olarak "kalite"nin yerini almış olmasına rağmen, bugün hâlâ binlerce finansal-planlama şirketi çok benzer işlevleri yerine getirmektedir.

olarak farklı kademelerde faaliyet gösterir. (Bu arada, başka kuruluşlar -Scudder, Stevens & Clark gibi- yatırım danışmanlığı ve bir ya da daha fazla yatırım fonu olarak, ayrı ayrı faaliyet gösterirler.)

Finansal hizmetler genellikle kendilerini, yatırım danışmanlığı şirketlerinden farklı halk sektörleri olarak yönetirler. Yatırım danışmanlığı almak isteyen müşteriler, karar verme ihtiyacı ve sıkıntısından kurtulmak istemektedirler. Finansal hizmetler ise kendi mali işlerini yöneten, ya da başkalarına danışmanlık yapan kişilere bilgi ve rehberlik hizmeti verirler. Finansal hizmetlerin çoğu, muhtelif "teknik" yöntemlerle piyasa hareketlerini öngörmeyi kapsar. Bu kitapta tanımlanan "yatırımcılar"ı ilgilendirmemesi nedeniyle, bu tür teknik konuları bir kenara bırakacağız.

Öte yandan, iyi bilinen bazı şirketler -Moody's Investment Services ve Standard & Poor's gibi- tüm ciddi menkul kıymet analizlerinin temelini oluşturan, çok büyük kapsamlı veriler toplayan istatistik ağırlıklı yapıları ile, tanınırlar. Bu servislerin, en tutucu-fikirli müşterilerden, en birinci sınıf spekülatörlere kadar uzanan, geniş bir müşteri kitlesi vardır. Bunun sonucunda, bu tür kuruluşlar, düşünce ve önerilerini belirtirken kesin ifadeler kullanmakta zorlanıyor olmalı.

Moody's ve benzeri kuruluşlar tarafından verilen köklü hizmet, geniş yatırımcı sınıfına gerçekten kayda değer bir şeyler sunmalıdır. Bunlar nedir? Temelde, kendilerini ortalama faaliyet gösteren bir yatırımcı-spekülatörün ilgilendiği konulara yönlendirmişlerdir; görüşleri bir ölçüye kadar otoriteye uymayı telkin eder, ya da danışman desteği almayan müşteriye kıyasla, en azından daha güvenilir görünür.

Finansal hizmetler, yıllardır borsa tahminleri yapmaktadırlar ve herkes bunları ciddiye almıştır. Oysa bu alandaki bütün herkes gibi, zaman zaman haklı çıkmışlar, zaman zaman hata yapmışlardır. Mümkün olan her yerde, tam hatalı olma riskinden sakınmak için görüşlerini garantiye almışlardır. (Geleceğin getirdiklerine göre kendini ayarlayan iyi-yapılandırılmış çift-anlamlı bir ifade sanatları vardır.) Biz, bu kuruluşların menkul değerler piyasasında, insan doğası üzerine ışık düşürmekten başka, bir önemi olmadığını düşünüyoruz -belki önyargılıyız. Hisse senetleriyle ilgilenen hemen hemen her birey kendisine bir başka kişinin piyasanın gelecek hareketlerini söylemesini ister. Talep olduğu müddetçe arz da olmalıdır.

İş hayatı hakkındaki yorumları ve tahminleri, hiç kuşkusuz, çok daha fazla güvenilir ve bilgilendiricidir. Bu yorumlar, menkul kıymet alıcıları ve satıcıları arasında sürekli olarak yayılan, hisse senetleri ve tahviller için pek çok koşul altında bir hayli mantıklı fiyatlar oluşturan "ekonomik istihbarat"ın dev gövdesinin önemli bir parçasıdır. Hiç kuşkusuz, finansal hizmetler tarafından yayınlanan malzemeler, mevcut bilgi deposuna eklenir ve müşterilerin yatırım kararlarını güçlendirir.

Bu kurumların şirket bazında hisse senedi yorumlarını değerlendirmek ise çok güçtür. Her hizmet ayrı ayrı değerlendirilmeyi hak eder ve karar pek çok yılı içine alan, ayrıntılı ve kapsamlı bir araştırmaya dayandırılabilir. Kendi deneyimlerimizde, bu kurumlar arasında başka koşullarda faydalı bir danışma hizmeti sayılabilecek, ancak zarar verici olabilen yaygın bir tutumun var olduğunu fark ettik. Onların genel görüşü bir hisse senedinin, yakın-dönem beklentileri tatminkâr olduğu takdirde satın alınabileceği, tatminkâr olmadığı takdirde satılabileceği *-rayiç fiyat ne olursa olsun-* şeklindedir. Bu kadar yapay bir ilke, genellikle bu servisleri, elemanlarının yetenek sahibi olduğu -belirtilen bir vadede beklenen karlılık oranına bakarak, belirli bir hisse senedinin rayiç fiyatının, piyasanın altında mı üstünde mi gözüktüğünü öğrenmek için yapılan- güvenli analizi yapmaktan alıkoyar.

Akıllı bir yatırımcı alımlarını ve satımlarını sadece finansal hizmet önerilerinin doğrultusunda yapmayacaktır. Finansal hizmet, ancak bu nokta kabullenildikten sonra, bilgi edinmek ve öneri sunmak için yararlı olacaktır.

Aracı Kurumlara Danışmak

Hisse senedi sahibi halkın en büyük bilgi ve tavsiye kaynağı muhtemelen aracı kurumlardır. Bunlar New York Borsası'nın ve diğer borsaların, alım ve satım emirlerini standart bir komisyon karşılığında yerine getiren üyeleridir. Uygulamada, halkla çalışan tüm aracılar, soruları yanıtlayan ve tavsiyelerde bulunan bir "istatistiksel" ya da analitik bölüm bulundururlar. Bir bölümü karmaşık ve pahalı olan analitik kaynağın büyük kısmı şirketin müşterilerine-daha etkili bir isimle özel müşterilerine- bedava dağıtılır.

"Müşteri" mi yoksa "özel müşteri" mi daha uygundur şeklindeki masum görünüşlü soru pek çok şeye açıktır. Bir işin müşterileri vardır; profesyonel bir kişinin ya da kuruluşun ise özel müşterileri. Wall Street aracı birliği muhtemelen her *işkolu*yla ilgili en yüksek etik standartlara sahiptir, yine de standartlara ve gerçek bir mesleğin konumuna büyük ihtiyatla yaklaşır.*

Wall Street geçmişte esas olarak borsa oyunları üzerinde büyümüştü ve bir sınıf olarak hisse senedi spekülatörlerinin para kaybedecekleri neredeyse kesindi. Dolayısıyla aracı kurumların tam profesyonel bir zemin üzerinde çalışmaları mantık açısından imkânsızdı. Bunu yapmak için, işlerini büyütmektense küçültmek yönünde çaba sarf etmeleri gerekecekti.

Aracı kurumların bu yönde gidebilecekleri -ve gitmeleri beklenen- en uç nokta insanları, borsa oyunlarına cesaretlendirmekten ya da kışkırtmaktan alıkoymak olacaktır. Bu kurumlar kendilerini, verilen komutları yerine getirmekle, fiansal bilgi ve analizler sağlamakla ve hisse senetlerinin yatırıma değer olup olmadıkları hakkında görüş bildirmekle sınırlarlar. Bu yüzden, en azından kuramsal olarak, bu kurumlar spekülatif müşterilerinin kazançlarının ya da kayıplarının tüm sorumluluklarından mahrum kalırlar.**

Bununla birlikte, çoğu borsa kurumu, komisyon almak için iş yaptıklarını söyleyen ve başarıya giden en iyi yolun müşteriye

* Bütünde, Graham, Wall Street'in gördüğü en çetin ve en alaycı gözlemciydi. Bu ender görülür vakada, her nasılsa, yeterince alaycı değildi. Wall Street bazı iş kollarından (kaçakçılık, fahişelik, Kongresel lobicilik ve gazetecilik ilk akla gelenler) daha yüksek etik standartlara sahiptir, yine de yatırım dünyasında, ileriki yıllarda Şeytan'ın kontrol memurlarını çılgınca meşgul edecek sayıda yalancı, dolandırıcı ve hırsız vardır.

** 1990'ların sonlarında, Wall Street analistlerinin tarafsız ve değerli tavsiyeler verdiklerine inanarak değerli hisse senedi alan binlerce kişi çok acı bir biçimde Graham'in bu noktada ne kadar haklı olduğunu anladı.

istediğini vermekten geçtiğini ifade eden eski zaman sloganlarına bağlı kalır. En kârlı müşterilerin borsa oyunlarıyla ilgili tavsiyeler ve öneriler istemeleri nedeniyle, standart bir şirketin düşüncesi ve faaliyetleri piyasanın günlük alım satımlarına göre ayarlanmıştır. Dolayısıyla bir aracı kurum, müşterilerinin matematik kurallarıyla sonunda neredeyse kaybetmeye mahkûm oldukları bir alanda, para kazanmaları için çok çaba sarf eder.* Başka bir deyişle, çoğu aracı kurum müşterisi için, işlemlerin borsa oyunlarıyla ilgili bölümünün, uzun vadede kârlı olamayacağını söylemek istiyoruz. Yapılan işlemler gerçek yatırımcılığa benzediği sürece, spekülatif borsa kayıpları telafi edileceği gibi, daha fazlası da elde edilerek yatırım kazançları sağlanabilir.

Bir yatırımcı borsa aracı kurumlarından, iki tür çalışanı aracılığıyla tavsiye ve bilgi alır: Şimdi resmileşmiş olan sıfatlarıyla "müşteri temsilcisi" (ya da "hesap sorumlusu") ve finansal analistlerden.

Aynı zamanda "kayıtlı temsilci" de denilen müşteri temsilcisi daha önce daha kaba bir ünvanla "müşterinin adamı" olarak anılırdı. Bu kişi bugün, yetkin ve hisse senetleri hakkında önemli bilgiye sahip bir bireydir ve kesin kuralların yolu ve yordamıyla çalışır. Bununla beraber, işinin komisyon kazanmak olması nedeniyle, kendisini spekülasyon-kafalı olmaktan da kurtaramaz. Spekülatif görüşlerle aklını karıştırmak istemeyen bir hisse senedi alıcısı, normal olarak, müşteri temsilcisiyle olan ilişkilerinde dikkatli ve açık olmak zorundadır; sözde ve özde borsa "tüyo"larına uzak-yakın benzerliği olan hiçbir şeyle ilgilenmediğini, net bir biçimde ifade etmelidir. Müşteri temsilcisi elindeki adamın gerçek bir yatırımcı olduğunu anladığı zaman, artık bu bakış açısına saygı gösterecek ve onunla işbirliği yapacaktır.

* İlginç bir biçimde, Graham'in o zamanlarda tam-hizmet veren brokerlere yöneltti̇ği bu iğneleyici eleştiri 1990'ların sonunda aracı kurumlardaki ucuz İnternet brokerlerinin başına kaldı. Bu firmalar müşterilerini daha fazla ve daha hızlı satın almaya kışkırtan göz kamaştırıcı reklamlara milyonlarca dolar harcadılar. Bu müşterilerin çoğu, sonunda kendileri için iş yapmak üzere başkalarına para ödemek yerine kendi ceplerindekileri de yürütmüş oldular -ve bu tür bir işlemdeki düşük komisyon, alınan sonuç karşısında sadece kötü bir avuntuydu. Bu arada, daha geleneksel aracı kurumlar, brokerlerine aldıkları komisyon kadar ödeme yapmak yerine, finansal planlamacılığı ve "bütünleştirilmiş varlık yönetimi"ni önemsemeğe başladılar.

Daha önceden büyük ölçüde menkul kıymet analisti olarak bilinen finansal analistler, elli yıldan uzun bir süre boyunca bu işi yapmış ve sayısız kişiyi eğitmiş olan, bu kitabın yazarının özel ilgi alanına girer. Bu safhada sadece borsa aracı kurumlarında çalışan finansal analistlere değineceğiz. Hisse senedi analistinin işlevi ünvanından bellidir. Farklı hisse senetlerinin detaylı araştırmasını yapan, aynı alandaki farklı ihraçların dikkatli kıyaslamalarını şekillendiren ve farklı türden tüm menkul kıymetlerin güvenirliği, çekiciliği ya da gerçek değeriyle ilgili uzman görüşü oluşturan kişi hep kendisidir.

Dışarıdan birisine tuhaf gelmekle birlikte, finansal analist olmanın şekilsel hiçbir şartı yoktur. Oysa bununla çelişkili olarak, müşteri temsilcisi ise, bir sınavı geçmek ve gerekli kişilik testlerini karşılamak zorundadır, ayrıca New York Borsası tarafından gereken şekilde onaylanıp tescil edilmelidir. Pratik anlamda, hemen hemen tüm genç analistler kapsamlı bir işletme-okulu-eğitimine sahiptirler, yaşlılar ise zaten uzun yaşamsal deneyimler okulunda buna denk gelen bir eğitimden geçmişlerdir. Çoğunluk olarak, işveren konumundaki bir aracı kurum, çalıştırdığı analistlerin nitelikleri ve becerilerinden emin olmalarına güvenir.*

Aracı kurumun müşterisi, finansal analistlerle doğrudan görüşebilir ya da müşteri temsilcisinin aracılığıyla dolaylı ola-

* Wall Street'in en iyi analistleri sertifikalı finansal analist ünvanına sahip olsalar da bu durum değişmemiştir. CFA [sertifikalı finansal analist] sertifikası sadece aday yıllarca süren sıkı çalışmaları tamamladıktan ve bir dizi zor sınavı aştıktan sonra Association of Investment Management & Research (önceki adıyla Financial Analysts Federation) [Yatırım Yöneticiliği & Araştırması Birliği - Finansal Analistler Federasyonu] tarafından verilir. Dünyada 50.000'den fazla CFA sertifikalı analist vardır. Ne yazık ki Profesör Stanley Block tarafından yapılan yeni bir araştırma CFA'ların çoğunun Graham'in tekniklerini uygulamadığını ortaya çıkardı: P/E (F/K Fiyat/kazanç] oranlarını saptamada büyüme potansiyeli kazanç kalitesinden, risklerden ve kâr dağılım politikasından daha üst sırada yer almalıydı, oysa çoğu analist satın alma derecelendirmelerini şirketin uzun-vadedeki görünümü yerine son fiyatlara göre yapmaktaydılar. Bakınız Stanley Block, "A Study of Financial Analysts: Practice and Theory," ["Finansal Analistlerin İncelenmesi: Pratikte ve Teoride,"] *Financial Analysts Journal*, Temmuz/Ağustos, 1999, www.aimrpubs.org. Graham'in de keyifle ifade ettiği gibi, kendi kitapları diğer finans kitaplarından daha çok okunmuş- daha çok gözardı edilmişti.

rak iletişim kurabilir. Her iki durumda da analist, müşterisine önemli ölçüde bilgi ve tavsiye verir. Burada önemli bir açıklama yapalım. Analistin yatırımcı için taşıdığı değer, büyük ölçüde yatırımcının kendi tutumuna bağlıdır. Eğer yatırımcı, analiste doğru sorular sorarsa, muhtemelen doğru -en azından değerli- cevaplar alacaktır. Aracı kurumların çalıştırdığı analistlerin, aynı zamanda "piyasa analisti" görevlerinin de kendilerinden beklendiği şeklindeki genel bir inanış nedeniyle, engellendiklerine inanıyoruz. Kendilerine belirli bir hisse senedinin "sağlam" olup olmadığı sorulduğunda, soru gerçekte şunu söylemektedir: "Bu hisse senedi önümüzdeki birkaç ay içerisinde artar mı?" Sonuçta bu kişilerin çoğu, borsa ekranını tek gözle takip ve analiz etmeye -sağlıklı düşünceye ve yararlı sonuçlara olanak sağlamayan bir duruşa- zorlanmaktadır.*

Bu kitabın bir sonraki bölümünde bazı kavramların ve menkul kıymet analizinin olası kazançlarının üzerinde duracağız. Aracı kurumlarda çalışan analistlerin çoğunun, parasının tam değerini ve belki de biraz daha fazlasını alacağından emin olmak isteyen iyi niyetli bir yatırımcıya, büyük faydası dokunur. Müşteri temsilcileri söz konusu olduğunda, öncelikle gereken şey, analistin yatırımcının tutumunu ve amaçlarını net bir biçimde anlamasıdır. Analist, müşterisinin kote edilen fiyat-fikirli değil de, değer-fikirli olduğunu anladığı zaman, önerilerinin gerçek kazanç getirmesi için karşısına mükemmel bir fırsat çıktığını düşünecektir.

Finansal Analistler için CFA Sertifikası

1963'te finansal analistlere profesyonel statü ve sorumluluk vermek üzere önemli bir adım atıldı. Resmi sertifikalı finansal

* Bugün bir finansal analistin sadece halktan olan kimselerle doğrudan bağlantı kurmasına çok seyrek rastlanır. Çoğunlukla, bu yüce Wall Street analist tahtına sadece kurumsal yatırımcılardan oluşan soyluların yaklaşmasına izin verilir. Bireysel yatırımcılar, ana merkezleri New York şehrinin dışında olan "bölgesel" aracı kurumlarda çalışan analistlere belki bir ihtimal ulaşma imkânına sahip olabilirler. Çoğu halka açık şirketin websitesinin yatırımcı ilişkileri alanı o şirketi takip eden analistlerin listesini verecektir. www.zacks.com ve www.multex.com gibi websiteleri analistlerin araştırma raporlarına erişim sağlarlar -fakat akıllı yatırımcı, çoğu analistin yapılan işin kendisini analiz etmediğini hiç aklından çıkarmamalıdır. Onlar bunu yapmak yerine, gelecekteki hisse senedi fiyatlarıyla ilgili tahminler yürütürler.

analist (CFA) ünvanı artık gerekli sınavları geçen ve diğer yetenek testlerini karşılayan kıdemli pratisyenlere verilecekti.[1] İşlenen konular mali analizleri ve portföy yöneticiliğini kapsıyordu. Köklü bir geçmişi olan Diplomalı Mali Müşavir (CPA-Certified Public Accountant) ile benzerliği bariz ve kasıtlıydı. Bu görece yeni itibar ve kontrol donanımı finansal analistlerin standartlarını yükseltmeye hizmet edecek ve çalışmalarını gerçekten profesyonel bir zeminin üzerine yerleştirecekti.*

Aracı Kurumlarla Çalışmak

Bu revizyonu yazdığımız dönemin en rahatsız edici gelişmelerinden birisi, içlerinde en az iki tane hatırı sayılır büyüklükte firmanın da bulunduğu, birkaç New York Borsası aracı kurumunun finansal sıkıntılarıdır -basit deyişle iflasları ya da iflasa-yakın durumlarıdır.** Böyle bir şey yarım yüzyıldır ilk kez gerçekleşiyordu ve birden fazla nedenden dolayı çok şaşırtıcıydı. Uzun yıllardır New York Borsası (NYSE), işlemler ve üyelerinin mali durumları hakkında -minimum sermaye gereksinmeleri, sürpriz denetimler ve benzerleri gibi durumları da kapsayacak şekilde- daha yakın ve daha sıkı kontrollere doğru ilerlemekteydi. Bunun yanısıra borsa ve üyeleri 37 yıldır ABD Sermaye Piyasası Kurumu (SEC) tarafından kontrol ediliyordu. Bir de, borsa aracı kurumu endüstrisinin kendisi uygun koşullar altında -şöyle ki hacimde büyük bir artış, sabitlenmiş minimum komisyon oranları (rekabete dayalı ücretleri büyük oranda ortadan kaldırarak) ve sınırlı sayıda üye firma ile- çalışmaktaydı.

Aracı kurumların ilk mali sıkıntıları (1969'da) iş hacmindeki büyümeye bağlanmıştı. Bu durumun sabit varlıkların vergi-

* Gerçekleşmeden önceki yaklaşık yirmi yıl boyunca bunu savunan Benjamin Graham, CFA'nın kuruluşunun arkasındaki temel güçtü.

** Graham'in aklında olan iki firma muhtemelen Du Pont, Glore, Forgan & Co. ve Goodbody & Co. Du Pont'tur (kimyasal servetinin varisleri tarafından kurulmuştur); 1970'te tasfiyeden Teksaslı iş adamı H. Ross Perot firmaya 50 milyon doların üzerinde borç verdikten sonra kurtulmuşlardır; ABD'deki beşinci büyük aracı kurum olan Goodbody 1970 sonlarında Merrill Lynch onu satın almış olmasaydı batacaktı. Hayden, Stone & Co. da 1970'te satın alınmamış olsaydı iflas edecekti. 1970'te en az yedi aracı kurum faaliyetine son verdi. Wall Street'in 1960 sonlarındaki çılgın büyümesinin saçma öyküsü John Brooks'un *The Go-Go Years* (John Wiley & Sons, New York, 1999)'inde çok güzel anlatılmıştır.

sini yükselttiği, genel giderleri artırdığı ve ödemelerde pek çok soruna yol açtığı iddia edildi. Tarihte ilk kez, önemli işletmeler idare edebileceklerinden daha fazla işe sahip olmaları nedeniyle iflas ediyordu. 1970'te aracılık işlemlerinde başarısızlık artarken, aracı kurumlar en çok "hacim düşüşü" ile suçlandılar. 1970'te NYSE'nin toplam işlemlerinin tarihindeki en büyük hacim olan 2.937 milyon adet hisse üzerinden yapıldığı ve bunun 1965'ten önceki herhangi bir yılın hacminin iki katından fazla olduğu dikkate alındığında, bu şikâyet tuhaf göründü. 1964'te sona eren yükselen piyasanın 15 yılı boyunca, yıllık hacim ortalaması "sadece" 712 milyon adet hisseydi -1970'teki rakamının dörtte biri-oysa aracılık sektörü tarihteki en büyük başarısının keyfini çıkarıyordu. Göründüğü kadarıyla, üye firmalar genel giderler ve diğer masrafların, yılın bir bölümü içerisinde orta derecede bir hacim düşüşünü kaldıramayacak kadar artmasına izin vermişlerdi.

Finansal sıkıntının üçüncü bir açıklaması en nihayet saklı olduğu sisin içinden çıktı, en mantıklısı ve en önemli açıklamanın da bu olduğunu düşünüyoruz. Bazı aracı kurumların sermayelerinin önemli bir kısmı, farklı ortaklara ait adi hisse senetleri olarak elde tutuluyor gibi görünüyordu. Bunlardan bazıları, çok spekülatif ve şişirilmiş değerlere sahip gibi görünmekteydiler. 1969'da piyasa düştüğünde bu türden hisse senetlerinin fiyat kotasyonları da sert bir biçimde düştü ve şirket sermayelerinin önemli bir kısmı onlarla birlikte yok oldu.[2] Aslına bakılırsa, bu sermayenin üzerine iki kat kâr elde etmek isteyen ortaklar, müşterilerini aracılık işinin finansal tehlikelerinden koruması için gerekli bu sermaye ile, aslında spekülasyon yapıyorlardı. Bu affedilemezdi; bu konuda daha fazla konuşmaktan kaçınıyoruz.

Yatırımcı aklını, kendi finans politikasını formüle etmek için olduğu kadar, ilgili detaylarda da kullanmalıdır. Bunlar, seçilmiş itibarlı bir aracı kurumun, yatırımcının emirlerini uygulamasını kapsar. Şimdiye kadar okuyucularımıza, üye-olmayan bir firma kullanmak için güçlü nedenleri olmadığı takdirde, sadece New York Borsası'nın üyeleriyle iş yapmasını öğütlememiz yeterliydi. Gönülsüzce de olsa, bu alana bazı yeni öğütler eklemek zorundayız. Bize göre, marj hesabı [bankerlerin müşterilerine açtığı ve üst sınırı borsa yönetimi tarafından belirlenen kredili hesaplar-çn.] olmayan kişiler -ve bizim sözlüğümüzde bu *bütün* profesyonel *olmayan* yatırımcılar anlamına gelir-bankaları tarafından satılan hisse senetlerinin teslimat ve alındı belgesine sahip olmalıdırlar. Brokerlerinize alım emri verirken, onların satın alınan hisse senetlerini banka tarafından ödenen para karşılığında bankanıza teslim etmelerini; satış sırasında ise, tam tersi bir şekilde bankanızın, hisse senetlerini kazançların ödenmesi karşılığında brokere teslim etmesini isteyebilirsiniz. Bu hizmetler biraz ek masraf gerektirecektir fakat güvenlik ve gönül rahatlığı için yapılacak olan bu masrafa değer. Bu tavsiye -artık gerekli değildir- yatırımcı, aracı kurumların bütün sorunlarının bertaraf edildiğinden emin olduğunda ancak gözardı edilebilir, daha önce değil.*

Yatırım Bankacıları

"Yatırım bankacısı" terimi hisse senedi ve tahvil ihraç eden, bu girişimi yüklenen ve satışıyla uğraşın firmalar için kullanılır. (Girişimi yüklenmek, kuruma, ya da diğer ihraççıya, menkul kıymetlerin tümüyle satılacağı garantisini vermek anlamına geliyor.) Bir takım aracı kurumlar belirli miktarda yüklenim faaliyeti de sürdürürler. Genel olarak bu, önde gelen yatırım bankacılarının oluşturduğu yüklenim gruplarına iştirak etmekle sınırlı kalır. Aracı kurumların, ek olarak az miktarda yeni-ihraç finansmanı, özellikle yükselen piyasanın en yoğun dönemlerinde, hisse senetlerinin daha küçük ihraçlarını başlatma ve destekleme eğilimleri de vardır.

Yatırım bankacılığı belki de Wall Street camiasının en saygın departmanıdır, zira burada finans endüstrinin büyümesi için yeni sermaye sağlamak gibi yapıcı bir rolü üstlenmektedir. Aslında,

* Şimdi artık neredeyse tüm aracılık işlemleri elektronik olarak yapılıyor ve hisse senetleri fiziksel olarak "teslim" edilmiyor. Securities Investor Protection Corporation'ın [Hisse Senedi Yatırımcısını Koruma Kurumu], ya da SIPC'nin, 1970'teki kuruluşuyla yatırımcılara, aracı firmaları batsa da, genellikle hesaplarındaki tam değerin geri alınacağı garantisi verildi. SIPC hükümete bağlı bir brokerler konsorsiyumudur; tüm üyeler, iflas eden bir firmanın müşterilerinin kayıplarını karşılamak üzere varlıklarını bir havuza koymayı kabul etmişlerdir. Graham, SIPC'nin korumasının yatırımcıların ödeme ve teslimatı bir banka ortamında yapma gereksinmesini ortadan kaldırdığını, iddia eder.

hisse senedi borsalarının -sık sık gerçekleşen aşırılıklarına bağlı olmaksızın- faaliyetlerini sürdürmesinin önemli bir gerekçesi, organize hisse senedi alım satımlarının yeni halka arzların satışlarını kolaylaştırdığı, şeklindeki gerçeğin içinde gizlidir. Eğer yatırımcılar ve borsacılar, mevcut piyasanın yeni bir hisse senedini satışa sunmasına hazır değillerse, bunu almayı pekâlâ reddedebilirler.

Yatırım bankacısıyla, yatırımcı arasındaki ilişki temelde bir satıcıyla muhtemel alıcısının arasındaki ilişkidir. Geçmişteki pek çok yıl boyunca, dolar bazında büyük miktarlı bir yeni satış teklifi, bankalar ve sigorta şirketleri gibi finans kurumları tarafından satın alınan tahvil ihraçlarını kapsamaktaydı. Hisse senedi satıcıları ise, kurnaz ve deneyimli alıcılarla iş yapmaktaydılar. Dolayısıyla yatırım bankacılarının hisse senedi müşterilerine yaptıkları her öneri, bu tür dikkatli ve kuşkucu denetimleri aşmak zorundaydı. Bu nedenle bu işlemler hemen hemen her zaman karşılıklı sağduyulu bir ilişki üzerinde yürüdü.

Oysa bireysel hisse senedi yatırımcısıyla, yüklenici olan hisse senedi brokerleri de dahil olmak üzere, yatırım bankaları arasındaki ilişkide farklı bir durum söz konusudur. Burada, alıcı çoğunlukla deneyimsizdir ve genellikle de uyanık değildir. Satıcının ona söylediklerinden -özellikle adi hisse senedi ihraçları hakkında- kolayca etkilenir, çünkü itiraf etmemiş olsa da, satın almaktaki asıl arzusu hızlı kazanç sağlamaktır. Bütün bunların sonucunda halktan bir yatırımcının korunması, kendi eleştiri kabiliyetlerinden ziyade, satış teklif yapan kurumların vicdan ve ahlakına kalmıştır.[3]

Yüklenici firmaların, danışman ve satıcının çelişen rollerini oldukça iyi bir biçimde birleştirebilmeleri, onların dürüstlük ve beceri kavramlarına yapacakları katkıya bağlıdır. Diğer taraftan alıcının, kendisini bütünüyle satıcının kararına bırakması da ihtiyatsızlıktır. 1959'da bu noktada şunu söylemiştik: "Yüklenicilik alanında, borsa oyunlarının etkin olduğu dönemler içinde gerçekleşen yeni hisse senedi ihraçlarında, bu sağlıklı olmayan tutumun kötü sonuçları tekrarlayarak kendisini gösterir." Kısa bir süre sonra bu uyarıya büyük ölçüde ihtiyaç duyuldu. Daha önce de vurgulamış olduğumuz gibi, 1960-61 yılları ve sonra tekrar 1968-69 yılları arasında eşi benzeri görülmemiş biçimde en-düşük-kaliteli hisse senedi ihracı furyası yaşadı, bu senetler halka saçma sapan yüksek fiyatlardan satıldı ve pek çok durumda da düşüncesiz borsa oyunları ve biraz da yarı-manipulasyon ile fiyatlar çok daha yüksek seviyelere çıkarıldı. Önemli konumdaki birkaç Wall Street kurumu da hırs, çılgınlık ve sorumsuzluğun o çok tanıdık karışımının finans sahnesinden henüz def edilmemiş olduğunu doğrulayarak, bu daha az güvenilir faaliyetlere bir ölçüye kadar katıldı.

Akıllı yatırımcı, yatırım bankalarının, özellikle mükemmel bir itibara sahip olanlarının, tavsiye ve önerilerini dikkatle dinleyecektir; fakat bu önerilerin üzerine mutlaka sağlam ve bağımsız -eğer bu konuda ehil ise kendisine, değilse, başka türden bir danışmana ait -kararlar oturtacaktır.*

Diğer Danışmanlar

Özellikle daha küçük yerleşim yerlerinde kişinin yatırımları konusunda yerel bankacısına danışması güzel bir alışkanlıktır. Ticari bankacı, hisse senedi değerleri konusunda tam bir uzman olmasa da deneyimli ve tutucudur. Özellikle, koruyucu politikanın heyecansız ve düz yolundan çıkmak için şeytana uyan, ve tedbirli aklın sakinleştirici etkisine ihtiyaç duyan, deneyimsiz bir yatırımcıya büyük yardımı dokunur. Hisse senedi işlemlerinin seçimlerinde danışmaya ihtiyaç duyan daha açıkgöz ve saldırgan bir yatırımcı ise, ticari bankacının bakış açısının özellikle kendi amaçlarına uymadığını görecektir.**

Bizler, yatırım görüşü almak için arkadaş ve akrabalara danışmak gibi yaygın bir alışkanlığa dönüşmüş olan daha tehlikeli bir tutumu seçeriz. Soranın, her zaman sorduğu kişinin üstün bilgi ve deneyime sahip olduğuna dair, iyi gerekçeleri vardır. Gözlemlerimiz, meslekten olmayan tatminkâr danışmanlar seçmenin de, en az uygun hisse senetlerini tek başına seçmek kadar zor olduğunu gösterir. Kötü tavsiyelerin çoğu bedava verilir.

* Graham'in öğüdüne kulak asmayanlar eğer onu dinleselerdi 1999 ve 2000'de Internet IPO'ları satın almak için sazan gibi atlamayacaklardı.

** Bankacıların bu rolü mali danışmanlar, avukatlar ve finansal planlayıcılar tarafından çoğunlukla gölgede bırakılmıştır.

Özet

Parasal kaynaklarının yönetimi için bir ücret ödemeye hazırlıklı olan yatırımcılar akıllı davranır ve tavsiye edilen bazı iyi-yapılandırılmış yatırım-danışmanlığı firmalarından birini seçebilirler. Buna alternatif olarak, büyük bir saklama şirketinin yatırım bölümünden ya da New York Borsası aracı kurumlarından ücret karşılığı verdikleri danışmanlık hizmetlerinden yararlanabilirler. Sonuçlar hiçbir şekilde olağanüstü olmayacaktır, ancak ortalama iyi bilgilendirilmiş ve dikkatli bir yatırımcı açısından uygun olacaktır.

Çoğu hisse senedi alıcısı, bu iş için bir ödeme yapmadan danışmak ister. Bu mantıklı görünür. Bu nedenle olayların büyük çoğunluğunda ortalama sonuçlardan daha iyisini beklemeye hak kazanmamışlardır ve bunu beklememelidirler. Olağanüstü gelirler ve kârlar vaat eden kişilere karşı, ister müşteri temsilcileri, ister hisse senedi satıcıları olsun, çok dikkatli olmalıdırlar. Bu hem hisse senetlerinin seçimi için, hem de piyasanın kaypak (ve belki de aldatıcı) işlem yapma sanatına yol göstermek için geçerlidir.

Defansif yatırımcılar, onları tanımladığımız şekliyle, danışmanları tarafından yapılan hisse senedi önerileri konusunda bağımsız kararlara varacak donanıma sahip değillerdir. Ancak satın almak istedikleri hisse senedi özelliğini belirtmek konusunda -ve hatta tekrar tekrar- çok açık ve net davranabilirler. Eğer bizim önerilerimizi takip ederlerse, kendilerini birinci-sınıf tahvillerin ve önde gelen kuruluşların hisse senetlerinin, tercihen deneyim ve analiz ışığında çok yüksek olmayan bireysel fiyat seviyelerinden satın alınabilecek olan, ihraçları arasında bulacaklardır. Her itibarlı borsa kurumunun menkul kıymet analisti, bu türden hisse senetlerinin uygun bir listesini hazırlayabilir ve geçmiş deneyime dayanarak mevcut fiyat seviyesinin akla uygun bir tutuculukta olup olmadığını yatırımcıya kanıtlayabilir.

Saldırgan yatırımcı ise genellikle danışmanlarıyla etkin bir işbirliği içinde çalışacaktır. Danışmanlarından önerilerini ayrıntılı olarak kendisine açıklamalarını isteyecek ve kendi kararlarını onlara kabul ettirmekte ısrarcı olacaktır. Bu, yatırımcının beklentileri ve hisse senedi işlemlerinin niteliğinin, bu alandaki bilgi ve deneyiminin gelişimine bağlı olacağı anlamına gelir. Sadece tek bir istisnai durumda, danışmanlarının dürüstlüğünün ve yetkinliğinin baştan sona kanıtlanmış olduğu durumlarda, bir yatırımcı, verilen kararı hiç anlamasa ve onaylamasa da başkalarının öğütleri doğrultusunda hareket edebilir.

Her zaman ilkesiz hisse senedi satıcıları ve vurguncu borsa bankerleri olmuştur ve okuyucularımıza eğer -doğal olarak-mümkünse alışverişlerini sadece New York Borsası ile sınırlandırmalarını öğütleyeceğiz. Ancak hisse senedi teslimatlarının ve ödemelerinin yatırımcının bankasının aracılığıyla yapılması gerektiği şeklindeki çok tedbirli öneriyi de eklemek zorundayız. Wall Street aracı kurumlarının üzücü tabloları birkaç yıl içerisinde tamamıyla ortadan kalkabilir, fakat 1971 sonlarında hâlâ "üzgün olmaktansa, güvende olmak daha iyidir," diyoruz.

ONUNCU BÖLÜM ÜZERİNE YORUMLAR

İlahi gökkubbenin arayışı içinde, gözleri her zaman havada vaktini harcamakta olan Filozof Tales'i gördüğünde, bulutlardaki şeylerle kafasını meşgul etmenin zamanı geldiğine dair uyarıda bulunmak amacıyla ayağının ucundakileri görmesi için onu tökezletmek üzere yoluna bir şeyler koyan Miletli genç kıza minnettarım. Gerçekten de kız ona güzel tavsiyelerde bulundu, göğe bakmaktansa kendine bakması konusunda.

-Michel de Montaigne

YARDIMA İHTİYACINIZ VAR MI?

'90'lı yılların sonlarının güzel günlerinde çoğu yatırımcı bu yolda yalnız yürümeyi seçti. Kendi araştırmalarını kendileri yapan ve alışverişlerini çevrimiçi bir brokere sipariş veren bu yatırımcılar, böylelikle Wall Street'in araştırma, tavsiye ve ticaret altyapısını atlamış oldular. Ne yazık ki bu kendi-işini-kendin-yapçıların çoğu Büyük Buhran'dan sonra gelecek olan en kötü iniş piyasasından hemen önce bağımsızlıklarını ilan etmiş bulunmaktaydılar ve sonunda bu yolda yalnız yürüdükleri için kendilerini aptal gibi hissedeceklerdi. Bu, kuşkusuz her zaman doğru değildir; tüm kararlarını geleneksel bir brokere bırakan kişiler de para kaybettiler.

Ancak yatırımcıların çoğu, iyi bir finansal danışmanın sağladığı deneyim, karar ve ikinci görüşle rahatlarlar. Bazı yatırımcıların, parasal amaçlarına ulaşmak için yatırımlarına ne oranda bir getiri almaları, ya da ne kadar ek para biriktirmeleri gerektiğini onlara gösterebilecek dışarıdan bir kişiye ihtiyaçları vardır. Başkaları, yatırımları değer olarak düştüğünde suçlayacak birine sahip olmaktan fayda sağlarlar; bu yöntemle, ızdırap ve kendinden şüphe içinde dövünmek yerine, genellikle kendini savunabilecek ve bu arada sizi de cesaretlendirecek birini suçlamayı tercih ederler. Diğer yatırımcıların cesaret edemediği bir zamanda, yatırımlarınızı sürdürmeniz için size gerekli psikolojik desteği sağlarlar. Sonuçta, kendi portföyünüzü idare etmemeniz için nasıl hiçbir neden yoksa, onları idare etmek için profesyonel yardım almanızda da utanılacak bir durum yoktur.[1]

Yardıma ihtiyacınız olup olmadığına nasıl karar verirsiniz? İşte bazı işaretler:

Büyük kayıplar. Eğer portföyünüz 2000 başından 2002 yılı sonuna kadar %40'dan fazla kaybettiyse, borsanın iç karartıcı performansından da kötü yapmışsınız demektir. Bunu ister tembellikten, ister umursamazlıktan, isterseniz sadece şanssızlıktan gerçekleştirmiş olun, hiç fark etmez; bu kadar büyük bir kayıptan sonra portföyünüz yardım için ağlamaktadır.

İflas etmiş bütçeler. Eğer kalıcı mücadelenizde iki yakanız bir araya gelmiyorsa, paranızın nereye gittiği hakkında bir fikriniz yoksa, düzenli bir programla para biriktiremiyorsanız ve kronik bir biçimde faturalarınızı zamanında ödeyemiyorsanız, o zaman mali durumunuz kontrolden çıkmış demektir. Bir danışman, nasıl -ve ne kadar-harcamanız, biriktirmeniz ve yatırım yapmanız gerektiği hakkında kapsamlı bir finansal planlama yaparak paranızı kontrol altına almanıza yardımcı olabilir.

Karmakarışık portföyler. 1990 sonlarında pek çok yatırımcı risklerinin dağıtılmış olduğunu düşünüyordu, zira 39 "farklı" internet hisse senedine, ya da büyüme potansiyeli olan yedi "farklı" ABD hisse senedine sahiptiler. Fakat bu tıpkı, tamamı-sopranolardan oluşan bir koronun, "Old Man River"ı solist bir sopranodan daha iyi söyleyeceğini düşünmeğe benziyordu. Oysa bu koro kaç soprano eklerseniz ekleyin, gruba bazı baritonlar katılıncaya

[1] Bu konuların bilhassa dikkatli bir araştırması için bakınız Walter Updegrave, "Advice on Advice," ["Öğüt üzerine Öğüt"] *Money*, Ocak, 2003, sayfa 53-55.

kadar bütün o alçak notaları tutturamayacaktı. İşte bunun gibi, sizin de varlıklarınız hep birlikte yukarı çıkıp aşağı iniyorsa, gerçek risk dağıtımının getirdiği yatırım ahengine sahip değilsiniz demektir. Profesyonel bir "varlık dağılımı" planı işe yarayabilir.

Büyük değişiklikler. Eğer kendi işinizin sahibiyseniz ve bir emeklilik planı hazırlamak istiyorsanız, yaşlanmakta olan ebeveynleriniz finansal durumlarını düzene sokamıyorlarsa, ya da çocuklarınız için uygun olan kolej çok pahalı görünüyorsa, bir danışman size yalnızca huzur sağlamayacak, sizin hayat kalitenizi yükseltmek için gerçek adımlar atmanıza yardımcı olacaktır. Bunun da ötesinde vasıflı bir profesyonel, vergi kanunlarının ve emeklilik kurallarının sersemletici karmaşıklığına uyum sağlamanızı ve onlardan faydalanmanızı garantiye alacaktır.

GÜVEN, SONRA ONAYLA

Şunu unutmayınız ki, finans dolandırıcıları, konuşarak onlara güvenmenizi sağlamayı ve yine konuşarak onları araştırmanızı engellemeyi çok iyi başarırlar. Finansal geleceğinizi bir danışmanın ellerine teslim etmeden önce, sizi yalnızca rahatlatan birini değil, aynı zamanda kusursuz dürüstlükte olan birini bulmak zorundasınız. Ronald Reagan'ın da dediği gibi: "Güven, sonra onayla." En çok güvendiğiniz birkaç insanı düşünerek işe başlayın. Sonra onların size güvendikleri ve onlara göre ücreti de mantıklı olan bir danışman önerip öneremeyeceklerini sorun. Hayran olduğunuz birinden bir güvenoyu almak, her zaman iyi bir başlangıçtır.[2]

Danışmanınızın ve firmasının adı ile uzmanlık alanı -borsa brokeri mi? finansal planlamacı mı? muhasebeci mi? sigorta acentası mı? -bir kez elinize geçtikten sonra gereken titizliği göstermeye başlayabilirsiniz. Danışmanın ve firmasının adını Google gibi bir İnternet arama motoruna yazıp bekleyin (karşınıza çıkan verilerin içindeki "para cezası," "şikâyet," "hukuk davası," disiplin suçu," ya da "açığa alınma" terimlerine dikkat edin). Eğer danışman bir borsa brokeri ya da sigorta acentası ise eyaletinizin

[2] Eğer güvendiğiniz birinden bir yönlendirme alamazsanız, üyeleri genellikle yüksek hizmet ve dürüstlük standartlarına sahip olan www.napfa.org (ya da www.feeonly.org) adresinden sadece-ücret alan finansal planlamacı bulabilirsiniz.

hisse senetleri komisyonuyla irtibata geçip (online bağlantılar için adresler www.nasaa.org adresinde bulunabilir) danışman için disiplin suçları ve müşteri şikayetleri olup olmadığına bakın.[3] Aynı zamanda finansal danışmanlıkta yapan bir muhasebeci düşünüyorsanız, eyaletinizin muhasebe denetçileri (www.nasba.org adresindeki National Association of State Boards of Accountancy'den [Eyalet Muhasebe Odaları Ulusal Birliği] bulabilirsiniz) size sicilinin temiz olup olmadığını söyleyeceklerdir.

Finansal planlamacılar (ya da firmaları) ya ABD Menkul Kıymetler ve Borsa Komisyonu'na (SEC) ya da bağlı bulunduğu eyaletteki menkul kıymet düzenleyicisine kayıtlı olmalıdırlar. Bu kaydın bir bölümü olarak da danışman, Form ADV adında iki-bölümlü bir belge doldurmak zorundadır. Bu belgeyi görmek ve indirmek için www.advisorinfo.sec.gov ve www.iard.com ya da eyalet hisse senedi düzenleyicinizin websitesine giriniz. Açıklama Raporu Sayfaları'na özellikle dikkat ediniz, buralarda danışman, amirleri tarafından bildirilen disiplin suçlarını açıklamak zorundadır. (Çünkü bazı ahlaksız danışmanların bu sayfaları, ADV'yi muhtemel müşterilerine vermeden önce yırttıkları bilinen bir gerçektir, siz kendinize ait tam kopyayı onlardan bağımsız olarak edinmelisiniz.) Bir finansal planlayıcının sicilini çift taraflı kontrol etmek için bir de www.cfp-board.org adresine girmek iyi olur, çünkü yaşadıkları eyaletin dışında disiplin cezası almış olan planlayıcılar mevzuattaki çatlaklardan kaçabilirler. Gereken özen için daha fazla ipucu edinmek üzere aşağıdaki ek bilgi kutusuna bakınız.

[3] Tek başına bir müşteri şikâyeti bir danışmanı düşüncelerinizde ehliyetsiz kılmak için yeterli değildir; fakat tekrarlayan şikâyetler silsilesi bunun için yeterli olur. Eyalet müfettişleri ya da Federal müfettişlerin bildirdiği bir disiplin suçu size genellikle başka bir danışman bulmanız gerektiğini söyler. Bir brokerin siciline bakmak için diğer bir adres de http://pdpi.nasdr.com/PDPI'dır.

UYARI SÖZCÜKLERİ

Özen gösterme ihtiyacı danışman tuttuktan sonra da bitmez.

Maryland Eyaleti menkul değerler temsilcisi olan Melanie Senter Lubin, felaket getirecek sözcüklere ve deyişlere dikkat etmek gerektiğini öne sürdü. Eğer danışmanınız sürekli olarak bu sözcükleri kullanıyor -ya da sizi rahatsız edecek bir şey yapmak için kolunuzdan çekiyorsa- "o zaman hızla yetkili makamlarla bağlantıya geçin," diye uyarıyor Lubin.

Uyarı zillerini çalması gereken ifadeler şöyle:

"Off-shore" - "müstesna" - "Hayatınızın fırsatı"
"Performansa odaklanmalısınız, masraflara değil."
"Piyasayı belirleyen banka" - "Zengin olmak istemiyor musunuz?" - "Bu bebek kıpırdayacak."
"kaybedemez" - "garantili" - "Dev kar avantajı var." "Acele etmelisiniz" - "Zarar olasılığı yok."
"Kaybetme şansı hiç yok."
"Annemi de bu işe sokuyorum." -
"Mal sahibimize ait bilgisayar modeli"
"Bana güven."- "Akıllı para bunu alır."
"Varlık alım satımı" - "Seçenek stratejisi"
"Aylık getiriler" - "Çok düşünmeye gerek yok."
"Etkin portföy-dağılımı stratejisi"
"Onu satın almamayı göze alamazsınız."
"Zararınızı kapatabiliriz." - "Piyasayı geçebiliriz."
"Başka hiç kimse bunun nasıl yapılacağını bilmiyor."
"Eğer.... yapmazsanız üzülürsünüz."

SİZİ TANIMAK

Önde gelen bir finansal-planlama haber bülteni, onlarla nasıl görüşülmesi gerektiği hakkındaki düşüncelerini öğrenmek amacıyla çok sayıda danışmanla anket yaptı.[4] Bir danışmanı incelemek için şu amaçlara sahip olmalısınız:

- Müşterilerine yardım etmek için istekli olup olmadığına bakın, yoksa sadece işini yapıyor gibi mi görünüyor.
- Bu kitapta ana hatlarının verildiği şekliyle temel yatırım ilkelerini anlayıp anlamadığını saptayın.
- Size yardım edebilmek için yeterince öğretimi, eğitimi ve deneyimi var mı, değerlendirin.

Önde gelen finansal planlayıcılar tarafından tavsiye edilen ve her muhtemel müşterinin sorması gereken bazı sorular:

Neden bu iştesiniz? Firmanızın misyonu nedir? Sabahları çalar saatten başka neyle uyanırsınız? Yatırım felsefeniz nedir? Hisse senetleri mi yatırım fonları mı kullanıyorsunuz? Teknik analiz kullanır mısınız? Piyasa zamanlaması kullanır mısınız? (Son iki sorudan herhangi birine verilecek "evet" yanıtı size "hayır" sinyali vermelidir.)

Yalnızca varlık yönetimine mi odaklanıyorsunuz yoksa vergi, gayrimenkul ve emeklilik planlaması, bütçe yapma ve borç yönetimi ve sigorta hakkında da danışmanlık yapıyor musunuz? Eğitiminiz, deneyiminiz ve yeterlilik belgeleriniz size bu türden mali tavsiyeler vermek için nasıl bir yeterlilik kazandırıyor?[5]

Müşterilerinizin genellikle ortak ihtiyaçları nelerdir? Benim amaçlarıma ulaşmama nasıl yardımcı olabilirsiniz? Benim ilerlememi nasıl izleyecek ve nasıl bilgi vereceksiniz? Geliştirdiğimiz herhangi bir planı hayata geçirirken izleyebileceğim bir kontrol listesi veriyor musunuz?

Yatırımları nasıl seçersiniz? En başarılı olduğuna inandığınız

[4] Inside Information haber bülteninin editörü ve yayıncısı olan Robert Veres nezaket gösterdi ve yanıtları bu kitap için bizimle paylaştı. Diğer soru kontrol listeleri www.cfp-board.org ve www.napfa.org adreslerinde bulunabilir.

[5] CFA, CFP ya da CPA gibi yeterlilik belgeleri danışmanın çok sıkı bir eğitimden geçmiş olduğunu gösterir. (finansal planlayıcılar tarafından her tarafa savrulan bütün diğer "anlaşılmaz diller"den oluşan yeterlilik belgeleri, "CFM" ya da "CFMC" de dahil olmak üzere, çok az şey ifade ederler.) Daha da önemlisi, yeterlilik belgesini veren kuruluşla irtibata geçerek, kayıtlarının doğruluğunu kontrol edin ve mevzuatı ve ahlak kurallarını ihlal etmek nedeniyle disiplin suçu alıp almadığına bakın.

yatırım yaklaşımı nedir ve bana müşterileriniz için böyle bir başarıyı yakalamış olduğunuza dair hangi kanıtı gösterebileceksiniz? Bir yatırımın performansı tüm bir yıl boyunca kötü olduğunda ne yaparsınız? (Buna "satarım" diye yanıt veren hiçbir danışmanla çalışmaya değmez.)

Yatırım önerilerinizde herhangi bir üçüncü kişiden, herhangi bir biçimde bir ücret kabul ediyor musunuz? Neden evet ya da neden hayır? Hangi koşullarda? İlk yıl hizmetiniz için gerçek dolar bedeli olarak, ne kadar ödeyeceğimi tahmin ediyorsunuz? Zamanla bu miktarın yükselmesine ya da düşmesine neden olacak etkenler nelerdir? (Eğer ücret yıllık olarak varlıklarınızın %1'ini götürecekse, başka bir danışmanla iş yapmalısınız.[6])

Kaç müşteriniz var ve ne kadar sıklıkla onlarla iletişim kuruyorsunuz? Bir müşteri için kazandığınız en gurur verici başarınız nedir? En beğendiğiniz müşterilerinizin ortak özellikleri nelerdir? Bir müşteriyle yaşadığınız en kötü deneyiminiz nedir ve bunu nasıl çözümlediniz? Bir müşterinin sizinle mi yoksa destek personelinizle mi konuşacağını ne belirler? Tipik olarak müşteriler sizinle ne kadar süre çalışır?

Örnek bir hesap özeti görebilir miyim? (eğer bunu anlayamazsanız, danışmandan açıklamasını isteyiniz. Açıklamasını da anlayamazsanız, danışman size uygun değil demektir.)

Kendinizi mali açıdan başarılı kabul ediyor musunuz? Neden? Mali başarıyı nasıl tanımlıyorsunuz?

Benim yatırımlarımda ne yükseklikte bir yıllık ortalama dönüşüm muhtemeldir? (%8 ve %10'un üzerindeki hiçbir şey gerçekçi değildir.)

Bana özgeçmişinizi, ADV Formunuzu ve en azından üç adet referans verebilir misiniz? (Eğer danışman ve firması dosyaya ADV koymak zorundaysa ve size bunun bir kopyası verilmiyorsa hemen odayı terk edin-giderken de bir elinizi cebinizdeki cüzdanda tutun.)

[6] Elinizde yatırım yapmak için 100.000$'dan az bir miktar varsa sizin hesabınızı alacak, bir finansal danışman bulamayabilirsiniz. Bu durumda, düşük-değerli endeks fonlarından oluşan çeşitlendirilmiş bir fon sepeti satın alın, bu kitaptaki davranış önerilerine uyun, portföyünüzün bir danışman tutabilecek düzeye geldiğini göreceksiniz.

Size karşı hiç resmi bir şikâyet oldu mu? İşinize son veren son müşteri bunu neden yaptı?

EN KÖTÜ DÜŞMANINIZI YENMEK

Son olarak, büyük finansal danışmanların ağaçlarda yetişmediklerini aklınızda tutun. Genellikle, en iyilerin zaten yeterli sayıda müşterisi vardır ve sizi ancak iyi bir uyum sağlayacağınızı düşünürlerse kabul edeceklerdir. Bu nedenle onlar da size aşağıdakileri kapsayabilecek bazı zor sorular soracaklardır:

Neden mali danışmana ihtiyacınız olduğunu düşünüyorsunuz?

Uzun-vadeli amaçlarınız nelerdir?

Diğer danışmanlarla (siz de dahil olmak üzere) çalışırken en büyük düş kırıklığınız ne oldu?

Bir bütçeniz var mıdır? Ayağınızı yorganınıza göre mi uzatırsınız? Her yıl varlıklarınızın yüzde kaçını harcarsınız?

Bugünden bir yıl geriye baktığımızda, sizin gelişme kaydettiğinizi gösterecek ve mutlu olmanızı sağlayacak neyi başarmış olmam gerekiyor?

Çatışma ve anlaşmazlıkları nasıl ele alırsınız?

2000'de başlayan düşen piyasaya duygusal olarak nasıl tepki verdiniz?

En kötü parasal korkularınız nelerdir? En büyük parasal umutlarınız?

Yatırımlarınızda hangi faiz oranlarını mantıklı buluyorsunuz? (Cevaplarınızı 3. Bölüm'e dayandırın.)

Bu türden sorular sormayan -ve başka hangi soruların doğru olduğunu düşündüğünüzü sezgisel olarak anlamak için size yeterince ilgi göstermeyen- bir danışman uygun bir seçim değildir.

Her şeyden önemlisi, danışmanınıza sizi en kötü düşmanınızdan -sizden- korumasına izin verecek kadar güvenmelisiniz. Yorumcu Nick Murray "Bir danışman tutarsınız," diye açıklıyor "parayı idare etmesi için değil, sizi idare etmesi için."

"Eğer danışmanınız, sizinle, sizin en kötü dürtüsel eğilimleriniz arasındaki koruyucu çizgiyse," diye söylüyor, finansal-planlama analisti Robert Veres, "o zaman danışman bu sistemleri yerine oturtmak zorundadır ki bunların yardımıyla ikiniz birlikte bu dürtüleri kontrol edebilesiniz." Bu sistemlerin arasında:

- Size paranızı nasıl kazanacağınızı, biriktireceğinizi, harcayacağınızı, borçlanacağınızı ve yatıracağınızı ana hatlarıyla belirleyen **kapsamlı bir mali plan**;
- Yatırıma temel yaklaşımınızı gösteren **yatırım politikası finansal tablosu**;
- Farklı yatırım kategorilerinde ne kadar para tutacağınızı gösteren **portföy dağılım planı** vardır.

Bunlar iyi finansal kararların dayandırılabileceği yapı taşlarıdır ve tek taraflı olmak yerine, siz ve danışmanınız tarafından birlikte oluşturulmalıdır. Bu temellerin yerinde ve isteklerinizle uyumlu olduğuna ikna olmadan, bir dolarlık bir yatırım dahi yapmamalı ve hiçbir karar almamalısınız.

BÖLÜM 11

Sıradan Yatırımcı için Menkul Değer Analizi: Genel Yaklaşım

Finansal analiz bugün sağlam ve gelişmekte olan bir meslektir ya da bir kısmen bir meslektir. Finansal Analistler Ulusal Federasyonu (National Federation of Financial Analysts)'nu oluşturan farklı toplumlardan gelen ve çoğu geçimini zihinsel faaliyetin bu kolundan sağlayan analistlerin sayısı 13.000'in üzerindedir. Finansal analistlerin ders kitapları, mesleki ahlak kuralları ve üç ayda bir çıkan bir dergileri vardır.* Çözülmemiş sorunlardan onların payına düşenler de vardır. Son yıllarda genel "menkul değer analizi" kavramının yerine "finansal analiz" kavramını geçirme eğilimi vardır. İkinci terimin daha geniş bir anlamı vardır ve Wall Street'in pek çok kıdemli analistinin yaptığı işi açıklamaya daha uygundur. Menkul değer analizini, hisse senetleri ve tahvillerin incelenmesi ve değerlendirmesi ile sınırlıyor olarak düşünmek faydalı olur, diğer taraftan finansal analiz bunların üzerine, yatırım politikasının (portföy seçimi) belirlenmesi ve önemli miktarda bir genel ekonomik analizi de içerir.[1] Bu bölümde esas olarak menkul değer analistinin yaptığı işi vurgulayarak, hangi adlandırma daha uygulanabilir ise onu kullanacağız.

Menkul değer analisti herhangi bir menkul kıymetin geçmişi, bugünü ve geleceği ile ilgilenir. İşi tanımlar; işlem sonuçlarını ve finansal durumu özetler; güçlü ve zayıf noktalarını, fırsatları ve riskleri ortaya koyar; değişik varsayımlar altında gelecekteki

* The National Federation of Financial Analysts, şimdi Association for Investment Management and Research olmuştur; "Üç ayda bir" çıkan araştırma yayını Financial Analyst şimdi iki ayda bir çıkmaktadır.

kazandırma gücünü değerlendirir ya da "en iyi tahmin"i yapar. Değişik şirketlerin veya aynı şirketin değişik zamanlarının ayrıntılı incelemesini yapar. Bir ihracın, eğer tahvil ya da yatırım notu yüksek bir imtiyazlı hisse senedi ise güvenilirliği, veya adi hisse senedi ise, alım çekiciliği konusunda görüş bildirir.

Menkul kıymet analisti tüm bunları yaparken en basitinden en karmaşığına kadar bir dizi teknikten yararlanır. Yeminli hesap uzmanının kutsal *onayını* taşımasına rağmen, bir şirketin yıllık bilanço rakamlarını büyük ölçüde değiştirebilir. Özellikle bu raporlarda söylenenden çok daha fazla, ya da az şey ifade edebilen, unsurları gözlemler.

Menkul kıymet analisti belirli bir tahvilin ya da imtiyazlı hisse senedinin yatırım için satın alınabilecek kadar sağlam olduğu ya da olmadığı sonucuna varabilmemiz için güvenilirlik standartları geliştirir ve uygular. Bu standartlar, öncelikle geçmişteki ortalama kazançlarla ilişkilendirilir, ancak bunun yanı sıra sermaye yapısı, işletme sermayesi, varlık değerleri ve diğer konuları da içerir.

Yakın zamana kadar menkul kıymet analisti, tahvil ve imtiyazlı hisse senetlerine uyguladığı güvenlik standartları kadar iyi tanımlanmış bir ölçüde, bu değer standartlarını adi hisse senetlerine uygulamamıştır. Çoğu kez, geçmiş performansların özetiyle, geleceğe ilişkin az çok genel bir tahminle -özellikle sonraki 12 ayı vurgulayarak- ve daha çok gelişigüzel bir sonuçla uğraşır. Gelecek tahminleri, genellikle gözlerden bir tanesi borsa takip ekranı ya da piyasa çizelgelerinde iken, yapılmıştır ve yapılmaktadır. Fakat son birkaç yıldır pratisyen analistler büyüme potansiyeli taşıyan hisse senetlerini değerlendirme sorununa dikkat göstermiştir. Bu hisse senetlerinin çoğu, geçmiş ve şimdiki kazançlara göre, o kadar yüksek fiyatlara satılmıştır ki, epey uzak bir geleceğe ait oldukça kesin kazanç tahminleri yapmak suretiyle, bunları önerenler, kendilerini haklı çıkarmak zorunda hissetmiştir. Sofistike denilebilecek türden bazı matematiksel teknikler de, zorunlu olarak varılan bu değerlendirme sonuçlarının desteklenmesine sebep olmuştur.

Kısa bir süre sonra bu teknikleri kısaltılmış olarak ele alacağız.

Fakat burada, matematiksel değerlendirmelerin özellikle en az güvenilir diye nitelenen alanlarda en yaygın hale gelmesi şeklindeki belâlı bir paradoksu işaret edeceğiz. Bir değerlendirme, gelecek beklentilerine ne kadar bağımlı olursa -ve geçmiş performans tarafından gösterilen rakamlara ne kadar az bağlı olursa- olası yanlış hesaplamalara ve ciddi hatalara karşı o kadar hassas olur. Yüksek çarpanlı, yükselen bir hisse senedi için bulunan değerin büyük bir bölümü, geçmiş performanslardan önemli ölçüde farklılık gösterebilen -belki de artış oranının kendisi hariç- gelecekle ilgili beklentilerden türetilir. Bu nedenle, menkul değer analistlerinin bugün matematiksel ve "bilimsel" olmaya kendilerini en fazla zorunlu hissetmelerinin, zamanlama açısından hiç te uygun olmadığı söylenebilir.*

Yine de biz, tartışmamıza menkul kıymet analizinin daha önemli unsurları ve teknikleri ile devam edelim. Yoğunlaştırılmış bir biçimde ele alınan bu konu, profesyonel olmayan yatırımcının ihtiyaçlarına yöneliktir. Bu yatırımcı en azından bir menkul kıymet analistinin ne dediğini ve nereye varmak istediğini anlamalıdır; bunun ötesinde eğer mümkünse, üstün körü yapılan bir analiz ile sağlam analizi ayırt edebilmelidir.

Sıradan yatırımcı için menkul kıymet analizinin başlangıç noktasının bir şirketin yıllık finansal raporunun yorumu olduğu düşünülmektedir. Bu konu, sıradan insanlar için *The Interpretation*

* Öngördüğünüz artış oranı ne kadar yüksek ve öngörü sürenizin kapsadığı dönem ne kadar uzunsa, tahmininiz en ufak bir hataya o kadar duyarlı hale gelir. Örneğin hisse başına yıllık 1$ kazanan bir şirketin önündeki 15 yıl içinde kârını yılda %15 arttırabileceğini, kazancının sonuçta 8.14 dolar olacağını hesap edebilirsiniz. Piyasa, şirketin kazancının 35 katı değer biçiyorsa, hisse senedi dönemi kabaca 285$ olarak kapatır. Fakat kazançlar %5 yerine %14 artarsa, dönem sonunda şirket 7.14$ kazanacaktır –ve yatırımcılar bu eksikliğin yarattığı şaşkınlıkla- kazancın 35 katını ödemeye istekli olmayacaklardır. Söz gelimi, kazancının 20 kat çarpanı olan hisse de, hisse başına 140$ civarında ya da %50 eksiğinin üzerinde kapanacaktır. İleri matematik, yapısı gereği, şüpheli olan geleceği görme sürecine kesinlik görünümü kazandırdığı için, yatırımcılar, basit finansal problemler için karmaşık hesap anahtarlarına sahip olduklarını iddia edenlere, kuşkuyla yaklaşmalıdırlar. Graham'in dediği gibi: "44 yıllık Wall Street deneyimim ve çalışmamla hisse senedi değerleri ya da bunlarla bağlantılı yatırım politikalarına ilişkin olarak basit aritmetiğin veya en temel cebirin ötesinde herhangi bir güvenilir hesaplamaya hiçbir zaman rastlamadım. Ne zaman kalkulus ya da daha yüksek cebir ortaya konursa, bu durumu, işlem yapanın, deneyimin yerine teoriyi geçirmeye çabaladığı, ayrıca spekülasyona aldatıcı bir yatırım kılıfı vermeye çalıştığı konusunda, bir uyarı olarak kabul edebilirsiniz." (Bkz. S.605.)

of Financial Statements[2] (Mali Tabloların Yorumu) başlıklı ayrı bir kitabımızda anlatılmıştır. Bu bölümde aynı zeminin üzerinden geçmeyi gerekli ve uygun görmüyoruz, özellikle de bu kitapta bilgi ve açıklamalar yerine, prensipler ve davranışlar vurgulandığı için. Şimdi yatırım seçiminin altında yatan iki temel soruya geçelim. Şirket tahvillerinin ya da imtiyazlı hisse senetlerinin başlıca güvenlik testleri nelerdir? Adi hisse senetlerinin değerlendirmesinde rol oynayan başlıca faktörler nelerdir?

Tahvil Analizi

Tahvil ihraçları ve yatırım-dereceli imtiyazlı hisse senetleri, menkul kıymet analizinin en güvenilir ve bu nedenle de en saygıdeğer kolu olup, bu kıymetlerin güvenirliği ve kalitesiyle ilgilenir. Şirket tahvillerinin başlıca kriteri, toplam faiz ödemelerinin, geçmiş yılların cari kazançları tarafından kaç kez karşılandığıdır. İmtiyazlı hisse senetleri söz konusu olduğunda ise, tahvil faizi ve imtiyazlı hisse senedi birleşiminin kapsandığı bir çarpandır.

Uygulanan standartlar farklı otoritelere göre değişkenlik gösterir. Testler gelişigüzel ortaya çıktığı için, en uygun kriteri tam olarak belirlemek mümkün değildir. Kitabımız *Security Analysis* (Menkul Kıymet Analizi)'in 1961 baskısında Tablo 11-1'de görülen bazı "karşılık" standartlarına bakmanızı öneririz.

Temel testimiz sadece birkaç yıllık bir dönemin *ortalama* sonuçlarına uygulanır. Başka uzmanlara göre ele alınan her bir yıl için *asgari* bir "karşılık" gösterilmesi de gerekir. Biz, yedi-yıllık-ortalama testine alternatif olarak "en kötü-yıl" testini onaylarız; tahvilin ya da imtiyazlı hisse senedinin bu iki kriterden birine uyması yeterlidir.

TABLO 11-1 Tahviller ve İmtiyazlı Hisse Senetleri İçin Önerilen Asgari "Karşılık"

A. *Yatırım-dereceli Tahviller için*

Asgari Kazanç-Toplam Sabit Faiz Oranı

	Gelir Vergisi Öncesi		*Gelir Vergisi Sonrası*	
İşletme türü	Geçmiş 7 yılın ortalaması	Alternatif: "en kötü yıl" ile ölçülen	Geçmiş 7 yılın ortalaması	Alternatif: "en kötü yıl" ile ölçülen
kamu şirketi	4 kat	3 kat	2.65 kat	2.10 kat
demiryolu	5	4	3.20	2.65
sanayi	7	5	4.30	3.20
perakende	5	4	3.20	2.65

B. *Yatırım-dereceli İmtiyazlı Hisse Senetleri için*
Yukarı tablodaki asgari sayıların, gelir vergisi *öncesi* kazançlar / (toplam sabit faizler + 2 imtiyazlı temettü gelirleri) olarak gösterilmesi gerekir.

NOT: İmtiyazlı temettü gelirlerinin iki katının dahil edilmesi, faiz masraflarından gelir vergisi kesilebilirken, imtiyazlı kar paylarından kesilmediği gerçeğini yansıtır.

C. *Tahvillerin ve İmtiyazlıların Diğer Kategorileri*
Yukarıda verilen standartlar (1) kamu hizmeti veren kurumlara (2) finansal şirketlere (3) gayrimenkul şirketlerine uygulanamaz. Bu özel gruplar için gerekli olanlara burada yer verilmemiştir.

Tahvil faiz oranlarında 1961'den bu yana süregelen büyük artışın, zorunlu masraf karşılıklarından bazı dengeleyici düşüşlerin yapılmasını haklı göstermesine, itiraz edilebilir. Açıktır ki bir sanayi şirketi için faiz masraflarında %8'den 7 katlık bir karşılık göstermek %4'te göstermekten çok daha zor olacaktır. Bu değişen durumu karşılamak için borcun *anaparası* üzerinden sağlanan getiriye göre alternatif bir koşul öneriyoruz. Bu rakamlar bir sanayi şirketi için vergi öncesi %33, kamu hizmeti için %20 ve demiryolları için %25 tir. Toplam borçları üzerinden birçok şirket tarafından gerçekte ödenen oranın- daha düşük kupon oranı olan eski ihraçlardan faydalandıkları için- cari %8 rakamının epey altında olduğu da akıldan çıkarılmamalıdır. "En kötü yıl" koşulu yedi-yıl şartının yaklaşık üçte ikisi olarak belirlenebilirdi.

Kazanç-karşılama testine ek olarak genelde başka bir takım testler de uygulanır. Bunlar aşağıdakileri kapsar:

1. *İşletmenin büyüklüğü.* Bir şirketin iş hacmi -sanayi, hizmet sektörü ve demiryollarında arasında değiştiği gibi -belediyede ise nüfus- olarak ifade edilen bir standart vardır.
2. *Hisse senedi / Özkaynak Oranı.* İkinci derece hisse senedi ihraçlarının* piyasa fiyatının borcun toplam itibarî değerine ya da borç artı imtiyazlı hisse senedine oranıdır. Öncelikle istenmeyen gelişmelerin ceremesini çeken ikinci derece bir yatırım enstrümanının (adi hisse senedi) sağladığı korumanın ya da "tampon"un kabaca bir ölçümüdür.
3. *Gayrimenkul Değeri.* Gayrimenkul değerleri, bilançoda gösterildiği ya da değerlendirildiği şekliyle, geçmişte, tahvil ihracı için önde gelen bir güvenlik ve koruma unsuru olarak ele alınırdı. Deneyimler ise, birçok durumda asıl güvenirliğin "kazanma gücü"nde yattığını, ve eğer bu yeterli değilse, sabit varlıkların tahmin edilen değerinin çoğunu kaybettiğini göstermiştir. Ancak yine de varlık değerleri, tahviller ve imtiyazlı hisse senetleri için kapsamlı güvenirliğin farklı bir testi olarak üç işletme grubunda önem kazanır: kamu hizmetleri (çünkü oranlar büyük ölçüde emlak yatırımına bağlıdır), gayrimenkul kurumları ve yatırım şirketleri.

* Graham "ikinci derece hisse senedi ihraçları"yla adi hisse senedi hisselerini anlatmak istiyor. İmtiyazlı hisse senetleri, adi hisse senetlerine göre "birincil" olarak değerlendirilir zira şirket adi hisse senetlerinde herhangi bir kâr payı ödemeden önce, imtiyazlılarda tüm kâr paylarını ödemelidir.

Bu noktada dikkatli yatırımcı şu soruyu sormalıdır : "Faiz ödemesi ve anaparanın geleceğin ne getireceğine bağlı olduğu göz önüne alındığında, geçmiş ve bugünkü performansla ölçülen güvenlik testlerine ne kadar güvenilir?" Yanıt ancak deneyerek bulunabilir. Yatırım tarihi, tahvil ve imtiyazlı hisse senetlerinin geçmişe dayanan sıkı güvenlik testlerinin, çoğu zaman gelecekteki değişikliklere başarıyla göğüs gerdiğini göstermiştir. Bu durum özellikle -iflasların ve ciddi zararların ciddi bir sıklıkla görüldüğü bir alanda- demiryolu tahvillerinde, çarpıcı bir biçimde ortaya çıkmıştır. Sıkıntı içinde olan demiryolları, uzun zamandır aşırı meblağlarda tahvile sahipti, asgari refah dönemlerinde "düşük sabit varlık karşılığı" göstermişlerdi ve bu yüzden güvenlik testleri uygulayan yatırımcılar tarafından göz ardı edilmişlerdi. Tam tersine, gerçekte bu tür testler uygulanan her demiryolu şirketi ise, finansal sıkıntıdan aklanmıştır. Bu önerimiz, 1940'lar ve 1950'lerde yeniden organize edilen çok sayıda demiryolu şirketinin finansal geçmişi tarafından doğrulanmıştır. Bir istisna dışında, bunların tamamında sabit faiz giderlerinin cari karşılığı, büyük ya da en azından hatırı sayılır bir noktaya, gelmiş oldu. İstisna ise 1947 yılındaki yeniden organizasyon sırasında yeni faiz giderlerini sadece yaklaşık olarak 1.1 kat kazanan New Haven Demiryolu'ydu. Sonuç itibarıyla tüm diğer firmalar, zor zamanları ödeme güçleri zarar görmeden atlatırken, New Haven 1961'de (üçüncü defa) kayyuma devredildi.

İleride Bölüm 17'de 1970'te Penn Central Demiryolu'nun, finans sektörünü sarsan iflasının bazı yönlerini ele alacağız. Bu olayda temel faktör, sabit faiz gider karşılılıklarının 1965'lerdeki tutucu standartları karşılamadığıdır; bu nedenle dikkatli bir tahvil yatırımcısı, finansal çöküşten çok önce tahvil ihraçlarından kaçınmış ya da mevcutları elinden çıkarmıştır.

Tahvil yatırımının önemli bir alanını oluşturan kamu sektöründe, güvenirlik tahminleri yapmamıza katkı sağlayan geçmişe ait kayıtların, yeterli olup olmadığına ilişkin gözlemlerimiz, başarıyla uygulanır. Sağlam sermayeli (elektrik) hizmeti şirketinin ya da sistemin tasfiyesi hemen hemen imkânsızdır. Menkul Kıymetler ve Borsa Komisyonu'nun denetiminin kurumlaşmasından* sonra, holding-şirket sistemlerinin çoğunun dağılmasının yanısıra, kamu hizmet kurumlarının finansman yapısı sağlamlaşmıştır ve iflaslara rastlanmaz. 1930'lardaki elektrik ve gaz hizmetlerinin finansal sorunlarının neredeyse yüzde yüzü, şirketlerin sermaye yapısına açıkça damgasını vuran aşırı finansmanda ve yanlış yönetimde bulunabilir. Dolayısıyla, basit ama ciddi olan güvenlik testleri, yatırımcıyı ilerde taahhütlerini yerine getirmeyecek menkul kıymetlerden uzak durmaları konusunda uyaracaktı.

Endüstriyel tahvil ihraçlarındaki uzun dönemli kayıtlar ise farklı seyretmiştir. Bütün olarak sanayi grubu, demiryollarından, ya da hizmet sektöründen daha iyi bir kazanma gücü büyümesi göstermesine rağmen, bu sektörün şirketler bazında ve faaliyet gösterdiği alanda yapısal istikrarının daha düşük olduğu ortaya çıkmıştır. Bu nedenle sanayi tahvilleri ve imtiyazlı hisse senetlerine yapılan yatırımlar, geçmişte, sadece önemli bir büyüklükte değil, aynı zamanda ciddi bir depresyona da karşı durma becerisini gösterebilen şirketlerle sınırlandırılmıştır.

1950 yılından bu yana sanayi sektörü tahvillerinde az sayıda temerrüt olmuştur, ancak bu gerçek kısmen, bu uzun dönemde önemli bir ekonomik bunalımın olmayışına yorumlanır. 1966'dan itibaren çoğu sanayi şirketinin finansal durumlarında olumsuz gelişmeler yaşanmıştır. Akılsızca yapılan büyüme nedeniyle kayda değer sorunlar ortaya çıkmıştır. Bir yandan hem banka kredileri hem de uzun vadeli borçları artmış; öte yandan kâr beklentisi yerine işletme zararları üretilmiştir. 1971 yılı başında son yedi yılda finansal-olmayan tüm şirketlerin faiz ödemelerinin 1963'te 9.8 milyar dolardan, 1970'te 26.1 milyar dolara çıktığı ve faiz ödemelerinin 1963'teki %16'ya karşılık, 1971'de faiz ve vergi öncesi toplam kârların %29'una ulaştığı hesaplanmıştır.[3] Pek çok bireysel firmanın uğradığı yıkımın ise çok daha fazla olduğu açıktır. Aşırı-tahvilli şirketler çok fazla yaygınlaşmıştır. 1965 baskımızda ifade edilen uyarıyı tekrarlamak için her türlü gerekçe mevcuttur:

* Yatırımcılar 1929-1932 arasında gelişi güzel satın aldıkları hizmet sektörü hisseleri üzerinden milyarlarca dolar kaybettikten sonra, Kongre, Menkul Kıymetler ve Borsa Komitesi'ne 1935 tarihli Kamu Hizmetleri Holding Şirketleri Yasası altında hizmet sektörü hisse senetleri ihracını düzenleme yetkisi verdi.

Yatırımcının bu olumlu durumun sonsuza kadar devam edeceğine güvenmesini ve bunun sonucu olarak sanayi grubundan ya da bir başka gruptan seçeceği tahvillerin standartlarını gevşetmesini önermeye henüz tam olarak hazır değiliz.

Hisse Senedi Analizi

İdeal hisse senedi değerlendirme yöntemi, bizi cari fiyat ile karşılaştırılabilen yeni bir hisse senedi ihracının analizine götürür. Böylece, bu hisse senedinin satın almak için cazip olup olmadığını anlarız. Bu değerlendirme, normal olarak *gelecekteki* belli bir dönem boyunca ortalama gelirleri tahmin ederek, bu tahmini uygun bir "sermayeye dönüştürme faktörü" (kapitalizasyon) ile çarparak yapılır.

Gelecekteki karlılık potansiyelini tahmin etmenin bugünkü standart prosedürü, fiziksel hacim için ortalama *geçmiş* veri, kabul edilmiş fiyatlar ve faaliyet kâr marjı ile başlar. Bundan sonra, dolar bazında, gelecek dönem satışları bir önceki baz üzerinden hacim ve fiyat değişiklik miktarı olarak temel varsayıma yansıtılır. Bu tahminler de, önce gayrı safi milli hâsılanın genel ekonomik öngörüsüne, ve sonra söz konusu sanayiye ve şirkete uygulanabilir özel hesaplamalara dayandırılır.

Bu değerlendirme yönteminin bir illüstrasyonu 1965 baskımızdan alınıp devam ettirilerek güncellenebilir. Önde gelen bir yatırım hizmeti olan Value Line yukarıda özetlenen prosedür çerçevesinde gelecek kazanç ve kâr paylarının tahminini yapar ve sonra büyük ölçüde geçmiş işlemlere dayanan her senede bir değerlendirme formülü uygulayarak "potansiyel fiyat" (ya da öngörülen piyasa fiyatı) rakamı üretir. Tablo 11-2'de Haziran 1964'te yapılan 1967-1969 projeksiyonlarını yeniden üretiyor ve 1968'de (1967-1969 arası döneminin ortalamasını alan) gerçekten oluşan ortalama piyasa fiyatlarıyla karşılaştırıyoruz.

TABLO 11-2 Dow Jones Sanayi Ortalaması

(Value Line'ın 1967-1969 tahminlerinin (1964 ortasında yapılan) 1968'in gerçek sonuçlarıyla karşılaştırması)

	Kazançlar Tahmin 1967-1969	Gerçek 1968	*Fiyat* 30 Haziran 1964	*Fiyat* Tahmin 1967-1969	*Ortalama* Fiyat 1968
Allied Chemical	$3.70	$1.46	54½	67	36½
Aluminum Corp. of Am.	3.85	4.75	71½	85	79
American Can	3.50	4.25	47	57	48
American Tel. & Tel.	4.00	3.75	73½	68	53
American Tobacco	3.00	4.38	51½	33	37
Anaconda	6.00	8.12	44½	70	106
Bethlehem Steel	3.25	3.55	36½	45	31
Chrysler	4.75	6.23	48½	45	60
Du Pont	8.50	7.82	253	240	163
Eastman Kodak	5.00	9.32	133	100	320
General Electric	4.50	3.95	80	90	90½
General Foods	4.70	4.16	88	71	84½
General Motors	6.25	6.02	88	78	81½
Goodyear Tire	3.25	4.12	43	43	54
Internat. Harvester	5.75	5.38	82	63	69
Internat. Nickel	5.20	3.86	79	83	76
Internat. Paper	2.25	2.04	32	36	33
Johns Manville	4.00	4.78	57½	54	71½
Owens-Ill. Glass	5.25	6.20	99	100	125½
Procter & Gamble	4.20	4.30	83	70	91
Sears Roebuck	4.70	5.46	118	78	122½
Standard Oil of Cal.	5.25	5.59	64½	60	67
Standard Oil of N.J.	6.00	5.94	87	73	76
Swift & Co.	3.85	3.41[b]	54	50	57
Texaco	5.50	6.04	79½	70	81
Union Carbide	7.35	5.20	126½	165	90
United Aircraft	4.00	7.65	49½	50	106
U.S. Steel	4.50	4.69	57½	60	42
Westinghouse Elec.	3.25	3.49	30½	50	69
Woolworth	2.25	2.29	29½	32	29½
Total	138.25	149.20	2222	2186	2450
DJIA (Total % 2.67)	52.00	56.00	832	820	918[c]
DJIA Actual 1968	57.89				906[c]
DJIA Actual 1967–1969	56.26				

a) 1964'ten itibaren hisse bölünmelerine göre ayarlanmış

b) 1967-1969 ortalaması

c) bölenin değişmesi nedeniyle oluşan fark

Birleştirilmiş tahminler düşük yöndedir fakat çok ciddi bir düşüklük söz konusu olmamıştır. Altı yıl öncesinin kazançları ve kâr paylarına ilişkin benzer tahminleri aşırı ise iyimser çıkmıştı; fakat bu durum "fiyat potansiyeli " rakamının 1963 yılı için gerçek ortalama fiyatla hemen hemen aynı sonucu verecek düşük bir çarpan kullanımıyla dengelenmişti.

Okuyucu şirket bazında yapılan tahminlerin önemli bir miktarının hedeften oldukça uzak olduğunu fark edecektir. Bu da, bileşik ya da grup tahminlerinin bireysel şirketlerden çok daha güvenilir olduğu şeklindeki genel görüşümüzü, destekler: Belki de ideal olan, menkul kıymet analistinin geleceğinin en parlak olduğunu düşündüğü üç dört şirketi seçmesi, kendisinin ve müşterilerinin çıkarlarını bu şirketlere ilişkin yürüttüğü tahmine yoğunlaştırmasıdır. Maalesef bu münferit tahminlerin hangisinin güvenilir hangisinin büyük ölçüde hata ihtimaline açık olduğunu önceden ayırt etmek imkânsız görünmektedir. Aslında yatırım fonlarının geniş çeşitlilik uygulamalarının nedeni de budur. Zira yüksek karlılık sağlayacağını *bildiğiniz* bir hisse senedi üzerine yoğunlaşmak, salt çeşitlilik adına sonuçlarınızı vasat bir rakama indirmekten, kuşkusuz daha iyidir. Fakat bu yapılmamıştır, çünkü *güvenilir* [4] olarak yapılamaz. Geniş çeşitliliğin hüküm sürmesi, kendi içinde, Wall Street'in sürekli olarak sözde desteklediği "seçicilik" fetişinin pragmatik bir inkârıdır.*

* Yakın geçmişte yatırım fonlarının çoğu, farklı bir pozisyon getirilerinin endeksten sapmasına yol açacağı korkusuyla, Standard & Poor's hisse senedi endeksini robotça taklit etmişlerdir. Bazı fon şirketleriyse, bir karşı eğilim olarak yöneticilerin "en iyi fikir" diye ilan ettiği 25 ila 50 arası hisse senedine sahip olan "odaklı" diye adlandırdıkları portföyleri piyasaya sürmüşlerdir. Bu durum yatırımcıları, aynı yöneticilerin işlettiği diğer fonların onların en kötü fikirlerini içerip içermediği konusunda merakta bırakır. "En iyi fikir" fonlarının çoğunun ortalamaları kayda değer biçimde aşamadığı düşünülecek olursa, yatırımcıların, bu yöneticilerin en başta fikir sahibi olmasının bir değeri olup olmadığı konusunu merak etmeye hakları vardır. Warren Buffett gibi yetenekleri tartışmasız yatırımcılar açısından, geniş çeşitlilik birkaç büyük fikrin yoğunlaşmış gücünü sulandıracağı için aptalca olurdu. Fakat tipik bir fon yöneticisi veya bireysel bir yatırımcı için en fazla kazananı dahil edip en fazla kaybedeni dışarıda tutacak sınırlı sayıda hisse senedini seçmek çok güç olduğu için çeşitlendirme yapmamak aptalca olurdu. Daha fazla hisse senedine sahip oldukça, herhangi bir kaybedenin neden olacağı zarar düşecek ve büyük kazananların tümüne sahip olma ihtimali yükselecektir. Çoğu yatırımcı için ideal seçim, sahip olmaya değer her hisse senedini tutmanın düşük maliyetli bir yolu olan toplam borsa endeks fonudur.

Kapitalizasyon Oranını Etkileyen Faktörler

Gelecek kazançların ortalamasının, elde edilecek değerin başlıca belirleyeni olması gerekirken, menkul kıymet analisti, az çok belli bir doğası olan bir dizi başka faktörü de, hesaba katmak zorundadır. Bu faktörlerin çoğu, hisse senedi ihracının "kalite"sine bağlı olarak geniş bir yelpazede değişen kapitalizasyon oranına dahil olacaktır. Bu nedenle, iki şirketin 1973-1975 yıllarında hisse başına beklenen kazançları aynı -söz gelimi 4$- olmasına rağmen, analist birine 40 kadar düşük, diğerine 100 kadar yüksek bir değer biçebilir. Bu farklı çarpanların kapsamına giren bazı değerlendirmelere kısaca değinelim.

1. Uzun-Vadeli Genel Beklentiler. Uzak gelecekte ne olacağını aslında hiç kimse bilemez, ancak analistlerin ve yatırımcıların yine de konu üzerinde sağlam görüşleri vardır. Bu görüşler, şirket bazında ve sanayi gruplarının fiyat/kazanç oranları arasında var olan farklılıklara yansır. Bu noktada 1965 baskımızdan bir ilave yapıyoruz:

> *Örneğin, 1962 sonunda DJIA'daki kimya şirketleri petrol şirketlerinden, birincilere ikincilerden daha fazla güven duyulduğu varsayımıyla, kayda değer ölçüde daha fazla satış yapıyordu. Piyasa tarafından yapılan bu gibi ayrımlar sıklıkla sağlam bir temele dayanır fakat esas olarak geçmiş performanslarla belirlenirlerse, muhtemelen doğru değil yanlış olacaklardır.*

Biz burada Tablo 11-3'te kimya ve petrol şirketlerinin DJIA'daki hisse senetlerinin 1963 yıl-sonu rakamlarını sunacağız ve kazançlarını 1970 yılı sonuna taşıyacağız. Kimya şirketlerinin yüksek çarpanlarına rağmen 1963'ten sonraki dönemde gerçekte hiç kazanç elde etmedikleri görülecektir. Petrol şirketleri kimya şirketlerinden daha başarılı olmuş ve hemen hemen 1963 çarpanlarının işaret ettiği büyüme ile aynı hizada olmuşlardır.[5] Böylece kimya-hisse senedi örneğimiz piyasa çarpanlarının sonuçta yanlış çıktığını kanıtlayan durumlardan biri olmuştur. *

TABLO 11-3 DJIA Kimya ve Petrol Hisse Senetlerinin Performansları, 1970'e Karşı 1964

	1963			1970		
	Kapanış fiyatı	Hisse başına kazanç	F/K oranı	Kapanış fiyatı	Hisse başına kazanç	F/K oranı
Chemical companies:						
Allied Chemical	55	2.77	19.8 ×	24⅛	1.56	15.5 ×
Du Pont[a]	77	6.55	23.5	133½	6.76	19.8
Union Carbide[b]	60¼	2.66	22.7	40	2.60	15.4
			25.3 ave.			
Oil companies:						
Standard Oil of Cal.	59½	4.50	13.2 ×	54½	5.36	10.2 ×
Standard Oil of N.J.	76	4.74	16.0	73½	5.90	12.4
Texaco[b]	35	2.15	16.3	35	3.02	11.6
			15.3 ave.			

[a] 1963 rakamları General Motors hisselerinin dağılımına göre ayarlanmıştır.

1963 rakamları sonraki hisse bölünmelerine göre ayarlanmıştır

2. *Yönetim.* Wall Street'te bu konuda sürekli birçok şey söylenmiştir ama bunların içinden çok azı gerçekten faydalı olmuştur. Tarafsız, rakama dayalı ve nispeten güvenilir yönetim becerisi testlerinin kullanılması ve uygulanmasına kadar, bu olguya bir sis perdesinin arkasından bakılmaya devam edilecektir. Son derece

* Graham'in 1960'larda kimya ve petrol şirketleri hakkındaki görüşleri neredeyse her zamana ve her sanayiye uygulanabilir. Wall Street'in herhangi bir sektörün geleceğine ilişkin görüş birliği çoğu zaman ya fazla iyimser ya da fazla kötümserdir. Daha da kötüsü, görüş birliği hisse senetleri aşırı yüksek fiyatlı olduğu zaman keyifli, en düşük fiyatlı olduğu zaman hüzünlüdür. Doğal olarak, en yakın geçmişteki örnek geleceklerinin çok parlak görüldüğü 1999 ve 2000 başlarında rekorlar kıran ve sonra 2002 boyunca çöken teknoloji ve telekomünikasyon hisse senetleridir. Tarih Wall Street'in "uzman" tahmincilerinin 1)bir bütün olarak piyasayı 2) sanayi sektörlerini ve 3)özgül hisse senetlerini tahmin etmede aynı derecede beceriksiz olduklarını kanıtlar. Graham'in ileri sürdüğü gibi münferit yatırımcıların daha iyi yapma ihtimali iyi değildir. Akıllı yatırımcı kendisi dahil herhangi birinin tahmininin kesinliğine bağımlı olmayan kararlar vererek başarılı olur. (Bkz. Bölüm 8.)

başarılı bir şirketin, alışılmadık ölçüde iyi yönetildiği varsayılabilir. Bu zaten geçmişe yönelik kayıtlarda kendini gösterecektir; sonraki beş yıl tahminlerinde önceden tartışılan uzun vadeli beklentiler faktöründe bir defa daha görünecektir. Bunu bir başka zamanda, ayrı bir iyimser değerlendirme olarak niteleme eğilimi, kolayca pahalıya malolan aşırı değerlendirmelere yol açabilir. Bizce, yönetim faktörünün en yararlı olduğu durumlar, yakın zamanda meydana gelen bir değişikliğin henüz gerçek rakamlara yansımadğı zamanlardır.

Bu tür sıradışı iki olay Chrysler Motor Corporation'ı akla getirir. Birincisi 1921 yılı kadar eski bir tarihte yer alır, çok sayıda otomobil şirketi piyasanın dışına çıkmaya zorlanırken, Walter Chrysler'in neredeyse can çekişen Maxwell Motors'ın başına geçip birkaç yıl içinde onu büyük ve oldukça kârlı bir işletme haline getirişidir. İkinci olay daha yakın bir tarihte, Chrysler'ın büyük servetini kaybettiği ve hisse senetlerinin yıllardan beri en düşük fiyatlara satıldığı 1962'de yaşanmıştır. Consolidation Coal ile bağlantılı yeni hisseler kontrolü ele geçirmiştir. Kazançlar 1961'de hisse başına 1.24 dolardan 1963'te 17 dolara yükselmiş ve fiyat 1962'de 38 ½ kadar düşük iken, hemen bir sonraki yıl yaklaşık 200'e eşitlenmiştir.[6]

3. *Finansal Güç ve Sermaye Yapısı.* Çok miktarda nakit fazlası olan ve adi hisse senedinin dışında hiçbir şeye sahip olmayan bir şirketin hisse senedini satın almak (aynı fiyattan) hisse başına kazancı aynı, ancak büyük banka kredileri ve birinci derece menkul kıymetleri olan bir şirketin hisselerini satın almaktan, besbelli daha iyidir. Menkul kıymet analistleri bu tür faktörleri, gerektiği gibi ve dikkatle hesaba katarlar. Ancak mütevazı bir miktarda tahvil ve hisse senedi, ya da mevsimsel banka kredilerinin ölçülü kullanımı da adi hisse senedi için bir dezavantaj oluşturmaz. (Bu arada aşırı değerlenmiş bir yapı -tahvil ve imtiyazlıya kıyasla az sayıda adi hisse senedi- elverişli koşullarda, adi hisse senedinde dev bir *spekülatif* kâra doğru gidebilir. Bu "kaldıraç" olarak bilinen faktördür.)

4. *Kâr Payı Geçmişi.* Geçmiş yıllar boyunca kâr payı (temettü) ödemelerinin kesintisiz olarak yapılmış olması, yüksek kalitenin en ikna edici göstergelerinden birisidir. Son yirmi yıl ve daha fazlasında kesintisiz kâr payı ödemelerinin şirketin kalite değerlendirmesinde önemli bir artı faktör olduğunu düşünüyoruz. Gerçekten de defansif yatırımcı, hisse senedi alımlarını bu testi karşılayanlarla sınırlandırmakta haklı olabilir.

5. *Cari Kâr Payı Oranı.* Bu son yeni ilave faktörümüz başarılı bir şekilde ele alınması en zor olandır. Neyse ki, şirketlerin çoğu, standart kâr payı politikası diye adlandırılabilecek bir politikayı takip etmektedirler. Bu, ortalama kazançlarının yaklaşık üçte ikisinin dağıtılması anlamına gelir; yalnız yüksek kârlar ve daha fazla sermaye için enflasyonist talebin olduğu son dönemlerde bu rakamın daha düşük çıkması eğilimi olmuştur. (1969'da Dow Jones ortalaması içindeki şirketler için %59.5 ve tüm Amerikan şirketleri için %55'ti.)* Kâr payının kazançlara oranının normal olduğu yerde değerlendirme, sonucu önemli ölçüde etkilemeksizin, her iki temelde de yapılabilir. Örneğin, beklenen ortalama kazancı 3$ ve beklenen kâr payı 2$ olan tipin bir ikincil şirket, her iki durumda da 36 rakamını bulacak şekilde kazançlarının 12 katı ya da kâr payının 18 katı olarak değerlendirilebilir.

Ancak gittikçe artan sayıda "büyüyen sınıfı"ndaki şirket, neredeyse tüm kârın finansal genişleme için alıkonmasıyla, hissedarların çıkarlarının daha iyi korunduğu gerekçesiyle, kazançların %60 ya da fazlasını kâr payı olarak ödeme şeklindeki standart politikadan uzaklaşmaktadır. Bu konu sorunlara neden olmaktadır ve dikkatli ayırım yapmayı gerektirir. Hayatî bir sorun olan uygun kâr payı politikası üzerine tartışmalarımızı, yönetim-hissedar ilişkileri genel sorununu ele alacağımız sonraki bir bölüme –Bölüm 19- ertelemeye karar verdik.

* Bugün "kâr payı ödeme oranı" diye bilinen bu rakam, Amerikan vergi yasası kâr paylarının yatırımcılar tarafından sorgulanması ve şirketler tarafından ödenmesi konusunda cesaret kırıcı olduğu için, Graham'in zamanından günümüze önemli oranda düşmüştür. 2002 yıl-sonu itibariyle S & P 500 hisse senedi endeksi için bu oran %34'te ulaşmıştır ve Nisan 2000 de tüm zamanların en düşük oranı olan %25.3'tür. (Bkz. www.barra.com/research/fundamentals.asp.) 19.Bölümün açıklamalarında kâr payı politikasını daha ayrıntılı olarak inceliyoruz.

Büyüme Sağlayan Hisse Senetlerinin (Growth Shares) Kapitalizasyon Oranları

Menkul kıymet analistleri tarafından resmi değerlendirmeler üzerine yazılanların çoğu, büyüme potansiyeli olan hisse senetlerine değer biçilmesi konusundadır. Değişik yöntemler üzerine yaptığımız inceleme, bizi büyüme sağlayan hisse senetlerinin değerlendirilmesi için, daha rafine matematiksel hesaplamaların sonuçlarına bir hayli yakın rakamlar üretmeyi amaçlayan, küçültülmüş ve oldukça basit bir formüle götürmüştür. Formülümüz şudur:

Değer = Cari (Normal) kazançlar x (8.5 +2 X Beklenen yıllık büyüme oranı)

Bu büyüme rakamı sonraki yedi-ila-on-yıl arasında beklenen rakam olmalıdır [7]

Tablo 11-4'te varsayılan çeşitli büyüme oranlarında formülümüzün nasıl işlediği gösterilmektedir. Bu hesabı tersten yapmak ve formülümüzün geçerli olduğunu varsayarak, cari piyasa fiyatı ile beklenen büyüme oranını belirlemek kolaydır. Son baskımızda DJIA ve altı önemli hisse senedi ihracı için bu hesaplamayı yaptık. Bu rakamlar Tablo 11-5'te yeniden sunulmuştur. O zaman şu yorum yapmıştık:

> Xerox'un yıllık içsel %32.4'lik büyüme oranı ve General Motor'ın son derece mütevazı %2.8 oranı arasındaki fark gerçekten çarpıcıdır. Bu borsanın General Motor'ın 1963 kazançlarını -tarih boyunca bir şirketin elde ettiği en büyük kazanç- güçlükle sürdürebileceğini ve en iyi ihtimalle çok az aşabileceği hissiyle kısmen açıklanabilir. Öte yandan, Xerox'un fiyat kazanç oranı büyük başarıları olan ve belki de hala daha fazla vadeden bir şirkete bağlanmış spekülatif coşkuyu oldukça iyi temsil eder.
>
> DJIA için %5.1'lik içsel ya da beklenen büyüme oranı 1951-1953 ve 1961-1963 arasındaki %3.4'lük (bileşik) yıllık gerçek artışla karşılaştırılır.

TABLO 11-4 Beklenen Büyüme Oranlarına Dayanan Yıllık Kazanç Çarpanları (Basitleştirilmiş bir formüle dayalı)

Beklenen büyüme oranı	0.0 %	2.5%	5.0%	7.2%	10.0%	14.3%	20.0%
10 yıllık büyüme	0.0%	28.0%	63%	100%	159%	280%	319%
Cari kazanç çarpanı	8.5	13.5	18.5	22.9	28.5	37.1	48.5

TABLO 11-5 İçsel ya da Beklenen Büyüme Oranları, Aralık 1963 ve Aralık 1969

	P/E Oranı 1963	Tahmini büyüme oranı 1963	Hisse başına kazanç 1963	Hisse başına kazanç 1969	Yıllık gerçek büyüme 1963-69	P/E Oranı 1969	Tahmini büyüme oranı 1969
American Tel. & Tel.	23.0 ×	7.3%	3.03	4.00	4.75%	12.2 ×	1.8%
General Electric	29.0	10.3	3.00	3.79[b]	4.0	20.4	6.0
General Motors	14.1	2.8	5.55	5.95	1.17	11.6	1.6
IBM	38.5	15.0	3.48[c]	8.21	16.0	44.4	17.9
International Harvester	13.2	2.4	2.29[c]	2.30	0.1	10.8	1.1
Xerox	25.0	32.4	.38[c]	2.08	29.2	50.8	21.2
DJIA	18.6	5.1	41.11	57.02	5.5	14.0	2.8

a) s.295'deki formüle dayandırılmıştır.
b) 1969 kazançlar grev nedeniyle düşürülmüş olduğu için 1968 ve 1970 ortalaması alınmıştır.
c) Hisse senedi bölünmelerine ayarlanmıştır.

Buna şöyle bir küçük uyarı eklemeliydik: Bu büyüme oranlarının hayata geçeceğini gerçekten varsayacak olursak, beklenen yüksek büyüme oranı içeren hisse senedi değerlendirmeleri, ister istemez düşük kalacaktır. Aslına bakılırsa, aritmetik olarak, bir şirket %8 lik ya da daha büyük bir hızla, gelecekte *süresiz* olarak büyüyorsa, değeri sonsuzdur ve hisse senedi için ödenecek hiçbir fiyat, fazla yüksek değildir. Bu durumlarda değerlendirenin aslında yaptığı – mühendisin bir yapının şartnamesinde yaptığı gibi- hesaplamalarına bir *güvenlik marjı* getirmektir. Aslında gerçekleşen büyüme hızı, formülde öngörülenden önemli ölçüde düşük bile olsa, bu temelde yapılan satın alımlar onun belirlenmiş amacını (1963'te gelecekteki yıllık toplam getiri %7 ½)gerçekleştirecektir. Şüphesiz bu oran gerçekleşirse, yatırımcı kayda değer bir ilave getiri elde edeceğinden emin olacaktır. Analistin hem cari kazanç çarpanının, hem de gelecek kazançlar için beklenen çarpanın, gerçekçi varsayımlarını yapacağı, yüksek büyüme oranlı (beklenen oranı sözgelimi yıllık %8'in üzerinde olan) bir şirketi değerlendirmenin, doğru bir yolu gerçekten yoktur.

Xerox ve IBM'in gerçek büyümeleri formülümüzün işaret ettiği yüksek oranlara çok yakın çıkmıştır. Az önce açıklandığı gibi bu güzel sonuç, kaçınılmaz olarak her iki hissenin fiyatında büyük bir artış meydana getirmiştir. DJIA'nin kendi büyümesi de 1963 piyasa kapanış fiyatının öngördüğü gibiydi. Ancak ılımlı %5 oranı, Xerox ve IBM'in matematiksel ikilemini içermiyordu. 1970 yılı sonundaki %23 fiyat artışı, artı alınan %28 toplam kâr payı getirisi, formülümüzde belirtilen yıllık %7 ½ toplam kazançtan çok uzak bir sonuç vermemiştir. Diğer dört şirkete gelince, onların büyümelerinin 1963 fiyatında işaret edilen beklentilere eşit olmadığı ve fiyat kotasyonlarının DJIA kadar yükselemediğini söylemek yeterlidir. *Uyarı.* Bu materyal sadece örnekleme amacıyla, ve menkul kıymet analizinde incelenen şirketlerin çoğu için, gelecekteki büyüme oranını öngörmenin kaçınılmaz bir ihtiyaç olması nedeniyle, sunulmuştur. Okuyucunun bu tür öngörülerin güvenilirlik derecesinin yüksek olduğunu, ya da tam tersine beklentiler gerçekleştikçe, aşıldıkça ya da hayaller kırıldıkça, gelecekteki fiyatların bunlara uygun olarak hareket edeceğini düşünmesine sebep olacak yanlış yönlendirmelere yol açmamalıdır.

Herhangi bir "bilimsel" ya da en azından nispeten güvenilir gelecek tahminlerine göre yapılan bir hisse senedi değerlendirmesi, gelecekteki faiz oranlarını da hesaba katmalıdır. Daha düşük bir faiz yapısı yerine, daha yüksek bir faiz yapısını varsayarsak, belli bir kazanç ya da kâr payı çizelgesinin mevcut değeri daha düşük olur.* Bu tür varsayımları yapmak her zaman zor olmuştur ve yakın geçmişte uzun vade faiz oranlarında yaşanan şiddetli savrulmalar, bu tür tahminleri neredeyse fazla cüretkâr hale getirmektedir. Bu nedenle, yukarıdaki eski formülümüzü, sadece daha akla yakın yeni bir formül belirmediği için elimizde tutmaya devam ediyoruz.

Sanayi Analizi

Bir işletmenin genel beklentilerinin, piyasa fiyatlarının oluşmasında en önemli ağırlığa sahip olması nedeniyle, menkul kıymet analistinin, sanayinin ve söz konusu şirketin kendi sanayi sektörü içindeki ekonomik durumuna çok dikkat göstermesi de doğaldır. Bu tür incelemeler sınırsız ayrıntılara inebilir. Bunlar, zaman zaman gelecekte işlerlik kazanacak önemli olgulara ilişkin değerli içgörüleri üretirler, ama cari piyasa bunu yeterince değerlendiremez. Makul bir güvenilirlik seviyesinin yardımıyla, ortaya çıkacak bu tür bir sonuç, yatırım kararlarında sağlam bir zemin oluşturur.

Ancak bizim kendi gözlemlerimiz, yatırımcıların yararlandığı sanayi analizlerinin çoğunun, pratik değerini bir miktar düşürmemize yol açar. Geliştirilen materyal normal olarak halkın zaten az çok aşina olduğu bir türdür ve piyasa kotasyoları üzerinde zaten kayda değer etkisi olmuştur. Bir aracı kurumun, bir dizi ikna

* Bunun nedeni nedir? "72 kuralı" ile belirli bir para miktarı %7 faiz ile 10 yılın biraz üzerinde ikiye katlanırken, %10 faiz ile yedi yılın biraz üzerinde ikiye katlanır. Faiz oranları yüksekse, gelecekte belirli bir tutara ulaşmak için bir kenara ayırmanız gereken para daha *düşüktür* –çünkü bu yüksek faiz oranları onun daha yüksek bir hızla büyümesini sağlarlar. Bu yüzden faiz oranlarında bugünkü bir artış, gelecekteki kazanç ya da kâr payı akışını daha az değerli yapar –çünkü tahvillere yapılan alternatif yatırım, göreceli olarak daha çekici hale gelmiştir.

edici faktör içeren analizi, popüler bir sanayinin düşüşte, popüler olmayan bir sanayinin ise yükselişte olduğunu, nadiren gösterir. Wall Street'in uzak gelecek görüşü, hatalarıyla ünlüdür, bu hatalar, çeşitli sanayilerin kâr tahminlerinde de geçerlidir.

Ancak, teknolojinin son yıllardaki hızlı ve yaygın büyümesinin menkul kıymet analistlerinin çalışma ve yaklaşımları üzerindeki büyük etkisini, mutlaka fark etmeliyiz. Tipik bir şirketin önümüzdeki on-yılda kaydedeceği ilerleme ya da gerileme, geçmişte olduğundan çok daha büyük ölçüde, analistin *önceden* inceleme ve değerlendirme fırsatı bulduğu, yeni ürünler ve yeni süreçlere bağlı olabilir. Bu nedenle, analistin eğitim gezilerine, araştırmacılarla yapılan görüşmelere, ve tek başına yapacağı etkin çalışmalar için, kuşkusuz gelecek vaat eden bir alan vardır. Bugün ispatlanabilir bir değerle desteklenmeyen, geleceğe bu tür anlık bakışlardan çıkartılan yatırım sonuçlarında, riskler vardır. Ancak gerçek sonuçlara dayalı, ciddi hesaplamalar sonucu belirlenen, değer sınırlarını yakından takip etmek bile, belki de aynı derecede riskli olabilir. Yatırımcı ikisini aynı anda isteyemez. Hayalperest olabilir ve sağlamlığı ispatlanan bir hayalin ödülü olan büyük kârlara oynayabilir; ancak o zaman önemli, önemsiz her türlü hesap hatalarının riskleriyle karşı karşıya gelir. Ya da tutucu olabilir ve henüz kanıtlanmamış ihtimale ufak bir prim vermekten fazlasını reddedebilir; ancak bu durumda kaçırdığı altın fırsatları sonradan düşünmeye hazırlıklı olmalıdır.

İki Taraflı Değerlendirme Süreci

Bir an için yukarıda tartışmaya başladığımız hisse senedinin fiyatı ve değerlendirilmesi düşüncesine geri dönelim. Bu konu üzerinde uzun süre düşünmek, bizi bunun şimdi geçerli olan uygulamadan daha farklı bir şekilde yapılmasının daha iyi olacağı, sonucuna götürmüştür. Biz, analistlerin sadece geçmiş kayıtlara dayalı "geçmiş-performans değeri" diye adlandırdığımız konuyu inclemelerini öneriyoruz. Hisse senedinin göreceli geçmiş performansının, gelecekte de değişmeden devam edeceği varsayılırsa, bu bize hisse senedinin değerinin ne olacağını -mutlak olarak, DJIA yüzdesi veya S & P bileşiği olarak- gösterecektir. (Bu, son yedi yılı yansıtan büyüme oranının, sonraki yedi yılda da değişmeyeceği varsayımını içerir.) Bu süreç kârlılığın, istikrarın, büyümenin ve mevcut finansal durumun geçmiş rakamlarının tek tek ağırlıklarını veren bir formülü mekanik bir şekilde uygulayarak yürütülebilir. Analizin ikinci kısmı, salt geçmiş performansa dayalı değerin, gelecekte beklenen yeni durumlar nedeniyle ne ölçüde değiştirilebileceğini ele almalıdır.

Bu tür bir prosedür kıdemli ve kıdemsiz analistler arasında şu şekilde bir iş bölümü yaratacaktır: (1) Kıdemli analist geçmiş performans değerini belirlemek için genel olarak tüm şirketlere uygulanan formülü kuracaktır. (2) Kıdemsiz analist bu faktörleri belirlenen şirketler -büyük ölçüde mekanik biçimde- için geliştirecektir. (3) Kıdemli analist bundan sonra şirketin performansının -mutlak ya da göreceli- geçmişteki kayıtlardan ne ölçüde farklı olduğunu ve bu tür beklenmedik değişiklikleri yansıtmak için değerde yapılması gereken değişikliği belirleyecektir. En iyisi ise, kıdemli analist raporunun, hem orijinal değerlendirmeyi, hem de değiştirilmiş olanını (değişiklik yapma nedenleriyle birlikte) göstermesidir.

Bu tür bir işi yapmaya değer mi? Cevabımız olumludur, fakat nedenlerimiz okuyucuya biraz gülünç görünebilir. Biz, bu şekilde ulaşılan değerlendirmelerin büyük ya da küçük tipik bir sanayi firması durumunda yeterince güvenilir olup olmayacağı konusunda kuşkuluyuz. Bu işin zorluklarını önümüzdeki bölümde Amerikan Alüminyum Şirketi (ALCOA- Aluminum Company of America)'ni tartışırken göstereceğiz. Ancak, her şeye rağmen, bu tür adi hisse senetleri için bu çalışma yapılmalıdır. Neden? Birincisi, çok sayıda menkul kıymet analisti günlük çalışmalarının bir parçası olarak, günlük ya da tahmini değerlendirmeler yapmak zorunda kalırlar. Önerdiğimiz yöntem bugün genelde izlenenlerden daha iyi olmalıdır. İkincisi, bu yöntemi izleyen analiste faydalı bir deneyim ve anlayış kazandırır. Üçüncüsü, bu tür bir çalışma, daha iyi prosedür yöntemlerine ve onun olanakları ve limitleri için faydalı bilgilere yol açabilecek, kayıtlara geçmiş, paha biçilmez bir tecrübe kütlesi -tıpta uzun zamandır olduğu gibi- üretir. Kamu sektörü hisse senetleri, bu yaklaşımın gerçek bir pragmatik değer gösterebileceği, önemli bir alan haline de gelebilir. Son olarak, akıllı bir analist, geleceğin tahmin edilebilir olarak * göründüğü, ya da geçmiş performans değeri güvenlik marjının, cari fiyatın çok üzerinde olduğu -sağlam teminatlı üst düzey menkul kıymetlerde yaptığı gibi- gruplarla kendini sınırlandıracaktır.

Sonraki bölümlerde, analitik teknik uygulamaları için somut örnekler sunacağız. Fakat bu örnekler sadece illüstrasyonlardan ibaret olacak. Okuyucu konuyu ilginç bulursa, kendisini menkul kıymet alanında nihai bir alış ya da satışa için bir karar verecek kadar yetenekli olarak görmeden önce, konuyu sistematik ve ayrıntılı olarak takip etmelidir.

* Bu sanayi grupları, ideal olarak, dalgalanan faiz oranlarına ya da petrol veya madenler gibi ham maddelerin fiyatlarının gelecekteki yönü gibi beklenmeyen faktörlere aşırı bağımlı olmayacaktır. Olasılıklar kumar, kozmetik, alkollü içecekler, bakım evleri veya atık idaresi gibi sanayilerdir.

ON BİRİNCİ BÖLÜM ÜZERİNE YORUMLAR

" Hangi yöne gitmem gerektiğini lütfen bana söyler misin?"
"Bu daha çok senin nereye varmak istediğine bağlıdır," dedi Kedi.

- *Lewis Carroll*, Alice Harikalar Diyarında

Geleceğe Fiyat Biçmek

Bir hisse senedine ne kadar ödemeye istekli olduğunuzu belirleyen faktörler hangileridir? Bir şirketin değerini kazançlarının 10 katı, bir başka şirketin değerini kazançlarının 20 katı yapan nedir? Bulanık bir kâbusa dönüşebilecek hoş bir gelecek için fazla ödeme yapmadığınızdan nasıl emin olabilirsiniz?

Graham şu 5 unsurun belirleyici olduğunu düşünür.[1] Onları şöyle özetler:

- şirketin "genel uzun vade beklentileri"
- yönetiminin kalitesi
- finansal güç ve sermaye yapısı
- kâr payı kaydı
- ve cari kâr payı oranı

Bu faktörlere günümüz piyasasının ışığında bakalım.

[1] Bugünün bireysel yatırımcılarının çok azı bireysel tahvil aldığı -ya da alması gerektiği- için bu tartışmayı hisse senedi analizi ile sınırlandıracağız. Tahvillerle ilgili daha fazla bilgi için Bölüm 4'ün açıklamalarına bakınız.

Uzun vade beklentileri. Bugünlerde akıllı yatırımcı şirketin en azından beş senelik yıllık raporlarını (Form 10-K) şirketin web sitesinden veya www.sec.gov[2] adresindeki EDGAR veritabanından indirmekle işe başlamalıdır. Sonra bilançoyu didik didik etmeli, hepsinden önemli iki soruyu yanıtlamanıza yardımcı olmak için delil toplamalıdır. Şirketin büyümesini sağlayan nedir? Şirketin kârları nereden gelir (ve nereden gelecektir)? Dikkat edilmesi gereken problemler arasında şunlar vardır:

- Şirket bir "seri şirket devir alıcısı"dır. Yılda ortalama iki ila üçten fazla şirket devralmak potansiyel tehlike işaretidir. Aslına bakılırsa, şirket kendi senetleri yerine başka işletmelerin hisse senetlerini almayı tercih ediyorsa bu ipucunu kavrayıp başka yere bakmanız gerekmez mi? Ve şirketin alımlarının izini sürmelisiniz. Kurumsal blumiklere -büyük alımlar yapıp sonunda onları kusan şirketler- dikkat edin. Lucent, Mattel, Quaker Oates ve Tyco International alımlarını korkunç zararlarla geri vermek zorunda kalan şirketler arasındadır. Başka firmalar kronik olarak zarar ya da geçmiş satın alımlarına çok fazla ödediklerini kanıtlayan muhasebe masrafları gösterirler. Bunlar gelecekte iş yapmak açısından kötü işaretlerdir.[3]
- Şirket borç alarak ya da hisse senedi satarak başkalarının parasına bağımlıdır. Başkalarının parasıyla yapılan aşılamalar, yıllık rapordaki nakit akış tablosunda "finansman faaliyetlerinden alınan nakit" diye işaretlenir. Temel işkolu yeterli nakit üretmese bile -kısa zaman önce Global Crossing ve

[2] En az bir yıl değerinde üç aylık raporları da almalısınız (Form 10-Q) . Tanım gereği, portföyünüze kayda değer miktarda emek tahsis etmeye istekli "girişimci" bir yatırımcı olduğunuzu varsayıyoruz. Bu bölümdeki adımlar size çok fazla iş gibi görünürse kendi hisse senetlerinizi seçmeye yapı olarak uygun değilsiniz demektir. Açıkladığımız tür çabayı harcamazsanız, hayal ettiğiniz güvenilir sonuçları elde edemezsiniz.

[3] Form 10-K'nın "Management's Discussion and Analysis" (Yönetimin Görüşü ve Analizi) kısmında yatırımların detaylarını çoğu zaman bulabilirsiniz; bunun bilançonun dipnotlarıyla çapraz kontrolünü yapın. "Seri devir alımlar" hakkında daha fazla bilgi için Bölüm 12 üzerine açıklamalara bakınız.

WorldCom'un gösterildiği gibi- hasta bir şirketi büyüyormuş gibi gösterebilirler.[4]

- Gelirlerinin çoğunu bir (ya da birkaç) müşteriden sağlayan Johnny-One-Note şirketi. Ekim 1999'da fiber optik yapan Sycamore Networks, Inc. ilk defa halka hisse senedi sattı. İzâhname bir müşterinin, Williams Communications'ın, Sycamore'un 11 milyon dolarlık gelirinin %100'ünden sorumlu olduğunu açığa çıkardı. Traderler kaygısızca Sycamore'un hisselerine 15 milyar dolar değer biçtiler. Maalesef, Williams sadece iki yıl içinde iflas etti. Sycamore, başka müşteriler de seçmiş olmasına rağmen, 2000 ile 2002 yılları arasında hisse senetleri %97 zarar etti.

Büyümenin ve kârın kaynaklarını inceledikçe, olumsuzlar kadar olumluları da takip edin. İyi işaretlerden bazıları şunlardır:

- Şirketin geniş bir "koruyucu hendeği" ya da rekabetçi bir avantajı vardır. Kaleler gibi, bazı şirketler neredeyse zapt edilemezken bazıları yağmacı rakipleri tarafından kolaylıkla topa tutulabilirler. Şirketin hendeğini genişleten bazı güçler vardır: güçlü bir *marka kimliği* (şirketin logosunu bedenlerine dövme şeklinde kazıtan müşterileri olan Harley Davidson'ı düşünün); piyasada *tekel* ya da tekel-gibi olma; *ölçek ekonomileri* ya da büyük miktarlarda mal ve hizmeti ucuza sağlama yeteneği (traş bıçağı piyasasında milyarlık üretim yapan Gillette'i düşünün); emsalsiz bir *maddi olmayan varlık* (tatlandırıcısının gizli formülünün hiçbir gerçek fiziksel değeri olmayan, ancak tüketici üzerinde paha biçilmez etkisi olan Coca-Cola'yı düşünün); *ikameye direnme* (birçok işkolunun

[4] Bir şirketin Başkalarının Parasına Bağımlı olup olmadığını belirlemek için bilançoda "Nakit Akış Tablosu"nu okuyunuz. Bu sayfa şirketin nakit giriş - çıkışını "işletme faaliyetleri", "yatırım faaliyetleri" ve "finansman faaliyetleri" olarak böler. Finansal faaliyetler kalemi devamlı pozitifken işletme faaliyetleri kalemi devamlı negatifse, şirket kendi işinin üretebildiğinden daha fazla nakde ihtiyaç duyma alışkanlığı edinmiştir –ve siz bu tür bir alışkanlık haline gelmiş istismarın "kolaylaştırıcıları" arasına katılmamalısınız. Global Crossing hakkında daha fazla bilgi için Bölüm 12 üzerine açıklamalara bakınız. WorldCom hakkında daha fazla bilgi için ise Bölüm 6'nın açıklamalarındaki ek bilgi kutusuna bakınız.

elektrikten başka alternatifi yoktur, bu yüzden yakın gelecekte kamu hizmeti şirketlerinin yerine geçilmesi kısa zamanda pek olası değildir).[5]

- Şirket kısa değil uzun mesafe koşucusudur. Gelir tablosuna dönüp baktığınızda gelirlerin ve net kazançların son 10 yılda devamlı ve düzenli bir biçimde büyüyüp büyümediğini görebilirsiniz. *Financial Anayst's Journal*'da yayımlanan bir makale başka incelemelerin (ve pek çok yatırımcının iç karartıcı deneyiminin) de gösterdiğini teyit etmiştir: hızlı büyüyen şirketler fazla ısınmaya ve sönmeye yatkındırlar.[6] Kazançlar vergi öncesi %10 luk bir uzun dönem oranı (ya da vergi sonrası %6 %7 arası) ile büyüyorsa, bu sürdürülebilir bir büyümedir. Fakat pek çok şirketin kendisi için koyduğu %15'lik büyüme hedefi hayalîdir. Daha büyük bir oranın -ya da bir iki yıl içinde gelişen ani bir büyüme patlamasının- deneyimsiz bir maratoncunun tüm yarışı yüz-metre koşusuymuş gibi koşmaya çalışmasına benzeyerek, sararıp solacağı kesindir.
- Şirket ne ekerse onu biçer. Ürünleri ne kadar güçlü, markası ne kadar kuvvetli olursa olsun, şirket yeni işler geliştirmek için para harcamalıdır. Araştırma ve geliştirmeye yapılan harcama bugün bir büyüme kaynağı sayılmasa da, yarın -özellikle şirketin, işini yeni fikirler ve ekipmanla yenilemede kanıtlanmış bir geçmişi varsa- pekala sayılabilir. Araştırma ve geliştirmeye (ARGE) ayrılan ortalama bütçe sanayi koluna ve şirkete göre değişir. 2002'de Procter & Gamble net satışlarının %4'ünü, 3M %6.5'ini ve Johnson & Johnson %10.9'unu ARGE'ye harcamıştır. Uzun vadede ARGE'ye hiçbir şey harcamayan bir şirket, aşırı harcayan bir şirket kadar savunmasızdır.

[5] "Hendek"ler konusunu daha iyi kavramak için Harvard Business School profesörü Michael E. Porter'ın klasik kitabı Competitive Strategy'ye bakınız. (Free Press, New York, 1998).

[6] Bkz. Cyrus A. Ramezani, Luc Soenen ve Alan Jung, "Growth, Corporate Profitabiliy, and Value Creation," (Büyüme, Şirket Karları ve Değer Yaratımı) *Financial Analysts Journal*, Kasım/Aralık, 2002, s. 56-67; ayrıca http://cyrus.cob.calpoly./edu/. adresinde de bulunabilir.

Yönetimin niteliği ve tutumu. Şirketin idarecileri yaptıklarını söylemeli ve sonra söylediklerini yapmalıdırlar. Yöneticilerin yaptıkları tahminleri görmek ve bunları yerine getirip getirmediklerini görmek için geçmiş yılların raporlarını okuyun. Yöneticiler "ekonomik durum", "belirsizlik" ya da "zayıf talep" gibi çok-amaçlı günah keçilerini suçlamak yerine, hatalarını açık yüreklilikle kabul etmeli ve sorumluluğunu almalıdır. Yönetim kurulu başkanının mektubunun havasının ve içeriğinin sabit mi kaldığını yoksa Wall Street'in gelip geçici hevesleriyle dalgalanma mı gösterdiğini kontrol edin. (1999 gibi piyasanın canlı olduğu yıllara özellikle dikkat edin: Bir çimento ya da bir iç giyim şirketinin idarecileri aniden "dönüştürücü yazılımın en ileri aşamasında olduklarını" beyan etmiş midir?

Bu sorular aynı zamanda şirketi idare eden insanların *şirkete sahip olanların* çıkarlarına göre hareket edip etmediklerini belirlemenize yardımcı olur:

- Önce kendi çıkarlarını mı kollamaktadırlar?

CEO'suna yılda 100 milyon dolar ödeyen bir şirketin çok iyi bir gerekçesi olması gerekir. (Belki de bu şahıs Gençlik Pınarı keşfetmiştir –ya da patentini almıştır? Ya da belki El Dorado'yu bulup dönümünü 1 dolara satın almıştır? Belki de başka bir gezegende yaşamla temas kurup uzaylıları tüm gereksinimlerini dünyanın bir tek firmasından almak zorunda bırakacak bir kontrat yapmıştır?) Aksi takdirde, böylesine aşırı şişkin bir maaş, şirketin, yöneticiler tarafından, *yöneticiler için* işletildiğini akla getirir.

Şirket hisse senedi opsiyonlarını şirketin içindekiler için yeniden fiyatlandırıyorsa (ya da "yeniden ihraç ediyor" ya da "takas ediyorsa") uzak durun. Bu ani değişiklikte, şirket, çalışanlar ve idareciler için olan mevcut (ya da tipik olarak değersiz) hisse senedi opsiyonlarını iptal eder ve bunların yerine daha uygun fiyatlı yenilerini geçirir. Potansiyel kârları her zaman sonsuzken değerlerinin asla sıfır olmasına izin verilmiyorsa, opsiyonlar, şirket varlıklarının iyi yönetimini nasıl cesaretlendirebilir? Opsiyonlarını yeniden fiyatlamak -düzinelerle ileri teknoloji firmasının yaptığı gibi- her köklü şirket için bir yüzkarasıdır.

Yıllık raporun hisse senedi opsiyonlarıyla ilgili zorunlu dipnotuna bakarsanız, "opsiyon fazla"sının ne kadar büyük olduğunu görebilirsiniz. Örneğin, AOL Time Warner, yıllık raporun başında 31 Aralık 2002 itibarıyla ödenmemiş 4.5 milyarlık adi hisse senedi payı olduğunu beyan etmiştir -lakin raporun iç kısımlarında bir dipnot, şirketin 657 milyon hisseden fazla opsiyon ihraç ettiğini açığa vurur. Böylece AOL'in gelecekteki kazançları %15 daha fazla hisseye bölünmek zorunda kalacaktır. Bir şirketin gelecekteki değerini tahmin edeceğiniz zaman, hisse senedi opsiyonlarından gelen potansiyel yeni hisse akışını dikkate almalısınız.[7]

Form 4, www.sec.gov, adresindeki EDGAR veritabanından bulunabilir ve bir firmanın kıdemli idarecileri ve müdürlerinin hisse alım-satımı yapıp yapmadığını gösterir. Şirket içindekilerin satış yapmalarının meşru nedenleri -çeşitlendirme, daha büyük ev, boşanma anlaşması- olabilir fakat tekrarlanan büyük satışlar, kesin uyarı işaretidir. Siz satın alırken devamlı satış yapan bir yöneticinin sizin ortağınız olması meşru değildir.

- Onlar yönetici midir, çığırtkan mı?

Yöneticiler zamanlarının çoğunu şirketlerini özel olarak yönetmeye harcamakla yükümlüdürler, yatırım yapan halka tanıtmak için değil. CEO'lar sıklıkla ne kadar yükselirse yükselsin -Graham'in, yöneticilerin hisse senedi fiyatlarını ne çok düşük ne de çok yüksek tutmaları gerektiği konusundaki ısrarını unutarak- hisse senetlerinin değerinin altında oluşundan şikayetçidirler.[8] Bu arada, çok fazla sayıda finansman şefi (CFO) "kazanç rehberliği" yapar ya da şirketin üç aylık kârına ilişkin sezgisel tahminlerde bulunurlar. Bazı firmalar kuruntuludur ve devamlı basın açıklaması yapıp gelip geçici, ıvır zıvır, farazi "fırsatlar" konusunda yüksekten atarlar.

Bir avuç şirket –Coca-Cola, Gilette ve USA Interactive dahil- Wall Street'in kısa vadeli düşüncesine "sadece hayır de" uygulamaya başlamıştır. Bu birkaç cesur grup sonraki 90 günün ne

[7] Jason Zweig AOL Time Warner'ın bir çalışanıdır ve şirkette opsiyonları vardır. Hisse senedi opsiyonlarının nasıl işlediğine dair daha fazla bilgi için 19. Bölüm üzerine açıklamalara bakınız, s.552.

[8] Bölüm 19'un açıklamasındaki not 19'a bakınız.

getirebileceği konunda spekülasyon yapmayı reddederken, mevcut bütçelerini ve uzun vadeli planlarının ayrıntılarını vermektedirler. (Bir şirketin hissedarlarıyla nasıl açık ve içten bir iletişim içinde olabildiğine örnek olarak www.sec.gov adresinden EDGAR veritabanına gidin ve orada hissedarlarla yapılan harikulade soru cevap diyaloglarını dönemsel olarak yayımlayan Expeditors International of Washington'ın 8-K dosyalarına bakın.)

Son olarak şirketin muhasebe uygulamasının, finansal sonuçları şeffaf -ya da bulanık- hale getirmek için tasarlanıp tasarlanmadığını sorgulayın. Eğer "masraf sayılmayan giderler" tekrar tekrar masraf sayılıyorsa, "olağandışı" unsurlar olağan hale gelecek kadar sık ortaya çıkıyorsa, EBITDA gibi akronimler net geliri aşıyorsa, ya da "proforma" kazançlar gerçek zararları gizlemek için kullanılıyorsa, hissedarlarının uzun vadeli çıkarlarını öne çıkarmayı henüz öğrenmemiş bir firma ile karşı karşıyasınız demektir.[9]

Finansal güç ve sermaye yapısı. İyi bir işin yapılabilecek en basit tanımı şudur: Tükettiğinden daha fazla nakit yaratmak. İyi yöneticiler bu nakdi üretici amaçlara koymanın yollarını bulmaya çalışıp dururlar. Uzun vadede, bu tanıma uyan şirketler, borsa ne yaparsa yapsın, kesinlikle değer olarak büyürler.

Şirketin yıllık raporundan nakit akış tablosunu okuyarak başlayın. İşletme faaliyetlerinden doğan nakit akışının son 10 yılda düzenli bir biçimde büyüyüp büyümediğine bakın. Sonra devam edebilirsiniz. Warren Buffett *firma sahibi kazançları* ya da net gelir, artı amortisman ve aşınma, eksi normal sermaye harcamaları kavramını yaygınlaştırmıştır. Davis Selected Advisors'dan Christopher Davis'in belirttiği gibi "İşletmenin %100'üne sahipseniz yıl sonunda cebinizde ne kadar nakit olur?" Sahip kazançları, amortisman ve aşınma gibi şirketin nakit dengelerini etkilemeyen muhasebe maddelerine uyarlandığı için, bildirilen net gelirden daha iyi bir ölçüt olabilir. Sahip kazançları tanımına ince bir ayar yapmak için net gelirden şunları da çıkartmalısınız:

[9] Bu konularda daha fazla bilgi için Bölüm 12'nin açıklamasına ve http://papers.ssrn.com adresinde Joseph Fuller ve Michael C. Jensen tarafından yazılan nefis makaleye bakınız.

- hisse senedi opsiyonları ; gelirleri mevcut hissedarların elinden alıp, şirket içindeki yeni sahiplerine verir.
- "alışılmadık", "masraf sayılmayan" ya da "olağandışı" masrafların her biri
- şirketin emeklilik fonundan sağlanan herhangi bir "gelir".

Şayet hisse başına düşen firma sahibi kazançları son 10 yılda en az %6 veya %7 lik düzenli ortalamada büyüdüyse, şirket istikrarlı biçimde nakit yaratıyor ve büyüme beklentileri iyi demektir.

Sonra, şirketin sermaye yapısına bakın. Şirketin ne kadar borcu olduğunu (imtiyazlı hisse senetleri dahil) görmek için bilançoya dönün; genelde uzun vadeli borçlar toplam sermayenin %50'sinin altında olmalıdır. Mali tabloların dipnotlarından uzun vadeli borçların sabit oranlı (sabit faiz ödemeli) mı yoksa değişken oranlı (faiz oranlarının yükselmesi halinde maliyetli olabilecek dalgalı ödemeli) mı olduğunu belirleyin.

"Kazançların sabit masraflara oranı"nı gösteren sunum ya da tablo için yıllık rapora bakın. Amazon.com'un yıllık raporu, Amazon'un gelirlerinin faiz giderlerini 145 milyon dolar eksikle karşıladığını gösterir. Gelecekte Amazon'un, ya işlemlerinden çok daha fazla kazanması, ya da daha düşük oranlarda para ödünç almanın yolunu bulması gerekecektir. Aksi takdirde, şirket alacaklı oldukları faiz ödemelerini garanti etmenin başka bir yolunu bulamamaları halinde, kendi hissedarlarının değil, sonunda Amazon'un varlıklarında hak iddia edebilecek tahvil sahiplerinin eline geçecektir. (Adil olmak gerekirse, Amazon'un kazançlarının sabit masraflara oranı 2002 yılında, kazançların borç ödemelerini karşılamada 1.1 milyar dolar eksik çıktığı, iki yıl öncesinden çok daha sağlıklıydı.)

Kâr payları ve hisse senedi politikası üzerine birkaç söz (daha fazlası için lütfen Bölüm 19'a bakın):

- Şayet kâr payı ödemezse daha iyi durumda olacağınızı ispat yükü şirketin üzerindedir. Şirket istikrarlı bir biçimde iyi ve kötü piyasalarda rekabetin üzerinde performans gösterirse, yöneticiler nakdi en iyi şekilde kullanıyor demektir. Fakat işletme bocalıyorsa veya hisse senedi fiyatı rakiplerinin altında kalıyorsa, yöneticiler ve müdürler kâr payı ödemeyi reddederek nakdi yanlış kullanıyorlar demektir.

- Hisselerini tekrar tekrar bölen -ve bu bölünmeleri basın açıklamalarında soluk soluğa yutturan- şirketler yatırımcılarını aptal yerine koyuyordur. "Sekiz dilim yiyebileceğimi sanmıyorum," diyerek pizzasının dört dilime bölünmesini isteyen Yogi Berra gibi, hisse bölünmelerinden hoşlanan hissedarlar konuyu anlamamaktadır. Tanesi 50 dolardan 2 pay hisse senedi, bir adet 100 dolarlık hisseden daha değerli değildir. Hisse senedi fiyatlarını yükseltmek için hisse bölünmelerini kullanan yöneticiler, yatırım yapan halkın en kötü içgüdülerine yardım ve yataklık etmektedir ve akıllı yatırımcı bu tür yukarıdan bakan manipülatörlere para koymadan önce iki kere düşünmelidir.[10]
- Şirketler hisselerini ucuzken -rekor ya da rekora yakın yükseklikte değilken- geri almalıdırlar. Maalesef son zamanlarda şirketlerin hisselerini *yüksek fiyat konduğunda* yeniden satın almaları çok yaygın hale gelmiştir. Şirketin nakdinin böyle harcanmasından daha gülünç bir şey yoktur, zira bu manevranın gerçek amacı üst kademe yöneticilerin kendi hisse senedi opsiyonlarını "hissedar değerini artırmak" adına satarak, multi milyon dolarlık maaşlarını toplamalarını sağlamaktır.

Aslına bakılırsa anekdot tarzında pek çok anlatı "hissedar değerini çoğaltmak" tan bahseden yöneticilerin bunu nadiren yaptıklarını gösterir. Genel olarak yaşamda olduğu gibi nihai zafer çoğu zaman, az laf çok iş üretenindir.

[10] Hisse bölünmeleri Bölüm 13'ün açıklamasında ayrıntılı olarak tartışılmıştır.

BÖLÜM 12

Hisse Başına Düşen Kazanç Hakkında Dikkate Alınması Gerekli Unsurlar

Bu bölüm çelişkiye düşmekten kurtulamayan yatırımcıya bir çift öğüt vererek başlayacaktır. Birincisi: Tek bir yılın kazancını fazla ciddiye almayın. İkincisi: Eğer kısa vadeli kazançla ilgileniyorsanız, hisse-başı rakamlarındaki bubi tuzaklarına dikkat edin. Birinci uyarımız sıkı sıkıya takip edilirse, ikincisine gerek kalmaz. Hisse senedi yatırımcılarının çoğunluğunun tüm hisse senedi kararlarını uzun vadeli kayıtlara ve beklentilerine bakarak yapmalarını beklemek çok fazladır. Üç aylık ve özellikle yıllık rakamlara finansal çevrelerde büyük önem verilir ve verilen bu önemin yatırımcının düşüncesini etkilemesi kaçınılmazdır. Yanlış yapma ihtimali çok fazla olduğu için yatırımcının bu alanda eğitim alması gerekir.

Bu bölüm yazılırken Aluminum Company of America (ALCOA)'nın 1970 kazanç raporu *Wall Street Journal*'da çıktı. Dipnotlarda yer alan çok şey var. Görünen ilk rakamlar şöyle:

	1970	1969
Hisse başı kazanç [a]	5.20$	5.58$

Başlangıçtaki küçük [a] dipnotta özel masraflar öncesi "birincil kazançlar"a atıfta bulunulmuştur. Dipnotlarda açıklanan daha birçok materyal bulunmaktadır; aslına bakılırsa dipnotlar, temel rakamların iki katı kadar yer kaplamaktadır.

Sadece Aralık çeyreği için, "hisse başı kazançlar" 1969'da 1.56$'ken 1970'de 1.58$ olarak verilmiştir.

ALCOA hisseleriyle ilgilenen yatırımcı ya da spekülatör, bu rakamları okuduktan sonra kendi kendine şunu söyleyebilir: "Fena değil. 1970'in alüminyumda durgunluk yılı olduğunu biliyordum. Ama dördüncü çeyrekte kazançlar yıllık 6.32$ oranıyla 1969'un üzerine çıkmış görünüyor. Bir düşüneyim. Hisse senedi 62'den satılıyor. Neden, çünkü, bu kazançların on katından düşük. Bu rakamın 16'yı bulduğu International Nickel ve benzerleri ile karşılaştırıldığında da çok ucuz görünüyor."

Fakat yatırımcı-spekülatör dostumuz, dipnotlardaki tüm materyali okuma zahmetine katlansaydı, 1970 yılı için bir adet hisse başı kazanç rakamı yerine, tam *dört* adet olduğunu görürdü. Şöyle ki:

	1970	*1969*
Birincil kazançlar	5.20$	5.58$
Net gelir (özel masraflar sonrası)	4.32	5.58
Özel masraflar öncesi tamamen seyreltilmiş	5.01	5.35
Özel masraflar sonrası tamamen seyreltilmiş	4.19	5.35

Dördüncü çeyrek için sadece iki rakam verilmiştir:

Birincil kazançlar	1.58$	1.56$
Net gelir (özel masraflar sonrası)	.70 ..	1.56

Tüm bu ek kazançlar ne anlama gelmektedir? Söz konusu yıl için ve Aralık çeyreği için hangi kazançlar gerçek kazançlardır? Eğer Aralık çeyreği için 70 sent kabul edilecekse, yıllık oran 6.32$ yerine 2.80$ olur ve 62 olan fiyat, başlangıçta bulduğumuz gibi 10 kat değil "kazançların 22 katı" olur.

Sorunun ALCOA'nın "gerçek kazançları" kısmı kolaylıkla yanıtlanabilir. 5.20$ dan 5.01$' a düşüş açıkça "seyreltme"nin etkileri olarak görülmüştür. ALCOA'nın adi hisse senedine dönüşebilir büyük miktarda tahvil ihracı vardır; 1970 sonuçlarına dayanarak adi hisse senetlerinin "kazanç gücü"nü hesaplarken, eğer tahvil sahipleri kârlı olduğunu anlarsa, dönüşüm hakkını kullanacakları varsayılmalıdır. ALCOA olayında, miktar küçüktür ve pek üzerinde durulmayı gerektirmez. Fakat başka durumlarda dönüşüm haklarına –ve rüçhan hakkına- izin vermek görünür kazançları yarı yarıya ya da daha fazla azaltır. Aşağıda gerçekten önemli bir seyreltme faktörünün örneklerini sunacağız (sayfa 454).

(Finansal hizmetler, rapor ve analizlerinde seyreltme faktörüne yer verirken her zaman tutarlı değildir.)*

Şimdi "özel masraflar" konusuna dönelim. Dördüncü çeyrekte çıkartılan 18.800.000$ rakamı, veya hisse başı 88 sent, önemsiz değildir. Bu rakam tamamen yok mu sayılmalıdır, bütünüyle bir kazanç azaltması olarak mı kabul edilmelidir, yoksa kısmen kabul edilip, kısmen yok mu sayılmalıdır? Dikkatli yatırımcı bu tür borç silmelerin önceki yıllarda görülmemesine rağmen, nasıl olup ta 1970 sonundan itibaren salgın haline geldiğini kendine sorabilir. Muhasebede bazı ince İtalyan elleri ** olma ihtimali mi vardır -ancak şüphesiz her zaman izin verilen sınırlarda? Yakından baktığımızda, daha oluşmadan silinen bu tür zararlar, ya geçmiş ya da gelecek "birincil kazançlar" üzerinde, deyim yerindeyse, nahoş bir etki bırakmadan, yok edilirler. Bazı uç noktalarda, takip eden kazançların gerçekte olduğundan iki kat daha büyük –vergi indirimi ile ilgili az çok hokkabazca bir davranış- gösterilmesi için bunlardan yararlanılabilir.

ALCOA'nın özel masraflarını ele alırken, ilk önce saptanması gereken, bunların nasıl ortaya çıktığıdır. Dipnotlar yeterince belirlidir. Çıkartılan rakamlar dört kaynaktan gelmektedir. Şöyle ki:

* "Seyreltme" hisse senetlerini akışkan dinamik dilde açıklayan çok sayıda kelimeden biridir. Yüksek alım satım hacmi olan bir hisse senedi "likit" diye adlandırılır. Bir şirket halka açılıyorsa hisselerini yüzdürür. Ve eski günlerde hisselerini çarpıcı bir biçimde seyrelten bir şirketin hisse senetlerini sulandırdığı söylenirdi. Bu terimin bir sığır tüccarı olan efsanevî piyasa manipülatörü Daniel Drew (1797-1879)'ya dayandığına inanılır. Drew yol boyunca zorla sığırlarına tuz yedirerek onları güneye Manhattan'a götürecektir.Harlem nehrine geldiklerinde hayvanlar susuzluklarını bastırmak için kana kana su içerler. Sonra Drew onları az önce içtikleri suyun onları ağır göstereceği pazara getirir. Pazarda sığır ağırlığına göre satıldığı için çok daha yüksek bir fiyat elde edilir. Drew bundan sonra Erie Demiryolları hisse senetlerini büyük tutarlarda yeni hisse ihraç ederek sulandırmıştır.

** Graham 1900'lü yılların başında New York'un tüm binalarının daha önce sade olan yüzeylerini süsleyen göçmen İtalyan taş ustalarının zanaatına değinmektedir. Benzer şekilde muhasebeciler de basit finansal olguları girift hatta anlaşılmaz kalıplara dönüştürebilirler.

1. Mamul mallar bölümünün kapanmasıyla oluşması beklenen masraflara ilişkin yönetimin tahmini.
2. Aynı şekilde ALCOA Castings Co'nun tesislerinin kapatılması
3. Aynı şekilde ALCOA Credit. Co.'nun aşamalı olarak kapanış masrafları
4. Ayrıca, bir "perde duvar" için yapılan sözleşmeye ilişkin 5.3 milyon dolarlık tahminî masraflar.

Tüm bu öğeler gelecekteki maliyetler ve zararlarla ilişkilidir. Bunların 1970'in "normal işletme masrafları"nın bir parçası olmadığını söylemek kolaydır -fakat o zaman bu masraflar nereye aittir? Yılda 1.5 milyar dolar iş yapan ALCOA gibi bir girişimin birçok bölümü, departmanı, şubesi vb. mutlaka vardır. Bunlardan bir ya da birkaçının, kârlı çıkmaması ve kapanması gerektiğinin ortaya çıkmasının olağanüstü değil, aksine normal sayılması gerekmez mi? Ayni şekilde bir duvar inşası için yapılan sözleşmenin.

Bir şirketin, işin herhangi bir kısmında zarar ettiği anda, bunu "özel öğe" diyerek kayıtlara geçirmek, daha sonra da hisse başı "birincil kazançlar"ını sadece kârlı anlaşma ve işlemlerini içerecek şekilde hesaplamak gibi parlak bir fikre kapıldığını farzedin. Kral VII. Edward'un sadece "güneşli saatleri" gösteren güneş saati gibi.*

Okuyucu, tartışmakta olduğumuz ALCOA yönteminin iki yaratıcı yönüne dikkat etmelidir. Birincisi, şirketin gelecek zararlarını tahmin ederek, zararları belirli bir yıla dağıtmaktan kurtulur. 1970'e ait değillerdir çünkü gerçekte o yıl oluşmamışlardır.

* Kral muhtemelen Venedik yakınlarında üzerinde *Horas non numero nisi serenas* ya da "Sadece huzurlu saatleri sayarım" yazan bir güneş saatine kafa yoran İngiliz yazar William Hazlitt'ın bir zamanlar yazmış olduğu bir makaleden esinlenmiştir. Olumsuz vakaların "olağanüstü" ya da "tekrarlamayan" oldukları bahanesiyle kötü haberleri kronik olarak finansal sonuçlarının dışında bırakan şirketler, okurlarını "zamana değil yararlarına dikkat etmek, kaderin öfkeli suratlarını umursamayıp sadece gülen yüzlerine bakmak, hayatlarımızı parlak ve hoş hareketlerden oluşturmak için, herşeyin güneşli yanlarına dönmeye ve diğer yanlarının hayallerimizden ihmal edilmiş ve unutulmuş olarak kayıp gitmesine izin vermeye teşvik eden,Hazlitt'ın dümen suyunda gitmektedirler. (William Hazlitt, "On a Sun-Dial," 1827 civarı.) Maalesef, yatırımcılar her zaman güneşli saatleri de, karanlık saatleri de saymalıdırlar.

Zaten önceden kayda geçtikleri için alındıkları gerçek yıl içinde de *gösterilmeyeceklerdir.* Temiz iş, ama biraz yanlış yönlendirici değil mi?

ALCOA dipnotu bu zararlardan gelecekte yapılacak vergi tasarrufu konusunda hiçbir şey söylemez. (Buna benzer tüm diğer ifadeler özellikle sadece "vergi sonrası etki"nin silindiğini söyler.) Şayet ALCOA, gelecekteki zararları ilgili vergi indiriminden önce gösterirse, gelecek kazançlar, sadece bu masrafların ağırlığından (aynen gerçekleştiği gibi) kurtulmakla kalmaz, yaklaşık %50 lik vergi indirimiyle de *artar.* Hesapların bu şekilde ele alınacağına inanmak çok zor. Fakat geçmişte büyük zararlar yazan bazı şirketlerin, gelecek kazançlarını onların normal vergilerinden sorumlu olmaksızın kayda geçirebildikleri ve bu şekilde çok kârlı görünebildikleri bir gerçektir -çelişkili bir biçimde, geçmişteki kara lekelerine dayanarak. (*Geçmiş yıl zararları* kaleminden oluşan vergi indirimleri artık "özel kalemler" başlığı altında ayrı olarak gösterilmektedir ama nihai "net-gelir" rakamının bir parçası olarak gelecek istatistiklere girecektir. Fakat şimdi *gelecek* zararlar için konan bir rezerv, şayet beklenen bir vergi indiriminin *net*iyse, sonraki yılların net gelirinde bu tür bir artış yaratmamalıdır.)

Bir başka yaratıcı özellik, ALCOA ve diğer çok sayıda şirket tarafından 1970 yılı sonunda bu özel kayıt silmelerini yapabilmek için kullanılmıştır.1970'in ilk yarısında borsa adeta bir kan gölüne dönmüştü. Herkes o yıl için birçok şirketten göreceli kötü sonuçlar bekliyordu. Wall Street artık 1971, 1972 ve sonrası için daha iyi sonuçlar bekliyordu. Öyleyse, zaten zihinlerde başarısız olan ve geçmişte kalan kötü bir yıla, mümkün olduğu kadar fazla şey yükleyerek, sonraki birkaç yılda güzelce şişirilmiş rakamların yolunu açmak ne kadar da iyi bir düzenleme olmuştu! Belki bu iyi muhasebe, iyi işletme politikası ve iyi yönetici-hissedar ilişkisidir. Lakin bizim giderek artan kuşkularımız var. Geniş (ya da çılgın) bir çeşitlilik gösteren işlemler, 1970 yılında evi temizleme dürtüsüyle, yıllık faaliyet raporlarında bazı tuhaf dipnotların görünmesine neden olmuştur. "Özel kalemlerinin" 2.357.000$'ı, yani kayıt silme öncesi gelirinin üçte birini bulan, New York Borsası şirketinin (adı hala açıklanmayan) aşağıdaki açıklaması okuyucuyu memnun edecektir: "Spalding United Kingdom işlemlerini kapatma karşılıkları; bir bölümün yeniden düzenlenme masraf karşılıkları; bebek pantolonu ve önlüğü imal eden küçük bir şirketin satış maliyetleri, bir İspanyol araba-leasing tesisinin bir kısmını elden çıkarmak ve kayak botu operasyonunun tasfiyesi."*

Yıllar önce, sağlam şirketler ilerideki bunalım yıllarının kötü etkilerini karşılamak için *iyi yılların* kârlarından "beklenmedik durum rezervleri" oluştururlardı. Bunun altında yatan düşünce, kayıtlı kazançları az çok eşitlemek ve şirketin kayıtlarındaki istikrar faktörünü iyileştirmekti. Görünüşte uygun bir dürtüydü; fakat muhasebeciler, bu uygulamaya gerçek kazançları yanlış gösterdiği için haklı olarak itiraz ettiler. Her yılın kazancının, iyi ya da kötü, olduğu gibi gösterilmesi, ortalamayı ve eşitlemeyi bizzat hissedarlar ve analistlerin yapmalarına izin verilmesi gerektiğinde ısrar ettiler. Şimdi ise, bu fenomenin tam tersini gözlemliyoruz: Herkesin unutulmuş 1970'in kayıtlarını mümkün olduğu kadar silmesi, böylece 1971'e sadece temiz bir karatahtaya sahip olmakla kalmayıp, özellikle gelecek yıllarda hisse başına düşen rakamları memnun edici göstermeye de hazırlıklı başlanması.

İlk sorumuza geri dönmenin zamanı geldi. Öyleyse 1970'te ALCOA'nın gerçek gelirleri nelerdi? En doğru yanıt şu olacaktır: "Seyreltme" sonrası 5.01$, eksi 82 sentin "özel masrafların" 1970'de meydana gelenlere atfedilebilecek, uygun kısmı. Fakat bu kısmın ne olduğunu bilmiyoruz ve *bu yüzden o yılın gerçek kazançlarını doğru bir şekilde söyleyemiyoruz.* Yönetim ve denetçiler bize bu noktada en doğru hükmü vermeliydiler ama bunu yapmadılar. Üstelik yönetim ve denetçiler sonraki uygun sayıda -sözgelimi beşten az- yılın *normal kazançlarından* bu masrafların bakiyelerinin çıkartılmasını sağlamalıydılar. Tutarın tamamını 1970 özel masrafı olarak zaten kolayca bertaraf ettikleri için, bunu da yapmayacakları çok açıktır.

* Graham'in çekinerek sözünü ettiği şirket 1960'ların sonunun en karışık büyük şirketlerinden biri olan American Machine & Foundry (ya da AMF Corp.)'dir. Bowling pistleri işleten ve bowling ekipmanı imal eden bugünkü AMF Bowling Worldwide'ın öncelidir.

Yatırımcılar, yayınlanan hisse başı kazanç rakamlarını ne kadar ciddiye alırlarsa, sayıların doğru karşılaştırmasını zedeleyebilecek muhasebe faktörlerinin biri ya da diğerine karşı dikkatli olma zorunlulukları da o kadar büyüyecektir. Bu faktörlerin üç türünden söz ettik: hisse başı kazançlara hiçbir zaman yansıtılmaması gereken *özel masraflar*; geçmiş zararlar nedeniyle olağan gelir vergisi indiriminde azaltma ve kayda değer miktarlardaki dönüşebilir tahvil veya varantlarda var olan *seyreltme* faktörü.[1] Geçmişteki kayıtlı kazançlar üzerinde önemli etkisi olan dördüncü bir unsur amortismanı ele alma -esas olarak sabit ya da hızlandırılmış - yöntemidir. Burada ayrıntılardan kaçınacağız. Yazdığımız zamanın güncel bir örneği olarak Trane Co.'nun 1970 faaliyet raporundan söz edelim. Şirket 1969'un hisse başı kazançlarına göre -3.29$' a kıyasla 2.76$- yaklaşık %20 artış göstermiş ama bunun yarısı, bir önceki yılın hızlandırılmış amortisman yöntemi yerine, kazançlar üzerinde daha az yükü olan sabit amortisman yöntemine, dönüşten gelmiştir. (Şirket ise gelir vergisi beyannamesinde hızlandırılmış oranı kullanmaya devam edecek, böylece fark üzerinden gelir vergisi ödemelerini erteleyecektir.) Zaman zaman önemli olan bir başka faktör, ARGE maliyetlerini gerçekleştikleri yıl masraf kaydetmekle, yıllar geçtikçe amortize etmek arasındaki seçimdir. Son olarak demirbaş değerlemesinde FIFO (ilk giren ilk çıkar) yöntemi ile LIFO (son giren ilk çıkar) yöntemi arasındaki seçimi belirtelim. *

Sözkonusu meblağlar göreceli olarak küçükse, yatırımcıların

* Bugünlerde yatırımcılar kayıtlı kazançları çarpıtabilecek çok sayıda başka "muhasebe faktör"lerine de dikkat etmek zorundadırlar. Bunlardan biri şirket kazançlarını Genel Kabul Gören Muhasebe İlkeleri (GAAP) uygulanmamış gibi kaydeden "proforma" ya da "-mış gibi" mali durum tablolarıdır. Diğeri, makam tazminatı için milyonlarca hisse senedi opsiyonu ihraç edip, sonra bu opsiyonları adi hisse senedinin değerini düşürmemesi için geri alan seyreltme etkisidir. Bir üçüncüsü, şirketin iyi yıllarda kazançları yapay bir biçimde şişiren ve kötü yıllarda onları baskılayan emeklilik fonlarının getirisi üzerine gerçekçi olmayan varsayımlardır. Bir diğeri, şirketin riskli aktif ve pasiflerini satın alan ve böylece bu finansman risklerini şirket bilançosundan "çıkartan" "Özel Amaçlı İşletmeler", bağlı firmalar ya da ortaklıklardır. Bir başka çarpıtma öğesi, pazarlama ya da diğer "hafif" masrafları yapılan işin normal giderleri saymak yerine şirketin aktifleri olarak ele almaktır. Bu bölümden sonraki açıklamada bu uygulamaların üzerinde kısaca duracağız.

bu muhasebe değişkenlerini dikkate almamaları gerektiği burada açıkça belirtilmelidir. Fakat bilindiği gibi Wall Street'te, kendi içlerindeki oldukça küçük unsurlar bile ciddiye alınabilir. ALCOA raporunun *Wall Street Journal*'da görünmesinden iki gün önce, gazete Dow Chemical'ın benzer hesap durumunu epey tartışmıştı. Tartışma, Dow'un 21 sentlik bir kalemi "olağanüstü gelir" kalemi olarak ele almak yerine 1969 için olağan kârlarda göstermesinin "pek çok analist"i endişelendirdiği gözlemiyle son buluyordu. Bu yaygara neden kopartılıyor? Çünkü toplamda milyonlarca doları içeren Dow Chemical'ın değerlendirmeleri, 1969'un, 1968'in üzerinde bir kazanç yüzdesinin -bu durumda ya %9 ya %4½ - ne olduğuna bağlıymış gibi görünür. Bu bize oldukça saçma geliyor; bir yıllık sonuçlardaki küçük farkların, geleceğin ortalama kârları ve büyümesi ve işletmenin tutucu, gerçekçi değerlendirmesi üzerine herhangi bir etkisi olma ihtimali pek yoktur.

Aksine, 1971'de beliren bir başka hesap durumunu ele alalım. Bu Northwest Industries Inc.'ın 1970 faaliyet raporudur.* Şirket en az 264 milyon doları özel masraf olarak bir çırpıda silmeyi planlıyordu. Bunun 200 milyon doları, demiryolu şubesinin çalışanlarına önerilen satışını ve kalanı bir hisse senedi alımının son zamanlardaki kaydını temsil eder. Bu meblağlar, seyreltme etkisi öncesi adi hisse senedinin hisse başına 35$ ya da cari piyasa fiyatının iki katı kadar zarar ettiğini gösterir. Burada gerçekten önemli bir şeyle karşı karşıyayız. Şayet işlem sonuçlanırsa ve vergi yasaları değişmezse, 1970'de beyan edilen zararlar, Northwest Industries'in gelir vergisi ödemeksizin, diğer çeşitlendirilmiş faizlerden gelecek karlardan (beş yıl içinde) 400 milyon dolar kar etmesine izin verecektir.** Bu işletmenin bundan son-

* Northwest Industries başka işletmelerin yanı sıra the Chicago and Northwestern Railway Co. ve Union Underwear'in (BVD ve Fruit of the Loom'un yaratıcısı) holding şirketiydi. 1985'te şirketi başarısız bir hale getiren aşırı borçlu finansör William Farley tarafından devralınmıştı. Fruit of the Loom 2002 başlarında iflas işleminde Warren Buffett'ın Berkshire Hathaway Inc. tarafından satın alınmıştı.

** Graham federal vergi yasasının şirketlerin net işletme zararlarını "ileri taşımalarına" izin veren hükümlerine değiniyor. Vergi yasasının bugünkü durumuyla bu zararlar tüm dönem için (ve böylece vergi sonrası kazançlarını arttırarak) şirketin vergi yükümlülüğünü azaltarak 20 yıla kadar taşınabilir. Bu nedenle yatırımcılar yakın tarihteki ciddi zararların şirketin gelecekteki net kazançlarını gerçekten arttırıp arttırmayacağını değerlendirmelidirler.

raki gerçek kazançları ne olacaktır; gerçekte ödemek zorunda kalmayacağı yaklaşık %50 gelir vergisi karşılıkları dahil edilerek mi, edilmeden mi hesaplanacaktır? Bize göre, doğru hesaplama yöntemi, önce tüm gelir vergisi borcuna dayanarak belirtilen kazanç gücünü dikkate almak ve bu tahmine dayanarak hisse senedinin değeri hakkında geniş bir fikir edinmektir. Buna şirketin yararlanacağı önemli ama geçici vergi muafiyetinin hisse başına düşen değerini temsil eden bir bonus rakamı eklenmelidir. (Bu durumda olası büyük çaplı bir seyreltme için de, ayrıca bir ödenek ayrılmalıdır. Aslında konvertibl imtiyazlı senetler ve varantlar, şayet imtiyazlar kullanılacak olursa, mevcut adi hisse senedi sayısını iki katına çıkaracaktır)

Tüm bunlar, okurlarımıza kafa karıştırıcı ve bezdirici gelebilir ama hikâyemizin bir parçasıdırlar. Şirket muhasebesi çoğu zaman hileli bir iştir; menkul kıymet analizi karmaşık olabilir; hisse senedi değerlendirmelerine gerçekte, ancak istisnai durumlarda güvenilebilir.* Pek çok yatırımcı için, muhtemelen en iyi şey, ödedikleri fiyatın karşılığında iyi bir değer elde ettiklerine kendilerini inandırmaları ve böyle devam etmeleridir.

Ortalama Kazançların Kullanımı

Eskiden analistler ve yatırımcılar geçmiş uzun vadeli -çoğu zaman yedi ile on yıl arası- ortalama kazançlara çok önem verirlerdi. Bu "ortalama rakam"** iş dünyasında sık sık oluşan iniş çıkışları gidermek açısından faydalıydı, sadece son yılın sonuçlarına bakmaya kıyasla, şirketin kazanma gücü hakkında daha iyi fikir verdiği düşünülüyordu. Böylesi bir ortalama alma sürecinin önemli bir

* Yatırımcılar bu sözcükleri el altında bulundurmalı ve sık sık kendi kendilerine hatırlatmalıdırlar: "Hisse senedi değerlendirmeleri sadece istisnai durumlarda güvenilirdir." Birçok hisse senedinin fiyatı çoğu zaman yaklaşık olarak doğruyken, hisse senedinin fiyatı ile işletmenin değeri, neredeyse hiçbir zaman, benzer değildir. Piyasanın fiyat kararı genelde güvenilmezdir. Maalesef, piyasanın fiyat hataları marjı, onları kullanmanın masrafını haklı çıkartacak kadar geniş değildir. Akıllı yatırımcı herhangi bir fiyat aykırılığından yararlanmaya girişmeden önce alım satım ve vergi maliyetlerini dikkatle değerlendirmelidir ve piyasada cari olarak kote edilen kesin fiyat üzerinden satış yapabileceğine asla güvenmemelidir.

** "Ortalama rakam" Graham'in önceki bölümde açıkladığı basit ya da aritmetik ortalamayı kasteder.

avantajı, tüm özel masraflar ve kredilerle ne yapılması gerektiğini çözecek olmasıdır. Bunlar ortalama kazançlara *dahil edilmelidir.* Çünkü bu kayıpların ve kazanımların çoğu, şirketin işletme tarihinin bir parçasını temsil ederler. Bunu ALCOA için yapacak olursak, 1961-1970 (on yıl) için hisse başı ortalama kazançlar 3.62$, ve 1964-1970 arasındaki yedi yıl için 4.62$'a çıkacaktır. Eğer bu rakamlar, aynı dönemin büyüme oranları ve kazançların istikrarıyla birlikte kullanılacak olursa, şirketin geçmiş performansına ilişkin gerçekten bilgilendirici bir resim sunabilirler.

Geçmiş Büyüme Oranının Hesaplanması

Şirket kayıtlarındaki büyüme faktörünün yeterince hesaba katılması büyük önem taşır. Büyüme oranı yüksekse, yakın dönem kazançları yedi-on yıllık ortalamanın epey üzerinde olacaktır. Analistler bu uzun dönem rakamlarını anlamsız bulabilirler. Ama durum böyle değildir. Kazançlar ortalama rakamlarla *ve* en son rakamlarla verilebilir. Biz, büyüme oranının kendisinin son üç yılın *ortalamasıyla* ve on yıl öncesinin benzer rakamlarıyla karşılaştırılarak hesaplanmasını öneriyoruz. ("Özel masraflar ya da krediler" sorunu olan her yerde, sorun uzlaşma temelinde ele alınacaktır.) Sears Roebuck ve bir bütün olarak DJIA grubuna karşı büyümesi amacıyla, ALCOA büyüme oranlarına yapılan aşağıdaki hesaplamaya dikkat edin.

Açıklama: Bu birkaç rakam daha uzun bir tartışmanın konusu haline getirilebilir. Ayrıntılı matematiksel işlemlerden türetilen bu hesaplamalar ve diğerleri 1958-1970 arasındaki uzun dönemin kazançlarındaki gerçek büyümeyi gösterir. Fakat adi hisse senedi değerlendirmelerinde, genelde merkezî olduğu düşünülen bu rakam, ALCOA özelinde ne kadar geçerlidir? Geçmiş büyüme rakamı mükemmeldir, aslında çok beğenilen Sears Roebuck'ın biraz, DJIA bileşiğinin de oldukça üzerindedir. Ancak 1971 yılı başındaki piyasa fiyatı, görünüşe göre, bu güzel performansa aldırmaz. Sears 27 kat ve DJIA'nın kendisi 15+ kata satarken ALCOA son üç yıllık ortalamanın sadece 11 ½ katına satmıştır. Bu nasıl olmuştur? Belli ki, Wall Street, ALCOA'nın geçmiş kayıtlarının aksine, gelecekteki yolu konusunda biraz karamsardır.

ALCOA'nın yüksek fiyatının uzun geçmişte, 1959 yılında gerçekleşmiş olması şaşırtıcıdır. O yıl 116'dan, ya da kazançlarının 45 katı üzerinden satılmıştır. (Karşılaştıracak olursak Sears Roebuck'ın 1959'da ayarlanmış en yüksek fiyatı 25 ½ ya da o zamanki kazançlarının 20 katıdır.) ALCOA'nın kârları bundan sonra mükemmel bir artış göstermiş olsa da, gelecek beklentilerinin, o zamanki piyasa fiyatında zaten büyük ölçüde fazlasıyla tahmin edildiği aşikardır. Sears fiyatını üç katına çıkartır ve DJIA yaklaşık %30 yukarı çıkarken, ALCOA 1970'i en yüksek 1959 rakamının tam yarısıyla kapatmıştır.

TABLO 12-1

	ALCOA	*Sears Roebuck*	*DJIA*
Ortalama kazançlar 1968-1970	4.95 $ [a]	2.87$	55.40$
Ortalama kazançlar 1958-1960	2.08	1.23	31.49
Büyüme	%141.0	%134.0	%75.0
Yıllık oran (bileşik)	%9.0	%8.7	%5.7

[a] 1970'te 82 sent özel masrafların beşte üçü burada çıkartılmıştır.

ALCOA'nın sermaye fonları* üzerinden sağladığı kazançların, ancak ortalama ya da ortalamanın biraz altında olduğuna işaret edilmelidir ve bu nokta buradaki belirleyici faktör olabilir. Borsada yüksek çarpanlar, ancak şirketin performansının, ortalama kârlığının üzerine çıkması ile *sürdürülebilir.*

Bu noktada önceki bölümde bahsi geçen "iki-taraflı bir değer biçme süreci" ne bu önerimizi uygulamaya koyalım.** Böyle bir yaklaşım, ALCOA için DJIA'nın %10'u kadar, ya da 1970'de DJIA için 840 olan kapanış fiyatına ilişkin hisse başına 84$ geçmiş performans değeri üretebilirdi. Hisseler bu temelde 57 ¼ fiyatta oldukça çekici görünecekti.

* Graham "sermaye fonları üzerinden kazançlar"ı geleneksel anlamda defter değeri üzerinden getiri –esasen net gelir/şirketin taşınabilir varlıkları- olarak kullanmaktadır.
** Bkz. S.339-340.

Kıdemli analist "geçmiş performans değeri"ni gelecekte gördüğü olumsuz gelişmelere yer açmak için ne ölçüde düşürmelidir? Açıkçası, hiçbir fikrimiz yok. 1971 kazançlarının hisse başı 2.50$ kadar düşük -DJIA için, beklenen ilerlemeye kıyasla, 1970 rakamından daha büyük bir düşüş- olacağına inandığını varsayalım. Borsa, muhtemelen bu kötü performansı fazlasıyla ciddiye alacaktır. Ancak bu durum, bir zamanların güçlü kuvvetli Aluminum Company of America'sını, göreceli olarak *kârsız* bir işletme olarak algılayıp, duran varlıklarından bile daha düşük olarak (defter değerlerinin de altında) değerlendirilmesini kanıtlayacak mıdır?* (1971 yılında 55 olan defter değerine karşı fiyat, Mayısta en yüksek 70'ken Aralık ayında 36 olmuştur.)

ALCOA kuşkusuz büyük ölçekli bir sanayi şirketini temsil etmektedir, fakat bize göre onun fiyat-ve-kazanç tarihi, diğer büyük işletmelerin çoğuna göre, daha az rastlanılır ve hatta daha tutarsızdır. Yine de bu durum, değerleme prosedürünün güvenilirliğine ilişkin olarak son bölümde ifade edilen kuşkuları, tipik sanayi şirketlerine uygulandığında, bir ölçüde destekler.

* Yakın tarih -ve finansal araştırma kalabalığı- piyasanın, kazançlarında anî düşüş gösteren hızlı büyüyen şirketlere karşı acımasız olduğunu gösterir. Graham zamanında ALCOA, ya da günümüzde Anheuser-Busch ve Colgate-Palmolive gibi daha ılımlı ve istikrarlı büyüyenler, hayal kırıklıkları yaratacak kazançlar bildiriyorlarsa daha ılımlı hisse senedi düşüşleri yüzünden azap çekme eğilimindedirler. Büyük beklentiler karşılanmazsa büyük düş kırıklıklarına yol açar; ılımlı beklentileri karşılamada hata, daha ılımlı bir tepkiye yol açar. Bu nedenle artış sağlayan hisse senedi (growth stocks) sahibi olmanın en büyük risklerinden biri, büyümelerinin sona ereceği değil, yavaşlayacağıdır. Uzun vadede bu salt bir risk değil, fiili bir gerçektir.

ON İKİNCİ BÖLÜM ÜZERİNE YORUMLAR

Kalem tutan bir kişi, size silah tutan kişiden daha kolay kazık atabilir.

-Bo Diddley

SAYILAR OYUNU

Şirketlerin ve muhasebecilerinin son birkaç yılda doğruluk sınırlarını ne ölçüde zorladıklarını görse, Graham bile şaşırırdı. Üst düzey yöneticiler, yoğun hisse senedi opsiyonlarıyla denkleştirdikleri şirket karlarınıi sadece birkaç yıl süreyle arttırıp, inanılmaz derecede zengin olabileceklerini kavramışlardır.[1] Yüzlerce şirket, muhasebe ilkelerinin kurallarını değilse de -finansal raporlarını saçmalığa dönüştürerek, kötü sonuçları kozmetik tamiratlarla süsleyerek, giderleri gizleyerek, ya da hiç yoktan kazanç imal ederek- ruhunu ihlal etti. Şimdi bu ahlaksız uygulamaları inceleyelim.

- MIŞ GİBİ

Belki de muhasebe hokus pokusunun en yaygın parçası "proforma" kazançlar tutkusuydu. Wall Street'te her kötü fikrin başlangıçta iyi bir fikir olduğu şeklinde eski bir söz vardır ve proforma kazançların sunumu bundan farklı bir şey değildir. Başlangıç noktası, uzun vadeli kar büyümesini, gidişattan kısa vadeli sapmalara, ya da sözümona "masraf sayılmayan" olaylara göre ayarlayarak, daha doğru bir resim elde etmekti. Örneğin bir proforma basın açıklaması, şirketin henüz satın aldığı bir başka şirketin tüm

[1] Hisse senedi opsiyonlarının şirket yöneticilerini - yalnızca şirket dışındaki hissedarları değil- nasıl zenginleştirdiği hakkında daha fazla bilgi için Bölüm 19'a bakınız.

12 ay boyunca ailenin bir parçası olması durumunda şirketin son yıl içinde ne kazanacağını gösterebilir.

Fakat Münasebetsiz 1990'lar ilerledikçe, kendilerini bu işten uzakta tutamadılar. Aşağıdaki proforma sahtekârlığı örneklerine bir bakın:

- 30 Eylül 1990'da sona eren üç aylık devre için InfoSpace Inc. proforma kazançlarını, imtiyazlı hisse senedi kâr paylarına 159.9 milyon dolar ödememiş gibi sunmuştur.
- 31 Ekim 2001'de sona eren üç aylık devrede BEA Systems Inc. proforma kazançlarını, çalışanları tarafından kullanılan hisse senedi opsiyonları üzerinden 193 milyon dolar prim ödememiş gibi sunmuştur.
- 31 Mart 2001'de sona eren üç aylık devre için JDS Uniphase Corp. proforma kazançlarını 4 milyon dolar prim ödememiş, kötü hisse senetlerine yaptığı yatırımlarla 7 milyon dolar kaybetmemiş ve birleşmelere ve maddi olmayan varlıklara ilişkin *2.5 milyar dolar* masraf etmemiş gibi sunmuştur.

Kısacası, proforma kazançlar, şirketlerin bu kadar kötü olmasalar ne kadar iyi olabileceklerini göstermelerini mümkün kılar.[2] Akıllı bir yatırımcı olarak proforma kazançlarla ilgili yapabileceğiniz tek şey, onları yok saymaktır.

TAHAKKUK ÖZLEMİ

2000 yılında telekomünikasyon devi Qwest Communications Intenational Inc. sağlam görünüyordu. O yıl borsa %9'dan fazla kaybederken, hisse senetleri %5'ten az düşmüştü.

Fakat Qwest'in finansal raporları küçük ve tuhaf bir ifşa içeriyordu. 1999 sonlarında Qwest telefon rehberleri yayımlanır yayımlanmaz -Sarı Sayfalar'da reklamı çıkan herkesin bildiği gibi,

2 Yukarıdaki örneklerin tümü bizzat şirketler tarafından yayımlanan basın açıklamalarından alınmıştır. Şirketlerin açıkladıkları kazançlarını ayarladıkları gibi, hepimiz benzer şekilde davranışlarımızı haklı çıkarmak zorunda kalsaydık, günlük yaşamın neye benzeyeceğine dair parlak bir alaylı bir taşlama için bkz. "My Proforma Life" (Proforma Hayatım), Rob Walker, http://slate.msn.com/id=2063953. (...yakınlarda Smith & Wollensky'de egzersiz sonrası öğle yemeği için 600 gr. kemikli antrikot ve üç kadeh burbon bir defaya mahsus gider olarak değerlendirilmiştir. Bunu bir daha asla yapmayacağım!")

pek çok işletmenin bu reklamlar için aylık taksitler olarak ödemesine rağmen- bu gelirleri tahakkuk ettirmeye karar verdi. Abrakadabra! "Muhasebe ilkelerinde" bu önemsiz görünen "değişiklik", 1999 yılı vergi sonrası net geliri 240 milyon dolar -Qwest'in o yıl kazandığı tüm paranın beşte biri- şişirdi.

Batmış bir aysbergin tepesindeki ufak bir buz külçesi gibi, saldırgan gelir tahakkuku çoğu zaman derinde giden ve büyük önem taşıyan tehlikelerin işaretidir. Qwest'teki durum da böyleydi. 2003 yılı başlarına gelindiğinde, şirket, önceki finansal tablolarını gözden geçirerek, ekipman satışından gelen kârları erken tahakkuk ettirdiğini, üçüncü şahıslar tarafından sağlanan hizmetlerin maliyetini yanlış kaydettiğini, maliyetleri masraf değil de, sabit varlıklarmış gibi uygunsuz muhasebeleştirdiğini ve varlık değişimlerini gerekçe göstermeden doğrudan satışmış gibi ele aldığını ilan etti. Toplamda Qwest'in gelirleri 2001 ve 2002 için 2.2 milyar dolar -şimdi tersine çevrilen önceki "muhasebe ilkesi değişikliği"nden kaynaklanan 80 milyon dolar dahil- fazla gösterilmiş oldu.[3]

SERMAYE SUÇLARI

[idamlık suçlar ile eşanlamlıdır-çn]

1990'ların sonunda Global Crossing Ltd.'in sınırsız tutkuları vardı. Bermuda merkezli şirket, çoğu okyanusların dibine ol-

3 Huron Consulting Group'a göre Qwest 2002'de geçmiş finansal tablolarını yeniden beyan eden 330 halka açık şirketten - tüm zamanların rekoru- biriydi. Qwest'in tüm bilgileri www.sec.gov adresindeki EDGAR veritabanında ABD Menkul Kıymetler ve Borsa Komisyon'u nezdindeki (yıllık rapor, Form 8K ve Form 10-K) mali sicilinden alınmıştır. Qwest'in o sırada tamamen açıkladığı "muhasebe ilkelerindeki değişikliği" fark etmek için geçmiş tecrübeye gerek yok. Bu dönemde Qwest'in hisseleri ne durumdaydı? 2000 yılı sonunda hisse senedinin hisse başı değeri 41$, toplam piyasa değeri 67.9 milyar dolardı. 2003 başında ise Qwest 4$'dı ve tüm şirketin değeri %90'lık zararla 7 milyar dolardan az ediyordu. Hisse fiyatındaki düşüş sadece sahte kazançlarla ilişkilendirilen maliyetlerden kaynaklanmaz; yakın tarihli bir çalışmaya göre Menkul Kıymet ve Borsa Komisyonu tarafından muhasebe kayıtlarında sahtecilikle suçlanan 27 örnek firmanın, 320 milyon dolar gelir vergisi ödediğini göstermiştir. Bu paranın çoğu nihai olarak Vergi Dairesi tarafından geri ödenecek olsa da hissedarların çoğunun bu geri ödemeden yararlanmayı bekleme ihtimalleri pek yoktur. (Bkz. Merle Erickson, Michelle Hanlon ve Edward Maydew, "Firmalar Varolmayan Kazançlar için Ne Kadar Ödeyecekler?" (How Much Will Firms Pay for Earnings that Do Not Exist), http://papers.ssrn.com.)

mak üzere "ilk entegre küresel fiber optik ağ" diye adlandırdığı 100.000 milden fazla kablo döşüyordu. Global Crossing dünya çapında kablo döşedikten sonra, diğer iletişim şirketlerine kendi ağ kabloları üzerinden trafik sürdürme hakkını satacaktı. Sadece 1998'de Global Crossing optik ağı kurmak için 600 milyon dolardan fazla harcama yaptı. O yıl inşaat bütçesinin yaklaşık üçte birinden fazlası gelirlerin üzerine "satılan kapasite maliyeti" diye adlandırılan masraflar olarak yazılmıştır. 178 milyon dolarlık giderler olmasaydı, Global Crossing -96 milyon dolar net zarar açıklayan- kabaca 82 milyon dolar net kâr açıklayabilirdi.

1999 yıllık raporunun ince bir dipnotu, bir sonraki yılda Global Crossing'in "hizmet akdi muhasebesi başlattığını" söyler. Şirket bundan böyle inşaat maliyetlerinin çoğunu kendi şebekesi üzerinden kapasite satarak elde ettiği doğrudan gelirlerin üzerine gider olarak yazmayacaktı. Bunun yerine, bu inşaat maliyetlerinin önemli bir parçası artık işletme giderleri olarak değil sermaye harcamaları olarak ele alınacaktır. Böylelikle net karın düşmesi yerine şirketin toplam varlıkları yükselecekti.[4]

Şip şak! Sihirbazın değneğini bir defa oynatmasıyla Global Crossing'in satış maliyetleri 350 milyon dolar yükselirken -şirket bir sarhoş denizci gibi para harcıyor olmasına rağmen- "maddi" duran varlıkları 575 milyon dolar artmıştı.

Sermaye harcamaları, yatırımcıların iyi bir işi daha iyi ve daha büyük bir şekle getirmelerinin en önemli aracıdır. Ancak her yöne çekilebilir muhasebe kuralları, yöneticilerin normal işletme giderlerini sermaye varlıklarına dönüştürerek açıklanan kârları şi-

[4] Global Crossing önceleri inşaat maliyetlerinin çoğunu şebekesinin kullanım haklarının satış ya da kiralamasından doğan gelirlere yüklenen maliyetler olarak ele alırdı. Müşterilerin bazıları dört yıla kadar olan dönemler için taksitle ödeme yapabiliyor olmalarına rağmen, genelde hakları bir kerede öderlerdi. Fakat Global Crossing gelirlerin çoğunu tek ödeme olarak değil, kiranın yaşam süresine yayılan taksitler halinde gösterdi. Fakat şimdi, şebekelerin yaşam ömrü 25 yıl olarak tahmin edildiği için Global Crossing bunları aşınabilir, uzun ömürlü varlıklar olarak ele almaya başladı. Bu değerlendirme Genel olarak Kabul Edilen Muhasebe İlkelerine uygun düşse de Global Crossing'in bunu 1 Ekim 1999 öncesinde neden kullanmadığı ya da bu değişikliğe neyin yol açtığı açık değildir. Mart 2001 itibarıyla Global Crossing'in toplam hisse senedi değeri 12.6 milyar dolardı; 28 Ocak 2002'de şirket, adi hisse senetlerini değersiz göstererek iflasa başvurdu.

şirmelerine izin verir. Global Crossing vakasının gösterdiği gibi, akıllı yatırımcı şirketin neyi, neden sermayeleştirdiğini anlamak zorundadır.

BİR ENVANTER HİKÂYESİ

Micron Technology, Inc. de yarı-iletken çip imal eden pek çokları gibi 2000'den sonra satışların düşüşünden zarar görmüştür. Aslında, talebin dibe inmesi Micron'u öylesine vurmuştu ki-müşteriler Micron'un talep ettiği fiyatlardan almak istemediği için- envanterin değerini azaltmaya başlamıştı. Mayıs 2001'de sona eren üç aylık devrede Micron, envanterinin kayıtlı değerini 261 milyon dolar kesmişti. Yatırımcıların çoğu, bu değer-azaltmalarını işletme maliyetlerinin normal ya da tekrarlanan maliyetleri olarak değil, alışılmadık durumlar olarak yorumladı.

Fakat sonrasında olup bitenlere bakınız:

Micron, sonraki altı adet üç aylık dönemin her birinde envanterden değer azalttı. Mikron'un envanterinde değer-düşürme tekrarlanmayan bir durum muydu, yoksa kronik hale gelmiş bir durum mu? Makul düşünce bu özel durumda farklılık gösterebilir ama açık olan bir şey var: Akıllı yatırımcı Enerjik tavşan gibi bitip tükenmeyen "tekrarlamayan" maliyetler karşısında tetikte olmalıdır.[5]

[5] Finansal Analiz ve Araştırma Merkezi'nden Howard Schilit ve Mark Hamel'e bu örnek için müteşekkirim.

ŞEKİL 12-1 Bir Blok Eski Çip
[çip-in hisse senedi anlamı da vardır-çn]

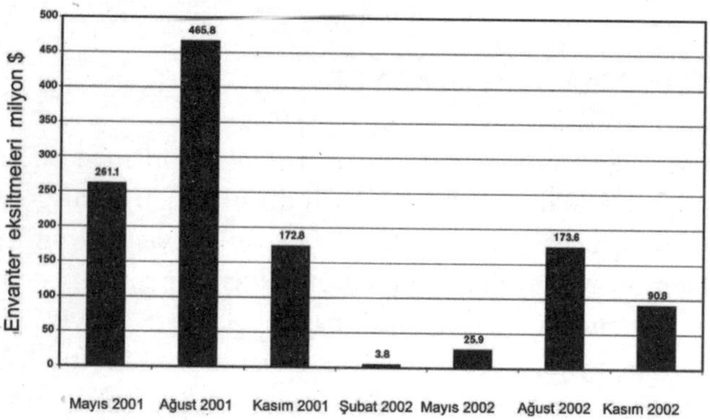

Kaynak: Micron Technology'nin finansal raporları

EMEKLİLİK BOYUTU

2001'de SBC Communications, Inc., Cingular Wireless, PacTel ve Southern New England Telephone'da sahip olduğu hisselerden 7.2 milyar dolar net gelir -aşırı genişlemiş telekomünikasyon sanayi için, kötü bir yılda caf caflı bir performans- kazanmıştır. Fakat bu kazanç sadece SBC'in faaliyetinden gelmemiştir. Bunun tam 1.4 milyar doları –şirketin net gelirinin %13'ü- SBC'nin emeklilik planından gelmiştir.

SBC'nin emeklilik planında, çalışanlarının gelecekteki ekonomik yararları için gerekli olduğu tahmin edilenden daha fazla parası olması nedeniyle, şirket aradaki farkı cari gelirmiş gibi değerlendirmiştir. Bu fazlanın basit bir nedeni şudur: 2001'de SBC, bugün bir kenara ayırması gereken parayı düşürerek- emeklilik planı yatırımlarından kazanmayı beklediği gelir oranını %8,5'tan %9,5'a çıkarmıştır.

SBC, bu yeni umut verici beklentilerini "2001'de sona eren üç yıllık dönemin her bir yılında yatırımlardan sağladığımız gerçek 10 yıllık getirimiz %10'u aşmıştır" şeklinde açıklamıştır. Bir başka deyişle, geçmiş getirilerimiz yüksekti, bu yüzden gelecekteki getirilerimizin de yüksek olacağını varsayalım. Ama bu açıklama, mantığın en basit testlerinden bile çakmakla kalmayıp, emeklilik portföyünün tahvil kısmının gelecek getirileri bastırarak faiz oranlarının rekor seviyelerde düştüğü gerçeğine de meydan okumuştur.

Aslına bakılırsa, aynı yıl, Warren Buffett'ın Berkshire Hathaway, emeklilik varlıklarının beklenen getiri oranını %8.3'ten %6.5'e *düşürmüştür.* SBC şirketi, emeklilik fonu yöneticilerinin dünyanın en büyük yatırımcısından önemli ölçüde daha üstün olacağını varsayarken, gerçekçi davranıyor muydu? Muhtemelen hayır: 2001'de Berkshire Hathaway'in emeklilik fonu %9.8 artarken SBC'nin emeklilik fonu %6.9 kaybetti.[6]

Akıllı yatırımcı için hızla üzerinde gözönünde tutulması gereken hususlardan bazıları şunlardır: "Net emeklilik geliri" şirketin net gelirinin %5'inden fazla mıdır? (Eğer öyleyse, bu emeklilik gelirleri gelecek yıllarda yok olup giderse, şirketin diğer kazançları içinize sinecek mi?) Varsayılan "emeklilik planı getirilerinin uzun vadeli oranı" makul mü? *(2003 itibarıyla, %6,5'in üzerinde herhangi bir şey akla sığmaz, yükselen bir oran ise açıkça hayaldir.)*

YATIRIMCIYA UYARI

Birkaç öneri, satın alacağınız hisse senedinin bir muhasebe saatli bombası çıkmasını engelleyecektir:

Tersten okuyun. Bir şirketin finansal durumunu araştırıyorsanız, okumaya son sayfadan başlayın ve yavaşça başa doğru gidin. Şirketin bulmanızı istemediği her şey en arkada gömülüdür -önce buraya bakmanızın nedeni tam da budur.

Notları okuyun. Yıllık rapordaki finansal raporların dipnotlarını okumadan asla hisse senedi almayın. Çoğu zaman "önemli muhasebe ilkelerinin özeti" diye işaretli bir kilit not size şirketin gelirleri nasıl tahakkuk ettirdiğini, envanteri nasıl tuttuğunu, taksitleri veya sözleşmeli satışları nasıl ele aldığını, pazarlama masraflarını nasıl harcadığını ve işletmenin diğer önemli yönlerini

[6] Getiriler yılın başında emeklilik planı aktiflerinin toplam net değeri "plan aktiflerinin gerçek getirisine" bölünerek yaklaştırılmıştır.

nasıl hesapladığını açıklar.[7] Diğer dipnotlarda, borç, hisse senedi opsiyonları, müşterilere verilen krediler ve zararlarla ilgili rezervler ve kazançları büyük lokmalarla kemiren diğer "risk faktörleri"ne ilişkin ifşalara dikkat edin. Antenlerinizi harekete geçirmeniz gereken kelimeler "aktifleştirilmiş", "ertelenmiş" ve "yeniden yapılandırma" gibi teknik terimler ve şirketin muhasebe uygulamasını değiştirdiğine işaret eden "başladı", "değişiklik," ve "fakat" gibi sıradan günlük sözcüklerdir. Bunların hiçbiri, hisse senedini satın almayın anlamına gelmez, fakat hepsi birden, daha fazla incelemeniz gerektiği anlamına gelir. Şirketinizin muhasebecisinin ne kadar kavgacı olduğunu görmek için finansal tablodaki dipnotları mutlaka, yakın rakip olan en az bir firmanınkilerle karşılaştırın.

Daha fazla okuyun. Portföyünüze epey zaman ve enerji harcamaya niyetli girişimci bir yatırımcı iseniz, finansal raporlamayla ilgili daha fazla okumayı kendinize borçlusunuz. Hileli bir kazanç tablosu tarafından yanlış yönlendirilme riskini en aza indirmenin tek yolu budur. Güncel ve özgül örneklerle dolu üç mükemmel kitap Martin Fridson ve Fernando Alvarez'in *Financial Statement Analysis*, Charles Mulford ve Eugene Comiskey'nin *The Financial Numbers Game* ve Howard Schilit'in *Financial Shenanigans*'dır.[8]

[7] Muhasebe dipnotlarının sıkıcı ve sersemletici laf kalabalığı gözünüzü korkutmasın. Onlar normal insanları okumaktan caydırmak için özel olarak tasarlanmıştır –sizin devam etmek zorunda olmanızın nedeni de budur. Mesela Informix Corp.'un 1996 yıllık raporunun bir dipnotu şunu ifşa eder: "Şirket bir yazılım ürününün müşteriye teslim edilmesi üzerine yazılım lisans satışlarından gelen geliri sık sık lisans geliri olarak kabul eder. Bununla beraber Şirket toplam borçlarını oniki ayda ödeyecek olan belirli bilgisayar donanım imalatçıları ve son kullanıcı ruhsat sahipleri için -şayet şirketin koyduğu bazı kriterleri karşılıyorlarsa- müşterinin asgari geri-ödenmez lisans ücreti için sözleşme yaptığı sıradaki geliri esas kabul edecektir." Basit bir dille söylemek gerekirse, henüz "son-kullanıcılara" yeniden satılmamış olsalar bile Informix, ürünlerin gelirleri üzerinden kendini alacaklandıracağını söylüyordu.(Informix yazılımının gerçek müşterileri). ABD Menkul Kıymetler ve Borsa Komisyonunun iddiaları arasında Informix'in muhasebede sahtekarlık suçunu işlediği, bu tür "satışlar"da 244 milyon doları silerek gelirlerini daha sonra tekrar beyan ettiği iddiası vardır. Bu vaka satır aralarını kuşkucu bir gözle okumanın öneminin keskin bir uyarısıdır. Bu örneği önerdiği için Martin Fridson'a müteşekkirim.

[8] Martin Fridson ve Fernando Alvarez, *Financial Statement Analysis: A Practitioner's Guide* (John Wiley & Sons, New York, 2002); Charles W. Mulford ve Eugene E. Comiskey, *The Financial Numbers Game: Detecting Creative Accounting Practices* (John Wiley & Sons, New York, 2002); Howard Schilit, *Financial Shenanigans* (McGraw-Hill, New York, 2002). Benjamin Graham'in kendi kitabı, *The Interpretation of Financial Statements* (HarperBusiness, New York, 1998 yeniden basılan 1937 baskısı), kazanç ve giderlerin, aktifler ve pasiflerin temel ilkelerinin kısa ve harika bir tanıtımı olarak kalmaya devam eder.

BÖLÜM 13

Borsada İşlem Gören Dört Şirketin Karşılaştırılması

Bu bölümde bir hisse senedi analizini uygulama halinde göstermek istiyoruz. Gelişi güzel bir biçimde, New York borsasına ard arda kayıtlı dört adet şirket seçtik. Bunlar ELTRA Corp. (Electric Autolite ile Mergenthaler Linotype firmalarının birleşimi), Emerson Electric Co. (elektrik ve elektronik ürün imalatçısı), Emery Air Freight (yurtiçi hava taşımacılığı şirketi) ve Emhart Corp. (başlangıçta şişeleme makineleri imalatçısı olan, şimdilerde bina donanımı da yapan şirket).* Üç imalatçı firma arasında kaba benzerlikler var, ancak farklılıkların daha belirgin olduğu görülecek. Bu incelemeyi ilgi çekici hale getirmek için finans ve işletme verilerinde de yeterli çeşitliliğin olması gerekir.

Tablo 13-1'de dört şirketin 1970 sonunda piyasa satışlarının ne olduğunun bir özetini ve 1970 işlemlerine ilişkin birkaç rakam sunacağız. Daha sonra, bir yandan *performansla,* öte yandan *fiyatla* ilişkilendirilen belirli kilit oranları detaylandıracağız. Performans modelinin değişik yönlerinin, ilgili fiyat modeliyle nasıl bağdaştığının açıklanması gerekir. Son olarak, dört şirketi bazı benzerlikler ve ilişkiler ortaya koyarak, her birini tutucu bir hisse senedi yatırımcısının ihtiyaçları açısından değerlendirerek, gözden geçireceğiz.

* Graham'in dört örneği içinde sadece Emerson Electric aynı şekilde varolmaya devam etmektedir. Eltra Corp. artık bağımsız bir şirket değildir; 1970'lerde Bunker Ramo Corp. ile birleşince ilk bilgisayar ağları üzerinden aracı kurumlara borsa fiyatları temin etmeye başlamıştır. Eltra'nın işletmesinden geride kalanlar şimdi Honeywell Corp'un bir parçasıdır. Önceden Emery Air Freight olarak bilinen firma, şimdi CNF Inc.'nin bir şubesidir. Emhart Corp. 1989'da Black & Decker Corp. tarafından satın alınmıştır.

Dört şirket ile ilgili en çarpıcı faktör cari fiyat/kazanç oranlarının işletme performansı ve finansal duruma kıyasla, çok daha değişken oluşudur. Şirketlerden ikisi –ELTRA ve Emhart -DJIA için 15.5 kat olan benzer rakama karşı- 1968-1970 ortalama kazançlarının sadece 9.7 ve 12 katı olarak mütevazı bir biçimde fiyatlanmışlardır. Diğer ikisi -Emerson ve Emery- bu kazançların 33 ve 45 katı gibi çok daha büyük çarpanlar göstermiştir. Böylesine bir farkın bir açıklaması olması gerekir ve bu açıklama, avantajlı şirketlerin, özellikle de taşıma şirketinin son yıllardaki kârlarındadır. (Ancak diğer iki firmanın büyüme rakamları başarısız değildir.)

Daha kapsamlı bir değerlendirme için performansın rakamlarımızdan çıkan temel unsurlarını kısaca gözden geçirelim.

1. *Kârlılık. (a)* Şirketlerin tümü, defter değerleri üzerinden tatminkâr kazanç gösterirler ancak Emerson ve Emery'nin rakamları diğer ikisinden çok daha yüksektir. Ödenmiş sermaye üzerinden yüksek bir getiri oranı, genelde hisse başı kazançta yüksek bir yıllık büyüme hızı ile birlikte gerçekleşir.* Emery hariç tüm şirketlerin defter değeri üzerinden kazançları 1969 yılında 1961'den daha iyidir; fakat Emery'nin rakamı her iki yılda da fevkalade yüksektir. (*b*) İmalatçı firmalar için bir dolarlık satıştan sağlanan kâr rakamı çoğu zaman göreceli olarak güçlülük ya da zayıflık göstergesidir. Burada Standard & Poor's'un *Kote Senetler Borsa Raporları*'nda verilen "işletme gelirinin satışa oranı"nı kullanıyoruz. Yine burada da sonuçlar Emerson'ın etkileyici durumunun yanı sıra, dört şirketin hepsi için tatmin edicidir. 1961 ile 1969 arasındaki değişiklikler ise, şirketten şirkete kayda değer farklılık gösterir.

* Bu ölçüm Tablo 13-2 de şirketlerin net gelirini maddi defter değerinin yüzdesi olarak ölçen "hisse başı net/defter değeri" satırında kaydedilmiştir.

TABLO 13-1 Dört Borsa Şirketinin Karşılaştırması

	ELTRA	EMERSON	EMERY AIR	EMHART CORP
A. KAPİTALİZASYON				
31 Aralık 1970 hisse fiyatı	27	66	57¾	32¾
Hisse senedi sayısı	7,714,000	24,884,000[a]	3,807,000	4,932,000
Piyasa Değeri	$208,300,000	$1,640,000,000	$220,000,000	$160,000,000
Tahvil ve imtiyazlı senet topl	8,000,000	42,000,000		9,200,000
Toplam Kapitalizasyon	216,300,000	1,682,000,000	220,000,000	169,200,000
B. GELİR KALEMLERİ				
Satışlar 1970	$454,000,000	$657,000,000	$108,000,000	$227,000,000
Net Gelir 1970	20,773,000	54,600,000	5,679,000	13,551,000
Hisse başına kazanç 1970	$2.70	$2.30	$1.49	$2.75[b]
Ortalama hbk 1968-70	2.78	2.10	1.28	2.81
Ortalama hbk 1963 -65	1.54	1.06	.54	2.46
Ortalama hbk 1958-60	.54	.57	.17	1.21
Cari kar payı	1.20	1.16	1.00	1.20
C. BİLANÇO KALEMLERİ				
Cari Varlıklar	$205,000,000	$307,000,000	$20,400,000	$121,000,000
Cari Yükümlülükler	71,000,000	72,000,000	11,800,000	34,800,000
Hisse senedi net varlık değeri	207,000,000	257,000,000	15,200,000	133,000,000
Hisse Başı defter Değeri	$27.05	$10.34	$3.96	$27.02

[a]İmtiyazlı hisse senetlerinin çevrilmesi varsayılarak

[b] hisse başı 13 sent özel masraftan sonra

[c] Eylül 1970'te sonlanan yıl

TABLO 13-2 Dört Borsa Şirketinin Karşılaştırması (*devamı*)

	ELTRA	EMERSON	EMERY AIR	EMHART
B.Oranlar				
Fiyat / kazanç 1970	10.0 x	30.0 x	38.5 x	11.9 x
Fiyat / kazanç 1968-70	9.7 x	33.0 x	45.0 x	11.7 x
Fiyat / defter değeri	1.00 x	6.37x	14.3 x	1.22 x
Net / satışlar 1970	4.6 %	8.5 %	5.4%	5.7%
Hisse başı net / defter değeri	10.0%	22.2%	34.5%	10.2%
Kar payı verimi	4.45%	1.78%	1.76%	3.65%
Cari varlıklar / cari borçlar	2.9 x	4.3 x	1.7 x	3.4x
İşletme sermayesi / borç	Çok büyük	5.6 x	Borç yok	3.4 x
Hisse başı kazançta büyüme				
1968-1970 e karşı 1963-1965	+81%	+87%	+135%	+14%
1968-1970 e karşı 1958-1970	+400%	+250%	Çok büyük	+132%
C.Fiyat geçmişi				
1936-1968 Düşük	¾	1	¼	31/9
Yüksek	50	61	66	58
1970 Düşük	18	42	41	23
1971 Yüksek	29	78	72	44

2. *İstikrar.* Son on yıl içinde, herhangi bir yılın hisse başı kazancında yaşanan azami düşüşle, son üç yılın ortalamasını karşılaştırarak istikrarı ölçüyoruz. Hiç düşüş olmaması %100 istikrar anlamına gelir ve iki popüler kurumda kaydedilen budur. Ancak ELTRA ve Emhart'ın "kötü yıl" olan 1970'de -DJIA'nın %7'sine karşılık- bizim ölçümlerimize göre sadece %8 gibi bir oranda daralmaları da oldukça mütevazidir.

3. *Büyüme.* Düşük-çarpanlı iki şirket oldukça tatminkâr büyüme oranlarına sahiptir ve her iki durumda da Dow Jones grubundan daha iyidir. ELTRA rakamları, özellikle düşük fiyat/kazanç oranı karşısında etkileyicidir. Doğal olarak yüksek-çarpanlı iki firmada büyüme ise daha etkileyicidir.

4. *Finansal Durum.* Üç imalatçı firma 2$ dönen varlığa karşı 1$ dönen borç şeklindeki standart orandan daha iyi bir orana sahiptir ve finansal durumları sağlamdır. Emery Air Freight'in oranı

daha düşüktür; fakat o farklı bir kategoridedir ve sağlam kayıtlarıyla gereken nakdi eklemede bir sorun yaşamayacaktır. Şirketlerin tamamının uzun vadeli borçları düşüktür. "Seyreltme" notu: Emerson Electric'in 1970 sonunda ödenmemiş piyasa değeri 163 milyon dolar olan düşük kâr paylı konvertibl imtiyazlı hisse senedi vardır. Analizimizde seyreltme faktörünü her zamanki gibi imtiyazlı hisse senetlerini adi hisse senetlerine dönüştürüp ele alarak hesaba kattık. Bu geçmişteki kazançları hisse başı 10 sent ya da %4 oranında azalttı.

5. *Kâr payları.* Gerçekten önemli olan, kesintisiz devamlılığın sağlandığı bir kâr payı geçmişine sahip olmaktır. Burada en iyi pozisyon 1902'den bu yana hiçbir yerine getirilmemiş ödemesi olmayan Emhart'a aittir. Emery Freight henüz yeni bir şirkettir. Kâr payı ödeme yüzdelerindeki farklılıklar özellikle önemliymiş gibi görünmemektedir.

Fiyat / kazanç oranlarına karşılık gelen cari kâr payı getirisi "ucuz ikili"de "değerli ikili"nin iki katıdır.

6. *Fiyat Geçmişi.* Bu kâğıtların dördünde de son 34 yıl boyunca en düşükten en yükseğe kadar ölçülmüş piyasa fiyatlarındaki artış yüzdesi okuyucuyu etkilemelidir. (Her durumda düşük fiyat, daha sonra gelen hisse bölünmeleriyle ayarlanmıştır.) DJIA için düşük-yüksek aralığının 11'den 1'e olduğuna dikkat ediniz; bizim şirketlerimize gelince, fark dağılım Emhart için "sadece" 17'ye 1'den, Emery Freight için en az 528'den 1'e değişmiştir.* Bu değişik fiyat artışları eski adi hisse senedi ihraçlarımızın çoğunda tipiktir ve geçmişin borsalarında varolan büyük kâr fırsatlarını açığa vurur. (Ancak düşük fiyatların yaşandığı 1950 öncesinin düşen piyasalarında yaşanan düşüşlerin ne denli abartılı olduğunu da gösterebilir.) ELTRA da Emhart da 1969-70 fiyat düşüşle-

* Graham her durumda Tablo 13-2'nin C kısmına atıfta bulunmakta ve 1936-1968 arasındaki yüksek fiyatı düşük fiyata bölmektedir. Örneğin, Emery'nin 66 olan yüksek fiyatını 1/8 olan düşük fiyatına bölersek 528 ya da yüksekle düşük arasında 528'in 1'e oranı eder.

rinde %50 den fazla fiyat daralmasına maruz kalmıştır. Emerson ve Emery'nin ise, ciddi ama daha az zararlı düşüşleri olmuştur; Emerson 1970 sonundan önce, Emery ise 1971 başında yeni en yüksek seviyeye sıçramıştır.

Dört Şirketle ilgili Genel Gözlemler

Emerson Electric diğer üç şirketi gölgede bırakan dev bir piyasa değerine sahip.* Bu şirket bizim daha sonra açıklayacağımız "yüksek itibarlı devlerimiz"den biridir. İyi bir hafızaya sahip olmakla kutsanmış (ya da handikaplı) bir finansal analist, Emerson Electric ile Zenith Radio arasında bir benzerlik kuracak ve bu güven verici olmayacaktır. Çünkü Zenith yıllar boyunca parlak bir büyüme kaydetmiştir; 1.7 milyar dolar cirosu vardır (1966'da); fakat kârı 1968'te 43 milyon dolarken 1970'de bunun ancak yarısına düşmüş ve o yılın büyük tasfiyesinde, fiyatı bir önceki en yüksek olan 89'a kıyasla 22 ½'ye inmiştir.

Emery Air Freight. Fiyat/kazanç oranı, kayıtlı en yüksek kazançlarından neredeyse 40 kat fazla olsa bile büyüme beklentileri açısından bu dört şirketin içinde geleceği en parlak şirket olmalıdır. Geçmişteki büyümesi doğal olarak en fazla etkileyicidir. Ancak 1958'de net kazançların sadece 570.000$ olduğu düşünülecek olursa, bu rakamlar gelecek için çok fazla şey ifade etmeyebilir. Hacim ve kârlar büyük meblağlara ulaştıktan sonra, yüksek oranlarda büyümeyi sürdürmek çoğu zaman zordur. Emery'nin öyküsünün en şaşırtıcı yanı, yurtiçi havayolu taşımacılığı sektörünün en kötü yılı olan 1970'de, kazançlarının ve piyasa fiyatının hızla büyümesidir. Bu gerçekten de dikkate değer bir başarıdır, ancak artan rekabet, hava yolları arasında yeni düzenlemelerin baskısı vb. yüzünden gelecekteki kârların ters gelişmelere karşı duyarlı olup olmayacağı sorusunu ortaya atar. Bu konularda sağlam bir hükme varmak için daha ayrıntılı bir inceleme yapılması gerekir, ancak tutucu yatırımcı, bu noktaları genel düşüncesinin dışında bırakamaz.

* 1970 sonunda Emerson'ın 1.6 milyar dolarlık piyasa değeri, o dönemin ortalama hisse senedi büyüklüğü dikkate alındığında gerçekten devasaydı. 2002 sonunda Emerson'ın adi hisse senetlerinin toplam piyasa değeri yaklaşık 21 milyar dolardı.

Emhart ve ELTRA. Emhart son 14 yılda kendi iş alanında borsada olduğundan daha başarılı olmuştur. 1958'de cari kazançlarının 22 katı kadar -DJIA ile hemen hemen aynı oranda- satış yapmıştır. O tarihten bu yana, -Dow'da %100'den az bir yükseliş karşısında- kârı üçe katlanmış fakat 1970'deki kapanış fiyatı Dow'un %43'üne karşılık 1958'deki yüksek fiyatın sadece üçte biri kadar fazla olmuştu. ELTRA'nın kayıtları de az çok benzerlik gösterir. Görünüşe bakılırsa bu iki şirketten hiç birinin mevcut piyasada cazibesi ya da "seksapel"i yoktur; ancak tüm istatistiksel veriler şaşırtıcı bir şekilde iyi görünür. Ya gelecek beklentileri? Burada akıllıca bir şeyler söyleyemiyoruz ama 1971'de Standart & Poor's bu dört şirket ile ilgili şunları söylüyor:

ELTRA—"Uzun vade beklentileri: Bazı işlemler konjonktürel, fakat yerleşik bir rekabetçi pozisyon ve çeşitlilik dengeleyici unsurlar."

Emerson Electric—"Dışarıdan bakıldığında doğru fiyatlanmış (71'de) görünürken, hisseleri uzun dönemde çekici...Sürekli alım politikasıyla birlikte sanayi alanlarında güçlü bir pozisyon ve hızlandırılmış bir uluslararası program, satış ve kazançların artacağını gösteriyor."

Emery Air Freight—"Cari beklentilere göre hisseler fazla fiyatlanmış (57'de) görünüyor, fakat uzun vadede elde tutmakta yarar var."

Emhart—"Bu yıl cam kap endüstrisine harcanan daha düşük sermaye ile kısıtlanmış olsa da kazançların 1972'de daha iyi bir iş çevresi ile iyileştirilmesi desteklenmelidir. Hisseler elde tutmaya değer (34'te)."

Sonuçlar: Pek çok finansal analist Emerson ve Emery hisse senetlerini -belki de öncelikle daha iyi "piyasa hareketi" nedeniyle ve ikinci olarak, kazançlarının yakın geçmişte daha hızlı büyümesi nedeniyle- diğer ikisinden daha ilginç ve çekici bulacaktır. Tutucu yatırımcı ilkelerimize göre birincisi geçerli bir seçim değildir -bu spekülatörlerin kurcalayacağı bir şeydir. İkincisi geçerlidir, ancak bazı sınırlar içinde. Geçmişteki büyümesi ve olası iyi beklentileri Emery Air Freight'in yakın tarihli kazançlarının 60 kat üzerinde bir fiyatı haklı gösterir mi?[1] Cevabımız şudur: Bu şirketin imkânlarını derinliğine incelemiş ve olağanüstü sağlam ve iyimser sonuçlara varmış birisi için, belki gösterir. Fakat kazançlarda ve borsadaki iyi performansın aşırı coşkusuna kapılma şeklindeki, tipik Wall Street yanılgısına düşmediğine peşinen makul ölçüde emin olmak isteyen dikkatli yatırımcı için, *göstermez.** Emerson Electric konusunda da piyasanın maddi olmayan varlıklar ya da kazanç-gücü faktörünü milyar dolar üzerindeki mevcut değerlemesine özel olarak atıfta bulunan aynı uyarıcı cümleler gereklidir. Burada, bir zamanlar borsanın gözdesi olan "elektronik sanayi"nin felaket günlerinde, genel olarak düştüğünü ilave etmeliyiz. Emerson göze çarpan bir istisnadır, fakat 1970 kapanış fiyatı sonraki performansları tarafından haklı çıkartılıncaya kadar gelecekte uzun yıllar boyunca böyle bir istisna olarak kalmaya devam etmek zorundadır.

Buna karşılık makul ölçüde korunmuş yatırımlar oluşturmak için hem 27'deki ELTRA hem de 33'deki Emhart, fiyatlarının ötesinde yeterli değere sahip markalardır. Yatırımcı burada dilerse bilançonun oraya yatırıldığını gösteren paraya karşılık gelen bir bedele kendini bu işletmelerin kısmî sahibi hissedebilir.** Ödenmiş sermaye üzerinden kazanç oranı uzun zamandır tatminkârdır; kâr istikrarı da öyledir; geçmiş büyüme hızı da şaşırtıcı bir şekilde aynı şekildedir. İki şirket defansif yatırımcının portföyüne dahil olmak için gereken yedi *istatistiksel* koşulumuzu yerine getirecektir. Bunları, bir sonraki bölümümüzde açacağız ama şimdilik şöyle özetliyoruz:

* Graham haklıydı. 1972'de en moda ve yüksek değerli "elli havalı" hisse senetleri içinde Emery en kötü gidendi. *Forbes*'in 1 Mart 1982 sayısı 1972'den itibaren Emery'nin enflasyon sonrası %72.8 değer kaybettiğini duyurdu. 1974 sonlarına gelindiğinde Minneapolis'de Leuthold Group'un yatırım araştırmacılarına göre Emery'nin hisse senetleri zaten %58 düşmüş ve fiyat/kazanç oranı 64'ten 15'e çakılmıştı. Graham'in uyardığı "aşırı coşku" çabucak boşa çıkmıştır. Zaman bu tür aşırılıkları giderebilir mi? Her zaman değil: Leuthold 1972'de Emery'ye yatırılan 1000$'ın 1999'da sadece 839$ ettiğini hesaplamıştır. 1990'ların sonunda internet hisse senetlerine fazla ödeme yapan insanlar muhtemelen yıllarca –belki de hiçbir zaman- zararlarını kapatamayacaklardır. (Bölüm 20'deki Açıklamalara bakınız.)

** Burada Graham'in görüşü Tablo 13-2'nin B kısmının üçüncü satırında gösterildiği gibi o sıradaki fiyatlara dayanarak yatırımcının bu iki şirketin hisselerini defter değerinin biraz üzerinden satın alabileceği şeklindedir.

1. Yeterli büyüklük.
2. Yeterince güçlü finansal durum.
3. En azından son 20 yıl içinde, kâr payı devamlılığı
4. Son on yılda zarar yazmış olmayışı
5. Hisse başı kazançlarda en az üçte bir oranında on yıllık büyüme
6. Hisse senedi fiyatının, net aktif değerinin 1 ½ katından fazla olmayışı
7. Fiyatın, son üç yılın ortalama kazancının 15 katından fazla olmayışı.

ELTRA ve Emhart'ın gelecekteki kazançlarının performansına ilişkin herhangi bir tahminde bulunmuyoruz. Yatırımcının çeşitlendirilmiş hisse senedi listesinde, sonuçta hayal kırıklığı yaratacak hisse senetleri olmak zorundadır ve bu ikiliden biri, ya da her ikisi için, söz konusu olabilir. Fakat yukarıdaki ilkelere dayalı çeşitlendirilmiş listenin kendisi, artı yatırımcının uygulamak istediği makul başka herhangi bir kriter, yıllar boyunca iyi performans gösterecektir. En azından deneyimlerimiz, bize böyle olacağını söylüyor.

Son bir gözlem: Deneyimli bir analist, bu dört şirket hakkında genel düşüncemizi kabul etmiş olsa bile, Emerson ya da Emery sahiplerinin paylarını 1970 sonunda ELTRA ya da Emhart ile *değiştirmesini* önermede -hisse sahibi bu önermenin arkasında yatan felsefeyi açıkça anlamadıysa- kararsız kalırdı. Herhangi bir kısa vadede, düşük-çarpanlı ikilinin yüksek çarpanlıları geride bırakacağını beklemenin bir gerekçesi yoktur. Yüksek çarpanlılar hakkında piyasa düşüncesi olumludur ve bu nedenle arkalarında sınırsız bir zaman diliminde devam edecek kayda değer derecede bir sürükleyici güç vardır. ELTRA ve Emhart'ı Emerson ve Emery'ye tercih etmenin sağlam dayanağı, alıcının "değer-tipi yatırımı" "büyüleyici yatırım"a tercih ettiği şeklindeki saygın kararıdır. Bu nedenle, adi hisse senedi yatırımları, önemli ölçüde bireysel yatırımcının davranışına bağlı olmalıdır. Bu yaklaşım sonraki bölümümüzde daha kapsamlı olarak değerlendirilecektir.

ON ÜÇÜNCÜ BÖLÜM ÜZERİNE YORUMLAR

Hava Kuvvetleri'nde şöyle bir kuralımız vardır: altıyı kontrol edin. Adamın biri, tüm yönlere bakarak tek başına uçmakta ve kendini güvende hissetmektedir. Başka biri onun arkasında (kendisi ise "saat 12"- "saat 6" pozisyonunun tam önündedir) uçmaktadır ve önündekine ateş eder. Birçok uçak bu şekilde vurulmuştur. Güvende olduğunuzu düşünmek çok tehlikelidir. Bir yerlerde hep zayıflık vardır ve siz bulmak zorundasınız. Her zaman saat altıyı kollamalısınız.

-ABD Hava Kuvvetleri Generali Donald Kutyna

E-İŞLETME

Graham'in yaptığı gibi 31 Aralık 1999 -borsa tarihinin gelmiş geçmiş en esaslı uç değerlemelerini görmemizi sağlayacak bir tarih- rakamlarına göre dört hisse senedini kıyaslayıp karşılaştıralım.

Emerson Electric Co. (borsa sembolü: EMR) 1890'da kuruldu ve Graham'in orijinal dörtlüsünden hayattan kalan tek şirket; elektrikli aletleri, klima ekipmanı ve elektrik motorlarını da kapsayan geniş bir ürün çeşitliliği var.

EMC Corp. (borsa sembolü: EMC) 1979'da kurulmuştur ve şirketlerin elektronik bilgi depolamalarını bilgisayar ağları üzerinden otomatik hale getirir.

Expeditors International of Washington, Inc. (borsa sembolü: EXPD) 1979'da Seattle'da kuruldu, göndericilerin mallarının hareketini dünya çapında organize etmesine ve izlemesine yardımcı olur.

Exodus Communications, Inc. (borsa sembolü: EXDS) Diğer internet hizmetlerinin yanısıra kurumsal müşterilerin web sitelerine kılavuzluk eder ve onları yönetir; ilk defa Mart 1998'de hisselerini halka satmıştır.

Aşağıdaki tablo bu şirketlerin 1999 sonundaki fiyat, performans ve değerlemelerini özetler:

ŞEKİL 13-1 E - Değerlendirmeler

	Emerson Electric	EMC Corp	Exodus Com. Inc.	Expeditors Washington
Kapitalizasyon				
Kapanış fiyatı 31.12.99, hisse başı $	57.37	54.62	44.41	21.68
Toplam getiri,1999 (%)	-3.1	157.1	1005.8	109.1
Toplam piyasa değeri,31.12.99,milyon $	24845.9	111054.3	14358.4	2218.8
Toplam borç (imt. hisse snt dahil),mio $	4600.1	27.1	2555.7	0
Kazançlar				
Toplam Gelirler,milyon$,1999	14385.8	6715.6	242.1	1444.6
Net gelir,1999,milyon $	1313.6	1010.6	-130.3	59.2
Kazanç büyümesi,1995-99 (ortalama yıllık %)	7.7	28.8	NM	19.8
Hisse başı kazanç, 1999(seyreltilmiş $)	3.00	0.53	-0.38	0.55
Hisse başı kazanç büyüme oranı,1995-99 (ortalama yıllık %)	8.3	28.8	NM	25.8
Yıllık kar payı (hisse başı $),1999	1.30	0	0	0.08
Bilanço				
Dönen varlıklar,milyon $	5124.4	4320.4	1093.2	402.7
Dönen borçlar, milyon $	4590.4	1397.9	150.6	253.1
Hisse başı defter değeri ($ 31.12.99)	14.27	2.38	0.05	2.79
Değerleme				
Fiyat/kazanç oranı (X)	17.7	103.1	NM	39.4
Fiyat/defter değeri (X)	3.7	22.9	888.1	7.8
Net gelir / gelirler (net kâr marjı %)	9.2	17.4	NM	4.1
Net gelir/defter değeri (%)	21.0	22.2	NM	19.7
İşletme sermayesi/borç (X)	0.1	107.8	0.4	no debt
Piyasa değeri / gelirler (X)	1.7	16.5	59.3	1.5

Kaynaklar: Value Line,Thomson/Baseline, Bloomberg, finance.yahoo.com, şirketlerin Hisse senetleri ve Borsa Komisyonu (SEC) dosyaları

Notlar: Tüm rakamlar sonraki hisse bölümlerine göre ayarlanmıştır. Borç, hasılat, ve kazançlar mali yıllar içindir. Piyasa değeri: adi hisse senetlerinin toplam değeridir.

ELEKTRİKLENDİRMEK DEĞİL, ELEKTRİK

Graham'in dört hisse senedinin en pahalısı olan Emerson Electric, güncel grubumuzun en ucuzu oldu. Temeli Eski Ekonomi'ye dayanan Emerson, 1990 yılı sonlarında sıkıcı görünmeye başladı. (İnternet çağında Emerson'ın ağır ıslak-kuru elektrik süpürgeleri kimin umurundaydı?) Şirketin hisseleri hareketliliğini yitirdi. 1998 ve 1999'da Emerson'ın hisse senetleri kötü bir performansla S & P 500 endeksinin yüzde 49.7 puan gerisinde kaldı.

Fakat, bu Emerson hisse senetlerinin mevcut durumuydu. Ya Emerson şirketi? 1999'da Emerson 14.4 milyar dolar değerinde mal ve hizmet satışı yaptı, bu bir önceki yıldan yaklaşık 1 milyar dolar fazla demekti. Bu hasılattan 1.3 milyar dolarlık ya da 1998'den %6.9 fazla net gelir kazandı. Son beş yılda, hisse başı kazançları sağlam bir ortalama oranla %8.3'e yükselmişti. Kâr payları iki kattan fazla artarak, hisse başı 1.30$ oldu; defter değeri hisse başı 6.69$'dan 14.27$'a yükselmişti. Value Line'a göre 1990'lar boyunca Emerson'ın net kâr marjı ve sermaye üzerinden getirisi -işletme verimliliğinin kilit ölçümleri- sırasıyla %9 ve %18 oranlarıyla sağlam bir şekilde yüksekti. Dahası, Emerson kazançlarını ard arda 42 yıl yükseltmiş ve kâr paylarını 43 yıl -Amerikan iş tarihinin en uzun düzenli artışlarından biri- boyunca düzenli olarak arttırmıştı. Yıl sonunda, Emerson'ın hisse senetleri, şirketin hisse başı net gelirinin 17.7 katından fiyatlanmıştı. Emerson, tıpkı elektrikli aletleri gibi, hiçbir zaman gösterişli değildi, ancak güvenilirdi ve asla aşırı ısınma belirtisi göstermedi.

EMC HEMEN BÜYÜYEBİLİR Mİ?

EMC Corp. 1990'larda %81,000'den fazla yükselerek -ya da havaya kaldırılarak mı demeliyiz?- en iyi performans gösteren hisse senetlerinden biriydi. 1990 başlarında EMC hisse senetlerine 10.000$ yatırmış olsaydınız, 1999'u 8.1 milyon doların biraz fazlası ile kapatabilirdiniz. Sadece 1999'da EMC'nin hisseleri %157.1 -Emerson hisse senetlerinin 1992'den 1999'a kadar geçen sekiz yılda kazandığının toplamından fazla- getiri sağladı. EMC hiçbir zaman kârpayı dağıtmadı, bunun yerine tüm kazançlarını "şirketin büyümesinin devamlılığı için fon temin etmek"[1] amacıyla alıkoydu. 54.625$ olan 31 Aralık fiyatında, EMC'nin hisse senetleri, şirketin tüm yıl için beyan ettiği kazancın 103 katı -Emerson'ın hisse senetlerinin değerleme seviyesinin neredeyse altı katı- üzerinden alınıp satılıyordu.

EMC işletmesi için ne diyebiliriz? Hasılat 1999'da %24 büyüyerek 6.7 milyar dolara ulaştı. Hisse başı kazançları %51 artışla önceki yıl 61 sent ederken, 92 sente yükseldi. 1999'da sonlanan beş yılda, EMC'nin kazançları %28.8'lik yakıcı bir hızla arttı. Herkesin internet ticaretinin dev dalgalarının süreceği beklentisi içinde oluşuyla, gelecek daha da parlak görünüyordu. 1999 boyunca EMC'nin genel müdürü 2001'e kadar hasılatın 10 milyar doları -1998'in 5.4 milyar dolar ilerisinde- bulacağını defalarca tahmin ediyordu.[2] Bu yıllık ortalama büyümenin %23 olmasını gerektiriyordu, bu oran bu büyüklükte bir şirket için inanılmazdı. Fakat Wall Street analistleri ve çoğu yatırımcı EMC'nin bunu başaracağından emindi. Ne de olsa, son beş yılda EMC hasılatını iki kattan fazla arttırmış ve net geliri üç kattan fazla yükselmişti.

Fakat Value Line'a göre 1995 ile 1999 arasında EMC'nin sermaye üzerinden getirisi %26,8'den %21'e düşerken net kâr marjı %19'dan %17.4'e kaymıştı. Kârlılığı hâlâ yüksek olmasına karşın, EMC hâlihazırda kayıyordu. Ekim 1999'da EMC, o yıl hasılatına kabaca 1.1 milyar dolar ilave eden Data General Corp.'u satın almıştı. Sadece Data General'dan gelen ekstra hasılatı düşerek EMC'nin cari işlem hacminin 1998'de 5.4 milyar dolardan ancak %3.6'lık bir artışla 5.6 milyar dolara yükseldiğini görebiliriz. Bir

[1] Bölüm 19'da göreceğimiz gibi, bu akıl yürütme çoğu zaman pratikte "şirketin üst düzey yöneticilerinin refahının büyümesinin devamlılığı için fon temini" anlamına gelir.

[2] 30 Aralık 1999'da CNBC'ye çıkan, EMC'nin genel müdürü Michael Ruettgers'a sunucu Ron Insana tarafından "2000 ve sonrasının" 1990'lar kadar iyi olup olmayacağı sorulmuştu. Ruettgers böbürlenerek "Aslında daha iyi gidecekmiş gibi görünüyor," demişti. Insana, EMC'nin hisse senetlerinin aşırı fiyatlı olup olmadığını sorduğunda Ruettgers şöyle yanıtlamıştı: "Bence önümüzdeki fırsatlara bakacak olursak, bu neredeyse sınırsız...Dolayısıyla bunların aşırı fiyatlı olup olmadıklarını düşünmek zorken, öyle büyük bir değişiklik meydana gelmektedir ki bugün kazananları bulursanız -ve ben kesinlikle EMC'nin bunlardan biri olduğunu düşünüyorum- gelecekte ödüllendirilirsiniz."

başka deyişle, gerçek büyüme hızı -"Y2K" bilgisayar hatası korkusu yüzünden bir çok şirketin yeni teknolojiye rekor seviyede meblağlar harcadığı bir yılda bile- hemen hemen sıfırdı.[3]

TAŞIMACILIKTA BASİT BİR DÖNÜŞ

Expeditors International, EMC'den farklı olarak, henüz havalanmayı öğrenmemişti. Firmanın hisseleri 1990'larda yıllık %30 artmış olsa da, bu kazanımın büyük kısmı, hisse senedi 1999'da %109.1'e giderken, son anda gelmişti. Bir yıl önce Expeditors'un hisseleri S & P 500 endeksini yüzde 19'la izleyerek sadece %9.5 yükselmişti.

Expeditors işletmesi konusunda ne diyebiliriz? Expeditors gerçekten hızlı bir şekilde büyümektedir: 1995'ten beri hasılatı, yıllık ortalama %19,8 oranında yükselerek, 1999'u 1.4 milyar dolarla kapatarak dönem boyunca neredeyse üç katına çıkmıştır. Kâr payları %27'lik bir hızla artarken, hisse başı kazanç yılda %25.8 yükselmiştir. Expeditors'un uzun vadeli borcu yoktur ve işletme sermayesi 1995'ten bu yana, yaklaşık iki katına çıkmıştır. Value Line'a göre, Expeditors'un hisse başı defter değeri %129 artmış ve sermaye üzerinden getirisi üçten birden fazla artarak %21 olmuştur.

Her standarda göre Expeditors'un işi mükemmel yürümektedir. Fakat merkezi Seattle'da ve işlemlerinin çoğu Asya'da olan küçük taşımacı şirket, Wall Street dışında herkes tarafından bilinmektedir. Hisselerinin sadece %32'si kurumsal yatırımcılar tarafından alınmıştır; aslına bakılırsa, Expeditors'un sadece 8500 hissedarı bulunmaktadır. 1999'da ikiye katlandıktan sonra, hisse senedi Expeditors'un o yıl kazanacağı net gelirin 39 katına -artık ucuz değildir fakat EMC'nin baş döndürücü değerlemesinin oldukça altındadır- fiyatlanmıştır.

[3] "Y2K hatası" ya da "2000 yılı problemi", 1960'ların ve 1970'lerin programcılarının işletim kodlarında 31.12.1999 sonrası bir tarihe izin vermeyi düşünmemiş olmaları nedeniyle dünya çapında milyonlarca bilgisayarın 1 Ocak 2000 sabahında gece yarısını bir saniye geçe çalışmaya devam edemeyecekleri inancıydı. 1999'da ABD şirketleri bilgisayarlarının "Y2K uyumlu" olmasını garantilemek için milyarlarca dolar harcadı. Sonunda, 1 Ocak 2000 tarihinde saat 00.00.01 de her şey tamamen yolundaydı.

VAAT EDİLMİŞ ÜLKE Mİ?

1999'un sonuna gelindiğinde Exodus Communications, hissedarlarını doğrudan bolluk ve bereket ülkesine götürmüş gibi görünüyordu. Hisse senetleri 1999'da -1 Ocak'ta 10.000$'lık yatırımı 31 Aralık'ta 110.000$'dan fazla yapacak kadar- %1005,89 fırlamıştı. Merrill Lynch'ten son derece etkili Henry Blodget dahil, Wall Street'in önde gelen internet-hisse senedi analistleri bir sonraki yıl hisse senetlerinin bir daha %25 ile %125 arasında yükseleceğini tahmin ediyorlardı.

En iyisi de Exodus'ün kazanımlarıyla tıka basa doyan internet al-satçılarının gözünde 1999 yılı içinde hisse senedinin üç defa 2 ye 1 oranında bölünmesiydi. Hisse senedinin ikiye bir bölünmesinde, şirket hisse sayısını iki katına çıkartır ve fiyatı yarıya indirir. Böylece hissedarın elindeki hisselerin sayısı iki katına çıkar ama hisselerin her biri eskisinin yarısı kadar etmektedir. Bunda büyütülecek ne var? Bana on kuruş verdiğinizi ve sonra benim size iki tane beş kuruş iade ettiğimi ve "Kendinizi daha zengin hissediyor musunuz?" diye sorduğumu düşünün. Muhtemelen benim geri zekalı olduğum, ya da sizi bir geri zekalı yerine koyduğum sonucuna varırsınız. Hal böyleyken 1999'un nokta-com hisse senetleri çılgınlığında internet alım satımcıları tam da iki beş kuruş bir on kuruşluktan daha değerliymiş gibi davrandılar. Aslında, bir hisse senedinin 2 ye 1 bölüneceği haberi bile anında hisseleri %20'den fazla artışa sürüklüyordu.

Neden? Çünkü daha fazla hisse senedi almak insanların kendilerini daha iyi *hissetmelerini* sağlıyor. Ocak ayında Exodus'ün 100 adet hissesini alan biri, Nisan'da hisse senetleri bölündüğünde onların 200 hisseye dönüştüğünü izliyor; sonra bu 200 Ağustos'ta 400'e Aralık'ta 800'e dönüşüyor. Bu insanlar için başlangıçta sadece 100 adede sahipken, 700 hisse daha aldıklarını anlamak çok heyecan verici. Onlara göre -siz hisse başı fiyatın her bölünmede yarıya inmesine aldırmayın- "havadan kazanılan para" bu.[4] Aralık 1999'da "givemeadollar" ("banabirdolarver") adını kullanan mutlu bir Exodus hissedarı çevrim-içi bir mesaj panosuna coşku

[4] Hisse senedi bölünmesi saçmalığı üzerine daha fazla bilgi için bkz. Jason Zweig, "Splitsville", *Money*, Mart 2001, s 55-56.

içinde şöyle yazıyordu: "Bu hisseleri 80 yaşıma kadar tutacağım, [zira] önümüzdeki yıllarda yüzlerce defa bölündükten sonra şirketin CEO'su olmaya yaklaşacağım."[5]

Exodus işletmesi konusunda ne diyebiliriz? Graham, buna elinde üç metrelik bir sopa ve üzerinde koruyucu kıyafet olmadan dokunmazdı. Exodus'ün hasılatı -1998'de 52.7 milyon dolardan 1999'da 242.1 milyon dolara büyüyerek- patlama noktasına gelmişti ama bu hasılat üzerinden, önceki yılın zararını neredeyse ikiye katlayarak, 1999'da 130.3 milyon dolar kaybetmişti. Exodus'ün 2.6 milyar dolar toplam borcu vardı ve o kadar fazla nakit açlığı çekiyordu ki, sadece Aralık ayında 971 milyon dolar borç aldı. Exodus'ün yıllık raporuna göre bu yeni alınan ödünç para gelecek yıldaki faiz ödemelerine 50 milyon dolardan fazla ilave yapacaktı. Şirket 1999'a 156 milyon dolar nakitle girdi ve yeni finansmanla 1.3 milyar dolar topladıktan sonra bile, yılı 1 milyar dolar nakit bakiyesiyle kapatmıştır. Bunun anlamı şudur: 1999 yılı içinde yaptığı iş, 400 milyon dolarlık nakdi yok etmiştir. Böyle bir şirket borçlarını ödeyebilir mi hiç?

Fakat, internet al-satçıları *hisse senetlerinin* ne kadar hızlı ve kaça yükseldiğine odaklanmışlardı, *şirketin* sağlamlığına değil. "Launch_Pad1999" ekran adını kullanan bir al satçı "bu hisse senedi sonsuzdan öteye bile tırmanmaya devam edecek," diye kasılıyordu.[6]

Launch_Pad'in tahmininin saçmalığı -sonsuzun "ötesinde" ne var?- Graham'in klasik uyarılarından birini mükemmel bir şekilde hatırlatır. Graham bize şunu anlatır:

> "Bugünün yatırımcısı,"geleceği tahmin etmekle o kadar meşguldür ki, onun için daha şimdiden cömertçe ödeme yapmaktadır. Bu yüzden, bu kadar çalışma ve özen sonucu tasarladığı şey gerçekten meydana gelebilir ama ona hiç kâr

[5] Raging Bull web sitesinde Exodus Communicaitons mesaj panosunda 7 Aralık 1999 tarihli ileti no. 3622. (http://ragingbull.lycos.com/mboard/boards.cgi?board=EXDS&read=3622).

[6] Raging Bull web sitesinde Exodus Communications mesaj panosunda 15 Aralık 1999 tarihli ileti no. 3910. (http://ragingbull.lycos.com/mboard/boards.cgi?board=EXDS&read=3622).

da getirmeyebilir. Beklenen ölçüde gerçeğe dönüşmede başarısız olursa, ciddi bir geçici ve hatta belki de kalıcı bir zararla karşılaşabilir."[7]

E'LERİN SONU NEREYE VARDI?

Bu dört hisse senedinin 1999 sonrasında performansları nasıldı?

Emerson Electric 2000'de %40.7 kazanmaya devam etti. Hisseleri 2001 ve 2002'de para kaybetmesine rağmen 2002'yi yine de 1999'daki nihai fiyatın sadece %4 altında kapattı.

EMC' de 2000'de %21.7 kazanarak yükseldi. Fakat hisseleri 2001'de %79.4, 2002'de %54.3 zarar etti. Bu rakam, 1999 kapanışından %88 daha düşüktü. 2001'de 10 milyarlık hasılat beklentisine ne oldu? EMC o yılı 7.1 milyar dolarlık hasılatla (ve 508 milyon dolar net zararla) kapattı.

Bu arada, **Expeditors International'ın** hisseleri düşüş piyasası sanki hiç varolmamış gibi 2000'de %22.9, 2001'de %6.5 ve 2002'de bir %15.1 daha kazandı; 1999 sonundaki fiyatın %51 fazlasıyla o yılı kapattı.

Exodus'un hisse senetleri 2000'de %55 ve 2001'de %99.8 değer kaybetti. 26 Ekim 2001'de Exodus, Amerikan iflas yasası 11. Bölüme göre konkordato ilan etti. Şirketin aktiflerinin çoğu İngiliz telekomünikasyon devi Cable & Wireless tarafından satın alındı. Hissedarlarını vaat edilmiş ülkeye götürmek yerine, Exodus onları dağ başına sürgün etti. 2003 başı itibarıyla, Exodus'ün hisse senetlerinin son alım satım fiyatı hisse başı yalnızca bir kuruştu.

[7] Bkz. Graham'in konuşması, "Adi Hisse Senetlerinde Yeni Spekülasyon," (The New Speculation in Common Stocks), Ekler, s.563.

BÖLÜM 14

Defansif Yatırımcı için Hisse Senedi Seçimi

Hisse senedi analizi tekniklerinin daha geniş uygulamalarına geri dönme zamanımız geldi. İki farklı kategorideki yatırımcılarımız* için önerdiğimiz yatırım politikalarını genel anlamda açıkladığımız için, artık bu politikaları uygulamada hisse senedi analizinin nasıl etkili olacağını belirtmemiz mantıklı olacaktır. Tavsiyelerimize uyan defansif yatırımcı, sadece birinci sınıf tahviller, artı çeşitlendirilmiş bir dizi önde gelen adi hisse senedi satın alacaktır. Uygulanabilir standartlara göre değerlendirildiğinde, adi hisse senedini satın aldığı fiyatın aşırı ölçüde yüksek olmadığından emin olmalıdır.

Bu çeşitlendirilmiş listeyi oluştururken, defansif yatırımcının iki yaklaşım seçeneği vardır: DJIA tipi portföy ve sayısal olarak test edilmiş portföy. Birinci seçenekte yatırımcı, hem hisseleri özellikle yüksek çarpanlarla satan bazı popüler büyümekte olan şirketleri, hem de daha az popüler, daha az pahalı şirketleri içeren başlıca ihraçların gerçek bir kesitini elde eder. Bu belki de en basit şekilde, Dow Jones Sanayi ortalamasındaki (DJIA) otuz senedin tamamını aynı miktarlarda satın alarak gerçekleştirilebilir. Ortalama 900 seviyesinde her birinden on hisse, toplamda yaklaşık 16.000$'a mal olacaktır.[1] Yatırımcı geçmiş kayıtlara göre temsilî yatırım fonu hissesi satın alarakta aynı sonuçları bekleyebilir. **

* Graham Bölüm 4 ile 7 arasında önerdiği yatırım politikalarını açıklamıştır.

** Bölüm 5 ve 9'un açıklamalar kısmında tartıştığımız gibi, bugünün defansif yatırımcısı bu amaca düşük-maliyetli bir endeks fonuyla, ideal olarak toplam ABD borsasının getirisini izleyen bir fonla kolaylıkla ulaşabilir.

Yatırımcının ikinci seçeneği, her alımında (1) şirketin geçmiş performansı ve cari finansal durumunda asgari *nitelik* ve (2) fiyatın her doları için kazançlar ve aktifler açısından asgari *nicelik* elde etmeyi garantilemek için bir dizi standart uygulamak olacaktır. Bir önceki bölümün sonunda, hisse senedi seçimi için önerdiğimiz yedi adet nicelik ve nitelik ölçütü sıralamıştık. Onları sırayla açıklayalım.

1. İşletmenin Yeterli Büyüklükte olması

Özellikle büyüklük söz konusu olunca, asgari rakamlarımızın tamamı rastgele olmalıdır. Amacımız özellikle, sanayi alanında ortalamanın üzerinde iniş çıkışlara maruz kalan küçük şirketleri dışarıda bırakmaktır. (Bu tür işletmelerde çoğu zaman güzel olanaklar vardır ama biz bunları defansif yatırımcının ihtiyaçlarına uygun bulmuyoruz.) Meblağları yuvarlayalım: bir sanayi şirketi için yıllık en az 100 milyon dolarlık satış ve bir kamu işletmesi için en az 50 milyon dolarlık toplam varlık.

2. Finansal Yapının Yeterince Sağlam olması

Sanayi şirketleri için cari varlıklar, cari borçların en az iki katı -ikiye birlik cari oran- olmalıdır. Ayrıca uzun vadeli borçlar net cari varlıkları (ya da "işletme sermayesi"ni) geçmemelidir. Kamu işletmeleri için borç, özsermayenin iki katını (defter değerinde) aşmamalıdır.

3. Kazançların İstikrarlı Olması

Adi hisse senetlerinin son on yıl içinde her yıl bir miktar kazanç getirmesi.

4. Kâr Payı Sicili

En az son yirmi yıl süreyle kesintisiz temettü ödemiş olması.

5. Kazançlarda Büyüme

Başlangıçta ve sonda üç yıllık ortalamalar kullanılarak, son on-yılda hisse başı kazançlarda en az üçte-birlik artış.

6. Makul bir fiyat / kazanç oranı

Cari hisse senedi fiyatı, son üç yılın ortalama kazancının 15 katını geçmemelidir.

7. Fiyatın aktiflere oranı makul olmalıdır

Cari fiyat, beyan edilen son defter değerinin 1 ½ katından fazla olmamalıdır. 15'in altında bir kazanç çarpanı buna bağlı olarak daha yüksek bir aktif çarpanını doğrulayacaktır. Pratik bir kural olarak, çarpan ile fiyatın defter değerine oranının *çarpımının* 22.5'i geçmemesini öneririz. (Bu rakam kazançların 15 katına ve defter değerinin 1 ½ katına karşılık gelir. Bu bir ihracın, kazançların sadece 9 katından ve aktif değerinin 2.5 katından vb. Bir fiyatta olmasına izin verecek demektir.)

GENEL AÇIKLAMALAR: Bu şartlar özellikle defansif yatırımcıların ihtiyaçlarına ve mizacına göre oluşturulmuştur. Bu yatırımcılar, hisse senetlerinin çoğunu birbirine zıt iki nedenle portföy adaylığının dışında tutacaklardır. Bir yandan şirketleri (1) çok küçük boyutta oldukları, (2) görece zayıf finansal yapıları, (3) son on yılın içinde zarar yazmış olmaları ve (4) kâr payı sürekliliğinin çok eskiye dayanmayışı nedeniyle, dışarıda bırakacaklardır. Bu testlerin arasında en ciddi olanı, güçlü bir finansal yapıya sahip olmaktır. Kayda değer sayıda büyük ve kökleri sağlam işletme, son yıllarda cari oranlarını zayıflatmışlar, ya da borçlarını aşırı genişletmişler, ya da her ikisini birden yapmışlardır.

Son iki kriterimiz, en gözde hisse senedi ihraçlarının bile sağlayabileceğinden daha fazla kazanç ve daha çok varlık demektir. Bu da asla bir finansal analistin standart bakış açısı değildir; aslında analistlerin çoğu, tutucu yatırımcıların bile seçilen şirketlerin hisse senetlerine cömertçe ödeme yapmaya hazır oldukları görüşünde ısrarcıdırlar. Biz ise, burada karşıt görüşümüzü açıkladık; oluşan fiyatın büyük bir oranda, sürekli artış gösteren kazanç projeksiyonlarına bağımlı olması, yeterli *güvenlik faktörünün* olmadığını gösterir. Bu önemli soru hakkında kararı okuyucunun kendisi verecektir- iki farklı görüşü de dikkate alarak.

Biz geçtiğimiz on yılda mütevazı bir büyüme şartını eklemeyi tercih ettik. Aksi taktirde tipik bir şirket, ödenmiş sermaye üzerine dolar başına düşen kâr olarak, gerileme gösterecektir. Defansif yatırımcı için bu tür şirketleri -fiyat yeterince düşükse ucuz alım fırsatı taşıyabilecek olmalarına rağmen- dahil etmenin hiçbir nedeni yoktur.

Önerilen fiyat / kazanç çarpanı *maksimum* 15 olduğunda, *ortalama* çarpanı, sözgelimi, 12 ya da 13 kat olan tipik bir portföy ile sonuçlanabilir. Şubat 1972'de American Tel. & Tel.'in üç yıllık (ve cari) kazancının 11 katına ve Standard Oil of California'nın son kazançlarının 10 katından azına satıldığına dikkat ediniz. Temel önerimiz hisse senedi portföyünün, oluşturulduğu sırada, genel kazanç / fiyat oranının -fiyat / kazanç oranının tersi- en azından cari birinci sınıf tahvil oranı kadar yüksek olması gerektiği şeklindedir. Bunun anlamı şudur: %7.5'lik AA dereceli bir tahvil getirisine karşılık 13.3'ten yüksek olmayan bir fiyat / kazanç oranı.*

Kriterlerimizin 1970 Yılı Sonunda DJIA'a Uygulanması

Önerdiğimiz kriterlerin tamamı 1970 yılı sonunda DJIA hisse senetleri tarafından karşılanmış ama iki tanesi zorlukla karşılanmıştır. Aşağıda 1970 kapanış fiyatlarına dayanan bir araştırma ve ilgili rakamları bulacaksınız. (Her şirketin temel verileri Tablo 14-1 ve 14-2'de gösterilmiştir.)

* 2003 başlarında 10 yıllık AA sınıfı özel sektör tahvillerinin getirisi yaklaşık %4.6 civarındaydı. Bunun anlamı –Graham'in formülüne göre- bir hisse senedi portföyünün kazanç / fiyat oranının en az bu kadar yüksek olması gerektiğidir. Bu rakamın tersini alarak (4.6'yı 100'e bölerek) "önerilen maksimum" fiyat/kazanç oranını 21.7 olarak buluruz. Paragrafın başında Graham "ortalama" hisse senedinin "maksimum" oranın %20 altından fiyatlanmasını tavsiye eder. Burada önerilen – genel olarak- bugünün faiz oranları ve piyasa koşulları göz önüne alındığında üç yıllık ortalama kazancın en fazla 17 kat üzerinden satılan hisse senetlerini Graham'in potansiyel olarak çekici diye değerlendirdiğidir. 31 Aralık 2002 itibariyle S & P 500 borsa endeksindeki hisse senetlerinin 200 den fazlasının –ya da %40'tan iyisi- üç yıllık ortalama fiyat/kazanç oranları 17.0'ya da daha düşüktü. Güncel AA tahvil getirileri www.bondtalk.com da bulunabilir.

TABLO 14-1 Dow Jones Sanayi Ortalaması Temel Verileri (30 Eylül 1971)

	Fiyat 30 Eylül 1971	HİSSE BAŞINA KAZANÇ*a			Temettü Başlangıcı	Net Aktif Değeri	Cari Temettü
		30.09.71	1968-70	1958-60			
Allied Chemical	32½	1.40	1.82	2.14	1887	26.02	1.20
Aluminum Co. of Am.	45½	4.25	5.18	2.08	1939	55.01	1.80
Amer. Brands	43½	4.32	3.69	2.24	1905	13.46	2.10
Amer. Can	33¼	2.68	3.76	2.42	1923	40.01	2.20
Amer. Tel. & Tel.	43	4.03	3.91	2.52	1881	45.47	2.60
Anaconda	15	2.06	3.90	2.17	1936	54.28	none
Bethlehem Steel	25½	2.64	3.05	2.62	1939	44.62	1.20
Chrysler	28½	1.05	2.72	(0.13)	1926	42.40	0.60
DuPont	154	6.31	7.32	8.09	1904	55.22	5.00
Eastman Kodak	87	2.45	2.44	0.72	1902	13.70	1.32
General Electric	61¼	2.63	1.78	1.37	1899	14.92	1.40
General Foods	34	2.34	2.23	1.13	1922	14.13	1.40
General Motors	83	3.33	4.69	2.94	1915	33.39	3.40
Goodyear	33½	2.11	2.01	1.04	1937	18.49	0.85
Inter. Harvester	28½	1.16	2.30	1.87	1910	42.06	1.40
Inter. Nickel	31	2.27	2.10	0.94	1934	14.53	1.00
Inter. Paper	33	1.46	2.22	1.76	1946	23.68	1.50
Johns-Manville	39	2.02	2.33	1.62	1935	24.51	1.20
Owens-Illinois	52	3.89	3.69	2.24	1907	43.75	1.35
Procter & Gamble	71	2.91	2.33	1.02	1891	15.41	1.50
Sears Roebuck	68½	3.19	2.87	1.17	1935	23.97	1.55
Std. Oil of Calif.	56	5.78	5.35	3.17	1912	54.79	2.80
Std. Oil of N.J.	72	6.51	5.88	2.90	1882	48.95	3.90
Swift & Co.	42	2.56	1.66	1.33	1934	26.74	0.70
Texaco	32	3.24	2.96	1.34	1903	23.06	1.60
Union Carbide	43½	2.59	2.76	2.52	1918	29.64	2.00
United Aircraft	30½	3.13	4.35	2.79	1936	47.00	1.80
U. S. Steel	29½	3.53	3.81	4.85	1940	65.54	1.60
Westinghouse	96½	3.26	3.44	2.26	1935	33.67	1.80
Woolworth	49	2.47	2.38	1.35	1912	25.47	1.20

[a] hisse senedi kâr payları ve hisse senedi bölünmelerine göre ayarlanmıştır

[b] 30 Haziran 1971'de biten yıl için tipik.

TABLO 14-2 DJIA Hisse Senetlerinin Önde Gelen Rasyoları (30 Eylül 1971)

	Fiyat / Kazanç Eylül 71	Fiyat / Kazanç 1968-70	Cari Temettü Verimi	Kazançta Büyüme 1958-60 1968-70	Cari Varlık / Cari Borçlar*a	Net Cari Varlık / Borçlar*b	Fiyat / Net Aktif Değeri
Allied Chemical	18.3 ×	18.0 ×	3.7%	(–15.0%)	2.1 ×	74%	125%
Aluminum Co. of Am.	10.7	8.8	4.0	149.0%	2.7	51	84
Amer. Brands	10.1	11.8	5.1	64.7	2.1	138	282
Amer. Can	12.4	8.9	6.6	52.5	2.1	91	83
Amer. Tel. & Tel.	10.8	11.0	6.0	55.2	1.1	—[c]	94
Anaconda	5.7	3.9	—	80.0	2.9	80	28
Bethlehem Steel	12.4	8.1	4.7	16.4	1.7	68	58
Chrysler	27.0	10.5	2.1	—[d]	1.4	78	67
DuPont	24.5	21.0	3.2	(–9.0)	3.6	609	280
Eastman Kodak	35.5	35.6	1.5	238.9	2.4	1764	635
General Electric	23.4	34.4	2.3	29.9	1.3	89	410
General Foods	14.5	15.2	4.1	97.3	1.6	254	240
General Motors	24.4	17.6	4.1	59.5	1.9	1071	247
Goodyear	15.8	16.7	2.5	93.3	2.1	129	80
Inter. Harvester	24.5	12.4	4.9	23.0	2.2	191	66
Inter. Nickel	13.6	16.2	3.2	123.4	2.5	131	213
Inter. Paper	22.5	14.0	4.6	26.1	2.2	62	139
Johns-Manville	19.3	16.8	3.0	43.8	2.6	—	158
Owens-Illinois	13.2	14.0	2.6	64.7	1.6	51	118
Procter & Gamble	24.2	31.6	2.1	128.4	2.4	400	460
Sears Roebuck	21.4	23.8	1.7	145.3	1.6	322	285
Std. Oil of Calif.	9.7	10.5	5.0	68.8	1.5	79	102
Std. Oil of N.J.	11.0	12.2	5.4	102.8	1.5	94	115
Swift & Co.	16.4	25.5	1.7	24.8	2.4	138	158
Texaco	9.9	10.8	5.0	120.9	1.7	128	138
Union Carbide	16.6	15.8	4.6	9.5	2.2	86	146
United Aircraft	9.7	7.0	5.9	55.9	1.5	155	65
U. S. Steel	8.3	6.7	5.4	(–21.5)	1.7	51	63
Westinghouse El.	29.5	28.0	1.9	52.2	1.8	145	2.86
Woolworth	19.7	20.5	2.4	76.3	1.8	185	1.90

[a] rakamlar 1970 mali yılı sonu sonuçlarından alınmıştır

[b] rakamlar *Moody's Industrial Manual*(1971)'den alınmıştır

[c] Net cari aktifler için borç bakiyesi

[d] 1958-60 için beyan edilen açık

1. Büyüklük kriteri her şirket için bol bol yeterlidir.
2. Finansal durum toplamda yeterlidir, ancak her şirket için değil.[2]
3. Her şirket en azından 1940'tan sonra biraz kâr payı ödemiştir. Kâr payı kayıtlarından beş tanesi ise bir önceki yüzyıla kadar gider.
4. Son on yılda toplam kazançlar epey istikrarlı olmuştur. 1961- 69 arasındaki refah yıllarında şirketlerin hiçbiri zarar bildirmemiş, ancak Chrysler 1970'de küçük bir açık bildirmiştir.
5. Toplam büyüme -üç yıllık ortalamalarla karşılaştırarak- %77 ya da yaklaşık yılda %6 dır. Ancak beş adet şirket üçte bir oranında büyümemiştir.
6. Yıl sonu fiyatının üç yıllık ortalama kazançlara oranı -tam önerdiğimiz üst sınır- 839'a 55.5$ ya da 15'e 1'dir.
7. Fiyatın net aktif değere oranı 839'a 562'dir -bu da önerdiğimiz 1½'a 1 sınırı içindedir.

Eğer, bu yedi ölçütün aynısını tek tek bütün şirketlere uygulamak isteseydik, sadece beş şirketin *tüm* şartları yerine getirdiğini görürdük. Bunlar American Can, American Tel. & Tel., Anaconda, Swift ve Woolworth olurdu. Bu beş şirketle ilgili toplamlar Tablo 14-3'te görülmüştür. Doğal olarak bu şirketler, geçmiş büyüme hızı hariç, DJIA'nin -bir bütün halinden- çok daha iyi verilere sahiptir.[3]

Sanayi hisse senetlerinin arasından seçilmiş bir gruba uyguladığımız bu kriterler, testlerimizin her birini karşılayan şirket sayısının kayıtlı *tüm* sanayi hisselerinin küçük bir yüzdesi olduğunu gösterir. Biz 1970 sonu itibariyle, yatırımcının tatminkar bir kişisel seçim çeşitliliğine yetecek bu tür yaklaşık 100 hisse senedinin, Standard & Poor's'un *Stock Guide (Hisse Senedi Rehberi)'nde* bulunabileceği tahmin ediyoruz.*

* S & P 500'deki hisse senetlerini büyük ölçüde Graham'in ölçütlerine göre seçecek olan kolay kullanımlı on-line hisse senedi eleyicisi www.quicken.com/investments/stocks/search/full adresinde bulunabilir.

14-3 Belirli Yatırım Kriterlerini Karşılayan DJIA hisseleri (1970 sonu)

	American Can.	American Tel. & Tel	Anaconda	Swift	Woolworth	5 şirketin Ortalaması
Fiyat 31 Aralık 1970	39¾	48⅞	21	30⅛	36½	
Fiyat/kazanç, 1970	11.0 ×	12.3 ×	6.7 ×	13.5 ×	14.4 ×	11.6 ×
Fiyat/kazanç, 3 yıl	10.5 ×	12.5 ×	5.4 ×	18.1 ×[b]	15.1 ×	12.3 ×
Fiyat/defter değeri	99%	108%	38%	113%	148%	112%
Cari aktif/cari pasif	2.2 ×	n.a.	2.9 ×	2.3 ×	1.8 ×[c]	2.3 ×
Net cari aktif / borç	110%	n.a.	120%	141%	190%	140%
İstikrar endeksi [a]	85	100	72	77	99	86
Büyüme [a]	55%	53%	78%	25%	73%	57%

[a] s.338'deki tanıma bakınız.

[b] Swift'in kötü 1870 yılındaki iyi durumunu göz önünde bulundurarak, 1968-70 yetersizliğini yok sayıyoruz.

[c] burada 2 ye 1 in altındaki küçük noksanlık ilave borç finansmanı marjı ile dengelenmiştir.

n.a – uygulanamaz American Tel & Tel'in borcu hisse senedi sermayesinden küçüktü.

Kamu Kurumu "Çözümü"

Kamu kurumu hisse senedi alanına dönecek olursak, yatırımcı için çok daha rahat ve davetkâr bir durumla karşılaşırız. * Burada defansif yatırımcının ihtiyaçlarına uygun olarak değerlendirdiğimiz hisselerin büyük çoğunluğu, performans geçmişi ve fiyat oranları nedeniyle dışarıda bırakılmış gibi görünür. Kamu kurumu hisse senedinde testlerimizden birisini -cari aktiflerin cari pasiflere oranı- dışarıda bırakıyoruz. Bu sektörde büyüme sürekli olarak tahvil ve hisse senedi ihraçları yoluyla finanse edilir. İşletme sermayesi faktörü kendi başına bağımsız hareket eder. Bu nedenle hisse senedi sermayesinin borçlara oranının yeterli olmasını ise gerekli görüyoruz.[4]

Tablo 14-4'te Dow Jones kamu kurumları ortalamasındaki 15 ihracın bir özetini sunuyoruz. Tablo 14-5 de, kıyaslama yapmak amacıyla, New York Borsası listesinden rastgele seçilmiş on beş adet başka kamu sektörü hisse senedinin benzer bir görünümünü verir.

1972 yılı başında, defansif yatırımcı hem performans, hem de fiyat açısından, bizim şartlarımıza uygun çok sayıda kamu hizmeti hisse senedi arasında seçim yapma şansına sahipti. Defansif yatırımcının basit yolla seçtiği hisse senedi yatırımlarından beklediği her şey bu senetlerde de vardı. DJIA'nın temsil ettiği önde gelen sanayi şirketleriyle kıyaslanırsa, bu senetlerin geçmiş büyüme performansları aynı oranda iyiydi, artı yıllık rakamlarda -kazançlar ve aktiflere ilişkin olarak daha düşük fiyat- daha küçük dalgalanmalar vardı. Kâr payı getirisi önemli ölçüde daha yüksekti.

* Graham'in yazdığı tarihte kamu kurumu hisse senetleri içinde ihtisaslaşmış sadece bir adet yatırım fonu –Franklin Utilities- yaygın olarak bulunabiliyordu. Bugün sayıları otuzdan fazladır. Graham iptal edilmiş ve yetkileri alınmış nükleer enerji tesisleri tarafından biçimlendirilen finansal yıkımı tahmin edemezdi; California'daki berbat edilen düzenlemenin sonuçlarını da öngöremezdi. Kamu kurumu hisse senetleri Graham'in zamanına göre çok daha büyük ölçüde değişkendir ve yatırımcıların çoğu bunlara iyi çeşitlendirilmiş, Dow Jones Kamu Hizmetleri Sektörü Endeks Fonu (borsa sembolü:IDU) ya da Seçkin Kamu Kurumları Sektörü SPDR (XLU) fonu gibi düşük maliyetli fonlar aracılığıyla sahip olmalıdırlar. Daha fazla bilgi için bkz. www.ishares.com ve www.spdrindex.com/spdr/. (Brokerinizin kâr paylarınızı yeniden yatırmak için komisyon istemediğinden emin olunuz.)

Denetime tabi birer tekel olarak, bu kamu hizmeti kurumlarının mevcut durumu, tutucu yatırımcı için kesinlikle dezavantajdan çok bir avantajdır. Yasaya göre, sürekli genişlerken ihtiyaç duydukları sermayeyi cezbetmek için yeterince yüksek faiz oranları uygulama yetkileri vardır. Bu durum şişirilmiş maliyetlerin yeterince dengelendiğini ima eder. Denetim prosedürü çoğu zaman hantal ve ağır işlese de, yıllar boyunca kamu kurumu hisse senetlerinin artan yatırılmış sermaye üzerinden makul getiriler elde etmesini engellemedi.

TABLO 14-4 Dow Jones Kamu Hizmeti Hisse Senedi Ortalaması İçindeki 15 Hisse Senedinin Verileri (30 Eylül 1970)

	Fiyat 30 Eylül 1971	Kazanç*a	Temettü	Defter Değeri	Fiyat / Kazanç	Fiyat / Defter	Temettü Verimi	Hisse Başına Kar 1960 / 1970
Am. Elec. Power	26	2.40	1.70	18.86	11×	138%	6.5%	+87%
Cleveland El. Ill.	34¾	3.10	2.24	22.94	11	150	6.4	86
Columbia Gas System	33	2.95	1.76	25.58	11	129	5.3	85
Commonwealth Edison	35½	3.05	2.20	27.28	12	130	6.2	56
Consolidated Edison	24½	2.40	1.80	30.63	10	80	7.4	19
Consd. Nat. Gas	27¾	3.00	1.88	32.11	9	86	6.8	53
Detroit Edison	19¼	1.80	1.40	22.66	11	84	7.3	40
Houston Ltg. & Power	42¾	2.88	1.32	19.02	15	222	3.1	135
Niagara-Mohawk Pwr.	15½	1.45	1.10	16.46	11	93	7.2	32
Pacific Gas & Electric	29	2.65	1.64	25.45	11	114	5.6	79
Panhandle E. Pipe L.	32½	2.90	1.80	19.95	11	166	5.5	79
Peoples Gas Co.	31½	2.70	2.08	30.28	8	104	6.6	23
Philadelphia El.	20½	2.00	1.64	19.74	10	103	8.0	29
Public Svs. El. & Gas	25½	2.80	1.64	21.81	9	116	6.4	80
Sou. Calif. Edison	29¼	2.80	1.50	27.28	10	107	5.1	85
Average	28½	2.66	1.71	23.83	10.7×	121%	6.2%	+65%

[a] 1971 için tahmin edilen.

TABLO 14-5 Kamu Hizmeti Hisse Senetlerinin İkinci Listesi (30 Eylül 1970)

	Fiyat 30 Eylül 1971	Kazanç	Temettü	Defter Değeri	Fiyat / Kazanç	Fiyat / Defter	Temettü Verimi	Hisse Başına Kar 1960 / 1970
Alabama Gas	15½	1.50	1.10	17.80	10 ×	87%	7.1%	+34%
Allegheny Power	22½	2.15	1.32	16.88	10	134	6.0	71
Am. Tel. & Tel.	43	4.05	2.60	45.47	11	95	6.0	47
Am. Water Works	14	1.46	.60	16.80	10	84	4.3	187
Atlantic City Elec.	20½	1.85	1.36	14.81	11	138	6.6	74
Baltimore Gas & Elec.	30¼	2.85	1.82	23.03	11	132	6.0	86
Brooklyn Union Gas	23½	2.00	1.12	20.91	12	112	7.3	29
Carolina Pwr. & Lt.	22½	1.65	1.46	20.49	14	110	6.5	39
Cen. Hudson G. & E.	22¼	2.00	1.48	20.29	11	110	6.5	13
Cen. Ill. Lt.	25¼	2.50	1.56	22.16	10	114	6.5	55
Cen. Maine Pwr.	17¾	1.48	1.20	16.35	12	113	6.8	62
Cincinnati Gas & Elec.	23¼	2.20	1.56	16.13	11	145	6.7	102
Consumers Power	29½	2.80	2.00	32.59	11	90	6.8	89
Dayton Pwr. & Lt.	23	2.25	1.66	16.79	10	137	7.2	94
Delmarva Pwr. & Lt.	16½	1.55	1.12	14.04	11	117	6.7	78
Average	23½	2.15	1.50	21.00	11 ×	112%	6.5%	+71%

Defansif yatırımcı için bugün kamu kurumu hisse senetlerinin esas çekiciliği, defter değerine yakın ılımlı bir fiyata bulunabilir olmalarıdır. Yatırımcı isterse borsa değerlendirmelerine kayıtsız kalabilir ve aslında kendisini iyi kurulmuş ve iyi kazanan işletmelerin kısmi ortağı olarak değerlendirebilir. Uygun zamanlarda piyasa fiyat kotasyonları onun faydalanması için her zaman -ya olağanüstü düşük seviyelerdeki çekici alımlar için, ya da fiyatların kesinlikle çok yüksek göründüğü zamanlar satışlar için-mevcuttur.

Kamu kesimi endekslerinin piyasa performans kayıtları -diğer grupların yanında Tablo 14-6'da yoğunlaştırılmış- geçmişte bu yatırımlarda bol miktarda kâr imkânları olduğunu gösterir. Bu yükseliş, sanayi endeksindeki kadar büyük olmasa da, bireysel olarak kamu kesimi hisse senetleri, bahsi geçen dönemlerin çoğunda, diğer gruplara kıyasla daha fazla fiyat istikrarı göstermiştir.*

Bu tabloda sanayinin ve kamu kesiminin ilgili fiyat / kazanç oranlarının son yirmi yılda yer değiştirdiğini gözlemlemek çarpıcıdır. Ancak bu değişiklikler pasif yatırımcıdan çok, aktif yatırımcı için anlamlıdır. Bu bize defansif portföylerin bile zaman zaman değiştirilmesi gerektiğini söyler -özellikle de satın alınan senetler fazla değer artışı gösteriyorsa ve çok daha makul fiyatlı hisseler bunların yerine satın alınabiliyorsa- Eyvah! bu durumda sermaye kazancı vergisi doğacaktır -ki bu tipik yatırımcı için kıyametin kopması demek. Eski dostumuz deneyim, bize burada hisse satmayıp pişman olmak yerine, satıp vergi ödemenin daha iyi olduğunu söyler.

* Can sıkıcı görünen Standard & Poor's Kamu Kesimi Endeksinin yere göğe sığdırılamayan NASDAQ Bileşik Endeksini 31 Aralık 2002'de biten 30 yılda aşmış olması Graham'in görüşünün dikkat çekici bir teyididir.

TABLO 14-6 Muhtelif Standard & Poors Ortalamalarında Fiyat ve Fiyat / Kazanç Rasyolarının Gelişimi (1948 -1970)

	Sanayi		Demiryolları		Kamu Hizmeti	
Yıl	Fiyat	F / K	Fiyat	F / K	Fiyat*a	F/K
1948	15.34	6.56	15.27	4.55	16.77	10.03
1953	24.84	9.56	22.60	5.42	24.03	14.00
1958	58.65	19.88	34.23	12.45	43.13	18.59
1963	79.25	18.18	40.65	12.78	66.42	20.44
1968	113.02	17.80	54.15	14.21	69.69	15.87
1970	100.00	17.84	34.40	12.83	61.75	13.16

[a] fiyatlar yılın kapanış fiyatlarıdır.

Finansal İşletmelerin Hisse Senetlerine Yatırım

Birbirinden çok farklı kuruluşlar "finansal şirketler" başlığı altında sıralanabilirler. Bunlara bankalar, sigorta şirketleri, tasarruf ve kredi sandıkları, tüketici kredisi veren kuruluşlar ve "yatırım şirketleri" (örn. Yatırım fonları) de dahildir. * Aktiflerinin maddi -duran varlıklar ve mal stokları gibi- biçiminde oluşu bu girişimlerin ortak karakteridir, öte yandan bu kategorilerin çoğu hisse senedi sermayelerini çok aşan kısa vadeli taahhütlere sahiptirler. Bu nedenle tipik imalatçı ya da ticari bir işletmeye kıyasla, güçlü finansal yapı şartı, daha önemlidir. Sektör buna tedbir olarak, muhtelif yasal düzenleme ve denetleme biçimleri geliştirmiştir.

Genellikle finansal kurumların hisseleri, diğer hisselere benzer yatırım sonuçları üretmişlerdir. Tablo 14-7 Standard & Poor's'un borsa fiyatı endekslerinde temsil edilen altı grubun 1948

* Bugün finansal-hizmetler endüstrisi ticari bankaları da kapsayan daha da fazla bileşenden meydana gelmiştir; tasarruf, kredi ve mortgage finansman şirketleri; kredi kartı kuruluşları gibi tüketici finans firmaları; yatırım uzmanları ve vakıf şirketleri; yatırım bankaları ve bankerler; sigorta şirketleri; gayrimenkul yatırım ortaklıkları dahil gayrimenkul geliştirmek ve sahip olmak ile ilgilenen firmalar. Bugün sektör çok daha çeşitlenmiş olsa da, Graham'in finansal sağlamlığa ilişkin uyarıları çok daha fazla geçerlidir.

ile 1970 arasındaki fiyat değişikliklerini gösterir. 1941-1943 döneminin ortalaması 10 olarak alınır; temel seviye budur.

TABLO 14-7 1948-1970 Muhtelif Finans Şirketleri Hisse Senetlerinin Karşılaştırmalı Fiyat Hareketleri (1948 -1970)

	1948	1953	1958	1963	1968	1970
Hayat sigortası	17.1	59.5	156.6	318.1	282.2	218.0
Eşya ve mali sorumluluk sigortası	13.7	23.9	41.0	64.7	99.2	84.3
New York Bankaları	11.2	15.0	24.3	36.8	49.6	44.3
New York dışı Bankalar	16.9	33.3	48.7	75.9	96.9	83.3
Finans Şirketleri	15.6	27.1	55.4	64.3	92.8	78.3
Tüketici Kredisi Kurl	18.4	36.4	68.5	118.2	142.8	126.8
Standard & Poor's	13.2	24.8	55.2	75.0	103.9	92.2

[a]yıl sonu rakamları Standard & Poor's borsa fiyatı endeksleri.
1941-1943ortalaması = 10.

1970 yıl sonu rakamları 9 adet New York bankası için 44.3, 11 adet hayat sigortası hisse senedi için 218 olmuştu. Daha eski dönemler boyunca fiyat hareketlerinde kayda değer farklılıklar vardı. Örneğin, New York banka hisse senetleri 1958 ile 1968 arasında çok iyi iş yaptı; göz alıcı hayat sigortası grubu ise gerçekte kötüye gitti. Bu çapraz hareketlere Standard & Poor's endekslerindeki çok sayıda sanayi grubunun bir kısmında belki de çoğunda rastlayabilirsiniz.

Bu geniş yatırım alanında -sanayi ve kamu hizmeti sektörü kazanç ve defter değerine ait aynı aritmetik fiyat standartlarının, bu grup şirketlerinin seçiminde de uygulanabileceğini önermenin dışında- yardımcı olabilecek başka bir görüşe sahip değiliz.

Demiryolu Hisse Senetleri

Demiryolu hisse senetleri kamu hizmeti yapan kuruluşların hisse senetlerinden çok farklı bir alandır. Bunları elde tutanlar keskin rekabet ile katı kuralların birleşiminden ciddi bir biçimde ızdırap çekmişlerdir. (Doğal olarak işçilik maliyeti sorunu da zor olmuştur, fakat bu durum demiryolları ile sınırlı değildir.) Arabalar, otobüsler ve hava yolları, yolcu işlerinin çoğundan çekilmişler ve geriye kalanı oldukça kârsız bırakmışlardır; kamyonlar onların nakliye trafiğinin çoğunu almıştır. Ülkedeki demiryollarının yarısından fazlası, son elli yılda pek çok defa iflas etmiştir (ya da "kayyuma" devredilmiştir).

Fakat bu elli yıl, nakliyeciler için tamamen yokuş aşağı gitmiş değildir. Bu sanayinin özellikle savaş yıllarında zengin dönemleri olmuştur. Bazı demiryolları ise genel güçlüklere rağmen, kazanma güçlerini ve kâr paylarını korumayı başarmıştır.

Standard & Poor's endeksi 1942'nin en düşüğü ile 1968'in en yükseği arasında yedi kat artmıştır, bu kamu hizmeti hisse senetlerindeki artış yüzdesinin çok altında değildir. 1970'te en önemli demiryolumuz olan Penn Central Transportation Co.'nun iflası finans dünyasını şaşırtmıştır. Sadece bir iki yıl öncesinde, uzun bir geçmişe sahip şirketin hisse senedi en yükseğe yakın bir fiyattan satılmıştır ve 120 yıldan fazla bir süre boyunca devamlı kâr payı ödemiştir! (yetenekli bir öğrencinin, şirketin bünyesinde gelişen zaafları nasıl saptayabileceğini ve hisselerini almaya karşı nasıl uyardığını göstermek için aşağıda bu demiryolunun kısa bir analizini sunuyoruz.) Demiryolu sektörü hisseleri, bu finansal felaketten bütün olarak ciddi oranda etkilenmiştir.

Tüm hisse senedi grupları hakkında genel tavsiyelerde bulunmak çoğu zaman sağlıklı değildir ve çok sayıda suçlamaya karşı aynı sayıda itiraz vardır. Tablo 14-6'da demiryolu hisse fiyatlarına ilişkin kayıtlar bir bütün olarak grubun büyük kârlar elde etme şansını sık sık sunduğunu gösterir. (Fakat biz büyük yükselişlerin kendi içlerinde büyük ölçüde dayanaksız olduğunu düşünüyoruz.) Önerimizi şununla sınırlayalım: Yatırımcının demiryolu hissesi sahibi olmasını gerektiren zorlayıcı bir neden yoktur; yatırımcı herhangi bir demiryolu hissesi almadan önce, parasını bunun yerine başka bir şey alarak harcamanın mantıksız olacağı kadar değer kazanacağından emin olmalıdır.*

Defansif Yatırımcı İçin Seçicilik

Her yatırımcı, kendi yatırım listesinin, ortalamadan daha iyi ve daha umut verici olmasını ister. Bu nedenle okuyucu kendisine becerikli bir danışman ya da bir menkul kıymet analisti bulduğu zaman, üstün nitelikli bir yatırım paketi sunacağından emin olmalıdır. Okuyucu, "aslına bakılırsa, burada özetlediğiniz kurallar basit ve kolay uygulanır. İleri derecede eğitimli bir analist Dow Jones listesinden daha iyi bir performans için tüm becerisini ve tekniğini kullanmak zorundadır. Eğer öyle değilse tüm istatistikler, hesaplamalar ve itiraz kabul etmez kararlar ne işe yarar?" diyebilir.

Pratik bir test olarak, 1970 yılı sonunda yüz adet menkul kıymet analistine Dow Jones Ortalaması içinden satın alınabilecek "en iyi" beş hisse senedini sorduğumuzu varsayalım. Çok azı benzer seçimler yapardı ve listelerin çoğu birbirinden tamamen farklı olurdu.

Bu başlangıçta görüldüğü kadar şaşırtıcı bir şey değildir. Bunun altında yatan neden önde gelen her hisse senedinin cari fiyatının, finansal kayıtlardaki dikkat çekici faktörleri, artı gelecek beklentilerine ilişkin genel görüşü iyi yansıttığıdır. Bu nedenle, her analistin bir hisse senedinin diğerlerinden daha iyi olduğu görüşü, büyük ölçüde kişisel taraf tutmaya, beklentilere, ya da değerlendirme çalışmasında belirli bir dizi faktör yerine, başka bir dizi faktöre vurgu yapmasından doğmalıdır. Şayet tüm analistler ayni hisse senedinin en iyi olduğu görüşüne sahip olsalar-

* Şimdi Burlington Northern, CSX, Norfolk Southern ve Union Pacific dahil geride sadece birkaç demiryolu hisse senedi kalmıştır. Bu bölümdeki tavsiye en azından bugün hava yolları için–devasa cari zararlar ve yarım asırlık kesintisiz kötü sonuçlarıyla- geçerli olduğu kadar Graham'in zamanında demiryolları için geçerliydi.

dı, o senet hızla daha önceki avantajlarını telafi edecek bir fiyata yükselirdi.*

Cari fiyatın, bilinen faktörleri ve aynı zamanda gelecek beklentilerini yansıttığına ilişkin açıklamamızın amacı, piyasada uygulanan ikili değer yaklaşımını vurgulamaktı. Bu iki tür değer unsuruna, menkul kıymet analizine ait iki temel ve farklı yaklaşım karşılık gelir. Emin olmak için her kıdemli analist geriye geçmişe bakmak yerine, geleceğe bakar ve yaptığı çalışmanın ne *olduğuna* değil ne *olacağına* bağlı olarak, iyi ya da kötü sonuç vereceğini anlar. Buna karşılık, geleceğe de iki farklı yoldan varılır; bunlardan biri *tahmin* yolu (ya da projeksiyon) ve diğeri *koruma* yoludur. **

Tahmin yolunu öne çıkaranlar, şirketin gelecek yıllarda neyi başaracağını -özellikle kazançların belirgin ve kalıcı bir büyüme gösterip gösteremeyeceğini- az çok kesin bir biçimde tahmin etmeye gayret edeceklerdir. Bu sonuçlar sanayide, arz ve talep gibi faktörlerin -ya da hacim, fiyat ve maliyet- dikkatle incelenmesine dayanır, ya da geçmiş büyüme çizgisinin geleceğe naif bir biçimde yansıtılmasından elde edilir. Eğer bu yetkililer, oldukça uzun dönem beklentilerinin, alışılmadık biçimde olumlu olduğuna inanırlarsa, neredeyse her zaman satış fiyatına pek aldırış etmeksizin, hisse senedi alımını tavsiye edeceklerdir. Örneğin, hava

* Graham her bir hisse senedinin fiyatının şirketle ilgili mevcut tüm bilgiyi birleştirdiğini iddia eden "verimli piyasalar hipotezini" özetlemektedir. Piyasayı her gün aşındıran milyonlarca yatırımcıyla birlikte, ciddi yanlış fiyatlandırmaların uzun süre kalması pek mümkün değildir. Eski bir fıkra kaldırımda yürüyen iki finans profesörünü anlatır; biri yerde gördüğü 20$'lık bir banknot almak için eğildiğinde diğeri onun kolunu tutar ve "uğraşma, o gerçekten 20$ olsaydı birisi onu çoktan almış olurdu," der. Piyasa mükemmel bir verimlilikte olmasa da çoğu zaman ona oldukça yakındır –böylelikle akıllı yatırımcı borsanın 20$'lık banknotlarını almak için eğilecek ama bunu ancak onları ayrıntılı olarak inceledikten ve alım satımlarının ve vergilerinin maliyetini asgariye indirdikten sonra yapacaktır.

** Bu Graham'in kitabının temel görüşlerinden biridir. Tüm yatırımcılar zalim bir ironiye bağlı olarak çalışırlar: Bugünün *içinde* ama gelecek *için* yatırırız. Maalesef gelecek neredeyse tamamen belirsizdir. Enflasyon ve faiz oranları güven vermez; ekonomik durgunluk dönemleri gelişigüzel başlar ve biter; savaş gibi jeopolitik ani değişiklikler, mal kıtlığı ve terörizm uyarmadan gelir ve münferit şirketlerin ve onların sanayi kollarının kaderi sıklıkla çoğu yatırımcının beklentisinin tersine oluşur. Bu yüzden *projeksiyon* temelinde yatırım yapmak abesle iştigaldir; sözde uzmanların tahminleri bile yazı tura atmaktan daha az güvenilirdir. Pek çok insan için *koruma* temelinde –bir hisse senedine aşırı ödeme yapmaktan ve kendi kararının niteliğine aşırı güven duymaktan koruma- yatırım yapmak en iyi çözümdür. Graham bu konuyu Bölüm 20'de genişletir.

nakliyat hisse senetlerindeki genel yaklaşım -1946'dan sonra sık sık görülen acıklı ve kötü sonuçlara rağmen yıllarca ısrarla süren yaklaşım- böyleydi. Giriş bölümünde bu sanayinin güçlü fiyat hareketine kıyasla, hayal kırıklığı yaratan gelirler sicili arasındaki uyumsuzluğu açıklamıştık.

Buna karşılık *koruma* yaklaşımını savunanlar, inceleme sırasındaki hisse fiyatıyla özellikle ilgilenirler. Esas çabaları mevcut değerin, piyasa değerinin üzerinde önemli bir marjı -gelecekteki olumsuz gelişmeleri içine alabilecek bir marj- olduğundan emin olmaktır. Genel olarak şirketin ilerleme kaydedeceği konusunda makul bir güven duymaları yeterlidir ve şirketin uzun vadeli beklentilerini merak etmeleri gerekmez.

Birinci, yada tahmin edici yaklaşıma, beklentileri, yönetimi ve nitelik başlığı altındaki diğer ölçülemeyen ama çok önemli faktörler nedeniyle, niteliksel (kalitatif) yaklaşım da denir. İkinciye, yani koruyucu yaklaşıma, satış fiyatı ile kazançlar, aktifler, kâr payları vb. arasındaki ölçülebilen ilişkileri vurguladığı için, niceliksel ya da sayılara dayalı yaklaşım denir. Sayısal ağırlıklı yöntem, yatırım için sağlam tahvil ve imtiyazlı hisse senedi seçmek amacıyla yapılan menkul kıymet analizinin -adi hisse senetleri alanına doğru - bir uzantısıdır.

Biz kendi yaklaşımımızda ve profesyonel çalışmada her zaman sayı ile ifade edilen niceliksel yönteme bağlı kalmıştık. Başından itibaren paramızın somut, ispat edilir koşullarda değer elde ettiğinden emin olmak istedik. Geleceğin beklenti ve vaatlerini eldeki yetersiz değerin karşılığı olarak kabul etmeye razı değildik. Yatırım otoriteleri arasında standart bir bakış açısı olmamıştır; aslına bakılırsa çoğunluk muhtemelen, beklentiler, yönetim kalitesi, diğer maddi olmayan değerler ve "insan faktörü"nün, geçmiş kayıtlara ait herhangi bir çalışmaya, bilançoya ve tüm diğer soğuk sayılara ağır bastığı görüşünü paylaşır.

Bu nedenle "en iyi" hisse senedini seçme konusu, aslında oldukça ihtilaflı bir konudur. Defansif yatırımcıya tavsiyemiz bu işi kendi haline bırakmasıdır. Bireysel seçimden ziyade, çeşitliliği öne çıkarmalıdır. Evrensel olarak kabul edilen "çeşitlilik" görüşü, iddialı seçicilik talebini kabul etmez. Eğer kişi en iyi hisse senetlerini hatasızca seçebilseydi, yalnızca çeşitlendirme yapınca bile kaybederdi. Yine de defansif yatırımcı için önerilen hisse senedi seçiminin dört genel kurallarının sınırları içinde, daha özgür bir tercih yapmaya yer vardır. En kötü ihtimalle böylesi tercih tutkusundan bir zarar gelmez; bunun ötesinde, sonuçlara faydalı bir şeyler katabilir. Teknolojik gelişmelerin şirketlerin uzun vadeli sonuç üzerinde artan etkisiyle, yatırımcı bunları hesaplarının dışında bırakamaz. Yatırımci, başka yerde olduğu gibi, burada da kayıtsız kalmakla, fazla önem vermek arasında bir orta-nokta aramalıdır.

ON DÖRDÜNCÜ BÖLÜM ÜZERİNE YORUMLAR

Her kim risksiz kazançlara dayanırsa, büyüyüp zenginleşmesi çok zordur ve her kim her şeyini maceraya yatırırsa çoğu zaman batar ve yoksullaşır. Dolayısıyla, en iyisi, maceraları, kayıpları durdurabilen kesin olan şeylerle desteklemektir.

-Sir Francis Bacon

FAALİYETE GEÇMEK

Hisse senedi seçimi işinin özünü nasıl ele almalısınız? Grahami, defansif yatırımcının "en basit şekilde" Dow Jones Sanayi Ortalaması'ndaki her hisse senedini alabileceğini öne sürer. Günümüzün defansif yatırımcısı -esasında sahip olmaya değer her hisse senedini elinde tutan toplam borsa endeks fonunu satın alarak- daha da başarılı olabilir. Düşük maliyetli bir endeks fonu, az bakım gerektiren hisse senedi yatırımı için yaratılmış en iyi araçtır -ve onun üzerinde iyileştirme yapacak her çaba gerçekten defansif bir yatırımcının üstlenebileceğinden daha fazla çalışmayı gerektirir (ve daha fazla riske ve daha yüksek maliyete maruz kalır).

Kendi hisse senetlerinizi araştırmanız ve seçmeniz şart değildir; birçok insan için bu önerilmez bile. Fakat bazı defansif yatırımcılar, çeşitlilik ve tek tek hisse senedi seçmenin entelektüel mücadelesinden hoşlanırlar -ve düşen bir piyasada hayatta kaldıysanız ve *hâlâ* hisse senedi seçmekten hoşlanıyorsanız, Graham'in ya da benim söyleyeceğim hiçbir şey kararınızı değiştiremez. Bu durumda, toplam bir borsa endeks fonunu tüm portföyünüz haline getirmek yerine, onu portföyünüzün temeli yapın. Bir kez bu temeli yerleştirdikten sonra kendi hisse senedi seçimlerinizle uçlarda denemeler yapabilirsiniz. Hisse senedine ayırdığınız paranın %90'ını endeks fonunda tutun, geriye kendi hisse senedinizi seçmeye çalışacağınız %10'u bırakın. Ancak bu sağlam çekirdeği inşa ettikten sonra inceleyebilirsiniz. (Bu denli geniş çeşitlendirmenin neden böylesine önemli olduğunu öğrenmek için lütfen aşağıdaki bilgi kutusuna bakınız.)

NEDEN ÇEŞİTLİLİK

1990'ların yükselen piyasası boyunca çeşitlendirmeye ilişkin en yaygın eleştirilerden biri yüksek getiri potansiyelinizi düşürdüğüdür. Bununla birlikte, bir sonraki Microsoft'u tanımlayabilirseniz tüm yumurtaları aynı sepete koymak sizin için anlamlı olmaz mı?

Evet tabi. Mizahçı Will Rogers'ın bir zamanlar dediği gibi, "Kumar oynamayın. Tüm tasarrufunuzu alın ve biraz iyi hisse senedi satın alın ve onları yükselinceye kadar elinizde tutun sonra satın. Yükselmiyorsa satın almayın."

Fakat Rogers'in bildiği gibi, 20/20 öngörü çoğu yatırımcıya bahşedilmiş bir armağan değildir. Ne kadar kendimize güvenirsek güvenelim satın aldığımız anın *sonrasına* kadar bir hisse senedinin yükselip yükselmeyeceğini bilmenin bir yolu yoktur. Bu nedenle "sonraki Microsoft" olduğunu düşündüğünüz hisse senedi bunun yerine sonuçta "bir sonraki MicroStrategy olabilir. (Piyasanın bu eski yıldızı Mart 2000'de hisse başı 3.130$'dan 2002 sonunda 15.10$'a gitmiştir, bu geleceğe ait %99,5 zarardır.)[1] Paranızı birçok hisse senedi ve sektör arasında dağıtmak, yanılma riskine karşı en güvenilir sigortadır.

Lakin çeşitlendirme sadece yanılma ihtimalinizi minimize etmez. Ayrıca haklı çıkma ihtimalinizi de maksimize eder. Uzun yıllar boyunca bir avuç hisse senedi %10000 ya da daha fazla yükselen "süper hisse senedi"ne dönüşür. *Money* dergisi 2002'de sona eren 30 yıl boyunca en iyi performans gösteren 30 hisse senedini tanımlamıştır -ve 20/20 songörü ile bile liste şaşırtıcı bir biçimde önceden tahmin edilemez. Bol miktarda teknoloji ve sağlık hizmetleri hisse senetleri yerine, Southwest Airlines, Worthington Steel, Dollar General indirim mağazaları ve içimlik-tütün yapan UST Inc.'ı kapsar.[2] 1972'de bu hisse senetlerinden herhangi birini satın alarak büyüyebileceğinizi düşündüyseniz, kendinizi kandırmışsınızdır.

Şöyle düşünün: Dev piyasa samanlığında gerçekten devasa kazanımlar oluşturmaya ancak çok az sayıda iğne devam edecektir. Saman yığınının giderek daha büyük kısmına sahip oldukça, sonunda bu iğnelerden en az bir tane bulma şansınız yükselir. Tüm saman yığınına sahip olarak (ideal olarak tüm ABD borsasını izleyen bir endeks fonu aracılığıyla) her iğneyi bulabileceğiniz için, tüm süper hisse senetlerinin getirilerini ele geçireceğinizden emin olursunuz. Özellikle de defansif bir yatırımcı iseniz, tüm saman yığınına sahip olabilirken neden iğneleri arayasınız?

1 Hisse senedi bölünmelerine göre ayarlanmıştur. Birçok insan için MicroStrategy 2000 başlarında gerçekten bir sonraki Microsoft gibi görünüyordu; hisse senetleri 1999'da %566.7 değer kazanmış ve genel başkanları Michael Saylor "geleceğimiz bugün 18 ay öncesinden daha iyidir" demişti. ABD Hisse Senetleri ve Borsa Komisyonu daha sonra MicroStrategy'yi muhasebe hilesi yapmakla suçlamış ve Saylor suçlamaların karşılığı olarak 8.3 milyon dolar ceza ödemişti.

2 Jon Birger, "The 30 Best Stocks" ("En iyi 30 hisse senedi"), *Money*, Sonbahar 2002, s.88-95.

DENEME DENEME

Graham'in hisse senedi seçme kriterlerini kısaca güncelleştirelim.

Yeterli büyüklük. Bugünlerde "küçük şirketleri dışarıda bırakmak için" defansif yatırımcıların çoğu toplam piyasa değeri 2 milyar doların altında olan hisse senetlerinden uzak durmalıdır. 2003 başında Standard & Poor's 500 hisse senedini içinden seçmek için size geride 437 şirket kalıyordu.

Fakat bugünün defansif yatırımcıları -Graham'in zamanından farklı olarak- küçük hisse senetlerinde uzmanlaşmış bir yatırım fonu satın alarak, kolaylıkla küçük şirketlere sahip olabilirler. Yine aktif fonların Ariel, T.Rowe Price, Royce ve Third Avenue gibi firmalardan makul maliyetlerde bulunabilmelerine rağmen, Vanguard Small-Cap Endeksi gibi bir endeks ilk seçimleridir.

Güçlü finansal yapı. Morgan Stanley'den Steve Galbraith ve Jay Lasus gibi piyasa stratejistlerine göre 2003 başında S & P 500 endeksindeki yaklaşık 120 şirket Graham'in 2 ye 1 cari oran testini geçtiler. Cari pasiflerinin en az iki katı olan cari aktifleriyle bu firmaların onları zor zamanlarda ayakta tutması gereken işletme sermayesinden oluşan büyük destekleri -ortalama- vardı.

Wall Street içinde her zaman acı ironiler barındırmıştır ve büyüme sağlayan hisse senedi balonunun patlaması sarhoşluk yaratmıştır: 1999 ve 2000'de, ileri-teknoloji, bio-teknoloji ve telekomünikasyon hisse senetlerinin "agresif büyüme" sağlaması gerekiyordu ve yatırımcıların çoğu bunun yerine, agresif bir daralma yaşadı. Fakat 2003'ün ilk aylarında dönüp dolaşıp aynı noktaya gelinmişti ve agresif artış sağlayan bu hisse senetlerinin çoğu finansal olarak tutucu -işletme sermayesi yüklenmiş, nakitte zengin ve sıklıkla borçsuz- hale gelmişlerdi. Aşağıdaki tablo bir örneklemedir:

ŞEKİL 14-1 Yeni Olan Her Şey Yine Eski

Şirket	Cari (CV) Varlıklar	Cari (CB) Borçlar	CV/CB	Uzun Vadeli Borçlar (UVB)	UVB / İşletme Sermayesi
Applied Micro Circuits	1091.2	61.9	17.6	0	none
Linear Technology	1736.4	148.1	11.7	0	none
QLogic Corp.	713.1	69.6	10.2	0	none
Analog Devices	3711.1	467.3	7.9	1274.5	0.39
Qualcomm Inc.	4368.5	654.9	6.7	156.9	0.04
Maxim Integrated Products	1390.5	212.3	6.5	0	none
Applied Materials	7878.7	1298.4	6.1	573.9	0.09
Tellabs Inc.	1533.6	257.3	6.0	0.5	0.0004
Scientific-Atlanta	1259.8	252.4	5.0	8.8	0.01
Altera Corp.	1176.2	240.5	4.9	0	none
Xilinx Inc.	1108.8	228.1	4.9	0	none
American Power Conversion	1276.3	277.4	4.6	0	none
Chiron Corp.	1393.8	306.7	4.5	414.9	0.38
Biogen Inc.	1194.7	265.4	4.5	39	0.04
Novellus Systems	1633.9	381.6	4.3	0	none
Amgen Inc.	6403.5	1529.2	4.2	3039.7	0.62
LSI Logic Corp.	1626.1	397.8	4.1	1287.1	1.05
Rowan Cos.	469.9	116.0	4.1	494.8	1.40
Biomet Inc.	1000.0	248.6	4.0	0	none
Siebel Systems	2588.4	646.5	4.0	315.6	0.16

Tüm rakamlar milyon dolar olarak en son 31.12.2002 finansal tablolarından alınmıştır. İşletme sermayesi cari aktifler eksi cari pasiflerdir.

Uzun vadeli borç imtiyazlı hisse senetleri dahil, ertelenmiş vergi borçları hariçtir.

Kaynaklar: Morgan Stanley; Baseline; www.sec.gov adresinde EDGAR veritabanı.

1999'da bu şirketlerin çoğu yüksek potansiyel büyüme vaadleriyle piyasanın sevilenleri arasında en ateşli olanlardı. 2003 başında gerçek değerin sağlam kanıtını sundular.

Buradan çıkartılan ders bu hisse senetlerinin "güvenli oldukları" ya da koşup bu tablodakilerin hepsini (ya da herhangi birisini) alabileceğiniz anlamına gelmez.[1] Aksine defansif yatırımcının, düşen bir piyasanın enkazı içinden sabırlı ve serinkanlı davranarak her zaman zenginleşmiş olarak çıkabileceğini kavramalısınız. Graham'in finansal güçlülük kriteri hâlâ işlemektedir: Cari aktifleri cari pasiflerinin en az iki katı olan, uzun vadeli borçları işletme sermayesini geçmeyen, çeşitlendirilmiş bir hisse senedi sepeti oluşturursanız sonuçta dayanıklılık gücü yüksek bir grup geleneksel hisse senedi elde edersiniz. Bugün en iyi değerler, bir tarihte sıcak olan ve ondan sonra soğuğa dönen hisse senetlerinde bulunur. Tarih boyunca bu tür hisse senetleri defansif yatırımcının istediği güvenlik marjını çoğu zaman sağlamıştır.

Kazanç istikrarı. Morgan Stanley'e göre S & P 500 endeksindeki şirketlerin %86'sı 1993'ten 2002'ye kadar geçen her yılda pozitif kazanca sahip olmuştur. Demek ki Graham'in "son on yılın her bir yılında hisse senetlerinden bir miktar kazanç sağlanmış olması" ısrarı geçerli bir test olmaya -kronik zarar edenleri elimine etmeye yeterli olsa da, gerçekçi olmayacak denli küçük bir örnek seçmenizi pek o kadar sınırlamaz- devam etmektedir.

Kâr payı sicili. 2003 başında Standard & Poor's a göre S & P 500'deki 354 şirket (ya da tamamının %71'i) kâr payı ödemesi yapmıştı. En az 255 şirket ard arda en az 20 yıl boyunca kâr payı ödemişti ve S & P'ye göre, endeksteki 57 şirket en az arda arda gelen en az 25 yılda kâr paylarını *yükseltmiştir*. Bu sonsuza kadar böyle yapacaklarının garantisi değildir, ama rahatlatıcı bir işarettir.

Kazançların büyümesi. S & P 500'deki şirketlerden Graham'in gerekli gördüğü gibi 2002'de sonlanan 10 yılda kaç şirket hisse başı kazancını "en az üçte bir" arttırmıştır? (Her şirketin 1991 den 1993'e kadar olan kazancının ortalamasını alacağız ve sonra 2000 ile 2002 yılları arasındaki ortalama kazancın bundan en az %33 daha yüksek olup olmadığını belirleyeceğiz.) Morgan Stanley'e göre S & P 500'deki 264 şirket bu testi geçti. Fakat burada Graham oldukça alçak bir engel koymuş gibi görünüyor; on yıllık %33 kümülatif büyüme ortalama yıllık büyümenin %3'ten

[1] Siz bunu okuduğunuzda çoğu 2002 yılının bitiminden sonra değişmiş olacaktır.

az olması demektir. Hisse başı kazançtaki kümülatif büyümenin en az %50 -ya da yıllık ortalama %4artış- olması biraz daha az tutucudur. S & P 500 endeksinde en az 245 şirket 2003 başlarında, defansif yatırımcıya içinden seçebileceği geniş bir liste bırakarak, bu kriteri karşılıyordu. (Şayet kümülatif büyüme çıtasını ikiye katlayıp %100 yapar, ya da ortalama yıllık ortalama büyümeyi %7'ye çıkartırsanız, 198 şirket devre dışı kalır.)

Ilımlı Fiyat/Kazanç oranı. Graham son üç yılda cari fiyatı, kazançlarının 15 katından fazla olmayan hisse senetleriyle kendinizi sınırlamanızı önerir. Akıl almaz bir biçimde, bugün Wall Street'te geçerli uygulama, hisse senetlerini cari fiyatlarını "gelecek yılın kazançları" denen bir şeye bölerek değerlendirmektir. Bu zaman zaman "ileri Fiyat/kazanç oranı" diye adlandırılan bir sayıyı verir. Fakat fiyat/kazanç oranını, bilinen cari fiyatı, bilinmeyen gelecek kazançlara bölerek bulmak, saçmadır. Uzun vadede para yöneticisi David Dreman, Wall Street'in "görüş birliğiyle yapılan" kazanç tahminlerinin %59'unun hedefi küçük düşürecek kadar geniş arayla -beyan edilen gerçek kazançları en az %15 eksik ya da fazla tahmin ederek- tutturamadığını gösterir.[2] Paranızla bu miyop kahinlerin bir sonraki yıl tahminleri temelinde yatırım yapmak, bir ok atma turnuvasında gözleri bağlı birine hedef tahtası tutmak kadar risklidir. Bunun yerine hisse senedinin fiyat/kazanç oranını, Graham'in cari fiyatı son üç yılın ortalama kazançlarına bölme şeklindeki formülünü kullanarak kendiniz hesaplayın.[3]

2003 başında, Standard & Poor's 500 endeksi içinden kaç hisse senedi 2000-2002 arası ortalama kazancın en fazla 15 katı kadar değerlenmiştir? Morgan Stanley'e göre 185 şirket Graham'in testini geçmiştir.

Ilımlı fiyat/defter değeri oranı. Graham "fiyat / aktif oranının" (ya da fiyat/defter değeri oranı) 1.5'ten fazla olmamasını

[2] David Dreman "Bubbles and the Role of Analysts' Forecasts," (Balonlar ve Analistin Tahminlerinin Rolü), *The Journal of Psychology and Financial Markets, cilt 3, no 1 (2002), s.4-14.*

[3] Bu oranı şirketin yıllık raporlarından yararlanarak elden hesaplayabilirsiniz ya da verileri www.morningstar.com ya da http://finance.yahoo.com gibi web sitelerinden elde edebilirsiniz.

tavsiye eder. Son yıllarda şirketlerin değerinin giderek artan kısmı franchise, marka adı ve patent ve ticari marka gibi maddi olmayan varlıklardan gelmiştir. Bu faktörler defter değerinin standart tanımının dışında bırakıldığı için, bugün şirketlerin çoğu Graham'in zamanına göre daha yüksek fiyat/defter katlarında fiyatlanmıştır. Morgan Stanley'ye göre S & P 500 içinden 123 şirket (ya da dörtte biri) defter değerinin 1.5 katının altında fiyatlanmıştır. Hepsi bir arada 273 şirketin (ya da endeksin %55'i) fiyat/defter oranları 2.5'tan azdır.

14-2 SABİT ANAFORLAR

Bu şirketler istisnasız her geçen yıl daha fazla kâr payı ödemişlerdir.

Firma	Sektör	Nakit Temettü Başlangıç Tarihi	Son 40 yılda Yıllık Temettü Artışları (adet)
3M Co	Industrials	1916	40
Abbott Laboratories	Health Care	1926	35
ALLTEL Corp	Telecomm. Services	1961	37
Altria Group (formerly Philip Morris)	Consumer Staples	1928	36
AmSouth Bancorp	Financials	1943	34
Anheuser-Busch Cos	Consumer Staples	1932	39
Archer-Daniels-Midland	Consumer Staples	1927	32
Automatic Data Proc	Industrials	1974	29
Avery Dennison Corp	Industrials	1964	36
Bank of America	Financials	1903	36
Bard (C. R.)	Health Care	1960	36
Becton, Dickinson	Health Care	1926	38
CenturyTel Inc	Telecomm. Services	1974	29
Chubb Corp	Financials	1902	28
Clorox Co	Consumer Staples	1968	30
Coca-Cola Co	Consumer Staples	1893	40
Comerica Inc	Financials	1936	39
ConAgra Foods	Consumer Staples	1976	32
Consolidated Edison	Utilities	1885	31
Donnelley(R. R.) & Sons	Industrials	1911	36
Dover Corp	Industrials	1947	37
Emerson Electric	Industrials	1947	40
Family Dollar Stores	Consumer Discretionary	1976	27
First Tenn Natl	Financials	1895	31
Gannett Co	Consumer Discretionary	1929	35
General Electric	Industrials	1899	35
Grainger (W. W.)	Industrials	1965	33
Heinz (H. J.)	Consumer Staples	1911	38

14-2 SABİT ANAFORLAR (devamı)

Firma	Sektör	Nakit Temettü Başlangıç Tarihi	Son 40 yılda Yıllık Temettü Artışları (adet)
Household Intl.	Financials	1926	40
Jefferson-Pilot	Financials	1913	36
Johnson & Johnson	Health Care	1944	40
Johnson Controls	Consumer Discretionary	1887	29
KeyCorp	Financials	1963	36
Kimberly-Clark	Consumer Staples	1935	34
Leggett & Platt	Consumer Discretionary	1939	33
Lilly (Eli)	Health Care	1885	38
Lowe's Cos.	Consumer Discretionary	1961	40
May Dept Stores	Consumer Discretionary	1911	31
McDonald's Corp.	Consumer Discretionary	1976	27
McGraw-Hill Cos.	Consumer Discretionary	1937	35
Merck & Co	Health Care	1935	38
Nucor Corp.	Materials	1973	30
PepsiCo Inc.	Consumer Staples	1952	35
Pfizer, Inc.	Health Care	1901	39
PPG Indus.	Materials	1899	37
Procter & Gamble	Consumer Staples	1891	40
Regions Financial	Financials	1968	32
Rohm & Haas	Materials	1927	38
Sigma-Aldrich	Materials	1970	28
Stanley Works	Consumer Discretionary	1877	37
Supervalu Inc.	Consumer Staples	1936	36
Target Corp.	Consumer Discretionary	1965	34
TECO Energy	Utilities	1900	40
U.S. Bancorp	Financials	1999	35
VF Corp.	Consumer Discretionary	1941	35
Wal-Mart Stores	Consumer Discretionary	1973	29
Walgreen Co.	Consumer Staples	1933	31

Kaynak: Standard & Poor's Corp.
31.12.2002 itibarıyla veriler.

Graham'in Fiyat/Kazanç oranını fiyat/defter oranına bölüp çıkan rakamın, 22.5'in altında olup olmadığına bakmanız şeklindeki önerisine ne dersiniz? Morgan Stanley'in verilerine dayanarak S & P 500 içinden Dana Corp., Electronic Data Systems ve Washington Mutual dahil en az 142 hisse senedi 2003 başında o testi geçebilirdi. Bu yüzden Graham'in "karışık çarpanı" makul fiyatlı hisse senetlerini ilk gözden geçirme aşamasında hâlâ işe yarar.

DETAYLI İNCELEME

Ne kadar defansif bir yatırımcı olursanız olun -Graham'in bahsettiği anlamda hisse senedi seçme işini asgariye indirmeyi dileyerek- atlamayı göze alamayacağınız birkaç adım bulunmaktadır:

Ödevinizi yapın. www.sec.gov adresindeki EDGAR veritabanı aracılığıyla şirketin yıllık ve üç aylık raporlarına ve yönetici ödeneğini, mülkiyet durumunu, potansiyel çıkar çelişkilerini açığa çıkaran vekalet belgesine anında erişebilirsiniz. En azından beş yıllık kısmı okuyun.[4]

Etrafı kontrol edin. http://quicktake.morningstar.com, http://finance.yahoo.com ve www.quicken.com gibi web siteleri şirketin hisselerinin başka kurumlar tarafından sahip olunan yüzdelerini size söyler. %60'ın üstü, hisse senedini artık keşfetmeyenin kalmadığını ve muhtemelen "aşırı sahip olunduğunu" gösterir. (Büyük kurumlar satış yaptığı zaman uygun adım yaparlar ve bunun hisse senedine yıkıcı etkileri vardır. Radio City Rockettes'ın sahnenin ön kenarından yuvarlandığını gözünüzün önüne getirince konuyu anlarsınız.) Bu web siteleri hisse senedinin en büyük sahibinin kim olduğunu da size söyleyecektir. Şayet bunlar sizin tarzınıza benzer şekilde yatırım yapan para yöneticisi firmalarsa, bu iyiye işarettir.

[4] Nelere bakılması gerektiği konusunda daha fazlası için Bölüm 11, 12 ve 19'un açıklamalarına bakınız. Eğer vekalet okumaya ve temel finansal durum konusunda karşılaştırma yapmak için beş yıllık raporları okumaya asgari çaba göstermeye niyetiniz yoksa, tek tek hisse senedi almak için zaten aşırı defansifsiniz demektir. Hisse senedi seçme işinden çıkın ve ait olduğunuz yere, endeks fonuna girin.

BÖLÜM 15

Girişimci Yatırımcı için Hisse Senedi Seçimi

Önceki bölümde defansif yatırımcı için adi hisse senedi seçimi konusunu ele aldık. Defansif yatırımcının özgürce yapılmış herhangi bir liste içinden, yeterli çeşitlendirme yapılmış olması kaydıyla, kendisinin ya da danışmanının tercih ettiği geniş nitelikli menkul kıymetler grubunu ele aldık. Seçim konusunda, esas olarak dışarıda bırakılması gerekenleri -zayıf nitelikli olarak bilinen tüm hisseleri, şayet fiyatları kayda değer ölçüde spekülatif risk taşıyacak kadar pahalıysa, yüksek nitelikli hisselerin de da alınmamasını öğütleyerek- vurguladık. Bu bölümde ise girişimci yatırımcıya geniş çaplı bir ortalamadan daha fazla kar sağlayacak *bireysel* seçimler yapma olanaklarını değerlendirmeliyiz.

Bunu başarma ihtimalimiz nedir? Biraz daha yumuşak bir biçimde ifade etmek gerekirse, bu konuda bazı ciddi çekinceler bulunduğunu söylemezsek dürüst davranmış olmayız. İlk bakışta, başarılı bir seçimin ne olacağı apaçık görülür. Ortalama sonuçlar almak -örneğin DJIA'nın performansına denk- hiçbir özel yetenek gerektirmez. Tek istenen, önde gelen otuz hisse senedine benzer ya da aynı hisselere sahip bir portföydür. Öyleyse daha orta seviyede bir becerinin kullanımıyla -araştırma, deneyim ve doğal yetenekten alınan- bile DJIA'dan önemli ölçüde daha iyi sonuçlar elde etmek mümkün olmalıdır.

Fakat deneyenlerin son derece nitelikli olmalarına karşılık, gerçekleştirmenin ise çok zor olduğuna dair hatırı sayılır ve etkileyici kanıtlar vardır. Kanıtlar, uzun yıllar boyunca işlem yapan çok sayıda yatırım şirketinin ya da "fonunun" performansında yatar. Bu fonların çoğu, yeterli araştırma departmanı olan, sektördeki en iyi finansal analistin ya da menkul kıymet analistinin hizmetlerine komuta edecek büyüklüktedir. Geniş sermayeleri üzerine yayılan işlem maliyetleri, ortalama yıllık %1'in yaklaşık yarısı, ya da daha azıdır. Bu maliyetler kendi içlerinde göz ardı edilebilir değillerdir; ama 1951-1960 arası on yıllık dönemin adi hisse senetleri üzerinden yaklaşık %15'lik toplam getirisiyle ve hatta 1961-1970 arasının %6'lık getirisiyle karşılaştırıldığında, büyük görünmezler. Az miktarda bir üstün seçicilik becerisi maliyet engelinin kolaylıkla üstesinden gelmeli ve fon hissedarları için üstün ve net bir sonuç getirmelidir.

Fakat, genelde tüm adi hisse senedi fonları uzun yıllar içinde Standard & Poor 500 hisse senedi ortalaması, ya da bir bütün olarak piyasa getirisi, kadar iyi bir getiri elde etmekte başarısız olmuştur. Yapılan çok sayıda kapsamlı inceleme bu sonucu doğrular. Bunların arasından 1960-1968 dönemini kapsayan en sonuncusunu aktaralım:*

> Burada New York borsası hisse senetlerinin, her hisse senedine eşit yatırım yapan gelişigüzel portföylerinin bu dönemde aynı risk sınıfındaki yatırım fonlarından ortalamada daha başarılı olduğu sonucu çıkmaktadır. Farklar, az ve orta riskli portföyler (sırasıyla yıllık %3.7 ve %2.5) için epey önemli fakat yüksek riskli portföyler için oldukça küçüktür (yıllık %0.2).[1]

Bölüm 9'da belirttiğimiz gibi, bu karşılaştırmalı rakamlar hiçbir şekilde, finansal bir kurum olan yatırım fonlarının faydalarını

* Friend-Blume-Crockett araştırması 1960'tan başlayıp Haziran 1968'in sonuna kadar geliyordu ve yatırım fonlarından başlıca 100 tanesinin performansıyla New York Borsasına kayıtlı en büyük 500 hisse senedi arasından gelişigüzel seçilen 100'den fazla başlıca yatırım fonunun performansını karşılaştırmıştı. Friend-Blume-Crockett araştırmasındaki fonlar 1965 ile 1968 arasında Graham'in kendi araştırmasında bulduğu gibi ölçülen dönemin ilk yarısından daha başarılı oldu. (Bkz. yukarıda s. 185 ve 263-264) Fakat bu iyileşme devam etmedi. Bu araştırmaların hamleleri -yatırım fonları işlem masrafları ve alım satım maliyetlerine kabaca eşit bir marj ile- ortalama olarak piyasanın altında performans göstermez ve bu çok kez doğrulanmıştır ki bunlardan şüphe duyan herkes The Flat Earth Society'nin (dünyanın düz olduğunu savunan bir dernek – Ç.N.) finansal bölümünü kurmalıdır.

geçersiz kılmaz. Zira yatırım fonları, yatırım yapan kitlenin her bireyine hisse senedi yatırımlarından ortalama sonuçlar elde etme fırsatı sunarlar. Birçok nedenden ötürü, kendi seçtikleri hisse senetlerine para yatıran halkın çoğunluğu buna yakın bir başarı elde edemez. Fakat tarafsız bir gözlemci için, fonların ortalama performanslarını iyileştirmedeki başarısızlığı, böyle bir başarının kolay olmak bir yana, aslında son derece zor olduğunun, epeyce kesin bir göstergesidir.

Bu neden böyle olmak zorunda? Her ikisi de kısmen uygulanabilir olan iki farklı açıklama aklımıza geliyor. Birincisi, borsanın aslında cari fiyatlarda sadece şirketlerin geçmiş ve bugünkü performansı ile ilgili tüm önemli olguları yansıtmakla kalmayıp, aynı zamanda geleceklerine ilişkin ne tür beklentilerin akla uygun bir şekilde oluşturulabileceğini de yansıtma ihtimalidir. Eğer bu doğruysa, o zaman meydana gelen muhtelif piyasa hareketleri -ki bunlar çoğu zaman aşırıdır- güvenilir bir biçimde öngörülemeyen yeni gelişmelerin ve olasılıkların sonucu olmalıdır. Bu da fiyat hareketlerini, esas olarak, beklenmedik ve rastgele kılar. Yukarıda söz edilenler doğru olduğu ölçüde, menkul kıymet analistinin çalışmaları -ne kadar yetenekli ve titiz olursa olsun- özünde tahmin edilemez olanı tahmin etmeye çalıştığı için, büyük oranda başarısızdır.

Menkul kıymet analistlerinin sayılarının çoğalması, bu sonucun çıkmasına yol açmış olabilir. Bir hisse senedinin cari fiyatının, bu senedin ardındaki değer faktörlerini inceleyen yüzlerce, hatta binlerce uzmanın fikir birliğini gayet iyi yansıtacağını beklemek doğal olacaktır. Bu tercihi yaparken, doğru olabileceği gibi yanlış da olabilecek, kişisel taraf tutma ya da iyimserlik gibi nedenler vardır.

Wall Street hisse senedi analistlerinin çalışmalarıyla, ikili briç turnuvasındaki usta briç oyuncularını sık sık birbirine benzetiriz. Birinciler, "kazanma ihtimali yüksek" hisse senetlerini seçmeye; ikinciler ise oynanan her elde en yüksek skoru almaya çalışırlar. Sadece sınırlı sayıda birkaç kişi amacına ulaşır. Tüm briç oyuncularının yaklaşık aynı ustalık seviyesinde olması durumunda, üstün yetenek yerine, muhtemelen çeşitli biçimlerde "dağıtılan kâğıt" kazananları belirleyecektir. Meslekte varolan fikirlerin ve buluşların çeşitli şekillerde pek çok defa biraraya gelinerek özgürce paylaşıldığı bir dayanışma, Wall Street'te eşitleme sürecine yardımcı olur. Çeşitli uzmanlar sanki briç turnuvasındaymışlar gibi birbirlerinin omzundan bakar ve oynanan her el üzerinde tartışırlar.

İkinci ihtimal epey farklıdır. Belki de menkul kıymet analistlerinin bir çoğu, hisse senedi seçimi problemine temel yaklâşımlarında yaptıkları bir hata yüzünden engellenmişlerdir. Analistler, büyüme beklentileri en yüksek olan sanayileri ve bu sanayiler içinde en iyi yönetilen ve başka avantajları da bulunan şirketleri ararlar. Bunun anlamı, bu tür sanayilerin ve şirketlerin hisse senetlerini, fiyat ne kadar yüksek olursa olsun satın alacakları, ve hisse fiyatları ne kadar düşük olursa olsun, daha az umut vaadeden sanayi ve şirketlerin hisse senetlerini ise satın almayacakları sonucunu doğurur. Bu yaklaşım ancak iyi şirketlerin kazançlarının gelecekte sonsuz bir hızla büyüyeceği kesinse doğruluk kazanır, zira o zaman teorik olarak değerleri de sonsuz olur. Daha az umut vaat eden şirketler, kurtarılmaz ve sönmeye doğru giderlerse, analistin fiyat ne olursa olsun onları cazip bulmama hakkı vardır.

Şirketlerimiz ile ilgili gerçekler ise bunun tam tersidir. Çok az sayıda şirket, uzun zaman dilimleri boyunca kesintisiz ve yüksek hızda büyüme gösterebilmiştir. Yine çok az sayıda daha büyük şirket, kesin olarak yok olup gitmiştir. Çoğunun geçmişi, kararsızlıklar, iniş çıkışlar, itibarlarındaki göreceli değişikliklerle doludur. Kimilerinde "yoksulluktan zenginliğe sonra tekrar yoksulluğa" değişimler neredeyse döngüsel bir temelde -bu ifade çelik sanayi için standart hale gelmişti- tekrarlanmıştır, diğerleri için de olağanüstü değişiklikler, yönetimin kötüleşmesi ya da iyileşmesi olarak tanımlanmıştır.*

* Bölüm 9'un açıklamasında ileri sürdüğümüz gibi, yatırım fonlarının piyasa ortalamalarının üzerinde olamamasının fonların nakit dengeleri üzerinden sağlanan getirilerin düşüklüğü ve hisse senetlerini araştırma ve alıp satma maliyetinin yüksekliği dahil birçok başka nedeni vardır. Ayrıca 120 şirketi kapsayan bir fon, şayet o referanstaki diğer 380 şirketten herhangi biri bile sonuçta büyük bir oyuncu olursa S & P 500 hisse senedi endeksinin gerisinde kalır. Bir fonun sahip olduğu hisse senedi ne kadar azsa "bir sonraki Microsoft"u kaçırma ihtimali o kadar yüksektir.

Yukarıdaki araştırmalar, üstün sonuçlar getirecek bireysel seçimler yapmak isteyen bir girişimci yatırımcıya nasıl uygulanabilir? Bu öncelikle girişimci yatırımcının, zor ve belki de uygulanamaz bir iş üstlendiğini akla getirir. Oysa, bu kitabın okurlarının ne kadar zeki ve bilgili olsalar da, portföy seçiminde ülkenin en iyi analistlerinden daha başarılı olmaları pek beklenemez. Ancak, eğer borsanın oldukça büyük bir kesitine, standart analitik seçimlerde sıklıkla ayrımcılık yapıldığı, ya da bu kesitin bütünüyle ihmal edildiği doğruysa, akıllı yatırımcı sonuçta oluşan bu eksik değerlendirmelerden kâr edecek pozisyonda olabilir.

Akıllı yatırımcı, bu amaçla Wall Street'te genel olarak kabul edilmeyen özgün yöntemleri izlemelidir. Hem sağlam hem de göreceli olarak popüler olmayan yaklaşımların bulunması -borsada profesyonel olarak çalışan beyinlerin varlığına rağmen- bir hayli tuhaf olacaktır. Lakin, kendi mesleğimiz ve itibarımız bu alışılmadık gerçeğe dayanmaktadır.*

Graham-Newman Yöntemlerinin Özeti

Son cümleye bir somutluk kazandırmak için, Graham-Newman Şirketi'nin 1926 ile 1956 arasındaki otuz yıllık hayatı boyunca uğraştığımız işlem tiplerini kısaca açıklamak yararlı olacaktır.** Bu işlem tipleri kayıtlarımızda aşağıdaki gibi sınıflandırılmışlardır:

Arbitrajlar: Bir menkul kıymetin satın alınması- organizasyon

* Grahaman sayfa 404-405'te de yaptığı gibi, bu bölümde "Etkin Piyasa Hipotezi"ni özetlemektedir. Son zamanlarda ortaya çıkanların aksine bugün borsanın sorunu çok sayıda finansal analistin geri zekâlı olduğu değil, aslında çok sayıda finansal analistin fazla zeki oluşudur. Daha fazla sayıda insan değiş tokuş için piyasa arayışına girdikçe, arayış eyleminin kendisi değiş tokuşu daha sınırlı kılar –ve zalim bir çelişki yaratarak analisti arayışı haklı çıkaracak zekâdan yoksunmuş gibi gösterir. Belirli bir hisse senedine ilişkin piyasa değerlemesi kolektif aklın geniş, sürekli, gerçek-zamanlı bir işleminin sonucudur. Çok sayıda hisse senedi için bu kolektif akıl çoğu zaman değerlemeyi yaklaşık olarak doğru anlar. Graham'in Bay Piyasa'sı (Bkz. Bölüm 8) sadece nadiren aşırı uygunsuz fiyatlar gönderir.

** Graham, Ocak 1936'da Graham-Newman Kuruluşunun açılışını yaptı ve 1956'da aktif para yöneticiliğinden ayrılınca bu kuruluşa son verdi; bu kuruluş Ocak 1926 ile Aralık 1935 arasında faaliyet gösteren Benjamin Graham Müşterek Hesabı diye adlandırılan ortaklığın devamıydı.

değişikliği, şirket birleşmesi ya da benzeri bir plan dahilinde değiş tokuş edilen-bir ya da daha fazla başka hisse senedinin eşzamanlı satışları

Likidasyonlar: Şirket aktiflerinin tasfiyesi sırasında bir ya da birden fazla nakit ödeme alacak olan hisselerin satın alınması

Bu iki sınıfın işlemleri şu ikiz temellere dayanarak seçilmiştir: (a) %20 ya da daha fazla hesaplanmış yıllık getiri ve (b) başarılı bir sonuç ihtimalinin en az beşte-dört olduğu şeklindeki değerlendirmemiz.

Bağlantılı Hedge'ler: Konvertibl bonoların veya konvertibl imtiyazlı hisselerin alımı ve eşzamanlı olarak değiş tokuş edilebilir oldukları adi hisse senetlerinin satışı. Pozisyon parite temeline yakın kurulmuştur -yani menkul kıymetin gerçekten değiştirilmesi ve operasyonun bu şekilde tamamlanması gerekiyorsa, küçük bir zarar yazarak- ancak hisse senedi, değişim konusu menkullerden kayda değer ölçüde daha fazla düştüyse ve pozisyon piyasada kapandıysa, bu defa kâr edilecektir.

Net-Cari-Aktif (ya da "Ucuz") İhraçlar: Buradaki düşünce, her birinin maliyeti tek başına net-cari-aktifleri -yani, işletme hesabına ve diğer aktiflere bir değer vermeksizin- defter değerinden az olan mümkün olduğu kadar çok hisse elde etmektir. Alımlarımız tipik olarak bu tür sadeleştirilmiş aktif değerinin üçte ikisi ya da daha azından yapılmıştır. Çoğu yıllarda geniş bir çeşitlilik -en az 100 farklı hisse- öngördük.

Zaman zaman, bazı büyük ölçekli kontrol tipi hisse alımlarımız olduğunu da eklemeliyiz, ancak mevcut konumuzla ilgisi yoktur.

Her işlem sınıfının gösterdiği sonuçların kaydını tuttuk. Bu izlenimlerin sonunda tatmin edici genel sonuçlar göstermediği anlaşılan daha geniş iki alanı inceleme dışı bıraktık. Birincisi, tek başına işletme sermayesi değerinin altında elde edilebilen, çekici menkul değerlerin -genel analizimize dayanarak- satın alınmasıydı. İkincisi, satın alınan menkul kıymetin satılan adi hisselerle değiştirilmesi mümkün olmayan "bağlantısız" hedging işlemleriydi. Bu tür işlemler, yakın zamanda yatırım-şirket alanında yeni "hedge fonları" grubu tarafından benimsenenlere kabaca denk düşer.* Her iki durumda da on ya da daha fazla yıllık bir süreçte tarafımızca gerçekleştirilen sonuçların incelenmesi, kârların onlara devam etmemizi haklı çıkarmaya yetecek ölçüde güvenilir olmadığı -ve işlemlerin yeterince "başağrısından muaf" olmadığı- sonucuna varmamıza neden olmuştur.

Bu nedenle 1939'dan sonraki işlemlerimiz "kendi kendini tasfiye eden" durumlarla, bağlantılı hedge'lerle, işletme-sermayesi alım satımlarıyla ve az sayıda kontrol işlemleriyle sınırlıydı. Bu sınıfların her biri, bağlantılı hedge'lerin ve "az değer biçilmiş hisselerimiz"in pek başarılı olmadığı düşüş piyasalarında, iyi kârlar sağlayarak bize başarılı sonuçlar verdiler.

Çok sayıda akıllı yatırımcıya hitap etmesi için bu diyet reçetesini yazmaktan çekiniyoruz. Açıktır ki, izlediğimiz profesyonel teknik, tanımı gereği, amatör olan defansif yatırımcı için uygun değildir. Saldırgan yatırımcıya gelince, belki de onların sadece küçük bir azınlığı, kendilerini menkul kıymetler dünyasının daha küçük bir parçasıyla ciddi bir biçimde sınırlandırmayı gerektirecek mizaca sahiptir. Aktif düşünceli uygulamacıların çoğu, daha geniş kanallarda risk almayı tercih eder. Onların doğal avlanma sahaları (a) tutucu ölçülerle aşırı değerlenmiş olmadığından emin oldukları ve (b) ortalama adi hisse senedinden kuşkusuz daha çekici -gelecek beklentileri, geçmiş sicilleri nedeniyle ya da her ikisi birden- görünen tüm menkul kıymetler alanı olacaktır. Bu gibi seçimlerde defansif yatırımcı için önerdiğimiz çizgilerde çeşitli kalite ve makul-fiyat testlerinin uygulanması iyi olur. Fakat bu testler, bir faktördeki küçük bir kara lekeyi dengelemek için diğer faktöre kayda değer bir ilave yapılmasına izin verecek şekilde, daha çok esnek olmalıdırlar. Örneğin, ortalama kazançlar ve diğer önemli özellikler hisse senedini ucuz gösterdiyse, 1970 yılı benzeri bir yılda zarar gösteriyor diye bir firmayı dışarıda bırakmayacaktır. Girişimci yatırımcı, seçimini iyimser bir görüşe sahip

* "Bağlantısız" bir hedge bir şirket tarafından ihrac edilen bir hisse senedini ya da tahvili satın almayı ve farklı bir şirket tarafından ihraç edilen bir menkul değerin açığa satışını kapsar. "Bağlantılı" bir hedge aynı şirket tarafından ihraç edilen farklı hisse senetleri ya da tahvillerin alımını ve satımını kapsar. Graham'in tasvir ettiği hedge fonlarının "yeni grubu" 1968 civarında geniş ölçüde bulunabiliyordu fakat daha sonra ABD Menkul Değerler ve Borsa Komisyonu halkın hedge fonlara erişimini engelledi.

olduğu sanayiler ve şirketlerle sınırlandırabilir ama biz bu tür bir coşku yüzünden bir hisse senedine yüksek fiyat ödemenin (kazançlar ve aktiflerle bağlantılı olarak) kesinlikle karşısında olmayı öneriyoruz. Girişimci yatırımcı bu alandaki felsefemizi izleyecek olursa, mevcut durumun elverişsiz, yakın dönem beklentilerinin zayıf olduğu ve düşük fiyatın cari kötümserliği tamamen yansıttığı zamanlarda, bazı önemli konjonktürel işletmelerin -belki de çelik hisseleri gibi- alıcısı olacaktır.*

İkincil Şirketler

Şimdi sırada ikincil şirketler var. Bunlar incelenmek ve muhtemelen seçilmek için gösterişi iyi olan, tatmin edici bir sicile sahip, ancak halk arasında cazip olmayan senetlerdir. 1970 sonu kapanış fiyatlarıyla ELTRA ve EMHART tarzında şirketler söz konusudur. (Bkz. Bölüm 13.) Bu tür şirketleri saptamanın çeşitli yolları var. Burada değişik bir yaklaşım göstermeye ve hisse senedi seçiminde bu tür bir uygulamanın epey ayrıntılı bir açıklamasını vermeye çalışacağız. Bizim amacımız ikilidir. Okuyucularımızın çoğu izleyeceğimiz yöntemin sağlam ve pratik bir değeri olduğunu ya da karşılaştırmalı yöntemler önerdiğini görebilir. Bunun ötesinde yapacaklarımız, gerçek hisse senetleri dünyasına dört elle sarılmalarına ve yaşayan en büyüleyici ve değerli küçük kitaplardan biriyle tanışmalarına yardımcı olabilir. Bu, aylık yayınlanan ve halka yıllık abonelik şeklinde ulaştırılan Standard & Poor's'un *Stock Guide*'ıdır (Hisse Senedi Rehberi). Ayrıca birçok aracı kurum *Guide*'ı müşterilerine dağıtır (talep üzerine).

Guide'in dev kütlesi 4500'den fazla şirketin hisse senetleri hakkında 230 sayfalık yoğun istatistiksel bilgi verir. Bunlar muhtelif alım satımlarda yer alan sözgelimi 3000 kote olan, artı 1500 kot dışı hisseyi kapsar. Herhangi bir şirkete ilk ve hatta ikinci bakış için gerekli unsurların çoğu bu incelemede yer alır. (Bize göre önemli bir eksiklik, daha büyük Standard & Poor's ciltlerinde ve

* 2003'te Graham'in düşünce zincirini takip eden bir akıllı yatırımcı teknoloji, telekomünikasyon ve elektrik hizmetleri sanayilerindeki fırsatları araştırırdı. Tarih sıklıkla, dünün kaybedenlerinin yarının kazananları olduğunu göstermiştir.

başka yerlerde bulunabilen, hisse başı net-aktif-değer, ya da defter değeri verileridir.)

Şirketin rakamları ile vakit geçirmek isteyen bir yatırımcı *Stock Guide* ile rahat edecektir. Herhangi bir sayfayı açıp, borsanın görkeminin ve sefaletinin yoğun panaromasını, 1936'dan bu yana tüm zamanların en yüksek ve en düşük fiyatlarını görebilir. Fiyatlarını son derece düşük bir seviyeden 2000 kat arttırarak muhteşem bir yüksekliğe çıkaran şirketlere rastlayacaktır. (İtibarlı IBM için bu rakam o dönemde 333 idi.) Hisseleri 3/8 den 68'e çıkan ve sonra 3'e düşen şirket (istisnai olmayan bir durum) bulacaktır.[2] Kâr payı sütununda 1791'e kadar giden bir rakam -Industrial National Bank of Rhode Island tarafından ödenen (eski şirket ünvanını bir süre önce değiştirmeyi uygun gören)- bulacaktır.* *Guide*'a 1969 yıl sonu için bakacak olursa, Penn Central Co.'nin (Pennsylvania Railroad'un halefi olarak) 1848'den beri kâr payı ödediğini görecektir. Ne yazıkki! Birkaç ay sonra iflasına karar verilmiştir. Yatırımcı, beyan edilen son kazançlarından 2 kat fazla borsa fiyatı olan bir şirket ve kazançlarından 99 kat fazla borsa fiyatı olan bir başka şirketle karşılaşacaktır.[3] Çoğu durumlarda, şirketin ünvanına bakarak iş kolunu anlamakta zorlanacaktır; bir US Steel'e karşılık üç şey akla gelecektir, ITI Corp. (ekmek fırını), ya da Santa Fe Industries (esas olarak büyük demiryolu) benzeri adlandırılan şeyler olacaktır. Fiyat geçmişleri, kâr payı ve kazanç geçmişleri, finansal pozisyonlar, sermaye ve olağanüstü çeşitlilikte daha birçok şeyi doya doya okuyacaktır. Tutuculuk, niteliksiz şirketler, "esas faaliyet konusu" çok tuhaf birleşimlerden oluşan şirketler, Wall Street'in türlü çeşitli ıvır zıvırları -hepsi orada, göz atılmayı, ya da ciddi bir amaçla incelenmeyi beklemektedir.

Bu rehber, uygun olduğu sürece, son 12 ayın cari kâr payı getirileri ve fiyat/kazanç oranlarını ayrı sütunlarda verir. Hisse senedi seçimi uygulamamızı rayına oturtan bu son maddedir.

* Industrial National Bank of Rhode Island'ın halefi Fleet Boston Financial Corp.'tur. Ata şirketlerinden biri 1791'de kurulan Providence Bank'tir.

Hisse Senedi Rehberini ayıklamak

Bir hisse senedinin ucuz olduğuna dair ilk bakışta fark edilen basit bir gösterge aradığımızı varsayalım. Akla ilk gelen ipucu yakın tarihli kazançlara göre fiyatın düşük olmasıdır. 1970 yılı sonunda dokuz ya da daha düşük çarpanla satılan hisse senetleri için bir başlangıç listesi yapalım. Veriler çift rakamlı sayfaların son sütunlarında kolayca bulunabilir. Örnek göstermek için bu tür düşük çarpanlı hisse senetlerinden ilk 20'sini alacağız; bunlar Eylül 1970'te sonlanan 12 ayı 10¼'le ya da hisse başı 1.25$'lık kayıtlı kazancın 9 katıyla kapatan listedeki altıncı kağıt, Aberdeen Mfg. Co. ile başlar. Bu tür yirminci kâğıt 9½ ile başlayan ve çarpanı yine 9 olan American Maize Products'tır.

Hisse başı 10 doların altında satılan 10 şirket ile grup sıradan bir grup gibi görünebilir. (Bu olgu gerçekte önemli değildir; muhtemelen -şart değil- defansif yatırımcıyı böylesi bir listeye karşı uyaracaktır ama girişimci yatırımcı için çıkan sonuç, her şey hesaba katıldığında olumludur.)* Daha da ince eleyip sık dokumadan önce biraz hesaplama yapalım. Listemiz bakılan ilk 200 şirketin onda birini temsil eder. Bu temelde *Guide,* 10 çarpanının altında satan sözgelimi 450 hisse sağlayacaktır. Bu daha ileri bir seçim için çok sayıda aday demektir.

O halde listemize defansif yatırımcıya önerdiklerimize benzer, lakin onlar kadar ciddi olmayan bazı kriterler daha ekleyelim. Önerdiklerimiz şunlardır:

1. Finansal durum: (a) cari aktifler cari pasiflerin en az %1½'sidir ve (b) borç net-cari aktiflerin %110'undan fazla değildir (sanayi şirketleri için).

* Günümüzün yatırımcısı için hesap kapanışı muhtemelen hisse başı 1$ civarındadır -altında birçok hisse senedinin "liste dışı" kaldığı ya da önemli değiş tokuşlarda alınıp satılmaya uygun olmadığı ilan edilen seviye. Bu şirketlerin hisse senedi fiyatlarını sadece gözlemlemek kayda değer ölçüde çaba sarf etmeyi gerektirerek defansif yatırımcılar için kullanışsız kılar. Düşük fiyatlı hisse senetlerini alıp satmanın maliyeti çok yüksek olabilir. Son olarak, hisse senedi fiyatları çok düşük olan şirketler, üzücü bir şekilde iflas etme eğilimindedirler. Fakat bu üzüntü veren şirketlerin onlarcasının çeşitlendirilmiş portföyleri bugün bazı girişimci yatırımcılara hala çekici gelebilir.

2. İstikrarlı kazanç: *Stock Guide*'ın kapsadığı son beş yılda zarar yazmış olmayışı.
3. Kâr payı sicili: Cari olarak bir miktar kâr payı dağıtması.
4. Büyüyen kazançlar: Son yılın kazançlarının 1966'nın kazançlarından fazla olması.
5. Fiyat: %120'den az net maddi varlıklar.

Guide'daki kazanç rakamları genel olarak 30 Eylül 1970'te son bulanlar içindir ve bu yüzden yıl sonunda kötü geçebilecek son çeyreği kapsamaz. Fakat akıllı yatırımcı -en azından başlangıçta- imkânsızı istemez. Burada işletmenin büyüklüğüne ayrıca bir alt limit koymadığımıza dikkat ediniz. Bazı şirketler grup bazında dikkatle satın alınırlarsa yeterli güven verirler.

İlave beş kriteri uyguladığımız zaman, 20 adaydan oluşan listemizde aday sayısı beşe iner. *Guide*'daki ilk 450 şirket, bize altı adet şartımızı karşılayan 15 hisse senedinden oluşan küçük bir "portföy" verinceye kadar arayışımıza devam edelim. (Bunlar bağlantılı bazı verilerle birlikte Tablo 15-1'de ortaya konmuştur.) Grup doğal olarak sadece açıklama amaçlı sunulmuştur ve meraklı yatırımcımız tarafından seçilmiş değildir.

Gerçek şu ki yöntemimizin kullanıcısı çok daha geniş bir tercihe sahip olabilirdi. Ayıklama yaklaşımımız *Stock Guide*'daki 4500 şirketin tamamına uygulanacak olsaydı ve oran ilk onluk için geçerli olsaydı, altı tercih kriterlerimizin tamamını karşılayan 150 şirket olurdu. Girişimci yatırımcı üçüncü seçimi yapma kararını, yani bu geniş listede beşte bir seçme kararını -veya taraftarlığını ve önyargılarını- uygulayabilecekti.

Stock Guide materyali son sekiz yılda bu faktörlerin istikrarına ve büyümesine dayanan "Kazançlar ve Kâr payı sıralamalarını" kapsar. (Bu yüzden *fiyat* çekiciliği buraya girmez.) S & P sıralamalarını Tablo 15-1'de kapsıyoruz. 15 hissenin 10'u B+(=ortalama) olarak derecelendirilir ve birine (American Maize) "yüksek" A derecesi verilir. Şayet girişimci yatırımcımız sadece Standard & Poor's'un ortalama veya daha iyi nitelikte diye derecelendirdiği kâğıtları dikkate alarak tercihine mekanik kriterler eklemek isteseydi, içinden seçim yapması gereken yaklaşık 100 adet bu tür hisse olurdu. En azından ortalama nitelikte, finansal durum ölçütünü de karşılayan, cari kazançların düşük bir çarpanında satın alınabilen, ve aktif değerinin altında olan bir grup hissenin tatminkâr yatırım sonuçları sunmak konusunda sözünü tutacağı söylenebilir.

TABLO 15-1 Düşük-Çarpanlı Sanayi Hisse Senetlerinden Oluşan Örnek Portföy

Şirket	Fiyat Aralık 1970	Son 12 ay Hisse Başına Kazanç	Defter Değeri	S&P Derecesi	Fiyat Şubat 1972
Aberdeen Mfg.	10¼	$1.25	$9.33	B	13¾
Alba-Waldensian	6⅜	.68	9.06	B+	6⅜
Albert's Inc.	8½	1.00	8.48	n.r.[a]	14
Allied Mills	24½	2.68	24.38	B+	18¼
Am. Maize Prod.	9¼	1.03	10.68	A	16½
Am. Rubber & Plastics	13¾	1.58	15.06	B	15
Am. Smelt. & Ref.	27½	3.69	25.30	B+	23¼
Anaconda	21	4.19	54.28	B+	19
Anderson Clayton	37¾	4.52	65.74	B+	52½
Archer-Daniels-Mid.	32½	3.51	31.35	B+	32½
Bagdad Copper	22	2.69	18.54	n.r.[a]	32
D. H. Baldwin	28	3.21	28.60	B+	50
Big Bear Stores	18½	2.71	20.57	B+	39½
Binks Mfg.	15¼	1.83	14.41	B+	21½
Bluefield Supply	22¼	2.59	28.66	n.r.[a]	39½[b]

[a] dz=derecelendirilmemiş

[b] hisse bölünmesine göre uyarlanmış.

Hisse Senedi Seçiminin Tek Ölçütü

Meraklı yatırımcı ortalamadan daha iyi bir portföy seçmenin yukarıda özetlediğimizden daha kolay bir yolu olup olmadığını soracaktır. Güzel görünen tek bir makul ölçüt -düşük fiyat/kazanç oranı ya da büyük aktif değer gibi- kullanılamaz mı? Uzak geçmişte kullandığımız oldukça tutarlı ve iyi sonuçlar veren bu tür iki yöntemden biri (a) önemli şirketlerin (DJIA listesi gibi) düşük çarpanlı hisse senetleri ve diğeri (b) net-cari-aktif-değerlerinin (ya da işletme sermayesi değerinin) altında satılan çeşitlendirilmiş hisse senedi grubu seçimi. 1968 sonunda DJIA'ya uygulanan düşük-çarpan ölçütünün sonuçlarının 1971 ortasında ölçüldüğünde, başarısız olduğunu daha önce belirtmiştik. İşletme sermayesi değerlerinin altında bir fiyattan yapılan adi hisse senedi alımlarına ilişkin kayıtların ise bu tür bir olumsuzluğu yoktur; buradaki çekince geçen on yılın çoğunda bu tür fırsatların tükenmiş olmasıdır.

Diğer tercih esasları konusunda ne diyebiliriz? Bu kitabı yazarken her biri tek ve oldukça bariz ölçülere dayalı bir dizi "deney" yaptık. Kullanılan veriler Standard & Poor's'un *Stock Guide*'ında kolaylıkla bulunabilir. Her vakada 30 hisse senetlik portföyün 1968 kapanış fiyatlarıyla elde edildiği ve sonra 30 Haziran 1971'de yeniden değerlendiği varsayılmıştır. Bunun dışındaki gelişigüzel tercihlere uygulanan ayrı ayrı kriterler şunlardır: (1) yakın zamandaki kazançların (DJIA ile sınırlı olmayan) düşük çarpanı. (2) yüksek kâr payı getirisi. (3) çok uzun kâr payı geçmişi. (4) öndegelen bir dizi hisse ile ölçülen çok büyük işletme. (5) güçlü finansal durum. (6) hisse başı dolar olarak düşük fiyat. (7) önceki yüksek fiyata ilişkin olarak düşük fiyat. (8) Standard & Poor's'un yüksek kalite olarak derecelendirmesi.

Stock Guide'ın yukarıdaki her bir kritere ilişkin en az bir sütunu olduğu dikkate alınmalıdır. Bu yayıncının adi hisse senetlerini analiz ederken ve seçerken bunlardan her birinin önemli olduğuna inandığını gösterir. (Yukarıda belirttiğimiz gibi bir rakamın daha eklenmiş olmasını isterdik: hisse başı net-aktif-değer.)

Muhtelif testlerimizden doğan bir başka önemli faktör gelişigüzel satın alınan hisse senetlerinin performansı ile ilgilidir. Bu performansı her biri 31 Aralık 1968'de *Stock Guide*'ın ilk sırasında ve ayrıca 31 Ağustos 1971 sayısında bulunan üç adet 30 hisse senetlik portföyde sınadık. Bu iki tarih arasında S & P bileşiği neredeyse değişmemiştir ve DJIA yaklaşık %5 düşmüştür. Muhtemelen daha büyük kayıplar nedeniyle *Guide*'dan çıkartılan 19 hisseyi saymazsak gelişigüzel seçilen 90 hissemiz ortalama %22 düşmüştür. Bu karşılaştırmalı sonuçlar kuşkusuz düşük kaliteli daha küçük hisselerin yükselen piyasalarda göreceli olarak daha fazla değerlendiğini ve ard arda gelen fiyat düşüşlerinde daha sağlam hisselere göre daha ciddi düşüşlerle karşı karşıya kalmanın yanı sıra, daha geç -birçok durumda süresiz olarak- toparlanma eğiliminde olduğunu yansıtır. Tabii ki akıllı yatırımcının düsturu açıkça görülen işlemler -girişimci yatırımcı için- olmadıkça portföy oluştururken ikinci kalite hisse senetlerinden kaçınmaktır.

Portföy incelemelerimizden derlediğimiz diğer sonuçlar şöyle özetlenebilir:

İncelenen gruplardan sadece üçü S & P bileşiğinden daha iyi sonuç verdi (dolayısıyla DJIA'dan daha iyi), şöyle ki: (1) Sanayiler en yüksek derecelendirmeye sahipti (A+). S & P sanayilerinin %2,4, DJIA'nın %5,6 düşmesine rağmen, bunlar bu dönemde %9½ yükseldi. (Fakat A+ olarak derecelenmiş 10 kamu sektörü hisse senedi, S & P'nin 55 hisse senetlik kamu sektörü endeksindeki %14 düşüşe karşın %18 değer kaybetti.) S & P derecelendirmelerinin bu tekil testte çok iyi ortaya çıktığını söylemekte yarar var. Daha iyi bir derecelendirmeye dayanan portföy, daha düşük derecelendirmeye sahip bir portföyden her durumda daha başarılı olmuştur. (2) 50 milyondan adetten fazla hisseye sahip şirketler, endeksteki için ufak bir düşüşe karşı bütünde hiçbir değişiklik göstermediler. (3) Tuhaf olan şu ki, hisse başı yüksek fiyattan (100'ün üzerinde) satılan hisse senetleri hafif (%1) bir bileşik yükseliş gösterdiler.

Yaptığımız çeşitli testlerden bir tanesi *Stock Guide*'da verilmeyen bir rakama, defter değerine dayanır. Burada -yatırım felsefemizle çelişerek- kayda değer büyüklüğü piyasa fiyatlarında, büyük bir maddi olmayan varlıklar (peştemallık-marka değeri) bileşeni içeren şirketlerin 2 ½ yıllık elde tutma döneminde bir bütün olarak başarılı olduklarını gördük. ("maddi olmayan varlıklar bileşeni"nden kastettiğimiz fiyatın defter değerini aşan kısmıdır.)* "Maddi olmayan varlık devleri" listemiz, her biri piyasa fiyatının yarıdan

* Graham'in deyişiyle, büyük meblağlı maddi olmayan varlıkların iki nedeni vardır: bir kuruluş başka kuruluşları aktiflerinin değerinden önemli ölçüde fazlasına satın alabilir ya da kendi hissesi, defter değerinin hayli üzerinden alınıp satılabilir.

fazlasını temsil eden, bir milyar doların üzerinde marka değeri olan 30 hisseden oluşmuştu. Bu unsurların 1968 sonunda toplam piyasa değeri 120 milyar doların üzerindeydi! Bu iyimser piyasa değerlendirmelerine rağmen, bir bütün olarak grup Aralık 1968 ile Ağustos 1971 arasında hisse başı %15 fiyat artışı göstermiş ve incelenen 20-aykırılar listesinde kendini aklamıştır.

Bu tür bir olgu yatırım politikaları üzerinde çalışırken göz ardı edilmemelidir. En azından, büyüklük, mükemmel kazanç geçmişi, halkın gelecekte kazançların yükseleceğine ilişkin beklentisi ve geçmiş yıllarda güçlü piyasa hareketini birleştiren şirketlere kayda değer miktarda *momentum* sağladığı açıktır. Sayısal değerlendirme standartlarımıza göre fiyat aşırı görünse bile, altta yatan piyasa momentumu bu kâğıtları az çok sonsuza taşıyabilir. (Doğal olarak, bu varsayım kategorideki her bir kâğıda ayrı ayrı uygulanamaz. Örneğin tartışılmaz maddi olmayan varlık önderi IBM 30 aylık dönemde 315'ten 304'e inmiştir.) Görülen bu üstün piyasa hareketinin ne ölçüde "doğru" ya da bağımsız yatırım değerlerine ve ne ölçüde uzun zamandır yerleşik popülerliğe bağlı olduğuna karar vermek zordur. Açıktır ki, marka değeri devlerinin, hem uzun dönem hem de yakın geçmişteki piyasa hareketleri, bu senetleri çeşitlendirilmiş bir hisse senedi portföyü içine dahil edecektir. Oysa bizim tercihimiz, piyasa fiyatının en az üçte ikisi kadar aktif değerleri dahil olmak üzere, olumlu yatırım faktörlerinin bir birleşimini gösteren başka hisselerden yanadır.

Başka kriterler kullanan testler, genel olarak tek bir olumlu faktöre dayalı olarak yapılan gelişigüzel testlerin, bunun tersi faktör için seçilen gelişigüzel testlerden daha başarılı olduğunu gösterir -örneğin, düşük çarpanlı hisselerin bu dönemde yüksek çarpanlılardan daha az düşmesi ve uzun dönem kâr payı ödeyenlerin, 1968 sonunda kâr payı ödemeyenlerden daha az kaybetmesi. Elde edilen sonuçlar, seçilen hisselerin sayılara dayanan ya da maddi kriterlerin birleşimini karşılaması gerektiği önerimizi destekler niteliktedir.

Son olarak, S & P bileşiğinin fiyat geçmişiyle karşılaştırıldığında, bir bütün olarak listemizin neden zayıf göründüğünü açıklamalıyız. S & P bileşiği her işletmenin büyüklüğüyle ölçülürken, bizim testlerimiz ise her şirketten alınan bir hisseye dayanır. Belli ki, S &

P yönteminin dev işletmelere daha fazla vurgu yapması, sonuçta önemli bir farka neden olmuştur ve büyük işletmelerin fiyat istikrarlarının, büyüklüğüne ya da kalitesine göre sınıflandırılmayan şirketlerle kıyaslandığında, çok daha büyük olduğunu bir defa daha gösterir.

Kelepir Hisseler yada Net-Cari-Aktif Hisse Senetleri

Yukarıda tartışılan testlere, net-cari-aktif değerinden daha düşük fiyata 30 hisse almanın sonuçlarını dahil etmedik. Bunun nedeni bu tür şirketlerden en fazla bir avuç kadarının 1968 sonunda *Stock Guide*'da bulunabilmesiydi. Fakat 1970 düşüşünde tablo değişmişti ve o yılın düşük fiyatlarında çok sayıda hisse senedi işletme sermayesi değerinin altında satın alınabilirdi. Çeşitlendirilmiş bir grup hisse senedi sadece uygulanabilir net cari aktiflerin altında bir fiyattan -önceki tüm talepleri düştükten ve sabit ve diğer aktifleri *sıfır* kabul ettikten sonra- satın alınabilirse sonucun oldukça başarılı olacağını söylemek her zaman saçma bir biçimde basit görünmüştür ve görünmektedir. Deneyimlerimize göre, bu gerçek bir deneme süresi olan 1930-1932 arası hariç, 30 yıldan uzun bir süre boyunca -sözgelimi 1923 ile 1957 arasında- böyleydi.

Bu yaklaşımın 1971 başında bir geçerliliği var mıydı? Cevabımız nitelikli bir "evet" olacaktır. *Stock Guide*'ı hızlıca taramak net-cari-aktif-değerin altında alınabilir görünen 50 ve daha fazla hisseyi ortaya çıkartır. Tahmin edilebileceği gibi, bu hisselerin çoğu 1970 yılında başarısız oldu. Son 12 aylık dönemde net zarar gösterenleri elimine edecek olursak, yine de geride çeşitlendirilmiş liste yapmamıza yetecek kadar hisse kalır.

Tablo 15-2'de 1970'in *düşük* fiyatlarında işletme sermayesi değerlerinin* altında satılan beş hisse senedi ile ilgili verilere yer verdik. Bu hisse senedi fiyatlarının dalgalanmaları bize üzerinde düşünülecek bazı şeyler verecektir. Nasıl oluyor da marka ve ünvanları tüm ülkeye yayılmış olan bu sağlam şirketler, böylesine düşük rakamlarla değerleniyor? -bilançoda görülen rakam üstünde mil-

* Teknik olarak bir hisse senedinin işletme sermayesi hisse başı cari aktifler, eksi hisse başı cari pasifler bölü kalan hisse sayısıdır. Fakat burada Graham "*net* işletme sermayesi değerini" ya da cari aktiflerin hisse başı değeri eksi toplam pasifleri kastediyor.

yarlarca dolarlık borsa değeri olan diğer şirketlerle (doğal olarak daha iyi kar büyümesi gösteren) aynı anda. "Eski günler"den bir defa daha söz etmek gerekirse, maddi olmayan varlıklar, genellikle ticari ünvan ile ilişkilendirilirdi. Çarşafta Lady Pepperel, mayoda Jantzen ve kalemde Parker gibi ünvanlar gerçekten büyük değer taşıyan aktifler olarak değerlendirilirdi. Fakat şimdi, "piyasa şirketi sevmezse" sadece şöhretli ticari ünvanlar değil, aynı zamanda arsa, binalar, makineler ve aklınıza gelen her şeyin hiçbir anlamı yoktur. Pascal, "kalbin, aklın bile anlayamadığı nedenleri vardır," demişti.* Siz "kalp"in yerine "Wall Street"i koyun.

TABLO 15-2 Borsa Fiyatı Net-Cari-Aktif-Değerden ya da Altında İşlem Gören Seçkin Şirketler (1970)

Şirket	1970 fiyatı	Hisse başı net-cari aktif değer	Hisse başı defter değeri	1970 hisse başı kazanç	Cari karpayı	1970 öncesi yüksek fiyat
Cone Mills	13	$18	$39.3	$1.51	$1.00	41½
Jantzen Inc.	11⅛	12	16.3	1.27	.60	37
National Presto	21½	27	31.7	6.15	1.00	45
Parker Pen	9¼	9½	16.6	1.62	.60	31¼
West Point Pepperell	16¼	20½	39.4	1.82	1.50	64

Akla gelen bir çelişki daha vardır. Gidişat iyiyken ve yeni halka arzlar kolaylıkla satılabilirken hiç bir niteliği olmayan hisse senedi satışları sahneye çıkar. Bunlar hemen alıcı bulur; fiyatları çoğu zaman ihraç edilir edilmez büyük bir coşkuyla IBM'i, Xerox'u ve Polaroid'i utandıracak seviyelere çıkar. Wall Street, fiyatların

* *Le coeur a ses raison que la raison ne connaît point.* Bu şiirsel ifade büyük Fransız "Pascal'in bahisi" diye bilinen tartışmasının sonuç savlarından biridir. (Bkz. Bölüm 20 üzerine açıklamalar.)

kaçınılmaz düşüşüne kadar kimsenin dur demek için çaba göstermediği bu çılgınlığı doğal karşılar. (Menkul Kıymetler ve Borsa Komisyonu (SEC) spekülatörlerin pek de umursamadığı özel durum açıklaması konusunda ısrarcı olmaktan, inceleme başlatmak ve çoğu zaman kanun hükümleri tamamen ihlal edildikten sonra, muhtelif ılımlı cezalar uygulamaktan daha ileri gidemez.) Bu çok küçük fakat aşırı şişirilmiş işletmeler gözden kaybolunca, her şey soğukkanlılıkla "oyunun parçası" olarak değerlendirilir. Herkes bu affedilmez aşırılıktan tövbe eder -bir dahaki sefere kadar.

Kibar okuyucu bu noktada "Verdiğiniz ders için teşekkür ediyorum, ancak sizin "kelepir hisselerinize ne demeli?" diyor. Ciddi risk almadan bunlarla para kazanılabilir mi? *Şayet* onlardan çeşitlendirilmiş bir grup yapmaya yetecek kadar bulabilirseniz ve siz aldıktan hemen sonra yükselmeme durumunda sabrınızı yitirmezseniz, evet. Bazen oldukça büyük bir sabır gerekir. Önceki baskımızda, yazdığımız sırada güncel olan tek bir örneği (s.219) dile getirdik. Bu net-cari-aktif değeri 30 ve defter değeri yaklaşık 50 olup hisse senetleri 20'den satılan Burton-Dixie Corp.'dı. Bu alımda hemen kâr edilemeyecekti. Ağustos 1967'de tüm hissedarlara hisseleri için muhtemelen defter değeri ile aynı olan %53 önerildi. Hisseleri Mart 1964'te satın alan sabırlı bir hissedar, 3½ yılda %165 -bileşik olmayan yıllık getiri %47- kâr edecekti. Deneyimimize göre ucuz senetlerin çoğu iyi kâr etmek için bu kadar uzun süre beklemez, bu kadar yüksek bir oran da göstermez. Yazdığımız sırada güncel olan benzer bir durum için yukarıda (s. 196), National Presto Industries incelememize bakınız.

Özel Durumlar ya da "Denemeler"

Girişimci yatırımcının işlemlerine teorik olarak dahil edilebilir olduğu için, bu alana kısaca değinelim. Konu yukarıda yorumlanmıştı. Burada bu tarzda bazı örnekler sunacağız ve açık görüşlü ve dikkatli yatırımcıya neler önerdiği üzerine birkaç söz daha söyleyeceğiz.

1971 başlarında, diğerlerinin arasında, aşağıdaki üç durum vardı ve bunlar aşağıdaki gibi özetlenebilir:

DURUM 1. Kayser-Roth'un Borden tarafından devir alınması. Ocak 1971'de Borden Inc., bir Kayser-Roth hissesine karşılık 1 1/3 kendi hisse senedinden vermek suretiyle Kayser-Roth (konfeksiyon) üzerinde kontrol sağlayacak bir plan açıkladı. Bir sonraki gün aktif alım satım seansında, Borden 26'dan Kayser-Roth 28'den kapandı. Şayet bir "işlem yapan" bu fiyatlarla 300 Kayser-Roth hissesi almış ve 400 Borden satmış olsaydı ve bu anlaşma daha sonra ilan edilen koşullarda tamamlanmış olsaydı, kendi hisselerinin bedeli üzerinden komisyonlar ve diğer unsurlar çıkartıldıktan sonra %24 kâr etmiş olacaktı. Anlaşmanın altı ay içinde bittiğini varsayarsak, nihai kârı yıllık %40 civarında olacaktır.

DURUM 2. Kasım 1970'te National Biscuit Co. nakit 11$'a Aurora Plastics. Co.'nin kontrolünü almayı teklif etti. Hisse senedi yaklaşık 8½'ye satılıyordu; ayı 9'la kapatmış ve yıl sonuna kadar bu fiyattan satmaya devam etmişti. Burada işlemi tamamlama ve zaman unsuru risklerini içeren brüt kâr, başlangıçta yaklaşık %25'ti.

DURUM 3. Faaliyetlerini durdurmuş olan Universal-Marion Co., hissedarlarından firmanın feshini onaylamalarını istedi. Murakıp, önemli kısmı likit olan adi hisse senedinin hisse başı defter değerinin 28½$ olduğunu belirtti. Hisse senetleri 1970 sonunda %30 dan fazla bir olası brüt kar göstererek -likidasyon sırasında defter değeri paraya çevrilmişse- 21½ ile kapandılar.

Riski dağıtmak için çeşitlendirme temelinde yürütülen bu tür işlemlerin yıllık sözgelimi %20, ya da daha fazla kar getireceğine güvenilirse, bu işlemler kuşkusuz değerli olmaktan öteye gideceklerdir. Bu kitap "özel durumlar" üzerine yazılmış bir kitap değildir, bu işin -ki bu gerçekten ayrı bir iştir- ayrıntılarına inmeyeceğiz. Burada son yılların iki çelişkili gelişmesinden sözedelim. Bir yandan seçim yapılacak anlaşma sayısı, sözgelimi on yıl öncesine göre müthiş bir şekilde artmıştır. Bu, şirketlerin faaliyetlerini değişik tür devir alımlar ile çeşitlendirme düşkünlüğünün bir sonucudur. "Şirket birleşme ilanları"nın sayısı 1969'un 6000'inden 1970'te 5000'e düştü. Bu anlaşmaların kapsadığı paranın değeri ise milyarlarca doları buluyordu. Belki de bu 5000 ilanın sadece küçük bir kısmı bir özel-durumlar yatırımcısına düzgün fırsat sunabilirdi, ancak bu küçük kısım bile meblağ olarak tercih yapmaya, ve seçmeyle uğraştıracak kadar büyüktür.

Tablonun öteki yüzü ise, ilan edilen birleşmelerin giderek artan bir oranının yarıda kalmasıdır. Bu gibi durumlarda, doğal olarak, amaçlanan kâr gerçekleşmemiştir ve muhtemelen kârın yerini az çok ciddi bir zarar alacaktır. Başarısızlığın tröst-karşıtı müdahale, hissedar muhalefeti, "piyasa koşullarında" değişiklik, daha fazla inceleme sonucu çıkan olumsuzluklar, ayrıntılar üzerinde anlaşmazlık vb. gibi çok sayıda nedeni vardır. Buradaki oyun, şüphesiz, deneyimle desteklenen kurnazlıkla, başarılı olma ihtimali yüksek anlaşmaları ve başarısız olursa, en düşük zarara yol açacak olan anlaşmaları seçmektir.*

Yukarıdaki Örnekler üzerine daha fazla Açıklama

KAYSER-ROTH. Şirketin yöneticileri bu bölüm yazıldığında Borden önerisini reddetmişlerdi (Ocak 1971). İşlem hemen "tamamlanmamış" olsaydı, komisyonlar dahil genel zarar Kayser-Roth hisse maliyetinin yaklaşık %12'si olurdu.

AURORA PLASTICS. Bu şirketin 1970'teki kötü görünümünden ötürü devir koşulları yeniden görüşülmüş ve fiyat %10½'ye indirilmişti. Hisseler Mayıs sonuna kadar ödenmişti. Burada gerçekleşen yıllık getiri oranı yaklaşık %25'ti.

UNIVERSAL MARION. Bu şirket yatırımı %14 1/2'e indirerek, acilen hisse başına 7$ değerinde nakit ve hisse senedi dağıtımı yaptı. Fakat piyasa fiyatı sonradan tasfiyenin nihai sonucuna gölge düşürerek 13'e kadar düştü.

Bu üç örneğin 1971 bütününde "deneme ve arbitraj" fırsatlarının uygun temsilcileri olduğunu varsayarsak, gelişigüzel bir temele dayalı olarak yapılan yatırımın çekici olmayacağı açıktır. Bu, her zamankinden daha fazla, deneyim ve muhakeme sahibi olması zorunlu olan profesyonellerin ilgi alanı haline gelmiştir.

* Bölüm 7'nin açıklamalar kısmında belirtildiği gibi birleşme arbitrajı bireysel yatırımcının çoğu için tamamen uygunsuzdur.

Kayser-Roth örneğimizde ilginç bir yan bilgi vardır. 1971 sonunda Borden hala değiş tokuş şartları altında Kayser-Roth'un 33'üne denk düşen 25'ten satarken, fiyat 20'nin altına inmiştir. Bu fırsatı geri çevirirken ya yöneticiler büyük bir hata yapmışlardır, ya da Kayser-Roth'un hisseleri piyasada kötü bir şekilde eksik değerlenmektedir. Bu menkul kıymet analistlerinin incelemeleri gereken bir şeydir.

ON BEŞİNCİ BÖLÜM ÜZERİNE YORUMLAR

Dünyada dünyanın bakış açısında göre yaşamak kolaydır; yalnızken kendi bakış açınıza göre yaşamak kolaydır; lakin kalabalığın ortasında mükemmel bir nezaketle yalnızlığın bağımsızlığını koruyanlar büyük insanlardır.

-Ralph Waldo Emerson

PRATİK, PRATİK, PRATİK

Mutual Series Fonu'unun kurucusu Max Heine "Kudüs'e giden pek çok yol var," demekten hoşlanırdı. Bu usta hisse senedi seçicisinin söylemek istediği, kendi değer-merkezli hisse senedi seçim yönteminin, başarılı bir yatırımcı olmanın tek yolu olmadığıydı. Bu bölümde günümüzün önde gelen para yöneticilerinden bazılarının hisse senedi seçiminde kullandığı tekniklere göz gezdireceğiz.

Öncelikle, çoğu yatırımcı için tek tek hisse senetlerini seçmenin gereksiz -önerilmez değilse de- olduğunu tekrarlamakta yarar var. Profesyonellerin çoğunun iyi hisse seçemedikleri gerçeği, amatörlerin çoğunun daha iyi seçtikleri anlamına gelmez. Hisse senedi seçen insanların çoğu o işte düşündükleri kadar iyi olmadıklarını öğrenirler; şanslı olanlar bunu erken farkederken, daha az şanslı olanların anlaması ise yıllar sürer. Yatırımcıların ancak küçük bir yüzdesi kendi hisse senetlerini seçmede başarılı olurlar.

Graham, en büyük atletlerin ve müzisyenlerin her gerçek performanstan önce alıştırma yaptıkları gibi, yatırımcının öncelikle alıştırma yapmasını öğütlemiştir. Bir yıl boyunca hisse senetlerini izlemelerini ve seçmelerini (fakat gerçek parayla *değil*) önerir.[1] Graham'in zamanında büyük bir defterin sarı sayfaları üzerinde hipotetik alış ve satışlar yapardınız; günümüzde www.morningstar.com, http://finance.yahoo.com, http://money.cnn.com/services/portfolio/ ya da www.marketocracy.com (son sitede fonların ve diğer hizmetlerin üzerindeki "piyasayı yenme" reklamlarını görmezden gelin) gibi web sitelerinde "portföy izleyicileri" kullanabilirsiniz.

Gerçek parayla denemeden önce tekniklerinizi deneme sürüşüyle sınayabilir, gerçek zararlara neden olmaksızın hata yapabilir, sık alım satımdan kaçınmak için disiplin geliştirebilir, yaklaşımınızı önde gelen para yöneticilerinin yaklaşımlarıyla karşılaştırabilir ve sizin için en iyi olanı seçebilirsiniz. Hepsinden de iyisi, tüm hisse senedi seçimlerinizin sonuçlarını izlerken, kamburlarınızın sonradan başınıza bela olacağını unutmanızı engellemesidir. Bu sizi galibiyetlerinizden *ve* yenilgilerinizden öğrenmeye zorlayacaktır. Bir yıl sonra, sonuçlarınızı tüm paranızı S & P 500 endeks fonuna yatırmış olsaydınız elde edeceklerinizle karşılaştırın. Denemeden hoşlanmadıysanız ve kötü seçimler yaptıysanız, zarar yok -bireysel olarak hisse senedi seçmek size göre değil. Kendinize bir endeks fonu alın ve hisse senedi seçmekle zamanınızı harcamayın.

Deneme hoşunuza gittiyse ve yeterli getiri sağladıysanız, yavaş yavaş bir hisse senedi sepeti toparlayın -fakat onu tüm portföyünüzün en fazla %10'u ile sınırlandırın (geri kalanını endeks fonunda tutun). Ve unutmayın, ilginizi çekmiyorsa, ya da getirileriniz iyi gitmiyorsa hemen durabilirsiniz.

DOĞRU TAŞLARIN ALTINA BAKMAK

Potansiyel olarak kârlı bir hisse senedini nasıl ararsınız? http://finance.yahoo.com ve www.morningstar.com gibi web sitelerini, hisse senetlerini elemek için Bölüm 14'te önerilen istatistiksel filtrelerle kullanabilirsiniz. Ya da daha sabırlı zanaatkâr benzeri bir yaklaşımda bulunabilirsiniz. En iyi profesyonel yatırımcıların

[1] Patricia Dreyfus, "Investment Analysis in Two Easy Lessons" (İki Kolay Derste Yatırım Analizi), (Graham'la söyleşi), *Money*, Temmuz 1976, s.36.

çoğu, pek çok insandan farklı olarak, önce hisse fiyatları yükselen değil, düşen bir şirkete ilgi duyarlar. Tweedy Browne Global Value Fund'dan Christopher Browne, Oakmark Fund'dan William Nygren, FPA Capital Fund'dan Robert Rodriguez ve Torray Fund'dan Robert Torray, hepsi *Wall Street Journal*'ın yeni 52-haftalık en düşüklerin günlük listesine ya da Barron's'un "Piyasa Haftası" kısmındaki benzer tablolara bakmanızı önerirler. Bu sizi gözde olmayan ya da sevilmeyen ve bu nedenle algılar değiştiği zaman potansiyel olarak yüksek getiri sunacak endüstrilere ve hisse senetlerine yönlendirecektir.

EPS'den ROIC'ye

Net gelir ya da EPS (earning per share: hisse başına kazanç) son yıllarda hisse senedi opsiyon tahsisleri ve muhasebeleştirme kazanç ve masrafları gibi faktörlerle saptırılmıştır. Bir şirketin işinde kullandığı sermaye üzerinden gerçekte ne kadar kazandığını görmek için EPS'nin ötesinde ROIC'ye (return on invested capital: yatırılan sermayenin getirisine) bakın.

Davis Fund'dan Christopher Davis bunu şu formülle tanımlar:

ROIC = Hisse senedi sahibi kazançları ÷ Yatırılan sermaye

Hisse senedi sahibi kazançları eşittir:

İşletme kârı
artı amortisman
artı maddi olmayan varlıklar amortismanı
eksi gelir vergisi (şirketin ortalama ödemesi oranında)
eksi hisse senedi opsiyon maliyeti
eksi "bakım onarım giderleri " (ya da zorunlu) sermaye harcamaları

eksi emeklilik fonları üzerinden (2003'e itibariyle %6.5'ten büyük her şey) sürdürülemez getiri oranları tarafından yaratılan herhangi bir gelir ve Yatırılan Sermaye eşittir:

Toplam varlıklar
eksi nakit (ve kısa vadeli yatırımlar ve faiz dışı cari borçlar)
artı yatırılan sermayeyi azaltan geçmiş muhasebe masrafları.

Tüm yasal masraflardan sonra ROIC, şirketin işletme faaliyetinden ne kazandığı –ve getirilerini oluşturmak için hissedarlarının parasını ne kadar etkin kullandığını- gösterme erdemine sahiptir. %10'luk bir ROIC çekicidir; hatta şirketin iyi bir marka adı, odaklanmış yönetimi varsa ya da geçici bir sıkıntı içindeyse,

%6 ya da %7 bile davetkâr olabilir.

Davis Fund'dan Christopher Davis ve Legg Mason Value Trust'tan William Miller, yatırılan sermaye üzerinden sağlanan getirinin ya da ROIC'nin -şirketin William Buffett'ın "sahip kazançları"[2] diye adlandırdıklarını ne kadar etkin bir şekilde yarattığını ölçmenin bir yolu- yükseldiğini görmek ister. (Daha fazla ayrıntı için s.441'deki ek bilgi kutusuna bkz.)

"Karşılaştırılabilir" olanları veya yıllar boyunca aynı iş kollarındaki fiyatları inceleyerek, Oakmark'ın Nygren'i ve Longleaf Partners'ın O. Mason Hawkins'i gibi yöneticileri şirketin parçalarının değerini daha iyi ele almışlardır. Bireysel bir yatırımcı için bu zahmetli ve zor bir çalışmadır: Şirketin tipik olarak sanayi sektörünü, bağlı kuruluşların hasılatlarını ve kazançlarını listeleyen yıllık raporunda "İşletme Kısımları" dipnotuna bakarak işe başlayın. ("Yönetim Tartışmaları ve Analizleri" de faydalı olabilir.) Sonra aynı sanayi kolundaki başka firmaların yakın tarihli örnekleri için Factiva, ProQuest veya LexisNexis gibi haber veritabanlarını araştırın. Eski yıllık raporları bulmak için www.sec.gov adresinden EDGAR veritabanını kullanarak, seçilen bu hisselerin satın alma fiyatlarının kazançlara oranını belirleyebilirsiniz. Daha

[2] Bölüm 11'in açıklamalarına bakınız.

sonra şirket alıcısının yatırım yaptığınız şirketin küçük bir bölümü için ne kadar ödeyebileceğini tahmin etmek için bu oranı uygulayabilirsiniz.

Her bir şirketin bölümlerini bu şekilde ayrı ayrı analiz ederek, şirketin cari hisse senedi fiyatından daha değerli olup olmadığını görebilirsiniz. Longleaf'ten Hawkins "60-sentlik dolarlar" diye adlandırdığı ya da hisse senetlerinin, kendisinin işletmeleri övdüğü bir oran olan %60 ya da altında bir değerden alınıp satıldığı şirketler bulmayı sever. Bu da Graham'in ısrarla üzerinde durduğu güvenlik marjını sağlamanıza yardımcı olur.

PATRON KİM?

Nihayet, önde gelen profesyonel yatırımcıların çoğu bir şirketin Oakmark'tan William Nygren'in sözcükleriyle "sadece yöneticiler gibi değil, mal sahipleri gibi düşünen" insanlar tarafından yönetilmesini isterler. İki basit test vardır: Şirketin finansal tabloları kolayca anlaşılabilir midir yoksa bir şeyleri örtmelerle mi doludur? "Tekrarlanmayan" ya da "olağanüstü" ya da "sıradışı" masraflar bunlardan ibaret midir, yoksa tekrarlamak gibi kötü bir alışkanlıkları mı vardır?

Longleaf'ten Mason Hawkin "iyi ortaklar" -yani sorunları açık yüreklilikle ele alan, bugünkü ve gelecekteki nakit akışının dağılımı konusunda berrak planlara sahip ve şirketin hisse senetlerinde (tercihen opsiyon tahsislerinden çok, nakit alımlar aracılığıyla) büyük çıkarı olan şirket yöneticileri arar. Fakat "yöneticiler işten çok hisse senedi fiyatından konuşurlarsa," diye uyarır Torry Fund'dan Robert Torry, "ilgilenmeyiz." Davis Funds'dan Christopher Davis, hisse senedi ihraç opsiyonlarını kabaca ödenmemiş hisselerin %30'u ile sınırlayan firmaları tercih eder.

Vanguard Primecap Fund'dan Howard Schow "şirketin bir yıl söylediğinin sonraki yıl olup olmadığını," izler. "Sadece yöneticilerin hissedarlara karşı dürüst olup olmadıklarını değil aynı zamanda kendilerine karşı da dürüst olup olmadıklarını görmek isteriz." (Şayet şirketin patronu işletme batarken her şeyin harika olduğunu söylüyorsa, dikkat edin!) Günümüzde, çok az sayıda hisse sahibi olsanız bile şirketin düzenli olarak yapılan konferanslarını dinleyebilirsiniz; konferans çizelgesini bulmak için şirket merkezindeki yatırımcı ilişkileri departmanını arayın ya da şirketin web sitesini ziyaret edin.

FPA Capital Fund'dan Robert Rodriguez, şirketin yıllık raporunun işletim bölüm başkanlarının adlarının yazılı olduğu arka sayfasına bakar. Yeni bir CEO'nun yönetiminin ilk bir iki yılında bu isimlerde eksilme varsa bu muhtemelen iyiye işarettir; işe yaramayanları ayıklıyor demektir. Fakat çok fazla eksilme olursa bu gidişat muhtemelen kargaşaya dönüşmüştür.

GÖZÜNÜ YOLDAN AYIRMAMAK

Kudüs'e giden daha da fazla yol vardır. Dreman Value Management'tan David Dreman ve Third Avenue Funds'dan Martin Whitman gibi önde gelen portföy yöneticileri çok düşük çarpanlı aktifler, kazançlar ya da nakit akışlarında hisseleri işlem gören şirketlere odaklanırlar. Royce Funds'dan Charles Royce ve Fidelity Low-Priced Stock Fund'dan Joel Tillinghast gibi diğerleri eksik değerlenmiş küçük şirketlerin peşindedirler. Ve bugünün en saygın yatırımcısı Warren Buffett'ın şirketleri nasıl seçtiğine ilişkin çok kısa bir bakış için s. 445'teki ek bilgi notuna bakınız.

Faydalı olabilecek bir teknik: Hangi profesyonel para yöneticisinin sizin sahip olduğunuz hisse senetlerinin aynısına sahip olduğunu araştırın. Şayet bir iki isim çıkarsa, bu fon şirketlerinin web sitelerine gidin ve en yeni raporlarını indirin. Bu yatırımcıların başka hangi hisse senetlerine sahip olduklarını görerek, siz de bunların hangi ortak karakterleri olduğu hakkında daha fazla şey öğrenebilirsiniz; yöneticinin açıklamasını okuyarak kendi yaklaşımınızı nasıl geliştireceğiniz konusunda fikir edinebilirsiniz.[3]

Hisse senetlerini seçerken hangi tekniği kullanırlarsa kullansınlar, başarılı yatırım profesyonellerinin iki ortak noktası vardır: Birincisi, disiplinli ve tutarlıdırlar, modası geçmiş bile olsa yaklaşımlarını değiştirmeyi reddederler. İkincisi, ne yaptıkları ve nasıl

[3] Profesyonel portföy analizine adanmış çok sayıda bülten vardır, ama çoğu en girişimci yatırımcı için bile para ve zaman kaybıdır. Nakit ayırabilen insanlar için parlayan bir istisna *Outstanding Investors Digest*'tir. (www.oid.com)

yaptıkları üzerine çok düşünürler ama piyasanın ne yaptığına pek fazla dikkat etmezler.

WARREN'IN YOLU

Graham'in en büyük öğrencisi Warren Buffett, Graham'in fikirlerine yeni dönemeçler ekleyerek dünyanın en başarılı yatırımcısı haline gelmiştir. Buffett ve ortağı Charles Munger, Graham'in "güvenlik marjını" ve piyasadan kopuşunu gelecekteki büyüme üzerine kendi yenilikçi vurgularıyla birleştirmişlerdir. Buffett'ın yaklaşımının çok kısa özeti şöyledir:

Buffett, H &R Block, Gillette ve Washington Post Co. gibi güçlü tüketici ünvanları, kolaylıkla anlaşılır iş kolları, finansal dayanıklılıkları, piyasalarında neredeyse tekel olan "franchise" diye adlandırdığı şirketleri arar. Buffett, bir skandal, büyük bir kayıp ya da başka bir kötü haberin üzerinden fırtına bulutu gibi -Coca-Cola'yı "Yeni Coke"u çıkarmasının ardından yaşanan feci düşüş sonrasında satın alması ve 1897 piyasa çöküşü gibi- geçtiği hisse senetlerini havada kapar. O gerçekçi hedefler koyan ve onları karşılayan yöneticiler görmek ister; işlerini devir almalar yoluyla değil, daha çok içeriden inşa etmek ister; sermayeyi akıllıca dağıtır ve onlara hisse senedi opsiyonlarından yüz milyon dolarlık ikramiyeler ödemez. Buffett kazançlarda düzenli ve sürdürülebilir büyümede ısrar eder, böylece şirket gelecekte bugünden daha değerli olacaktır.

www.berkshirehathaway.com adresinde arşivlenen yıllık raporlarında Buffett düşüncesini açık bir kitap gibi ortaya koymuştur. Muhtemelen Graham dahil, başka hiçbir yatırımcı yaklaşımını bu kadar açığa vurmuş ve böylesine zorlayarak okunabilir şekilde yazmamıştır. (Buffett'nin klasik özdeyişi: "Akıllılığıyla tanınan bir yönetim, ekonomisi kötü bir işi ele alırsa, sağlam kalan iş olur.") Her akıllı yatırımcı bu ustanın kendi sözcüklerini okuyarak öğrenebilir ve- öğrenmelidir.

BÖLÜM 16

Konvertibl Menkul Kıymetler ve Varantlar

Konvertibl tahviller (hisse senedi ile değiştirilebilir tahvil - HDT) ve imtiyazlı hisse senetleri üst düzey finansman alanında giderek artan bir önem kazanmaktadırlar. Buna paralel bir gelişme olarak, hisse senedi opsiyonlu varantların-hisse senetlerini öngörülen fiyatlardan satın almak için uzun vadeli haklar- sayısı da giderek artmıştır. Standard & Poor's'un *Hisse Senedi Kılavuzu*'nda şu anda kote olan imtiyazlı senetlerin yarısından fazlası dönüşüm önceliğine sahiptirler ve bu 1968-1970 arasındaki kurumsal *tahvil* finansmanının büyük kısmı için geçerlidir. Amerikan Borsası'nda alınıp satılan en az 60 farklı hisse senedi opsiyonlu varant serisi bulunmaktadır. Tarihinde ilk kez 1970 yılında New York Borsası uzun-vadeli varantların ihraçlarını fiyatlandırarak 31.400.000 American Tel. & Tel. Hissesini 52$'dan satın alma hakkı verdi. Şimdi bu kafilenin en önünde "Mother Bell" vardı, bunlar daha sonra pek çok yeni varant üreticisi tarafından çoğaltılacaktı. (Daha sonra da dikkat çekeceğimiz gibi, bunlar pek çok bakımdan uydurma sayılırlar)*

Genel görünümde, konvertibl menkul değerler, varantlardan daha önemlidirler, bu nedenle önce onları ele alacağız. Yatırımcının bakış noktasından, dikkate alınması gereken iki temel unsur vardır. Öncelikle yatırım fırsatı ve riski olarak nasıl sınıflandırılırlar? İkinci olarak da, ilgili adi hisse senedi ihraçlarının değerlerini varlıklarıyla nasıl etkilerler?

* Graham, sayfa 456-457 arasında açıkça ifade ettiği gibi varantlardan hiç hoşlanmıyordu.

HDT ihraçlarının hem yatırımcı, hem de tahvili ihraç eden kuruluş için özellikle yararlı oldukları kabul edilir. Yatırımcı imtiyazlı bir hisse senedinin ya da tahvilin üstün korumasına ve adi hisse senedinin her önemli değer yükselişine katılma şansına sahiptir. İhraççı kuruluş, sermayeyi makul bir faizle ya da imtiyazlı kâr payı fiyatıyla artırma imkanına sahiptir ve eğer beklenen gelir elde edilirse, ihraççı kuruluş tahvili adi hisse senedine dönüştürerek üst düzey yükümlülükten kurtulacaktır. Böylelikle alışveriş her iki taraf için de olağanın üzerinde iyi gidecektir.

Yukarıdaki paragraf, açık bir biçimde, bu durumu bir yerde abartıyor olmalı, çünkü bir alışverişi, sadece ustaca bir yöntemle her iki taraf için de daha iyi bir hale getirmek mümkün değildir. Yatırımcı dönüşüm ayrıcalığına karşılık, kaliteden ya da kazançtan ya da her ikisinden birden ödün verecektir.[1] Öte yandan, dönüşüm özelliği nedeniyle şirket parasını daha düşük bir değerden geri alırsa, adi hisse senedi sahiplerinin alacak hakkının bir bölümünden gelecekteki artış için vazgeçmiş olur. Bu konuda lehte ve aleyhte bir takım aldatıcı savlar öne sürülebilir. Ne cazibeyi ne de gösterişsizliği garantileyen bu şekilleri nedeniyle HDT' nin herhangi bir hisse senedi *şeklinden* hiçbir farkının bulunmaması varılabilecek en kesin sonuçtur. Sorun bireysel hisse senedi çevreleyen koşulların hepsine bağlıdır.*

Yine de, yükselen bir piyasanın sonuna doğru dalgalanan konvertibl menkul değer grupları, nihayetinde tatminkar olmayan sonuçlar getirmeye mahkumdur. (Ne yazık ki geçmişteki konvertibl ihraçlarının çoğu böyle iyimser zamanlarda yapılmıştı.) Kötü sonuçlar zamanlama nedeniyle kaçınılmazdır, çünkü borsadaki büyük bir düşüş dönüşüm ayrıcalığını her durumda çok daha az çekici kılmalıdır -ve ayrıca da sık sık hisse sene-

* Graham, yatırımcıların genellikle duyduğu reklamsal söyleme karşılık konvertibl tahvillerin otomatik olarak "her iki dünyanın da en iyisini" sunmadığına dikkat çeker. Yüksek kazanç ve düşük risk her zaman bir arada *olmazlar*. Wall Street bir eliyle verdiğini, genellikle öteki eliyle geri alır. Bir yatırım bir dünyanın en iyisini ya da diğerinin en kötüsünü sunabilir; fakat her iki dünyanın da en iyisi aynı pakette pek az bulunur.

dinin temel güvenliğinden kuşku duyulmasına neden olacaktır.* Grup ilüstrasyonu olarak ilk baskımızda kullandığımız, 1949'da başlayan olağandışı yılın hemen öncesindeki yükseliş piyasasının kapanış yılı olan 1946'daki konvertibl ve düz (konvertibl olmayan) imtiyazlı hisse senetlerinin karşılaştırmalı fiyat hareketlerini koruyacağız.

TABLO 16-1 1946 Yılında Piyasaya Sürülen Yeni İmtiyazlı-Hisse Senedi İhraçları

İhraç Fiyatıyla Temmuz 1947 Düşük fiyatı arasındaki Fiyat Değişimi	"Düz" İhraçlar (ihraç sayısı)	Konvertibl ve Kâr Paylı İhraçlar
Düşüş Yok	7	0
Düşüş %0-10	16	2
%10-20	11	6
%20-40	3	22
% 40 ya da fazla	0	12
TOPLAM	37	42
Ortalama düşüş	Yaklaşık % 9	Yaklaşık % 30

1967-1970 yılları için karşılaştırmalı bir sunum yapmak çok zordur, zira bu yıllarda gerçekte konvertibl olmayan hiçbir yeni ihraç gerçekleşmemiştir. Ancak Aralık 1967 ile Aralık 1970 arasındaki konvertibl imtiyazlı hisse senetlerinin fiyat düşüşünün, bir bütün içinde, adi hisse senetlerininkinden (sadece %5 kaybet-

* Goldman Sachs ve Ibbotson Associates'e göre 1998'den 2002'ye kadar konvertibl tahviller yıllık %4.8'lik bir dönüşüm sağladılar. Bu büyük ölçüde ABD hisse senetlerinin %0.6'lık yıllık kaybından daha iyiydi, fakat orta-vadeli şirket tahvillerinin (%7.5 yıllık kazanç) ve uzun vadeli şirket tahvillerinin (%8.3 Yıllık kazanç) dönüşümlerinden büyük oranda kötüydü. 1990 ortalarında Merill Lynch'e göre, yıllık olarak tahmini 15 milyar dolarlık ihraç gerçekleşti; 1999'a gelindiğinde, ihraçlar iki katının da üzerine çıkarak 39 milyar dolara ulaşmıştı. 2000 yılında 58 milyar dolarlık konvertibl çıkarıldı, 2001'de ise 105 milyar dolar ortaya çıktı. Graham'in de uyardığı gibi konvertibl menkul değerler her zaman bir yükseliş piyasasının sonunda ortaya çıkarlar - zira bu dönemde düşük-kaliteli şirketlerin bile dönüşüm özelliğini çekici kılacak yükseklikte hisse senedi getirileri olur.

tiler) daha büyük olduğunu göstermek hiç de zor değildir. Ayrıca 1968 Aralık ayı ile 1970 Aralık ayı arasında konvertibl senetler, daha eski düz imtiyazlı hisselerden daha kötü performans göstermişlerdir; bu, Tablo 16-2'de her türün 20 ihraçlık örneklemesiyle gösterilmiştir. Bu karşılaştırmalar konvertibl hisse senetlerinin bütünde birinci sınıf ihraçlardan daha düşük kaliteli olduklarını ve spekülatif yükseliş zamanları dışında, genel piyasanın altında olan adi hisse senetlerine bağlı olduklarını gösterirler. Hiç kuşkusuz bu durum bütün konvertibl senetlere uygulanamaz. Özellikle 1968 ve 1969'da oldukça çok sayıda güçlü şirket, birinci-sınıf tahvillerin aşırı yüksek faiz oranlarıyla mücadele etmek için HDT kullanmıştı. Fakat konvertibl imtiyazlılara ait 20-hisse senetli örneğimizde sadece bir tanesi yükseliş gösterirken, diğer 14 tanesinin kötü düşüşler yaşadığı dikkat edilmesi gereken bir noktadır.*

TABLO 16-2 İmtiyazlı Hisse Senetleri, Adi Hisse Senetleri ve Varant Fiyatları Aralık 1968 - Aralık 1970 Karşılaştırması

(Her türden rastgele seçilmiş 20 hisse senedi)

	Düz İmtiyazlı Hisse Senetleri		Konvertibl İmtiyazlı	Borsada Kote	
	A Notlu	A altı notlu	Hisse Senetleri	Adi Hisse Senetleri	Varantlar
Çıkışlar	2	0	1	2	1
Düşüşler :					
% 0-10	3	3	3	4	0
% 10-20	14	10	2	1	0
% 20-40	1	5	5	6	1
% 40 ya da fazlası	0	0	9	7	18
Ortalama düşüşler	%10	%17	%29	%33	%65

(Standard ve Poor's'un 500 hisse senetli birleşik endeksi %11.3 düştü.)

* Konvertibl piyasasındaki son yapısal değişiklikler bu eleştirilerin bazılarını çürütmüştür. Graham'in zamanında toplam konvertibl piyasasının yaklaşık yarısını oluşturan konvertibl imtiyazlı hisse senetleri şimdi piyasanın sadece sekizde birini tutmaktadır. Vade tarihleri daha kısadır, bu konvertibl tahvilleri daha dengesiz yapar ve pek çoğu erken ödemeye karşı şimdi "alım hakkı koruması"na ya da teminata sahiptir. Ve şimdi bütün konvertiblerin yarısından çoğu yatırım notludur, bu kredi kalitesi bakımından Graham'in zamanından kalma önemli bir gelişmedir. Bununla birlikte, 2002 yılında, -S & P 500-hisse senedi indeksi %22.1 kaybederken ve NASDAQ bileşik hisse senedi indeksi %31.3 düşerken- Merill Lynch Tüm ABD Konvertibl Endeksi %8.6 kaybetmiştir.

Bu rakamlardan, konvertibl hisse senetlerinin kendi içlerinde konvertibl olmayanlardan ya da "düz" hisse senetlerinden daha az cazip olduğu şeklinde bir sonuç çıkarılamaz. Diğer koşulların eşit olması durumunda, bunun tam tersi doğrudur. Fakat açıkça görürüz ki, uygulamada başka koşullar eşit *değildir* ve dönüşüm ayrıcalığının eklenmesi çoğunlukla -belki de genellikle- bu ihracın gerçek yatırım kalitesinden yoksun olduğunu ortaya çıkarır.

Hiç kuşkusuz, konvertibl imtiyazlı senet, aynı şirketin adi hisse senedinden daha güvenlidir -bir başka deyişle, daha düşük bir anapara kaybı riski olasılığı taşır. Sonuç olarak eşdeğer adi hisse senetleri yerine yeni konvetibl imtiyazlı senet satın alanlar, bu anlamda mantıklı bir iş yapmış olurlar. Fakat öncelikle, adi hisse senetleri pek çok durumda piyasa fiyatından alındıkları zaman akıllı bir seçim olmazlar ve bunların yerini konvertibl imtiyazlıların alması da tabloyu yeterince düzeltmez. Bunun da ötesinde, büyük miktarda konvertibl imtiyazlı senet alımı, adi hisse senetlerine özel ilgi duymayan ya da onlara güvenmeyen -o sırada adi hisse senedi alımını akıllarına bile getirmemişlerdir- ancak talep önceliği ve mevcut piyasa fiyatına daha yakın bir dönüşüm fiyatı ayrıcalığının ideal karışımıyla, baştan çıkan yatırımcılar tarafından yapılır. Birkaç durumda bu karışım çok iyi işlemiştir, fakat istatistikler bunun daha çok, gizli bir tuzak olduğunu gösterir.

Konvertibl menkul değerlere sahip olmakla ilgili olarak çoğu yatırımcının gözden kaçırdığı özel bir sorun vardır. Bir kâr durumu söz konusu olduğu zaman bile bir ikilem bunu takip eder. Hisse senedi sahibi hafif bir yükselişte satmalı mıdır; daha fazla bir yükseliş için beklemeli midir; eğer tahvillerin ödenmesi istenirse-ki adi hisse senetleri önemli ölçüde yükseldiğinde genellikle böyle bir durum söz konusu olur- hepsini satmalı mı yoksa adi hisse senedine dönüştürüp elinde mi tutmalıdır?*

Somut kavramlarla konuyu sürdürelim. 25'ten hisse senedine dönüştürülebilecek olan %6'lık bir tahvili 100'den alıyorsunuz

* İhracı yapan şirket belirlenmiş vade sonundan önce, ya da faiz ödemeleri için verilen son tarihten önce zorla borcu kapattığında bir tahvilin "ödemesi yapılır." Konvertibl tahvillerin nasıl işlediklerini görmek için bu bölümün açıklama kısmında Not 1'e bakınız, (s. 462).

-bu her 1000$ için 40 hisse demektir. Hisse senedi 30'a çıkıyor ve tahvili en az 120 değerine çıkarıyor ve böylece 125'ten satıyor. Siz ya satıyor ya tutuyorsunuz. Daha yüksek bir fiyat umuduyla satarsanız eğer, daha çok, adi hisse senedi sahibinin konumunda olacaksınız çünkü hisse senetleri düştüğü takdirde tahviliniz de düşecektir. Koruyucu bir kişi 125'in ötesinde konumunun fazla spekülatif olacağını düşünecek ve bu nedenle satacak ve %25'lik tatminkâr bir kazanç elde edecektir.

Buraya kadar, iyi. Ama konunun peşini bırakmayalım. Hisse sahibinin 125'ten sattığı çoğu durumda adi hisse senedi ilerlemeye devam eder ve beraberinde konvertibili de götürür, bu durumda yatırımcı çok çabuk satmış olmanın o tuhaf sıkıntısını yaşar. Bir dahaki sefere 150 ya da 200'e kadar beklemeye karar verir. Bu nedenle hisseler 140'a çıktığında satmaz. Tam o sırada piyasa düşer ve tahvili 80'e iner. Yaptığı yine yanlıştır.

Bu kötü tahminleri yaparken duyulan zihinsel ıstırap dışında -bunlar neredeyse kaçınılmazdır- konvertibl menkul değer işlemlerinde gerçek bir aritmetik sorunu vardır. %25 ya da %30'dan satmak gibi inatçı ve değişmez bir politika pek çok menkul değere uygulandığında iyi sonuç verecek diye düşünülebilir. Bu, kârın bu durumdaki üst sınırına damgasını vuracak ama sadece iyi işleyen kâğıtlarda söz konusu olabilecektir. Fakat eğer- göründüğü gibi doğruysa- bu ihraçlar genellikle gerekli güvenlikten yoksun olup, yükselen bir piyasanın son zamanlarında dalgalanma ve alınıp satılma eğilimi taşıyacaklardır, bu yüzden büyük kısmı 125'e kadar çıkamayacak, ancak borsa inişe geçtiğinde düşecektir. Bu yüzden konvertibildeki çarpıcı fırsatlar uygulamada yanıltıcı olacak ve aynı boyuttaki kazançlara karşın pek çok maddi kayıp -en azından geçici bir türde- tüm olaya damgasını vuracaktır.

1950-1968 arasındaki yükseliş piyasasının olağan dışı uzunluğu nedeniyle, konvertibl menkul değerler 18 yıl boyunca kendi paylarına düşeni fazlasıyla yapmışlardır. Fakat bu sadece adi hisse senetlerinin büyük çoğunluğunun, pek çok konvertibl menkul değerlerin de paylaşabildiği büyük artışlar kaydettiği anlamına gelmektedir. Konvertibl bir ihracın sağlamlığı, sadece düşen hisse senedi piyasasındaki performansıyla sınanabilir -ve bu her zaman bütünüyle moral bozucu olmuştur.*

İlk baskımızda (1949) bir konvertibl yükseldiğinde "ne yapılmalı" şeklindeki özel sorunla ilgili bir ilüstrasyon sunmuştuk. Buraya tekrar dâhil edilmeyi hâlâ hak ettiğini düşünüyoruz. Pek çok referansımız gibi bu da dayanağını kendi yatırım işlemlerimizden alıyor. Eversharp Co.'nun, hisse başı 40$'dan adi hisse senedine dönüştürülebilen %4½ teminatsız HDT özel teklifine başabaş değerle katılan "seçkin bir grup"un üyesiydik. İhraç hızla 65½'a yükseldi, ama daha sonra (üçe-iki bölünmeden sonra) eşdeğeri olan 88'e geldi. Son fiyatla teminatsız HDT'ler en az 220 değerindeydiler. Bu dönem içerisinde her iki HDT prim ödemesi istedi, bundan dolayı da hepsi adi hisse senedine dönüştürüldü ve tahviller baştaki yatırım-fonu alıcıları tarafından alıkoyuldu. Fiyatlar hızla ciddi bir inişe geçti ve Mart 1948'de HDT 7⅛ gibi düşük bir fiyattan satılır oldu Bu, teminatsız tahvillerin değerinin 27 olması ya da %100 kâr yapmak yerine başlangıç fiyatlarından %75 kayba uğramaları anlamına geliyordu.

Bu hikâyenin anafikri, ilk alıcılardan bazıları tahvili hisse senedine dönüştürdüler ve büyük düşüşü süresince hisse senetlerini ellerinde tuttular. Bunu yaparken "HDT'leri asla dönüştürmeyin," şeklindeki eski bir Wall Street deyişinin tersini yapmış oldular. Bu neden böyledir? Çünkü bir kez dönüşüm yaptığınızda eski faiz hakkınızla birlikte çekici bir kâr şansını da kaybetmiş olursunuz. Muhtemelen bir yatırımcıdan bir spekülatöre dönüşmüş ve bunu elverişsiz bir zamanda (çünkü senetler zaten o zamana kadar iyice yükselmiştir) yapmışsınızdır. Eğer "HDT'leri asla dönüştürmeyin," iyi bir kural idiyse, nasıl oldu da deneyimli fon yöneticileri Eversharp tahvillerini daha sonra gelecek utanç verici kayıplar için hisse senetleriyle değiştirdiler? Kuşkusuz yanıt, yöneticilerin şirket beklentilerinin heyecanıyla hisselerin "uygun piyasa hareketleri"nin kendilerini alıp götürmesine izin

* Son yıllarda, konvertibl menkul değerler, düşen borsalarda Standard & Poor'un 500-hisse senedi indeksinin üzerine çıkma eğilimi göstermişler, fakat genel olarak diğer tahvillerin altında kalmışlardır -bu Graham'in burada yaptığı eleştiriyi zayıflatmakla birlikte, tam anlamıyla çürütmez.

vermeleriydi. Wall Street'in alçak gönüllü pek az prensibi vardır; sorun, bunların en çok gereksinme duyulan zamanlarda unutulmalarıdır.* Bu arada eskilere ait başka bir ünlü deyiş de şöyledir: "Söylediğimi yap, yaptığımı değil."

Yeni çıkan konvertibl menkul kıymetlere bu nedenle kuşkuyla yaklaşırız. Burada diğer benzer gözlemlerimizdeki gibi asıl söylemek istediğimiz şudur: Yatırımcı onları satın almadan önce bir değil, iki kez düşünmelidir. Bu kadar muhalif bir incelemeden sonra, reddedilemeyecek kadar iyi olan bazı istisnai satışlar bulabilir. Tabii ki ideal kombinasyon, güvenli bir konvertibilin, mevcut piyasa fiyatının az üzerinde bir değerle cazip bir adi hisse senedine dönüştürülmesidir. Zaman zaman bu şartları sağlayan yeni bir öneri ortaya çıkar. Buna karşılık, hisse senedi piyasalarının doğası gereği, bu tür bir fırsatı yeni bir ihraçtan çok, uygun bir konuma giren daha eski bir ihraçta yakalayabilirsiniz. (Eğer yeni ihraç gerçekten sağlamsa, dönüşüm ayrıcalığı muhtemelen çok iyi olmayacaktır.)

Standart-tipte konvertibl menkul değerlerde verilen ve çekilen arasındaki ince ayar, bu tür hisse senetlerinin Amerikan Telefon & Telgraf Şirketi'nin finanse edilişindeki aşırı kullanımıyla çok iyi örneklenir. 1913 ile 1957 arasında şirket, çoğu hisse sahiplerine öncelik hakkı olarak en az dokuz farklı HDT sattı. Büyük kaynaklara sahip olmakla birlikte, bir kısmı hisse senedi satın alma iznine sahip olmayan birçok finans kuruluşunun çok rağbet ettiği bu HDT'ler, şirketlere bir hisse senedi satışının sağlayacağından çok daha geniş bir alıcı sınıfı getirmek gibi çok önemli bir yarar sağlamıştır. Tahvillerin faiz dönüşümü genel olarak, hisse senedi üzerinde ona karşılık gelen kâr dönüşümünün yarısından da azdı -bu, tahvil sahiplerinin önceki isteklerini dengelemek üzere hesaplanan bir unsurdu. Şirketin 9$'lık kazanç oranını 40 yıl boyunca (1919'dan hisselerin bölündüğü 1959'a kadar) koruması nedeniyle hemen hemen tüm HDT'ler, sonunda kaçınılmaz biçimde adi his-

* Cümle 1990'ların yükselen piyasası için bir mezar taşı yazısıdır. Yatırımcıların unuttuğu "alçakgönüllü pek az prensip" arasında "ağaçlar gökyüzüne kadar büyümezler" ve "boğalar para kazanır, ayılar para kazanır [çıkan piyasa boğa-piyasası, düşen piyasa ayı-piyasası olarak geçer] ama domuzlar kesilir," gibi piyasa klişeleri vardır.

se senetlerine dönüştüler. Bu nedenle bu alıcıları yıllar içerisinde iyi para kazandılar-ancak bu ilk etapta sermaye karşılığı hisse senetleri almış olsalardı, kazanacakları miktar kadar değildi. Bu örnek HDT'lerin gerçek çekiciliğini değil, ama belki de Amerikan Telefon &Telgraf'ın sağlamlığını kanıtladı. Uygulamada sağlamlığını kanıtlayabilmek için adi hisse senetlerinin hayal kırıklığı yarattığı, buna karşılık konvertibllerin iyi sonuçlar aldığı birkaç olay gereklidir. Böyle fırsatlar ise kolay bulunmaz.*

Konvertibl Menkul Değerlerin Adi Hisse Senetleri Üzerindeki Etkisi

Çoğu durumda konvertibl menkul değerler şirket evlilikleriyle, ya da yeni şirket satın alımlarıyla piyasaya çıkarılır. Bu finansal işlemin en çarpıcı örneği belki de NVF Corp.'un %5'lik HDT (artı varantlarının) yaklaşık 100.000.000$'lık kısmını Sharon Steel Co.'nun adi hisse senetlerinin çoğu karşılığında ihraç etmesidir. Bu olağandışı ticaret aşağıda 474-475 sayfaları arasında ele alınacaktır. Tipik olarak bu sonuç, adi hisse senetlerinin rapor edilen hisse başı kazançlarında pro forma bir artış yaratacaktır ; hisseler sözde, daha yüksek kazançlarla birlikte, yönetimin daha fazla para yapma konusundaki gücüne, girişimine ve yeteneğine dair kanıt sunması nedeniyle de yükselecektir.** Fakat iki dengeleme unsuru vardır, bir tanesi uygulamada, diğeri iyimser piyasalarda tümüyle göz ardı edilir. İlki, yeni dönüşüm haklarıyla birlikte rakamı ortaya çıkan, güncel ve gelecek kazançların, gerçek seyreltilmesidir. Bu seyreltme, tüm konvertibl hisseler ya da tahviller gerçekten dönüştürüldüğünde elde edilecek olan son kazançları alarak -ya da başka rakamları varsayarak- düzeltilmiş kazançların hesaplanmasıyla sayılara dökülür. Çoğu şirkette hisse başı rakamlardaki düşüş çok önemli değildir. Fakat bu açıklamanın pek çok istisnası vardır ve bunların rahatsız edici bir oranda artabileceği tehlikesi de söz konusudur. Hızlı-gelişen "holdingler" konvertibl aldat-

* AT & T Corp. artık önemli bir konvertibl tahvil ihraççısı değildir. Bugün en büyük konvertibl ihraççıları arasında General Motors, Merrill Lynch, Tyco International ve Roche vardır.

** "Proforma" finansal sonuçlarının daha sonraki tartışması için 12. Bölüm üzerine yapılan açıklamalara bakınız.

macasının temel uygulayıcıları olmuşlardır. Tablo 16-3'de dönüşümlü ya da varanta karşı çıkarılabilecek çok sayıda menkul değer sahibi şirketlerden yedisini listeledik.*

Adi Hisse Senetlerinden İmtiyazlı Hisse Senetlerine Dönüşüm

Yıllar öncesinde, örneğin 1956'da, aynı şirketin adi hisse senetleri, imtiyazlılarından çok daha fazla kazanç sağlıyordu; bu özellikle imtiyazlı senedin piyasaya yakın dönüşüm ayrıcalığı olması durumunda doğruydu. Bunun tam tersi, içinde bulunduğumuz zaman için geçerlidir. Sonuç olarak, benzer adi hisse senetlerinden açık biçimde daha cazip olan pek çok imtiyazlı konvertibl menkul kıymet bulunmaktadır. Adi hisse senedi sahiplerinin küçük hisselerden birinci sınıf imtiyazlı hisselere dönerken kaybedecekleri hiçbir şey yoktur, oysa pek çok önemli şeyler kazanabilirler.

ÖRNEK: Studebaker-Washington Corp 1970 sonlarında buna tipik bir örnek sunmuştur. 5$'lık imtiyazlı senet 87½ ile kapanırken adi hisse senedi 57'den işlem görüyordu. Her imtiyazlı hisse, o zaman 1½ adi hissesiyle takas edilebiliyordu, bu da o zaman 85½ değerindeydi. Bu imtiyazlının alıcısı aleyhine az bir para farkıydı. Ancak adi hisse senetlerinin kârları, bir imtiyazlı hissesinin satın-alınabilir 5$'ına karşılık 1.20$'lık (ya da 1½ hisse için 1.80$'lık) yıllık orandan ödeniyordu. Bundan dolayı fiyattaki ilk zıt fark muhtemelen bir yıldan az bir zaman zarfında telafi edilebilecek ve böylece imtiyazlı bir süre boyunca, adi hisse senedinin getirdiğinden önemli ölçüde yüksek bir temettü geliri sağlayacaktı. Ancak bunlardan da önemlisi, adi hisse senedi sahibi bu dönüşle çok daha iyi bir konuma gelmiş olacaktı. 1968'in *düşük* fiyatlarında ve sonra yeniden 1970 yılında imtiyazlı, adinin 1½ hissesinin 15 puan yükseğinden işlem görüyordu. Dönüşüm ayrıcalığı adi paketinin altına inmeyeceği garantisini veriyordu.[2]

* Son yıllarda, konvertibl tahviller en çok finans, sağlık ve teknoloji alanlarındaki kuruluşlar tarafından çıkarıldı.

TABLO 16-3 1 Yüksek Meblağda Konvertibl Menkul Kıymet ve Varanta Sahip Şirketler (1969 Yıl sonu)

		İlave ihraç edilebilecek adi hisse senedi sayısı			
		Değişiminde			
	Mevcut Adi Hisse Senedi	Tahvil	İmtiyazlı hisse snt.	Varant Karşılığı	Toplam İlave Hisse Senedi
Avco Corp	11,470	1.750	10.436	3.085	15.271
Gulf & Western Inc.	14.964	9.671	5.632	6.951	22.260
International Tel. & tel.	67.393	190	48.115		48.305
Ling-temco-Vought	4.410 [a]	1.180	685	7.564	9.429
National General	4.910	4.530		12.170	16.700
Northwet Industries [b]	7.433		11.467	1.513	12.980
Rapid American	3.591	426	1.503	8.000	9.929

Hisse senedi adetleri bin olarak gösterilmiştir

[a] "özel stok"u içerir.

[b] 1970 sonunda.

Hisse Senedi Opsiyonu Varantları

Lafları ağzımızda geveleyerek başlamayalım. Son hisse senedi opsiyonu varantlarını neredeyse bir dolandırıcılık, var olan bir tehlike ve olası bir felaket olarak görürüz. Bunlar büyük miktarlarda dolar değerlerini hiç yoktan var etmişlerdir. Varlıklarının, spekülatörleri ve yatırımcıları yanlış yönlendirmekten başka bir nedeni yoktur. Yasalar tarafından yasaklanmalı ya da en azından bir şirketin toplam sermaye miktarının küçük bir bölümüyle sınırlanmalıdır.*

Genel tarih ve edebiyat karşılaştırması için okurdan, Goethe'nin kağıt paranın icadını tarif ettiği *Faust* ile ilgili bölümü (Bölüm 2) okumasını isteyeceğiz. Wall Street tarihinde eşi benzeri

* Varantlar on dokuzuncu yüzyılda çok yaygın bir kurumsal finans tekniğiydi, Graham'in zamanında da bir hayli yaygındı. O zamandan bugüne önemlerini ve popülaritelerini kaybetmişlerdir -bu Graham'i sonsuz derecede mutlu edecek birkaç yeni gelişmeden bir tanesiydi. 2002'nin yıl sonu gibi bir zamanda, New York Borsası'nda sadece yedi varantlı menkul kıymet kalmıştı, bu bir piyasa için yok denecek kadar az bir miktardı. Varantların bugün artık büyük şirketler tarafından kullanılmamaları nedeniyle, günümüz yatırımcısı Graham'in bölümünün geri kalanını sadece mantığının nasıl işlediğini görmek açısından okumalıdır.

görülmemiş uğursuzlukta bir örnek olarak American & Foreign Power Co.'nun varantlarından söz edebiliriz, bunların 1929'da borsa piyasa değerleri milyar doların üzerindeydi, oysa bir şirketin bilançosunda sadece bir dipnot olarak geçmekteydiler. 1932 yılı geldiğinde, bu milyar dolarlar 8 milyon dolara inmiş ve 1952'de şirketin sermaye yapısının yeniden düzenlenmesiyle -borcunu ödeme gücü olsa da- varantlar silinip gitmişti.

En başta, hisse senedi opsiyonlu varantlar zaman zaman tahvil ihraçlarına bağlı olup, çoğunlukla kısmi dönüşüm ayrıcalığına eşdeğerdi. Miktar olarak önemsizdiler bu nedenle de tehlike oluşturmuyorlardı. 1920'lerin sonunda pek çok diğer mali istismarda da olduğu gibi kullanımları genişledi, ancak o günden sonra uzun zaman boyunca ortadan kayboldular. Fakat kapıdan kovsan bacadan girer örneği, yeniden ortaya çıktılar ve 1967'den beri de bilindik "finans araçları"na dönüştüler. Aslında, büyük bankalara bağlı gayrimenkul geliştirme şirketleri, sermayelerini artırmak için eşit sayıda adi hisse senedi ve varantları satarak, aynı fiyattan yeni adi hisse senetleri satın almayı sağlayan standart bir yöntem geliştirildi. Örnek: 1971'de Cleve Trust Realty Yatırımcıları tanesi 20$'dan 2.500.000 adet adi hisse senedi (ya da "intifa hakkına sahip hisseler") ve varant karışımı sattılar.

Şimdi bu finansal senaryoda gerçekte neler olduğunu düşünelim. Şirket yöneticileri bu şekilde sermaye artırımını gerekli bulduklarında, genellikle ek adi hisseleri satın almak için ilk hakka adi hisse senetleri sahiptir. Bu sözde "ön alım hakkı" adi hisse senedi mülkiyetine giren değer unsurlarından -kâr paylarını alma, şirketin büyümesine katılma ve yöneticiler için oy verme hakkıyla birlikte- bir tanesidir. Ek sermayeye katkıda bulunma hakkı için ayrı varantlar çıkarıldığında, bu işlem sıradan adi hisse senedinin özündeki değerin bir kısmını alıp götürerek, bunu farklı bir sertifikaya transfer eder. Kâr paylarını alma hakkı (sınırlı ya da sınırsız bir dönem için) ya da satış kazançlarını veya işletmenin ödemelerini paylaşma hakkı, ya da hisseler için oy verme hakkı için farklı sertifikalar çıkarılarak benzer bir iş yapılabilir. O zaman niçin bu sermayeye iştirak varantları özgün sermaye yapısının bir parçası olarak yaratılmıştır? Sadece insanların parasal konularda uzman olmaması nedeniyle. Tahsil edilmemiş varantlı bir adi hisse senedinin, diğerinden daha değersiz olduğunun farkında değillerdir. Buna karşılık, genellikle piyasada hisse senedi ve varant paketinin birlikte fiyatı, tek başına hisse senedi fiyatından daha iyidir. Olağan şirket raporlarında hisse-başı kazançlar ödenmemiş varantların etkisi için uygun ödenek olmadan hesaplanırlar (ya da hesaplanmış olurlar) Sonuç, hiç kuşkusuz, şirketin piyasa değeriyle, gelirler arasındaki gerçek ilişkinin abartılmasıdır.*

Varantların varlığına en basit ve muhtemelen en iyi fırsatı sağlama yöntemi, varantların piyasa değerlerini, adi-hisse piyasa değerine eklemek olacaktır, böylece hisse başı "gerçek" piyasa fiyatı artacaktır. İmtiyazlı hisse senetlerinin ihracıyla bağlantılı olarak büyük miktarlarda varant ihraçları yapıldığında, ayarlama- hisse senedi kazançlarının bağlantılı tahvil ya da imtiyazlı hisselerini ödemek için kullanıldıklarını varsayarak- yapmak bir alışkanlık haline gelmiştir. Bu yöntem, bir varantın gerçekleşebilir değerin üzerindeki olağan "prim değeri"ne tam anlamıyla izin vermez. Tablo 16-4'te National General Corp. örneğini kullanarak, 1970 yılı için iki hesaplama yönteminin etkilerini karşılaştırıyoruz.

Şirketin kendisi, bu varantlardan, ihtiyaç duyulduğunda ek sermaye kazanmanın bir takım yollarını garantilemek açısından, yarar sağlar mı? Hayır, asla. Normal şartlarda şirketin, yeni sermaye sağlamak için varant sahiplerinin vade bitim tarihinden önce haklarını kullanmalarını talep edeceği bir durum söz konusu olamaz. Eğer, bu arada şirket ek adi hisse senedi fonlamasını artırmak isterse, hisse sahiplerine bu hisseleri olağan yollardan sunmalıdır -bu da piyasa fiyatının biraz altında olmak durumundadır. Böyle bir işlemde varantların hiçbir yararı olmaz; sık sık kendi ihraç fiyatlarında aşağı doğru bir revizyonu

* Bugün varant hareketlerinin son kalıntıları NASDAQ "ilan panosu"nun çöplüğünde ya da küçük şirketlerin tezgâh üstü piyasasında yapılmaktadır, burada adi hisse senetleri çoğunlukla varantlarla birlikte paketlenip bir "birim" haline getirilir (bu Graham'in "paket" olarak adlandırdığı şeyin çağdaş adıdır). Eğer bir broker size herhangi bir şirketin "birimler"ini satmayı önerirse, varantların buna dahil edildiğinden %95 ve brokerin ya bir haydut ya da bir ahmak olduğundan %90 emin olabilirsiniz. Yasal brokerler ve firmaların bu alanda işleri olmaz.

gerektirmeleri nedeniyle durumu karmaşık hale getirmekten başka bir işe yaramayacaklardır. Hisse senedi opsiyonlu varantlara ait büyük ihraçların, hayal ürünü piyasa değerleri oluşturmak dışında, hiçbir amaca hizmet etmediklerini bir kez daha iddia ediyoruz.

Faust adlı eserini yazarken Goethe'nin aşina olduğu kağıt para olağanüstü bir icat olarak kabul edilen kötü şöhretli Fransız banknotuydu ve en sonunda bütün değerlerini kaybetmeye yazgılıydı -tıpkı milyarlarca dolar değerindeki American & Foreign Power varantları gibi.* Şairin görüşlerinin bu kısmı bir icada olduğu kadar diğerine de uygundur -aşağıdaki Bayard Taylor çevirisi şöyle der:

FAUST: Düş gücü en yüksek uçuşunda
Çok çabalıyor ama yine de yakalayamıyor.
MEPHISTOPHELES (İcatçı) Eğer paraya ihtiyaç varsa
brokerler hazır duruşta.
APTAL (en sonunda): Sihirli kâğıt...!

* "Kötü şöhretli Fransız banknotları" 1789 Devrimi sırasında piyasaya sürüldüler. Başta Devrim Hükümeti'nin borçlarıydı ve söylendiğine göre radikallerin Katolik Kilisesi ve soylulardan zorla aldığı emlak değerleriyle garantilenmişti. Fakat Devrimciler kötü mali yöneticilerdi. 1790'da banknotlar üzerindeki faiz oranları kesildi; kısa sürede faiz ödemelerine tümüyle son verildi ve bunlar kâğıt para olarak yeniden sınıflandırıldı. Fakat hükümet onları, altına veya gümüşe ya da yeni banknotların büyük miktarlarına çevirmeyi reddetti. 1797'de resmen değersiz ilan edildiler.

TABLO 16-4 Büyük Miktarlarda Varant İçeren Bir Adi Hisse Senedinde "Gerçek Piyasa Fiyatı" ve Düzeltilmiş F/K Oranı

(Örnek: National General Corp. haziran 1971)

1. "Gerçek Piyasa Fiyatı" Hesaplaması.

3 varant ihracının piyasa değeri, 30 Haziran, 1971	94.000.000$	
Adi hisse senedi başına düşen varantların değerleri		18.80$
Adi hisse senedinin tek başına fiyatı		24.50
Adi hisse senedinin düzeltilmiş fiyatı, varantlara göre düzeltilmiş		43.30

2. Varant Seyreltmesini gerçekleştimek için F/K Oranı Hesaplaması

(1970 kazançları)	*Varant Seyreltmesinden Önce*	*Varant Seyreltmesinden Sonra* Şirket Hesabı	Bizim Hesaplamamız
A. Özel Kalemlerden Önce.			
Hisse başı kazanç	2.33$	1.60$	2.33$
Adi hisse senedi fiyatı	24.50	24.50	43.30 (karpayı dahil)
F/K oranı	10.5 x	15.3 x	18.5 x
B. Özel Kalemlerden Sonra			
Hisse başı kazanılan	.90$	1.33$	.90$
Adi hisse senedi fiyatı	24.50	24.50	43.30 (karpayı dahil)
F/K oranı	27.2x	18.4x	48.1x

Şirket hesaplamasının etkisinin, özel borçlar çıktıktan sonra, hisse başı kazancı artırmak ve F/K oranını düşürmek yönünde olduğuna dikkat ediniz. Bu açıkça saçmalıktır. Bizim önerdiğimiz yöntemde seyrelmenin etkisi F/K oranını olması gerektiği gibi büyük ölçüde yükseltmek yönünde olacaktır.

Pratik Not

Varantların suçu "doğmuş olmaları"dır.* Bir kez doğduktan sonra diğer menkul kıymet biçimleri gibi işlev yapar ve kâr şansı kadar, kayıp riski de taşırlar. Neredeyse bütün yeni varantlar sınırlı zaman içinde-genellikle beş ile on yıl arasında- işletilir. Daha eski varantlar genellikle kalıcıdır ve muhtemelen yıllar boyu süren çok ilginç fiyat tarihçeleri vardır.

ÖRNEK: Kayıtlar, 1929'a dayanan Tri-Continental Corp. varantlarının ekonomik buhranın en yoğun olduğu zamanlarda

* İspanyol edebiyatının ateşli bir okuyucusu olan Graham, Pedro Calderon de la Barca'nın (1600-1681) oyunu *Life is a Dream*'den bir satırı açıklıyor: "İnsanın en büyük suçu doğmuş olmasıdır."

adedi bir doların 1/32'i gibi düşük bir fiyattan satıldıklarını gösterirler. Fiyatlar, bu düşük miktardan 1969'da 75¾ gibi olağanüstü bir noktaya yükselir, bu %242.000 gibi astronomik bir yükseliştir. (Varantlar bundan sonra hisse senetlerinden daha yüksek bir fiyata satıldılar; bu durum Wall Street'te hisse bölünmeleri gibi teknik gelişmeler sayesinde gerçekleşen bir şeydi.) Son bir örnek de Ling-Temco-Vought varantlarıdır; bunlar 1971'in ilk yarısında 2½'tan 12½'a çıkmışlar ve sonra 4'e düşmüşlerdir.

Hiç kuşkusuz zaman zaman varantlarda da akıllıca işlemler gerçekleştirilebilir, fakat bunları burada tartışmak fazla teknik bir konudur. Sadece şunu söyleyebiliriz: Varantlar tahvil ya da imtiyazlı senetlerin dönüşüm ayrıcalığına bağlı olan piyasa unsurlarından göreceli olarak daha yüksek fiyatlardan satılmaya meyillidir. Bununla ilgili olarak, konvertibl ihraçlarla eşdeğer bir seyreltme faktörü oluşturmak yerine, varantların bağlı olduğu tahvilleri satmak konusunda geçerli bir iddia vardır. Eğer varant toplamı göreceli olarak küçükse, bunun teorik yönünü fazla ciddiye almaya çok gerek yoktur; varant ihracı çıkarılmış hisse senedine göre büyükse, bu muhtemelen şirketin birinci sınıf ağırlıklı bir sermayeye sahip olduğunu gösterir. Bunun yerine şirket, ek adi hisse senedi satışı yapıyor olmalıdır. Dolayısıyla, bizim finansal bir mekanizma olarak varantlara karşı oluşumuzun temel amacı onların orta-sınıf tahvil ihraçlarında kullanımlarına ilişkin değildir, biz bu türün dev "kağıt-para" canavarlıklarına karşıyız.

ON ALTINCI BÖLÜM ÜZERİNE YORUMLAR

Diktiğin tohum daha fazla hızlı büyümez, ölmediği sürece.

-*I. Korintliler*, XV:36.

DÖNÜŞÜM HEVESİ

Hisse senedine dönüştürülebilir tahvillere (HDT) "tahvil" denilse de, bunlar hisse senetleri gibi davranırlar, opsiyonlar (vadeli işlemler) gibi çalışırlar ve bilinmezlik içinde gizlenirler.

Bir HDT'ye sahipseniz, opsiyona da sahipsiniz demektir: Ya tahvili elinizde tutmaya devam eder ve üzerinden faiz kazanırsınız, ya da daha önceden saptanmış bir orandan, ihraççı şirketin adi hisse senediyle değiştirebilirsiniz. (Bir opsiyon, sahibine başka bir menkul kıymeti belirli bir zaman içerisinde, belirli bir fiyattan satma hakkını verir.) HDT'ler, değiştirilme özellikleri nedeniyle, çoğu kıyaslanabilir tahvilden daha düşük oranlarda faiz öderler. Öte yandan, eğer şirketin borsa fiyatı fırlarsa, bu hisse senedine dönüştürülebilen tahvil, geleneksel bir tahvilden daha çok kazanır. (Bunun tam tersine, tipik bir HDT -daha düşük faiz oranıyla- düşen tahvil piyasasında çok daha kötüye gidecektir.)[1]

[1] HDT'lerin uygulamada nasıl çalışabildikleriyle ilgili kısa bir örnek için, Double Click Inc. tarafından 1999'da çıkarılan %4.75'lik tahvilleri gözönüne alınız. Bunlar her yıl faiz olarak 47.50$ öderler ve her biri 24.24 gibi bir "dönüşüm oranı" ile şirketin 24.24 adet adi hisse senedine dönüştürülebilirler. 2002 yıl sonu gibi, DoubleClick'in hisse senetlerinin adedine 5.66$ fiyat biçilmişti, bu her tahvile 137.20$'lık (5.66$ x 24.24) bir "dönüşüm değeri" vermekteydi. Buna karşılık tahviller altı, kat yükseğinden, -%542'lik bir "dönüşüm primi" ya da dönüşüm değerini üzerine ilave getirerek- 881.30$'dan alınıp satıldı. Eğer siz de bu fiyattan satın aldıysanız "başabaşa gelme zamanı"nız ya da "geri ödeme süre"niz çok uzun olacaktı. (Kabaca tahvilin dönüşüm değerinden 750$ daha fazla ödemişsinizdir, bu nedenle bu dönüşüm primini "geri almak" için 47.50$'lık faiz ödemeleriyle yaklaşık 16 yıl gerekecektir.) Her Double Click tahvilinin 24'ün biraz üzerinde adi hisse senedine dönüşebilmesi nedeniyle, tahvilin 2006'da vadeleri gelmeden dönüşümün uygulanabilir bir opsiyon olması için, hisse senetlerinin 5.66$'dan 36$'ın üzerine çıkması gerekmektedir. Böyle bir hisse senedi getirisi imkansız olmamakla birlikte, mucizenin sınırlarında dolaşmaktadır. Düşük dönüşüm beklentisi nedeniyle bu özel tahvilin nakit kazancı sağlaması olasılığı düşüktür.

1957'den, 2002'ye kadar, Ibbotson Associates'e göre, HDT'ler ortalama yıllık %8.3 kazanç sağladılar -bu, daha kararlı fiyatlar ve daha düşük kayıplarla, hisse senedinin toplam getirisinin iki puan altındaydı.[2] Hisse senetlerinden daha fazla gelir ve daha düşük risk: Wall Street satıcılarının HDT'leri sık sık "her iki dünyanın da en iyi" yatırımı olarak nitelendirmelerine şaşırmamak gerekir. Fakat akıllı bir yatırımcı, HDT'lerin diğer *tahvillerin* çoğundan daha az gelir getirdiğini ve daha fazla risk taşıdığını kısa zamanda anlayacaktır. O zaman, aynı mantıkla ve adil bir biçimde "her iki dünyanın da en kötü" yatırımı olarak anılabilirler. Hangisini seçeceğiniz, onları nasıl kullanacağınıza bağlıdır.

Aslında, HDT'ler tahvilden çok, bir hisse senedi gibi hareket ederler. HDT'lerin kazancı Standard & Poor'un 500 hisse senedi endeksine göre %83 -fakat Hazine bonolarının performansına göre %30'dur. Bu nedenle "HDT'ler" çoğu tahvilin yaptığının tersini yaparlar. Varlığının çoğunu tahvile yatırmış olan tutucu bir yatırımcının portföyüne çeşitlendirilmiş bir HDT paketi eklemesi mantıklıdır, böylelikle doğrudan hisse senetlerine yatırım yapmanın korkulu adımını atmadan hisse senedi-benzeri kârlar sağlayabilirler. HDT'leri "korkaklar için hisse senetleri" olarak adlandırabiliriz.

Advent Capital Management'ın HDT uzmanı F. Barry Nelson, 200 milyar dolarlık bu piyasanın Graham'in zamanından beri geliştiğine dikkat çekiyor. Şimdi çoğu HDT'ler yedi ile on yıl arası gibi bir orta-vadeye sahiptir; yaklaşık yarısı yatırım yapılabilir-kategorisindedir ve çoğu ihraç, biraz da alım hakkının korunması (erken geri satın almaya karşı garanti) gibi bir özellik taşır. Bunların hepsi, bu menkul değeri eskiden olduğundan daha az riskli yapar.[3]

[2] Wall Street'ten alıntı yapılan pek çok geçmiş performans, gibi bu da varsayıma dayalıdır. Bu, tüm büyük HDT'lere sahip, gerçek olmayan bir endeks fonundan kazanabileceğiniz kârı gösterir. Hiçbir yönetim harcını ya da işlem maliyetini (konvertibl menkul değerler için önemli olan) kapsamaz. Gerçek dünyada, kazançlarınız yaklaşık iki yüzdelik puan kadar düşük olacaktır.

[3] Bununla beraber, çoğu HDT'ler diğer uzun-vadeli borç ve banka kredilerine göre küçük kalırlar -bu nedenle bir iflasta, HDT yatırımcısı şirketin varlıkları üzerinde öncelikli hakka sahip değildir. Yüksek getirili "çürük" tahviller kadar riskli olmasalar da, pek çok HDT, düşük kredi notlu şirketler tarafından ihraç edilmiştir. Bir de, HDT piyasasının büyük kısmı, hızlı alım-satımlarıyla fiyat oynaklığını artıran serbest yatırım fonlarının tekelindedir.

Küçük partiler halinde HDT alım satımı yapmak pahalıdır ve yalnızca bu sektöre yatırmak üzere 100.000 dolarınız olmadığı takdirde çeşitlendirme uygulanamaz. Neyse ki günümüzün akıllı yatırımcısı düşük-maliyetli bir HDT fonu satın alma başvurusu yapabilir. Pek çok kapalı uçlu yatırım fonu, mantıklı fiyatlardan bulunabilirken (ve zaman zaman net aktif değerleri üzerinden indirimlerle) Fidelity and Vanguard[4] yıllık masrafları %1'in altında olan yatırım fonları sunar.

Wall Street'te, zekâ ve karmaşa birliktedir -HDT'ler de istisna değildir. Daha yeniler arasında LYONS, ELKS, EYES, PERCS, MIPS, CHIPS ve YEELDS gibi kısaltılmış isimlere sahip karışık hisse senetleri vardır. Bu karmakarışık hisse senetleri olası kayıplarınızın altına bir "taban" yerleştirirler, ama aynı zamanda olası kazançlarınızı da kapatırlar ve çoğunlukla belirli bir tarihte sizi adi hisse senedine dönüşmeye zorlarlar. Kayıplara karşı garantili görünen çoğu yatırımlar gibi (sayfa 464-465'teki ek bilgi kutusuna bakınız) bunlar değerlerinden çok, dert getirirler. Kendinizi bu kayıplara karşı korumanın en iyi yolu bu tuhaf mekanizmaları satın almamak ve tüm portföyünüzü nakit, tahvil ve ABD ve yabancı hisse senetleri arasında akıllıca çeşitlendirmektir.

KARŞILIĞI OLAN ALIŞ OPSİYONLARINI KEŞFETMEK

Düşen piyasa 2003'de çabalayarak ilerlerken eski bir çılgınlığı da yeniden ortaya çıkardı: Bu, karşılığı olan alış opsiyonu sözleşmeleri yazmaktı. (Yakın zamanda "karşılığı olan alım sözleşmesi yazmak" üzerine yapılan bir Google araştırması 2.600'den fazla sonuç ortaya çıkardı.)

Karşılığı olan alış opsiyonları nelerdir ve nasıl işlerler?

Ixnay Corp'tan, hisse başı fiyatı 95$'dan 100 adet hisse aldığınızı düşünün. Daha sonra hisselerinizin üzerinden alım opsiyonu satışı yaparsınız (ya da "yazarsınız".) Bunun karşılığında

[4] Daha fazla detay için bakınız www.fidelity.com, www.vanguard.com ve www.morningstar.com. Akıllı bir yatırımcı yıllık işlem masrafları %1'i geçen HDT fonlarını *asla* satın almayacaktır.

"alış opsiyonu primi" olarak bilinen nakit bir ödeme alırsınız. (Hisse başı 10$, diyelim.) Bu arada opsiyonun alıcısı, sözleşmeden doğan bir hakla karşılıklı üzerinde mutabakata varılmış fiyattan -örneğin 100$'dan- sizin Ixnay hisselerinizi satın alma hakkına sahiptir. 100$'ın altında olduğu sürece hisseleri elinizde tutarak 1000$'lık dolgun bir gelir elde edersiniz, bu da Ixnay hisseleri düştüğünde bu düşüşün etkisini azaltır.

Daha az risk daha fazla gelir. Bunda beğenilmeyecek ne var? Şimdi de Ixnay hisselerinin bir gecede 110$'a fırladığını düşünün. Bu durumda opsiyon alıcınız, haklarını kullanarak, hisselerinizi 100$'dan hızla çekecektir. Bu durumda hâlâ 1000 dolarlık bir gelire sahip olmakla birlikte, Ixnay hisseleriniz opsiyon alıcınızın eline geçmiş olacaktır -bunlar ne kadar çok yükselirse o kadar çok dövünürsünüz.1

Bir hisse senedinin üzerindeki olası kazanç *sınırsız* olduğu için, hiçbir kayıp %100'ü geçemezken, bu stratejiyle zenginleştireceğiniz tek kişi brokeriniz olacaktır. Kayıplarınızın altına bir *taban* koymakla birlikte, kazançlarınızın üzerine de bir *tavan* çekmişsiniz demektir. Bir bireysel yatırımcı için, dezavantajlarınıza sınır koymak, asla avantajlarınızdan vazgeçmeye değmez.

---

[1] Bunun yerine, alım opsiyonunuzu onun üzerinden bir kaybı da göze alarak geri alabilirsiniz - opsiyonlar hisse senetlerinden daha yüksek işlem maliyetlerine sahip olabilirler.

BÖLÜM 17

En Uç Noktadaki Dört Olayın Öyküsü

Başlıktaki "uç nokta"sözcüğü bir tür kelime oyunudur, zira bu öyküler, son yıllarda Wall Street'te ortaya çıkan değişik türden uç noktaları gösterirler. Bu aşırı örnekler, hisse senedi ve tahvil dünyasıyla ciddi bağlantısı olan herkes için -sadece sıradan yatırımcılar ve spekülatörler için değil; profesyoneller, hisse senedi analistleri, fon yöneticileri, vakıf hesabı yöneticileri ve hatta şirketlere borç para veren bankacılar için de- bilgi vericidir ve ciddi uyarılar içerir. Burada incelenecek olan şirketler ve gösterdikleri farklı aşırılıklar şöyledir:

Penn Central (Railroad) Co. Bu sistemin tahvillerine ve hisse senetlerine yatırım yapanların, gözlerinin önündeki finansal zafiyete ait en temel uyarı işaretlerine bile aldırmayışlarının en uç örneğidir. Sendeleyen bir devin çılgınca yükselmiş piyasa fiyatı.

Ling-Temco-Vought Inc. Nihai çöküşü pratikte garantilenmiş, hızlı ve güvenilmez bir "imparatorluk inşa etmek" ile ilgili uç bir örnek; fark gözetmeyen bir bankadan yardım almış.

NVF Corp. Küçük bir şirketin, bazı şaşırtıcı muhasebe hilelerini kullanarak ve kendisinin yedi katı büyüklüğünde bir diğer şirketi satın alarak, dev gibi bir borcun altına girdiği kurumsal satın almaya ait uç bir örnek.

AAA Enterprises. Değerini sihirli "franchising" sözcüğüne borçlu olan ve biraz da aracı kurumlar tarafından desteklenen küçük bir şirketin genel hisse senedi finansmanı örneğine ait uç bir örnek. Pervasız bir piyasada şişirilmiş fiyatların ikiye katlanmasının ardından halka arzının ikinci yılında iflas etti.

Penn Central Olayı

Penn, varlık ve brüt gelir olarak ülkenin en büyük demiryoludur. 1970'teki iflası finans dünyasını büyük şaşkınlığa düşürmüştür. Pek çok tahvil ihracının borcunu vadesi geldiğinde ödeyememiştir ve işlemlerini tümüyle kesmek tehlikesiyle karşı karşıya kalmıştır. Hisse senedi ihraçlarının fiyatları sert bir biçimde düşmüştür, adi hisse senetleri 1968'de 86½ seviyesinden 1970'de 5½'a düşmüştür. (Bu hisselerin de yeniden yapılanma durumunda tümüyle yok olacakları neredeyse kesindir.)*

Burada esas nokta, hisse senedi analizinin en basit kurallarının ve güvenli yatırımın en basit standartlarının uygulanması halinde, Penn Central'ın temel zayıflığını iflasından çok daha önce açığa çıkaracağıdır -kesinlikle 1968'de, bu yıl hisseler 1929 sonrası rekorlarından satılıyordu ve tahvil ihraçlarının çoğu, aynı kupon fiyatlarına sahip iyi korunmuş kamu hizmet kurumu taahhütleriyle eşit fiyatlardan değiş tokuş edilebiliyordu. Aşağıdaki düşüncelerimiz sırasıyla:

1. S & P *Bond Guide*'da faiz oranları 1967'de 1.91 katı ve 1968'de 1.98 katı kazanmış gösterilmektedir. *Security Analysis* kitabımızdaki demiryolu tahvil faizleri için asgari gelir koşulu, vergiden önce 5 kat, gelir vergilerinden sonra ise 2.9 kat olarak saptanmıştır. Bildiğimiz kadarıyla bu standartların geçerliliği hiçbir yatırım otoritesi tarafından hiçbir zaman sorgulanmamıştır. *Vergilerden sonraki* kazanç için belirttiğimiz bu koşul Penn Central için hiç geçerli olmamıştır. Tahvil faizinden düzenli gelir vergisi çıkarıldıktan sonraki vergi-sonrası gelir koşulumuz, vergi-öncesi oranın *beş* katına dayandırılır. Geçmiş 11 yıllık dönemden söz edecek olursak, Penn Central hiç *gelir vergisi ödenmemişti*! Dolayısıyla vergilerden önce faiz masraflarının karşılama oranı, iki katın altındaydı –bu da 5 kat olarak belirttiğimiz koşula tümüyle uygun olmayan bir rakamdır.

* Penn Central'ın 20-21 Haziran 1970 haftasında kayda geçen iflasıyla finans dünyası ne kadar büyük bir "şaşkınlığa düşmüştür"? 19 Haziran Cuma günü Penn Central hisse senedinin kapanış fiyatı hisse başı 11.25$ idi -bu pek işten çekilme fiyatı değildi. Yakın zamanlarda Enron ve WorldCom gibi şirketlerin hisse senetleri de konkordatoya başvurmadan kısa bir süre önce böyle göreceli yüksek fiyatlardan satılmışlardı.

2. Şirketin bu kadar uzun bir süre boyunca hiç gelir vergisi ödememesi, rapor edilen gelirlerin *geçerliliği* konusunda ciddi bir şüphe yaratmış olmalıydı.
3. 1968 ve 1969'da Penn Central tahvilleri, daha güvenli hisselerle hiçbir fiyat ya da gelir fedakarlığı yapmadan değiştirilebilirdi. Örneğin, 1994 vadeli Pennsylvania RR 4½'ları (Penn Central'ın bir bölümü) 1969 yılında 61 ile 71½ arasında bir fiyata sahipti, diğer taraftan, 1994 vadeli Pennsylvania Electric Co. 4⅜'lerinin fiyatı ise 64¼ ile 72¼ arasında değişiyordu. Sektörün 1968 yılında vergilerden önce faiz giderlerini karşılayan gelir oranı 4.20 kat, Penn Central sisteminde ise sadece 1.98 kattı; 1969 yılında Penn Central'in durumu giderek kötüleşti. Bu türden bir değiş-tokuş gerekliydi ve Penn Central tahvil yatırımcıları için hayat kurtarıcı olacaktı. (1970 yılı sonunda demiryolu 4¼'leri ödeme güçlüğüne girdiğinde, fiyatı sadece 18½'tu, oysa aynı dönemde kamu hizmeti sektörünün 4⅜'leri 66½'tan kapandı.)
4. Penn Central 1968'de "kazançları"nı hisse başı 3.80$ olarak bildirdi; aynı yıl içerisinde 86½'luk en yüksek fiyatı, bu kazançların 24 katıydı. Aldığı ücreti hak eden her analist, bu türden "kazançlar"ın, bunun üzerine hiç gelir vergisi ödeme gereksinimi olmadan ne kadar "gerçek" olabileceğini düşünmüş olmalıydı.
5. Yeni birleşme gerçekleştirmiş olan Penn* 1966 "kazançları"nı hisse başı 6.80$ olarak bildirdi -bunun sonucunda adi hisse senedi fiyatları daha sonra tavan yaparak 86½ oldu. Bu net varlık için biçilen 2 milyar doların üzerinde bir değerdi. Bu alıcılardan kaç tanesi o zaman bu kadar hoş kazançların, birleşmeden kaynaklanan "masraflar ve kayıplar" için 1971'de alınacak 275 milyon dolarlık, ya da hisse başı 12 dolarlık özel bir bedelin *öncesi* olduğunu bilebilirdi. Ah, bir şirketin bir taraftan 6.80$ ile "kâr" bildirip, diğer taraftan 12$'lık "masraf

* 1966'da açıklandığına göre Penn Central, Pennsylvania Railroad ile New York Central Railroad'un birleşmesinin ürünüydü.

ve kayıp" bildirdiği ve hissedarlarla, spekülatörlerin keyifle ellerini ovuşturduğu tuhaf periler ülkesi Wall Street!*

6. Herhangi bir demiryolu analisti, Penn Central'ın işletme tablosunun, daha kârlı olan yollarla karşılaştırıldığında, çok kötü olduğunu uzun zaman önce fark etmiş olmalıydı. Örneğin taşıma ücreti oranı 1968'de komşusu Norfolk & Western'ın %35.2'sine karşılık %47.5 idi.**
7. Yol boyunca olağan dışı hesap sonuçlarının alındığı tuhaf işlemler vardı.[1] Detaylar burada açıklamak için çok fazla karmaşıktır.

SONUÇ: Daha iyi bir yönetimin Penn Central'ı iflastan kurtarıp kurtaramayacağı tartışılabilir. Ancak şu şüphe götürmez: Nitelikli menkul kıymet analistleri, fon yöneticileri, vakıf yetkilileri ya da yatırım danışmanları tarafından takip edilen Penn Central sisteminin hiçbir tahvili ve hiçbir hissesi en geç 1968 sonrasında, hiçbir değerli hisse hesabının içinde kalmamalıydı. *Kıssadan hisse*: Menkul kıymet analistleri, hisse senedi piyasası hareketlerini incelemeden, kristal kürelere bakmadan, gösterişli matematik hesapları yapmadan, ya da tüm-masrafları-ödenmiş eğitim gezilerine çıkmadan önce kendi basit görevlerini yerine getirmelidirler.***

Ling-Temco-Vought Inc.

Bu bir korkunç kayıplar, bir sürü mali sorunla sonuçlanan bir tepetaklak büyümenin ve borç batağına saplanmanın öyküsüdür. Genellikle bu gibi durumlarda, yönetimin gözdesi bir delikanlı ya da "genç bir dahi" söz konusu büyük imparatorluğun hem yara-

* Kârların "sıradışı" ya da "olağanüstü" ya da " tekrarlanmayan" olarak gösterildiği, masrafların bir önem taşımadığı bu tür bir hesap aldatmacası 1990'ların sonlarında popüler olan "proforma" finans beyanlarına güvenmeyi öngörür (On ikinci bölüm üzerine açıklamalara bakınız).

** Bir demiryolunun "taşıma ücreti oranı" (şimdi daha çok işletme oranı olarak adlandırılıyor) trenlerinin işletme masraflarının, demiryolunun toplam gelirlerine bölünmesiyle elde edilir. Oran ne kadar yüksek olursa, demiryolu o kadar az randımanlıdır. Günümüzde %70'lik bir oran bile mükemmel sayılacaktır.

*** Penn Central bugün solgun bir anıdır. İflas etmiş birçok demiryolu şirketini kurtaran ve devlet tarafından finanse edilen bir holding şirketi olan Consolidated Rail Corp. (Conrail) tarafından 1976'da satın alınmıştır. Conrail, hisseleri 1987'de halka satmıştır, 1997'de ise CSX Corp. ve Norfolk Southern Corp. tarafından ortaklaşa satın alınmıştır.

tılmasından, hem de yüz kızartıcı düşüşünden sorumludur; fakat ortada diğerlerine yetecek kadar suç vardır daha.*

Ling-Temco-Vought'un yükselişi ve düşüşü, 1958 ve 1970 yılları arasındaki beş yıllık gelir tablosu özetlerini ve bilanço kalemlerini ortaya koyarak özetlenebilir. Bu, Tablo 17-1'de yapılmıştır. İlk sütun şirketin, satışların sadece 7 milyon dolar olduğu 1958'deki, mütevazı başlangıcını gösteriyor. İkincisi, 1960 yılının rakamlarıdır; kuruluş sadece iki yıl içerisinde yirmi kat büyümüştür, fakat yine de nispeten küçüktür. Daha sonra 1967 ve 1968 altın yılları gelir, satışlar yeniden yirmi kat büyüyerek 2.8 milyon dolara erişmiş, borçlar genişleyerek 44 milyon dolardan, 1.653 milyon dolar gibi korkunç bir rakama ulaşmıştır. 1969 yılıyla birlikte yeni devralmalar gerçekleşir, bu da borçlarda korkunç artışı (toplam 1.865 milyon dolar!) ve ciddi bir sıkıntıyı da beraberinde getirir. O yıl olağanüstü kalemlerden sonra büyük bir kayıp bildirilir; hisse senedi fiyatları 1967 zirvesi 169½'den 24 tabanına düşer; genç dahinin şirket yöneticiliği hükümsüz kılınır. 1970 sonuçları daha da korkunçtur. Kuruluş, 70 milyon dolara yakın bir nihai net kayıp bildirir; hisse senetleri 7⅛ gibi çok düşük bir fiyata iner ve en büyük tahvil ihracına bir keresinde 15 sent gibi zavallı bir fiyat biçilir. Şirketin genişleme politikası keskin bir biçimde tersine dönmüş, önemli varlıklarından bazıları piyasada satışa sürülmüş ve dağ gibi yığılan borçlarını azaltmak için bazı ilerlemeler kaydedilmiştir.

* Ling-Temco-Vought Inc. Teksas Eyalet Fuarı'ndaki bir bölümde menkul kıymet satışı yapan elektrik müteahhidi James Joseph Ling tarafından 1955'te kurulmuştu; Ling 1 milyon dolar değerindeki ilk hisselerini kendi yatırım bankacılığını kendi yaparak halka satmıştı. Buradaki başarısı, neredeyse her zaman, LTV hisse senetlerini ödemelerinde kullanarak düzinelerce farklı şirketi elde etmesine yol açtı. LTV daha çok şirketi ele geçirdikçe, hisse senetleri yükseldi; hisse senetleri yükseldikçe, daha da fazla şirket alabilecek güce erişti. 1969 yılı geldiğinde LTV, *Fortune 500* listesindeki büyük Amerikan şirketleri içindeki 14' ncü en büyük şirket olmuştu. Graham'in kanıtladığı gibi, sonunda bu iskambil kule yıkıldı. (O zaman sadece çelik üretmekte olan LTV Corp., 2000 sonlarında konkordato istedi.) Ağırlıklı olarak şirket devralarak büyüyen şirketler "seri devralıcılar" olarak adlandırılırlar -bu ismin, "seri katiller" terimiyle benzerliği tesadüfi değildir. LTV olayının gösterdiği gibi, seri devralıcılar hemen hemen her zaman arkalarında finans ölümü ve yıkım bırakırlar. Graham'in bu dersini anlamış olan yatırımcılar 1990'ların Conseco, Tyco ve WorldCom gibi cazibeli örneklerinden kaçınmış olmalıdırlar.

TABLO - 17 Ling - Temco - Vought Inc., 1958-1970
(Hisse Başına Kazanç Hriç Milyon Dolar)

	1958	1960	1967	1969
A. İşletme Sonuçları				
Satışlar	$ 6.9	$143.0	$1,833.0	$3,750.0
Vergiler ve faizlerden önce	0.552	7.287	95.6	124.4
Faiz masrafları (net)	.1 (est.)	1.5 (est.)	17.7	122.6
(x Kazanç)	(5.5 ×)	(4.8 ×)	(54 ×)	(1.02 ×)
Gelir vergileri	0.225	2.686	35.6	*cr. 15.2*
Özel kalemler				*dr. 40.6*
Özel kalemlerden sonra net	0.227	3.051	34.0	*dr. 38.3*
Adi hisse senetleri bakiyesi	0.202	3.051	30.7	*dr. 40.8*
Adi hisse başı kazanç	0.17	0.83	5.56	*def. 10.59*
B. Finansal durum				
Toplam varlıklar	6.4	94.5	845.0	2,944.0
1 yıl içerisinde ödenebilir borç	1.5	29.3	165.0	389.3
Uzun-vadeli borç	.5	14.6	202.6	1,500.8
Hissedarların net varlıkları	2.7	28.5	245.0†	*def. 12.0**
C.Oranlar				
Cari varlıklar / cari borçlar	1.27 ×	1.45 ×	1.80 ×	1.52 ×
Net varlık / uzun-vadeli borç	5.4 ×	2.0 ×	1.2 ×	0.17 ×
Piyasa değeri aralığı		28–20	169½–109	97¾–24¾

* Borç-indirimini varlığın dışında bırakmak ve imtiyazlı hisse senedine geri ödeme değeri üzerinden indirim yapmak

† Basıldığı gibi. *cr.*:Credit-kredi. *dr.*:debit-borç. *def.*:deficit-hesap açığı.

Tablomuzdaki rakamlar o kadar ikna edicidir ki yoruma pek gerek kalmaz. Yine de işte birkaç yorum:

1. Şirketin büyüme dönemi kesintisiz değildi. 1961'de küçük bir hesap açığı oluştu, fakat besbelli ki -1970'in pek çok raporunda görülecek olan bir uygulamayı benimseyerek- bütün olası masrafları ve yedekleri o kötü olan bir yılın içine atmaya karar vermişti.* Bunlar yaklaşık 13 milyon dolar civarındaydılar, bu miktar geçmiş üç yılın birleştirilmiş net kârından daha fazlaydı. Şimdi artık, 1962'de "rekor kazançlar" göstermeye hazırdı, vs.
2. 1966'nın sonunda net maddi varlıklar hisse senedi başına 7.66$ olarak belirlenmişti (3'e 2 bölünmeye göre ayarlanmıştı). Dolayısıyla 1967'deki piyasa fiyatı o dönemde rapor edilen varlık değerinin 22 katına (!) erişmişti. 1968'in sonunda bilanço tablosu mevcut 3.800.000 adet adi hisse, ya da AA Sınıfı hisse senetleri için hisse başı yaklaşık 77$'dan 286 milyon dolar sermaye gösteriyordu. Ancak eğer imtiyazlı hisseleri tam değerinden çıkarır ve maddi olmayan varlıklar kalemini ve koca tahvil-iskontosu "aktifi"ni** hariç tutarsak, adi hisseler için geriye sadece 13 milyon dolar sermaye kalacaktır -hisse başına sadece 3$ gelecektir. Bu maddi özvarlıkta gelecek yıllardaki kayıplarla silinip gidecektir.
3. 1967'nin sonuna doğru en iyi olarak kabul edilen iki banka, Ling-Temco-Vought hisse senetlerinin 600.000 hissesini, hisse başı 111$'dan satışa sundu. Fiyatlar 169½ kadar yük-

* Bir şirketin gerçek kazanç tablosunu, yeniden yapılanma örtüsü altında saklamak gibi sefil bir alışkanlık hâlâ aramızdadır. Tüm olası masrafları aynı yılın içine yığmak bazen "büyük temizlik" ya da "bulaşık teknesi" hesabı olarak adlandırılır. Bu muhasebecilik numarası bu şirketlerin, bir sonraki yıl kolayca belirgin bir büyüme göstermiş gibi davranmalarını sağlar -fakat yatırımcılar bunu gerçek iş sağlığıyla karıştırmamalıdırlar.

** "Tahvil-iskontosu aktifi" LTV'nin bazı tahvilleri nominal değerlerinin altından satın aldığı ve bu iskontoyu tahvillerin er ya da geç başabaş değerden satılabileceğini düşünerek varlık olarak kabul ettiği anlamına gelmektedir. Graham bununla alay eder, zira gelecekteki belirli bir tarihte, bir tahvilin piyasa fiyatının ne olacağını önceden bilmenin hiçbir yolu yoktur. Eğer tahviller sadece paritenin altında değerlerden satılabilirlerse, bu "aktif" o zaman gerçekte bir borç olacaktır.

seğe çıktı. Yaklaşık üç yıl gibi bir süre içinde fiyatları 7⅛$'a düşmüştü.*

4. 1967 yılının sonunda şirketin banka borçları 161 milyon dolara ulaştı, bir yıl sonra 414 milyon dolarda durdular -bu çok korkutucu bir rakamdı. Bir de üstelik uzun vadeli borç toplamda 1.869$'a tırmanmıştı. Bu nerede ve hangi zamanda olursa olsun bir sanayi şirketi için, gerçekleşmiş muhtemelen en büyük borçtu, tek istisna ise ele geçirilemeyen N.J.'nin Standard Oil şirketiydi.
5. 1969 ve 1970'te gerçekleşen zararlar, şirketin kuruluşundan beri elde edilen toplam kârların çok üstündeydi.

DERS: Ling-Temco-Vought öyküsünün aklımıza getirdiği ilk soru, ticari bankacıların genişleme dönemindeyken, bu şirkete bu kadar büyük miktarlarda borç vermeyi kabul etmeye nasıl ikna edildikleriydi. 1966'da ve daha önceki dönemlerde şirketin faiz masraflarının güvence çarpanı tutucu standartları karşılamıyordu ve aynı şey cari aktiflerin cari borçlara ve şirket özkaynağının toplam borca olan oranı için de geçerliydi. Fakat sonraki iki yıl içerisinde bankalar işletmeye daha da "çeşitlenmesi" için 400 milyon dolar ek avans verdiler. Bu onlar için iyi olmadı, üstelik hissedarlar için etkileri daha da kötü oldu. Eğer Ling-Temco-Vought öyküsü, ticari bankaları gelecekte söz konusu olabilecek bu türden sağlıksız bir büyümeye destek olmak ve kışkırtmaktan alıkoyabilecekse, bu olay hiç olmazsa en sonunda, bir şekilde bir işe yaramış olacaktır.**

* Graham'in, InfoSpace, Inc.'i Aralık 1998'de halka sunan yatırım bankaları hakkında ne düşünmüş olabileceğini hayal edebiliyoruz. Hisse senetleri (daha sonraki bölünmelere göre hazırlanmış) satışa hisse başı 31.25$'dan sunuldular, Mart 2000'de 1305.32$ ile zirve yaptılar ve 2002'yi hisse başına, prenslere yakışır bir 8.45$ ile kapattılar.

** Graham ticari bankaların kronik bir biçimde "sağlıksız büyümeler"i desteklediğini görseydi, kesinlikle şaşırmaz ama düş kırıklığı yaşardı. Kurumsal tarihin en büyük çöküşlerinden iki tanesi olan Enron ve WorldCom, milyarlarca dolarlık banka borçlarından destek aldı ve bankalar tarafından teşvik edildi.

Sharon Steel'in NVF Tarafından Devralınması (Koleksiyoncu Örneği)

1968'in sonunda NVF Şirketi 4.6 milyon dolarlık uzun-vadeli borca, 17.4 milyon dolarlık hisse sermayesine, 31 milyon dolarlık satışa ve 502.000 dolarlık net gelire (374.000 dolarlık özel krediden önce) sahip bir şirketti. İş konusu "vulkanize fiber [sertleştirilmiş madde -ç.n]. ve plastik" olarak tanımlanıyordu. Yönetim 43 milyon dolar uzun-vadeli borca, 101 milyon dolar sermaye birikimine, 219 milyon dolar satışa ve 2.929.000 dolar net kazanca sahip olan Sharon Steel Corp.'u devralmaya karar verdi. Elde etmek istediği şirket, NVF'in büyüklüğünün tam yedi katıydı. 1969 başlarında Sharon'ın bütün hisseleri için bir teklifte bulundu. Hisse başı fiyat koşulları 1994 vadeli, ikinci derecede %5 NVF tahvillerinin nominal değeri 70$ artı 1½ NVF hissesini, hisse başına 22$'dan alacak varantlardı. Sharon yönetimi bu girişime karşı koymak için ellerinden geleni yaptılar ama boşunaydı. NVF, Sharon hisselerinin %88'ini satın almak için %5'lik tahvil ve varantların 102 milyon dolarını 2.197.000 hisse için ihraç etti. Teklif %100 olarak uygulansaydı, konsolide edilmiş şirket, 1968 yılı için, 163 milyon dolar borca, maddi sermaye birikimi olarak sadece 2.2 milyon dolara ve 250 milyon dolarlık satışa sahip olacaktı. Net-kazanç sorusu biraz daha karmaşıktı, şirket sonradan net kazançları NVF hissesi başına olağandışı bir krediden önce 50 sent zarar olarak; bu krediden sonra ise 3 sent net kazanç olarak bildirdi.*

İLK DEĞERLENDİRME: 1969'da gerçekleşen tüm devralmalar arasında finansal oransızlık bakımından en aşırısı, hiç

* Haziran 1972'de (Graham'in bu bölümü bitirmesinden hemen sonra) Federal bir yargıç NVF başkanı Victor Posner'in, "diğer kuruluşların alımları için bağlı şirketleri desteklemek üzere" Sharon Steel'in emeklilik varlıklarını uygunsuz biçimde başka yöne çevirdiğini ortaya çıkardı. 1977'de ABD Menkul Kıymetler ve Borsalar Komisyonu, Posner, NVF ve Sharon Steel'in gelecekte menkul kıymetler dolandırıcılığı yaparak Federal yasaları çiğnememeleri için kesin mahkeme emri çıkardı. Komisyon, Posner ve ailesinin kişisel avantalarla uygunsuz biçimde NVF ve Sharon'dan 1.7 milyon dolar elde ettiklerini, Sharon'ın vergi-öncesi kazançlarını 13.9 milyon dolar şişirdiklerini, envanteri yanlış kayıtladıklarını ve "gelir ve masrafları bir yıldan diğerine kaydırdıklarını," iddia etti. Graham'in soğuk ve kuşkucu gözlerinden kaçmayan Sharon Steel, Wall Street dedikodularında "Share and Steal" [Paylaş ve Çal] olarak bilindi. Posner daha sonra, 1980'lerde, Drexel Burnham Lambert tarafından mali açıdan garanti altına alınan çürük tahvillerin en büyük müşterisi haline geldiğinde, ABD'yi kasıp kavuran işletmelerin borçlanarak satın alınmaları ve şirketlerin kendi iradeleri dışında dışarıdan yönetilmeleri dalgasında merkezi bir güç haline geldi.

kuşkusuz bu olaydı. Devralan şirket yeni ve çok-yüklü bir borç yükümlülüğü altına girmiş ve üstüne üstlük tahmini 1968 kazançlarını kârdan zarara taşımıştı. Atılan bu adım nedeniyle, %5'lik tahvillerin ihraç yılı süresince 42 sentin üstünde bir fiyattan satılamamaları, şirketin finansal çöküşünün boyutunu gayet açık biçimde göz önüne serer. Tahvillerin güvenliğine ve şirketin geleceğine duyulan ciddi kuşkuyu gösterir; ancak yönetim, yıllık gelir vergisinde şirkete 1 milyon dolarlık kazanç sağlamak için gerçekten de aşağıda gösterileceği gibi bir şekilde tahvil fiyatlarını suistimal etmiştir.

Sharon'un devralınmasından sonraki 1968 raporu, yıl sonuna kadar alınan sonuçların yoğunlaştırılmış tablosunu içermekteydi. Bu raporda iki çok tuhaf kalem vardı:

1. "Ertelenmiş borç gideri" olarak 58.600.000$'lık bir aktif varlık gösterilmekteydi. Bu rakam, toplam 40.200.000$'lık tüm "özkaynaklar"dan daha fazlaydı.
2. Bununla beraber, öz sermaye içine dahil edilmemiş "Sharon'ın yatırım maliyeti üzerindeki sermaye fazlası" olarak gösterilen 20.700.000$'lık bir kalem mevcuttu.

İKİNCİ DEĞERLENDİRME: Borç masrafını varlık olarak -pek öyle olmasa da- saf dışı bırakır ve diğer kalemi öz sermayeye (normal olarak ait olduğu yere) dahil edersek, NVF hissesi için daha gerçekçi bir maddi özvarlık beyanı elde ederiz, bu da 2.200.000$ demektir. İlk sonuç NVF'in gerçek "özvarlık"ını 17.400.000$'dan 2.200.000$'a indirmek, ya da 731.000 hissede, hisse başı 23.71$'dan hisse başı yaklaşık 3$'a indirmek olacaktır. Ek olarak NVF hissedarları, 1968 yılının sonunda, başkalarına, piyasa fiyatının altı puan düşüğünden 3½ katı kadar fazla hisse satın alma hakkı vermişlerdi. Varantların ilk piyasa değeri o zaman adet başına 12$, ya da alım teklifiyle ilgili olanlar için toplam 30 milyon dolar gibi bir meblağ idi. Gerçekte, varantların piyasa değeri, ihraç edilmiş NVF hisse senetlerinin toplam piyasa değerinin iyice üzerindeydi -bu işlemdeki "ayakların baş olması" özelliğinin bir diğer kanıtı da budur.

Hesap Hileleri

Proforma bilanço tablosundan gelecek yılın raporuna geçtiğimizde, tuhaf görünen birçok maddeyle karşılaşırız. Temel faiz giderine (oldukça yüksek bir 7.500.000 milyon dolar) ek olarak, "ertelenmiş borç giderinin amortisman payı" için düşülmüş bir 1.795.000 milyon dolar vardır. Fakat bu rakam, sonuncu bir sonraki satırda gerçekten çok tuhaf bir gelir kalemiyle dengelenmiştir: "yan kuruluşta yapılan yatırımın maliyeti üzerindeki özvarlık amortismanı: Kre. 1.650.000$." Dipnotlardan birinde de, bildiğimiz hiçbir raporda görünmeyen bir madde buluruz: Burada sermayesinin bir kısmı "devralma, vs.'le bağlantılı olarak çıkarılan varantların borsa rayici, 22.129.000$"olarak belirlenmiştir.

Bütün bu maddeler ne anlama gelmektedir? 1969 raporunun açıklayıcı metin kısmında bunların hiçbirine değinilmemiştir bile. Eğitimli bir hisse senedi analisti, bu gizemleri tıpkı bir dedektif gibi kendi başına çözmek zorundadır. Sonunda, altta yatan fikrin, %5'lik tahvillerin düşük başlangıç fiyatından vergi avantajı sağlamak olduğunu bulur. Bu ustaca düzenlemeyle ilgilenen okuyucularımız için, kendi çözümümüzü, bu kitabın 4 numaralı Ekler bölümünde açıkladık.

Diğer Sıradışı Kalemler

1. 1969 yılının sonunda şirket, her biri 9.38$'dan, 650.000 adedin altında olmamak üzere, varant satın aldı. Şu unsurları göz önüne aldığımızda bu olağandışıdır: *(a)* NVF'in yıl sonunda kendine ait 700.000$ nakti ve 1970'te ödenmek üzere 4.400.000$ borcu vardı (varantlar için ödenen 6 milyon dolar besbelli borç olarak alınmıştı); *(b)*%5'lik tahvillerin dolar üzerinden 40 senttin altında satıldığı zamanlarda bu varant ile birlikte "kağıt üzerinde görünen para" satın alıyordu -bu mali zorlukların gelecek olduğuna dair bir uyarıydı.
2. Bunu kısmen dengelemek için, şirket, 253.000 varantıyla birlikte tahvillerinin 5.100.000$'ını, benzer miktarda adi hisse senedi değiş tokuşu için kullanmıştı. Bu mümkündü zira hisse senedi piyasalarının çılgınlıklarıyla, kâr payı dağıtmayan

adi hisse senetleri ortalama 13½ fiyatından satılırken, insanlar %5'lik tahvillerini 40'ın altında fiyatlara satıyorlardı.

3. Şirket sadece çalışanlarına hisse senedi satmak için değil, o hisse senetlerini satın alabilmeleri için de çok sayıda *varant* satmak gibi bir plan uyguluyordu. Hisse senedi alımları gibi varantlar da önce %5 düşüğünden, geri kalanı da gelecekteki uzun yıllara dağılarak ödenecekti. Bu *varant* olarak, bizim bildiğimiz yegane "çalışanlara-alım planı" örneğidir. Birisi yakında, hisse satın alma hakkının, hakkını da icat edip, taksitle satar mı, acaba?
4. 1969 yılında yeni denetlenmiş Sharon Steel Co., emeklilik maliyetlerini hesaplama yöntemini değiştirdi ve daha düşük amortisman oranlarını benimsedi. Bu muhasebe değişikliği, NVF'in rapor edilmiş kazançlarına seyreltme öncesi, hisse başına 1$ gibi bir fiyat eklemiş oldu.
5. 1970'in sonunda Standard & Poor's *Stock Guide* NVF hisselerinin sadece, 4500-tuhaf ihraç arasındaki en düşük rakam olan 2 gibi bir fiyat / kazanç oranından satıldığını bildirdi. Eski bir Wall Street söyleyişindeki gibi, bu "eğer doğruysa, önemli"ydi. Oran yılın kapanış fiyatı olan 8½ üzerine dayandırılmıştı ve hisse başı 5.38$ olan 12 aylık hesaplanmış "kazançlar" Eylül 1970'te bitti. (Bu rakamlara bakarak hisselerin, kazançların sadece 1.6 katından satıldığını görürüz.) Fakat bu oran, ne büyük seyreltme faktörüne,* ne de 1970'in son çeyreğinde fiili olarak gerçekleşen olumsuz sonuçlara izin verdi. Nihayet tüm yılın rakamları ortaya çıktığında, seyreltmeye izin vermeden önce hisse başı sadece 2.03$, seyreltilmiş zeminde ise 1.80$ kazanıldığını gösterdiler. Bu tarihte hisse senetleri ve varantların toplu piyasa fiyatının, 135 milyon dolarlık tahvile bağlı borca karşılık 14 milyon dolar civarında -gerçekten de çok küçük bir özvarlık durumu- oluşuna dikkat çekeriz.

* "Büyük seyreltme faktörü" NVF çalışanları varantlarını, adi hisse senetleri almak üzere kullandıklarında tetiklenecekti. Şirket o zaman daha fazla hisse ihraç edecek ve net kazançları ödenmemiş çok daha fazla sayıda hisseye bölünecekti.

AAA Enterprises

Öykü

Yaklaşık 15 yıl önce Williams adında bir üniversite öğrencisi mobil ev satmaya başladı (o zaman "treyler" olarak adlandırılıyordu").* 1965'de işletmesini anonim şirkete dönüştürdü. O yıl, 5.800.000 dolarlık seyyar ev satarak kurumlar vergisinden önce 61.000$ kazandı. 1968'e gelindiğinde "franchising" hareketine katılmıştı ve başkalarına kendi işletmesinin adı altında seyyar ev satma hakkı satıyordu. Ayrıca, seyyar evlerini ofis olarak kullanarak gelir-vergisi iadeleri hazırlama işine girmek gibi parlak bir fikir oluşturmaktaydı. Mr.Tax of America adında bir yan şirket kurdu ve tabii ki fikri ve adı kullanmak üzere franchise'lar satmaya başladı. Kurumsal hisseleri 2.710.000'e katladı, artık hisse senedi satışına da hazırdı. Diğerlerinin yanı sıra, en büyük borsa kurumlarımızdan bir tanesinin, işi yüklenmeye istekli olduğunu gördü. Mart 1969'da halka adedi 13$'dan 500.000 AAA Enterprises hissesi sundular. Bunlardan 300.000'i Mr. Williams'ın kişisel hesabı, 200.000'i şirketin hesabı için satılıyor ve şirketin kaynaklarına 2.4000.000$ ekliyordu. Hisse senetlerinin fiyatı hızla iki katına çıkarak 28'e, ya da özvarlık olarak 84 milyon dolarlık bir değere erişti, oysa defter değeri, diyelim ki 4.200.000$ ve beyan edilen maksimum kazanç 690.000$ idi. Hisse senetleri, hisse başına (ve en büyük) kazancın 115 katı gibi yüksek bir fiyattan satılıyorlardı. Hiç kuşkusuz Mr. Williams, AAA Enterprises adını, telefon rehberlerinin ve sarı sayfaların en başında

* Jackie G. Williams AAA Enterprises 1958'de kurdu. İlk gününde hisseler %56 yükselerek 20.25$'dan kapandı. Williams daha sonra AAA'nın her ay yeni bir franchising konseptiyle ortaya çıkacağını açıkladı (insanlar bir seyyar evin içine girip "Mr. Tax of America" tarafından vergilerinin yapıldığını gördüklerinde bir treylerin içinde ne yapabileceklerini siz düşünün artık!). Fakat AAA'nın zamanı ve parası Williams'ın fikirlerinden önce tükendi. AAA İşletmelerinin öyküsü karizmatik bir yönetime ve yetersiz aktiflere sahip olan daha sonraki bir şirketin efsanesiyle benzeşir: ZZZZ Best'in telefondan biraz daha fazla olan ve kiralık ofisi Barry Minkow adında bir delikanlı tarafından işletilen sözde hava-emişli-temizleme sanayisi, 1980'lerin sonlarında yaklaşık 200 milyon dolarlık bir borsa değeri kazanmıştı. ZZZZ Best iflas etti, Minkow hapse girdi. Siz bunu okurken bile, başka bir benzer şirket kurulmakta ve yeni bir "yatırımcı" kuşağı tuzağa düşürülmektedir. Bununla beraber, Graham'i okuyan hiç kimse yaş tahtaya basmayacaktır.

yer alması için seçmişti. Bunun ikinci bir sonucu da Standard & Poor's *Stock Guide*'daki ilk isim olmasıydı. Tıpkı Abu-Ben-Adhem gibi bütün diğerleri ondan sonra geliyordu.* 1969'un yeni finansman ve "sıcak hisselere" ait rahatsız edici bir örneği olarak bu şirketi seçmemizin özel nedeni işte budur.

YORUM: Mr. Williams için bu kötü bir ticaret değildi. Sattığı 300.000 hisse Aralık 1968'de 180.000$ defter değerine sahipti ve bu nedenle 20 katı kadar ya da 3.600.000$ kâr etti. Yükleniciler ve dağıtıcılar 500.000$'ı aralarında bölüştüler, masrafları daha azdı.

1. Aracı kurum müşterileri için ise çok parlak bir ticaret olarak görünmüyordu. Özkaynakların, yatırımcıların kendi paralarıyla, hisse başına 59 sentten 1.35$'a yükseltildiği bir önyükleme işleminden sonra, onlardan defter değerinin 10 katını ödemeleri istenmişti.** En iyi yıl olan 1968'den önce, şirketin maksimum kazançları hisse başı 7 sent gibi gülünç bir rakamdı. Hiç kuşkusuz gelecek için iddialı planlar vardı -ancak bu umulan planların gerçekleşebilmesi için yatırımcıdan erken ödeme yapması istenmekteydi.
2. Buna rağmen, hisselerin fiyatı ilk ihraçtan hemen sonra iki katına çıktı; aracı kurumun müşterilerinin hepsi bu işten iyi bir kârla çıkabilirlerdi. Bu durum, halka arzı altüst etti mi, ya da iyileşme olasılığı, hissenin ilk dağıtıcılarını bu halka arzın ve akibetinin sorumluluğundan akladı mı? Kolay bir

* Romantik İngiliz şairi Leigh Hunt (1784-1859) tarafından yazılan "Abou Ben Adhem"de olduğu gibi, dürüst bir Müslüman altın bir kitabın içine "Tanrı'yı sevenlerin adları"nı yazan bir melek görür. Melek Abou'ya onun adının bu listede olmadığını söylediğinde Abou şöyle der: "Sana yalvarıyorum, o zaman beni adamlarını seven biri olarak yaz." Melek ertesi gece geri döner ve Abou'ya kitabı gösterir. Kitapta şöyle yazmaktadır: "Ben Adhem'in adı bütün hepsinin başında."

** Yatırımcı halk daha fazla adi hisse senedini defter değerinden daha yüksek bir fiyattan satın alarak, AAA özvarlıklarının hisse başı değerini artırdı. Oysa yatırımcılar kendi önyüklemeleriyle kendilerini yukarı çekmekteydiler, hissedarların özvarlığındaki bu yükselişin çoğu, halkın bu senetler için daha fazla para ödemeye gönüllü olmasından kaynaklanmıştı.

soru değil, Wall Street ve devlet düzenleme kuruluşları tarafından dikkatli bir incelemeyi hak ediyor.*

Sonraki Öykü

AAA Enterprises, artırılmış sermayesiyle iki ek işe daha girişti. 1969'da perakende halı satışı yapan mağazalar zinciri açtı ve seyyar evler yapan bir işletmeyi devraldı. İlk dokuz ayın sonuçları tam olarak çok başarılı değildi, fakat bir önceki yılın sonuçlarından hisse başı 14 sente karşılık 22 sentle biraz daha iyiydi. Sonraki aylar içerisinde olanlar tam anlamıyla inanılmazdı. Şirket 4.365.000$ ya da hisse başına 1.49$ kaybetti. Finansmandan önceki tüm sermayesini, üstüne üstlük hisse senetlerinin satışlarından kazanılan tüm 2.400.000$ ile 1969'un ilk dokuz ayında kazanılmış olarak beyan edilen miktarın üçte ikisini tüketip yok etti. Sermayeden geriye zavallı bir 242.000$, ya da sadece yedi ay önceki yeni satışlarda, hisse başına 13$ ödeyen genel hissedar kitlesi için hisse başına 8 sent kalmıştı. Bununla beraber hisseler 1969 yılını 8⅛ fiyat teklifiyle, ya da şirket için 25 milyon dolardan fazla bir "değer biçme" ile kapattı.

EK DEĞERLENDİRME:

1. Şirketin 1969'da Ocak'tan Eylül'e kadar gerçekten 686.000$ kazandığına ve sonraki üç ay içerisinde 4.365.000$ kaybettiğine inanmak çok güçtü. 30 Eylül raporunda çok acı, çok kötü ve suçlayıcı biçimde yanlış bir şeyler vardı.
2. Yıllık 8⅛'lik kapanış teklifi, hisse senedi piyasası fiyatlarının büyük gafletini, başlangıç satış fiyatı olan 13'ten ya da sonraki "sıcak-hisse" yükselişi olan 28'den daha iyi gösterir. Bu

* Graham'in vurguladığı nokta şuydu: Yatırım bankalarının sıcak bir hisse senedinin hemen ihraçtan sonraki kazançlarından övgü almaya hak kazanmaları, ancak hisse senedinin daha uzun vadedeki performansının kötülüğünü de üstlenmeleriyle mümkün olabilirdi. Pek çok İnternet IPO'ları 1999'da ve 2000 başında %1000 yükseldiler; çoğu sonraki üç yıl içerisinde %95'ten daha fazla kaybetti. Birkaç yatırımcı tarafından edinilen bu erken kazançlar, daha sonra gelen milyonlarca servet yıkımını nasıl aklayabilirdi? Pek çok halka arz (IPO), aslında, bir sonraki satışta daha fazla dikkat çekmek amacıyla, kasten gerçek değerinden daha düşük bir fiyata satılmıştı.

sonraki fiyatlandırmalar en azından coşku ve umuta dayandırılmışlardır -gerçekliğe ve sağduyuya karşı uyumsuz, fakat en azından anlaşılabilirdir. Sermayesinin cüzi bir kısmından başka her şeyini kaybetmiş, iflası an meselesi olan, "coşku" ve "umut" sözcükleri kendisi için sadece acı dokundurmalar yerine geçebilecek olan bir şirkete, yıl sonunda 25 milyon dolarlık değer biçilmişti. (Yıl-sonu rakamlarının 31 Aralık'a kadar yayınlanmadığı doğrudur, ancak bir şirketle ilgili olarak, aylık işletme durum cetvelleri yapmak ve işlerin nasıl gittiğine dair tam bir fikir sahibi olmak Wall Street kurumlarının görevidir.)

Son Bölüm

Şirket 1970'in ilk yarısı için 1 milyon dolarlık zarar daha beyan etti. Şimdi artık büyük bir sermaye açığına sahipti. Mr. Williams tarafından sağlanan 2.500.000 dolarlık borç sayesinde iflastan kurtuldu. Daha sonra başka hiçbir açıklama yapılmadı, Ocak 1971'de AAA Enterprises nihayet iflasını istedi. Ay sonu hisse senedi fiyat kotasyonu hâlâ hisse başı 50 sent, ya da tüm ihraç için bir duvar kâğıdı değerinden daha fazla etmeyen 1.500.000$ idi. Öykümüzün sonu.

ALINACAK DERS VE SORULAR: Spekülatif halk akıllanmaz. Finansal terim olarak 3'ten sonrasını sayamaz. Devam etmekte olan bir "faaliyet" olduğunda, her şeyi, her fiyattan satın alabilir. "Franchising," bilgisayar, elektronik, bilim, teknoloji ya da belirli bir modanın galeyana getirdiği ne varsa ona aldanacaktır. Hepsi birer duyarlı yatırımcı olan okurlarımız ise, hiç kuşkusuz, bu aptallığın farkındadırlar. Yine de akılda bazı sorular kalır: Sorumlu yatırım şirketleri, on tanesinden dokuzunun başarısızlığı daha başından belli olan bu şirketleri temsil etmeyi onur meselesi yapmazlar mı? (Yazar 1914'te Wall Street'e girdiğinde gerçek durum buydu. Karşılaştırdığımızda, bütün reformlara ve bütün kontrollere rağmen "Street"in etik standartlarının sonraki 57 yıl içerisinde ilerleyeceği yerde, aksine gerilemiş olduğunu görürüz.) Halkı korumak için, halka arz izahnamelerinin basılmasını istemekten öteye gitmeyen SEC'e, mevcut kurallardan daha başka yetkiler verilebilir mi, ya da verilmeli mi? Muhtelif türde halka arzlar için dikkat çekecek bir biçimde derlenip yayınlanan sonuç özetleri mi hazırlamalı mı? Her izahname ve belki de ilk arzla ilgili her onay, arz fiyatının, piyasada varolan aynı tipte ihraçların rayiç fiyatlarına yeteri kadar uygun olduğu şeklinde, bir çeşit resmi garanti taşımalı mı? Bu baskıyı yazarken, Wall Street istismarlarına karşı bir reform hareketi hazırlanmış ve gelmekte. Yeni halka arzlar konusunda kayda değer değişiklikleri zorla kabul ettirmek çok güç olacaktır, zira bu suistimaller büyük oranda halkın kendi gafletinin ve hırsının sonucudur. Bu mesele uzun ve dikkatli bir değerlendirmeyi gerektirir.*

* Graham'in paragrafının ilk dört cümlesi 2000 başlarında patlayan İnternet ve telekomünikasyon baloncuğunun resmi mezar yazıtı olarak okunabilir. Sağlık Dairesi Başkanı'nın sigara paketlerinin kenarındaki uyarısı nasıl herkesin sigara içmesini önleyemiyorsa, hiçbir düzenleyici reform da yatırımcıların kendi hırslarının doz aşımını engelleyemeyecektir. (Komünizm bile piyasa baloncuklarını yasaklayamaz; Çin menkul kıymetler borsası 1999'un ilk yarısında %101.7 fırladıktan sonra çakılmıştır.) Ne de yatırım bankaları hisse senetlerini piyasanın dayanabileceği her fiyattan satma dürtülerinden tümüyle kurtulabileceklerdir. Çember her bir seferde sadece bir yatırımcı ve bir finans danışmanı tarafından kırılabilir. Graham'in ilkelerini (Özellikle Bölüm 1, 8 ve 20'ye bakınız) tam öğrenmek bu işe başlamanın en iyi yoludur.

ON YEDİNCİ BÖLÜMLE İLGİLİ YORUMLAR

Akıl tanrısı Woden, cücelerin kralına gitti, kolunu bacağının altından geriye doğru kıvırarak onu yakaladı ve düzenin kargaşayı nasıl yeneceğini ona anlatmasını emretti. "Sol gözünü bana ver," dedi cüce "o zaman sana anlatırım." Woden hiç tereddüt etmeden sol gözünü ona verdi. "Şimdi söyle bana." Cüce söyledi: "Sır, 'İki gözle bakmak'tır!"

-John Gardner

DAHA FAZLA DEĞİŞİKLİK...

Graham dört aşırı uç noktaları vurguluyor:

- çok fazla fiyat biçilmiş "sendeleyen bir dev"
- imparatorluk inşa eden bir holding
- küçük bir şirketin büyük bir şirketi devraldığı bir birleşme
- aslında değersiz bir şirketin hisselerinin halka ilk arzı

Son birkaç yıl içerisinde Graham'in uç noktaları bir ansiklopediyi dolduracak kadar çoğalmıştır. İşte bir örnek:

SAYDAM DEĞİL, LUCENT [lucent: şeffaf -ç.n.]

2000 ortalarında, Lucent Technologies Inc. bütün diğer ABD hisse senetlerinden daha çok yatırımcı tarafından alınmıştı. 192.9 milyar dolarlık piyasa kapitalizasyonu ile Amerika'daki 12. en değerli şirketti.

Bu dev değerlendirme doğrulanmış mıydı? Lucent'ın 30 Haziran'da sona eren üç aylık finansal raporundaki bazı temel öğelere bakalım:[1]

ŞEKİL 17-1 Lucent Technologies Inc.

	...biten üç aylık dönem için 30 Haziran, 2000	30 Haziran, 1999
Gelir		
Kazançlar	8.713	7.403
Gelir (kaybı) devam eden faaliyetlerden	(14)	622
Gelir (kaybı) durdurulan faaliyetlerden	(287)	141
Net gelir	(301)	763
Aktifler		
Nakit	710	1.495
Alacaklar	10.101	9.486
Gayri maddi aktifler	8.736	3.340*
Kapitalize edilmiş yazılım geliştirme giderleri	576	412
Toplam aktifler	46.340	37.156

Tüm rakamlar milyon dolar olarak verilmiştir.* Maddi olmayan varlıkları da kapsayan diğer aktifle

Kaynak: Lucent üç-aylık mali raporları (10-Q'dan)

Lucent raporunun daha dikkatli incelenmesi tıpkı cevap verilmeyen bir telefon santralinin zilleri gibi tehlike çanlarının çalmasına neden olur:

- Lucent çok yakın bir zamanda optik donanım üreticisi olan Chromatis Networks'ü 4.8 milyar dolar -bunun 4.2 milyar doları "hava parası"ydı (ya da defter değerinin üzerinde değer)- karşılığında satın almıştı. Chromatis'de 150 kişi çalışıyordu, müşterisi yoktu, kazançlar sıfırdı, bu nedenle de "hava parası" terimi uygunsuz düşüyordu; belki burada "çeyiz sandığı" terimini kullanmak daha doğru olurdu. Eğer Chromatis'in kuruluş safhasındaki ürünleri işe yaramazsa, Lucent hava parasını tersine çevirecek ve bunu gelecek kazançlardan düşecekti.

[1] Bu bölümde alıntılanan tüm diğer finansal dökümanlar gibi, bu rapor da www.sec.gov. adresindeki EDGAR Database'de kamu erişimine açıktır.

- Bir dipnot Lucent'ın, müşterilerine 1.5 milyar dolar borç verdiğini açıklıyordu. Lucent ayrıca, müşterilerinin başka bir yerden borçlandığı 350 milyon doların garantisi nedeniyle de zor durumdaydı. Bu "müşteri finansmanları"nın toplamı bir yıl içerisinde iki katına çıkmıştı -bu durum müşterilerin Lucent'ın ürünlerini almak için nakit sıkıntısında olduklarını gösteriyordu. Borçlarını ödemek için paraları kalmazsa ne olacaktı?
- Nihayet, Lucent yeni yazılım geliştirme giderini "sermaye varlığı" olarak işledi. Oysa bu varlıktan çok, kazançlardan çıkması gereken sıradan bir iş masrafı değil miydi?

SONUÇ: Ağustos 2001'de, Lucent, ürünleri sadece iki müşterinin dikkatini çeken Chromatis bölümünü kapattı.[2] 2001 mali yılında Lucent 16.2 milyar dolar kaybetti; 2002 mali yılında bir 11.9 milyar dolar daha kaybetti. Bu zararların içinde 3.5 milyar dolarlık "tahsil edilemeyen alacaklar ve müşteri finansmanı için provizyonlar," 4.1 milyar dolarlık "hava parasıyla ilgili değer-azalışları," ve 362 milyon dolar da "kapitalize edilmiş yazılımla ilgili" masraflar vardı.

30 Haziran 2000'de 51.062$ olan Lucent hisse senetleri, 2002'yi 1.26$ ile -iki buçuk yıl içerisinde piyasa fiyatında yaklaşık 190 milyar dolarlık bir zararla- kapattı.

DEVRALMA SİHİRBAZI

Tyco International Ltd.'i tanımlamak için sadece Winston Churchill'i başka sözcüklerle açıklayabilir ve şimdiye kadar hiç bu kadar çok şeyin bu kadar çok kişi tarafından, bu kadar az insana satılmadığını söyleyebiliriz. 1997'den 2001'e kadar, bu Bermuda merkezli holding şirketi, tıpkı Imelda Marcos'un ayakkabı satın alması gibi, şirket satın aldı ve toplam 37 milyon dolardan çok daha fazla para -çoğu Tyco hisse senetlerine olmak üzere -harcadı. Sadece 2000 mali yılı içerisinde, Tyco yıllık raporuna göre

[2] Chromatis alımının feragati 29 Ağustos 2001 (s. 1) ve 1 Eylül / 2 Eylül 2001 tarihli *The Financial Times*'larda yer almıştır.

"yaklaşık 200 şirket" satın almıştı. Bu, her iki günde bir ortalama bir şirket demekti.

Sonuç? Tyco şaşılacak biçimde hızlı büyüdü; beş yıl içinde gelirleri 7.6 milyar dolardan 34 milyar dolara ve işletme kazancı 476 milyon dolar zarardan 6.2 milyar dolar kazanca fırladı. 2001 yılının sonunda şirketin borsa değerinin 114 milyar dolar olmasına hiç şaşmamak gerekir.

Oysa Tyco, en az hızlı büyümesi kadar parmak ısırtan finansal bilançolara sahipti. Bilançolarda, yaklaşık her yıl, devralmayla bağlantılı yüzlerce milyonluk giderler göze çarpmaktaydı. Bu masraflar üç ana kategoride toplanır:

1. "birleşme" ya da "yeniden yapılanma" ya da "bir defaya mahsus" giderler,
2. "uzun ömürlü varlıkların bozulma masrafları" ve
3. "satın alınmış işlem-içi araştırma ve geliştirme giderleri."

Özlük adına, ilk tür masrafı MORON, ikinciyi CHILLA, üçüncüyü de WOOPIPRAD olarak adlandıralım. Zaman içinde nasıl ortaya çıkmışlar?

ŞEKİL 17-2 Tyco International Ltd.

Mali yıl	MORON	CHILLA	WOOPIPRAD
1997	918	148	361
1998	0	0	0
1999	1,183	335	0
2000	4175	99	0
2001	234	120	184
Toplamlar	2,510	702	545

Tüm rakamlar rapordaki özgün haliyle milyon dolarlar hanesinde beyan edilmiştir.
"Birleşmeler & Devralmalar"ın toplamı, alacak ve borçların toplanmasını kapsamaz.

Kaynak: Tyco Internatioanl yıllık raporları (Form 10-K)

Gördüğünüz gibi *–tekrarlanmaması, bir defalık olması gereken–* MORON masrafları beş yılın dördünde ortaya çıktı ve okkalı bir 2.5 milyar doları buldu. CHILLA aniden kronik bir biçimde ortaya çıkarak 700 milyon dolara erişti. WOOPIPRAD başka bir yarım milyar dolara ulaştı.[3]

Akıllı yatırımcı şunları soracaktı:

- Eğer Tyco'nun devralma-yoluyla-büyüme stratejisi müthiş bir fikir idiyse, nasıl olmuştu da yıllık ortalama 750 milyon doları kendinden sonrasını temizlemek için harcamıştı?
- Eğer, göründüğü kadarıyla, Tyco bir şeyler yapmak işinde değilse -daha çok bir şeyler yapan şirketleri satın alma işinin içindeydi -o zaman neden MORON masrafları "bir defalıktı?" Bu masraflar Tyco'nun normal faaliyetlerinin bir parçası değilmiydi?
- Geçmiş devralmaların muhasebe giderleriyle, her yılın kazançlarını çöpe atarak kim gelecek yılın kazancının ne olacağını söyleyebilirdi?

Aslında yatırımcı Tyco'nun *geçmiş* kazançlarının ne olduğunu söylememişti bile. 1999'da ABD Menkul Kıymetler ve Borsalar Komisyonu'nun (SEC) hesaplarını değerlendirmesinden sonra, Tyco geçmişe dönük olarak MORON masraflarından 257 milyon doları 1998 giderlerine ekledi -bu "bir defalık" giderlerin aslında o yıl tekrarlanmış olduğu anlamına geliyordu. Şirket aynı zamanda başta beyan edilen 1999 harcamalarının üzerinde yeniden oynadı: CHILLA 507 milyon dolara çıkarken MORON 929 milyon dolara düştü.

Tyco açık bir biçimde büyümekteydi, fakat karlılığı da artıyor muydu? Dışarıdan hiç kimse buna kesin bir yanıt veremezdi.

[3] Devralmalar için hesap yapılırken, WOOPIPRAD'e yüklenmek Tyco'nun, alış fiyatının maddi olmayan varlıklara ayırdığı kısmını azaltmasını sağladı. WOOPIPRAD en önde ödendiğine göre maddi olmayan varlıklar (o zaman hakim olan muhasebe kuralları altında) çok-yıllık dönemlerde silinecekti, bu manevra maddi olmayan aktiflerin Tyco'nun gelecek kazançları üzerindeki etkisini azaltmasını sağladı.

SONUÇ: 2002 mali yılında Tyco 9.4 milyar dolar kaybetti. 2001 yıl-sonunda 58.90'dan kapanan hisse senetleri, 2002'yi 17.08$ ile bitirdi -bu on iki ay içinde %71'lik bir zarar demekti.[4]

UFAK BALIK BALİNAYI YUTAR

10 Ocak 2000'de, America Online, Inc. ve Time Warner Inc. başlangıç için 156 milyar dolar değer biçilen bir anlaşmayla birleşeceklerini duyurdular.

31 Aralık 1999'da AOL'un aktiflerinde 10.3 milyar doları vardı ve önceki 12 ayın gelirleri 5.7 milyar dolara tırmanmıştı. Öte yandan, Time Warner'ın 51.2 milyar dolar aktifi, 27.3 milyar dolar geliri vardı. Time Warner, hisse senetlerinin kıymeti dışında, her alanda diğerinden çok daha büyük bir şirketti. America Online'ın sadece İnternet endüstrisinin içinde olması nedeniyle yatırımcıları büyülemesi, hisse senetlerinin getirilerinin 164 katı gibi dehşet verici bir fiyattan satılmasına neden olmuştu. Oysa kablolu televizyon, sinema, müzik ve dergi gibi değişik şeylerden oluşan Time Warner'ın hisseleri kazançlarının yaklaşık 50 katından satılıyordu.

Şirketler anlaşmayı duyururlarken bunu "eşitlerin stratejik birleşmesi" olarak tanımladılar. Time Warner başkanı Gerald M. Levin, "AOL Time Warner ile bağlantılı olan herkes için fırsatlar sonsuzdur," açıklamasını yaptı ve hepsinden fazla hissedarları için, diye ekledi.

Hisselerinin en sonunda bir İnternet cazibelisinin prestijine sahip olacağı düşüncesiyle mest olan Time Warner hissedarları, büyük bir çoğunlukla anlaşmayı onayladılar. Ama bir iki noktayı gözden kaçırdılar:

- Bu "eşitlerin birleşmesi" America Online hissedarlarına birleşik şirketin %55'ini vermek üzere -Time Warner 5 kat büyük olmasına rağmen- tasarlanmıştı.

[4] 2002'de, Tyco'nun eski başkanı L. Dennis Kozlowski eyaletin ve devletin hukuk yetkilileri tarafından gelir vergisi dolandırıcılığı ve bir şemsiye portmantosu için 15.000$ ve bir duş perdesi için 6.000$'lık harcamalar da dahil olmak üzere Tyco'nun kurumsal varlıklarını kendi çıkarları doğrultusunda uygunsuzca dağıtmakla suçlandı.

- Üç yıl içinde ikinci kez ABD Menkul Kıymetler ve Borsalar Komisyonu, America Online'ın pazarlama masraflarını uygun biçimde hesaplayıp hesaplamadığını araştırdı.
- America Online'ın toplam aktiflerinin yaklaşık yarısı -4.9 milyar dolar değerinde- "satışa uygun hisse senetleri"nden oluşmaktaydı. Eğer halka açık şirketin teknoloji hisse senetleri düşerse, bu durum şirketin aktif zemininin büyük kısmını yok ederdi.

SONUÇ: 11 Ocak 2001'de iki şirket birleşmeyi tamamladılar. 2001'de AOL Time Warner Inc. 4.9 milyar dolar, 2002'de ise 98.7 milyar dolar-bir kurum tarafından kaydedilen en devasa borç- zarar etti. Zararların büyük kısmı America Online'ın değerini düşürmekten kaynaklanmıştı. 2002 yıl sonu yaklaştığında Levin'in "sınırsız" fırsatlara sahip olacaklarını öngördüğü hissedarlar, anlaşmanın ilk duyurulduğu arihten o güne kadar geçen süre içinde hisselerinin kabaca %80'ini kaybetmiş oldular.[5]

BİR ANAOKULUNA YATIRIM YAPMAKTAN KORKAR MISINIZ?

20 Mayıs 1999'da eToys Inc. hisselerinin %8'ini halka arz etti. Wall Street'in en prestijli bankalarının dört tanesi -Goldman, Sachs & Co.; BancBoston Robertson Stephens; Donaldson, Lufkin & Jenrette; Merrill Lynch & Co.- adedi 20$'dan 8.320.000 hisseyi finanse etmeyi üstlenerek 166.4 milyon dolar topladı. Hisseler şaha kalkarak 76.5625$'dan kapandı, alım-satımın ilk gününde %282.8 kazandı. Bu fiyatla eToys'un piyasa değeri 7.8 milyar dolar oldu.[6]

[5] Açıklama: Jason Zweig, daha önce Time Warner'ın bir bölümü olan, şimdiki AOL Time Warner Inc.'in bir birimi olan Time Inc.'in bir çalışanıydı.

[6] eToys'un prospektüsü, gülünç bir biçimde cicili bicili ucuz hediyelikleri geleneksel bir oyuncak dükkanı yerine, eToys'dan almanın daha kolay olduğunu gösteren, karınca yiyen Arthur karakterinin bulunduğu özgün karikatürün yer aldığı katlı sayfalı bir kapağa sahipti. IPO Monitor analisti Gail Bronson, eToys'un şirket hisselerinin halka arz gününde Associated Press'e "eToys geçtiğimiz yıl şirket gelişimini çok çok akıllıca idare ederek kendini çocukların İnternet merkezi konumuna yerleştirdi," dedi. Bronson sözlerine şöyle devam etti: "Başarılı bir IPO'nun (halka arz), özellikle bir internet şirketinin anahtarı, iyi pazarlama ve markalaşmadır." Bronson bir ölçüye kadar haklıydı: Bu ihraççı şirket ve bankacıları için başarılı IPO'nun anahtarıydı. Ne yazık ki, *yatırımcı* için başarılı IPO anahtarı ise kazançtı, bu da eToys'da yoktu.

Alıcılar bu fiyat karşılığında ne tür bir işletme satın alıyorlardı? eToys'un satışları önceki yıl %4.261 yükselmişti ve sadece son üç aylık dönemde 75.000 müşteri eklemişti. Fakat iş yaptığı 20 aylık süre içerisinde eToys 30.8 milyon dolar net zarar ettiği, toplam 30.6 milyon dolarlık satış gerçekleştirmişti -bu eToys'un tanesi bir dolar değerinde olan oyuncakların her birinin satışı için 2$ harcadığı anlamına geliyordu.

Halka arz prospektüsü, ayrıca eToys'un arzdan elde ettiği bir kısım kazançları başka bir Internet işletmesini, önceki yıl 4.8 milyon dolarlık satışlarda 4.5 milyon dolar kaybeden Baby-Center, Inc.'i devralmak için kullanacağını da açıklamaktaydı. (Bu ödüle konmak için eToys sadece 205 milyon dolar gibi bir miktar ödeyecekti.) Ve eToys şirket yönetimine gelecekte ihraç etmek üzere 40.6 milyon adet adi hisse senedi "tahsis" edecekti. Dolayısıyla, eğer eToys para kazanırsa, net geliri 102 milyona değil, 143 milyon hisseye bölünecekti -bu da gelecekteki hisse başı kazancı üçte bir oranında seyreltecekti.

eToys'un, Toys "R" Us, Inc.'le -en büyük rakibi- kıyaslanması çok şaşırtıcıydı. İzleyen üç ay içerisinde, Toys "R" Us net gelir olarak 27 milyon dolar kazanmış ve eToys'un tüm yıl boyunca sattığı malın 70 katını satmıştı. Yine de Şekil 17-3'ün gösterdiği gibi, borsa, eToys'a, Toys "R" Us'dan yaklaşık 2 milyar dolar *fazla* değer biçti.

SONUÇ: 7 Mart 2001'de, eToys, bir halka açık şirket olarak kısacık yaşamı süresince 398 milyon dolardan fazla net zarar yaptıktan sonra konkordato istedi. 1999 Ekim ayında bir hissesi 86$ olan hisseler en sonunda bir penny'den satılmaya başlamıştı.

ŞEKİL 17-3 Bir Oyuncak Hikâyesi

	eToys Inc. 31/3/1999'da biten mali yıl	Toys "R" Us, Inc. 1/5/1999'da biten mali üç ay
Net satışlar	30 2	166
Net gelir	(29)	27
Nakit	20	289
Toplam aktifler	31	8,067
Adi hisse senetlerinin piyasa değeri (20/5/1999)	7,780	5,650

Tüm miktarlar milyon dolar olarak.
Kaynak: Şirketin SEC dosyaları.

BÖLÜM 18

Sekiz Çift Şirketin Karşılaştırması

Bu bölümde değişik bir anlatım biçimi deneyeceğiz. Borsa fiyat listesinde birbirlerinin yanında yer alan, ya da öyle görünen sekiz çift şirketi seçerek kurumsal girişimlerin ve son yıllarda finans sahnesinde görülen yatırımların ve spekülatif tutumların karakterlerini, mali yapılarını, politikalarını, performans ve kararsızlıklarını somut ve canlı bir biçimde görmenizi sağlayacağımızı umut ediyoruz. Her karşılaştırmada, sadece özel bir önemi ve anlamı olan yönlerin üzerinde duracağız.

1. Çift: Gayrimenkul Yatırım Ortaklığı (GYO) - Real Estate Investment Trust, (REIT) Dükkânlar, Ofisler, Fabrikalar, vs. ve Realty Equities Corp. of New York (gayrimenkul yatırımı; genel inşaat)

Bu ilk karşılaştırmada diğer çiftler için kullanılan alfabetik sıralamadan ayrılıyoruz. Bizim için özel bir önem taşıyor, zira bir yanda acımasız büyüme, finansal aldatmacaların ve günümüz kurumsal işlemlerindeki inişli-çıkışlı değişikliklerin tersine-diğer şirketteki- diğer yanda ise, insanların parasını idare etmenin geleneksel yöntemlerinden genellikle iyi, mantıklı ve istikrarlı olanı gösteriyor. İki kuruluş benzer isimlere sahiptir, uzun yıllar boyunca Amerikan Borsası fiyat listesinde yan yana yer almışlardır. Borsa takip ekranındaki sembolleri -REI ve REC-kolaylıkla karıştırılabilirdi. Oysa bir tanesi üç kayyum tarafından yönetilen, işlemleri yaklaşık bir yüzyıl geriye giden ve kâr payları 1989'dan beri düzenli ödenen ciddi bir New England tröstüydü. Aynı tür tedbirli yatırımları sürdürmüş, büyümesini mantıklı bir ölçüde, borçlarını kolay idare edilir bir rakamda tutmuştu.*

Diğeri ise sekiz yılda aktiflerini 6.2 milyon dolardan 154 milyon dolara çıkaran ve borçlarında da aynı oranı tutturan tipik bir New York merkezli hızlı-büyüme girişimiydi; sıradan gayri menkul işlerinden iki hipodroma, 74 sinema salonuna, üç edebiyat ajansına, bir halkla ilişkiler firmasına, otellere, süpermarketlere ve (1970'de iflas eden) büyük bir kozmetik firmasında %26 paya kadar uzanan teşebbüsler koleksiyonuna yönelmişti.** Bu iş girişimleri toplu olarak, aşağıdakiler de dahil olmak üzere uygun türde kurumsal araçlarla eşleştirilmişti:

7$ yıllık kâr payı hakkına sahip, fakat sadece 1$ nominal değeri olan, hisse başı 1$'lık yükümlülük taşıyan imtiyazlı hisse senetleri.

2.500.000$ (hisse başı 1$) olarak değeri belirlenmiş toplam adi hisse senedi, tekrar satın alınan 209.000 payın maliyeti olan 5.500.000$'lık bir azalma ile fazlasıyla dengelenmiş.

Toplam 1.578.000 hisse satın alma hakkı veren üç seri hisse senedi opsiyonlu varant.

Mart 1969 itibariyle, toplam 100 milyon dolar değerinde, en az altı farklı türde borç yükümlülüğü: İpotekler, tahviller, halka ödenen senetler, bankalara ödenen senetler, "senetler, borçlar ve sözleşme taahhütleri," Küçük İşletme Yönetimi'ne ödenecek borçlar. Bunlara ek olarak vergi borçları ve ticari borçlar.

Önce iki kurumun 1960'da sahip oldukları birkaç rakamı sunalım (Tablo 18-1A).

* Graham burada, 1983'de San Fransisco Real Estate Investors tarafından hissesi 50$'dan alınan Real Estate Investment Trust'ı açıklıyor. Sonraki paragraf ise Real Equities Corp. of New York'u tarif ediyor.

** Oyuncu Paul Newman, Real Equities Corp. of New York, kendi film-yapım şirketi Kayos Inc.'i 1969'da aldıktan sonra, kısa bir dönem için şirketin büyük hissedarı oldu.

Burada GYO hisselerinin, öz kaynaklarının toplam değerlerinin dokuz katından borsada sattıklarını görürüz. GYO şirketinin göreceli olarak borcu az ve daha iyi net/brüt oranı vardı ancak adi hisse senetlerinin fiyatı hisse-başı kazançlarla kıyaslandığında daha yüksekti.

TABLO 18-1A. 1.Çift Real Estate Investment Trust ile Realty Equities Corp, 1960.

	Real Estate Investment Trust	Realty Equities Corp. of New York
Brüt gelirler	$ 3,585,000	$1,484,000
Net gelir	485,000	150,000
Hisse başı kazanç	.66	.47
Hisse başı kâr payı	none	.10
Fiyat dağılımı	$20. 20–12	$4. 5⅜–4¾
Toplam aktifler	$22,700,000	$6,200,000
Toplam yükümlülükler	7,400,000	5,000,000
Adi hisse sen. defter değeri	15,300,000	1,200,000
Adi hisse sen. ort.piyasa değeri	12,200,000	1,360,000

Tablo 18-1B'de yaklaşık sekiz yıl sonraki durumu sunacağız. Trust "kendi yolunun sessiz gidişatını muhafaza ederek" hem gelirlerini hem de hisse başı kazançlarını dörtte-üç oranında artırdı.* Fakat Realty Equities savunmasız bir deve dönüşmüştü.

Wall Street bu farklı gelişmelere nasıl bir tepki göstermişti? Trust'a hiç aldırış etmemiş, Realty Equities'i ise çok önemsemişti. 1968'de 2.420.000 hissenin karışık satışında Realty 10'dan 37¾'e fırladı, borsada kote edilmiş varantları da 6'dan 36½'a çıktı. Bunlar gerçekleşirken Trust hisseleri sakin bir biçimde 20'den 30¼ gibi mütevazı bir hacme yükseldi.Realty'nin Mart 1969 bilanço tablosu hisse başına sadece 3.41$'lık bir aktif değer gösterdi, bu o yılın yüksek fiyatının onda birinden de düşük bir değerdi. Trust hisselerinin defter değeri ise 20.85$ idi.

* Coşkulu bir şiir okuru olan Graham Thomas, Grey'in "Elegy Written in a Country Churchyard" adlı şiirinden alıntı yapmış.

TABLO 18-1B. 1.Çift Real Estate Investment Trust Realty Equities Corp. of New York

	Real Estate Investment Trust	Realty Equities Corp. of New York
31 Aralık 1968 Fiyatı	26½	32½
Adi hisse senedi sayısı	1,423,000	2,311,000 (March '69)
Adi hisse senetlerinin piyasa fiyatı	$37,800,000	$75,000,000
Varantların tahmini piyasa fiyatı	ts —	30,000,000[a]
Adi hisse ve varantl tahmini p fiyatı	—	105,000,000
Borç	9,600,000	100,800,000
İmtiyazlı hisse senetleri	—	2,900,000
Toplam kapitalizasyon	$47,400,000	$208,700,000
Hisse s.varant için hisse başı p. fiyatı	—	45 (est.)
Hisse başı defter değeri	$20.85 (Nov.)	$3.41
	November 1968	March 1969
Gelirler	$6,281,000	$39,706,000
Yatırım neti	2,696,000	11,182,000
Faiz oranları	590,000	6,684,000
İmtiyazlı kâr payı	58,000[b]	2,401,000
		174,000
Adi hisse senetleri neti	2,048,000	1,943,000
Özel kalemler	245,000 cr	1,896,000 dr.
Adi hisse senetleri nihai neti	2,293,000	47,000
Özel kalem. önce hisse başı kazanç	$1.28	$1.00
Özel kalem. sonra hisse başı kazanç	1.45	.20
Adi hisse senetleri kâr payı	1.20	.30
Kazanılan faiz bedelleri	4.6 ×	1.8 ×

[a] 1.600.000 ya da daha fazla hisseyi muhtelif fiyatlardan alacak varantlar vardı.

[b] Gayrimenkul tröstü olan bu kuruluş 1968'de Federal gelir vergisine tabi değildi.

Bir sonraki yıl Realty Equities tablosunda her şeyin iyi gitmediği açığa çıktı, fiyat 9½'a düştü. Mart 1970 raporu geldiğinde, kuruluşun 13.200.000$ ya da hisse başına 5.17$ net zarara uğradığını okuyan hissedarlar bunalıma girmiş olmalılar -bu onların küçücük varlıklarını neredeyse yok ediyordu. (Bu feci rakam gelecek yatırım kayıplarına ayrılmış 8.800.000$'lık yedeği de kapsamaktaydı.) Buna karşılık yöneticiler, 5 sentlik fazladan kâr payını mali yılın kapanışının hemen ardından cesaretle (?) beyan ettiler. Fakat sıkıntı henüz bitmemişti. Şirketin denetçileri 1969-70 yıllarına ait mali bilançoyu onaylamayı reddettiler ve hisselerin Amerikan Menkul Kıymetler Borsası'nda satışı geçici olarak durduruldu. Borsa dışı piyasalarda ise satış fiyatı hisse başına 2$'a düştü.*

Real Estate Investment Trust hisseleri ise, 1969'dan sonra tipik fiyat dalgalanmalarına tutuldu. 1970'in en düşüğü 16½ oldu, 1971 başında düzelerek $26^{5/6}$'e çıktı. Son kaydedilmiş kazançlar hisse başı 1.50$ idi ve hisseler 1970 defter değerleri olan 21.60$ fiyatının bir miktar üzerinden işlem görmekteydi. Hisseler 1968'teki rekor seviyesinde, biraz yüksek fiyatlandırılmış olabilirlerdi ancak hissedarlar kayyumlarından dürüst ve iyi bir hizmet almışlardı. Real Estate Equities hikâyesi ise daha farklı ve acı bir öyküdür.

2. Çift: Air Products and Chemicals (sanayi ve tıbbi gazlar, vs.) ve Air Reduction Co. (sanayi gazları ve donanımları; kimyasallar)

Bu ikisi, birinci çiftimizden daha çok birbirlerine benzerler. Dolayısıyla bunların yol açtığı kıyaslama tutucu türde bir hisse senedi analizidir, oysa öteki çiftlerimizin çoğu, yapı olarak diğerlerinden daha düzensizdir.** "Products", "Reduction"dan daha yeni bir şirkettir ve 1969'da Reduction'ın iş hacminin yarısından da küçüktür.*** Buna rağmen bütünde senetleri Air Reduction'ın hisse senetlerinden %25 daha fazlaya satılmıştır. Tablo 18-2'nin gösterdiği gibi bunun nedeni Air Reduction'ın daha büyük kârlılığa ve daha güçlü rekor bir büyümeye sahip olmasıdır. Burada

* Realty Equities Eylül 1973'te Amerikan Menkul Kıymetler Borsası listesinden silindi. 1974'te ABD Sermaye Piyasası Kurumu, Realty Equities muhasebecilerini dolandırıcılıkla suçladı. Realty Equities kurucusu Morris Karp daha sonra büyük hırsızlık iddiasını kabul etti. 1974-1975'de Graham'in eleştirdiği aşırı borçluluk, aralarında Chase Manhattan'ın da bulunduğu en saldırgan gayrimenkul tröstlerine büyük borçlar vermiş olan büyük bankalar arasında mali krize yol açtı.

** "Heteroclite" Graham'in anormal ya da sıradışını kastetmek amacıyla kullandığı klasik Yunanca'dan bir sözcüktür.

*** Graham "hacim" sözcüğüyle satışlar ya da gelirleri ifade etmektedir -her şirketin faaliyetini toplam dolar miktarı olarak.

"kalite"nin daha iyi belirtildiği tipik sonuçlar görürüz. Air Products, en son kazançlarının 16½ katına satılırken, Air Reduction'da bu sadece 9.1 kat idi. Ayrıca Air Products varlığa dayalı değerinin iyice üzerinde işlem görürken, Air Reduction sadece defter değerinin %75'ine alınabiliyordu.* Air Reduction daha liberal bir kâr payı ödedi; ancak Air Products'ın kazançları bünyede tutmak konusunda daha istekli olduğunu da düşünebiliriz. Ayrıca, Air Reduction daha rahat bir işletme sermayesi konumuna sahipti. (Bu noktada kârlı bir şirketin bir tür sürekli finansmanla mevcut konumunu her zaman şekle sokabileceği görüşünü öne sürebiliriz. Ancak bizim standartlarımıza göre Air Products aşırı oranda tahvile sahipti.)

Eğer bir analistten ikisinden birisini seçmesi istenseydi, Air Products'ın beklentilerinin Air Reduction'dan daha umut verici olduğunu söylemekte hiçbir zorluk çekmezdi. Fakat yine de bu, Air Products'ı göreceli hayli yüksek olan bu fiyatla bile daha çekici yapar mıydı? Bu soruya kesin bir cevap alabileceğimizden kuşkuluyuz. Genel anlamda Wall Street, düşünce olarak "nitelik"i "nicelik"in üzerinde tutmaktadır ve muhtemelen hisse senedi analistlerinin büyük çoğunluğu daha "iyi" fakat daha pahalı bir Air Products'ı, daha "zayıf" fakat daha ucuz bir Air Reduction'a tercih edeceklerdir. Bu tercihin doğru ya da yanlış olması, herhangi bir kanıtlanabilir yatırım ilkesinden çok, öngörülemeyen geleceğe bağlıdır. Bu olayda, Air Reduction "düşük-çarpanlı sınıftaki önemli şirketler grubu"na ait görünmektedir. Eğer yukarıda değinilen araştırmaların** gösterdiği gibi bu grup bir *bütün olarak* daha yüksek-çarpanlı hisse senetlerinden daha iyi bir sınav verme eğilimindeyse, o zaman mantık çerçevesinde -fakat sadece

* "Varlığa dayalı değer" ve defter değeri eşanlamlıdır. Tablo 18-2'de fiyatın aktiflere ya da defter değerine olan oranı ilk sırayı (Price, 31 Aralık 1969") "hisse başı defter değeri"ne bölerek görülebilir.

** Graham araştırmasında Bölüm 15'te açıkladığı değerli hisselerden (value stocks) söz ediyor (bakınız s. 430). Graham'in araştırmalarını tamamladığı zamandan bu güne çok büyük sayıda değerli hissenin, değer artışı sağlayan hisse senetlerinin (growth stocks) değerlerinin altında kaldığı teyit edilmiştir. (Modern finanstaki en iyi araştırmaların çoğu , Graham'in yıllar önce kanıtladıklarından bağımsız olarak onu onaylamaktadır.) Bakınız, http://Papers.ssrn.com. James L. Davis, Eugene F. Fama ve Kenneth R. French, "Characteristics, Covariances, and Average Returns; 1929-1997."

çeşitlendirilmiş bir işlemin parçası olarak- Air Reduction tercih edilmelidir. (Bireysel şirketlerin kapsamlı bir araştırması analisti tam tersi bir sonuca götürür; fakat bu muhtemelen geçmiş anlatımda yansıtılanların da ötesinde olan nedenlerden dolayıdır.)

SONUÇ: Air Products 1970 duraklamasında %24'e karşılık %16'lık bir inişle Air Reduction'dan daha sağlam bir biçimde ayakta kaldı. Bununla birlikte Reduction 1971'de daha iyi bir dönüş yaparak 1969 kapanışının %50 üzerine yükseldi, Products'da bu oran %30'da kaldı. Bu olayda düşük-çarpanlı hisse üstünlük sağlamıştı, en azından o zaman için.*

TABLO 18-2. 2. ÇİFT

	Air Products & Chemicals 1969	Air Reduction 1969
Fiyat, 31 Aralık 1969	39½	16⅜
Adi hisse senedi sayısı	5,832,000[a]	11,279,000
Adi hisse senetlerinin piyasa fiyatı	$231,000,000	$185,000,000
Borç	113,000,000	179,000,000
Piyasadaki toplam kapitalizasyon	344,000,000	364,000,000
Hisse başı defter değeri	$22.89	$21.91
Satışlar	$221,500,000	$487,600,000
Net gelir	13,639,000	20,326,000
Hisse başı kazanç, 1969	$2.40	$1.80
Hisse başı kazanç, 1964	1.51	1.51
Hisse başı kazanç, 1959	.52	1.95
Geçerli kâr payı oranı	.20	.80
Kârpayı ödemesi ..tarihinden beri	1954	1917
Oranlar:		
Fiyat / Kazanç	16.5 ×	9.1 ×
Fiyat / defter değeri	165.0%	75.0%
Temettü verimi	0.5%	4.9%
Net / satışlar	6.2%	4.25%
Kazançlar / defter değeri	11.0%	8.2%
Cari aktifler / borçlar toplamı	1.53 ×	3.77 ×
İşletme sermayesi / borç	.32 ×	.85 ×
Hisse-başı kazançlardaki büyüme		
1964'e karşı 1969	+59%	+19%
1959'a karşı 1969	+362%	decrease

[a] İmtiyazlı hisse senedinin dönüşümünü varsayarak.

* Air Products and Chemicals, Inc. halka-açık hisse senedi olarak hâlâ mevcuttur ve hâlâ Standard & Poor's 500-stock indeksinde mevcuttur. Air Reduction Co. ise The BOC Group'un (o zaman British Oxygen olarak biliniyordu) tamamına sahip olduğu bağlı ortaklığa dönüşmüştür.

3. Çift: American Home products Co. (ilaç, kozmetik, ev ürünleri, şeker) ve American Hospital Supply Co. (hastane araç-gereç ve donanımları dağıtıcısı ve imalatçısı)

Bu şirketler 1969'un sonunda hızla büyüyen ve çok kârlı "sağlık endüstrisi"nin farklı kollarını temsil eden "milyar-dolarlık maddi olmayan varlık zengini " (marka değeri yüksek) şirketlerdi. Bunları sırasıyla Home ve Hospital olarak adlandıracağız. Tablo 18-3'te her ikisiyle ilgili seçilmiş veriler var. Aşağıdaki olumlu noktalar her ikisinde de ortaktır: 1958'den beri hiç başarısızlığa uğramayan kusursuz büyüme (başka bir deyişle, %100 kazanç istikrarı); ve güçlü finans durumu. Hospital'ın büyüme oranı 1969 yılının sonuna kadar Home'unkinden bir hayli fazlaydı. Öte yandan, Home hem satış hem sermaye üzerinden kârlılıkta büyük ölçüde öndeydi.* (Aslında, Hospital'ın 1969'daki göreceli düşük olan sermaye getirisi oranı -sadece %9.7- satış ve kazançlarındaki şaşırtıcı büyümesine karşılık işletmenin o dönemde gerçekten yüksek kârlılıkta bir şirket olup olmadığı şeklindeki ilginç soruyu akla getirir.

* Kârlılığı, Tablo 18-3'ün "Oranlar" bölümündeki satış geliri ve sermaye kazancıyla ölçebilirsiniz. "Net / satışlar" satış kazancını, "Kazançlar / defter değeri" sermaye kazancını ölçer.

TABLO 18-3. 3. ÇİFT

	American Home Products 1969	American Hospital Supply 1969
Fiyat, 31 Aralık 1969	72	45⅛
Adi hisse senedi sayısı	52,300,000	33,600,000
Adi hisse senetlerinin piyasa fiyatı	$3,800,000,000	$1,516,000,000
Borç	11,000,000	18,000,000
Piyasadaki toplam kapitalizasyon	3,811,000,000	1,534,000,000
Hisse başı defter değeri	$5.73	$7.84
Satışlar	$1,193,000,000	$446,000,000
Net gelir	123,300,000	25,000,000
Hisse başı kazanç, 1969	$2.32	$.77
Hisse başı kazanç, 1964	1.37	.31
Hisse başı kazanç, 1959	.92	.15
Geçerli kâr payı oranı	1.40	.24
Kâr payı ödemesi tarihinden... beri	1919	1947
Oranlar:		
Fiyat / Kazanç	31.0 ×	58.5 ×
Fiyat / defrer değeri	1250.0%	575.0%
Temettü geliri	1.9%	0.55%
Net / satışlar	10.7%	5.6%
Kazançlar / defter değeri	41.0%	9.5%
Cari aktifler / borçlar toplamı	2.6 ×	4.5 ×
Hisse-başı kazançlardaki büyüme		
1964'e karşı 1969	+75%	+142%
1959'a karşı 1969	+161%	+405%

Karşılaştırmalı fiyatlar göz önüne alındığında, Home cari (ya da geçmiş) kazanç ve kâr payı olarak daha fazla getiri sunmaktaydı. Home'un çok düşük olan defter değeri, adi hisse senedi analizindeki temel bir belirsizliği ya da çelişkiyi gösterir. Bu bir taraftan şirketin sermaye kazancının yüksek olduğu anlamına gelirken -bu genellikle güç ve zenginlik işaretidir- diğer taraftan da güncel fiyatta şirketin kazanma durumunun olası tersi bir değişiklik karşısında, özellikle yatırımcının savunmasız olduğunu gösterir. Hospital'ın 1969'da fiyatının defter değerinin dört katı olması nedeniyle, bu sınırlayıcı görüş her iki şirkete de uygulanmalıdır.

SONUÇLAR: Açık olarak görüşümüz, tutucu seçim ile ilgili fikirlerimizi takip etmek isteyen bir yatırımcı açısından her iki şirketin de mevcut fiyatlarıyla fazla "zengin" oldukları şeklindedir. Bu, şirketlerin gelecek vaat etmedikleri anlamına gelmez. Sorun, daha çok, fiyatlarının çok fazla "vaat" ve çok az gerçek performans içermesidir. İki şirketin birleştirilmiş haliyle 1969 fiyatı yaklaşık

5 milyar dolar maddi olmayan varlık (marka değeri) yansıtmaktaydı. Bu maddi olmayan unsuru, kâr payı ve maddi varlık olarak "gerçekleştirmek" için kaç yıllık bir mükemmel kazanç gerekecekti?

KISA-VADELİ SONUÇ: 1969 yılı sonunda piyasa açıkça Hospital'ın kazanç beklentilerine Home'unkilerden daha fazla değer vererek, Hospital'e, Home'ın yaklaşık iki katı kadar çarpan verdi. Tercih edilen Hospital ise 1970 kazançlarında mikroskobik bir iniş gösterdi, oysa Home aynı dönemde %8'lik oranda oldukça önemli bir kazanç sağlamıştı. Hospital'ın piyasa fiyatı bu bir yıllık düş kırıklığına önemli bir tepki gösterdi. Şubat 1971'de 32'den işlem görüyordu -1969 kapanışına göre yaklaşık %30 zarar-, bu arada Home'a biçilen fiyat bu rakamın biraz üzerindeydi.*

4.ÇİFT: H & R Block, Inc. (gelir-vergisi hizmeti) ve Blue Bell, Inc., (iş kıyafetleri, üniforma vs. imalatçısı)

Bu şirketler New York Borsası'na yeni katılan şirketler olarak birbirleriyle yakın dirsek temasındadırlar, iki çok farklı üslupta başarı öyküsü temsil ederler. Blue Bell, zor yoldan, çok rekabetçi bir endüstriden gelmekteydi; fakat en sonunda bu endüstrinin en büyük unsuru oldu. Kazançları sektörün koşullarına paralel olarak dalgalanma göstermiş, ancak 1965'ten sonraki büyümesi çok etkileyici olmuştu. Şirketin işlemleri 1916'ya, sürekli gelir kayıtları ise 1923'e kadar geri gider. 1969'un sonunda borsa, bu hisse senediyle artık ilgilenmemeye başladı ve fiyat / kazanç oranı olarak sadece 11 gibi bir değer biçti, S & P birleşik endeksi ise o sırada 17 idi.

Bunun tersine, H & R'ın yükselişi çok hızlı olmuştu. İlk yayınlanmış rakamları sadece 1961'e kadar uzanır, bu yıl içerisinde 610.000$'lık geliri üzerinden 83.000$ kâr elde etti. Fakat kıyaslama tarihimizden sekiz yıl sonra, gelirleri 53.6 milyon dolara, neti 6.3 milyon dolara fırladı. Bu tarihte bu iyi performanslı şirkete karşı borsanın tutumu çok coşkuluydu. 1969 kapanışında 55 olan

* American Home Products Co. şimdi Wyeth olarak tanınıyor; hisse senetleri Standard & Poor's 500-hisse endeksinde yer alıyor. American Hospital Supply Co. 1985'te Baxter Healthcare Corp. tarafından devralındı.

fiyatı, son beyan edilen 12 aylık kazancın 100 katından fazlaydı -bu o zamana kadarki en yüksek rakamdı. Hisse senedi ihracının 300 milyon dolarlık toplu piyasa değeri, hisselerin arkasındaki maddi varlıkların yaklaşık 30 katıydı.* Bu önde gelen menkul kıymetler borsalarının yıllık kayıtlarında şimdiye kadar hiç görülmeyen bir durumdu. (O sırada IBM, defter değerinin 9 katından, Xerox ise 11 katından işlem görüyordu.)

TABLO 18-4. 4. ÇİFT

	H & R Block1969	Blue Bell 1969
Fiyat, 31 Aralık 1969	55	49¾
Adi hisse senedi sayısı	5,426,000	1,802,000[a]
Adi hisse senetlerinin piyasa fiyatı	$298,000,000	$89,500,000
Borç	—	17,500,000
Piyasadaki toplam kapitalizasyon	298,000,000	107,000,000
Hisse başı defter değeri	$1.89	$34.54
Satışlar	$53,600,000	$202,700,000
Net gelir	6,380,000	7,920,000
Hisse başı kazanç, 1969	$.51 (October)	$4.47
Hisse başı kazanç, 1964	.07	2.64
Hisse başı kazanç, 1959	—	1.80
Geçerli kâr payı oranı	.24	1.80
Kâr payo ödemesi ... tarihinden beri	1962	1923
Oranlar:		
Fiyat / Kazanç	108.0 ×	11.2 ×
Fiyat / defrer değeri	2920 %	142 %
Temettü geliri	0.4 %	3.6 %
Net / satışlar	11.9 %	3.9 %
Kazançlar / defter değeri	27 %	12.8 %
Cari aktifler / borçlar toplamı	3.2 ×	2.4 ×
İşletme sermayesi / borç	no debt	3.75 ×
Hisse-başı kazançlardaki büyüme		
1964'e karşı 1969	+630%	+68%
1959'a karşı 1969	—	+148%

[a] İmtiyazlı hisse senedinin dönüşümünü varsayarak.

* "Yaklaşık 30 katı" 2920% girişinde "fiyat / defter değeri" başlığı altındaki Tablo 18-4'ün Oranlar bölümünde yansıtılır. Graham, 1999 sonları ve 2000 başlarında birçok yüksek teknoloji şirketi aktif değerlerinin yüzlerce katından satıldığında şaşkınlık içinde başını sallamış olmalı (bu bölümün açıklamalarına bakınız). "Ciddi menkul kıymetler borsalarının yıllık kayıtlarında şimdiye kadar hiç görülmemiş bir durumdu"! hakkındaki konuşma.
H & R Block halka açık bir şirket olarak kalırken, Blue Bell 1984 yılında hissesi 47.50$'dan özel bir şirket oldu.

Tablomuz 18-4, Block ve Blue Bell'in dolar rakamlarının ve oranlarının karşılaştırmalı değerlendirmeleri, olağandışı tutarsızlıklar gösterir. Doğrudur, Block her bir dolarlık sermaye için, Blue Bell'in iki katı kadar kârlılık göstermişti ve geçmiş beş yılın kazançlarındaki büyüme yüzdesi (hemen hemen sıfırdan başlayarak) çok daha yüksekti. Ancak hisse senedi alanında, Blue Bell diğerinin dört katı fazla iş hacmi olmasına, hisse senedi kazancı 2½ kat, maddi yatırımları 5½ kat fazla olmasına ve fiyatın dokuz katı kadar temettü verimi göstermesine rağmen, Block'ın toplam değerinin üçte-birinden daha az bir fiyatla borsada işlem görmekteydi.

GÖSTERİLEN SONUÇLAR: Deneyimli bir analist, Block'a büyük bir momentumu uygun bulur ve gelecek büyümesi olarak çok iyi beklentileri vurgulardı. Yine de Block tarafından gerçekleştirilen güzel sermaye getirisiyle cezbedilmiş ve gelir-vergisi-hizmeti alanındaki ciddi rekabet tehlikeleriyle ilgili bazı endişelere kapılmış olabilirdi.[1] Avon Products gibi önde gelen şirketlerin yüksek rekabet alanında sürekli başarısına dikkat ederek, Block'un büyüme eğrisinin hızla düzleşmesini öngörme konusunda tereddüt edecekti. Temel endişesi, sadece bu mükemmel işletmeden mantık çerçevesi içinde herkesin bekleyeceği şekilde şirketin 300 milyon dolarlık piyasa fiyatının tam olarak değerini bulmamış ve belki de değerinin üstüne çıkmış olmasıydı. Blue Bell'de ise bunun tam tersine, analist oldukça tutucu bir biçimde fiyatlandırılmış olan Blue Bell'i iyi bir şirket olarak önermekte hiç zorluk çekmeyecekti.

MART 1971'in DEVAMI: Panik-eşiğindeki 1970 yılı, Blue Bell'in fiyatının bir-çeyreğini, Block'ın fiyatının da yaklaşık üçte-birini kesip attı. Ancak daha sonra her ikisi de piyasanın genel iyileşmesinden faydalandı. Block'ın fiyatı Şubat 1971'de 75'e yükseldi, fakat Blue Bell çok daha fazla ilerledi -(üçe-ikilik bölünmeden sonra) eşdeğeri olan 109'a. 1969 sonunda Blue Bell açık bir şekilde Block'tan daha iyi bir alım fırsatı sunuyordu. Block'ın ise bu şişirilmiş fiyat üzerine %35 gibi bir yükselme kaydedebilmesi, ihtiyatlı analist ve yatırımcıların piyasa rayici ne olursa olsun iyi şirketleri nasıl küçümsediklerini -sözde ve özde- gösterir.*

5. ÇİFT: İnternational Flavors & Fragrances (IFF- diğer iş kollarına kokular, vs.) ve International Harvester Co. (kamyon imalatçısı, çiftlik makinaları, inşaat makinaları)

Bu kıyaslama birden fazla sürprizi içermektedir. Herkes Dow Jones Industrial Average'daki (Dow Jones Sanayi Ortalaması) 30 devden biri olan International Harvester'ı bilir.** Fakat okurlarımızdan acaba kaç tanesi New York Borsası'nda Harvester'ın kapı komşusu olan International Flavors & Fragrances'ın adını duymuştur? Yine de *mirable dictu* [söylemesi hoş –ç.n.], IFF,1969 yılı sonunda aslında Harvester'dan daha yüksek bir toplam değerden işlem görüyordu -747 milyon dolara karşılık 710 milyon dolar. Bu Harvester'ın, Flavors'ın sermayesinin 17 katına ve yıllık satışının 27 katına sahip olduğu düşünüldüğünde, daha da şaşırtıcıdır. Aslında, sadece üç yıl öncesinde, Harvester'ın *net kazançları* Flavors'ın 1969 *satışları*ndan daha fazlaydı. Bu olağandışı dengesizlik nasıl gelişmişti? Yanıt iki sihirli sözcüktedir: kârlılık ve büyüme. Flavors her iki kategoride de kayda değer durumlar sergilerken, Harvester her şeyiyle çok yetersizdi.

Hikâye Tablo 18-5'te anlatılmaktadır. Burada Harvester'ın %2.6'lık rakamıyla kıyaslandığında Flavors'ı, satışın %14.3'ü gibi

* Graham okurları bir tür "kumarcı yanılgısı"na karşı uyarıyor, bu yanılgıda yatırımcılar fahiş fiyatlı bir hisse senedinin sadece çok yüksek fiyatlı olması nedeniyle düşmek zorunda olduğuna inanırlar. Tıpkı yazı tura atımındaki bir metal paranın arka arkaya dokuz kez yazı geldikten sonra daha fazla tura gelme olasılığına sahip olmaması gibi, fahiş fiyatlı bir hisse senedi de (ya da borsa!) çok uzun süre o fahiş fiyatta kalabilir. Bu ise açığa satışı ya da hisse senetlerinin düşeceği bahsine girmeyi ölümlüler için çok riskli kılar.

** International Harvester, orta-batı eyaletlerini "dünyanın tahıl ambarı" yapan McCormick biçme makinesinin üreticisi olan McCormick Harvesting Machine Co.'nun varisiydi. Fakat 1970 sonlarında International Harvester zorluk içine girdi ve 1985'te çiftlik-donanımları işletmesini Tenneco'ya sattı. Adını Navistar olarak değiştirdikten sonra, kalan şirket (S & P 500 endeksinin bir üyesi olarak kalmaya devam etmesine karşılık) 1991'de Dow'dan atıldı. S & P 500'ün iştirakçilerinden biri olan International Flavors & Fragrances, 2003 yılı başında, Navistar'ın 1.6 milyar dolarına karşılık, 3 milyar dolarlık toplam borsa değerine sahipti.

mantıklı bir kârla buluyoruz (gelir vergisinden önce bu rakam %23 idi). Benzer bir şekilde Flavors sermayesine %19.7 getiri sağlamıştı, oysa Harvester'da bu oran yetersiz bir %5.5 idi. Beş yıl içinde Flavors'ın net kazancı neredeyse iki katı olurken, Harvester yerinde saydı. 1969 ve 1959 arasındaki kıyaslama da benzer değerler gösterir. Performanstaki bu farklılıklar değerlendirmede tipik borsa farklılığı yarattı. Flavors 1969'da son rapor edilen kazançlarının 55 katından işlem görürken, Harvester'da bu çarpan sadece 10.7 kattı. Buna uygun bir biçimde Flavors'a defter değerinin 10.4 katı değer biçilirken, Harvester ise net defter değeri üzerinden %41 *indirim*le satılıyordu.

TABLO 18-5. 5. ÇİFT

	Flavors & Fragrances 1969	International Harvester 1969
Fiyat, 31 Aralık 1969	65½	24¾
Adi hisse senedi sayısı	11,400,000	27,329,000
Adi hisse senetlerinin piyasa fiyatı	$747,000,000	$710,000,000
Borç	4,000,000	313,000,000
Piyasadaki toplam kapitalizasyon	751,000,000	1,023,000,000
Hisse başı defter değeri	$6.29	$41.70
Satışlar	$94,200,000	$2,652,000,000
Net gelir	13,540,000	63,800,000
Hisse başı kazanç, 1969	$1.19	$2.30
Hisse başı kazanç, 1964	.62	3.39
Hisse başı kazanç, 1959	.28	2.83
Geçerli kâr payı oranı	.50	1.80
Kâr payı ödemesi... tarihinden beri	1956	1910
Oranlar:		
Fiyat / Kazanç	55.0 ×	10.7 ×
Fiyat / defter değeri	1050.0%	59.0%
Temettü geliri	0.9%	7.3%
Net / satışlar	14.3%	2.6%
Kazançlar / defter değeri	19.7%	5.5%
Cari aktifler / borçlar toplamı	3.7 ×	2.0 ×
İşletme sermayesi / borç	large	1.7 ×
Kazanılan faiz	—	(before tax) 3.9 ×
Hisse-başı kazançlardaki artış		
1964'e karşı 1969	+93%	+9%
1959'a karşı 1969	+326%	+39%

YORUM VE SONUÇ: Söylenecek ilk şey, Flavors'ın piyasa başarısının tümüyle ana işkolunun gelişimine dayandığı ve hiçbir kurumsal alavere dalavereye, devralma programlarına, en ağır kapitalizasyon yapılarına ve son yılların diğer bildik Wall Street uygulamalarına bulaşmadığıdır. Şirket çok kâr örgüsüne sadık kalmıştır, işte bütün hikâye budur. Harvester kayıtları ise tümüyle başka türden sorulara açıktır, fakat bunların da "yüksek finans" ile hiçbir ilgisi yoktur. Neden bu kadar çok sayıda büyük şirket, uzun süren genel refah yıllarında bile göreceli verimsizlik sergilemiştir? Eğer kuruluş, hissedarlarının yatırımlarını haklı çıkaracak kadar çok kazanmıyorsa, 2½ milyar doların üzerinde ciro yapmanın yararı nedir? Bu sorunu çözmek bizim görevimiz değil. Fakat biz, sadece yönetimin değil, sıradan hissedarların da, bu sorunun varlığını fark etmeleri ve bununla uğraşmak için en iyi beyinlere ve elden gelenin en iyisine ihtiyaç olduğunun bilincinde olmaları gerektiği konusunda ısrar ediyoruz.* Adi hisse senedi seçimi bakış açısından, bizim sağlam, mantık çerçevesinde çekici ve mütevazı fiyatlandırılmış yatırım standartlarımızı, her iki hisse de karşılamayacaktı. Flavors çok başarılı olmakla birlikte savurganca değer biçilmiş tipik bir şirketti; Harvester'ın durumu onu indirimli fiyattan cazip kılmak için bile çok vasattı. (Hiç kuşkusuz mantıklı fiyatlandırılmış sınıf içerisinde başka daha iyi fırsatlar vardı.)

1971'İN AKIBETİ : Harvester'ın 1969 sonundaki kötü fiyatı onu 1970 duraklamasında daha büyük bir inişten korudu. Sadece %10 fazla kaybetti. Flavors daha savunmasız kaldı ve 45'e, %30 kayba kadar geriledi. Sonraki iyileşmede her ikisi senette yükselerek 1969 kapanışlarını aştılar, ancak Harvester kısa bir süre sonra yeniden 25 seviyesine indi.

* Graham'in hissedar aktivizmi hakkındaki diğer düşünceleri için 19. Bölümün açıklamalarına bakın. Harvester'ı hissedar değerini maksimize etmeyi reddetmek konusunda suçlarken, Graham esrarengiz bir şekilde şirketin gelecek yönetimini öngörmüştü. 2001'de hissedarların büyük çoğunluğu Navistar'ın devralma fiyat tekliflerine karşı kısıtlamalarını kaldırmak üzere oy verdi -fakat yönetim kurulu hissedarların isteklerini uygulamayı reddetti. Bazı şirketlerin kültüründeki antidemokratik eğilimlerin yıllarca sürmesi çok tuhaftır.

6.ÇİFT: McGraw Edison (kamu hizmet kuruluşu ve donanımı; ev eşyaları) McGraw-Hill, Inc. (kitap, film, eğitim sistemleri; dergi ve gazete yayıncıları; bilgi servisleri)

Bu kadar benzer isimlere sahip olan bu çift -bunlara zaman zaman Edison ve Hill olarak hitap edeceğiz-çok farklı alanlarda faaliyet gösteren iki büyük ve başarılı şirkettir. Tablo 18-6'daki karşılaştırmamız için 31 Aralık 1968 tarihini seçtik. Hisseler yaklaşık aynı fiyattan satılıyordu, fakat daha büyük olan kapitalizasyonu nedeniyle Hill'e diğerinin toplam rakamının iki katı değer biçilmişti. Bu fark, Edison'un %50 fazla satışa ve dörtte-bir fazla net kazanca sahip olması nedeniyle bir şekilde şaşırtıcı görülebilir. Sonuçta, anahtar oranın -fiyat/ kazanç çarpanının- Hill'de Edison'un iki katı olduğunu görürüz. Bu durum, bir kısmı 1960'ların sonlarında halka açılan kitap yayıncısı şirketlerin hisselerine piyasa tarafından gösterilen kalıcı ilgiyle açıklanabilir.*

Aslına bakılırsa, 1968 sonunda bu ilginin abartılmış olduğu ortaya çıktı. Hill hisseleri 1967'de 56'dan işlem görüyordu, bu henüz bildirilmiş olan 1966 kazançlarının 40 katından fazlaydı. 1967'de küçük bir iniş gerçekleşti, 1968'de devam etti. Dolayısıyla 35 gibi bir mevcut yüksek çarpan, iki yıldır kazançları düşmekte olan bir şirkete uygulanmıştı. Bununla birlikte hisse senetlerine, hâlâ maddi varlık desteğinin sekiz katından fazla değer biçilmişti; bu maddi olmayan varlık bileşeni olarak milyar dolardan çok uzak olmayan bir miktardı! Bu nedenle fiyat -Dr. Johnson'ın ünlü deyişiyle- "Umudun deneyime karşı kazandığı zaferdi."

McGraw Edison'a ise genel piyasa (yüksek) seviyesi ve şirketin genel performansı ve finansal konumuyla bağlantılı olarak, çok daha mantıklı bir fiyat biçilmişti.

* McGraw-Hill diğerlerinin arasında *Business Week* dergisi ve Standard & Poor's Corp.'un da sahibi olan şirkettir. McGraw-Edison şimdi Cooper Industries'in bir bölümüdür.

TABLO 18-6. 6. ÇİFT

	McGraw Edison 1968	McGraw-Hill 1968
Fiyat, 31 Aralık 1968	37⅝	39¾
Adi hisse senedi sayısı	13,717,000	24,200,000[a]
Adi hisse senetlerinin piyasa fiyatı	$527,000,000	$962,000,000
Borç	6,000,000	53,000,000
Piyasadaki toplam kapitalizasyon	533,000,000	1,015,000,000
Hisse başı defter değeri	$20.53	$5.00
Satışlar	$568,600,000	$398,300,000
Net gelir	33,400,000	26,200,000
Hisse başı kazanç, 1968	$2.44	$1.13
Hisse başı kazanç, 1963	1.20	.66
Hisse başı kazanç, 1958	1.02	.46
Geçerli kâr payı oranı	1.40	.70
Kâr payı ödemesi ... tarihinden beri	1934	1937
Oranlar:		
Fiyat / Kazanç	15.5 ×	35.0 ×
Fiyat / defrer değeri	183.0%	795.0%
Temettü geliri	3.7%	1.8%
Net / satışlar	5.8%	6.6%
Kazançlar / defter değeri	11.8%	22.6%
Cari aktifler / borçlar toplamı	3.95 ×	1.75 ×
İşletme sermayesi / borç	large	1.75 ×
Hisse-başı kazançlardaki büyüme		
1963'e karşı 1968	+104%	+71%
1958'e karşı 1968	+139%	+146%

[a] İmtiyazlı hisse senedinin dönüşümünü varsayarak.

1971 BAŞINDA SONUÇ: McGraw-Hill'in kazançlarındaki iniş, önce hisse başı 1.02$'a sonra 0.82$'a düşerek 1969 ve 1970 boyunca devam etti. Mayıs 1970 çöküşünde fiyat yıkıcı bir inişle 10 oldu -bu, iki yıl önceki rakamın beşte birinden de düşüktü. Daha sonra gayet iyi bir biçimde toparlandı, fakat Mayıs 1971'in yükseği olan 24, hâlâ 1968'in kapanış fiyatının %60'ıydı. McGraw Edison'un durumu ise daha iyiydi -1970'te 22'ye düşmüş, Mayıs 1971'de tam bir toparlanmayla 41½'a çıkmıştı.*

McGraw-Hill hâlâ güçlü ve çok şey vaat eden bir şirkettir. Fakat fiyat öyküsü -diğer pek çok olayda olduğu gibi- bu tür hisse senetlerinde Wall Street tarafından iyimserliğin ve kötümserliğin disiplinsiz dalgalarıyla yaratılan spekülatif tehlikelere bir örnektir.

* Graham'in değindiği "Mayıs 1970 çöküşü"nde ABD menkul kıymetler borsası %5.5 düştü. Mart'tan Haziran 1970'in sonuna kadar S& P 500 endeksi değerinden %19 kaybetti, bu kayıtlardaki en kötü üç-aylık sonuçlardan biriydi.

7. ÇİFT: National General Corp. (büyük bir holding) ve National Presto Industries (muhtelif elektrikli aletler, savaş gereçleri)

Bu iki şirket çok farklı olmaları nedeniyle kıyaslamayı davet ederler. Onları "General" ve "Presto" olarak adlandıralım. Araştırmamız için 1968 sonunu seçtik, çünkü General tarafından 1969'da yapılan borç silme işlemleri, o yıl için bu rakamları fazlasıyla belirsiz hale getirmiştir. General'ın çok yayılmış faaliyetlerinin gerçek tadının bir yıl önce keyfine varılamamıştı, fakat yine de herkesin zevkine hitap edecek kadar büyük bir holdingti. *Stock Guide*'daki özet tanım şöyleydi: "Ulusal boyutta sinema salonları zinciri; sinema filmi ve TV prodüksiyonu, tasarruf ve kredi kurumları, kitap yayıncılığı." Buna o zaman, ya da daha sonra şunlar eklenecekti: "sigorta, yatırım bankacılığı, plaklar, müzik yayıncılığı, bilgisayarlı sistemler, gayrimenkul ve Performance Systems Inc.'in %35'i (isim yakın zamanda Minnie Pearl's Chicken System Co.'dan değiştirilmişti)." Presto da bir çeşitlendirme programı izlemişti, ancak General ile karşılaştırıldığında gerçekten de mütevaziydi. Basınçlı pişiricilerin öncü imalatçısı olarak birçok farklı ev eşyası ve elektrikli alet alanına doğru yayılmıştı. Oldukça farklı olarak ABD hükümetiyle birkaç askeri donanım kontratı imzalamıştı. Tablomuz 18-7, şirketlerin 1968 sonundaki durumlarını özetler. Presto'nun sermaye yapısı olabileceği kadar basittir -borsada 58 milyon dolardan satılan, 1.478.000 adet adi hisse senedinden başka bir şey değildi. Bunun tersine, General'ın ise iki katı aşan miktarda fazla adi hisse senedi, artı dönüştürülebilir bir imtiyazlı hisse ihracı, artı çok büyük miktarlarda adi hisse senedi ödeme taahhüdü olan üç hisse senedi varantı ihracı, artı yüksek sayıda dönüştürülebilir tahvil ihracı (bir sigorta şirketinin hisse senetlerinin değiş tokuşunda henüz verilmişti) artı, iyi bir sayıda düz tahvilleri vardı. Bütün bunların hepsi, eli kulağında bir dönüştürülebilir tahvil ihracı ve bu ihraç kapsamındaki 750 milyon doları saymazsak, 534 milyon dolar piyasa değeri ediyordu. National General, çok daha büyük kapitalizasyona sahip olmasına karşın, mali yılları içinde Presto'dan çok daha az brüt iş yapmış ve Presto'nun net gelirinin ancak %75'ine erişmişti.

General'ın adi hisse senedi kapitalizasyonunun *gerçek piyasa değeri*nin belirlenmesi menkul kıymet analistlerinin ilginç bir sorununu ortaya koyar ve menkul kıymetlere ilgi duyan herkes için, karşılıksız kumardan daha ciddi her zeminde, önemli mesajlar taşır. Göreceli küçük olan %4½ dönüştürülebilir imtiyazlılar, uygun bir piyasa seviyesinden satılan adi hisse senetlerine dönüştürülebilecekleri varsayılarak kolaylıkla alınabilir. Bunu tablo 18-7'de gösterdik. Fakat varantlar farklı bir yaklaşımı gerektirir. "Tam seyreltme" temelini hesaplarken, şirket bütün varantların kullanımını ve borcun itfasına kazançların uygulanmasını, artı borsadan adi hisse senedi almak için bakiyenin kullanılmasını kabul eder. Aslına bakılırsa bu varsayımların 1968 yılı -seyreltme ödeneğinin hem öncesinde hem sonrasında 1.51$ olarak rapor edilen- hisse başı kazançlara hiçbir etkisi olmamıştır. Bu uygulamayı mantıksız ve gerçek dışı buluruz. Gördüğümüz gibi, varantlar "adi hisse senedi paketi"nin bir bölümünü temsil ederler ve piyasa değerleri, sermayenin adi hisse senedi bölümünün "geçerli olan piyasa değeri"nin bir kısmıdır. (Bu konuyla ilgili görüşlerimizi yukarıda s. 446'de görebilirsiniz.) Varantların piyasa fiyatının, adi hisse senetlerinin fiyatına eklendiği basit tekniğin, National General'ın 1968 sonundaki durumunda radikal bir etkisi olmuştur -bu tablo 18-7'deki hesaplamada açıkça görülür. Gerçekte, adi hisse senetlerinin "gerçek piyasa değeri" borsa fiyatının iki katından fazladır. Bunun sonucu olarak, 1968 kazançlarının gerçek çarpanı iki katından da fazla artmıştır -doğası gereği absürd bir rakam olan 69 katına. "Adi hisse senedi eş-değerleri"nin toplam piyasa değeri böylece 413 milyon dolara erişir, bu rakam maddi varlıkların üç katından da fazladır.

TABLO 18-7. 7. ÇİFT

	National General 1968	National Presto Industries 1968
Fiyat, 31 Aralık 1968	44¼	38⅝
Adi hisse senedi sayısı	4,330,000[a]	1,478,000
Adi hisse senetlerinin piyasa fiyatı	$192,000,000	$58,000,000
3 adet varantlı hissenin piyasa fiyatının eklenmesi	221,000,000	—
Adilerin ve varantların toplam değeri	413,000,000	—
Eski ihraçlar	121,000,000	—
Piyasadaki toplam kapitalizasyon	534,000,000	58,000,000
Adi hisse senetlerinin varantlara uyarl. piy.fiyatı	98	—
Adi Hisse senedi defter değeri	$31.50	$26.30
Satışlar ve gelirler	$117,600,000	$152,200,000
Net gelir	6,121,000	8,206,000
Hisse başı kazanç, 1968	$1.42 (December)	$5.61
Hisse başı kazanç, 1963	.96 (September)	1.03
Hisse başı kazanç, 1958	.48 (September)	.77
Geçerli kâr payı oranı	.20	.80
Kâr payı ödemesi ...'dan beri	1964	1945
Oranlar:		
Fiyat / Kazanç	69.0 ×[b]	6.9 ×
Fiyat / defrer değeri	310.0%	142.0%
Temettü geliri	.5%	2.4%
Net / satışlar	5.5%	5.4%
Kazançlar / defter değeri	4.5%	21.4%
Cari aktifler / borçlar toplamı	1.63 ×	3.40 ×
İşletme sermayesi / borç	.21 ×	no debt
Hisse-başı kazançlardaki büyüme		
1963'e karşı 1968	+48%	+450%
1960'a karşı 1968	+195%	+630%

[a] İmtiyazlı hisse senedinin dönüşümünü varsayarak.

[b] Varantların piyasa fiyatına uyarlanmış olarak.

Bu rakamlar Presto'nunkilerle kıyaslandığında daha da anormal görünür. Bu durumdan etkilenerek, General'in çarpanı bunun neredeyse 10 katıyken, nasıl olur da Presto günlük kazançlarının sadece 6.9 katından değerlendirilebilir diye sorabilirsiniz. Presto'nun tüm oranları oldukça tatmin edicidir -aslında büyüme rakamının böyle olduğu şüphe götürür. Söylemek istediğimiz, şirket hiç kuşkusuz savaştan büyük ölçüde kâr ediyordu, hissedarlar barış zamanında hisselerin bir miktar düşmesine hazırlıklı olmalıydı. Fakat, bilançoda Presto sağlam ve mantıklı fiyatlandırılmış bir yatırımın tüm gereksinmelerini karşılamaktaydı, oysa General tipik "holdingleşmiş" bir 1960 sonrası klasiğinin bütün ayırt edici özelliklerine sahipti; kurumsal cihazlar ve görkemli hareketlerle doluydu, ancak piyasa fiyatının arkasındaki zengin değerlendirmelerden yoksundu.

SONUÇ : General kendi çeşitlendirme politikasını, bazı borç artışlarıyla 1969'da da sürdürdü. Ancak Minnie Pearl Chicken projesinde başta olmak üzere, yatırım değerinde milyonlara mal olan zararlar ile sonuçlandı. Son rakamlar, vergi indiriminden önce 72 milyon dolarlık, vergi indiriminden sonra 46.4 milyon dolarlık bir zarar gösteriyordu. Hisse fiyatları 1969'da 16½'a ve 1970'te 9 gibi düşük bir değere indi (1968'in en yükseği olan 60'ın sadece %15'iydi). 1970 yılı için kazançlar seyreltilmiş hisse için 2.33$'dı, fiyat 1971'de iyileşerek 28½ oldu. National Presto ise diğer taraftan hisse-başı kazançlarını hem 1969 hem de 1970'te bir miktar yükselterek kazanç artışında kesintisiz olarak on yılını doldurdu. Buna rağmen 1970 çöküşünde fiyatı 21½'a indi. Bu fiyat, son bildirilen kazancın dört katının altında ve o zamanki mevcut hisse senetlerinin net cari aktiflerinden daha az olması nedeniyle ilginç bir rakamdı. 1971 sonlarında National Presto'nun fiyatını %60 daha yükseği olan 34'te buluruz fakat oranlar hâlâ şaşırtıcıdır. Artırılmış işletme sermayesi hâlâ, son rapor edilen kazançların 5½ katı olan piyasa fiyatına eşit gibiydi. Eğer yatırımcı çeşitlendirme için, şimdi bu türden on adet hisse bulabilirse, tatmin edici sonuçlar alacağından kesinlikle emin olabilir.*

8. Çift: Whiting Corp. (malzeme-taşıma ekipmanı) ve Willcox & Gibbs (küçük holding)

Bu çift yakın olmakla birlikte Amerikan Borsası fiyat listesinde dirsek temasında değillerdir. Kıyaslama -Tablo 18-8A'da ortaya

* National Presto halka açık bir şirket olarak kalmıştır. National General 1974'te başka bir ihtilaflı holding olan American Financial Group tarafından devralındı. Bu şirketin ilgi alanları muhtelif zamanlarda kablolu televizyon, bankacılık, gayrimenkul, yatırım fonları, sigorta ve muz işi olmuştur. AFG ayrıca Penn Central Corp 'un bazı aktiflerinin ebedi istirahatgahıdır. (bakınız Bölüm 17)

koyulan- Wall Street'in mantıklı bir kurum olup olmadığını düşünmemize neden olur. Daha az satışa ve kazanca ve yarısı kadar adi hisse senedi maddi varlığına sahip olan bir şirket, diğerinin birleşik değerinin dört katına satılmaktaydı. Daha yüksek değere sahip olan şirket, bazı özel masraflardan sonra büyük bir zarar bildirmek üzereydi; on üç yıl boyunca hiç kâr payı ödememişti. Diğerinin ise tatminkâr olan çok uzun süreli bir kazanç geçmişi vardı, 1936'dan beri sürekli kâr payı ödemişti ve şimdi de tüm adi hisse senedi listesindeki en yüksek temettü gelirlerinden birini veriyordu.

TABLO 18-8A. 8. ÇİFT

	Whiting 1969	Willcox & Gibbs 1969
Fiyat, 31 Aralık 1969	17¾	15½
Adi hisse senedi sayısı	570,000	2,381,000
Adi hisse senetlerinin piyasa fiyatı	$10,200,000	$36,900,000
Borç	1,000,000	5,900,000
İmtiyazlı hisse	—	1,800,000
Piyasadaki toplam kapitalizasyon	$11,200,000	$44,600,000
Hisse başı defter değeri	$25.39	$3.29
Satışlar	$42,200,000	$29,000,000
	(October)	(December)
Özel kalemden önce net gelir	1,091,000	347,000
Özel kalemden sonra net gelir	1,091,000	*def. 1,639,000*
Hisse başı kazanç, 1969	$1.91 (October)	$.08[a]
Hisse başı kazanç, 1964	1.90 (April)	.13
Hisse başı kazanç, 1959	.42 (April)	.13
Geçerli kâr payı oranı	1.50	—
Kâr payı ödemesi, .. tarihinden beri	1954	(none since 1957)
Oranlar:		
Fiyat / Kazanç	9.3 ×	very large
Fiyat / defter değeri	70.0%	470.0%
Temettü geliri	8.4%	—
Net / satışlar	3.2%	0.1%[a]
Kazançlar / defter değeri	7.5%	2.4%[a]
Cari aktifler / borçlar toplamı	3.0 ×	1.55 ×
İşletme sermayesi / borç	9.0 ×	3.6 ×
Hisse-başı kazançlardaki artış		
1964'e karşı 1969	even	decrease
1959'a karşı 1969	+354%	decrease

[a] Özel masraftan önce. Def.: Deficit [açık]

İki şirketin performanslarındaki dengesizliği daha canlı bir biçimde göstermek için Tablo 18-8B'de 1961-1970 dönemindeki kazanç ve fiyat kayıtlarını ekliyoruz.

TABLO 18-8B. Whiting ve Willcox & Gibbs'in On-Yıllık Fiyat ve Kazanç Kayıtları

	Whiting Corp		*Willcox & Gibbs*	
Yıl	Hisse başı kazanç	Fiyat dağılımı	Hisse başı kazanç	Fiyat dağılımı
1970	$1.81	22½–16¼	$.34	18½–4½
1969	2.63	37–17¾	.05	20⅝–8¾
1968	3.63	43⅛–28¼	.35	20⅛–8⅓
1967	3.01	36½–25	.47	11–4¾
1966	2.49	30¼–19¼	.41	8–3¾
1965	1.90	20–18	.32	10⅜–6⅛
1964	1.53	14–8	.20	9½–4½
1963	.88	15–9	.13	14–4¾
1962	.46	10–6½	.04	19¾–8¼
1961	.42	12½–7¾	.03	19½–10½

[a] 30 Nisan'dan sonra yıl bitti.

İki şirketin hikâyesi, bu sayfalarda yer almış olan büyük şirketlerin pek çoğunun tam tersine, bu ülkedeki orta büyüklükte şirketlerin gelişimine dair ilginç bir bakış açısı sunar. Whiting 1896'da anonim şirket haline gelmişti, işte bu nedenle en az 75 yıl geriye uzanmaktadır. Malzeme-taşıma ekipmanı işine sadık kalmış ve bu işi uzun yıllar boyunca oldukça iyi bir şekilde sürdürmüştür. Willcox & Gibbs'in tarihi daha da eskiye, 1866'ya kadar uzanır - uzun süredir önde gelen bir endüstriyel dikiş makineleri imalatçısı olarak bilinir. Son on yıl içinde tuhaf bir çeşitlendirme politikası benimsemiştir. Bir taraftan şaşırtıcı çoklukta, ürün çeşidi imal eden olağandışı sayıda yan kuruluşa sahiptir (en az 24), fakat öte yandan koca holding, alışılagelmiş Wall Street standartlarına göre, bir ıvır zıvırdan ibarettir.

Whiting'deki kazanç gelişimi ticari işletmelerimiz için çok karakteristiktir. Rakamlar hızlı ve çok çarpıcı artışlar gösterirler: 1960'ta hisse başı 41 sentten, 1968'de 3.63$'a. Fakat bu büyümenin süresiz devam etmek zorunda olduğuna dair hiçbir garantiye sahip değillerdi. Ocak 1971'de sona eren 12 aylık dönemi takip eden 1.77$'a düşüş, genel ekonominin yavaşlamasından başka bir şeyi yansıtmıyor olabilirdi. Ancak hisse fiyatları buna ciddi bir tepki gösterdi ve 1969 kapanışında 1968 yükseğinden %60 oranında düştü (43½). Analizimiz, bu hisselerin -bu tür taahhütlere sahip grubun bir parçası olarak girişimci yatırımcı için uygun olan- sağlam ve çekici türden bir ikinci sınıf hisse senedi yatırımını temsil ettiğini gösteriyor.

DEVAMI: Willcox & Gibbs 1970 için küçük bir faaliyet zararı gösterdi. Fiyatı sert bir biçimde 4½'a düştü ama Şubat 1971'de tipik bir biçimde düzelerek 9½ oldu. Bu fiyatı sayısal olarak doğrulamak çok güç olacaktır. Whiting'in düşüşü ise göreceli olarak daha azdı, 1970'te 16¾. (Bu fiyat yalnızca, aşağı yukarı, cari aktiflerine karşılık geliyordu) Kazançları Temmuz 1971'e kadar hisse başı 1.85$ olarak kaldı. 1971 başında fiyat 24½'a çıktı, bu oldukça makul bir rakam olmakla birlikte bizim standartlarımıza uygun bir "alışveriş" değildi.*

Genel Gözlemler

Bu karşılaştırmalarda kullanılan şirketler, biraz art niyetli bir şekilde önceden planlanarak seçilmiştir, bu nedenle de adi hisse senedi listesindeki rastgele bir kesiti ifade ettikleri söylenemez. Ayrıca sanayi bölümüyle sınırlıdırlar; kamu hizmet kuruluşlarının önemli alanları, nakliye şirketleri ve finans kuruluşları ortada görünmez. Ancak hacim ve iş kolu olarak ve nitelik ve nicelik açılardan, adi hisse senetlerinde yatırımcıyı bekleyen seçeneklere ait dürüst fikirler verecek kadar farklılık gösterirler.

Fiyat ile gösterilen şirket değeri arasındaki ilişki, bir olaydan diğerine göre çok değişir. Çoğunlukla, daha iyi büyüme kayıt-

* Whiting Corp. sonunda Wheelabrator-Frye'ın bir yan kuruluşu oldu, fakat 1983'de özel olarak alındı. Willcox & Gibbs şimdi, Fransa'nın Pinault-Printemps-Redoute Group'unun bir şubesi olan elektrik-donanımı imal eden bir şirkete, Group Rexel'e ait.

larına ve daha yüksek kârlılığa sahip şirketler, mevcut gelirlerin daha yüksek katlarından satılırlar -genelde bu yeterince mantıklı görünür.

TABLO 18-9. On Altı Adi Hisse Senedinin Fiyat Dalgalanmaları (1970 içindeki hisse bölünmelerine göre ayarlanmış)

	Fiyat dağılımı 1936-1970	İniş 1961'den 1962'ye	İniş 1968-69'dan 1970'e
Air Products & Chemicals	1⅜–49	43¼–21⅝	49–31⅜
Air Reduction	9⅜–45¾	22½–12	37–16
American Home Products	⅞–72	44¾–22	72–51⅛
American Hospital Supply	¾–47½	11⅝–5¾	47½–26¾[a]
H & R Block	¼–68½	–	68½–37⅛[a]
Blue Bell	8¾–55	25–16	44¾–26½
International Flavors & Fragrances	4¾–67½	8–4½	66⅜–44⅞
International Harvester	6¼–53	28¾–19¼	38¾–22
McGraw Edison	1¼–46¼	24⅜–14[b]	44¾–21⅝
McGraw-Hill	⅛–56½	21½–9⅛	54⅝–10¼
National General	3⅝–60½	14⅞–4¾[b]	60½–9
National Presto Industries	½–45	20⅝–8¼	45–21½
Real Estate Investment Trust	10½–30¼	25⅛–15¼	30¼–16⅜
Realty Equities of N.Y.	3¾–47¾	6⅞–4½	37¾–2
Whiting	2⅞–43⅜	12½–6½	43⅜–16¾
Willcox & Gibbs	4–20⅝	19½–8¼	20⅜–4½

[a] 1970'de hem yüksek hem alçak. [b] 1959'dan 1960'a.

Fiyat / kazanç oranlarındaki farklılıkların yaşanan olaylarla doğrulanması -ya da gelecek zamandaki gelişmelerle kanıtlanması- kesin bir biçimde yanıtlanamaz. Öte yandan, burada zahmete değer bir sonuca ulaşılabileceğimiz birkaç örneğimiz mevcuttur. Bunlar, büyük borsa hareketlerine sahip, ancak sağlamlık durumları kuşkulu olan şirketlere ait, neredeyse tüm özellikleri kapsar. Bu hisse senetleri sadece spekülatif değil -bu, doğaları gereği riskli olmaları anlamına gelmektedir-çoğu zaman bariz şekilde şişirilmiş değerlere sahiptiler. Diğer hisse senetleri, -"yetersiz spekülasyon" olarak adlandırabileceğimiz- tam tersi bir piyasa tutumunun etkisiyle, ya da kazançların azalmasından dolayı oluşan aşırı kötümserlik nedeniyle borsa fiyatlarından daha yüksek değerlere sahip olarak görünüyordu.

Tablo 18-9'da bu bölümde sözü edilen hisselerin fiyat dalgalanmalarını veriyoruz. Çoğu 1961-62 arasında ve 1969'dan 1970'e çok büyük inişler yaşadılar. Yatırımcı gelecekte bu türden olumsuz borsa hareketlerine hazırlıklı olmalıdır. Son 13 yılın her birinde, bir yıldan diğerine fiyatın en az ikiye üç aralığında yükseldiği ya da düştüğü dikkat çekecektir. (National General vakasında, her iki-yıllık dönemler içinde en az bu büyüklükteki inişli çıkışlı dalgalanmalar gösterilmiştir.)

TABLO 18-10. McGraw Hill'in Yıldan-Yıla Büyük Dalgalanmaları, 1958-1971[a]

...'den	...'a	Çıkışlar	İnişler
1958	1959	39–72	
1959	1960	54–109¾	
1960	1961	21¾–43⅛	
1961	1962	18¼–32¼	43⅛–18¼
1963	1964	23⅜–38⅞	
1964	1965	28⅜–61	
1965	1966	37½–79½	
1966	1967	54½–112	
1967	1968		56¼–37½
1968	1969		54⅝–24
1969	1970		39½–10
1970	1971	10–24⅛	

[a]Fiyatlar hisse-bölünmelerine göre ayarlanmamıştır.

Bu bölümdeki malzeme için borsa listesini incelediğimizde, hisse senedi analizinin alışılagelmiş hedefleri ile, güvenilir olduğunu ve ödülü hak ettiğini düşündüklerimiz arasında oluşan büyük farklılıktan bir kez daha etkilendik. Çoğu menkul kıymet analisti, gelecekte kendi hesabını en iyi verecek olan hisseleri , kazançları da göz önüne alarak seçmeye çalışır. Dürüst olmak gerekirse, bunun tatmin edici sonuçlar vereceği konusunda kuşkumuz var. Bizim tercihimiz, analistin çalışırken fiyatın, firma değerinin oldukça altında olduğuna dair mantık çerçevesinde emin olarak bir karara varabileceği, istisnai ve azınlık vakaları seçmesi yönündedir. Analist, yıllar içerisinde tatmin edici ortalama sonuçlar yaratacak yeterli bir uzmanlık donanımı ile, bu çalışmaları yapabilecek yetenekte birisi olmalıdır.

ON SEKİZİNCİ BÖLÜM ÜZERİNE YORUMLAR

Olmuş olan, olacak olandır; ve yapılmış olan yapılacak olan; ve güneşin altındaki hiçbir şey yeni değildir. Bir şey var mıdır ki hakkında, Bak, bu yenidir, denilebilir? O, eski zamanlarda, bizden önceki zamanlarda da vardı.

-İncil'den, I: 9-10

Graham'in sekiz çift şirket hakkındaki klasik raporunu şimdi, onun Columbia Business School ve New York Finans Enstitüsü'ndeki derslerinde kullanarak çığır açtığı aynı kıyaslama-ve-karşılaştırma tekniğini kullanarak güncelleştirelim. Bu özetlerin, bu hisse senetlerini yalnızca nitelendirildikleri zamanlar için açıklandığını aklınızdan çıkarmayın. Ucuz hisse senetlerinin fiyatları daha sonra şişirilebilirdi, pahalı hisse senetleri ucuzlayabilirdi. Neredeyse her hisse senedi yaşamının bir noktasında ucuz bir alımdır, başka bir noktada pahalı olabilir. İyi ve kötü şirket vardır, ama iyi hisse senedi diye bir şey yoktur; sadece iyi hisse senedi fiyatları vardır, bu da her zaman değişir.

1. ÇİFT: CİSCO ve SYSCO

27 Mart 2000'de Cisco Systems, Inc.'in hisse senetlerinin toplam değeri 548 milyar dolara eriştiğinde, Cisco dünyanın en değerli kuruluşu oldu. İnternet üzerinden veri kontrol eden donanımı yapan Cisco, hisselerini ilk kez halka 10 yıl önce satmıştı. İlk teklif fiyatıyla Cisco hisse senetleri alıp elinizde tutsaydınız ancak bir çılgının elinden çıkabilecek bir yazım hatasına benzer bir kazanca sahip olurdunuz: %103.697 ya da %217'lik yıllık ortalama getiri. Önceki dört mali üç-aylık dönemleri süresince Cisco

gelirlerinde 14.9 milyar dolara, kazançlarında ise 2.5 milyar dolara ulaşmıştı. Hisse senetleri Cisco'nun net gelirinin 219 katından alınıp satılıyordu, bu büyük bir şirkete şimdiye kadar verilen en yüksek fiyat / kazanç oranlarından biriydi.

Bir de kurumsal mutfaklara yemek sağlayan ve 30 yıldır hisseleri halka açık olan Sysco Corp. vardı. Son dört çeyreği içerisinde Sysco 17.7 milyar dolar gelir getirdi -bu Cisco'nun neredeyse %20 yükseğiydi-fakat net geliri sadece 457 milyon dolardı. 11.7 milyar dolarlık piyasa değeriyle Sysco'nun hisseleri kazançlarının 26 katından alınıp satıldı, bu 31 olan F/K piyasa ortalamasının iyice altındaydı.

Tipik bir yatırımcıyla şöyle bir sözcük-çağrışımı oyunu oynanabilirdi.

S: Cisco Sistemleri dediğimde aklınıza ilk gelen şeyler nelerdir?

C: İnternet... geleceğin sanayii... büyük hisse senedi... sıcak hisse senedi... Daha da yükselmeden lütfen biraz alabilir miyim?

S: Sysco Corp için ne düşünüyorsunuz?

C: Dağıtım tankerleri... haşlanmış fasulye ve mısır taneleri... Sloppy Joes [kıymalı sandviç.—ç.n.]... shepherd's pie [patates püreli ve kıymalı bir yemek.—ç.n.]... okul yemekleri... *hastane yemeği*... hayır, teşekkür ederim, artık aç değilim.

S. İnsanlar hisse senetlerine genellikle ait oldukları şirketlerin çağrıştırdıkları duygusal benzetmelerle zihinsel değerler biçerler.[1] Fakat akıllı bir yatırımcı her zaman daha derinlere iner. İşte Cisco ve Sysco'nun mali tablolarına kuşkucu bir bakışın ortaya koyacağı gerçekler:

[1] Kendinize hangi şirketin hisse senedinin daha fazla yükselecek gibi göründüğünü sorun: ender bir kanser türüne tedavi bulan mı yoksa yaygın bir çöp türünü imha etmek için yeni bir yöntem bulan mı? Çoğu yatırımcıya kanser tedavisi daha etkileyici görünmekle birlikte, yeni çöp yok etme yöntemi muhtemelen daha fazla para yapan olacaktır. Bakınız Paul Slovic, Melissa Finucane, Ellen Peters ve Donald G. MacGregor'ın "The Affect Heuristic",edit. Thomas Gilovich, Dale Griffin ve Daniel Kahneman'ın" *Heuristics and Biases: The Psychology of Intuitive Judgement* (Cambridge University Press, New York, 2002), s. 397-420 ve Donald G. MacGregor'ın "Imagery and Financial Judgement," *The Journal of Psychology and Financial Markets*, cilt 3, no. 1, 2002, s. 15.

- Cisco'nun gelir ve kazanç artışının çoğu devralmalardan kaynaklanıyordu. Cisco yalnızca Eylül'den beri 11 başka fırmayı satın almak için 10.2 milyar dolar ödemek zorunda kalmıştı. Bu kadar çok sayıda şirket bu kadar çabuk nasıl birbiriyle karıştırılabilirdi?[2] Ayrıca Cisco'nun altı ay önceki kazançlarının yaklaşık üçte biri yaptığı işlerden değil, yönetici ve çalışanlarının hisse senedi opsiyonlarındaki vergi muafiyetlerinden gelmişti. Ve Cisco 5.8 milyar doları, "yatırım" satarak kazanmış ve sonra 6 milyar dolarlık daha satın almıştı. Bu bir İnternet şirketi miydi yoksa bir yatırım fonu muydu? Bu "yatırımlar" yükselişlerini sürdürmedikleri takdirde ne olacaktı?
- Sysco'da aynı dönem içerisinde birkaç şirket devralmış fakat sadece 130 milyon dolar civarında bir para ödemişti. Sysco'nun içerdeki toplam hisse senedi opsiyonları tedavüldeki hisse senetlerinin sadece %1.5'u kadardı, oysa bu oran Cisco'da %6.9 idi. İçerdekiler opsiyonlarını nakde çevirmek istedikleri takdirde Sysco'nun hisse başı kazancı Cisco'nunkinden çok daha fazla seyreltilmiş olacaktı. Ve Sysco üç-aylık kâr payını hisse başı 9 sentden 10'a çıkarmıştı; Cisco ise hiç kâr payı ödemedi.

Nihayet, Wharton finans profesörü Jeremy Siegel'in de vurguladığı gibi, Cisco kadar büyük hiçbir şirket F/K oranı -200'ü bırakın- 60'ın üzerine çıkacak kadar hızlı büyümemişti.[3] Bir şirket bir kez devleştiği zaman, büyümesi yavaşlamalıdır -yoksa bütün dünyayı yiyip bitirir. Büyük Amerikalı hiciv ustası Ambrose Bierce sözcüğünde ayrı ayrı muhtemel olan fakat bir arada bulunması mümkün olmayan iki şeyi tanımlamak için "incompossible" [compossible: uyumlu, incompossible: uyumsuz; ya da in compossible:uyum içinde değil. İngilizce'de "in" sözcüğü içinde anlamına gelir, ayrıca sözcük başlarına eklendiğinde –buradaki

[2] Başka şirketleri satın alarak büyüyen "seri devralıcılar" Wall Street'de her zaman kötü bir sonla karşılaştılar. Daha detaylı açıklama için Bölüm 17'nin Açıklamaları'na bakınız.
[3] Jeremy Siegel, "Big-Cap Tech Stocks are a Sucker's Bet," *Wall Street Journal*, 14 Mart 2000 (www.jeremysiegel.com adresinde mevcut).

gibi- olumsuzluk eki görevini yerini getirir.-ç.n.] sözcüğünü türetmiştir. Bir şirket bir dev olabilir ya da dev bir F/K oranını hak edebilir, fakat ikisi bir arada "uyumsuz"dur.

Cisco'nun gücüne olan inancın kısa bir süre sonra sonu geldi. Önce, 2001'de bu devralmalardan bazılarını "yeniden yapılandırmak" üzere 1.2 milyar dolarlık bir yük geldi. Sonraki iki yıl içerisinde, bu "yatırımlar"dan oluşan zararlarla 1.3 milyar dolar dışarı aktı. 2000'den 2002'ye kadar, Cisco hisse senetleri değerlerinin dörtte-üçünü kaybettiler. Bu arada Sysco ise, kâr dağıtmaya devam ediyordu, hisse senetleri aynı dönem içinde %56 kazanmıştı (Bkz. Şekil 18-1).

ŞEKİL 18-1 Cisco ve Sysco

	2000	2001	2002
Cisco			
Toplam getiri (%)	-28.6	-52.7	-27.7
Net kazanç (milyon $ olarak)	2,668	-1,014	1,893
Sysco			
Toplam getiri (%)	53.5	-11.7	15.5
Net kazanç (milyon $ olarak)	446	597	680

Not: Toplam getiriler takvim yılı için, net kazançlar mali yıl içindir.
Kaynak: www.morningstar.com

2. ÇİFT: YAHOO! ve YUM!

30 Ocak 1999'da Yahoo! Inc.'in hisseleri 212.75$'dan kapandı, bu yılın başından beri %79.6'lık bir yükseliş demekti. 7 Aralık geldiğinde hisseler 348$'daydı -beş alım satım gününde %63.6'lık kazanç. Yahoo! ise yıl sonuna kadar sevinç çığlıkları atmaya devam ederek 31 Aralık'ta 432.687$'dan kapandı. Tek bir ay içerisinde, hisseler iki katından fazla artmış ve yaklaşık 58 milyar dolar kazanarak 114 milyar dolarlık toplam piyasa değerine ulaşmıştı.[4]

[4] Yahoo!'nun hisseleri Şubat 2000'de ikiye-bir oranında bölündü; hisselerin işlem gördükleri gerçek seviyeleri göstermek amacıyla burada verilen hisse fiyatları bu bölünmeye göre ayarlanmamıştır. Fakat 'Yahoo!'nun getiri yüzdesi ve piyasa değeri, burada alındığı şekliyle, bölünmeyi yansıtmaz.

Önceki dört üç-ay içerisinde, Yahoo! gelirlerde 433 milyon dolar, net gelirde de 34.9 milyon dolar toplamıştı. Dolayısıyla Yahoo!'nun hisseleri şimdi satış gelirlerinin 263 katı ve kazancının ise 3.264 katıydı. (F/K oranının Graham'in beğenmediği 25'in çok üzerinde olduğunu unutmayınız!)[5]

Yahoo!neden yukarıya doğru çığlık atıyordu? 30 Kasım'da borsa kapandıktan sonra, 7 Aralık gibi Standard & Poor's Yahoo!'yu S & P 500 indeksine ekleyeceğini ilan etti. Bu Yahoo!'yu endeks fonları ve diğer büyük yatırımcılar için zorunlu bir holding yapacaktı -ve talepteki bu ani artış, hisseleri en azından geçici bir süre için kesinlikle daha da yükseltecekti. Yahoo!'nun hisse senetlerinin %90'ının işverenlerin, risk sermayesi şirketlerinin ve diğer kısıtlı hissedarların elinde kilitli kalmasıyla, hisselerinin çok azı alınıp satılabiliyordu. Bu nedenle binlerce kişi hisseleri sadece diğerlerinin de onları almak zorunluluğunda olacaklarını bildikleri için aldılar -fiyat önemli değildi.

Bu arada Yum! rağbet görmemeye başladı. PepsiCo'nun eski bir şubesi olan ve binlerce Kentucky Fried Chicken, Pizza Hut ve Taco Bell fast-food restoranını işleten Yum! Önceki dört üç-ay içerisinde 8 milyar dolar gelir oluşturmuş ve bunlardan da 633 milyon dolar kazanç sağlamıştı -böylece Yahoo!'nun hacminin 17 katından fazla bir kapasiteye ulaşmıştı. Bununla beraber Yum!'ın 1999 sonunda borsa-piyasa değeri sadece 5.9 milyar dolardı, ya da Yahoo'nun kapitalizasyonunun 1/19'uydu. Yum!'ın hisseleri, bu fiyatla, kazancının dokuz katının üzerinde ve gelirlerinin sadece %73'ü kadarına satılmış oluyordu.[6]

Graham'in keyifle söylediği gibi borsa kısa vadede oyları kaydeden bir makine, uzun vadede ise bir basküldü. Yahoo! kısa vade popülerlik yarışmasını kazandı. Fakat sonuçta önemli olan kazançtı -ve Yahoo!'da bu pek yoktu. Piyasa oylamaktan vazgeçip de tartmaya başladığında gösterge Yum!'a doğru döndü ve Yum!'ın

[5] Devralmaların etkisini göz önünde bulundurarak Yahoo!'nun gelirleri 464 milyon dolardı. 7. Ve 11. Bölümlerde Graham(diğer şeylerle birlikte) yüksek F/K oranlarını eleştiriyor.

[6] Yum!'ın Borsa ekranındaki sembolü YUM olmakla birlikte o zamanlarda Tricon Global Restaurants, Inc. olarak biliniyordu. Şirket, Mayıs 2002'de adını resmi olarak Yum! Brands, Inc. olarak değiştirdi.

hisseleri 2000'den 2002'ye %25.4 arttı, oysa Yahoo! kümülatif olarak zarar etti:

ŞEKİL 18-2 Yahoo! ve Yum!

	2000	2001	2002
Yahoo!			
Toplam getiri (%)	–86.1	–41.0	–7.8
Net kazanç (milyon $ olarak)	71	–93	43
Yum!			
Toplam getiri (%)	–14.6	49.1	–1.5
Net kazanç (milyon $ olarak)	413	492	583

Not: Toplam getiriler takvim yılı için, net kazançlar mali yıl içindir. Yahoo'nun 2002 için net kazançları muhasebe ilkesindeki değişim etkisini kapsar.

Kaynak: www.morningstar.com

3. ÇİFT: COMMERCE ONE ve CAPITAL ONE

Mayıs 2000'de Commerce One, Inc., sadece önceki Temmuz'dan beri halka açık olarak işlem görmeye başlamıştı. İlk yıllık raporunda, (kurumsal satın alma bölümlerine İnternet "santrallar"ı tasarlayan) şirket 385 milyon dolarlık aktif gösterdi, 63 milyon dolarlık net kayıp ve sadece 34 milyon dolarlık toplam gelir bildirdi. Bu çok küçük şirketin hissseleri IPO (ilk halka arz)'dan o zamana kadar %900 artmış ve 15 milyar dolarlık bir toplam piyasa kapitalizasyonuna erişmişti. Fiyatı şişirilmiş miydi? Bir söyleşide Commerce One'ın başkanı Mark Hoffman omzunu silkerek şöyle demişti: "Evet, kocaman bir piyasa değerimiz var. Fakat kocaman da bir piyasamız, içinde oynamak için. İnanılmaz talep görüyoruz... Analistler bu yıl gelirlerimizin 140 milyar dolar olacağını bekliyorlar. Geçmişte beklentileri hep aştık." Hoffman'ın yanıtında iki şey dikkat çekiyor:

- Commerce One zaten her dolar üzerinden 2$ kaybediyor olduğuna göre, gelirlerini dört katına çıkarması söz konusu olduğunda ("analistlerin beklentisi" olarak) çok daha büyük bir para kaybetmeyecek miydi?
- Commerce One "geçmişte" beklentileri nasıl aşmış olabilirdi? *Hangi* geçmişti bu?

Şirketinin kâr sağlayıp sağlayamayacağı sorulduğunda Hoffman'ın yanıtı hazırdı: "Bunu kârlı bir işe dönüştüreceğimizden hiçbir kuşku duyulmasın. Analistlerin 250 milyon dolar gelir kazandığımızı görecekleri 2001 yılının dördüncü üç-ayında kâr etmeyi planlıyoruz."

İşte, analistler yine ortaya çıkmıştı! Wasserstein Perella yatırım bankasının bir analisti olan Jeanette Sing "Commerce One'ı bu seviyelerde beğeniyorum, çünkü Ariba'dan daha hızlı büyüyor [hisseleri gelirlerinin 400 katından alınıp satılan yakın bir rakip]," dedi. "Eğer bu büyüme oranları devam ederse, Commerce One 2001'de satışlarının 60 ile 70 katından alınıp satılacak." (Başka bir deyişle, size Commerce One'dan daha pahalı bir hisse senedi adı verebilirim, bu nedenle Commerce One ucuzdur.)[7]

Diğer uçta, MasterCard ve Visa kredi kartlarını veren Capital One Financial Corp. vardı. Haziran 1999'dan, Mayıs 2000'e kadar hisseleri %21.5 kaybetti. Yine de Capital One'ın toplam aktiflerde 12 milyar doları vardı ve 1999'da bir önceki yılı %32 aşarak 363 milyon dolar kazanmıştı. Yaklaşık 7.3 milyar dolarlık piyasa değeriyle, hisse senetleri Capital One'ın net kazançlarının 20 katından satıldı. Capital One'da her şey iyi gitmiyor olabilirdi -temerrüt oranlarının durgunlukta sıçrama eğilimi göstermelerine karşın şirket kötüye gidebilecek borçlar için rezervlerini zar zor yükseltebilmişti- fakat hisse senedi fiyatları biraz da olsa potansiyel sıkıntı riskini yansıtmaktaydılar.

Sonra ne oldu? 2001'de, Commerce One, 409 milyon dolar gelir sağladı. Ne yazık ki, bu gelirlerin üzerinden 2.6 milyar dolarlık bir net kayba -ya da 10.30$'lık paylaşılacak borca-uğradı. Öte yandan, Capital One ise 2002 yılı içinde net gelir olarak yak-

[7] Bkz. "CEO Speaks" ve "The Bottom Line," *Money*, Mayıs 2000, s. 42-44

laşık 2 milyar dolar kazandı. Hisseleri bu üç yıl içerisinde %38 kaybetti -bu bir bütün içinde bakıldığında menkul kıymetler piyasasından daha kötü bir sonuç değildi. Oysa Commerce One değerinin %99.7'sini kaybetti.[8]

Hoffman'ı ve süs köpeği analistlerini dinlemeden önce, borsada alım-satım yapanlar Commerce One'ın 1999 yıllık raporuna dikkat etmiş olmalıydı: "Hiç kâr etmedik. Öngörülebilir gelecek için net zararlara maruz kalmayı bekliyoruz ve hiçbir zaman kâr edemeyebiliriz."

4. ÇİFT: PALM ve 3COM

2 Mart 2000'de veri ağları şirketi 3Com Corp. Bağlı şirketi olan Palm Inc.'in %5'ini halka sattı. Palm hisselerinin kalan %95'i gelecek birkaç ay içerisinde 3Com hissedarlarına bölüştürülecekti; ellerindeki her 3Com hissesi için yatırımcılar Palm'ın 1.525 hissesini alacaklardı.

Dolayısıyla Palm'ın 100 hissesini almanın iki yolu vardı: IPO'nun (halka arz) içinde ite kaka yollarını bulmaya çalışmak, ya da 3Com'un 66 adet hissesini alıp, ana şirketin geri kalan Palm hisselerini dağıtmasını beklemek. Her 3Com hissesi için bir-buçuk Palm hissesi alarak, sonunda ellerinde yeni şirketin 100 adet yeni hissesi olacaktı -ve hâlâ 3Com'un 66 hissesine sahip olacaklardı.

Fakat birkaç ay beklemeyi kim isterdi? 3Com, Cisco gibi dev rakiplerle mücadele ederken, Palm elde taşınan elektronik ajandaların hararetli "ortam"ında öncüydü. Böylece Palm'ın fiyatları ilk teklif olan 38$'dan başladı ve 95.06$'dan kapandı, %150'lik bir ilk-gün getirisi sağlanmıştı. Bu, Palm'ın önceki 12 ay içerisindeki kazançlarının 1.350 katından fazla değer kazanmasına neden oldu.

Aynı gün içerisinde, 3Com hisse fiyatı 104.13$'dan 81.81$'a düştü. Palm'ın fiyatı dikkate alındığında, 3Com günü nerede kapatacaktı? Hesaplamak kolay:

[8] 2003 başında, Capital One'ın baş muhasebe görevlisi, sermaye piyasası kurulu (SEC) onu içerden bilgilendirme suçuyla yasalara karşı gelmekle suçlayacağını açıklayınca, işini bıraktı.

- Her 3Com hissesi 1.525 Palm hissesine hak kazanmıştı
- Her Palm hissesi 95.06$'dan kapandı
- 1.525 x 95.06$ = 144.97$

Bu her 3Com hissesinin, yalnızca Palm'daki payına dayanarak bulunan değeriydi. Bu suretle borsa simsarları 81.81$'dan 3Com'un diğer işleriyle birikte müşterek değerinin eksi 63.16$ ya da *toplam eksi 22 milyar dolar* ettiğini söyleyeceklerdi! Geçmişte hiçbir hisse senedine böylesine aptalca fiyat biçilmemişti.[9]

Fakat bir tuzak vardı: Nasıl 3Com eksi 22 milyar dolar etmiyorsa, Palm da kazançlarının 1.350 katı etmiyordu. 2002 sonuna doğru, yüksek-teknoloji duraklaması döneminde her iki hisse senedi de zarar görmüştü, fakat gerçekten tokatlanan Palm'ın hissedarları oldu -çünkü ilk etapta bu hisseleri satın alırlarken tüm sağduyularını bir kenara bırakmışlardı.

TABLO 18-3 Palm'in Düşüşü

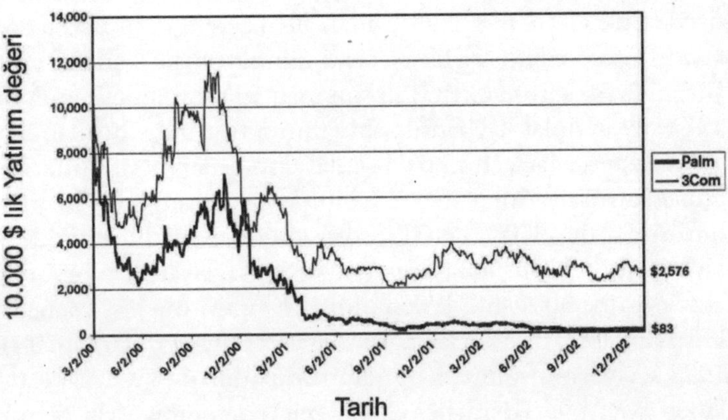

Kaynak.www.morningstar.com

[9] Bu tuhaf olaya daha kapsamlı bakış için, bkz. Owen A. Lamont ve Richard H. Thaler, "Can the Market Add and Subtract?" National Bureau of Economic Research çalışma kağıdı no. 8302, www.nber.org/papers/w8302

5. ÇİFT: CMGI ve CGI

2000 yılı CMGI, Inc. için bir patlama ile başladı, hisseler 3 Ocak'ta 163.22$'a çıktı -bu bir yıl önceki kazancının üzerine tam %1.126 kâr elde etmek demekti. "Internet kuluçka makinesi" olan şirket çeşitli çevrimiçi işlerde -aralarında theglobe.com ve Lycos gibi eski yıldızların da bulunduğu-yeni kurulmuş olan şirketleri finanse etmiş ve devralmıştı.[10]

1998 mali yılında, hisseler 98 sentten 8.52$'a çıktığında CMGI 53.8 milyon dolar harcayarak İnternet şirketlerinin tam ya da kısmi paylarını devraldı. 1999 mali yılında hisseleri 8.52$'dan 46.09$'a fırlarken CMGI 104.7 milyon dolar ödedi. Ve 1999'un son beş ayı içinde hisseleri 138.44$'a fırlarken 4.1 milyar dolar devralmalara harcadı. Gerçekte tüm "para" CMGI'ın piyasada dolaşan kendi özel parasıydı: hisse senetlerinin toplam değeri şimdi 40 milyar dolardan fazlaydı.

Bu bir tür sihirli para atlı-karıncasıydı. CMGI'ın kendi hisse senetleri yükseldikçe, satın alma gücü çoğalıyordu. CMGI'ın satın alma gücü arttıkça, hisse senetleri de daha fazla yükseldi. İlk olarak hedef hisse senetleri CMGI'ın onları alabileceği söylentisiyle yükselecekti; CMGI onları bir kez ele geçirdikten sonra, kendi hisse senetleri yükselecekti çünkü onlara kendisi sahipti. Bu arada hiç kimse CMGI'ın son mali yıl içerisinde işlemlerinde 127 milyon dolar kaybetmiş olduğunun üzerinde durmamıştı.

Webster, Massachusetts'de CMGI'ın genel merkezinin 70 mil güneybatısında, Andover'da Commerce Group, Inc.'in merkez bürosu vardı. CGI, CMGI'ın olmadığı her şeydi: özellikle Massachusetts'deki sürücülere araç sigortası sağlayan eski bir endüstri sektörüne ait soğuk [talep olmayan –ç.n.] bir hisse senediydi. Hisseleri 1999'da %23 kaybetti -oysa 89 milyon dolarlık net geliri 1998 seviyesinin yalnızca %7 altına düşmüştü. CGI %4'ten fazla kâr payı bile ödemişti (CMGI hiç ödememişti.) 870 milyon dolarlık toplam piyasa değeriyle, CGI hisseleri, şirketin 1999'da kazanacaklarının 10 katının düşüğünden alınıp satılıyordu.

[10] CMGI kurumsal yaşama College Marketing Group olarak başladı, akademik yayıncılara üniversite profesörleri ve dersler hakkında bilgi satıyordu –şirket Graham'in s. 271'de sözünü ettiği National Student Marketing ile zayıf ama can sıkıcı bir benzerliğe sahipti.

Daha sonra, oldukça ani bir şekilde, her şey tersine döndü. CMGI'ın sihirli para atlı karıncası acı bir feryatla aniden durdu: İnternet şirketinin hisse senetlerinin yükselişi önce durdu, sonra dümdüz aşağı indi. Artık onları kâr etmek için satamayacak olan CMGI onların değer olarak zararını kazançlarına gelen bir darbe olarak karşılamak zorunda kaldı. Şirket 2000'de 1.4 milyar dolar, 2001'de 5.5 milyar dolar ve 2002'de yaklaşık 500 milyon dolar daha zarar etti. Hisse senetleri 2000 başında 163.22$'dan 2002 yıl-sonunda 98 sente -%99.4'lük zarar-indi. Diğer tarafta eski sıkıcı CGI, buna rağmen, ardarda kâr etmeyi sürdürdü, hisse senetleri 2000'de %8.5, 2001'de %43.6 ve 2002'de %2.7 yükseldi -bu %60'lık bir kümülatif kazanç demekti.

6. ÇİFT: BALL ve STRYKER

9 Temmuz ve 22 Temmuz 2002 arasında, Ball Corp.'un hisse senetleri 43.69$'dan 33.48$'a düştü -bu şirketin hisse senedi değerini 1.9 milyar dolara indiren %24'lük bir zarardı. Aynı iki haftanın içerisinde Stryker Corp.'un hisseleri 49.55$'dan 45.60$'a indi, bu da Stryker'ı toplam 9 milyar dolarlık bir değerle bırakan %8'lik bir düşüştü.

Bu iki şirketi bu kadar kısa zamanda bu kadar düşük bir değerle bırakan şey neydi? Ortopedik implant ve cerrahi araç gereçler imal eden Stryker bu iki hafta içerisinde sadece bir basın duyurusu yaptı. 16 Temmuz'da Stryker satışların ikinci üç-ay içerisinde %15 artarak 734 milyon dolar olduğunu ve kazançların da %31 fırlayarak 86 milyon dolara eriştiğini açıkladı. Bir sonraki gün hisse senetleri %7 yükseldi, ama sonra yukarıdan aşağı geri yuvarlandı.

Meyve ve sebze konservesi yapmak için kullanılan ünlü "Ball Kavanozları"nın gerçek imalatçısı Ball, şimdi sanayi müşterilerine metal ve plastik ambalaj yapıyor. Ball söz konusu iki hafta içerisinde basına hiçbir açıklama yapmamıştı. Fakat 25 Temmuz'da, ikinci üç-aylık dönem içerisinde 1 milyar dolarlık satışlarından 50 milyon dolar kazandığını açıkladı -bu net gelir olarak bir önceki yılın aynı döneminin %61 üzeriydi. Bu durumla birlikte, takip eden dört üç-aylık dönem içerisinde kazancı 152 milyon dolara çıktı, hisseler Bell'in kazancının 12.5 katından alınıp satılıyordu. 1.1 milyar dolarlık defter değeriyle, hisse senetlerini şirketin maddi aktiflerinin değerinin 1.7 katından alabilirdiniz. (Bununla Birlikte Ball'un 900 milyon dolar borcu vardı.)

Stryker farklı bir ligdeydi. Son üç-aylık dönemlerde, şirket 301 milyon dolar net gelir sağlamıştı. Stryker'in defter değeri 570 milyon dolardı. Yani şirket geçmiş 12 ay içerisinde kazançlarının 30 katı gibi dolgun bir miktardan ve defter değerinin yaklaşık 16 katından alınıp satılıyordu. Öte yandan, 1992'den 2001'in sonuna kadar Stryker'ın kazançları yıllık %18.6 artmıştı; temettü geliri yıllık yaklaşık %21 büyümüştü. 2001'de Stryker gelecek büyümesinin alt yapısını hazırlamak üzere araştırma geliştirme için 142 milyon dolar harcamıştı.

O zaman, bu iki hisse senedini yere çakan şey neydi? 9 Temmuz ile 23 Temmuz 2002 arasında WorldCom şirketi birden devrilip düşerek iflasa doğru giderken, Dow Jones Sanayi Endeksi %15.3'lük bir inişle 9096.09'dan 7702.34'e düştü. Ball ve Stryker'ın iyi haberleri kötü gazete manşetlerinde, bu iki hisse senedini de kendileriyle birlikte düşüren piyasaların içinde yok olup gitti.

Ball'un, Stryker'ın çok altında fiyatlandırılmasına karşın, buradan Ball'un hırsız, Stryker'ın da vahşi bir işportacı olduğu şeklinde bir ders çıkarılmamalıdır. Bunun yerine akıllı yatırımcı piyasa paniklerinin iyi şirketler için (Ball gibi) büyük fiyatlar; büyük şirketler için (Stryker gibi) iyi fiyatlar yaratabileceğini anlamalıdır. Ball 2002'yi hisse başı 51.19$'dan, Temmuz düşüğünün %53 üzerinden; Stryker da yılı %47 yükseği olan 67.12$'dan kapattı. Arada bir benzer özellikte olan değerli hisse senetleri ve artış sağlayan hisse senetleri bir arada satışa çıkarılırlar. Hangisini tercih edeceğiniz kendi kişiliğinize bağlıdır, fakat ucuzluk tabağın iki tarafında da elde edilebilir.

7. ÇİFT: NORTEL ve NORTEK

Fiber-optik donanım şirketi olan Nortel Networks'in 1999 yıllık raporu yılı "mali açıdan altın bir yıl" olarak değerlendiriyordu. 150 milyon dolardan fazla piyasa değeriyle Nortel hisse senetleri, Şubat 2000 gibi Wall Street analistlerinin tahminiyle şirketin 2000'de sağlayacağı kazançların 87 katından alınıp satılıyordu.

Bu tahmin ne kadar güvenilirdi? Nortel'in alacak hesapları -henüz parayı ödemeyen müşterilere yapılan satışlardan-bir yıl içerisinde 1 milyar dolara fırlamıştı. Şirket yükselişin, "1999'un dördüncü üç-aylık döneminde artan satışlardan kaynaklandığını" söyledi. Bununla beraber envanterler de 1.2 milyar dolar şişirilmişti -bu, Nortel'in "artırılmış satışlar"ın kaldırabileceğinden daha büyük bir hızla ekipman imal ettiği anlamına geliyordu.

Bu arada Nortel'in "uzun vadeli alacaklar"ı -çok-yıllı sözleşmelerdeki henüz ödenmemiş faturalar-519 milyon dolardan 1.4 milyar dolara fırladı. Nortel giderlerini kontrol etmekte zorluk çekiyordu; satış, genel ve yönetim giderleri (ya da genel masrafları) gelirlerin1997'de %17.6'sının, 1999'da %18.7'sinin üzerine çıkmıştı. Bütün hepsiyle birlikte Nortel 1999 yılında 351 milyon dolar kaybetmişti.

Bir de vinil cephe kaplaması, kapı zilleri, egzoz fanları, aspiratörler, çöp sıkıştırıcıları gibi yelpazenin cazip olmayan tarafına ait eşyalar imal eden Nortek, Inc. vardı. 1999'da Nortek 2 milyar dolarlık net satışlarından 49 milyon dolar kazandı, bu 1997'deki 1.1 milyar dolarlık satışlarından elde ettiği 21 milyon dolarlık net kârın üstündeydi. Nortek'in kâr marjı (net satışın yüzdesi olarak net kâr) %1.9'dan %2.5'a çıkarak neredeyse üçte-bir oranında yükselmişti. Ve Nortek genel giderleri, gelirlerin %19.3'ünden %18.1'ine indirmişti.

Açık konuşmak gerekirse, Nortek'in genişlemesi büyük oranda, başka şirketleri satın almasından kaynaklanıyordu, iç büyümesiyle ilgili değildi. Üstelik Nortek 1 milyar dolarlık bir borca sahipti, bu küçük bir firma için çok büyük bir borçtu. Fakat Şubat 2000'de -1999'daki kazançlarının yaklaşık beş katı olan- Nortek hisse senedi fiyatları sağlıklı bir karamsarlık taşıyordu.

Öte yandan Nortel'in fiyatı -gelecek yıl içindeki yaklaşık tahmini kazancının 87 katı- kocaman bir iyimserlikti. Her şey söylenip yapıldıktan sonra, analistlerin öngördüğü hisse başı 1.30$'ı kazanmak yerine, Nortel 2000 yılında hisse başı 1.17$ kaybetti. 2002 sonu geldiğinde Nortel 36 milyar dolar zarar etmişti.

Diğer taraftan Nortek, 2000'de 41.6 milyon dolar, 2001'de 8 milyon dolar ve 2002'nin ilk dokuz ayı içerisinde 55 milyon dolar kazanmıştı. Hisse senetleri 2002'nin yıl sonu yaklaştığında hisse başı 28$'dan 45.75$'a -%63 artış-çıkmıştı. Ocak 2003'de Nortek yöneticileri tüm kamu yatırımcılarından adedine 46$ ödeyerek hisseleri topladılar ve şirketi özel olarak ele geçirdiler. Bu arada Nortel'in hisse senetleri Şubat 2000'de 56.81$ olan hisse başı fiyattan, 2002 yıl sonunda 1.61$'a düşerek -%97 zararla- battı.

8. ÇİFT: RED HAT ve BROWN SHOE

11 Ağustos 1999'da Linux yazılım programları geliştiricisi Red Hat, Inc., hisselerini ilk kez halka açtı. Red Hat, ateş gibiydi; başlangıçta 7$'dan satışa sunuldu, 23$'dan işleme açıldı ve hisseler 26.031$'dan -%272 artış-kapandı.[11] Tek bir gün içerisinde, Red Hat'in hisseleri, Brown Shoes'un önceki 18 yıl içerisinde kaydettiği yükselişten daha fazla yükselmişti. 9 Aralık gibi, Red Hat hisseleri 143.13$'a erişti –bu, dört ay içinde %1.944 yükselişti.

Bu arada Brown Shoes'un eli kolu bağlıydı. 1878'de kurulan şirket Buster Brown ayakkabılarının toptan satıcısıydı; ABD ve Kanada'da yaklaşık 1300 ayakkabı mağazası vardı. Ağustos 11'de bir hissesi 17.50$ olan Brown's Shoes 9 Aralık'ta 14.31$'a düştü. 1999 boyunca Brown's Shoes hisseleri %17.6 düştü.[12]

Hoş bir isim ve ateşli hisselerin yanı sıra Red Hat'in yatırımcıları neye sahiptiler? 30 Kasım'da biten dokuz ay içerisinde, şirket 13 milyon dolarlık gelir sağladı, bunun üzerinden de 9 milyon dolarlık kayba uğradı.[13] Red Hat'in işi bir sokak-köşesi şarküteri dükkânından fazla büyük değildi -ve çok daha az kazançlıydı. Fakat "yazılım" ve İnternet" sözcükleriyle galeyana gelen alıcılar 9 Aralık'a kadar Red Hat'in hisselerinin toplam değerini 21.3 milyar dolara yükselttiler.

Ve Brown Shoe? Önceki üç üç-aylık dönemde şirket net satışlarını 1.2 milyar dolara, kazançlarını ise 32 milyon dolara çı-

[11] Red Hat'in tüm hisse senedi fiyatları Ocak 2000'de ikiye-bir bölünmeye göre ayarlandı.

[12] Şu işe bakın ki, 65 yıl önce Graham Brown Shoes'u New York Menkul Kıymetler Borsası'nın en istikrarlı şirketlerinden biri olarak vurgulamıştı. *Security Analysis*'in 1934 baskısı, s. 159'a bakınız.

[13] Sadece dokuz-aylık dönemi kullanıyoruz çünkü Red Hat'in mali bilançolarından, devralmalarının sonuçları olmadan 12 aylık sonuçlarına varılamıyor.

karmıştı. Brown Shoe, hisse başı 5$'lık nakte ve gayri menkule sahipti; çocuklar ise hâlâ Buster Brown ayakkabıları giyiyorlardı. Yine de o 9 Aralık'ta Brown Shoe'nun hisse senetlerinin toplam değeri 261 milyon dolardı -bu Red Hat'in zar zor 1/80'iydi, oysa Brown Shoe, Red Hat'in gelirlerinin 100 katına sahipti. Brown Shoe'ya, bu fiyatla yıllık kazancının 7.6 katı kadar ve yıllık satışlarının dörtte birinden az bir değer biçildi. Öte yandan Red Hat, hisse senetleri yıllık satışlarının 1000 katından fazlasına işlem görürken hiç kâr etmemişti.

Red Hat şirketi hızla zarar etmeye devam etti. Kısa bir süre sonra hisse senetleri de aynı kaderi paylaştı. Öte yandan Brown Shoe, yavaş yavaş daha fazla kâr etti, hissedarları da:

ŞEKİL 18-4 Red Hat ve Brown Shoe

	2000	2001	2002
Red Hat			
Toplam getiri (%)	-94.1	13.6	-16.8
Net kazanç (milyon $ olarak)	-43	-87	-140
Brown Shoe			
Toplam getiri (%)	-4.6	28.2	49.5
Net kazanç (milyon $ plarak)	36	36	-4

Not: Toplam getiriler takvim yılı için, net kazançlar mali yıl içindir.
Kaynak: www.morningstar.com

Ne öğrendik? Piyasa kısa vadede Graham'in ilkelerini küçümser ama sonunda doğru oldukları hep kanıtlanır. Eğer bir hisse senedini sadece *fiyatı* yükseldiği için -asıl şirket *değer*inin yükselip yükselmediğini sormadan- alırsanız eninde sonunda çok üzülürsünüz.

Yani bir olasılık değildir. Bir Kesinliktir.

BÖLÜM 19

Hissedarlar ve Yönetim
Temettü Politikası

1934'ten beri yazılarımızda hissedarların yönetimlerine karşı takınacakları daha güçlü ve daha anlaşılır bir tutum için tartışıyoruz. Hissedarlara, bariz bir biçimde iyi iş yapan yöneticilere karşı cömert bir tutum takınmalarını istemiştik. Sonuçlar olması gerekenden daha kötü göründüğünde, açık ve tatmin edici taleplerde bulunmalarını ve verimli olmayan yönetimleri değiştirme ya da iyileştirme eylemlerini desteklemelerini istemiştik. Sonuçların şöyle olduğu durumlarda yönetimin yeterliliği hakkında sorular sormaya hakları vardır: (1) kendi içlerinde tatmin edici olmadıklarında, (2) benzer şirketlerlerden daha kötü durumda olduklarında, (3) piyasa fiyatının uzun süre olumsuz seyretmesi durumunda.

Büyük hissedar kitlesinin eylemleriyle son 36 yıl içinde uygulamada hiçbir şey elde edilememiştir. Mantıklı bir mücadeleci -eğer böylesi varsa-bunu zamanını boşa harcadığının ve mücadeleden vazgeçmesi gerektiğinin bir işareti olarak alacaktır. Ancak haklı nedenlerimiz kaybolmaz; dışarıdan gelen -devralma ya da devralma teklifi olarak bilinen- bir gelişmeyle kurtarılır.* Bölüm 8'de kötü

* Ne tuhaftır ki, Graham'in son düzeltilmiş baskısı çıktıktan ve 1970'lerle 1980'ler modern Amerikan sanayi randımanının düşük noktasını işaretledikten sonra devralmalar kurumaya başladı. Arabalar "limonlar"idi, televizyon ve radyolar sürekli olarak "arızalı"ydı, ve pek çok halka-açık şirketin yöneticileri dışarıdaki hissedarlarının hem o zamanki menfaatlerini hem de kendi şirketlerinin gelecekteki beklentilerini hiçe saydılar. Bütün bunlar, serbest petrolcü T. Boone Pickens Gulf Oil için saldırgan bir teklifte bulunduğu 1984'te değişmeye başladı. Kısa bir süre sonra Drexel Burnham Lambert tarafından sağlanan çürük tahvil finansmanıyla gaza gelen "kurumsal yağmacılar" uzun süredir sklerotik olan şirketleri korkutarak yeni bir hızlı çalışma rejiminin içine soktular ve kurumsal Amerika manzarasını sinsice izlemeye başladılar. Devralmalar ve satınalmalarla ilgili olan pek çok şirket zarar görürken, geri kalan Amerikan iş birimleri hem daha zayıf (bu iyiydi), hem mücadeleye daha hazır (bu bazen iyi olmuyordu) olarak ortaya çıktılar.

yönetimlerin, kötü piyasa fiyatları yarattıklarını söylemiştik. Düşük piyasa fiyatları, faaliyetlerini çeşitlendirmek isteyen şirketlerin -bunlar artık yeni güçlerdir - dikkatini çekerler. Mevcut yönetimlerin onayı, piyasada yığılan hisseler ve yönetenlere empoze edilen tekliflerle, sayısız ele geçirme gerçekleşmiştir. Teklif edilen fiyat genelde, yetkin bir yönetime sahip olan işletmenin piyasa değer aralığı içindedir. Bu şekilde etkisiz halktan oluşan hissedarlar "dışarıdakiler"in -çoğu kez kendi başlarına hareket eden girişimci bireyler ya da grupların- eylemleriyle kurtarılmıştır.

Çok ender olarak, kötü yönetimlerin, "halk hissedarları"nın eylemleriyle değil, sadece bireysel ve kompakt bir grubun hakkını arama iddiasıyla değiştirildiği, bir kural olarak ifade edilebilir. İçinde bulunduğumuz günlerde, halk tarafından denetlenen tipik bir şirketin, faaliyet sonuçları ve piyasa fiyatı yetersiz olduğunda, başarılı bir devralma hareketinin hedefi olabileceği konusunda, yönetim kurulu da dahil olmak üzere, yönetim sıklıkla uyarılmaktadır. Sonuç olarak yönetim kurulları ana görevleri olan tatmin edici bir üst düzey yönetimine sahip olmak konusuna artık daha duyarlıdırlar. Son yıllarda, eskiye oranla çok daha fazla sayıda yönetim kurulu başkanı değişikliği görülmektedir.

Başarısız sınıfına giren şirketlerin tamamı, bu tür gelişmelerden yarar sağlamamıştır. Ayrıca, değişiklik genellikle uzun süreli ve tedbir alınmayan kötü sonuçlardan sonra gerçekleşir. Yeterli sayıda umutsuzluğa kapılmış hissedar, dışarıdaki enerjik gücü hisseleri kontrol-etme konumuna getirmek için, düşük fiyattan satış yapar. Ancak kamu şirketleri hissedarlarının, yönetimi ve yönetim politikalarını iyileştirmek için bu tür hareketleri destekleyerek gerçekten kendilerine yardım edebilecekleri fikri, bu kitapta daha fazla yer haketmek için fazlasıyla hayalperest bir düşüncedir. Yıllık genel kurul toplantılarında varlıklarını hissettirmek için yeterince sağduyulu olan bireysel hissedarların- genelde tamamiyle boşuna bir performans- yönetimlerle birlikte hangi noktaları ele alacakları konusunda bizim tavsiyelerimize ihtiyaçları yoktur. Diğerlerine bir öneride bulunmak ise muhtemelen boşa gidecektir. Bununla beraber hissedarların, şirketteki yetersiz bir yönetim durumunu düzeltmek isteyen dost hissedarlar tarafından onlara gönderilen her vekâlet belgesini açık-zihinle ve yeterli ilgiyle değerlendirmeleri ricasıyla bu bölümü bitirelim.

Hissedarlar ve Kâr Dağıtım Politikası

Geçmişte kâr dağıtım politikası, kamu ya da "azınlık" hissedarlar ve yönetim arasında pek konu edilmezdi. Genel olarak bu hissedarlar daha liberal kâr payları isterken, yönetimler "şirketi güçlendirmek amacıyla" karları ellerinde tutmayı tercih ediyorlardı. Hissedarlardan, işletmenin iyiliği ve kendi uzun-vadeli çıkarları için mevcut menfaatlerini feda etmeleri istendi. Son yıllarda ise yatırımcıların kâr dağıtımına karşı takındıkları tutum yavaş, fakat önemli bir değişime uğradı. Şimdi liberal kâr dağıtımı yerine, küçük ödemeler yapmak şeklindeki temel tartışma, şirketin paraya olan "ihtiyacı" için değil; yatırımlarını kârlı bir büyüme amacıyla koruyarak, hissedarların doğrudan ve acil menfaatleri doğrultusunda bu parayı kullanmak içindir. Yıllar önce, %60 ya da %75 kâr payı dağıtmak yerine, az ya da çok kârlarına tutunmaya zorlanan şirketler, genellikle zayıf şirketlerdi. Bunun etkisi neredeyse her zaman o hisselerin piyasa fiyatının aleyhine olmuştu. Bu günlerde kâr payı ödemelerini, yatırımcıların ve benzer spekülatörlerin onayıyla, kasten aşağıda tutan bir şirket, muhtemelen güçlü ve büyümekte olan bir kuruluştur.*

Kârlılıkta dolgun bir artış sağlayacağı düşüncesiyle kazançları yeniden işe yatırmak yönünde her zaman güçlü bir teorik neden vardı. Karşı görüşlerde söz konusuydu: Kârlar hissedarlara "ait"ti ve tedbirli bir yönetim sınırları dahilinde bunlar ödenmesi gerekirdi; pek çok hissedarın yaşamak için bu temettü gelirine ihtiyacı vardı; kâr payı olarak ellerine "gerçek para" geçiyordu oysa şirkette alıkonanlar, daha sonra maddi değer olarak gelebilir ya da gelmeyebilirdi. Bu aleyhte iddialar aslında o kadar zorlayıcıydı ki, borsa liberal kâr payı ödeyiciler lehinde ve kâr payı ödemeyen

* Graham'in burada açıkladığı hiciv, bir şirket ne kadar güçlüyse o kadar az kâr payı öder gibi –ya da hissedarlarının kâr payı istemez gibi- göründüğü 1990'larda daha da kuvvetlenmiştir. "Ödeme oranı" (ya da şirketlerin kâr payı olarak ödedikleri net gelirin yüzdesi) Graham'in zamanındaki %60 ila %75'ten, 1990' ların sonunda %35 ila %40'a düşmüştür.

ya da çok az ödeyen şirketler aleyhinde sürekli bir önyargı beslemekteydi.[1]

Son yirmi yıl içinde "kârlı yeniden yatırım" kuramı gelişmeye başladı. Geçmişteki büyüme kayıtları ne kadar iyiyse, yatırımcılar ve spekülatörler düşük-ödemeli bir politikayı kabule o kadar fazla hazırdılar. Bu o kadar doğrudur ki, büyüyenlerin içindeki en rağbet görenlere ait pek çok durumda kâr payı ödeme oranı -ya da herhangi bir kâr payının yokluğu- piyasa fiyatı üzerinde gerçek bir etki yapmıyor gibi görünüyordu.*

Bu gelişmeye ait çarpıcı bir örneğe Texas Instruments, Incorporated'ın geçmişinde rastlandı. Adi hisse senetlerinin fiyatı 1953'te 5 iken, 1960'da 256'ya çıktı, bu arada kazançlar 43 sentten 3.91$'a yükselirken hiçbir tür temettü ödenmedi. (1962'de nakit temettü ödemeleri başladı, fakat o yıla gelene kadar kazançlar 2.14$'a düşmüş ve fiyat 49 gibi şaşırtıcı düşüklükte bir rakama inmişti.)

Bir başka aşırı örnek Superior Oil'a aittir. 1948'de şirket hisse başı 35.26$ kazanç bildirdi, temettü olarak 3$ ödedi ve 253 gibi yüksek bir fiyattan satıldı. Fakat 1953'te temettü 1$'a inmişken yüksek fiyat 660 olmuştu. 1957'de *hiç temettü ödemedi* ve 2000'den satıldı! Bu sıradışı hisse, 49.50$ kazanıp 7.50$ ödediği 1962'de 795'e gerilemişti.**

Büyüyen şirketlere ait bu kâr dağıtım politikası olayında yatırım düşüncesi berrak olmaktan çok uzaktır. Buna karşı görüşler en büyük iki şirketimize -American Telephone & Telegraph ve International Business Machines- ait olaylarla çok iyi örneklenir. American Tel. & Tel., 1961'de o yılki kazancının 25 katından iş-

* 1990'ların sonlarında özellikle teknoloji şirketleri bütün kazançların "işletmeye geri sürülerek", dışarıdaki herhangi bir hissedarın aynı miktarda nakti kendisine temettü olarak ödendiği takdirde yeniden yatırarak sağlayabileceğinden daha fazla kazanç sağlanabileceği yönündeki iddanın güçlü savunucularıydılar. Yatırımcılar, inanılmaz bir biçimde, bu kendini beğenmiş Baba-En-İyisini-Bilir ilkesinin gerçeğini sorgulamadılar –ve hatta şirketin naktinin yöneticilere değil hissedarlara ait olduğunu fark etmediler. Bu bölümün açıklamalarına bakınız.

** Superior Oil'un hisse senedi fiyatları 4$ temettü ödediği 1959'da hisse başı 2165$ ile zirve yaptı. Superior, New York Borsası'ndaki en yüksek-fiyatlı hisse senediydi. Houston'un Keck ailesi tarafından denetlenen Superior, 1984'te Mobil Corp. tarafından devralındı.

lem gördüğü gerçeğinin de gösterdiği gibi, iyi büyüme imkanlarına sahip hisselerden bir tanesi olarak niteleniyordu. Bununla birlikte, şirketin nakit kâr dağıtım politikası çok önemli bir yatırım ve spekülatif unsur olmaya devam etti; piyasa fiyatı, gerçekleşmesi yakın temettü oranı artışı *söylentileri*ne bile hareketli bir tepki verdi. Öte yandan, 1960'ta o yılın yüksek fiyatından sadece %0.5 ve 1970 yılının kapanışında %1.5 olan IBM'in nakit kâr dağılımına göreceli olarak daha az bir ilgi gösterilir gibiydi. (Fakat her iki durumda da hisse bölünmeleri güçlü bir piyasa etkisi olarak çalıştı.)

Piyasanın nakit-temettü politikasının değerlendirmesi şu yönde gelişiyor gibi görünmektedir: Temel vurgunun büyümeye yapılmadığı yerlerde, hisse senetleri "gelir ihraçları" olarak sınıflandırılır ve temettü oranı, piyasa fiyatının temel belirleyicisi olarak uzun-vadeli önemini korur. Öteki uçta, net bir biçimde hızlı-büyüme kategorisinde oldukları görülen hisse senetleri, örneğin sonraki on yıl içinde, ağırlıklı olarak beklenen büyüme oranından değerlendirilirler ve burada nakit temettü oranı, az çok hesap dışı kalır.

Yukarıdaki açıklama, mevcut eğilimleri düzgün olarak açıklarken, tüm adi hisse senetlerinin durumuna ve belki de çoğuna uyan net bir rehber değildir. Öncelikle, pek çok şirket, büyüyen ve büyümeyenlerin arasında bir konumda yer almaktadır. Böyle durumlarda büyüme faktörüne ne kadar önem vermek gerektiğini söylemek çok güçtür ve bu nedenle piyasanın görüşü yıldan yıla değişir. İkinci olarak da, nakit temettü ödemelerinde daha liberal olan şirketlerin, daha yavaş büyüme göstermeleri gerektiği konusunda çelişkili bir şey göze çarpar. Çünkü bunlar daha az kazançlı işletmelerdir ve geçmişte bir şirket ne kadar kazançlıysa hem liberal, hem de yükselen kazanç beklentisi de o kadar büyüktür.

Hissedarlar, yöneticilerinden kazançların normal ödenmesini -yaklaşık üçte-iki olarak-talep etmeli ya da yeniden yatırılan kârların, hisse-başı kazançlarda tatmin edici artışlar yarattığına dair kolay anlaşılır kanıtlar istemelidirler. Bilinen bir büyüme-şirketinde böyle bir örnekleme kolaylıkla yapılabilir. Fakat pek çok diğer durumda düşük temettü ödemesi, rayiç değerin altında bir ortalama piyasa fiyatına sebep olur ve bu durumda hissedarlar her tür araştırma yapma ve muhtemelen şikâyet etme hakkına da sahiptirler.

Bir şirkete sık sık, mali durumunun göreceli zayıf olması ve kazançlarının çoğuna ya da hepsine (artı amortisman giderlerine) borçlarını ödemek üzere ihtiyaç duyulması ve işletme sermayesini desteklemesi için cimri bir politika benimsetilir. Böyle olduğunda hissedarlara -şirketin böyle kötü bir mali duruma düşmesine izin verdikleri için yöneticileri eleştirmek dışında- söyleyecek pek fazla bir şey kalmaz. Temettüler, göreceli başarısız olan şirketler tarafından, açıklanmış olan bir iş genişletme amacıyla düşük tutulur. Biz böyle bir politikanın mantığa aykırı olduğunu ve hissedarlar bunu kabul etmeden önce, hem tam bir açıklama hem de ikna edici bir savunma gerektirdiğini düşünüyoruz. Geçmiş kayıtlara bakıldığında, ortalama sonuçlara sahip, mevcut yönetimi devam eden bir şirketin, temettü paralarıyla taahhüt edeceği bir büyüme projesinden yatırımcının fayda sağlayacağına inanmak için hiçbir neden yoktur.

ON DOKUZUNCU BÖLÜM ÜZERİNE YORUMLAR

En tehlikeli yalanlar, hafif çarpıtılmış doğrulardır.

-*G. C. Lichtenberg*

GRAHAM NEDEN HAVLU ATTI?

The Intelligent Investor'ın muhtemelen hiçbir bölümü Graham tarafından bu kadar sert bir biçimde değiştirilmemiştir. İlk baskıda, bu bölüm toplamda 34 sayfa uzunluğunda olan iki bölümün bir tanesiydi. Bu özgün bölüm ("İş Sahibi Olarak Yatırımcı") hissedarların oy hakları, kurumsal yönetimi değerlendirme yolları ve iç ve dış yatırımcı arasındaki menfaat çatışmalarını bulma teknikleri hakkındadır. Bununla birlikte, son yenilenmiş baskısında, Graham kâr payları hakkındaki tüm tartışmayı kısalttı ve sekiz kısa ve özlü sayfaya indirdi.

Graham neden tartışmasının dörtte-üçünden fazlasını kesip attı? Çünkü yıllarca süren uyarılardan sonra, yatırımcıların kurumsal yöneticilerin tutumlarını denetlemekle ilgilenmeleri konusundaki tüm umutlarını açık bir biçimde yitirmişti.

Fakat son skandal salgını -AOL, Enron, Global Crossing, Sprint, Tyco ve WorldCom gibi firmalardaki yönetimlerin uygunsuz davranışlarla suçlanması, karanlık hesaplar ya da vergi manevraları- Graham'in sonsuza kadar tedbirli olma konusundaki eski uyarılarının her zamankinden daha hayati bir önem taşıdığını sert bir biçimde hatırlattı. Şimdi onları geri getirip, bugünün olaylarının ışığı altında tartışalım.

UYGULAMA KARŞISINDA TEORİ

Graham "İş Sahibi Olarak Yatırımcı" adlı özgün (1949) tartışmasına *teoride* "hissedarlar sınıf olarak kraldır, diyerek başlar.

Çoğunluk olarak hareket ettiklerinde yönetimleri işe alıp, işten atarlar ve onları tümüyle kendi istekleri doğrultusunda esnetirler." Fakat *uygulamada*, der Graham,

> hissedarlar tam bir fiyaskodur. Sınıf olarak ne akıllıdırlar, ne de uyanık. Yönetimin yaptığı işler ne kadar başarısız olursa olsun, hissedarlar yönetimin kendilerine önerdiği şeylere tıpkı bir koyun sürüsü gibi oy verir... Ortalama bir Amerikalı hissedara akıllıca bir eylemi *bağımsızca* yapma konusunda ilham vermenin tek yolu, altında fişek patlatmaktır... İsa'nın Amerikalı hissedarlardan daha pratik bir işadamı gibi göründüğü şeklindeki çelişkili gerçeğe burada dikkat çekmekten kendimizi alıkoyamayacağız.[1]

Graham sizin çok temel ve akıl almaz derinlikte olan bir şeyin farkına varmanızı ister:

> Bir hisse senedi aldığınızda şirketin sahibi olursunuz. CEO'ya kadar tüm yöneticileri sizin için çalışır. Yönetim kurulu size cevap vermek zorundadır. Şirketin nakti size aittir, iş kolları sizin mülkiyetinizdedir. Eğer şirketinizin yönetiminden hoşnut değilseniz, yöneticilerin kovulmasını, direktörlerin değiştirilmesini ya da varlıkların satılmasını talep etme hakkına sahipsiniz. "Hissedarlar," der Graham, "uyanmalıdır."[2]

[1] Benjamin Graham, *The Intelligent Investor* (Harper & Row, New York, 1949), s. 217, 219, 240. Graham İsa'ya atfını şöyle açıklar: "Gospel'deki en az dört meselde varlıklı bir adamla, sahip olduğu mal mülkün bakımı için tuttukları arasındaki çok kritik ilişkiye atıf vardır. Buradaki en isabetli söz "zengin bir adamın" eşyalarını kötü kullanmakla suçladığı kahyası, ya da idarecisine söylediği sözlerdir: 'Kahyalığının hesabını ver, çünkü bundan böyle kahya olamayacaksın.' (Luke,16:2)," Graham'in aklındaki diğer mesellerin arasında *Matt.*, 25:15-28 vardır.

[2] Benjamin Graham, "A Questionnaire on Stockholder-Management Relationship" [Hissedar-Yönetici İlişkisi Üzerine Bir Anket. –ç.n.], *The Analysts Journal*, Dördüncü üç-aylık, 1947, s. 62. Graham, yaklaşık 600 profesyonel hisse senedi analistiyle yaptığı araştırmada, bunların %95'inden fazlasının, liderlikleriyle hisse senedi değerini artırmayan yöneticiler için hissedarların resmi araştırma isteyebileceklerine inandıklarını ortaya çıkardı. Graham duygusuzca devam etti, "böyle bir eylem uygulaması neredeyse hiç duyulmamıştır." Bu, der, "hissedar-yönetici ilişkisi ne olmalı ile ne olur arasındaki geniş uçurumu vurgular."

AKILLI HİSSEDAR

Günümüz yatırımcıları Graham'in mesajını unutmuşlardır. Bütün çabaları bir hisse senedi almak için, birazı da satmak içindir -ancak onu ellerinde tutmak için hiçbir çaba harcamazlar. "Elbette," diye hatırlatır Graham, "hisse senedi sahibi *olmada* özenli ve sağduyulu olmak için ne kadar çok neden varsa, hisse senedi sahibi *haline gelmede* de o kadar çok neden vardır."[3]

Öyleyse akıllı bir yatırımcı olarak siz, nasıl akıllı bir hissedar olabilirsiniz? Graham anlatmaya şöyle başlar, "hissedarların dikkatlerini toplamaları gereken sadece iki ana sorun vardır:

- Mantık çerçevesinde yönetim etkin midir?
- Ortalama bir dış hissedarın çıkarları düzgün bir biçimde tanınmakta mıdır?"[4]

Bir yönetimin verimliliği hakkında, şirketin kârlılığını, büyüklüğünü ve rekabet yeteneğini endüstrideki benzer firmalarla karşılaştırarak karar verebilirsiniz. Yöneticilerin iyi olmadığı sonucuna varırsanız ne olur? O zaman, Graham şu şekilde ısrar eder,

> Daha varlıklı hissedarların birkaçı, bir değişiklik ihtiyacına ve bu sona doğru çalışmak gerektiğine ikna edilmelidir. İkinci olarak, sıradan hissedarlar vekalet materyalini okumak ve tartışmaları iki yönlü değerlendirmek konusunda yeteri kadar açık fikirli olmalıdırlar. En azından şirketlerinin başarısız olduğu zamanı bilmeli ve görevli yönetimin savunması olan kurnaz klişelerden fazlasını talep etmeye hazırlıklı olmalıdırlar.Üçüncü olarak, rakamlar açıkça ortalamanın iyice altını gösterdiğinde, dışarıdan işin mühendislerini çağırıp yönetimin yetkinliğini ve politikasını devretmek, çok işe yarayacaktır.[5]

[3] Graham ve Dodd, *Security Analysis* (1934 baskısı), s. 508.

[4] The Intelligent Investor, 1949 baskısı, s. 218.

[5] 1949 baskısı, s. 223. Graham, vekâleten kullanılan oyun, hissedarlara -yönetim kuruluna değil- rapor gönderecek olan "mühendislik firmalarını" seçmek üzere dışarıdan hissedarların oluşturduğu bir bağımsız bir komiteye yetki vermek için gerekli olacağını ekler. Bununla birlikte bu projenin masraflarını şirket yüklenecektir. "Mühendislik firmaları" türleri arasında, Graham'in aklında para yöneticileri, derecelendirme kurumları ve hisse senedi analistlerinin kuruluşları vardır. Günümüzde, yatırımcılar yüzlerce danışmanlık firmasının, yeniden yapılandırma danışmanlarının ve Tehlike Yönetimi Kurumu (Risk Management Association) gibi işletmelerin üyeleri arasından istediklerini seçebilirler.

ENRON'UN SON KOŞUSU

1999'da, Enron Corp.Amerika'nın en üst şirketlerinin bulunduğu Fortune 500 listesinde yedinci sıradaydı. Enerji devinin gelirleri, aktifleri ve kazançları roket gibi fırlamıştı.

Fakat yatırımcı büyülü ve pırıltılı sayıları gözardı ederse -ve Enron'ın vekalet belgesini sağduyunun mikroskobu altına koyarsa-ne olacaktı?"Bazı İşlemler" başlığı altındaki vekaletname kamuya Enron'ın mali işler müdürü, Andrew Fastow'un LJM1 ve LJM2 adlı "enerji ve iletişim bağlantılı yatırımlar" satın almış olan iki ortaklığın "yönetici üyesi" olduğunu kamuya açıkladı. LJM1 ve LJM2 bunları nereden satın alıyordu? Tabii ki Enron'dan! Vekalet, ortaklıkların Enron'dan -zaman zaman Enron'dan borç aldıkları parayı kullanarak- daha şimdiden 170 milyon dolarlık varlık aldıklarını rapor etmişti.

Akıllı bir yatırımcı hemen şunları sorardı:

- Enron'ın direktörleri bu düzenlemeyi onaylamışlar mıydı? (Evet, diyordu vekalet.)
- Fastow, LJM'in kârlarının bir kısmını alacak mıydı? (Evet, diyordu vekalet.)
- Enron'ın mali işler müdürü olarak Fastow, sadece Enron'ın hissedarlarının çıkarları doğrultusunda mı davranmak zorundaydı? (Kuşkusuz.)
- Bu nedenle Fastow, Enron'ın sattığı herhangi bir varlıktan alacağı fiyatı yükseltecek kadar görevine bağlı mıydı? (Kesinlikle.)
- Fakat eğer LJM, Enron'ın aktiflerine yüksek bir fiyat öderse, bu LJM'in potansiyel kârlarını -ve Fastow'un kişisel gelirini- azaltır mıydı? (Açık bir şekilde.)
- Öte yandan, eğer LJM düşük fiyat öderse, bu Fastow'un ve ortaklıklarının kârlarını yükseltir ve Enron'ın gelirine zarar verir miydi? (Açık bir şekilde.)
- Enron, Fastow'un ortaklıklarına Enron'dan, Fastow'a kişisel kâr sağlayacak bir aktif almak için borç para vermeli miydi? (Ne demeliyiz?!)

•Bütün bunlar can sıkıcı çıkar çatışmaları oluşturmaz mı? (Başka hiçbir yanıt mümkün değildir.)

•Bu düzenleme bunu onaylayan direktörlerin muhakeme güçleri hakkında ne söylemektedir? (Yatıracağınız dolarları başka bir yere götürmeniz gerektiğini söyler.)

Bu felaketten iki açık ders çıkar: Kapının önünde, aceleyle sağ duyunuzu denetlediğiniz sayılara, fazla gömülmeyin, ve her zaman bir hisse senedini satın almadan önce (ve sonra) vekaletnameyi okuyun.

"Vekalet belgesi" nedir ve Graham neden onu okumanız için ısrar eder? Bir şirket, tüm hissedarlarına gönderdiği vekalet beyanında, yıllık olağan genel kurulunun gündemini bildirir, bunun yanı sıra içerdekilerle şirket arasındaki işlemleri, yönetici ve direktörlerin ödemelerini ve hisse senedi senedi sahibi olmalarının ayrıntılarını açıklar. Hissedarlardan hangi muhasebe firmasının defterleri denetleyeceği ve yönetim kurulunda kimlerin bulunacağı konusunda oy vermeleri istenir. Eğer vekaletnameyi okurken sağduyunuzu kullanırsanız, bu belgenin bir felaket habercisi -bir şeyler ters gittiğinde erken bir uyarı sistemi- olabileceğini görürsünüz. (Yukarıdaki Enron bilgi kutusuna bakınız.)

Yine de ortalama olarak bütün bireysel yatırımcıların üçte biriyle, yarısı arası vekalet belgesini oylama zahmetine bile katlanmazlar.[6] Acaba hiç okurlar mı?

Haberleri takip etmek ve vicdanınızı oylamak, iyi bir vatandaş olmanız için ne kadar gerekliyse, vekaletnameyi okuyup anlamak da, akıllı bir yatırımcı olmanız için o kadar önemlidir. Bir şir-

[6] Yatırımcılara vekalet için çağrı gönderen iki öncü şirket, Georgeson Shareholder ve ADP's Investor Communication Services 'in 2002 oylama sonuçlarının tabloya dökülmüş şekli cevap oranlarının %80 ile %88 arasında olduğunu (borsacılar tarafından müşterileri hesabına gönderilen vekalet belgelerini de kapsayacak şekilde, bunlar hissedarlar başka türlüsünü belirtmedikleri takdirde otomatik olarak yönetim lehine oy vermekteydiler) öne sürer. Bu nedenle bütün hisselerin %12 ile %20 arasındaki sahipleri vekalet belgeleri için oy kullanmamaktadır. Bireylerin, piyasa değeri olarak ABD hisselerinin sadece %40'ına sahip olmaları ve çoğu kurumsal yatırımcının emeklilik fonlarını sevmesi nedeniyle ve sigorta şirketleri yasal olarak vekalet konularını oylamak zorunda oldukları için, bu tüm yatırımcıların yaklaşık üçte birinin oy vermeyi ihmal ettikleri anlamına gelir.

ketin ister %10'una sahip olun, ister 100 hisseyle %1'ine ya da 1/10.000'ine, hiç fark etmez. Sahip olduğunuz hisselerin vekaletini eğer hiç okumazsanız ve şirket iflas ederse, sadece kendinizi suçlamalısınız. Eğer vekaleti okur ve sizi rahatsız eden şeyler görürseniz, o zaman:

- onaylamadığınızı bilmeleri için her yönetici aleyhinde oy kullanın
- yıllık genel kurula katılın ve haklarınız için söz alın
- hisse senetlerine ayrılmış bir çevrimiçi mesaj panosu bulun (http://finance.yahoo.com'dakiler gibi) ve diğer yatırımcıları amacınız etrafınızda toplayın.

Graham'in günümüz yatırımcılarının işine yarayacak başka bir fikri daha vardı:

...bir ya da daha fazla profesyonel ve bağımsız yöneticinin seçimiyle kazanılacak avantajlar vardır. Bunlar işletmenin sorunlarına taze ve uzman bir bakış yöneltebilecek geniş iş deneyimine sahip kişilerdir... Doğrudan hissedarlara hitap eden ve hissedarları rahatsız eden temel sorun hakkındaki görüşlerini içeren farklı bir yıllık rapor sunmalıdırlar: "İşletme dışarıdaki hissedar için düzgün bir yönetim altında kendinden beklenmesi gereken sonuçlara ulaşıyor mu? Eğer ulaşamıyorsa, neden -ve bununla ilgili ne yapılabilir?[7]

Günümüzün "bağımsız" yöneticilerini oluşturan şirket kafadarları ve golf arkadaşları arasında, Graham'in önerisinin neden olacağı dehşeti tasavvur etmek mümkündür. (Bunun, omurgalarından aşağı bir korku ürpertisi göndereceğini söylemiyoruz, çünkü çoğu bağımsız yöneticinin omurgası yoktur.)

YİNE DE BU KİMİN PARASIDIR?

Şimdi Graham'in ikinci kriterine -yönetimin dışarıdaki yatırımcının çıkarları doğrultusunda hareket edip etmediği konusu-

[7] 1949 baskısı, s. 224.

na-bakalım. Yöneticiler hissedarlara her zaman şirketin naktiyle ne yapılacağını en iyi kendilerinin -yöneticilerin-bildiğini söylerler. Graham bu yönetim palavrasının ardındaki gerçeği görmüştü:

Bir şirket yönetimi işletmeyi iyi yönetebilir ancak bu, dışarıdaki hissedarlara onlar için iyi sonuçlar sunar anlamına gelmez, çünkü yetkisi işlemlerle sınırlıdır ve bu sermayenin en iyi kullanım şeklini kapsamaz. Etkin *işleyişin* amacı, düşük fiyatla üretim yapmak ve satılacak en kârlı malları bulmaktır. Etkin *finans* hissedarların parasının onların çıkarlarına en uygun biçimde çalıştırılmasını gerektirir. Bunlar, böyle bir yönetimin çok fazla ilgi alanına girmez. Aslında, hissedarlardan alabileceği kadar çok sermaye toplamak ister, buradaki amacı kendi mali sorunlarını azaltmaktır. Bu nedenle tipik bir yönetim, eğer hissedarlar buna izin verirlerse -ki çoğunlukla verirler- gereğinden daha fazla bir sermayeyle faaliyet gösterecektir.[8]

1990'ların sonlarında ve 2000'lerin başlarında önde gelen teknoloji şirketlerinin yönetimleri bu "Baba-En-İyisini-Bilir" tutumunu yeni aşırı uçlara taşıdı. Bu tartışma şöyleydi: Biz bu nakti sizin için alıp, yükselen bir hisse fiyatına dönüştürebilecek durumdayken, neden kâr payı istiyorsunuz? Hisse senetlerimizin nasıl yükseldiğine sadece bir bakın -bu penilerinizi dolara sizden daha iyi dönüştürebileceğimizi kanıtlamıyor mu?

Yatırımcılar en ince ayrıntısına kadar buna bayıldılar. "Baba En İyisini Bilir" öyle bir inanç ilkesi oldu ki, 1999 yılı geldiğinde, o yıl ilk kez halka hisse senedi arz eden şirketlerin sadece %3.7'si kâr payı ödedi -1960'lardaki bütün IPO'ların ortalama %72.1'inden düşerek.[9] Kâr payı ödeyen şirketlerin yüzde oranının (koyu alanla gösterilen) nasıl küçüldüğüne bakın.

[8] 1949 baskısı, s. 233.

[9] Eugene F. Fama ve Kenneth R. French, "Disappearing Dividends: Changing Firm Characteristics or Lower Propensity to Pay?" [Yok Olan Kâr Payları: Değişen Şirket Özellikleri ya da Daha Düşük Ödeme Eğilimi ç.n.] *Journal of Financial Economics*, cilt 60, no. 1, Nisan 2001, s. 3-43, özellikle Tablo 1; ayrıca bakınız Elroy Dimson, Paul Marsh ve Mike Staunton, *Triumph of the Optimists* (Princeton Univ. Press, Princeton, 2002), s. 158-161. İlginç bir şekilde 1970'lerin sonlarından beri ABD hisse senetleri tarafından ödenen kâr paylarının toplam dolar miktarı, enflasyondan sonra bile, artmıştır -ancak kâr payı ödeyen hisse senedi sayısı üçte-iki oranında azalmıştır. Bakınız Harry DeAngelo, Linda DeAngelo ve Douglas J. Skinner, "Are Dividends Disappearing? Dividend Concentration and the Consolidation of Earnings" [Kâr Payları Yok mu Oluyor, Kâr Payı Konsantrasyonu ve Kazanç Güçlendirmesi - ç.n.], http://papers.ssrn.com. adresinde.

ŞEKİL 19-1 Kim Kâr Payı Öder?

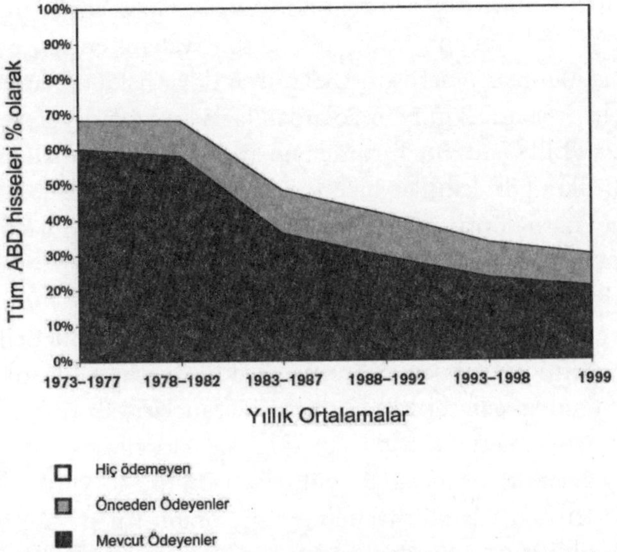

Kaynak: Eugene fama and Kenneth French, "Disappearing Dividends," Journal of Financial Economics, *Nisan 2001.*

Fakat "Baba En İyisini Bilir" saçmalıktan başka hiçbir şey değildi. Bazı şirketler nakitlerini iyi kullanmalarına rağmen, pek çoğu başka iki kategorinin içine giriyordu: Bunu harcayanlar ve harcamaya fırsat bulamayacak kadar hızlı biriktirenler.

İlk grupta, Priceline.com, 2000 yılında market ve benzin gibi akılsız maceralara giriştikten sonra 67 milyon dolar zarar yazdı,bu arada Amazon.com, hissedarlarının en azından 233 milyon dolar değerindeki varlığını Webvan ve Ashford.com gibi internet bombalarına "yatırarak" yok etti.[10] Ve şimdiye kadar kayıtlara geçen en büyük zararlar -JDS Uniphase'in 2001'deki 56 milyar dolarıyla, AOL Time Warner'ın 2002'deki 99 milyar doları- şirketlerin kâr payı ödememeye başladığı ve hisselerinin korkunç şiştiği bir

[10] Madeni paralarını cebinde delik açmaması için asbest bir cüzdanda taşıdığı söylenen Benjamin Franklin CEO olmuş olsaydı, belki bu sorundan sakınabilirdi.

dönemde, diğer şirketlerle birleşmeye karar vermelerinden sonra gerçekleşti.[11]

İkinci grupta, 2001 yılı sonunda, Oracle Corp.'un 5 milyar dolar nakit yığdığını göz önüne alın. Cisco Systems en az 7.5 milyar dolar istiflemişti. Microsoft 38.2 milyar dolar nakit toplamıştı -*her saat* için ortalama 2 milyon dolardan fazla bir yükseliş göstermekteydi.[12] Bill Gates bu durumda ne kadar kötümser olabilirdi? Bu fıkra gibi kanıtlar bize pek çok şirketin nakit fazlasını ek kazanca nasıl dönüştüreceğini bilmediğini gösteriyor. İstatistiksel kanıtlar bize neler söylüyor?

- Robert Arnott ve Clifford Aness adlı para yöneticileri tarafından yapılan araştırma geçerli kâr payları düşük olduğunda, gelecekteki kurumsal kazançların da düşük olacağını ortaya çıkardı. Geçerli kâr payları yüksek olduğunda, gelecek kazançlar da yüksek olacaktır. 10-yıllık dönemlerde ortalama kazanç büyüme oranı, kâr payları yüksek olduğunda düşük olduğundan 3.9 puan daha yüksekti.[13]
- Columbia muhasebe profesörleri Doron Nissim ve Amir Ziv, kâr paylarını yükselten şirketlerin sadece daha iyi his-

[11] *BusinessWeek* tarafından yapılan bir araştırma 1995'den 2001'e kadar sayıca 300'den fazla büyük şirket birleşmesinin %61'inde devralan şirketin hissedarlarının servetlerinin yok olduğunu -"kazananın laneti" ya da "alıcının pişmanlığı" olarak bilinen bir durum- gösterdi. Ödeme yapmak için nakit yerine hisse senedi kullanan devralıcılar rakip şirketlerin %8 altında kaldı. (David Henry, "Mergers: Why Most Big Deals Don't Pay Off," *Business Week*, 14 Ekim 2002, s. 60-70.) Benzer bir akademik araştırma da özel şirketlerin ve kamu şirketlerine ait yan kuruluşlarının devralmalarının olumlu hisse senedi dönüşümleri sağladığını, fakat kamu kuruluşlarının tamamının devir alınması halinde, ihalede kazanan şirketin hissedarlarının zarar etmelerine yol açtığını ortaya çıkardı. (Kathleen Fuller, Jeffry Netter ve Mike Stegemoller, "What Do Returns to Acquiring Firms Tell Us?" *The Journal of Finance*, cilt 57, no. 4, Ağustos 2002, s. 1763-1793.)

[12] Faiz oranları kaydedilen en düşük değerlerindeyken, böyle büyük bir nakit yığını öylece durursa berbat getiriler sağlayacaktır. Graham'in iddia ettiği gibi "Bu fazla nakit şirkette kaldığı sürece, dışarıdaki hissedar bundan çok az faydalanabilir" (1949 baskısı, s. 232.) Gerçekten de 2002'nin yıl-sonunda Microsoft'un nakit bilançosu 43.4 milyar dolara şişmişti -şirketin iş kollarının yarattığı nakti kullanacak iyi bir yer bulamadığının açık kanıtı. Graham'in söylemiş olacağı gibi, Microsoft'un *faaliyetleri* etkindi, ancak *finansı* artık değildi. Bu sorunu çözmek amacıyla bir adım atan Microsoft 2003 başında düzenli üç-aylık kâr payı ödemelerine başlayacağını açıkladı.

[13] Robert D. Arnott ve Clifford S. Asness, "Surprise! Higher Dividends = Higher Earnings Growth," *Financial Analysts Journal*/Şubat, 2003, s. 70-87.

se senedi getirileri aldıklarını değil, "kâr payı artışlarının [daha yüksek], kâr payı değişikliklerinden sonraki en az dört yıl süresince gelecek kârlılıkla ilgili olduğu"nu da ortaya çıkardılar.[14]

Kısacası, çoğu yönetici, nakdinizi sizden daha iyi değerlendirebileceğini söylerken, haklı değildir. Kâr payı ödemek iyi sonuçları garantilemez, fakat tipik bir hisse senedinin getirisini, yöneticinin ellerinden hesapsızca harcamadan ya da istiflemeden en azından bir miktar nakit çekerek *iyileştirir*.

DÜŞÜKKEN SATIP YÜKSEKKEN ALMAK

Şirketlerin nakit fazlasını daha iyi değerlendirmek için kendi hisselerini geri almaları tartışmasına ne dersiniz? Bir şirket, hisse senetlerinin bir kısmını yeniden satın aldığında, bu tedavüldeki hisse senedi adedini azaltır. Net geliri olduğu yerde kalsa bile, toplam kazançlar daha az hisseye dağıtılacağı için şirketin hisse başına düşen kazancı artacaktır. Bu, sonuçta, hisse senedi fiyatını yükseltecektir. Daha da iyisi, kâr payının tersine, hisselerini satmayan yatırımcıların geri-alımları vergiden muaf tutulur.[15] Bu nedenle vergi faturaları yükselmeden, hisse senetlerinin değeri yükselir. Ve eğer hisseler ucuzsa, fazla nakti onları almak için harcamak, şirketin sermayesini mükemmel bir biçimde kullanmak olacaktır.[16]

[14] Doron Nisim ve Amir Ziv, "Dividend Changes and Future Profitability." *The Journal of Finance*, cilt. 56, no. 6, Aralık, 2001, s. 2111-2133. Arnott-Asness ve Nissim Ziv'in gelecekteki kazançlarla ilgili bulgularıyla aynı fikirde olmayan araştırmacılar bile kâr payı yükselişlerinin gelecekte daha yüksek hisse senedi getirilerine yol açacağını kabul ettiler; bakınız Shlomo Benartzi, Roni Michaely ve Richard Thaler, "Do Changes in Dividends Signal the Future or the Past?" The Journal of Finance, cilt 52, no. 3, Temmuz, 1997, s. 1007-1034.

[15] Başkan George W. Bush tarafından 2003 başında önerilen vergi reformları, kâr paylarının vergiye tabi olma durumlarını değiştirecektir, fakat yasanın kaderi baskı zamanına kadar belli olmamıştı.

[16] Geçmişte, şirketler yeniden hisse alımlarına sağ-duyulu bir yaklaşım gösterdiler ve hisse senedi fiyatları yüksekken onları düşürdüler, fiyatlar düşük olduğunda ise yükselttiler. 19 Ekim 1987'deki menkul kıymetler piyasası çöküşünden sonra, örneğin, 400 şirket sonraki 12 gün içerisinde yeni geri-alımlar ilan etti–oysa yılın başında hisse senedi fiyatları çok daha yüksekken sadece 107 şirket geri-alım programı ilan etmişti. Bakınız Murali Jagannathan, Clifford P. Stephens ve Micheal S. Weisbach, "Financial Flexibility and the Choice Between dividends and Stock Repurchases," *Journal of Financial Economics*, cilt. 57, no. 3, Eylül 2000, s. 362.

Bütün bunlar kuramsal olarak doğrudur. Ne yazık ki, gerçek dünyada, hisse senedi geri-alımları sadece kötü niyetli olarak nitelenebilecek bir amaca hizmet etmektedirler. Şimdi, hisse senedi satın alma hakları, makam ödeneklerinin çok büyük bir kısmını oluşturduğu için, -özellikle yüksek teknoloji endüstrisinde- pek çok şirket bu hisse senedi opsiyonlarını uygulayan yöneticilere vermek üzere milyonlarca hisse ihraç etmek durumunda kalır.[17] Fakat bu tedavüldeki hisse senedi adedini yükseltecek ve hisse başı kazançları küçültecektir. Bu seyreltmeyle mücadele etmek için, şirketler tam ters yöne dönerek, açık piyasadan milyonlarca hisseyi yeniden almak zorunda kalırlar. 2000 yılı geldiğinde, şirketler toplam net gelirlerinin %41.8 gibi şaşırtıcı bir kısmını -1980'deki %4.8' den yükselerek- kendi hisselerini yeniden satın almak için harcamaya başlamışlardı.[18]

Yazılım devi Oracle Corp.'a bakalım. 1 Haziran 1999 ile 31 Mayıs 2000 arasında, Oracle, üst düzey yöneticilerine, 101 milyon adet ve personeline de 26 milyon adet adi hisse senedini toplam 484 milyon dolar fiyattan verdi. Bu arada daha önceki hisse senedi opsiyonlarının kullanımında hisse başına düşen seyrelmeyi önlemek isteyen Oracle, 290.7 milyon hisseyi geri almak için 5.3 milyar dolar -ya da o yılki toplam gelirlerinin %52'sini-harcadı. Oracle hisse senedini içeridekilere hisse başı 3.53$'lık ortalama fiyattan verdi ve 18.26$'lık ortalama fiyattan yeniden aldı. Dü-

[17] Şirket tarafından yöneticilerine ve personeline dağıtılan hisse senedi opsiyonları onlara gelecekte indirimli fiyattan hisse satın alma hakkı (zorunluluğu değil) verir. Bu opsiyonların hisselere dönüşümüne opsiyon "kullanmak" adı verilir. Personel daha sonra bu hisseleri geçerli piyasa fiyatından satar ve farkı kâr olarak cebe atar. Belirli bir yıl içerisinde yüzlerce milyon opsiyon kullanılabildiği için, şirket tedavüldeki hisse senedi mevcudunu artırmak zorundadır. Bununla birlikte, daha sonra, şirketin toplam net geliri çok daha büyük sayıda hisseye dağıtılacağından, hisse başı kazanç düşecektir. Şirket, bu nedenle, opsiyon sahiplerine verilen hisse senetlerini iptal etmek için, tipik olarak diğer hisseleri satın almaya kendini mecbur hisseder. 1998'de mali işler müdürlerinin %63.5'u, yeniden hisse satın almanın en büyük nedeninin opsiyonlarda seyreltmeyle mücadele etmek olduğunu kabul ettiler (bakınız CFO Forum, "The Buyback Track," *Institutional Investor*, Temmuz, 1998).

[18] Bu değişikliğe yol açan ana unsurlardan biri ABD Sermaye Piyasası Kurumu'nun 1982'de verdiği bir karardı, buna göre yeniden hisse alımlarında önceki kısıtlamalarını gevşetiyordu. Bakınız Gustavo Grullon ve Roni Michaely, "Dividends, Share Repurchases, and the Substitution Hypothesis," *The Journal of Finance*, cilt 57, no. 4, Ağustos 2002, s. 1649-1684.

şükken sat, yüksekken al: Hissedarların değerlerini "artırma"nın yolu bu muydu?[19]

2002 yılı geldiğinde, Oracle'ın hisse senetleri 2000'deki zirvelerinin yarısının da altına inmişlerdi. Şimdi hisselerinin daha ucuz olması nedeniyle, Oracle daha fazla hisse senedi alma telaşına mı düşmüştü? 1 Haziran 2001 ile 31 Mayıs 2002 arasında Oracle yeniden alımlarını 2.8 milyar dolara indirdi, bunun nedeni açıkça üst düzey yöneticileri ve personelinin o yıl daha az opsiyon kullanmış olmalarıydı. Aynı düşük-sat, yüksek-al modeli düzinelerle başka teknoloji şirketinde de görülür.

Burada neler olmaktadır? İki şaşırtıcı unsur devrededir:

- Yöneticiler ve personel hisse senedi opsiyonlarını kullandıklarında şirketler vergi muafiyetine (IRS -Vergi Dairesi- bunu "tazminat masrafı" olarak addeder) tabi olurlar.[20] Örneğin, Oracle 2000 ile 2002 arasındaki mali yıllarında, içerdekiler opsiyonlarından fayda sağladıklarında, vergi dışı gelirlerden 1.69 milyar dolar kazandı. Sprint Corp. 1999 ve 2000 yıllarında, yöneticileri ve personeli 1.9 milyar doları opsiyon kârlarına kilitlediğinde vergi dışı gelirlerden 678 milyon dolar cebe indirdi.
- Yüksek miktarda hisse senedi opsiyonuyla tazmin edilmiş üst düzey bir yönetici, kâr payları üzerinden hisse senedi geri-alımına hak kazanmıştır. Neden? Teknik nedenlerden dolayı, bir hisse senedinin fiyat dalgalanmaları aşırılaştıkça opsiyonların da değeri artar. Fakat kâr payları hisse senedi-

[19] Graham yazılarında, kurumsal yönetimlerin sadece hisse senedi fiyatlarının düşmesini önlemekle değil, bu fiyatların şişmesini önlemekle de mükellef olduklarını belirtir. *Security Analysis*'de (1934 baskısı, s. 515) açıkladığı gibi "hissedarlarının çıkarları doğrultusunda çalışan bir yönetimin sorumluluğu -mümkün olabildiğince- hisse senetlerinde çok saçma yükseklikte fiyatların ya da anormal düşük fiyatların oluşmasını önlemektir." Bu nedenle hissedarın değerini artırmak yalnızca hisse fiyatlarının çok düşmesini önlemek değildir; aynı zamanda hisse senedi fiyatlarının gereksiz *yükseklikte* düzeylere çıkmasını da engellemektir. Keşke 1999'da hiç olmazsa Internet şirketlerinin üst düzey yöneticileri Graham'in verdiği aklı dinlemiş olsalardı!

[20] İnanılmaz bir biçimde, opsiyonlar bir şirketin vergi iadesinde telafi masrafı olarak addedilseler de, hissedarlara verilen mali raporlardaki kâr-zarar bilançosunda ise masraf olarak sayılmazlar. Yatırımcıların yapabileceği tek şey muhasebe reformlarının bu gülünç uygulamayı değiştireceğini umut etmektir.

nin oynaklığını azaltır. Bu nedenle eğer yöneticiler kâr payını arttırırlarsa, kendi hisse senedi opsiyonlarının değerini düşüreceklerdir.[21]

Hiç kuşku yok ki, CEO'lar -hisse fiyatları ne kadar şişmiş olursa olsun ya da dışarıdaki hissedarların kaynaklarını ne kadar kötü harcarlarsa harcasınlar- kâr payı ödemek yerine hisse senedi geri-alımlarını tercih ederler.

OPSİYONLARINI AÇIK TUTMAK

Uyuşuk yatırımcılar, en sonunda, yöneticilere makul olmayan yollardan fazla paralar ödemek üzere, dizginleri şirketlerinin eline vermişlerdir. 1997'de, Apple Computer Inc.'in kurucu ortağı Steve Jobs, şirkete "geçici" icra kurulu başkanı olarak dönmüştü. Çoktan zengin olmuş bir adam olarak Job, yıllık 1$ nakit ücret almakta ısrar etti. 1999 yılının sonunda, "önceki 2 ½ yıl içerisinde ödeme almadan" şirkete CEO olarak hizmet eden Jobs'a yönetim kurulu Gulfstream jet uçağı armağan etti, bunun şirkete maliyeti sadece 90 milyon dolardı. Sonraki ay Jobs iş unvanından "geçici" sıfatını atmayı kabul etti, yönetim kurulu onu 20 milyon hisse opsiyonuyla ödüllendirdi. (O zamana kadar Jobs, Apple hisse senetlerinden toplam iki adet hissenin sahibiydi.)

Böyle opsiyon ödeneklerinin ardında yatan ilke, yöneticilerin menfaatlerini dışarıdaki yatırımcılarla aynı çizgiye getirmekti. Eğer dışarıdan bir Apple hissedarıysanız, yöneticilerinizin sadece Apple hisse senetleri iyi kazanç sağladığında ödüllendirilmesini istersiniz. Başka hiçbir şey, size ve şirketin diğer hissedarlarına

[21] Bakınız George W. Fenn ve Nellie Liang, "Corporate Payout Policy and Managerial Stock Incentives," *Journal of Financial Economics*, cilt 60, no. 1, Nisan 2001, s. 45-72. Kâr payları, hissedarları piyasa fiyatlarındaki dalgalanmalara karşı koruyan geçerli gelir akışını sağlayarak, hisse senetlerinin değişkenliğini azaltırlar. Pek çok araştırmacı, hisse senedi geri-alım programları uygulayan (fakat nakit kâr payı vermeyen) şirketlerin ortalama kârlılıklarının, kâr payı ödeyen şirketlerinkinin en az iki katı istikrarsız olduğunu bulmuşlardır. Bu daha değişken kazançlar, genel olarak, daha canlı hisse fiyatlarına neden olurlar, bu da -hisse fiyatları geçici olarak yükseldiğinde daha fazla fırsat yaratarak- yöneticilerin hisse senedi opsiyonlarını daha değerli kılar. Günümüzde yönetimsel tazminatın üçte-ikisi opsiyon biçiminde ve diğer nakit olmayan ödüller şeklinde gelir; otuz yıl önce tazminatın en az üçte-ikisi nakit olarak verilirdi.

adil gelmez. Fakat, John Bogle, Vanguard fonlarının eski başkanı, hemen hemen tüm yöneticilerin hisse senetlerini opsiyon kullandıktan hemen sonra *sattıklarına* dikkat çeker. Milyonlarca hisseyi ani bir kâr için terk etmek, bunların menfaatlerini şirketin uzun-dönemli vefakâr hissedarlarıyla nasıl aynı çizgiye getirebilir?

Jobs'ın durumunda, eğer Apple hisse senetleri 2010 başı itibariyle sadece yıllık %5 yükselse, opsiyonlarından 548.3 milyon dolar nakit para alacaktı. Başka bir deyişle, Apple hisse senetleri tüm menkul kıymetler borsasının ortalama uzun-vadeli getirisinin yarısından daha iyi kazanamasa bile, Jobs yarım-milyar-dolarlık bir talih kuşuna konmuş olacaktı.[22] Bu durum onun menfaatlerini, Apple'ın hissedarlarıyla aynı çizgiye getiriyor muydu -ya da Apple hissedarlarının yönetim kuruluna besledikleri güveni boşa mı çıkarıyordu?

Vekalet belgesini ihtiyatla okuyan akıllı bir hissedar, şirketin tedavüldeki hisse senedinin %3'ten fazlasını yöneticilere devreden opsiyon ödeneklerini kullanan her yönetsel tazminat planının aleyhinde oy verecektir. Ve siz hisse senedi satın alma haklarını, üstün sonuçlu, adil ve kalıcı ölçüleri olan bir koşula bağlamayan her planı aynı endüstrideki ortalama bir hisse senedini en az beş yıllık dönem içinde geçmek gibi- veto etmelisiniz. Sizin kötü sonuçlar almanıza neden olan hiçbir CEO, kendisini zenginleştirmeyi hak etmez.

SON BİR GÖRÜŞ

Her şirketin bağımsız yönetim kurulu üyesi, hissedarlara, işin hissedarlar lehine iyi yönetilip yönetilmediğini yazarak rapor etmeli, şeklindeki Graham'in önerisine geri dönelim. Bağımsız direktörler de şirketin kâr payı ve hisse geri-alım politikalarını doğrulamak zorunda olsalardı nasıl olurdu? Şirketin üst düzey yönetiminin fazla para almadığına nasıl karar verdiklerini tam olarak açıklamak zorunda kalsalardı nasıl olurdu? Ve her yatırımcı akıllı bir hissedar olup, raporu gerçekten okusaydı ne olurdu?

[22] Nisan 2001 yıllık genel kurulu için Apple Computer Inc. tüzük açıklaması, s. 8 (www.sec.gov adresinde). Jobs'ın opsiyon ödeneği ve hissedarlığı ikiye-bir bölünmeye göre ayarlanmıştı.

BÖLÜM 20

Yatırımın Temel kavramı olarak "Güvenlik Marjı"

Eski efsanede, bilge insanlar insanlık tarihini sonunda tek bir deyişle özetlediler, "Bu da geçecek."* Biz de güvenli yatırımın sırrını üç sözcüğe indirgemek gibi benzer bir durum söz konusu olduğunda şu ilkeyi öne süreriz: GÜVENLİK MARJI. Bu, yatırım politikasının önceki tüm tartışmalarının içinden geçen bir iptir -çoğunlukla açıkça, bazen de daha dolaylı bir biçimde. Şimdi ilgili bir konuda, kısa bir şekilde, bu kavramın izini sürmeyi deneyelim.

Tüm deneyimli yatırımcılar, güvenlik-marjı kavramının sağlam tahviller ve imtiyazlı hisse senetleri için gerekli olduğunun farkındadırlar. Örneğin bir demiryolu şirketi, tahvillerinin yatırım yapılabilir-menkul değer-sınıfına girebilmesi için, birkaç yıl süreyle toplam sabit maliyetinin beş katından daha iyisi bir (gelir vergisinden önce) gelir kazanmış olmalıdır. Faiz masraflarının üzerinde gelir sağlamakla ilgili bu *geçmiş* beceri, yatırımcıyı bazı *gelecek* net gelir düşüşlerinde zarara ve yenilgiye karşı koruyacağı düşünülen bir güvenlik marjı oluşturur. (Giderlerin üzerindeki marj başka biçimlerde de ifade edilebilir -örneğin, gelirler ya da kazançların bakiyeden önce faiz çıktıktan sonraki düşüş yüzdesiyle- fakat temelde yatan fikir aynı kalır.)

Tahvil yatırımcısı, gelecekteki ortalama kazancın geçmişteki

* "Doğulu bir hükümdarın, bir zamanlar bilge insanlardan, her zaman göz önünde bulundurulacak ve her durum ve her zaman için uygun olacak bir cümle yaratmalarını istediği anlatılır. Bilge insanlar ona şu cümleyi sunarlar: 'Ve bu da geçecektir.' Ne kadar çok şey ifade eder! Bir gurur anı için ne kadar gösterişsizdir! –ıstırabın derinliklerinde ne kadar teselli edicidir! 'Ve bu da geçecektir.' Ve bunun *tam anlamıyla* doğru olmadığını umut edelim." –Abraham Lincoln, Wisconsin Eyaleti Tarım Topluluğu'na hitap ettiği konuşmasında, Milwaukee, 30 Eylül, 1859, (Library of America, 1985), cilt. II, s. 101.

gibi olacağını beklemez; eğer bundan emin olmuş olsaydı, marj talebi küçük olabilirdi. Gelecek kazançların maddi yönden geçmişte olduğundan daha iyi, ya da daha kötü olacağına dair, kararını etkileyecek herhangi bir miktara bel bağlayamaz, eğer bunu yapmış olsaydı, marjını, geçmiş kayıtlarda gösterilen marjı vurgulamak yerine, dikkatle *hedeflenmiş* gelir hesabı cinsinden ölçmek zorunda kalacaktı. Aslında burada güvenlik marjı, gelecek ile ilgili doğru tahmini gereksiz kılmaktır. Eğer marj büyükse, yatırımcının, gelecek kazançların geçmiştekilerin altına düşmeyeceğini varsayıp, istikrarsız zamanlara karşı kendini yeterince korunmuş hissetmesi için yeterlidir.

Tahviller için güvenlik marjı, alternatif bir şekilde, şirketin toplam değerini borç miktarıyla kıyaslayarak hesaplanabilir. (Benzer bir hesaplama da imtiyazlı-hisse-senetleri için yapılabilir.) Eğer işletmenin 10 milyon dolar borcu varsa ve işletme aslında 30 milyon dolar değerindeyse, tahvil sahiplerinin zarar edebilmeleri için, değerinin üçte-iki azalması -en azından kuramsal olarak- için gereken pay mevcuttur. Bu ek değer ya da borç üzerindeki "tampon," ikinci derece hisse senetlerinin ortalama piyasa değerini birkaç yıl süreyle kullanarak tahmin edilebilir. Ortalama hisse senedi fiyatları genellikle ortalama kazanç gücüyle bağlantılı olduğu için borç üzerindeki "işletme değeri" marjı ve giderler üzerindeki kazanç marjı çoğu durumda benzer sonuçlar verecektir.

"Sabit değerli yatırım"lara uygulanan "güvenlik-marjı" kavramı için şimdilik bu kadar açıklama yeterlidir. Bu, adi hisse senetleri alanına taşınabilir mi? Evet ama bazı gerekli ayarlamalar yapılarak.

Adi hisse senedinin sağlam olarak nitelendirilebildiği durumlar vardır, çünkü iyi bir tahvil kadar güvenlik marjına sahiptir. Bu, örneğin, bir şirketin durgunluk döneminde gayrimenkulleri ve kazanma gücüne dayanarak güvenli bir şekilde ihraç edebileceği tahvil miktarından daha düşük oranda fiyatlanmış adi hisse senetlerinde söz konusu olacaktır.* Bu güçlü bir şekilde finanse edilen birçok sanayi şirketinin 1932-33 yıllarındaki düşük fiyat düzeylerindeki konumudur. Böyle durumlarda, yatırımcı bir tahville ilişkili güvenlik marjına, artı adi hisse senedinin doğasında var olan sermaye değeri artışıyla, daha yüksek gelir imkânlarına sahip olabilir. (Tek eksiği, temettü ödemeleri "ya da başka şeyler" için ısrarcı olmak üzere ihtiyacı olan yasal güçtür-ancak avantajlarıyla kıyaslandığında, bu pek küçük bir sorundur.) Bu koşullar altında satın alınan adi hisse senetleri, ender olmakla birlikte, güven ve kazancın ideal karışımı olan bir fırsat sunarlar. Yakın bir zamana örnek olarak 1972'de 43 milyon dolar gibi bir toplam işletme değerinden satılan National Presto Industries hisse senetlerini bir kez daha verebiliriz. Vergiden düşülmemiş 16 milyon dolarlık kazancıyla şirket kolaylıkla bu miktarda tahvili destekleyebilirdi.

Normal koşullarda yapılacak bir yatırım için satın alınan sıradan bir adi hisse senedinde, güvenlik marjı, tahvillerin rayiç bedellerinin çok üzerinde beklenen bir kazanç gücündedir. Önceki baskılarımızda bu noktayı aşağıdaki rakamlarla açıklamıştık:

> Normal bir durumda kazanç gücünün %9, tahvil oranının %4 olduğunu varsayınız; bu durumda hisse senedi alıcısının kendi payına ortalama %5'lik yıllık marj düşecektir. Fazlalığın bir kısmı kendisine temettü oranı olarak ödenecektir; kendisi tarafından harcanmış olmasına karşın bu, toplam yatırım sonucunun içine girecektir. Dağıtılmamış bakiye onun hesabına yeniden işletmeye yatırılır. Çoğu durumda yeniden yatırılan bu türden kazançlar, kazanç gücüne ve hisse senedi değerine gerektiği kadar eklenmez. (Bu, piyasanın kazançları, işletmenin içinde tutmak yerine, daha bonkör bir şekilde kâr paylarına

* "Kazanç gücü" şirketin potansiyel kazançları için Graham'in kullandığı terimdir, ya da onun deyişiyle, bir şirketin "bu dönem içindeki iş koşulları hiç değişmeden devam ettiği takdirde, yıldan yıla kazanması beklenilen" miktardır (*Security Analysis*, 1934 baskısı, s. 354) Konferanslarından bazıları Graham'in bu terimle beş yıllık dönemleri ya da daha uzun bir süreyi ifade ettiğini açıkça gösterir. Bir şirketin hisse başına düşen kazanç gücünü kabaca ama uygun bir biçimde fiyat/kazanç oranının tersini alarak tahmin edebilirsiniz; F/K oranı 11 olan bir hisse senedi %9 (ya da 1 bölü 11) kazanç gücüne sahiptir, denilebilir. Bugün "kazanç gücü" genellikle "kazanç verimi" olarak anılır.

dağıtarak değerlendirmesi yönündeki ısrarcı tutumunun nedenidir.)* Fakat resme bir bütün olarak baktığımızda, yeniden yatırılan kazançlar ile sağlanan kurumsal fazlalık artışı ve kurumsal değerler artışı arasında makul bir yakın ilişki vardır.

Gördüğümüz gibi, 1972 koşulları altındaki adi-hisse-senedi yatırımlarında tüm sorun "normal durumda" kazanç gücünün şimdi ödenen fiyatın %9'unun da altında olmasında yatmaktadır.** Bir şekilde büyük şirketler arasındaki düşük-çarpanlı ihraçların üzerine yoğunlaşarak, koruyucu yatırımcı şimdi son kazançların 12 katı kadar net varlık elde edebilirdi -başka bir deyişle, maliyet üzerinden %8.33'lük kazanç dönüşümüyle. %4 gibi bir kâr payına sahip olacak ve masrafının %4.33'ü kendi hesabına yeniden işletmeye yatırılacaktır. Bu çerçevede, on-yıllık bir zemine yayılan tahvil faizi üzerindeki hisse senedi kazancı fazlalığı, gerekli güvenlik marjını oluşturmak için fazla küçük olacaktır. Bu nedenle, sağlam adi hisse senetlerinden oluşturulan çeşitlendirilmiş bir listede bile gerçek tehlikelerin söz konusu olduğunu hissediyoruz. Bu riskler, kâr yaratma potansiyeli ile tam olarak azaltılabilir; aslında yatırımcının bunlara yakalanmaktan kurtulması kaçınılmazdır -aksi takdirde, hiç durmadan değer kaybeden bir dolar bazında ödeme yapan sabit bir yatırımın sahibi olmak gibi daha büyük bir riske maruz kalacaktır. Yine de yatırımcı, *küçük risklerle birleştirilmiş iyi kâr imkânları* taşıyan eski paketin kendisi için artık var olmadığını felsefi olarak anlamak ve kabul etmek için elinden geleni yapacaktır.*** Bununla birlikte

* Bu sorun kapsamlı bir biçimde 19. Bölüm'ün Açıklamaları'nda ele alınmıştır.

** Graham 1972'de yaptığı bir konuşmanın arkasından gelen tartışmayı nazikçe şöyle özetledi: "Güvenlik marjı, ödediğiniz fiyattan hisse senedi üzerindeki kazançların yüzde oranıyla tahvillerin faiz oranı arasındaki farktır ve bu istenmeyen gelişmelerin etkisini azaltacak bir farktır. *The Intelligent Investor*'ın 1965 baskısının yazıldığı zaman normal bir hisse senedi, kazancının 11 katından satılıyor ve tahvillerin %4'lük dönüşümüne karşılık %9 kâr sağlıyordu. Bu yüzde 100'ün üzerinde bir güvenlik marjına sahip olmak demekti. Şimdi [1972'de] hisse senetlerinin kazanç oranıyla, hisse senetlerinin faiz oranı arasında hiçbir fark yoktur, ve bu nedenle güvenlik marjı olmadığını söylüyorum..hisse senetleri üzerinde eksi bir güvenlik değerine sahipsiniz..." Bakınız "Benjamin Graham, Thoughts of Security Analysis" [ders metni, Northeast Missouri Eyalet Üniversitesi, işletme okulu, Mart 1972], *Financial History*, no. 42, Mart 1991, s. 9.

*** Graham'in 1972 başında yazdığı bu paragraf 2003 başlarındaki piyasa koşullarının olağanüstü kesinlikte bir tarifini veriyor. (Daha fazla ayrıntı için, Üçüncü Bölüm Açıklamaları'na bakınız.)

birinci-kalite -ve gerçek- hisse senetleri için fazla yüksek bir fiyat ödeme riski, sıradan bir menkul değer alıcısını bekleyen en önemli tehlike değildi. Yıllara yayılan gözlemlerimiz, yatırımcıların esas kayıplarının uygun piyasa dönemlerinde *düşük-kalite* hisse senedi alımlarından kaynaklandığını bize göstermiştir. Alıcılar geçerli olan iyi kazancı "kazanç gücü"ne denk olarak düşünürler ve bolluğun, güvenlikle aynı anlamda olduğunu varsayarlar. Bu yıllar, tahviller ve ikinci-derecede imtiyazlı-hisse-senetlerinin, biraz daha yüksek gelir kazancı sağlamaları ya da aldatıcı çekicilikte bir getiri ayrıcalığına sahip olmaları nedeniyle, halka başabaş fiyatlardan satıldığı dönemlerdi. Ayrıca, aynı günler, sıradan şirketlerin adi hisse senetlerinin, iki ya da üç yıllık mükemmel büyümenin verdiği güçle, maddi yatırımın çok daha üzerinde fiyatlardan dalgalandığı dönemlerdi.

Bu menkul kıymetler, terimin kabul edilebilir anlamına uygun olan, bir güvenlik marjı sunmuyorlardı. Faiz masrafları ve imtiyazlı kâr payları, 1970-71 gibi normalin altında bir iş dönemini de kapsayan birkaç yıllık bir dönem içerisinde sınanmalıydı. Aynı şey genellikle, kazanç gücünün göstergesi olmak için yeterli oldukları takdirde adi-hisse-senedi kazançları için de geçerlidir. Dolayısıyla iyi-havada, iyi-hava fiyatlarıyla yapılan yatırımların çoğu, ufukta bulutlar görünmeye başladığı zaman -genellikle daha da yakın zamanda- can sıkıcı fiyat düşüşleri yaşamak zorundadır. Yatırımcı nihai bir iyileşmeye -bazı durumlarda bu olsa bile- güvenle bel bağlayamaz, zira sıkıntılı süreçte su üzerinde kalmasını sağlayacak gerçek bir güvenlik marjına hiçbir zaman sahip olmamıştır.

Değer artışı sağlayan hisse senetlerindeki yatırım felsefesi güvenlik-marjı-ilkesine kısmen paralel gider, kısmen de ters düşer. Değer-artışı-hisse-senedi alıcısı geçmişteki ortalama kazanç gücünden daha yüksek bir kazanç gücü beklentisi içindedir. Bu nedenle, kendi kâr marjını hesaplarken bu kazanç beklentilerini geçmiş kayıtların yerine koyması istenebilir. Yatırım teorisinde, dikkatle hesaplanan gelecek kazançların, geçmişin açık kayıtlarından daha az güvenilir bir kılavuz olması için hiçbir neden yoktur; aslında, hisse senedi analizleri giderek daha fazla yetenekle yapılan gelecek değerlendirmelerini tercih etmeye başlayacaklardır.

Dolayısıyla değer artışı sağlayan hisse yaklaşımı, -gelecek hesaplamalarının koruyucu bir biçimde yapılması ve ödenen fiyata oranla tatmin edici bir marj gösterilmesi kaydıyla- sıradan yatırımda bulunan bir güvenlik marjı kadar güvenilirdir.

Değer artışı sağlayan hisse senedi programının tehlikesi işte tam da burada yatar. Bu tür ayrıcalıklı hisseler için piyasanın, gelecek gelir *mütevazi* tahminlerinin yeterince koruma sağlamayacağı düzeyde, bir fiyat saptama eğilimi vardır. (Bütün tahminlerin, geçmiş performanslardan farklı oldukları takdirde, daha düşük gösterme yönünde az da olsa yanılacakları gerçeği, tedbirli yatırımın temel kuralıdır.) Güvenlik marjı her zaman ödenen fiyata bağımlıdır. Bu, bir fiyatta daha büyük, daha yüksek bir başka fiyatta küçük olacak, daha da yüksek bir başka fiyatta ise hiç bulunmayacaktır. Eğer, öne sürdüğümüz gibi, değer artışlı hisse senetlerinin çoğunun ortalama piyasa düzeyi alıcı için uygun güvenlik marjını sağlamak için çok yüksekse, o zaman bu alanda çeşitlendirilmiş bir alım için, basit bir teknik tatmin edici sonuçlar vermeyebilir. Bu türden bütün hisselerin, alışılmış piyasa düzeyinin içinde bulunan tehlikelerin üstesinden gelebilmeleri amacıyla akıllı bireysel seçimler yapmak için özel öngörü ve değerlendirmeler gerekecektir.

Güvenlik-marjı kavramı, eksik değerlendirilmiş ya da ucuz kalmış hisselere uygulandığında daha da belirginleşir. Burada, tanımı gereği, fiyat ile gösterilen ya da biçilen değer arasında önemli bir fark vardır. Bu fark güvenlik-marjıdır. Bu, yanlış hesaplamaların ya da ortalamanın altında bir talihin etkisini azaltmak için mevcuttur. Ucuz hisselerin alıcısı olumsuz gelişmeler karşısında ayakta kalabilmek için yatırımına özel bir önem verir. Çoğu durumda şirketin beklentileriyle hiçbir ilgisi yoktur. Doğrudur, eğer beklentiler kesinlikle kötüyse yatırımcı, hissenin fiyatı ne kadar düşük olursa olsun, ondan kaçmayı tercih edecektir. Ancak eksik değerlendirilmiş hisseler -belki de çoğunluğu- geleceğin kesinlikle ümit verici ya da ümitsiz göründüğü pek çok durumdan yararlanır. Eğer bunlar bir alışveriş zeminine taşınırlarsa, kazanç gücündeki vasat bir düşüş bile yatırımın tatmin edici sonuçlar vermesini engelleyemez. Güvenlik marjı işte o zaman amacına ulaşmış olur.

Çeşitlendirme Kuramı

Güvenlik marjıyla, çeşitlendirme kuramı arasında çok yakın bir mantıksal ilişki vardır. Biri diğeriyle bağlantılıdır. Yatırımcının lehinde bir marj olsa bile, bireysel bir hisse senedi kötü sonuçlar verebilir. Güvenlik marjı yalnızca, kayıptan daha fazla kazanç şansına sahip olmayı garantiler -ama kaybın imkânsız olduğunu ifade etmez. Ancak bu tür yatırımların sayısı arttıkça, kazançların toplamının, zarar toplamını aşacağı da kesinleşir. İşte bu, sigorta-poliçesi faaliyetlerinin en basit ilkesidir.

Çeşitlendirme, koruyucu yatırımın sabit bir ilkesidir. Bu kadar yaygınlaşması, gerçekte yatırımcıların çeşitlendirmenin eşlik ettiği güvenlik-marjı ilkesini kabul ettiklerini gösteriyor. Bu nokta ruletin aritmetiğine bir gönderme yapılarak daha canlı bir biçimde anlatılabilir. Eğer bir kişi, tek bir sayı üzerine 1$'lık bahis oynarsa, kazandığında kendisine 35$ kazanç ödenir -fakat 1'e karşı 37 oranında kaybedecektir. "Eksi güvenlik marj"ına sahiptir. Bu durumda çeşitlendirme aptallıktır. Ne kadar çok sayıya oynarsa, kazanma oranı o kadar azalır. Eğer her sayıya (0'dan 00'a) düzenli olarak 1$ oynarsa, çarkın her dönüşünde 2$ kaybetmesi kesindir. Diyelim ki 35$ yerine 39$ kazanç sağlamış olsun, o zaman az da olsa önemli bir güvenlik marjına sahip olacaktır. Bu nedenle, ne kadar çok sayı üzerine bahis oynarsa, kazanma şansı da o kadar artacaktır. Ve o zaman her sayıya sadece 1$ oynamakla, çarkın her dönüşünde 2$ kazanacağından emin olabilir. (Bu arada, verilen iki örnek aslında çarkın oyuncusuyla sahibinin konumunu sırasıyla 0 ve 00 olarak tanımlar.)*

* "Amerikan" ruletinde çoğu çark 1 den 36'ya kadar sayıların yanısıra 0 ve 00 rakamlarını da kapsar, bu da toplamda 38 delik eder. Gazinonun maksimum ödemesi 1'e karşı 35'dir. Her sayıya 1$ oynarsanız ne olur? Top sadece bir deliğe düşeceğinden, bu delikten 35$ kazanır fakat diğer 37 deliğin her biri için 1$ kaybedersiniz, bu da 2$'lık net zarar demektir. Bu 2$'lık fark (ya da 38$'lık bahsinizde %5.26 dağılım) gazinonun "işletme kârı"dır, bu, rulet oyuncularının *ortalama olarak* her zaman kazandıklarından daha çok kaybedeceklerini garantiler. Rulet oyuncusu, menfaati için ne kadar az bahis oynarsa o kadar iyidir, gazinonun menfaati için ise rulet çarkının dönmesi gerekir. Benzer bir biçimde, akıllı yatırımcı "kayıptan çok kazanç imkânı sunan" hisselerin sayılarını artırmanın yollarını aramalıdır. Pek çok yatırımcı için, çeşitlendirme güvenlik marjını artırmanın en basit ve en ucuz yoludur.

Spekülasyona Karşı Yatırım Kriteri

Genel kabul görmüş tek bir yatırım tanımı olmaması nedeniyle, otoriteler bunu canları nasıl isterse öyle tanımlarlar. Pek çoğu ise, yatırım ve spekülasyon kavramları arasında yararlı ya da güvenli bir fark olduğunu kabul etmez. Bu şüpheciliğin, gereksiz ve zararlı olduğunu düşünüyoruz. Zararlıdır, çünkü pek çok insanı menkul kıymetler piyasası spekülasyonunun tehlikelerine ve heyecanlarına doğru doğal bir eğilime sürüklemek üzere cesaretlendirir. Yatırım işlemini spekülatif olandan ayırmak için bir mihenk taşı olarak güvenlik-marjı kavramının kullanılmasını öneriyoruz.

Pek çok spekülatör muhtemelen, şanslarını denedikleri zaman ihtimallerin kendi lehlerinde olduğunu düşünürler ve bu yüzden de yöntemlerinde güvenlik marjına sahip çıkarlar. Her biri zamanın kendi alımı için uygun olduğunu, ya da yeteneğinin herkesten fazla olduğunu ya da danışmanının veya sisteminin güvenilir olduğunu düşünür. Fakat bu iddialar inandırıcı olmaktan uzaktır. Sübjektif kararlara dayandırılır, uygun kanıtlardan ve kesin mantıksal sonuçlardan yoksundurlar. Piyasanın yükselişi ve düşüşüyle ilgili kendi görüşleri doğrultusunda parasıyla bahis oynayan bir kişinin, güvenlik marjıyla korunabileceğini söylemek hiçbir şekilde mümkün değildir.

Tam tersine, -bu bölümün ilk kısımlarında anlatılan şekliyle-yatırımcının güvenlik-marjı kavramı, istatistiksel verilerden oluşan basit ve kesin olan aritmetik kurallarına dayanır. Ayrıca, uygulamalı yatırım deneyimleriyle de çok iyi desteklendiğini düşünüyoruz. Bu temel sayısal yaklaşımın geleceğin bilinmeyen koşulları altında uygun sonuçlar vermeyi sürdüreceğinin ise hiçbir garantisi yoktur. Ancak, aynı şekilde bu konuda kötümser olmak için de hiçbir geçerli neden yoktur.

Sonuç olarak, doğru bir yatırıma sahip olmak için, doğru bir güvenlik marjı da olmalıdır. Ve doğru bir güvenlik marjı ancak rakamlarla, ikna edici kanıtlarla ve yaşanmış gerçek kaynaklarla açıklanabilir.

Yatırım Kavramının Genişletilmesi

Güvenlik-marjı ilkesi tartışmasını tamamlamak için bu noktada, geleneksel ve alışılmadık yatırımlar arasında bir ayırım yapacağız. Normal bir portföy için geleneksel yatırımlar uygundur. Bu başlık altında her zaman ABD devlet tahvilleri ve temettü ödemeli, birinci-sınıf adi hisse senetleri gelmiştir. Bunların arasına, vergi muafiyetiyle kâr sağlayacakları için eyalet ve belediye tahvillerini de ekledik. Bir de, ABD tasarruf bonolarından, şimdi olduğu gibi, daha fazla kâr getirecek birinci-sınıf özel şirket tahvilleri bu kapsama dahildir.

Geleneksel olmayan, alışılmadık yatırımlar sadece girişimci yatırımcı için uygundur. Çok geniş bir yelpazeye yayılırlar. En geniş kategori ikinci sınıf şirketlerin düşük değer biçilmiş adi hisse senetleridir, biz bunların biçilmiş değerlerinin üçte-ikisinden ya da daha düşüğünden satın alınabildikleri zaman uygun olduklarını düşünüyoruz. Bunların dışında, her zaman, baskılanmış satış fiyatlarıyla görünen değerlerinin çok altında fiyatlarla elde edilebilecek orta-sınıf kurumsal tahviller ve imtiyazlı hisse senetlerine ait geniş bir seçenek de vardır. Bu durumlarda ortalama bir yatırımcı zihninde, hisse senetlerini spekülatif olarak niteleme eğilimine girer, zira ona göre birinci-sınıf derecelendirmeden yoksun olmaları yatırımı hak etmiyorlar anlamına gelir.

Yeterince düşük bir fiyatın, orta kalitede bir hisse senedini -alıcının bilgilendirilmiş, tecrübeli ve yeterince çeşitlendirmeyi deneyimlemiş olduğu durumlarda- sağlam bir yatırım fırsatına dönüştüreceğini iddia ediyoruz. Eğer fiyat önemli bir güvenlik marjı yaratacak kadar düşükse, o zaman hisse senedi bizim yatırım kriterimizi karşılamaktadır. Bunu destekleyecek en beğendiğimiz örnek gayrimenkul tahvilleri alanındandır. 1920'lerde bu türden milyarlarca dolarlık tahvil nominal değerlerinden satılmış ve sağlam yatırım olarak önerilmişti. Bunların büyük kısmı, borç üzerinde çok küçük değer marjlarına sahip olmaları nedeniyle çok spekülatif olarak nitelendirilebilirlerdi. 1930 bunalımında bu tahvillerin çok büyük bir kısmı faiz yükümlülüklerini yerine getiremedi ve fiyatları -bazı durumlarda doların 10 sentinin altına inecek kadar- düştü. Bu aşamada, bu tahvilleri nominal değerlerden satılırken güvenli yatırım olarak önerenler, şimdi onları en spekülatif ve en istenmeyen işe yaramaz ihraçlar olarak nitelediler. Oysa aslında fiyatlarının %90 civarında değer kaybetmesi bu tahvillerin çoğunu çok çekici ve mantık çerçevesinde güvenli yapıyordu -çünkü gerçek değerleri piyasa kurunun dört beş katı üzerindeydi.*

Bu tahvillerin alımının genellikle "büyük spekülatif kâr" ile sonuçlanması, aslında fiyatları düştüğünde doğru yatırım niteliğini taşımalarını önlemez. "Spekülatif" kâr, sıradışı zekice bir yatırım yapmış olduğu için, alıcının ödülüdür. Bunlar gerçekten *yatırım* fırsatları olarak adlandırılabilirler çünkü dikkatli bir analizle, değerlerinin fiyatlarından çok fazla olmasının büyük bir güvenlik marjı sağladığı ortaya çıkarılır. Bu nedenle, yukarıda açıkladığımız "iyi-hava yatırımları" sınıfı toy bir menkul kıymet alıcısı için önemli bir zarar kaynağı olabilir, oysa bunları daha sonra kendi fiyatından satın alan sofistike yatırımcı için aynı ihraçlar muhtemelen pek çok güvenli kâr olanakları sunacaktır.**

"Özel durumlar" ile ilgili hususlar yatırım işlemleri tanımı altında gelecektir, zira alım-satım her zaman ödenmiş olan fiyattan daha büyük bir paraya çevrilişi vaat eden etraflıca bir analize dayandırılır. Ayrı ayrı her durumda risk unsurları vardır, fakat bu riskler yapılan tahminlerde hesaba katılır ve çeşitlendirilmiş bir işlemin sonuçlarının bütününde ise etkileri azalır.

Tartışmayı mantık çerçevesinde bir sona taşımak için, hiç görülmemiş düşüklükte fiyatlardan satılan "adi-hisse-senedi opsi-

* Graham iyi ya da kötü hisse senedi diye bir şey olmadığını söylüyor; sadece pahalı ve ucuz hisse senetleri vardır. En iyi şirket bile, hisse senedi fiyatları fazla yükseldiğinde satışa uygun olur; oysa en kötü şirket, fiyatları yeterince düştüğünde satın alınmaya değerdir.

** Teknoloji ve telekomünikasyon hisse senetlerine 1999 sonlarında ve 2000 başlarında "kesin" gözüyle bakan aynı kişiler, bu hisse senetleri 2002'de korkunç pahalılaştığında –Graham daha önceki bir dönemde "%90'lık fiyat düşüşü bu hisse senetlerinin çoğunu çok çekici ve bir hayli güvenli bir hale getirdi," şeklindeki sözleriyle bunu ifade etmiş olsa da -bunları "fazla riskli" buldular ve onlardan kaçındılar. Benzer bir şekilde Wall Street analistleri bir hisse senedini fiyatı fazla yüksekken "güçlü alış", fiyatı düştükten sonra da "satış" olarak niteleme eğilimindeydiler –bu Graham'in (ve basit sağduyunun) bize yapmamızı söylediği şeyin tam tersiydi. Kitapta da yaptığı gibi, Graham spekülasyonu –ya da bir hisse senedini sırf fiyatı yükselecek ümidiyle almayı-, işletmenin temel değeri ilkesine dayanarak yatırım yapmaktan ya da satın almaktan ayırmaktaydı.

yonlu varantlar" grubunda, maddi olmayan varlık değerlerinden satın alındığı taktirde koruyucu bir yatırım işleminin oluşturulabileceğini söyleyebiliriz. (Bu örnek en heyecanlandırıcı örnek olmak üzere seçilmiştir.)* Bu varantların bütün değerleri, bağlantılı hisse senetlerinin bir gün opsiyon fiyatlarının üzerine çıkabilecekleri ihtimali üzerine kurulmuştur. Şu anda uygulaması mümkün hiçbir değere sahip değillerdir. Yine de bütün yatırımların gelecekteki mantıklı beklentilere dayandırılmaları nedeniyle bu varantları, gelecekteki bir yükseliş piyasasının bunların gösterilen değerleri ve fiyatlarında büyük artış yaratacağı matematiksel fırsatlar olarak değerlendirmek uygun olur. Böyle bir araştırma, böyle bir alışverişin kayıptan çok kazançla sonuçlanacağını ortaya çıkarır; sonuçta kâr şansı, zarar ihtimalinden daha fazladır. Eğer bu böyleyse, bu itici hisse senedi formunda dahi, bir güvenlik marjı mevcuttur. Yeterince girişimci olan bir yatırımcı, işte o zaman, geleneksel olmayan yatırımlar koleksiyonunun içine opsiyonlu-varant alışverişlerini de ekleyebilir.[1]

Özet

Yatırım ancak *sağduyulu olduğu* zaman akıllıca bir yatırım olur. Çok sayıda yetenekli işadamının kendi işlerinde uygulayıp başarıya ulaştıkları bütün sağlamlık ilkelerini Wall Street'te bir kenara bırakarak alışveriş yaptıklarını görmek çok şaşırtıcıdır. Yine de her şirkete ait bir hisse senedi, o işletmenin sermaye payı ya da bu paya karşı bir hak talebi olarak değerlendirilebilir. Eğer bir kişi hisse senedi alım-satımlarından kâr sağlamak için yola çıkıyorsa, kendine ait riskli bir girişime kalkışmaktadır ve bunda başarı şansını yakalayabilmek için kabul edilmiş ticaret prensiplerine uyumlu gitmelidir.

Bu ilkelerin ilki ve en belirgini şudur: "Yaptığını bil-işini bil." Yatırımcı için bu, şu anlama gelir: Eğer imalatını ya da ticaretini

* Graham "adi-hisse-senedi opsiyonlu varantlar"ı "varant"ın –doğrudan bir işletme tarafından çıkarılan ve hissedarlarına şirketin hisse senetlerini önceden belirlenen fiyattan satın alma hakkını tanıyan hisse senetleri- eşanlamlısı olarak kullanır. Varantların neredeyse tümüyle yerini hisse senedi opsiyonları almıştır. Graham bu örneği "heyecanlandırıcı" örnek olarak seçtiği esprisini yapar çünkü varantlar, onun zamanında bile piyasanın en kötü su birikintileriydi. (16. Bölümün Açıklamaları'na bakınız.)

yapmayı teklif ettiğiniz bir malın değerini bildiğiniz kadar, menkul kıymet değerlerini bilmiyorsanız, menkul kıymetlerinden -yani, normal faiz ve temettü geliri olarak gelen getirilerden- "faaliyet kârları" sağlamaya çalışmayın.

İkinci iş ilkesi: "(1) Söz konusu kişinin performansını gereken dikkat ve akılla denetleyemiyorsanız veya (2) dürüstlüğüne ve yeteneğine tam olarak güvenmenizi sağlayacak nedenlere sahip değilseniz "Hiç kimsenin sizin işinizi yürütmesine izin vermeyiniz." Yatırımcı için bu kural, başka bir kişinin onun parasıyla ne yapılacağına karar vermesine izin vereceği koşulları belirler.

Üçüncü iş ilkesi: -Eğer güvenilir bir tahmin, makul oranda bir kâr getirme olasılığı göstermiyorsa- bu faaliyetin üretimi ya da ticaretine girişmeyiniz. Özellikle az kazanıp çok kaybedeceğiniz maceralardan kaçınınız. Bu, girişimci yatırımcının, kârlı alışverişlerini iyimserliğe değil aritmetiğe dayandırması gerektiği anlamına gelir. Her yatırımcı, kazancını küçük bir rakamla sınırladığında -en azından daha önce geleneksel bir tahvilde ya da imtiyazlı hisse senedinde yaptığı gibi- sermayesinin önemli bir kısmını riske atmadığını gösterir ikna edici kanıtlar istemelidir.

Dördüncü iş ilkesi daha olumludur: "Bilginizin ve deneyiminizin cesaretine sahip olun. Eğer olaylardan bir sonuç çıkardıysanız ve kararınıza güveniyorsanız, bu yolda yürüyün -başkaları tereddüt etse ya da farklı düşünse de." (Sadece çoğunluğun sizinle aynı fikirde olmaması yüzünden ne haklı olursunuz ne de haksız. Verileriniz ve düşünceleriniz doğru olduğu için haklısınızdır.) Benzer bir şekilde, hisse senetleri dünyasında, gerekli bilgiden *sonra* en önemli erdem cesarettir ve denenmiş sonuçlar da buna eşlik etmelidir.

Neyse ki normal bir yatırımcının, başarısı için bu nitelikler ve programı arasında bir bağlantı kurması şart değildir -hırsını kapasitesiyle sınırlı tutması ve faaliyetlerini standart ve koruyucu yatırımın dar ve güvenli yoluyla sınırlaması *şartıyla*. *Tatminkâr* yatırım sonuçları elde etmek, pek çok kişinin düşündüğünden daha kolaydır; *olağanüstü* sonuçlar almak ise göründüğünden daha zordur.

YİRMİNCİ BÖLÜM ÜZERİNE YORUMLAR

Sonsuz olasılıklar evreninde öngörülemeyeni öngörmeyi ya da beklenilmeyeni beklemeyi beceremezsek, kendimizi programlanamayan, sınıflandırılamayan ya da kolaylıkla referans alınamayan birinin ya da bir şeyin insafına kalmış olarak buluruz.

-*Agent Fox Mulder*, The X-Files

İLK OLARAK, KAYBETMEYİN

Risk nedir?

Bu soruya kime ve ne zaman sorduğunuza bağlı olarak farklı yanıtlar alırsınız. Risk 1999'da para kaybetmek anlamına gelmiyordu; başka birinden daha az para yapmak anlamına geliyordu. Pek çok kişinin en çok korktuğu şey, internet üzerinden hisse senedi alımlarının gün-içi işlemleriyle kendisinden daha fazla ve daha hızlı bir şekilde zengin olan birisiyle bir partide karşılaşmaktı. Daha sonra, 2003'te risk, bir hayli hızlı bir biçimde, borsanın elinizde kalan son zenginliği de silip süpürene kadar düşüşünü sürdürmesi anlamına geldi.

Anlamı, neredeyse finans piyasalarının kendisi gibi değişken ve dalgalı görünen riskin, bazı şiddetli ve kalıcı özellikleri vardır. Yükselen bir piyasada en büyük kumarları oynayıp en büyük paraları kazananlar arkadan gelmesi kaçınılmaz olan düşüş piyasalarında her zaman en çok yara alan kişiler olurlar. ("Haklı" olmak, spekülatörlerin, güven duyguları alevlendikçe, daha da fazla riski göze almalarına neden olur.) Bir kez büyük paralar kaybettikten sonra, olduğunuz yere geri dönebilmek için daha da fazla kumar oynamaya başlarsınız, tıpkı oynadığı her kötü bahisten sonra umutsuzluk içinde bunun iki katını oynayan bir at yarışı ya da gazino kumarbazı gibi. Şaşılacak biçimde şanslı olmanız dışında, bu, facianın reçetesidir. Kendisinden, uzun meslek hayatı süresince nasıl zengin olunacağına dair tüm öğrendiklerini özetlemesi istendiğinde Wertheim & Co.'nun efsanevi finansçısı J. K. Klingenstein, şu basit yanıtı vermişti: "Kaybetmeyin."[1] Bu grafik onun ne demek istediğini gösteriyor:

ŞEKİL 20-1 Kaybın Bedeli

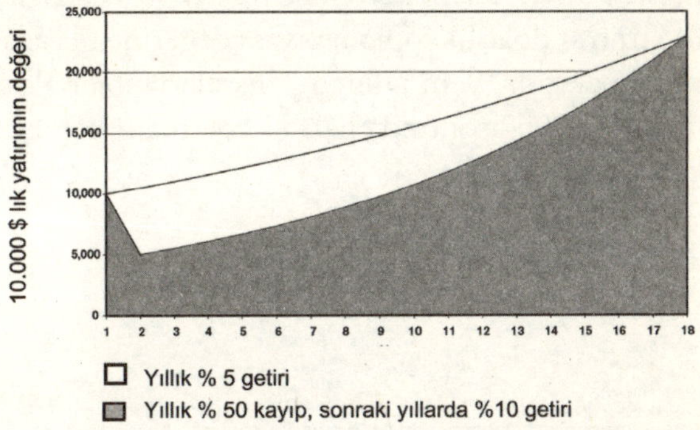

Piyasa yılda %5 büyürken, bir yılda %10 artan bir hisse senedi bulduğunuzu düşünün. Ne yazık ki, heyecanınız yüzünden fazla yüksek bir fiyat ödüyorsunuz. Oysa hisse senedi daha ilk yıldan değerinin %50'sini kaybediyor. Hisse senedi bundan sonra piyasa kârının iki katını getirse de, piyasayı aşmanız -sadece başlangıçta çok fazla ödemiş ve çok fazla kaybetmiş olduğunuz için- 16 yıldan fazla bir süre alacaktır.

Bir miktar para kaybetmek yatırımın kaçınılmaz bir parçasıdır, bunu önlemek için yapabileceğiniz hiçbir şey yoktur. Fakat akıllı bir yatırımcı olmak için, paranızın asla *çoğunu* ya da *hepsini* kaybetmeyeceğinizi garantilemek üzere sorumluluk almalısınız. Hint bolluk tanrıçası Lakshmi, genellikle, ayak parmaklarının ucunda, göz açıp kapayana kadar ok gibi fırlayıp yok olmaya hazır bir şekilde resmedilir. Lakshmi'yi sembolik olarak yerinde tutmak isteyen bazı Lakshmi hayranları, heykelini kumaş parçalarıyla aşağı

[1] Jason Zweig'in "Wall Street's Wisest Man"inde [Wall Street'in En Akıllı Adamları] yatırım danışmanı Charles Ellis'in anlatısı, *Money*, Haziran 2001, s. 49-52.

bağlarlar ya da ayaklarından yere çivilerler. Graham'in "güvenlik marjı" akıllı bir yatırımcı için aynı işlevi yerine getirir: Bir yatırım için çok fazla para ödemekten kaçınarak, varlığınızı kaybetme ya da aniden tüketme ihtimallerini en aza indirirsiniz.

Şunu düşünün: Aralık 1999'da biten dört üç-aylık dönem süresince, fiber-optik şirketi JDS Uniphase Corp., 673 milyon dolar kazandığı net satışlarından 313 milyon dolar kaybetti. Toplam maddi aktifleri 1.5 milyar dolardı. Yine de 7 Mart, 2000'de JDS Uniphase'in hisse senetleri hisse başı 153$'a çıkarak, şirketin kabaca 143 milyar dolarlık toplam piyasa değerine ulaşmasını sağladı.[2] Sonra, pek çok "Yeni Dönem" hisseleri gibi, o da çöktü. O gün onu alan ve 2002 sonunda hâlâ elinde tutan herkes şu olasılıklarla karşı karşıya kaldı:

ŞEKİL 20-2 Başa Baş Gelmek Zordur

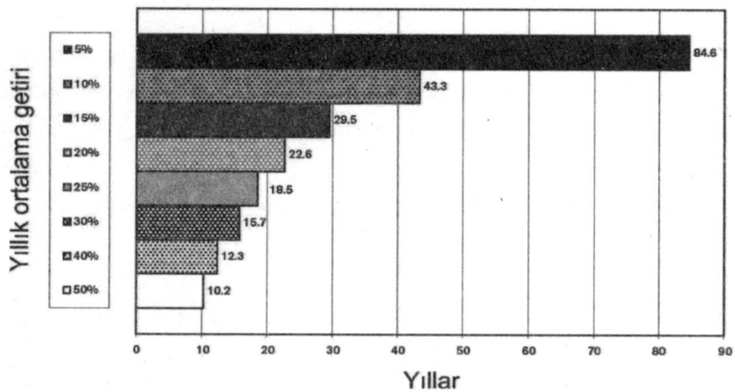

Eğer 7 Mart 2000'de en yüksek fiyat olan 153.421$'dan JDS Uniphase satın aldıysanız ve 2002 sonunda (2.47$'dan kapandığında) bunları elinizde tutmaya devam ettiyseniz, muhtelif yıllık ortalama getiri oranlarıyla alış fiyatınıza geri dönmeniz ne kadar zaman alacaktır?

[2] JDS Uniphase'in hisse fiyatı daha sonraki bölünmeler için ayarlanmıştı.

Bu fiyatı şişirilmiş alışverişte başabaş gelebilmeniz için, sağlam bir yıllık getiri oranı olan %10 ile bile 43 yıldan fazla bir zamana ihtiyacınız vardır!

RİSK HİSSE SENETLERİMİZDE DEĞİL; BİZİM İÇİMİZDEDİR

Risk başka bir boyutta mevcuttur: Sizin içinizdedir. Eğer bir yatırımı gerçekten anlayabilme yeteneğinizi abartırsanız ya da fiyatların geçici bir dalışından sağ salim çıkma yeteneğinizi büyütürseniz, neye sahip olduğunuzun ya da piyasanın durumunun hiçbir önemi kalmaz. Sonuçta finansal risk, elinizde ne türden yatırımlar bulunduğuna değil, ne tür bir yatırımcı olduğunuza bağlıdır. Eğer riskin gerçekten ne olduğunu bilmek istiyorsanız, en yakın banyoya girin ve aynanın önünde durun. *Bu* risktir, camın içinden kendinize bakmak.

Aynada kendinize bakarken, neyi izlemelisiniz? Nobel-ödüllü psikolog Daniel Kahnemann iyi kararları niteleyen iki unsuru açıklar:

- **"iyi-ayarlanmış güven duygusu"** (bu yatırımı düşündüğüm kadar iyi anladım mı?)
- **"doğru-biçimde-beklenen pişmanlık"** (eğer analizlerim yanlış çıkarsa nasıl bir tepki veririm?)

Güven duygunuzun iyi-ayarlanmış olup olmadığını anlamak için aynaya bakın ve kendinize sorun: "Analizlerimin doğru çıkma ihtimali nedir?" Şu soruları dikkatle düşünün:

- Ne kadar deneyimliyim? Geçmişteki benzer kararlardaki performansım neydi?
- Bunu geçmişte denemiş olan diğer kişilerin karakteristik geçmiş performansları nedir?[3]
- Eğer ben alıyorsam, o zaman başka birisi satıyordur. Be-

[3] Bu soruları özenli bir biçimde yanıtlayan ve sonuçları dürüstçe kabul eden hiç kimse IPO'ları satın almaz ya da onlarla günlük işlem yapmazdı.

nim bilip de bu diğer kişinin (ya da şirketin) bilmediği bir şey olması mümkün müdür?

- Eğer ben satıyorsam, o zaman başka birisi alıyordur. Benim bilip de bu diğer kişinin (ya da şirketin) bilmediği bir şey olması mümkün müdür?
- Vergilerim ve masraflarım çıktıktan sonra başa baş gelmem için bu yatırımın ne kadar yükselmesi gerektiğini hesapladım mı?

Daha sonra, aynaya bakın ve pişmanlığınızı doğru biçimde bekleyip beklemediğinize karar verin. Şu soruyla başlayın: "Eğer analizim yanlış çıkarsa sonuçların ne olacağını tam olarak anladım mı?" Bu soruyu şu noktaları gözönüne alarak yanıtlayın:

- Eğer haklıysam, çok para kazanabilirim. Ama ya haklı değilsem? Benzer yatırımların geçmiş performanslarına dayanarak, ne kadar *kaybedebilirim*?
- Bu karar yanlış çıktığında, batmamı önleyecek başka yatırımlarım var mı? Düşündüğüm türdeki yatırım düştüğünde, elimde kanıtlanmış başarı geçmişine sahip hisse senedi, tahvil ve fonlar bulunacak mı? Bu yeni yatırımla sermayemin büyük kısmını riske atmış oluyor muyum?
- Kendime "Risk için yüksek bir toleransa sahipsin," dediğimde, buna nasıl karar veriyorum? Şimdiye kadar bir yatırımdan, hiç çok para kaybettim mi? Bu nasıl bir duyguydu? Daha da çok mu aldım yoksa paçayı kurtardım mı?
- Yanlış zamanda paniğe kapılmaktan kendimi korumak konusunda sadece irade gücüme mi güveniyorum? Yoksa çeşitlendirme yaparak, yatırım sözleşmesi imzalayarak ve ortalama dolar-maliyeti kullanarak davranışımı peşinen kontrol etmiş miydim?

Her zaman, psikolog Paul Slovic'in sözlerini hatırlamalısınız: "Risk şu iki malzemenin eşit dozuyla demlenir -olasılıklar ve sonuçlar."[4] Yatırım yapmadan önce, haklı olma olasılıklarınızı gerçekçi bir şekilde hesapladığınızdan *ve* yanlış çıkma durumunda nasıl davranacağınızdan emin olun.

PASCAL'IN BAHSİ

Yatırım felsefecisi Peter Bernstein bütün bunları başka bir yöntemle özetliyor ve agnostiklerin Tanrı var mı yok mu diye spekülasyon yapacakları bir düşünce deneyi yaratan büyük Fransız matematikçisi ve ilahiyatçısı Blaise Pascal'a (1623-1662) kadar geri gidiyor. Bahis için bu kişinin ortaya koyması gereken para, bu yaşamdaki tavrıdır; bu kumarda ödenecek son bedel ise ruhunun yaşam-sonrası yazgısıdır. Bu bahiste, Pascal Tanrı varlığının ihtimali için "akıl karar veremez," iddiasında bulunur. Tanrı ya vardır ya da yoktur -ve sadece inanç, akıl değil, bu soruyu yanıtlayabilir. Fakat Pascal'ın bahsindeki olasılıklar bir yazı-tura durumuna benzerken, sonuçlar kusursuz bir biçimde net ve tamamen kesindir. Bernstein'ın açıkladığı gibi:

> Aslında Tanrı yokken, sanki Tanrı varmış gibi erdemli ve sakınmalı bir yaşam sürüyorsunuz. Yaşamdaki bazı güzel şeyleri atlamış olacaksınız, ama bununla birlikte bazı ödüller de olacaktır. Şimdi de aslında Tanrı varken, Tanrı'nın olmadığını ve günah, bencillik ve şehvet dolu bir yaşam sürdüğünüzü varsayalım. Yaşamınızın göreceli kısa süresi içinde eğlenecek ve heyecanlanacaksınız, fakat karar günü geldiğinde kendinizi büyük bir belanın içinde bulacaksınız.[5]

Bernstein sonuca varıyor: "Belirsizlik durumlarında karar verirken, sonuçlar, olasılıklara baskın çıkmalıdır. Hiçbir zaman geleceği bilemeyiz." Bu nedenle, Graham'in de size bu kitabın her bölümünde hatırlattığı gibi, akıllı yatırımcı sadece analizi doğru

[4] Paul Slovic, "Informing and Educating the Public about Risk," ["Halkı Riske Karşı Bilgilendirmek ve Eğitmek"] *Risk Analysis*, cilt. 6, no: 4 (1986), s. 412

[5] Blaise Pascal'in *Pensées* (Penguin Books, London ve New York, 1995) "The Wager", s. 122-125; Peter L. Bernstein, *Against the Gods* (John Wiley & Sons, New York, 1996), s. 68-70; Peter L. Bernstein, "Decision Theory in lambic Pentameter,"*Economics & Portfolio Strategy*, 1 Ocak 2003, s. 2.

yapmaya odaklanmamalıdır. Eğer analiziniz yanlış çıkarsa -en iyi analist bile en azından bazı zamanlarda yanlış çıkabilir- kayba karşı kendinizi garanti altına almalısınız. Yatırım hayatınızın bir noktasında en azından bir hata yapma olasılığınız aslında %100'dür ve bu ihtimaller tümüyle kontrol dışıdır. Oysa, yanlış sonuçlara karşı kontrolünüz *vardır*. Çoğu "yatırımcı" 1999'da paralarının çoğunu internet şirketlerine yatırdılar; *Money* dergisi tarafından, 1999 yılında 1338 Amerikalı üzerinde yapılan bir on-line araştırma bunların yaklaşık onda birinin paralarının %85'ini internet hisse senetlerine yatırdığını ortaya çıkardı. Bu insanlar, Graham'in güvenlik-marjı çağrısını görmezden gelerek, Pascal'ın bahsindeki yanlış tarafa oynadılar. Haklı olma ihtimallerini bildiklerinden emin olarak, hatalı çıkma sonuçlarına karşı hiçbir şey yapmadılar.

Yatırımlarınızı süresiz çeşitlendirerek ve Bay Piyasa'nın en son, en çılgın, modalarına para savurmaktan kaçınarak, hatalarınızın sonuçlarının asla yıkıcı olmayacağını garantileyebilirsiniz. Bay Piyasa sizin üzerinize ne atarsa atsın, her zaman sessiz bir güven duygusuyla "Bu da geçecektir," diyebileceksiniz.

Sonsöz

Hayatlarının önemli bir kısmını kendilerinin ve başkalarının Wall Street'teki yatırımlarıyla uğraşarak geçiren iki ortak tanıyoruz. Bazı çetin deneyimler, onlara güvenli ve dikkatli olmanın dünyalar kadar para kazanmaya çalışmaktan daha iyi olduğunu öğretmiştir. İyi kar fırsatlarıyla sağlam değerleri birleştirerek, menkul kıymet işlemlerine karşı kendine özgü bir yaklaşım oluşturmuşlardır. Yüksek fiyatlandırılmış, elden hızla çıkarılabilen ve artık çekici olduğunu düşünmedikleri seviyelere çıkan menkul kıymetlere yatıım yapmaktan kaçınmışlardır. Yüzün üzerinde farklı menkul değer içeren portföyleri her zaman iyi çeşitlendirilmiş durumdaydı. Bu yöntemle, genel piyasanın iniş çıkışlı pek çok yılında başarılı oldular; yönettikleri birkaç milyon dolarlık fonun getirisi, yıllık yaklaşık %20 ortalamaya ulaştı ve müşterileri sonuçlardan çok memnun kaldı.

Bu kitabın ilk baskısının çıktığı yılda, ortakların bu fonuna, gelişmekte olan bir girişime %50 ortak olarak yatırım yapma fırsatı sunulmuştu. Her nedense, sektör o zamanlar Wall Street cazibesine sahip değildi ve anlaşma birçok önemli kurum tarafından geri çevrilmişti. Fakat, ikili, bu şirketin sunduğu fırsatlardan etkilenmişti; onlar için asıl belirleyici olan, güncel gelirler ve varlıkların değeriyle kıyaslandığında fiyatın ılımlı olmasıydı. Ortaklar bu şirket hisselerinden satın alarak fonlarının yaklaşık beşte birini bu yatırıma ayırdı. Gelişen ve büyüyen bu yeni işletme ile birlikte tanımlanır hale geldiler.[1]

Aslına bakılırsa, bu yatırım o kadar başarılı olmuştur ki, hisse fiyatı, bu şirketin yarısı için ödenen fiyatın, iki yüz ya da daha

[1] Graham, *Akıllı Yatırımcı*'yı yazmayı bitirdiği zamanlarda kendisinin ve Newman'ın 1948'de %50 hisse aldığı Government Employees Insurance Co., ya da kısaca GEICO'yu tanımlamaktadır. Graham ve Newman'ın GEICO'ya yatırdığı 712,500$, o zamanki fon varlıklarının kabaca %25'i idi. Graham, uzun yıllar GEICO'nun yönetim kurulu üyesiydi. Kaderin hoş bir cilvesiyle, Graham'in en harika öğrencisi Warren Buffett, GEICO 'ya kendi adına 1976'da çok büyük miktarda bir para sürünce, büyük sigortacı iflasın eşiğine geldi. Bu, Buffet'ın en iyi yatırımlarından biri olup çıkmıştı.

fazla katına kadar çıkmıştır. Bu gelişme, karlılıktaki gerçek büyümeyi fazlasıyla geçmiş ve neredeyse başlangıçtan beri oluşan fiyat kotasyonları, ortakların kendi yatırım standartlarına göre çok yüksek görünmüştü. Ancak, şirketi bir tür "aile işletmesi" olarak kabul ettikleri için, bu muhteşem fiyat artışına rağmen, hisselerdeki mevcut yatırımı sürdürmeye devam etmişlerdir. Fonlarındaki çok sayıda iştirakçi de aynısını yapmış, bu girişimdeki ve sonradan kurulan iştiraklerdeki mevcutlarıyla milyoner olmuşlardır.[2] İşe bakın ki, tek başına bu yatırım kararından sağlanan karların toplamı, ortakların uzmanlaştığı alanlarda yapılan çok fazla sa yıdaki araştırmayı, sonu gelmez düşünceleri ve sayısız bireysel kararı içeren, geniş kapsamlı olarak 20 yıl boyunca gerçekleşmiş tüm diğer işlemlerin karlarının toplamını açık ara ile geçmişti.

Bu hikayeden akıllı yatırımcı için alınacak bir ders var mıdır? Belirgin bir tanesi, Wall Street'te para kazanmanın ve kaybetmemenin pek çok farklı yolu olduğudur. Bunun kadar belirgin olmayan bir diğeri de, yalnızca şans ya da fevkalade zekice bir karar - bunları birbirinden ayırabilir miyiz?- gündelikle çalışan bir işçinin hayat boyu verdiği çabanın çok daha fazlasının yerine geçebilir. Ancak, şansın yada kritik kararın arkasında, genellikle bir hazırlık geçmişi ve disiplinli bir kapasite var olmalıdır. Yeterince belirlemiş ve kararlaştırmış olunmalıdır ki fırsatlar bu belirli kişinin kapısını çalsın. Bu tür avantaj sağlayabilmek için gerekli araçlara, sağduyuya ve cesarete sahip olunmalıdır.

Tabi ki, yıllar boyunca basiretli ve gözü açık davranmış tüm akıllı yatırımcılara böylesi muhteşem bir deneyimin sözünü veremiyoruz. Başlangıçta dalga geçtiğimiz J.J. Raskob sloganıyla kitabı bitirmeyeceğiz: "Herkes zengin olabilir". Ancak, finans sahnesi ilginç fırsatlarla doludur, akıllı ve girişken yatırımcı, bu üç halkalı sirkte, hem eğlence hem de kazancı bulabilmelidir. Heyecan garantilidir.

[2] Hukuki bir teknik detay sebebiyle Graham ve Newman ABD Menkul Kıymetler ve Borsa Komisyonu (SEC)tarafından kısmi yeniden yapılandırmaya veya Graham-Newman Corp. GEICO hissesinin fonun pay sahiplerine dağıtılmasına yönlendirilmişti. 1948'in başında Graham-Newman hisselerinin 100 adedinin sahibi olan (değeri 11,413$) ve GEICO dağıtımına kadar bunları elinde tutan bir yatırımcının 1972'de 1,66 milyon doları oluyordu. GEICO'nın "sonradan kurulan iştirakleri" Government Employees Financial Corp. ve Criterion Insurance Company'yi içeriyordu.

Sonsöz Üzerine Yorumlar

Başarılı yatırım riskten kaçmak, değil riski yönetmektir. İlk bakışta Graham'ın, fonun %25' ini tek bir hisse senedine yatırarak yatırımcının parasıyla kumar oynadığını düşünebilirdiniz. Ancak, Graham'ın ödediği parayı her zaman nakte çevirmek için gerekli tedbileri aldığını keşfettiğimiz zaman, çok küçük bir finansal risk aldığını görürüz. Diğer taraftan, böylesine az bilinen bir hisseye yatırım yapmanın psikolojik risklerini taşımak için büyük cesarete ihtiyacı vardı.[1]

Günümüzün başlıkları korku dolu gerçeklerle ve belirsiz risklerle doludur: 1990'lı yılların yükselen piyasasının ölümü, yerinde sayan ekonomik büyüme, şirket yolsuzlukları, terör ve savaş endişeleri. Bugünkü gazetede ya da finans TV kanalında bir piyasa stratejistinin "yatırımcılar belirsizliği sevmez" cümlesini monoton bir sesle duyarsınız. Fakat yatırımcılar hiçbir zaman belirsizlikten hoşlanmadılar- buna rağmen risk, yatırım dünyasının en temel dayanıklı koşuludur. Her zaman böyle olmuştur, ve böyle olmaya devam edecektir. Özünde "belirsizlik" ve "yatırım yapmak" eş anlamlıdır. Gerçek hayatta hiç kimse bir hisse senedine yatırım yapmak için en iyi zamanı görme yeteneğine sahip değildir. Geleceğe yatırım yapma inancı olmasaydı hiç kimse yatırım yapmazdı. Bir yatırımcı olabilmeniz için daha iyi bir yarına inanmalısınız.

Yatırım da bir maceradır. Finansal gelecek her zaman plansız bir dünyadır. Graham sizin rehberiniz olduğu sürece, yaşam boyu sürecek yatırım yolculuğunuz, maceracı olduğu kadar emin ve güvenilir olacaktır.

EKLER

1. Graham-ve-Doddsville'in Süper Yatırımcıları

Warren E. Buffet

EDİTÖRÜN NOTU: *Bu makale Benjamin Graham ve David L. Dodd tarafından* Hisse Senedi Analizi kitabının *ellinci yılı kutlaması anısına, 1984 yılında Columbia Üniversitesi'nde yapılan bir konuşmanın, düzeltilmiş bir kopyasıdır. Bu özel yazı daha sonra* Akıllı Yatırımcı*'da meşhur olacak görüşleri ilk olarak ortaya koymuştur. Buffet'ın yazısı Graham taraftarlarının,menkul kıymetler piyasasında olağanüstü başarı kazanmak amacıyla Graham'in değer yatırımı yaklaşımını nasıl kullandıkları hakkında bize büyüleyici bir çalışma sunuyor.*

Graham ve Dodd, un "fiyatlara kıyasla belirgin bir güvenlik marjına sahip değer aramak" olarak tanımladığı menkul kıymetler analizi yaklaşımının modası geçmişmidir? Bugün, ders kitabı yazan çoğu profesör bu soruyu evet olarak yanıtlayacaktır. Bu kişiler, menkul kıymetler piyasası etkisinin herşey olduğunu öne sürerler; başka bir ifadeyle, hisse senedi fiyatlarının, bir şirketinin beklentileri ve ekonominin durumu hakkında bilinen her şeyi yansıttığını düşünürler. Düşük değer biçilmiş hisse senetleri olmadığını, çünkü eldeki tüm bilgiyi kullanarak, yanılma payı olmaksızın, başarısız olmayacak uygunlukta fiyatları garantileyecek akıllı hisse senedi analistlerinin var olduğunu iddia ederler. Yıllardır piyasayı geçtikleri görünen yatırımcıların sadece şansları iyi gitmiştir. Günümüzde, çoğu ders kitabında "Eğer fiyatlar mevcut bilgileri tam olarak yansıtabilseydi, bu şekilde bir yatırım uzmanlığı hükümsüz kalırdı," yazar.

Belki de. Ancak şimdi size Standard & Poor's 500 endeksini yıllar boyunca geçen bir grup yatırımcıyı tanıştırmak istiyorum. Bunu şansları sayesinde gerçekleştirdikleri şeklindeki varsayım en azından incelemeye değer. Bu incelemede can alıcı nokta bu galiplerin hepsinin tarafımdan çok iyi tanındıkları ve önceden, on beş yıl önceki son belirlemede, üstün yatırımcılar olarak adlandırıldıklarıdır. Böyle bir şey söz konusu olmasaydı -yani, bu sabah sizin için binlerce isim arasından sadece birkaç tanesini seçmeye kalkışmış olsaydım- bu noktada okumayı kesmenizi öğütlerdim. Tüm bu kayıtların da denetlenmiş olduğunu eklemek durumundayım. Bunun da ötesinde, bu yöneticilerle birlikte yatırım yapan pek çok kişiyi tanıdığımı ve bu katılımcıların kazandıkları çeklerin, resmi kayıtlar ile uyuştuklarını da söylemeliyim.

Bu incelemeye girmeden önce, ulusal bir yazı-tura atma yarışması hayal etmenizi istiyorum. Bir sabah, 225 milyon Amerikalıyı yataklarından kaldırıp, onlardan birer dolarlık bahis oynamalarını istediğimizi varsayıyoruz. Hepsi sabah henüz güneş doğarken dışarı çıkıyorlar ve yazı tura atıyorlar. Eğer tahminleri doğru çıkarsa, yanlış tahminde bulunanlardan bir dolar kazanıyorlar. Her gün yeni kaybedenler devre dışı kalıyor ve bir sonraki güne tüm bahisler aktarılıyor. On sabah üst üste atılan on yazı-turadan sonra ABD'de art arda 10 yazı-turayı doğru tahmin eden yaklaşık 200.000 kişi çıkıyor ve her biri yaklaşık 1000$'ın biraz üzerinde para kazanıyor.

Şimdi bu grup, insanın doğası gereği, bununla böbürlenecektir. Alçakgönüllü olmaya çalışsalar da, kokteyl partilerinde karşı cinsin çekici üyelerine sık sık hangi teknikleri kullandıklarını ve yazı-tura atma alanına hangi harika anlayışı getirdiklerini açıklayacaklardır.

Yenenlerin, yenilenlerden gereken ödülü aldığını varsayarak, sonraki on gün içerisinde, art arda 20 kez başarıyla yazı-turayı tahmin eden ve bu uygulama sayesinde bir doları 1 milyon doların biraz üzerine çıkaran, 215 kişi olacaktır. 225 milyon dolar kaybedilmiş, 225 milyon dolar kazanılmıştır.

Grup, bundan sonra, gerçekten pusulayı şaşırmış olacaktır. Muhtemelen "Yirmi Gün Her Sabah Otuz Saniye Çalışarak Bir

Doları Nasıl Milyon Dolar Yaptım" başlıklı kitaplar yazacaklardır. Daha da kötüsü, ülkenin bir köşesinden diğerine uçarak etkin yazı-tura atma seminerlerine katılacak ve şüpheci profesörlerle "eğer bu yapılamaz idiyse, biz, 215 kişi nasıl bunu becerdik?" gibi cümleler kullanarak mücadele edeceklerdir.

Fakat tam da bu sırada, eğer 225 milyon orangutan, benzer bir uygulamaya katılmış olsalar alınacak sonucun -215 kendini beğenmiş orangutanın 20 kez yanılmadan yazı tura atmasıyla- hemen hemen aynı olacağını söyleyecek kabalıkta bir işletme profesörü ortaya çıkar.

Yine de ben, şimdi sunacağım örneklerde *bazı* önemli farklar *olduğunu* iddia ediyorum. Bir kere, eğer (a) ABD nüfusu kadar kabaca dağıtılmış 225 milyon orangutan almış olsaydınız; eğer (b) 20 gün sonra 215 kazanan kalmış olsaydı; ve eğer (c) 40 tanesinin Omaha'daki bir hayvanat bahçesinden gelmiş olduğunu öğrenseydiniz, o zaman bir ipucu yakalamış olduğunuzu düşünebilirdiniz. Ve muhtemelen hayvanat bahçesi bakıcısına gidip neyle beslendiklerini, özel egzersizler yapıp yapmadıklarını, neler okuduklarını ve kim bilir daha neleri sorardınız. Yani, başarının gerçekten olağandışı yoğunluklarını bulduğunuzda, nedensel unsurları oluşturabilecek olağandışı karakteristik yoğunlaşmalarını da aramak isteyebilirdiniz.

Bilimsel araştırma, doğal olarak böyle bir şablon izler. Eğer ender görülen tipte bir kanserin olası nedenlerini araştırıyor olsaydınız -ABD'de yılda 1500 vakası görülen, diyelim- ve bunlardan 400 tanesinin Montana'daki küçük bir maden kasabasında ortaya çıktığını bulsaydınız, muhtemelen oradaki suyla, ya da hastalığa maruz kalanların işleriyle ya da diğer etkenlerle çok ilgili olurdunuz. 400 gibi bir sayının küçücük bir yerden çıkmasının hiç de tesadüfi olmadığını bilirdiniz. Nedensel unsurları bilmeseniz de onları nerede arayacağınızı bilirsiniz.

Kökeni tanımlamanın coğrafyadan başka yolları olduğunu iddia ediyorum. Coğrafi kökenlerden başka, benim deyimimle *entelektüel* kökenler vardır. Yatırım dünyasının başarılı yazı-turacılarının büyük kısmının çok küçük bir entelektüel köy olan Graham-and-Doddsville'den gelmiş olduklarını bulacağınızı sanıyorum. Sayılarının çokluğu sadece şans ile açıklanamayacak olan galiplerin izlerini sürdüğümüzde bu entelektüel köye ulaşırız.

Bu yoğunluğu bile önemsiz kılacak durumlar olabilir. Belki 100 kişi, ikna yeteneği yüksek bir takım kişilerin yazı-tura seçimini taklit etmektedir. Böyle bir kişi "tura" dediğinde, peşindeki 100 kişi hep birden "tura" diyecektir. Eğer öncü, sona kalan 215 kişiden biriyse, 100 kişinin onunla aynı entelektüel kökenden geliyor olması hiçbir şey ifade etmez. Siz, sadece, bir durumu, yüz durum olarak tanımlamışsınız demektir. Aynı şekilde, çok ataerkil bir toplumda yaşadığınızı ve ABD'deki her ailenin rahat rahat 10'ar kişiden oluştuğunu varsayınız. Daha sonra da ataerkil kültürün çok güçlü olduğunu ve 225 milyon kişinin ilk gün dışarı çıktıklarında, her aile ferdinin babalarının seçimiyle aynı seçimi yaptıklarını kabul edin. 20-günlük dönemin sonunda, 215 galibiniz olmakla birlikte, bunların sadece 21.5 aileden gelmiş olduklarını göreceksiniz. Burada bazı kafası çalışmayan tipler, başarılı yazı-tura atmakta müthiş bir kalıtsal unsurun söz konusu olduğunu söyleyebilirler. Fakat kuşkusuz, bunun hiçbir önemi olmayacaktır çünkü bu, 215 münferit galibiniz olduğu anlamına gelmez, aslında gerçek galipler rastgele dağılımlı 21.5 ailedir.

İncelemek istediğim bu başarılı yatırımcı grubunun içinde ortak bir entelektüel aile reisi vardır: Ben Graham. Fakat bu entelektüel aile reisinin evinden çıkan çocuklar farklı "seçimler" yapmışlardır. Farklı yerlere gitmişler ve farklı hisse senetleri ve farklı şirketler alıp satmışlardır. Bununla birlikte, öyle bir karma rekora sahip olmuşlardır ki bunu rastgele bir fırsat olarak açıklamak mümkün değildir. Aynı seçimleri yapmalarının nedeninin, bir lider tarafından verilen bir işaret olduğu kesinlikle söylenemez. Aile reisi yazı-tura seçimi yapmanın entelektüel kuramını ileri sürmüş olsa da her öğrenci bunu kendi yöntemini kullanarak farklı şekilde uygulamıştır.

Graham-ve-Doddsville yatırımcılarının ortak entelektüel teması şudur: bir işin *değeri* ile bu işin piyasadaki küçük parçalarının *fiyatı* arasındaki tutarsızlıkları aramak. Esasında, etkin piyasa kuramcılarının, Pazartesi mi yoksa perşembe mi, ocak ayında mı yoksa temmuzda mı, vs. hisse senedi satın almak gerektiği şeklindeki kaygılarından uzak bir biçimde bu tutarsızlıklardan faydalanırlar. Bu arada, işadamlarının, alışveriş yaparlarken -tıpkı Graham & Dodd yatırımcılarının kolay satılan hisse senetleri ortamında yaptıkları gibi- haftanın ya da ayın hangi gününde işlem yapacakları gibi bir saplantı içinde alım kararlarını yönlendireceklerini düşünüyorum. Tüm alımın yapıldığı günün Pazartesi ya da Cuma olması hiç fark etmiyorsa, akademisyenlerin aynı iş kolunun küçük parçalarını alırken bunun öneminin olup olmadığına büyük zaman ve çaba harcamalarına hayret ediyorum. Fazla söze gerek yok, Graham & Dodd yatırımcılarımız, finansal varlık fiyatlandırma modeli betayı, ya da menkul kıymetlerin kazançlarındaki ortak değişkeni tartışmazlar. Bunlar, onların ilgi konuları içine girmez. Aslında pek çoğu bunları tanımlamakta güçlük çekeceklerdir. Yatırımcılar sadece iki değişken üzerinde dururlar: fiyat ve değer.

Bir çartizm saçmalığı olan fiyat ve işlem hacmi hareketleri üzerinde bu kadar çok sayıda araştırma yapılmasını her zaman olağandışı bulurum. Tüm bir işletmeyi sadece, fiyatı bir önceki ve ondan önceki hafta büyük oranda yükselmiş olduğu için satın almayı düşünebilir misiniz? Hiç kuşkusuz bu fiyat ve işlem hacmi değişkenleri üzerine çok sayıda araştırma yapılmasının nedeni, içinde bulunduğumuz bilgisayar çağında, bu konularda sınırsız sayıda verinin mevcut olmasıdır. Bu araştırmalar yararlı olacağı için değildir; sadece veriler oradadır ve akademisyenler onları kullanmak üzere gereken matematiksel becerileri öğrenmek için büyük çaba harcamışlardır. Bir kez bu beceriler elde edilince bunları kullanmamak günahtır, kullanmanın hiçbir yararı ya da zararı olmasa da. Bir arkadaşın dediği gibi, elinde çekiç olan adama her şey çivi gibi görünür.

Ortak entelektüel ev olarak tanımladığımız bu grubun incelemeye değer olduğunu düşünüyorum. Bir tesadüf eseri olarak, hisse senedi performansı üzerinde fiyat, hacım, dönem, sermaye büyüklüğü, vs. nin etkilerini inceleyen çok sayıda akademik çalışmaya rağmen, değere-yönelik kazanç yöntemlerini inceleyen çalışmaya ilgi olduğuna dair hiçbir kanıt yoktur.

Bu araştırmanın sonuçlarını incelemeye 1954-1956 yılları arasında Graham-Newman Corporation'da çalışan dört kişilik grubumuza geri dönerek başlayacağım. Sadece dört kişiydiler -bunları binlerce isim arasından seçmedim. Ben Graham'in dersini seçtikten sonra Graham-Newman için bedava çalışmayı teklif ettim, fakat beni fazla değerli olmam nedeniyle reddetti. Bu değer meselesini fazla ciddiye alıyordu! Epey başının etini yedikten sonra beni işe aldı. "Acemi" sınıfında üç ortak, dört de biz vardık. Dördümüz de 1955-1957 yılları arasında şirketin tasfiyesi sırasında ayrıldık, üç kişinin kayıtlarını sürmek ise mümkündür.

İlk örnek (Bkz. Tablo 1, s. 589-590) Walter Schloss'a aittir. Walter hiç üniversiteye gitmemiş, fakat New York Institute of Finance'de Ben Graham'in kursuna katılmıştır. Walter Graham-Newman'ı 1955'te bırakmış ve burada gösterilen 28 yıllık kayıtları edinmiştir.

"Adam Smith"in -ben ona Walter'ı anlattıktan sonra- *Supermoney*'de onun hakkında yazdıkları (1972) şöyleydi:

> Yararlı bilgilerle hiçbir alakası yoktur, onları kullanmaz. Aslında New York'ta hiç kimse onu tanımaz ve kimsenin onun hakkında bir fikri yoktur. Sadece kılavuzlardaki sayılara bakar ve yıllık raporlar için yollar, hepsi bu.
>
> Warren, beni [Schloss'la] tanıştırırken, bence kendini de açıklıyordu. "Hiçbir zaman başkalarının paralarını idare ettiğini unutmaz ve bu, şiddetli hoşnutsuzluğunu kayba teşvik eder." Bütünüyle dürüsttür ve kendine bakışı gerçekçidir. Para onun için sahicidir, hisse senetleri de -bundan da "güvenlik marjı" ilkesine doğru bir çekim akar.

Walter çok büyük çapta çeşitlendirme yapmıştır, mevcut durumda 100'den fazla hisse senedine sahiptir. Özel kişilere değerlerinin çok altından satılan hisse senetlerini nasıl tespit edeceğini çok iyi bilir. *Bütün yaptığı budur.* Günlerden Pazartesi mi, yoksa Cuma mı, o gün seçim mi yapılacak, onu hiç ilgilendirmez. Sadece şunu söyler, eğer bir işletme bir dolar değerindeyse ve ben onu 40 sente alabiliyorsam, bu iyi bir şey olabilir. Ve bunu tekrar tekrar yapar. Benden çok daha fazla hisse senedine sahiptir -ve işin temel yapısıyla benden çok daha az ilgilidir: Walter üzerinde çok fazla bir etkim yok gibi görünüyor. Bu onun güçlerinden biridir; hiç kimsenin onun üzerinde çok fazla bir etkisi yoktur.

İkinci vaka Tom Knapp'tir. O da benimle birlikte Graham-Newman için çalışmıştır. Tom savaştan önce Princeton'da kimya eğitimi almıştı; savaştan döndüğünde ise bir plaj serserisiydi. Bir gün, bir yerlerde Dave Dodd'ın Columbia'da yatırımla ilgili bir gece kursu verdiğini okudu. Kredisiz olarak dersi aldı, bu kurs o kadar ilgisini çekti ki sonunda Columbia Üniversitesi İşletme Okulu'na kayıt oldu, burada MBA derecesini aldı. Dodd'ın kursunu bir kez daha seçti, Ben Graham'in dersine de girdi. Tesadüf eseri, 35 yıl sonra buradaki bazı olayların aslını öğrenmek için Tom'ı aradım ve onu yeniden plajda buldum. O zamanla bu zamanın tek farkı, şimdi plajın sahibi olmasıydı!

1968'de Tom Knapp ve yine bir Graham taraftarı olan Ed Anderson, aynı kafada bir iki kişiyle birlikte Tweedy, Browne Partners'ı oluşturdular. Bu şirketin yatırım sonuçları Tablo 2'de verilmiştir. Tweedy, Browne bu kayıtları çok geniş çeşitlendirmeyle oluşturdu. Zaman zaman şirketlerin kontrolünü satın aldılar, fakat pasif yatırım kayıtları kontrol yatırımlarının kayıtlarına eşitti.

Tablo 3, grubun 1957'de Buffett Partnership'i kuran üçüncü üyesini açıklar. Yaptığı en iyi şey 1969'da işi bırakmak olmuştur. O zamandan beri, bir anlamda Berkshire Hathaway, ortaklığın bazı bakımlardan devamı gibi oldu. Size, Berkshire'deki yatırım yönetimine ait, uyumlu bir sınama olabileceğini düşündüğüm bir endeks vermem mümkün değil. Ama yine de bulabileceğinizi düşünüyorum, sonuç tatmin ediciydi.

Tablo 4 Sequoia Fonu'nun kayıtlarını gösteriyor. Bu Fon 1951'de Ben Graham'in sınıfında karşılaştığım Bill Ruane adlı bir adam tarafından yönetiliyordu. Harvard İşletme Okulu'ndan mezun olduktan sonra, Wall Street'e gitti. Fakat gerçek bir işletme eğitimine ihtiyaç duyarak, Columbia'ya gelerek Ben'in kursunu aldı. 1951 yılı başında burada karşılaştık. Bill'in 1951-1970 arasında göreceli küçük meblağlarla çalışması vasatın üzerinde iyiydi. Buffett Partnership'i bitirdiğimde Bill'e bütün ortakları toplayabilecek bir fon kurup kuramayacağını sordum, o da bunun üzerine Sequoia Fonu'nu kurdu. Zamanlama çok kötüydü, tam benim ayrıldığım zamana denk geldi. Dosdoğru, iki-bağlı piyasaya ve değere-yönelik yatırımcılar için yapılmış karşılaştırmalı performans zorluklarının içine girdi. Ortaklarımın, onun yanında olmakla kalmadıklarını ve gösterilen tatmin edici sonuçlarla, şaşılacak derecede para kazandıklarını söylemeden geçemeyeceğim.

Burada geriye bakış kapsanmamıştır. Bill, arkadaşlarıma önerdiğim tek kişiydi. O sırada eğer Standard & Poor's üzerine yıllık-dört-noktalı kâr sağlarsa, bunun iyi performans olacağını söyledim. Bill bunun da üzerinde kazandı, giderek artan meblağlarla çalıştı. Bu işleri daha da zorlaştırır. Büyüklük performansın dayanağıdır. Bu konu hiç şüphe götürmez. Bu, daha büyüdüğünde ortalamanın üzerinde yapamazsın demek değildir, fakat marj küçülür. Eğer iki trilyon doları yönetecek olursanız ve bu meblağ ekonomideki toplam öz kaynak değerlendirmesi ise, ortalamadan daha iyi yapacağınızı düşünmeyin!

Buraya kadar incelediğimiz kayıtlarda, bütün bu dönem içerisinde bu portföylerde neredeyse hiçbir ikiye katlanma olmadığını gördüğümüzü eklemek zorundayım. Bu adamlar hisse senetlerini fiyat ve değer arasındaki tutarsızlıklara dayanarak seçen kişilerdi, fakat çok farklı seçimler yaptılar. Walter'ın en büyük yatırımları, Hudson Pulp & Paper, Jeddo Highland Coal, New York Trap Rock Company ve her gün ticaret sayfalarını takip eden bir okuyucunun karşılaşabileceği ilk akla gelen isimler de dahil olmak üzere pek çok güçlü şirkete aitti. Tweedy Browne'ın seçimleri isim olarak o seviyenin iyice altındaydı. Öte yandan Bill büyük şirketlerle çalışmıştı. Bu portföylerin örtüşme olasılıkları çok çok düşüktü. Bu kayıtlar bir adamın tura demesini ve ardından elli kişinin aynı şeyi tekrarlamasını yansıtmıyordu.

Tablo 5, büyük bir hukuk şirketi kuran Harvard hukuk fakültesi mezunu bir arkadaşımın kayıtlarıdır. 1960'larda tesadüfen onunla karşılaştım ve ona hukukun iyi bir hobi olduğunu ama bundan daha iyi şeylerle de uğraşabileceğini söyledim. Walter'a neredeyse tam zıt bir ortaklık kurdu. Portföyü çok az sayıda hisse senedine sahipti ve bu nedenle kayıtları çok daha oynaktı, fakat aynı değerden-iskonto yaklaşımına dayandırılmıştı. Daha yüksek zirveleri ve performans vadilerini kabule hazırdı ve görünen sonuçlara göre kafası tümüyle konsantrasyona yönelikti. Tesadüf eseri, bu kayıtlar Berkshire Hathaway operasyonunda uzun zamandır ortağım olan Charlie Munger'a aittir. Bununla beraber, ortaklığını yürütürken portföyündeki mevcutlar neredeyse benim ve diğer arkadaşların mevcutlarından daha önce sözü edildiği gibi tamamıyla farklıydı.

Tablo 6, Charlie Munger'ın bir arkadaşına -işletme okumayan başka bir tipe-, USC'de matematik eğitimi almış birisine aittir. Mezun olduktan sonra IBM'e çalışmaya gitti ve bir süre IBM satıcılığı yaptı. Ben Charlie'yi rahatsız edince, Charlie'de onu rahatsız etti. Bu Rick Guerin'in kayıtlarıdır. Rick, 1965'ten 1983'e kadar, S & P'nin yüzde 316'lık birleşik kazancına karşılık, yüzde 22.200 gibi bir başarıya ulaştı; bu, muhtemelen işletme okulu eğitiminden yoksun olması nedeniyle, istatistiksel olarak önemsiz gördüğü bir sonuçtu.

Burada bir yan ışık: Bir dolarlık banknotları 40 sentten satın almak fikri insanları ya hemen çeker ya da hiç çekmez. Aşılama gibidir. Eğer kişiyi hemen yakalamazsa, onunla yıllar boyunca konuşsanız da, ona kayıtları gösterseniz de, hiç etkilenmez. Konsepti tutmamıştır, bu kadar basit. Rick Guerin gibi, önceden hiç işletme eğitimi olmayan bir kişi, yatırımdaki değer yaklaşımını anında anlar ve beş dakika sonra uygulamaya başlar. Bu yaklaşımın hiçbir kimseyi on-yıllık dönem içerisinde yavaş yavaş değiştirdiğini görmedim. Bu bir IQ ya da akademik eğitim meselesi değildir. Ya hemen kavranır ya da hiç.

Tablo 7, Stan Perimeter'ın kayıtlarıdır. Stan, Michigan Üniversitesi'nde temel bilimler eğitimi almıştı; Bozell & Jacobs reklam ajansında ortaktı. Omaha'da tesadüfen aynı binadaydık. 1965'te benim işimin kendi işinden daha iyi olduğunu keşfetti ve değer yaklaşımını benimsemesi sadece beş dakikasını aldı.

Perimeter, Walter Schloss'un sahip olduklarına sahip değil, Bill Ruane'in sahip olduğuklarına da sahip değil. Bunlar *bağımsız* yapılan kayıtlardır. Fakat Perimeter'ın her hisse senedi alışı, ödediğinden daha fazlasını satın aldığı içindir. Tek düşündüğü şey budur. Üç aylık kazanç tahminlerine bakmaz, gelecek yılın kazançlarına bakmaz, haftanın hangi günü olduğunu düşünmez, herhangi bir yere ait bir yatırım araştırmasının ne dediğiyle ilgilenmez, fiyat momentumu, hacim ya da herhangi bir şey umurunda değildir. Sadece şunu sorar: Bu iş kaç para eder?

Tablo 8 ve Tablo 9 dâhil olduğum iki emeklilik fonunun kayıtlarıdır. Bağlanan düzinelerce emeklilik fonu içinden seçilmemişlerdir; tek sahip olduklarım onlardır. Her iki durumda da onları değere-yönelik yöneticilere doğru yönlendirmişimdir. Çok çok az emeklilik fonu değer bakış açısıyla yönetilirler. Tablo 8, Washington Post Company'nin Emeklilik Fonu'dur. Birkaç yıl önce büyük bir bankayla birlikteydi ve ben onlara değer-odaklı yöneticilerle çalışmalarının iyi olacağını söylemiştim.

Gördüğünüz gibi, değişiklik yaptıktan sonra en yüksek yüzdelik dilimin içine girdiler. Post, yöneticilere bu fonların en az yüzde 25'ini tahvillerde tutmalarını söyledi, bu yöneticilerin mutlak tercihi değildi. Bunun üzerine, tahvil performansını sadece bu grubun tahviller hakkında özel bir uzmanlığı olmadığını göstermek amacıyla kapsama dâhil ettim. Olduğunu söylemeleri gerekmiyordu. Fonlarının yüzde 25'ini kendi oyunları olmayan bir alana sürükledikleri halde, fon yönetiminin en yüksek yüzdelik dilimi içindeydiler. Washington Post deneyimi, çok uzun bir süreye yayılmasa da geçmişte adı duyulmamış üç yöneticinin çoğu yatırım kararını yansıtmaktadır.

Tablo 9, FMC Corporation fonunun kayıtlarıdır. Onların tek bir kuruşunu bile yönetmemiş olsam da, 1974'te değer-odaklı yöneticiler seçmek konusunda karar vermelerinde etkili oldum. Bundan önce, kendilerinden büyük olan çoğu şirket gibi yöneticilerini seçmişlerdi. Emeklilik fonları için yapılan Becker araştırmasında, bu değer-odaklı "dönüşüm"den sonraki dönem için kendi büyüklük grupları içinde birinci oldular. Geçen yıl, hizmet süreleri bir yılı aşan sekiz portföy yöneticileri olmuştu. Bunlardan yedisinin kümülatif kaydı S&P'den daha iyiydi. Sekizinin tümü birden önceki yıl S&P'den daha iyi bir kayda sahiptiler. Şimdi ortalama performansla FMC fonunun bu dönem içerisindeki gerçek performansı arasındaki net fark 243 milyon dolardır. FMC, bunu yönetici seçiminin onlara verdiği zihniyete bağlar. Bu yöneticiler tam olarak benim seçeceğim yöneticiler olmasalar da değere dayalı hisse senetlerini seçmek gibi ortak bir paydaya sahiptirler.

İşte bunlar Graham-ve-Doddsville'in dokuz "yazı-tura atıcısı"nın kayıtlarıdır. Bunları geriye dönük bir incelemeyle binlerin arasından seçmedim. Bu, bir sürü loto talihlisinin ismini saymak gibi bir şey değil -şimdiye kadar hiç isimlerini duymadığım kişiler loto talihlisi oldular. Ben bu insanları yıllar önce yatırım kararı verebilecek yapıya sahip olmaları nedeniyle seçtim. Eğitim alanlarını biliyordum ve ayrıca akılları, karakterleri ve huylarına dair bazı kişisel bilgilere sahiptim. Bu grubun ortalamadan çok daha az risk üstlendiğini anlamak çok önemlidir; genel piyasanın zayıf olduğu dönemlerdeki kayıtlarına dikkat ediniz. Stil olarak çok farklı olsalar da, bu yatırımcılar, kafaca, her zaman *işi satın alıyorlardı, hisse senetlerini değil.* Sadece birkaçı zaman zaman tüm işletmeyi satın almışlardı fakat sıklıkla sadece küçük işletme parçalarını satın alıyorlardı. İşin tamamını ya da küçük parçaları satın alma tutumları aynıydı. Bazıları düzinelerce hisse senedi olan portföylere sahiptiler; diğerleri sadece birkaç taneye yoğunlaşmışlardı. Fakat hepsi de, bir işletmenin piyasa fiyatıyla, gerçek değeri arasındaki farkı kendi çıkarları doğrultusunda kullandılar.

Piyasada çok yetersizlik olduğuna ikna oldum. Bu Graham-ve-Doddsville yatırımcıları fiyat ve değer arasındaki boşluklardan başarıyla yararlandılar. Bir hisse senedinin fiyatı Wall Street'te, en duygusal, en hırslı ya da en karamsar kişi tarafından konulmuş marjda fiyatlara sahip bir "sürü"den etkilendiğinde, piyasanın her zaman akla uygun fiyatlar koyduğunu öne sürmek zorlaşır. Aslına bakılırsa, piyasa fiyatları çoğunlukla anlamsızdır.

Risk ve ödül hakkında önemli bir şey söylemek istiyorum. Bazen risk ve ödül olumlu bir biçimde ilişkilendirilir. Eğer birisi bana "Burada altı-patlarım var ve içine bir fişek sürdüm. Neden çevirip, sadece bir kez tetiği çekmiyorsun? Hayatta kalırsan sana 1 milyon dolar veririm." Redderdim -muhtemelen 1 milyon doların yeterli olmadığını söyleyerek. Bunun üzerine tetiği iki kez çekmek için bana 5 milyon dolar teklif edebilirdi -bu, risk ve ödül arasındaki pozitif ilişkidir!

Değer yatırımı için ise bunun tam tersi doğrudur. Eğer 1 dolarlık banknotu 60 sentten alırsanız, bu 1 dolarlık banknotu 40 sentten almaktan daha risklidir, fakat ikincide ödül beklentisi daha çoktur. Değer portföyünde ödül potansiyeli ne kadar büyükse, risk de o kadar azdır.

Hızlı bir örnek: The Washington Post Company'nin 1973'te piyasa değeri 80 milyon dolardı. Bu sırada, tam o gün, on alıcıdan herhangi birine bu varlıkları en düşük 400 milyon dolardan, muhtemelen çok daha yüksek bir fiyattan satabilirdiniz. Şirket, *Post* ve *Newsweek* ile birlikte en önemli piyasaların bazı televizyon istasyonlarına da sahipti. Aynı nitelikler şimdi 2 milyar dolar değerindedir, dolayısıyla bunlara 400 milyon dolar ödeyecek olan kişi hiç de deli değildi.

Eğer hisseler, onlara biçilen değeri 80 milyon dolar yerine 40 milyona indirecek kadar düşerse, beta daha büyük olacaktır. Ve beta'nın riski ölçtüğünü düşünenler için, daha ucuz olan fiyat, onun daha riskli görünmesine neden olacaktır. Bu tam bir "Alis Harikalar Diyarında" öyküsüdür. 400 milyon dolar değerindeki malları 80 milyon dolar yerine, 40 milyon dolara almanın neden daha riskli olduğunu hiç anlayabilmiş değilim. Ve, aslında, bu türden hisse senetlerini satın alıyorsanız ve iş değerlendirmesi hakkında biraz olsun bir şeyler biliyorsanız, 400 milyon doları 80 milyon dolara almanın hiçbir riski yoktur, özellikle 40'ar milyonluk yığınların her birini 8'er milyon dolardan alıyorsanız. Somut biçimde 400 milyon dolara dokunamayacağınız için, dürüst ve bir hayli yetkin insanlarla birlikte işe girdiğinizden emin olun. Bu hiç de zor bir iş değildir.

Ayrıca temeldeki işin değeri hakkında genel bir tahmin yürütmek için gereken bilgiye sahip olmalısınız. Ama bunu milimi milimine yapmayın. Bu, Ben Graham'in güvenlik marjıyla kastettiği şeydir. 83 milyon dolar değerindeki işleri 80 milyon dolara almayı denemeyin. Kendinize çok geniş bir marj bırakın. Bir köprü inşaatını yaparken 15.000 kilo yük hesap edersiniz, ama üzerinden geçen kamyonlar en fazla toplam 5 ton ağırlıkta olacaktır. Aynı ilke yatırım için de geçerlidir.

Sonuca gelelim, aranızdaki bazı daha ticari fikirliler, benim neden bu makaleyi yazdığıma şaşırabilirler. Değer yaklaşımına pek çok değişim eklemek, ister istemez fiyat ile değer arasındaki mesafeyi daraltacaktır. Size sadece sırrın 50 yıl önce, Ben Graham ve Dave Dodd'ın *Security Analysis*'i yazmasından sonra ortaya çıkmış olduğunu söyleyebilirim, bununla birlikte, onu uyguladığım 35 yıl içerisinde değer yatırımı yönünde bir modaya rastlamadım. İnsanoğlunun, kolay şeyleri zorlaştırmak gibi kötü bir huyu vardır. Akademik dünya, tersine, son 30 yıldır değer yatırımını öğretmek konusunda geri adım atmıştır. Bu durum süreceğe benzer. Gemiler dünyanın etrafında yüzerken, şu Düz Dünya Topluluğu' da büyümeye devam edecektir. Piyasada fiyat ve değer arasındaki büyük tutarsızlıklar sürüp giderken, Graham & Dodd'u okuyanlar başarılı olmaya devam edeceklerdir.

Tablolar 1-9:

TABLO 1 Walter J. Schloss

Yıl	S&P Tüm Kazanç Kar P Dahil (%)	WSJ Ltd Tüm Yıllık Kazanç (%)	WSJ Part. Tüm Yıllık Kazanç (%)
1956	7.5	5.1	6.8
1957	–10.5	–4.7	–4.7
1958	42.1	42.1	54.6
1959	12.7	17.5	23.3
1960	–1.6	7.0	9.3
1961	26.4	21.6	28.8
1962	–10.2	8.3	11.1
1963	23.3	15.1	20.1
1964	16.5	17.1	22.8
1965	13.1	26.8	35.7
1966	–10.4	0.5	0.7
1967	26.8	25.8	34.4
1968	10.6	26.6	35.5

Standard & Poor's 28¼ yılın bileşik kazancı	887.2 %
WJS Limited Partners 28¼ yılın bileşik kazancı	6.678.8 %
WJS Partnership 28¼ yılın bileşik kazancı	23.104,7 %
Standard & Poor's 28¼ yılın yıllık bileşik faiz oranı	8.4 %
WJS Limited Partners 28¼ yılın yıllık bileşik faiz oranı	16.1 %
WJS Partnership 28¼ yılın yıllık bileşik faiz oranı	21.3 %

Partnership geçmişi süresince 800'den fazla tahvil ihracı yaptı ve çoğu zaman da en az 100 pozisyona sahip oldu. Yönetilen mevcut varlıkları yaklaşık 45 milyon dolara yaklaşıyordu. Ortaklığın kazançlarıyla, limited ortakların kazançları arasındaki fark yönetim için genel ortağa yapılan dağıtım nedeniyledir.

TABLO 1 Walter J. Schloss *(devam)*

Yıl	S&P Tüm Kazanç Kar P Dahil (%)	WSJ Ltd Tüm Yıllık Kazanç (%)	WSJ Part. Tüm Yıllık Kazanç (%)
1969	–7.5	–9.0	–9.0
1970	2.4	–8.2	–8.2
1971	14.9	25.5	28.3
1972	19.8	11.6	15.5
1973	–14.8	–8.0	–8.0
1974	–26.6	–6.2	–6.2
1975	36.9	42.7	52.2
1976	22.4	29.4	39.2
1977	–8.6	25.8	34.4
1978	7.0	36.6	48.8
1979	17.6	29.8	39.7
1980	32.1	23.3	31.1
1981	6.7	18.4	24.5
1982	20.2	24.1	32.1
1983	22.8	38.4	51.2
1984 1st Qtr.	2.3	0.8	1.1

TABLO 2 Tweedy, Browne Inc.

30 Eylül (Dönem Sonu)	Dow Jones (%)	S & P 500 * (%)	TBK Tamamı (%)	TBK Ltd (%)
1968 (9 mos.)	6.0	8.8	27.6	22.0
1969	-9.5	-6.2	12.7	10.0
1970	-2.5	-6.1	-1.3	-1.9
1971	20.7	20.4	20.9	16.1
1972	11.0	15.5	14.6	11.8
1973	2.9	1.0	8.3	7.5
1974	-31.8	-38.1	1.5	1.5
1975	36.9	37.8	28.8	22.0
1976	29.6	30.1	40.2	32.8
1977	-9.9	-4.0	23.4	18.7
1978	8.3	11.9	41.0	32.1
1979	7.9	12.7	25.5	20.5
1980	13.0	21.1	21.4	17.3
1981	-3.3	2.7	14.4	11.6
1982	12.5	10.1	10.2	8.2
1983	44.5	44.3	35.0	28.2
Toplam Kazanç				
15¼ yıl	191.8%	238.5%	1.661,2%	936.4%
Standard & Poor's 15¼ yılın yıllık bileşik faiz oranı				7.0%
TBK Limited Partners 15¼ yılın yıllık bileşik faiz oranı				16.0%
TBK Kapsamlı 15¼ yılın yıllık bileşik faiz oranı				20.0%

* Standard & Poor's Bileşik Endeksi ve Dow Jones Endüstriyel Ortalamasını kapsamaktadır.

TABLO 3 Buffet Partnership, Ltd.

Yıllar	Dow Jones Toplam Sonuçlar (%)	Partnership Sonuçları (%)	Limited Partners Sonuçları (%)
1957	–8.4	10.4	9.3
1958	38.5	40.9	32.2
1959	20.0	25.9	20.9
1960	–6.2	22.8	18.6
1961	22.4	45.9	35.9
1962	–7.6	13.9	11.9
1963	20.6	38.7	30.5
1964	18.7	27.8	22.3
1965	14.2	47.2	36.9
1966	–15.6	20.4	16.8
1967	19.0	35.9	28.4
1968	7.7	58.8	45.6
1969	–11.6	6.8	6.6
Kümülatif ya da Bileşik Sonuçlar :			
1957	–8.4	10.4	9.3
1957–58	26.9	55.6	44.5
1957–59	52.3	95.9	74.7
1957–60	42.9	140.6	107.2
1957–61	74.9	251.0	181.6
1957–62	61.6	299.8	215.1
1957–63	94.9	454.5	311.2
1957–64	131.3	608.7	402.9
1957–65	164.1	943.2	588.5
1957–66	122.9	1156.0	704.2
1957–67	165.3	1606.9	932.6
1957–68	185.7	2610.6	1403.5
1957–69	152.6	2794.9	1502.7
Yıllık Bileşik Oran	7.4	29.5	23.8

TABLO 4 Sequoia Fund, Inc.

Yıllar	Yıllık Değişim** Sequoia Fonu (%)	S&P 500 Endeksi (%)*
1970 (from July 15)	12.1	20.6
1971	13.5	14.3
1972	3.7	18.9
1973	–24.0	–14.8
1974	–15.7	–26.4
1975	60.5	37.2
1976	72.3	23.6
1977	19.9	–7.4
1978	23.9	6.4
1979	12.1	18.2
1980	12.6	32.3
1981	21.5	–5.0
1982	31.2	21.4
1983	27.3	22.4
1984 (first quarter)	–1.6	–2.4
Tüm Dönem	775.3 %	270%
Yıllık Bileşik Getiri	17.2%	10%
+1 % Yönetim Ücreti	1.0%	
Brüt Getiri Oranı	18.2 %	10.0%

* Temettü ve sermaye kazancı dahil (Sequia Fonu)

** Bu rakamlar Tablo 1'e göre biraz farklıdır, tekrar yatırılan temettüler hesaplanmıştır

TABLO 5 Charles Munger

Yıl	Mass (%)	Yatırımcı Hisseleri (%)	Lehman (%)	Tri-cont (%)	Dow (%)	Overall Partnership (%)	Ltd Partnership (%)
1962	–9.8	–13.4	–14.4	–12.2	–7.6	30.1	20.1
1963	20.0	16.5	23.8	20.3	20.6	71.7	47.8
1964	15.9	14.3	13.6	13.3	18.7	49.7	33.1
1965	10.2	9.8	19.0	10.7	14.2	8.4	6.0
1966	–7.7	–9.9	–2.6	–6.9	–15.7	12.4	8.3
1967	20.0	22.8	28.0	25.4	19.0	56.2	37.5
1968	10.3	8.1	6.7	6.8	7.7	40.4	27.0
1969	–4.8	–7.9	–1.9	0.1	–11.6	28.3	21.3
1970	0.6	–4.1	–7.2	–1.0	8.7	–0.1	–0.1
1971	9.0	16.8	26.6	22.4	9.8	25.4	20.6
1972	11.0	15.2	23.7	21.4	18.2	8.3	7.3
1973	–12.5	–17.6	–14.3	–21.3	–23.1	– 31.9	–31.9
1974	–25.5	–25.6	–30.3	–27.6	–13.1	–31.5	– 31.5
1975	32.9	33.3	30.8	35.4	44.4	73.2	73.2

Bileşik Sonuçlar

1962	–9.8	–13.4	–14.4	–12.2	–7.6	30.1	20.1
1962–3	8.2	0.9	6.0	5.6	11.5	123.4	77.5
1962–4	25.4	15.3	20.4	19.6	32.4	234.4	136.3
1962–5	38.2	26.6	43.3	32.4	51.2	262.5	150.5
1962–6	27.5	14.1	39.5	23.2	27.5	307.5	171.3
1962–7	53.0	40.1	78.5	54.5	51.8	536.5	273.0
1962–8	68.8	51.4	90.5	65.0	63.5	793.6	373.7
1962–9	60.7	39.4	86.9	65.2	44.5	1046.5	474.6
1962–70	61.7	33.7	73.4	63.5	57.1	1045.4	474.0
1962–71	76.3	56.2	119.5	100.1	72.5	1336.3	592.2
1962–72	95.7	79.9	171.5	142.9	103.9	1455.5	642.7
1962–73	71.2	48.2	132.7	91.2	77.2	959.3	405.8
1962–74	27.5	40.3	62.2	38.4	36.3	625.6	246.5
1962–75	69.4	47.0	112.2	87.4	96.8	1156.7	500.1
Yıllık Bileşik Sonuçlar	3.8	2.8	5.5	4.6	5.0	19.8	13.7

TABLO 6 Pacific Partners, Ltd.

Yıl	S & P 500 Endeks (%)	Limited Partnership Sonuçları (%)	Overall Partnership Sonuçları (%)
1965	12.4	21.2	32.0
1966	–10.1	24.5	36.7
1967	23.9	120.1	180.1
1968	11.0	114.6	171.9
1969	–8.4	64.7	97.1
1970	3.9	–7.2	–7.2
1971	14.6	10.9	16.4
1972	18.9	12.8	17.1
1973	–14.8	–42.1	–42.1
1974	–26.4	–34.4	–34.4
1975	37.2	23.4	31.2
1976	23.6	127.8	127.8
1977	–7.4	20.3	27.1
1978	6.4	28.4	37.9
1979	18.2	36.1	48.2
1980	32.3	18.1	24.1
1981	–5.0	6.0	8.0
1982	21.4	24.0	32.0
1983	22.4	18.6	24.8

Standard& Poor's 19 yılın bileşik kazancı	316.4 %
Limited Partnersip 19 yılın bileşik kazancı	5.530,2%
Overall Partnership 19 yılın bileşik kazancı	22.200,0%
Standard & Poor's 19 yılın yıllık bileşik oran	7.8%
Limited Partnership 19 yılın yıllık bileşik oran	23.6%
Overall Partnership 19 yılın yıllık bileşik oran	32.9%

TABLO 7 Perlmeter Investments

Yıl	PIL Tümü (%)	Limited Partnership (%)
8/1–12/31/65	40.6	32.5
1966	6.4	5.1
1967	73.5	58.8
1968	65.0	52.0
1969	–13.8	–13.8
1970	–6.0	–6.0
1971	55.7	49.3
1972	23.6	18.9
1973	–28.1	–28.1
1974	–12.0	–12.0
1975	38.5	38.5
1/1–10/31/76	38.2	34.5
11/1/76–10/31/77	30.3	25.5
11/1/77–10/31/78	31.8	26.6
11/1/78–10/31/79	34.7	28.9
11/1/79–10/31/80	41.8	34.7
11/1/80–10/31/81	4.0	3.3
11/1/81–10/31/82	29.8	25.4
11/1/82–10/31/83	22.2	18.4

Toplam Ortaklığın Yüzdelik Kazancı 8/1/65'den 10/31/83'e kadar	4277.2%
Limited Ortaklık Yüzdelik Kazancı 8/1/65'den 10/31/83'e kadar	2309.5%
Kapsamlı Ortaklık Kazancının Yıllık Bileşik Faiz Oranı	23.0%
Limited Partners'ın Yıllık Bileşik Kazanç Oranı	19.0%
Dow Jones Endüstriyel Ortalaması 7/31/65 (Yaklaşık)	882%
Dow Jones Endüstriyel Ortalaması 10/31/83 (Yaklaşık)	1225%
DJI'ın kâr Paylarını da dahil ederek Yaklaşık Bileşik Kazanç Oranı	7%

TABLO 8 The Washington Post Company, Master Trust, 31 aralık 1983

	Mevcut % Getiri	Çeyrek Sıralama	YIL SONU % Getiri	YIL SONU Sıralama	2.YIL SONU % Getiri	2.YIL SONU Sıralama	3.YIL SONU % Getiri	3.YIL SONU Sıralama	5.YIL SONU % Getiri	5.YIL SONU Sıralama
Tüm Yatırımlar										
Yönetici A	4.1	2	22.5	10	20.6	40	18.0	10	20.2	3
Yönetici B	3.2	4	34.1	1	33.0	1	28.2	1	22.6	1
Yönetici C	5.4	1	22.2	11	28.4	3	24.5	1	—	—
Tüm Yöneticiler	3.9	1	28.1	1	28.2	1	24.3	1	21.8	1
Adi Hisse Senedi										
Yönetici A	5.2	1	32.1	9	26.1	27	21.2	11	26.5	7
Yönetici B	3.6	5	52.9	1	46.2	1	37.8	1	29.3	3
Yönetici C	6.2	1	29.3	14	30.8	10	29.3	3	—	—
Tüm Yöneticiler	4.7	1	41.2	1	37.0	1	30.4	1	27.6	1
Tahviller										
Yönetici A	2.7	8	17.0	1	26.6	1	19.0	1	12.2	2
Yönetici B	1.6	46	7.6	48	18.3	53	12.7	84	7.4	86
Yönetici C	3.2	4	10.4	9	24.0	3	18.9	1	—	—
Tüm Yöneticiler	2.2	11	9.7	14	21.1	14	15.2	24	9.3	30
Tahvil & Nakit Benzerleri										
Yönetici A	2.5	15	12.0	5	16.1	64	15.5	21	12.9	9
Yönetici B	2.1	28	9.2	29	17.1	47	14.7	41	10.8	44
Yönetici C	3.1	6	10.2	17	22.0	2	21.6	1	—	—
	2.4	14	10.2	17	17.8	20	16.2	2	12.5	9

Yıllık olarak hesaplanmış
Sıralama, fonun A.C Becker ile kıyaslanan performansını gösterir.
Sıralama yüzde olarak ifade edilmiştir. 1= en iyi 100 = en kötü.

TABLO 9 FMC Corporation Pension Fund, Yıllık Dönüşüm Oranı (Yüzde)

Biten Dönem	1 Yıl	2 Yıl	3 Yıl	4 Yıl	5 Yıl	6 Yıl	7 Yıl	8 Yıl	9 Yıl
FMC (Tahvil ve Senet)									
1983	23.0								*17.1
1982	22.8	13.6	16.0	16.6	15.5	12.3	13.9	16.3	
1981	5.4	13.0	15.3	13.8	10.5	12.6	15.4		
1980	21.0	19.7	16.8	11.7	14.0	17.3			
1979	18.4	14.7	8.7	12.3	16.5				
1978	11.2	4.2	10.4	16.1					
1977	-2.3	9.8	17.8						
1976	23.8	29.3							
Becker Planı Medyan									
1983	22.8								15.6
1982	21.5	7.3	15.1	16.0	14.0	10.2	12.0	14.9	
1981	-5.0	12.0	14.2	12.2	8.1	10.5	14.0		
1980	32.5	25.3	18.7	11.7	14.0	17.5			
1979	18.6	12.4	5.5	9.8	14.8				
1978	6.6	-0.8	6.8	13.7					
1977	7.7	6.9	16.1						
1976	23.7	30.3							
1975	37.2								

TABLO 9 FMC Corporation Pension Fund, Yıllık Dönüşüm Oranı (Yüzde) *(devam)*

Biten Dönem	1 Yıl	2 Yıl	3 Yıl	4 Yıl	5 Yıl	6 Yıl	7 Yıl	8 Yıl	9 Yıl
S & P 500									
1983	15.6								12.6
1982	21.4	11.2	13.9	13.9	12.5	9.7	10.9	12.3	
1981	1.2	10.8	11.9	10.3	7.7	8.9	10.9		
1980	20.9	NA	NA	NA	10.8	NA			
1979	13.7	NA	NA	NA	11.1				
1978	6.5	NA	NA	NA					
1977	-3.3	NA	NA						
1976	17.0	NA							
1975	24.1								

EK 2: Adi Hisse Senetlerinde Yeni Spekülasyon

Söylemek zorunda kalacağım şey, Wall Street'te yıllardır süregelen para harcama yöntemini mevcut deneyim çeşitleriyle yansıtacaktır. Bu durum, yeni koşulların ilerleyişini veya başlı başına deneyimin değerini zorlayan yeni bir atmosferi içermektedir. Ekonomi, finans ve sermaye analizini diğer pratik disiplinlerden ayıran konulardan birisinin, günümüze ve geleceğe bir rehber olan geçmişteki unsurların geçerliliğinin belirsiz olduğu tezidir. Yine de, geçmiş öğretileri en azından çalışıp anlayana kadar, onları reddetmeye hakkımız yok. Bugün üzerine eğildiğim şey, sınırlı bir alanda - bilhassa, hisse senedi yatırım ve spekülasyonuna karşı temelde yatan geçmiş ve günümüzdeki tavırlarımız arasındaki çatışan ilişkileri öne çıkaran bir girişim- böyle bir anlayış için çaba göstermektir.

Tezimin bir özetiyle başlamama izin verin. Geçmişte bir hisse senedinin spekülatif unsurları şirketin bizzat kendisine bağlıydı; belirsizlikler, istikrarsız unsurlar, endüstrideki aleni zayıflıklardan veya şirketin bireysel düzeninden kaynaklanırlardı. Bu spekülasyon unsurları tabi ki hala mevcut, ama şu da söylenebilir ki bunlar birazdan değineceğim birkaç sayıda uzun-vadeli gelişme tarafından makul derecede azaltılmıştır. Fakat bunun karşılığı olarak yeni ve önemli bir spekülasyon elementi, hisse senedi arenasına şirketlerin *dışından* tanıtıldı. Bu, hisse-alıcısı halk ve onların danışmanlarının- en çok da biz menkul kıymet analistlerinin- tavır ve bakış açılarından kaynaklanmaktadır. Bu tavır şu sözle tanımlanabilir: "gelecek beklentilerine yönelik esaslı vurgu".

Bu kitleye, hiçbir şey bir hisse senedinin öncelikle şirketin beklenilen gelecek performansına dayalı olarak değerlenip fiyatlandırılacağı fikrinden daha doğal ve mantıklı gelemez. Gerçi, bu basit görünümlü konsept bazı paradoks ve tehlikeleri de beraberinde getiriyor. Bir kere, yatırım ve spekülasyon arasındaki eski, köklü farklılıkların çoğunu yıkıyor. Sözlük diyor ki "spekülasyon" Latince "specula"dan, yani gözlemlemekten gelmektedir. Bundan hareketle, spekülatör, gözlemleyen ve gelecek gelişmeleri diğer insanlardan önce görendir. Oysa bugün, eğer yatırımcı, kurnaz ise veya iyi tavsiyeler almışsa, o bile geleceği gözlemlemelidir, ya da ortak bir gözlemde spekülatörle bir araya gelmiş olur.

İkinci olarak, şunu görüyoruz ki; en iyi yatırım özellikleri arz eden şirketler -örneğin "en iyi kredi notu olan" aynı zamanda herkes, onların harika bir geleceği garantilediğini farz ettiği için, hisse senetlerine en geniş spekülatif ilgiyi çekmesi de daha muhtemel olan şirketlerdir. Üçüncüsü, gelecek beklentileri kavramı, özellikle gelecekte devam eden bir büyümeye dair beklenti, yüksek matematik formüllerinin, yeğlenen hisselerin cari değerlerini oluşturmada uygulanmalarına davet çıkarmaktadır. Ancak, kesin formüllerle oldukça belirsiz varsayımların kombinasyonu, bir kimsenin gerçekten öne çıkan bir hisse senedi için dilediği ne kadar yüksek de olsa, herhangi bir değeri oluşturmada, daha doğrusu haklı çıkarmada kullanılabilir. Ancak paradoksal bir biçimde, tam da yakından incelenen konu bu oldu, belli bir büyüyen şirketi kurma ya da sürdürmede tek bir değere ya da makul ölçüde dar bir değer aralığına dayanılamayacağını göstereceğini öne sürer.

Hisse senetlerinde mevcut eski ve yeni spekülasyonları ayrımıma dönersek, onları iki acayip ama uygun kelimeyle karakterize edebiliriz, şöyle ki; içsel ve dışsal. 1911-1913 yılları arasında American Can ve Pennsylvania Railroad'a ilişkin bir veriyle eski-zaman spekülatif hisse senedini kısaca örneklememe izin verin. (Bunlar Benjamin Graham ve David L. Dodd, *Security Analysis*, McGraw-Hill, 1940, sf. 2-3'te yer almaktadır.)

O üç yılda "Pennsy"nin fiyat aralığı yalnızca 53 ile 65 arasında hareket etti, diğer bir deyişle dönemin ortalama kazancının 12.2 katı ile 15 katı arasında. Bu, istikrarlı bir kar ve güvenilir 3$ kâr payı olduğunu gösterdi ve yatırımcılar bunun 50$ üzerinde bir kısmının maddi varlıklarla desteklendiğinden emindiler. Buna karşın, American Can'in fiyatı 9 ile 47 arasında, kazanımları 7 sent ile 8,86$ arasında, üç yıllık ortalama kazançların fiyata oranı da 1.9 katı ile 10 katı arasında seyrediyordu; hiç kâr payı ödemedi; ve de sofistike yatırımcılar itibari değeri 100$ olan hisse senetlerinin açığa vurulmamış "su"dan başka bir şey temsil etmediğinin farkındaydılar. Böylece American Can hissesi spekülatifi temsil eden bir senetti, zira American Can Company sonradan dalgalı ve belirsiz bir endüstride spekülatif olarak sermaye birikimi sağlamış bir girişimdi. Aslında, American Can, Pennsylvania Railroad'dan çok daha parlak bir geleceğe sahipti, ama bu durum o günlerde yatırımcılar veya spekülatörlerce fark edilmemekle kalmadı, hatta fark edilmiş olsaydı bile 1911-1913 yıllarındaki yatırım politika ve programlarıyla ilgisiz bulunup, büyük ihtimalle bir kenara atılacaktı.

Şimdi, size yatırımlara dair "uzun-vadeli beklentilerin" önemli olduğu zamana ait gelişmeleri ifşa edeceğim. En olağanüstü büyüklükteki endüstriyel girişimimizden - ki bu, geçen yıl küçük şirket grubuna 1 milyar dolarlık satışla giren International Business Machines'den başkası olamaz- verebileceğim kadar çok örnek vermek isterim. Donuk sayılar arasında bir gezinti yapmak yerine, ne olabileceğini biraz kişisel bir dokunuşla anlatmak için burada otobiyografik bir iki not aktarabilir miyim? 1912'de U.S. Express Company için yapılacak bir araştırma projesinin sorumluluğunu üstlenmek üzere üniversiteden bir sömestr boyunca ayrıldım. Programlama hız oranlarının, devrimsel nitelikteki önerilen yeni sistemin kazancı üzerindeki etkisini bulmak üzere yola çıktık. Bu amaçla, o zamanki Computing-Tabulating-Recording Company (C-T-R) tarafından kiraya verilen sözde Hollerith makinelerini kullandık. Bunlar kart delicileri, kart ayırıcıları ve tabulatörler -neredeyse iş adamlarına bile bilinmedik gelen araçlar- içeriyordu ve Census Bureau'da ana uygulamaya sahiptiler. Wall Street'e 1914'te girdim ve bir sonraki yıl C-T-R Company'nin tahvil ve hisse senetleri New York Borsası'nda yer almaktaydı. Yani, bu girişime karşı duygusal bir ilgim var ve bunun yanı sıra o ürünleri görmüş ve kullanmış ender finansal şahıslardan biri olarak da kendimi bu ürünler konusunda bir anlamda, teknolojik bir uzman olarak görüyorum. 1916'nın epey başlarında Bay A.N. olarak bilinen, firmamın patronuna gittim ve kendisine, C-T-R hisselerinin 40'ların ortalarından işlem gördüğünü (105,000 hisse), 1915'te 6.50$ kazandırdığını, defter değerinin ayrılmamış maddi olmayan varlıklar dahil 130$ olduğunu, 3$ kâr payıyla başladığını; ve şirketin ürün ve beklentileri için bu rakamları bir hayli fazla bulduğumu söyledim. Bay A.N. bana acıyarak baktı. "Ben," dedi, "o şirketten bana bir daha bahsetme. Ben ona elimi bile sürmem. [favori lafıdır] Onun tahvillerinin yüzde 6'sı düşük 80'lerde satıyor ve iyi değiller. Buna göre hisse senetleri nasıl iyi olabilir ki? Herkes bilir ki bunun arkasında sudan başka hiçbir şey yok." (Sözlük anlamı: O günlerde bu, en üst düzey suçlama demekti. Bilançodaki aktif hesabının fiktif olduğu anlamına gelmektedir. Pek çok endüstriyel şirket -bilhassa U.S. Steel- 100$ lık itibari değerlerine rağmen kağıt üstünde yapı hesabında gizlenmiş, su dışında hiçbir şey ifade etmiyor. Kazanma gücü ve gelecek beklentisinden başka, onları destekleyen "hiçbir" şey olmadığı için, kendine saygısı olan hiç bir yatırımcı onları ciddiye almaz).

İstatistikçimin, kulağı çekilmiş o genç adamın hücresine geri döndüm. Bay A.N. yalnızca deneyimli ve başarılı değil, aynı zamanda aşırı derecede uyanıktı. Computing-Tabulating-Recording'e karşı şiddetli ayıplamalarından o kadar etkilenmiş olmalıyım ki hiçbir zaman, adı 1926'da International Business Machines (IBM) olduğundan sonra bile hissesini satın almadım.

Şimdi aynı şirkete, 1926'daki, borsanın oldukça yüksek seyrettiği bu yıldaki yeni ismiyle bakalım. O zamanda öncelikle bilançosundaki epeyce yüksek bir toplama ulaşan 13.6 milyon dolarlık maddi olmayan varlık değerini açıkladı. A.N. haklı çıkmıştı. Pratikte 1915'teki hissesinin arkasındaki sözde öz kaynağın her bir doları sudan başka bir şey değildi. Fakat, şirket o dönemde T.I.Watson, Sr.'nin yönetiminde etkileyici rakamlara ulaşmıştı. Neti 691,000$'dan 5 kat artıp, herhangi takip eden 11 yılda ulaşılması beklenenden daha büyük bir yüzdelik kazanca ulaşmış ve 3.7 milyon dolara yükselmiştir. Hisse senetleri için güzel bir maddi öz kaynak oluşturdu ve hisse başına 3.6 olacak şekilde böldü. Kazanımları 6.39$ iken bunun üzerine yeni senet için 3$ kâr payı oluşturdu. 1926 borsasının böylesi bir büyüme geçmişine ve yüksek satış pozisyonuna sahip bir şirket hakkında oldukça hevesli olacağını beklemişsinizdir. Bunu inceleyelim. O yıldaki fiyat dalgalanması en düşük 31, en yüksek 59'du. Ortalama 45'te, kazanımların 7 katında işlem görüyor ve 1915'te aynı yüzde 6.7 temettü geliri getiriyordu. En düşük 31'deki durumu, maddi defter değerini çok fazla aşmamış ve bu açıdan, on bir yıl öncesine göre daha tutucu bir şekilde fiyatlandırılmıştı.

Bu bilgiler, 1920'lerin yükselen piyasasının doruğa ulaştığı yıllara kadar uzanan eski-zaman yatırım bakış açısının, devam ettiğini izah etmektedir. O zamandan bu yana meydana gelenler IBM'in on yıllık zaman aralıkları kullanılarak özetlenebilir. 1936'da neti 1926 değerlerinin iki katına genişledi ve ortalama çarpan 7'den 17 ½ ye sıçradı. 1936'dan 1946'ya kadar kazanç 2 ½ kattı, ama 1946'da ortalama çarpan 17 ½'de kaldı. Sonra bu adımlar ivme kazandı. 1956'daki net, 1946'dakinin neredeyse 4 katıydı ve ortalama çarpan 32 ½' ye çıkmıştı. Geçen yıl, nette daha da büyük bir kazanç artışıyla, eğer yabancı şirketteki tekil öz kaynağı saymazsak, çarpan yeniden yükselmiştir ve 42'ye ulaşmıştır.

Son zamanlardaki fiyat rakamlarını dikkatle incelediğimizde, kırk yıl öncekilerle ilginç benzerlikler ve çelişkiler görebiliriz. Endüstriyel şirketlerin bilançolarında hakim olan bu tek seferlik skandal su, öncelikle açıklama yolu ile sonra da zarar olarak kabul edilecek miktarlarla sıkıp çıkartılmıştır. Fakat başka tür bir su, bunun yerine yatırımcılar ve spekülatörlerce bizzat borsada değerlendirilmeye alınmıştır. Şimdi IBM, kazancının 7 katı yerine, defter değerinin 7 katına işlem görünce, bunun etkisi pratik olarak hiç defter değeri olmaması durumuyla aynı. Küçük defter-değeri porsiyonu, fiyatın bir çeşit az tercih edilen hisse senedi bileşeni olarak kabul edilebilir, gerisi, bir eski-zaman spekülatörünün Woolworth ya da U.S. Steel hisse senetlerini yalnızca kazandırıcı güçlerine ve gelecek beklentilerine dayanarak satın aldığı zaman verdiği taahhüttün tamamen aynısını temsil etmektedir.

Yeri gelmişken şunu belirtmeye değerdir, IBM'in 7-kat kazanandan 40-kat kazanan bir girişime dönüşmesine tanık olan 30 yılda, büyük endüstriyel şirketlerimizin iç kaynaklı spekülatif bakış açıları adını verdiğim unsurlarının çoğu yok olma, veya en azından oldukça eksilme eğilimi içindeydi. O zamandan beri finansal pozisyonları daha sıkı, sermaye yapıları daha tutucu: çok daha uzmanca hatta daha açık bir şekilde yönetiliyorlar. Üstelik, tümüyle halka açıklama zorunluluğu, bilinmezlik ve gizemden türeyen, yıllar öncesinin en önemli spekülatif elementlerinden birini ortadan kaldırmıştır.

Şimdi bir başka kişisel not daha. Street'teki ilk zamanlarımda en favori gizemli hisse senetlerim Consolidated Gas of New York'a, şimdiki adıyla Consolidated Edison'a aitti. Kazanç getiren New York Edison Company'nin yavru şirketi olarak kuruldu, acak tüm kazançlarını değil, yalnızca bu kaynaktan gelen kâr paylarını rapor etti. Rapor edilmemiş Edison gelirleri, arz edilen gizemi ve "saklı değer"i karşıladı. Beni şaşırtan, bu çok gizli değerlerin, aslında eyaletin Kamu Hizmeti Komisyonu'nda her yıl dosyalandığını bulmak olmuştu. Rakamlara danışmak ve bir dergi makalesinde Consolidated Gas'in gerçek gelirlerini sunmak çok basit bir şeydi. (Bu arada, kazanca eklenen tutar hiç de muazzam değildi.) Eski arkadaşlarımdan biri bana o zaman demişti ki: "Ben, kayıp değerleri bulmada harika bir adam olduğunu düşünebilirsin, ama Wall Street sana hiçbir şey için teşekkür etmeyecek. Consolidated Gas, gizemiyle birlikte hem daha ilgi çekici hem de eski-gizemlerden daha değerli. Siz her şeye burnunu sokmak isteyen gençler, Wall Street'i mahvedeceksiniz."

Eskiden spekülatif ateşlere çok yakıt arz eden üç M'nin şimdi yok olmuş olduğu doğrudur. Bunlar Mystery, Manipulation ve Margins'dir (Gizem, Manipulasyon ve (ince) Sınırlar). Fakat, biz menkul kıymet analistleri, bizzat o eski spekülatif faktörlerin yerine gayet iyi geçebilecek derecede spekülatif değerleme yaklaşımları yaratmaktayız. Bizim şimdi kendi üç M'miz yok mu ve -Minnesota Mining and Manufacturing Company'dan başka yok- bu hisse senedi eskisine kıyasla yeni spekülasyonu mükemmel bir şekilde örneklendirmiyor mu? Birkaç rakamı değerlendirin : Geçen yıl M. M. & M. Hisse senedi 101'den satıldığında piyasa buna 1956 kazanımlarının 44 katı değer biçiyordu; 1957'de ise kayda değer hiçbir artış olmamıştı. Girişimin bizzat kendisi 1.7 milyar dolar ediyor, bunun 200 milyon doları net varlıklarca karşılanıyordu ve havalı bir 1 ½ milyar dolar, piyasanın "maddi olmayan varlık" takdirini temsil ediyordu. Menkul kıymet değerlemesinin yapıldığı hesaplama sürecinin nereye ulaştığını bilmiyoruz, bildiğimiz şu ki, birkaç ay sonra piyasa bu değerlemeyi

450 milyon dolar kadar ya da yüzde 30 oranında azaltarak aşağıya doğru gözden geçirmişti. Belli ki, böylesi müthiş bir şirketin gayri-maddi bileşenini tam tamına hesaplamak imkansız. Bu durum, menkul kıymet değerinin ya da gelecekteki kazanma gücü faktörünün önemi arttıkça, girişimin gerçek değerinin daha belirsiz olacağı ve böylelikle hisse senedinin de içsel olarak daha spekülatif olacağı, şeklindeki matematiksel bir kuralı takip etmektedir.

Bu maddi faktörlerin değerlemesinde eski zamanlar ile bugünü karşılaştırdığımızda ortaya çıkan, yaşamsal öneme sahip bir farklılığı fark etmek iyi olabilir. Bir veya birkaç jenerasyon önce bu standart kuraldı, hem ortalama hisse senedi fiyatları, hem de yasal değerlemelerde maddi olmayan varlıklar, maddilerden daha tutucu bir bazda takdir edilmiştir. İyi bir endüstriyel şirketin tipik olarak tahvil veya tercihen hisse senetleriyle temsil edilen maddi varlıklarından yüzde 6 ile 8 arasında kazanması gerekebilir; ancak yükselttikleri kazanç fazlaları ya da maddi olmayan varlıkları yüzde, diyelim ki, 15 bazında değerlenirdi. (Bu oranları, 1911 Woolworth imtiyazlı ve normal hisse senetlerinin ve sayıca pek çok diğerlerinde ilk halka arzlarında yaklaşık olarak bulacaksınız.) Fakat 1920'den beri ne oldu? Esasen, şimdi bu ilişkilerin tam tersi durumlar görülebiliyor. Şimdi, ortalama piyasada tam defter değerinde satabilmesi için bir şirketin tipik olarak ortak öz kaynağının yüzde 10'unu kazanması gerekiyor. Ancak, sermayesinin yüzde 10'unun üstündeki kazanç fazlaları, genelde piyasadaki defter değerini desteklemek için gereken temel kazançlara göre daha cömertçe veya yüksek bir çarpanla değerlenirler. Bu nedenle, öz kaynağının yüzde 15'ini kazanan bir şirket, gayet rahat olarak kazanımlarının 13 ½'sini ya da varlıklarının iki katını satabilir. Bu şu anlama gelir; anapara üzerinden kazanılan ilk yüzde 10 yalnızca 10 kat değerlenmişken bir sonraki yüzde 5 -eskiden "fazlalık" denilen- aslında 20 katı değerlenmektedir.

Büyüme beklentilerinin daha yeni bir vurgusuyla ilişkili olarak değerleme sürecindeki bu ters çevirmenin şimdi mantıklı bir sebebi var. Anapara kârı yüksek olan şirketler bu cömert değerlemelere tabi olurlar, yalnızca karlı olmaları veya bununla beraber gelen göreceli istikrar sebebiyle değil, bundan daha kuvvetli olarak, yüksek anapara kazanımlarının genellikle iyi bir büyüme rakamı ve beklentisiyle el birliği içinde olmasıyla ilgilidir. Bundan hareketle, yüksek getirili şirketler bazında son günlerde ödenen şey, eski ve sınırlandırılmış bir kurulu isim ya da karlı bir işteki maddi olmayan aktifler değil, aksine, onların "gelecekteki yükselmiş karlarına dair farz edilen üstün beklentilerdir".

Bu, beni hisse senedi değerlemelerinde bir öneri şeklinde çok az bahsedeceğim bir veya iki ekstra matematiksel bakış açısına getirdi. Eğer, pek çok testin gösterdiği gibi, kazançların çarpanı, karlılıkla yükselme eğiliminde ise, -örneğin, defter değerindeki getiri oranının artması- sonra bu hususun aritmetik sonucu şöyle oluyor ki, değer, kazanımların karesi şeklinde direkt olarak, ama defter değerinin *tersine* olarak yükselme eğilimine giriyor. Böylece, önemli ve çok gerçek bir manada, maddi varlıklar, ortalama piyasada bir kaynak olmak yerine, bir engel olmuştur. Aşırılıktan uzak bir örneği ele alın. Eğer A şirketi 20$'lık defter değeri üzerinden hisse başına 4$ kazanıyorsa, ve B şirketi de 100$'lık defter değeri üzerinden hisse başına 4$ kazanıyorsa, A şirketinin daha yüksek bir çarpanla satacağı ve bundan dolayı B şirketinden daha yüksek bir fiyata satacağı -A şirketi hisse senetleri için 60$, B şirketi hisse senetleri için 35$ diyelim- neredeyse kesindir. Böylece, hisse başı kazançların eşit olduğu varsayıldığı için, B şirketinin daha büyük aktiflerinin hisse başına 80$ biçilmesi, daha düşük piyasa fiyatlı hisselerin başına 25$ düşmesinden sorumludur.

Fakat yukarıdaki örnekten daha önemli olan, matematik ile hisse senedi değerlerine yönelik yeni yaklaşım arasındaki ilişkidir. Verilen şu üç bileşenle birlikte, yani (a) kazanım artış oranına dair iyimser varsayımlar, (b) bu büyümenin geleceğiyle ilgili etkili uzun-vadeli tahminler ve (c) bileşik faizin harikulade işleri bak sen! -menkul kıymet analisti "iyi bir hisse senedi" nin rağbet gören değerlemesini üretebilecek veya ayarlayabilecek yeni bir tür felsefe taşıyla donanmıştır. Yakınlarda *Analysts' Journal*'da çıkan bir makalemde, iyimser piyasalarda yüksek matematiğin popülerliği üzerine bir açıklama yaptım ve büyüyen hisse senetlerinin değer hesaplamaları ile, matematikçileri iki yüz yıldan fazla süredir zorlayan ve kafalarını karıştıran meşhur Petersburg Paradoksu arasındaki çarpıcı benzerlikle ilgili David Durand'in açıklamasını aktardım. Burada vurgulamak istediğim nokta şudur ki; matematik ile hisse senetlerine yönelik yatırım tavırları arasında özel bir paradoks var; ve bu şudur: Matematiğin genellikle kesin ve güvenilir çözümler ürettiği kabul edilmektedir, ama borsada, matematik ne kadar ayrıntılı ve derinse, varacağımız sonuçlar da o kadar belirsiz ve spekülatiftir. Kırk yıllık Wall Street deneyim ve çalışmalarım boyunca, hisse senedi değerlerine ya da ilgili yatırım politikalarına ilişkin olarak yapılan, basit bir aritmetik veya temel cebirden öteye gidebilecek, güvenilir hiçbir hesaplama görmedim. Yüksek matematiğin veya cebirin işin içine her dahil edilişinde, bunu, işletmecinin yedek bir deneyim teorisi oluşturmaya çalıştığına ve genelde yatırımın aldatıcı görünüşünü spekülе etmeye çalıştığına dair bir uyarı olarak, alabilirsiniz.

Hisse senedi yatırımına dair eski görüşler, bugünün sofistike menkul-kıymet analistine biraz safça gelebilir. Yapılan büyük vurgu her zaman, şimdi bir şirket veya hissenin defansif dediğimiz yönlerinin üzerindeydi -genellikle kötü zamanlarda bile kâr payını indirmeyeceğini garantisi gibi. Bu sebeple, elli yıl öncesinin standart yatırım senetlerini kuran güçlü demir yolları, aslında son yıllarda kamu-sektörü hisse senetlerine çok benzer şekilde referans olmuştur. Eğer eski rakamlar istikrarı işaret etmişse, ana gereksinim karşılanmıştır; temelde yatan özelliğin, gelecekte gerçekleşebilecek olumsuz değişimini önceden görmek için de fazla çabaya gerek görülmemiştir. Oysa buna karşılık, özellikle rağbet gören gelecek beklentileri, açıkgöz yatırımcılar tarafından aranacak, ama yatırım yapılmayacak bir şey olarak nitelendirilmiş.

Aslına bakılırsa, bu, üstün uzun-vadeli beklentiler için yatırımcının çok sağlam herhangi bir şey ödemek zorunda olmadığı anlamına geliyordu. Bunlara, kendi üstün zekası ve en iyi şirketleri seçmedeki kararına yönelik bir ödül olarak, esasen ekstra masraf da olmadan sahipti. Aynı finansal güce sahip hisse senetleri için, tüm geçmiş kazanç rakamları ve kâr payı istikrarı, yaklaşık aynı temettü gelirinde fiyatlanmıştı.

Bu gerçekten dar görüşlü bir bakış açısıdır, ama eski günlerde hisse senedi yatırımını yalnızca basit değil, aynı zamanda temel olarak sağlam ve yüksek derecede karlı yapma avantajına sahipti. Son bir kez daha kişisel bir nota dönmeme izin verin. 1920'ler civarında şirketimiz *Lessons for Investors* (Yatırımcıya Dersler) adında, bir seri kitapçık dağıttı. Tabii ki böylesi şık ve cüretli bir ismi seçmek benim gibi atak, yirmilerinde bir analistten beklenir. Fakat, kitapçıklardan birinde sıradan "bir hisse senedi iyi bir yatırımsa aynı zamanda iyi de bir spekülasyondur" ifadesini kullandım. Eğer bir hisse senedi çok az kayıp riski taşıyacak kadar sağlamsa, genellikle gelecek kazançlar için de muhteşem fırsatlar sunacak kadar iyidir. Şimdi bu, kusursuz doğru ve hatta değerli bir buluştu, ama bu sadece hiç kimse ona dikkat etmediği için doğruydu. Birkaç yıl sonra, toplum hisse senetlerinin tarihsel meziyetlerini uzun-vadeli yatırımlar olarak fark ettiklerinde, pek kısa bir süre sonra bu meziyetlere ait sahip olmayacaklardı, çünkü toplumun ilgisi, yerleşik olan güvenlik sınırından uzak fiyat seviyeleri yaratmış ve böylece bunları yatırım sınıfından çıkarmıştı. Sonra, tabi ki, sarkaç diğer uca salındı ve az sonra (1931) en saygın otoritelerden birinin hiçbir hisse senedinin *asla* bir yatırım olamayacağını beyan edişini gördük.

Bu uzun vadeli deneyime bir perspektif içinde bakarsak yatırımcının sermaye kazançları karşısında değişen tavrında bir dizi başka paradoks buluruz. Eski zamanların adi hisse senedi yatırımcısının sermaye kazançlarıyla fazla ilgilenmediğini söylemek bilinen bir gerçektir. O tamamen güvenlik ve gelir için satın aldı ve spekülatörün sadece fiyat artışı ile ilgilenmesine izin verdi. Bugün ise, bir yatırımcının ne kadar deneyimli ve zeki ise, kâr payı getirileriyle o kadar az ilgilendiğini ve ilgisinin o oranda uzun vadeli değer artışında yoğunlaştığını söyleyebiliriz. Yine de eski zamanların yatırımcısı, gelecekteki sermaye artışı üzerinde yoğunlaşmadığı için en azından sanayi hisse senedi alanında, ona sahip olduğunu kendine fiili olarak garanti ediyordu. Tam ters bir biçimde, bugünün yatırımcısı geleceği tahmin etmekle o kadar meşguldür ki, onun için cömertçe peşin ödüyordur. Bu yüzden, o kadar çok çalışma sonrası ve dikkatle yaptığı tahmin gerçekleşebilir ve yine de ona hiç kar getirmeyebilir. Beklenen oran gerçekleşmezse, bugünün yatırımcısı ciddi bir geçici, hatta belki de kalıcı bir zararla karşı karşıya kalabilir.

1958'in analisti geçmişin bugünkü yaklaşımlara bu şekilde bağlanmasından -yine 1920 broşürümün gösterişli başlığını kullanarak- hangi *dersleri* çıkartabilir? Kayda değer pek bir şey çıkmayacağı söylenebilir. Geri dönüp sadece bugün için para ödediğimiz ve geleceği –"bunların hepsini ve Cenneti- bedava aldığımız eski güzel günlere nostaljik olarak bakabiliriz. Başımızı üzüntüyle sallayarak "O günler sonsuza dek gitti," diye homurdanabiliriz. Yatırımcılar ve menkul kıymet analistleri bilgi ağacını yemediler mi? Onlar böyle yaparak gelecek vaat eden adi hisse senetlerinin makul fiyatlarla çalılıklardan çekilip çıkartıldığı Cennet bahçesinden kendilerini kalıcı olarak sürgün etmemişler midir? İyi kalite için akıl dışı yüksek fiyatlar ödeme, ya da makul görünen fiyatlar ödediğimizde ise, zayıf kalite ve beklenti elde etme riskine her zaman mahkûm muyuz?

Kesinlikle öyle görünüyor. Yine de insan bu karamsar ikilemden bile emin olamıyor. Son zamanlarda, yükselen şirket General Electric'in uzun dönem tarihi üzerine -yakın zamanlarda yayınladıkları 1957 Yıllık Raporu'nda görülen elli dokuz yıllık kazançların ve kâr paylarının dikkat çekici çizelgesi tarafından uyarılarak- biraz araştırma yaptım. Birincisi, bu rakamlar, G.E.'nin 1947 öncesi büyümesinin oldukça makul ve düzenli olduğunu gösteriyordu. Hisse başına uyarlanan 1946 kazançları, 1902'den sadece yüzde 30 -53 sente karşı 40 sent- daha yüksekti ve bu dönemin hiçbir yılında 1902'nin kazançları ikiye katlanmamıştı. Yine de, fiyat-kazanç oranı 1910'da ve 1916'da 9 kattan, 1936 ve tekrar 1946'da 29 kata çıktı. Doğal olarak 1946 çarpanının en azından akıllı yatırımcıların ünlü önsezisini gösterdiği söylenebilir. Biz analistler önümüzdeki on yıl için gerçekten parıldayan dönemini önceden görmeyi başarmıştık. Belki de bu böyle. Fakat bazılarınız G.E.'nin hisse başı kazançlarını etkileyici bir şekilde yükselten bir sonraki yılda, 1947'de fiyat-kazanç oranında olağanüstü bir düşüş olduğunu hatırlayacaktır. 32'ye düştüğünde (3'e 1 lik bölünmeden önce) G.E. aslında cari kazançlarının sadece 9 katına işlem görüyordu ve o yıl için ortalama fiyatı, kazançların sadece yaklaşık 10 katıydı. Kristal küremiz oniki aylık kısa aralıkta bulutlandı.

Bu çarpıcı tersine dönüş sadece onbir yıl önce gerçekleşti. Analistler arasındaki önde gelen ve gelecek vaat eden şirketlerin artık her zaman yüksek fiyat-kazanç oranlarında satacağı şeklindeki popüler inancın -yatırımcılar açısından bunun hayatın temel bir gerçeği olduğu ve bunu kabul etmeleri ve sevmeleri gerektiği- güvenilirliği bende biraz şüphe uyandırdı. Bu konuda dogmatik olmak gibi bir niyetim yok. Söyleyebileceğim tek şey, bunun kafama yatmadığı ve her birinizin kendi adınıza, bunu halletme arayışı içinde olmanız gerektiğidir.

Fakat son sözlerimde yatırımları ve spekülatif karakterleri açısından değişik adi hisse senedi tipleri için piyasanın yapısı hakkında kesin bir şey söyleyebilirim. Eskiden, bir adi hisse senedinin yatırım karakteri kredi derecelendirmesi ile pek güzel ölçülebildiği gibi, işletmenin kendisiyle hemen hemen eşit ya da onunla orantılıydı. Tahvillerinin ve imtiyazlı hisse senetlerinin getirisi ne kadar düşükse, adi hisse senedinin tatminkar bir yatırım kriterini karşılama ihtimali o kadar yüksek ve bu alımda spekülasyon unsuru o kadar düşüktü. Adi hisse senedinin spekülatif derecelendirmesi ile şirketin yatırım derecelendirmesi arasındaki bu ilişki grafik olarak soldan sağa giden düz bir çizgi şeklinde ifade edilebilirdi. Oysa günümüzde, bu grafiği U-şeklinde diye tanımlayabilirim. Solda, bizzat şirketin spekülatif olduğu ve kredisinin düşük olduğu yerde, adi hisse senedi doğal olarak aynı geçmişte olduğu gibi oldukça spekülatiftir. Fakat sağ uçta, şirketin hem geçmiş rakamları, hem de gelecek beklentileri son derece etkileyici olduğu olarak görülüyor. Yüksek kredi derecelendirmesine sahip olduğunda borsanın, adi hisselere basitçe adil bir risk derecesi taşıyacak kadar yüksek bir fiyat yoluyla oldukça spekülatif bir unsur getirmesinin, gittikçe daha az devamlılık gösterdiğini görüyoruz.

Bu noktada, konuya ilişkin olarak yakınlarda Shakespeare'in sonelerinden birinde rastladığım epey abartılı olsa da, şaşırtıcı ölçüde geçerli bir ibareyi aktarmadan edemeyeceğim:

İyi ve hoşgörülü sakinlere rastlamamış mıydım
Her şeylerini ve hatta daha fazlasını kira ödeyerek kaybeden?

Hayali grafiğime dönersek, adi hisse senedi alımlarında spekülatif unsurun minimuma inme eğiliminde olduğu yer merkezi alan olacaktır. Bu alanda, geçmişteki büyüme rakamlarının milli ekonomiye karşılık geldiği ve tahminlerinin bariz biçimde aynı nitelikte olduğu pek çok sağlam ve güçlü şirket buluruz. Bu tür adi hisse senetleri, yükselen piyasanın üst fiyat aralıkları dışında, belirlenen içsel değerlerine kıyasla daha ılımlı fiyatlarda, çoğu zaman satın alınabilirdi. Aslına bakılırsa, gerek yatırımcıların gerekse spekülatörlerin günümüzde parlak şirketler üzerine yoğunlaşma eğilimleri nedeniyle, arada kalan hisse senetlerinin, tamamı üzerinden bağımsız olarak belirlenen değerlerinin altında işlem görme eğiliminde olduğu ifadesini riske etmeliyim. Bu senetler, bu nedenle, daha fazla gelecek vaat eden hisselerin güvenlik marjını zedeleme eğiliminde olan, aynı piyasa tercih ve önyargıları tarafından temin edilen, güvenlik marjı faktörüne sahiptirler. Üstelik, bu geniş şirketler yelpazesinde, geçmiş kayıtların etkili analizi ve çeşitlendirmesinin bahşettiği, daha yüksek kesinlik ve güvenliğin eklenebileceği, gelecek ile ilgili beklentilerinin seçimine bol bol yer vardır.

Phaethon, Güneş'in arabasını sürmekte ısrar edince, deneyimli çalıştırıcı olan babası acemi oğlunun -bedel ödeyerek- tutmadığı bir nasihatte bulunmuştur. Ovid, Phoebus Apollon'un öğüdünü üç kelimeyle özetlemiştir:

Medius tutissimus ibis
En güvenli yol orta yoldur.

Bence bu ilke yatırımcılar ve onların menkul kıymet danışmanları için de geçerlidir.

3. Bir Vakanın Tarihçesi: Aetna Maintenance Co.

Bu hikâyenin ilk bölümü 1965 baskımızın "A Horrible Example" (Korkunç Bir Örnek) başlığı altındaki kısmından yeniden üretilmiştir. İkinci bölümü ise daha sonraki şirket değişimini özetlemektedir.

"Korkunç bir örnek "te bahsi geçen örneklerden birini detaylı olarak buraya aktarırsak, okuyucularımızın yeni hisse senedi halka arzlarına karşı gelecekte oluşacak tavırları üzerinde sağlıklı bir etkisi olacağını düşünüyoruz. Bu detay, Standard & Poor's *Hisse Senedi Kılavuzu'* nun ilk sayfasından alınmıştır. 1960-1962 yılları arası gerçekleşen halka arzların göze batan zayıflığını, piyasanın çok yüksek oranda değer biçmesini ve takip eden çöküşlerini aşırı bir şekilde gözler önüne sermektedir.

Kasım 1961'de Aetna Maintenance Co.'nun 154,000 adet hissesi, hisse başına 9$ fiyatla halka arz edilmişti ve halka arz sonrası fiyat hızla 15$'a yükseldi. Halka arz yoluyla finansmandan önce, hisse başına net varlıklar 1.20$ civarındaydı, ancak yeni hisseler ile elde edilen parayla birlikte hisse başına 3$'a yükselmişlerdi.

Finansman öncesi satış ve kazançlar:

Yıl sonu	*Satışlar*	*Adi h.snd.için net*	*Hisse başına kazanç*
Haziran 1961	3,615,000$	187,000$	0.69$
(Haziran 1961)*	(1,527,000)	(25,000)	(0.09)
Aralık 1959	2,215,000	48,000	0.17
Aralık 1958	1,389,000	16,000	0.06
Aralık 1957	1,083,000	21,000	0.07
Aralık 1956	1,003,000	2,000	0.01

*6 ay için

Finansman sonrası karşılık gelen değerler:

Haziran 1963	4,681,000$	42,000$ (açık)	0.11$ (açık)
Haziran 1962	4,234,000	149,000	0.36

1962'de fiyat 2 2/3'e düştü ve 1964'te 7/8 kadar düşüğe satıldı. Bu dönem boyunca kâr payı dağıtılmamıştı.

AÇIKLAMA: Aetna halka arz için çok küçük bir projeydi. Hisse senedi sadece bir yıl boyunca iyi performans gösterdi, halka arz öncesi finansal sonuçları ise gülünç derecedeydi. Gelecekte istikrarı sağlamak açısından da bu yüksek rekabetli işin doğasında hiçbir şey yoktu. İhraçtan hemen sonra oluşan yüksek fiyatta, ihtiyatsız halk, şirketin gelir ve varlıklarına dolar başına, büyük ve güçlü şirketlerin çoğundan çok daha fazla para ödüyordu. Bu örnek kuşkusuz abartılı, fakat benzersiz değil; daha az derecede aşırı değerlenmiş, ancak affedilmez yüzlerce örnek vardır.

1965-1970 Dönemi

1965 yılında şirkette yeni ilgi alanları oluştu. Kazançsız bina bakım işi bitmişti, ve şirket tamamen ayrı bir girişime atılmıştı: elektronik cihaz üretimi. İsim Haydon Switch and Instrument Co. olarak değiştirilmişti. Kar sonuçları yine pek etkileyici değildi. 1965- 1969 arası beş yılda, şirketin en iyi yılı olan 1967'de 34 sent kazanç olmak üzere "eski hisse" senetleri başına ortalama kazanç yalnızca 8 senti gösteriyordu. Ancak, gerçek modern tarzda, şirket 1968'de şirketin hisse senetleri ikiye-bir olarak bölündü. Piyasa fiyatı da doğrudan Wall Street formuna ulaştı. 1964'te 7/8'den 1968'de 16 ½'ye yükselmişti (bölünmeden sonra). Fiyat artık 1961'deki heyecanlı günlerde kaydedilen rekoru bile aşmıştı. Bu sefer, aşırı değer biçme bir öncekinden çok daha kötüydü. Hisse senedi şimdi tek iyi yıl kazanımının 52, ortalama kazanımlarının ise 200 katından işlem görüyordu. Ayrıca, şirket tam da yeni yüksek fiyatın oluşturulduğu bu yılda tekrar bir zarar bildirmek durumundaydı. Bir sonraki yılda, yani 1969'da, hisse satış bedeli 1$'a düşmüştü.

SORULAR: 1968'te bu hisse için 8$ ödeyen aptallar, şirketin geçmişi, beş yıllık kazanç kayıtları, veya varlık değeri (çok az) ile ilgili herhangi bir şey biliyorlar mıydı? Paralarının karşılığında ne kadar -veya ne kadar az- aldıkları konusunda hiçbir fikirleri var mıydı? Umursuyorlar mıydı? Wall Street'te bu tür bir araçta, düzenli tekrar eden, tamamen beyinsiz, şok edici derecede yaygın ve kaçınılmaz yıkıcı spekülasyonun sorumluluğunu taşıyan kimse var mı?

4. Sharon Steel Hisseleri'nin Satın Alımı: NVF Vergi Muhasebesi

1. 1969 yılında NVF, her bir hisseye 70$ ödeyerek Sharon hisselerinin %88'ini satın aldı.

Ödemeyi 1994 vadeli %5 getirili NVF tahvilleri ve hisse başına 22$'dan her 1 ½ adet NVF hissesi için varant olarak yaptı. Tahvillerin başlangıç piyasa değerleri nominal değerlerinin yalnızca %43'ü olarak görünmekteydi ve varantlar NVF hissesi başına 10$'a kote edilmişti. Bu şu anlama geliyor : Sharon hisse senedi sahipleri, tahvillerden yalnızca 30$ ve geri dönen hisseler başına varantlardan 15$ olmak üzere toplamda hisse başına 45$ kazanabildiler.

(Bu Sharon'ın 1968'deki ortalama fiyatı ve aynı zamanda yılın kapanış fiyatıydı.) Sharon'ın defter değeri hisse başına 60$'dı. Sharon'ın bu defter değeriyle piyasa değeri arasındaki fark, edinilen 1,415,000 hisse üzerinden yaklaşık 21 milyon dolara denk geliyordu.

2. Muhasebe işlemi üç şeyi başarmak amacıyla tasarlanmıştı: (a) gelirden 54 milyon dolarlık büyük hisse indirimi amortismanı sebebiyle yapılacak yıllık kesinti ile tahvillerin ihracını 43'te "satış"a eşitlemek (Aslında bu, kendisine 99 milyon dolarlık rüçhan hakklı hisselerin "hasılat"ı üzerinden yaklaşık %15 yıllık faiz bedeli çıkartır.) (b) bu tahvil-indirim bedelini, Sharon hisselerinin 45$ lik ücret bedeli ile 60$ olan defter değeri arasındaki farkı, onda birinin gelirinden gelen alacağın da içinde bulunduğu, hemen hemen eşit bir "kazanç"la dengelemek (Bu, her yıl edinilen varlıkların defter değerini *aşan* kısmı için ödenen rakam

ile gelirde yapılması zorunlu tahakkuk uygulamasına karşılık gelir.) (c) Bu ayarlamadaki güzellik, şirketin yılda yaklaşık 900,000$ veya hisse başına 1$ olmak üzere, bu iki adet yıllık girdiyi, gelir vergilerinden düşmesidir. Tahvil iskonto amortismanı vergilendirilebilir gelirden düşülebilir, "öz kaynağın maliyetleri aşan kısmı" nın amortismanı da vergilendirilebilir gelirlerin arasında yer almak zorunda değildir.

3. Bu muhasebe işlemi hem konsolide gelir hesabında, hem de NVF'nin 1969 konsolide bilanço ve 1968 yılı proforma bilançosuna yansımıştır. Sharon hisse senedi ücretlerinin büyük bir kısmı varantlarla ödenecek şekilde işlem göreceğinden, varantların başlangıç piyasa değerini adi hisse senedi sermaye rakamı olarak göstermek gerekliydi. Böylelikle, bildiğimiz kadarıyla başka hiçbir yerde rastlamadığımız bir şekilde, borçlara bilançoda en az 22 milyon dolarlık azımsanmayacak bir değer tahsis edilmişti (ancak sadece açıklayıcı bir dipnot içinde).

5. Yatırım Aracı Olarak Teknoloji Şirketleri

1971 yılı ortalarında Standard & Poor's hizmetleri içinde, ismi Compu-, Data-, Electro-, Scien-, Techno- ile başlayan yaklaşık 200 şirketten oluşan bir liste vardı. Bunların hemen hemen yarısı, bilgisayar endüstrisinin bir bölümüne aitti. Hepsi piyasada işlem görüyordu, ya da halka hisse arz için başvuru yapmıştı.

Bu tür şirketlerin 46'sı Eylül 1971'de S&P *Security Guide*'ında yer almıştı. Bunlardan 26'sı zarar bildiriyordu, yalnızca 6'sı hisse başına 1$'dan fazla kazanıyordu ve yalnızca 5'i kâr payı ödüyordu.

Aralık 1968 S&P *Security Guide*'ında ise benzer teknolojik isimlerde 45 adet şirket yer almıştı. Bu listenin serisi izlendiğinde, Eylül 1971 Kılavuzu'nda aşağıdaki gelişmeleri görüyoruz:

Toplam Şirketler	*Fiyat Artışı*	*Yarıdan daha az düşen fiyat*	*Yarıdan daha fazla düşen fiyat*	*Hisse Senedi Kılavuzu'ndc çıkarılan*
45	2	8	23	12

YORUM: 1968 yılı *Guide*'da ismi bulunmayan pek çok teknoloji şirketinin finansal rakamlarının daha önce kaydı bulunanlara kıyasla daha kötü olduğu kesindir; ayrıca listeden çıkarılan 12 şirketin kalanlardan daha kötü olduğu da. Bu örneklerde gösterilen üzücü sonuçlar şüphesiz tüm "teknoloji" hisseleri grubunun kalitesinin ve fiyat geçmişinin makul bir göstergesidir. IBM ve diğer birkaç şirketin olağanüstü başarısı, bu teknoloji firmalarını, büyük kayıpların adeta garantili olduğu, yeni halka arz teklifleri yapmaya zorunlu kılmıştır.

Dipnotlar

Giriş. Bu Kitabın Yerine Getirmek İstediği Şey

1. "Mektup Senetleri" ABD Menkul Kıymetler ve Borsa Komisyonu'na (SEC; Securities and Exchange Commission) kayıtlı olmayan senetlerdir; bunlar için alıcı, yatırım amaçlı alım yaptığına dair bir mektup verir.
2. Öncekiler Moody's'in AAA tahvil ve sanayi hisse senetleri için rakamlarıdır.

Bölüm 1. Spekülasyon ve Yatırım Karşı Karşıya: Akıllı Yatırımcı'nın Elde Etmeyi Umduğu Kazançlar

1. Benjamin Graham, David L. Dodd, Sidney Cottle, ve Charles Tatham, McGraw-Hill, 4.baskı, 1962. *Security Analysis*'in 1934 baskısının bir faks kopyası 1996'da yeniden yayılanmıştı (McGraw-Hill).
2. Lawrance Chamberlain tarafından 1931'de yayınlanan *Investment and Speculation*'dan alınmıştır.
3. Federal Rezerv tarafından yapılan bir araştırmada mevcut.
4. 1965 baskısı, s. 8.
5. Burada tipik bir yatırımcı için kâr payına %40 ve sermaye kazançlarına %20 olarak uygulanan üst vergi dilimi varsayılmıştır.

Bölüm 2. Yatırımcı ve Enflasyon

1. Bu, Başkan Nixon'ın "2. Aşama" kontrol sistemlerinin ardından gelen Ağustos 1971'deki ücret-ve-fiyat "dondurma" sından önce yazılmıştır. Bu önemli gelişmeler yukarıdaki görüşleri teyit eder görünmektedir.
2. Standard & Poor's 425 sanayi hisse senedi endeksi üze-

rinden kazanç, varlık değeri üzerinden yaklaşık %11 ½ idi -kısmen DJIA 30 listesindeki senetlerden birisi olmayıp büyük ve karlılığı yüksek IBM'in dahil edilmesi nedeniyle.

3. American Telephone & Telegraph'in 1971 yılında yayınladığı bir çizelge, konut telefon hizmet ücretlerinin 1970 yılında, 1960'tan daha düşük olduğunu gösterir.
4. Ekim 1970'de *Wall Street Journal*'da yer almıştır.

Bölüm 3. Yüzyıllık Borsa Tarihi , 1972 Başlarında Hisse Senedi Fiyatları

1. Kamu hizmetleri ve ulaşım (esas olarak demiryolları) için Standard & Poor's'un ve Dow Jones'un farklı ortalamaları vardır. New York Borsası 1965 yılından başlayarak kayıtlı tüm hisselerinin hareketini temsil eden bir endeks hesaplamıştır.
2. Charles E. Merill Vakfı'nın bağışıyla, Şikago Üniversitesi Menkul Kıymet Fiyatları Araştırma Merkezi tarafından yapılmıştır.
3. Bu, 1971 yılı başlarında DJIA 940 seviyesinde olduğunda yazılmıştı. Genelde Wall Street'te oluşan karşıt görüş, 1975 yılında DJIA için 1520 medyan değere ulaşan ayrıntılı bir incelemede örneklendirilmiştir. 1971 ortalarında söz gelimi, 1200 rakamı, iskonto edilmiş bir değere karşılık gelirdi. Mart 1972'de DJIA, bir ara 798'e düştükten sonra yeniden 940 oldu. Graham yine haklı çıktı. Sözünü ettiği "ayrıntılı inceleme" tüm on-yıl için aşırı iyimserdi: Dow Jones Sanayi Ortalaması 13 Aralık 1985'e kadar 1520'nin üzerinde kapanmadı!

Bölüm 4. Genel Portföy Politikası: Koruyucu (Defansif) Yatırımcı

1. Yeterli güvenliğe sahip vergiden arınmış daha yüksek bir getiri, finansal buluşlar arasında göreceli olarak yeni olan

bazı *Sanayi Gelir Bonoları*'ndan (*Industrial Revenue Bonds*) elde edilebilir. Bu özellikle girişimci yatırımcıların ilgisini çekecektir.

Bölüm 5. Defansif Yatırımcı ve Adi Hisse Senetleri

1. *Practical Formulas for Successful Investing*, Wilfred Funk, Inc., 1953.
2. Yatırım kararları konusundaki güncel matematiksel yaklaşımlarda "risk"i ortalama fiyat değişiklikleri ya da "volatilite" olarak tanımlamak standart bir uygulama haline gelmiştir. Örneğin, bkz. *An Introduction to Risk and Return*, Richard A. Brealey, The M.I.T. Press, 1969. Biz "risk" sözcüğünün bu kullanımının sağlam yatırım kararları açısından -piyasa dalgalanmalarına aşırı vurgu yaptığı için- faydalı olmaktan çok, zararlı olduğunu düşünüyoruz.
3. DJIA'daki 30 şirketin tamamı 1971 yılında bu standardı karşılamaktaydı.

Bölüm 6. Girişimci Yatırımcı için Portföy Politikası: Olumsuz Yaklaşım

1. 1970'de Milwaukee büyük bir zarar açıkladı. Gelir tahvilleri üzerinden faiz ödemelerini askıya aldı ve %5'lik ihraçların fiyatı 10'a düştü.
2. Örneğin, hisse başı birikimler 60$'a ulaştığında, kâr payı ödemeyen, 1937'de 15, 1943'te 27 kadar düşük fiyattan işlem gören 6$'lık Cities Service, başlangıçta tercih edilmişti. 1947'de her bir hisse, %3 getirili teminatsız senetlerle hisse başına196.50$ fiyat ile değiştirilerek tedavülden kaldırılmış ve 186$' a kadar yüksekten satılmıştı.
3. Milli Ekonomik Araştırma Bürosu'nun (National Bureau of Economic Research) yön göstericiliğiyle yürütülen özenli bir istatistiksel çalışma, gerçekten de vakanın bu olduğunu belirtir. Graham, W.Braddock Hickman'in *Corporate Bond Quality and Investor Experience* (Princeton

University Press 1958) kitabına atıfta bulunmaktadır. Hickman'ın kitabı daha sonra Drexel Burnham Lambert'den Michael Milken'e, 1980 sonlarının borçlanılarak şirket satın alma ve saldırgan devralım çılgınlıklarını ateşlemeye yardımcı olmak suretiyle, gerçek kredi derecelendirmeleri düşük şirketlere büyük miktarlarda yüksek getirili finansman sunma konusunda esin kaynağı olmuştur.

4. Standard and Poor's *Stock Guide*'dan alınan buna benzer 41 hisseden oluşan temsili bir örnek, beş tanesinin yüksek fiyatlarının %90 ya da daha fazlasını, 30 tanesinin yarısını ve tüm grubun üçte ikisini kaybettiğini gösterir. *Stock Guide*'da listelenmeyen çoğunluk ise kuşkusuz, bütün olarak çok daha fazla değer kaybetmiştir.

Bölüm 7. Girişimci Yatırımcı İçin Portföy Politikası: Olumlu Yön

1. Bkz. örneğin, her ikisi de 1953'te yayımlanan Lucile Tomlinson, *Practical Formulas for Successful Investing;* ve Sidney Cottle ve W. T. Whitman, *Investment Timing:The Formula Approach.*
2. Sıradan verilere sahip bir şirket, kavram karmaşası yapmadan, salt taraftarılarının ortalamanın üzerinde gelecek beklentileri olduğu için büyüyen şirket ya da "değer artışı sağlayan hisse senedi" olarak adlandırılamaz. Şirket sadece "gelecek vaadeden" bir şirkettir. Graham, üstü kapalı ama çok önemli bir noktaya değinir: Şayet değer artışı sağlayan hisse senedinin tanımı gelecekte zenginleşecek bir şirket ise o zaman bu bir tanım değil sadece bir hayaldir. Sporda sezon sona ermeden bir takımı "şampiyon" ilan etmek gibidir. Hayal bugün de ısrarcı olmaya devam etmektedir; yatırım fonları arasında "büyüyen" portföyler ellerinde tuttuklarını "ortalamanın-üzerinde büyüme potansiyeli olan" ya da "kazanç artışında olumlu beklentileri olan" şirketler olarak tanımlarlar. Hisse başı net kazançları arka arkaya beş yılda yıllık ortalamada en an %15 artan şirket-

ler daha iyi bir tanım olabilir.(Geçmişte bu tanıma uygun olması, şirketin gelecekte de bu tanıma uyacağı anlamına gelmez.)

3. Bkz. Tablo 7-1.
4. Wall Street'te bu tür satışları öneren asırlık iki ünlü söz vardır: "Hiçbir ağaç cennete kadar büyümez" ve "Bir boğa (yükselme tahminiyle borsada hisse alan) para kazanabilir, bir ayı (düşme tahminiyle borsada hisse satan) para kazanabilir ama açgözlü domuz asla para kazanamaz."
5. Mevcut iki çalışma bulunmaktadır. Birincisi öğrencilerimizden H.G. Schneider'in 1917-1950 yıllarını kapsayan ve Haziran 1951'de *Journal of Finance*'te yayınlanan çalışması. İkincisi, New York Borsası üyesi Drexel Firestone'un 1933-1969 yıllarını kapsayan çalışması. Buradaki veriler onların izniyle alınmıştır.
6. 1971'de mevcut özel durumlara ilişkin üç örnek için bkz. s. 430-432.

Bölüm 8. Yatırımcı ve Piyasa Dalgalanmaları

1. 1. Belki de, makul bir fiyat seviyesinde başlamış olan ortalama dolar maliyeti planları hariç.
2. 2. Fakat Dow teorisi uzmanı Robert M. Ross'a göre Aralık 1966 ve Aralık 1970'de görülen son iki alım sinyali daha önceki satış noktalarının oldukça altındaydı.
3. 3. Tahvil ve imtiyazlı hisse senetlerinin en yüksek üç derecelendirmesi Moody's'in kullandığı Aaa, Aa ve A ile Standard and Poor's'un kullandığı AAA, AA ve A idi. D'ye kadar inen başka derecelendirmeler de vardır.
4. 4. Bu görüş şimdiden Avrupa'da bir ölçüde -örneğin, devlete ait İtalyan elektrik enerjisi işletmesi 1980 vadeli "garantili, değişken faizli borç senetlerinde- benimsenmiştir. Haziran 1971'de New York'ta takip eden altı ay için ödenecek yıllık faiz oranının %8 $^{1/8}$olduğunu ilan etmişti.
Bu tür esnek bir başka düzenleme Toronto Dominion Bank'ın Haziran 1971'de satışa sunulan 1991 vadeli "%7

- %8 teminatsız senetleri"nde görülmüştür. Tahviller, Haziran 1976'da %7 ve sonrasında %8 faiz ödemiş ancak tahvil yatırımcıları Temmuz 1976'da anaparalarını geri alma seçeneğine sahip olmuşlardır.

Bölüm 9. Yatırım Fonlarına Yatırım Yapmak

1. Satış bedeli genel olarak, satış fiyatının net aktif değere uygulanırsa daha düşük görünmesini sağlayan bedeli içeren yüzdesi olarak ifade edilir. Biz bunu bu saygın sanayinin yakışıksız bir satış hilesi olarak değerlendiriyoruz.
2. *The Money Managers*, G.E.Kaplan ve C.Welles, Random House, 1969.
3. "Mektup senetleri" tanımı için bkz. Dipnot Giriş1.
4. İlk olarak 1852'de yayınlanan kitabın adı. Eser "Güney Denizi Balonu", lale çılgınlığı ve geçmişin diğer spekülatif aşırılıklarını açıklamaktaydı. Bu kitap 1932'de belki de yakın zamanların devamlılık gösteren tek başarılı spekülatörü Bernard M. Baruch tarafından yeniden basılmıştır. *Yorum:* Bu ahırın kapısını at kaybolduktan sonra kitlitlemekti. Charles Mackay'in *Extraordinary Popular Delusions and the Madness of Crowds* (Metro Books, New York, 2002) ilk olarak 1941'de yayınlanmıştı. Bu kitap çok sayıda insanın son derece saçma şeylere -örneğin, demirin altına dönüştürülebileceğine, kötü ruhların genelde Cuma akşamları ortaya çıktığına ve borsada çabucak zengin olmanın mümkün olduğuna- sıklıklıkla inanabildiğini gösteren, okunması çok kolay olmayan ve her zaman kesin doğruları da göstermeyen bir kitaptı. Daha gerçekçi bir açıklama için Edward Chancellor'un *Devil Take the Hindmost*'una başvurun (Farrar, Straus & Giroux, New York, 1999); daha hafif bir ele alış için Robert Menschel'in *Markets, Mobs, and Mayhem: A Modern Look at the Madness of Crowds*'ı (John Wiley & Sons, New York, 2002) deneyin.

Bölüm 10. Yatırımcı ve Danışmanları

1. İncelemeler, Finansal Analistler Federasyonu'nun bir kolu olan Sözleşmeli Finansal Analistler Kurumu tarafından verilmiştir. Finansal Analistler Federasyonu şu an 50.000' den fazla üyesi olan kurucu dernekleri kucaklamaktadır.
2. New York borsası bu tehlikeyi asgariye indirmek için bazı çarpıcı değerlendirme kuralları ("saç traşı" diye bilinen) getirmiştir, fakat bunların yeterince işe yaramadığı açıktır.
3. Şimdi yeni halka arzlar sadece Borsa Komisyonu'nun kurallarına bağlı olarak hazırlanan izahname aracılığı ile yapılabilir. Bu belge, ihraca ve ihraç edene ilişkin geçerli tüm olguları göstermeli ve *sağduyulu yatırımcıyı* kendisine sunulan hisse senedinin kesin niteliği konusunda bilgilendirmede tamamen yeterli olmalıdır. Fakat, gerekli verilerin bolluğu yüzünden çoğu zaman izahname engelleyici bir uzunluktadır. Genelde yeni hise senedi alan *bireylerin* ancak küçük bir yüzdesinin izahnameyi baştan sona okuduğu kabul edilir. Bu nedenle bireyler hâlâ kendi kararlarına değil, onlara hisse senedini satan şirketin ya da tekil satıcıların veya müşteri temsilcisinin tavsiyelerine dayanarak davranmaktadırlar.

BÖLÜM 11. Sıradan Yatırımcı için Menkul Değer Analizi: Genel Yaklaşım

1. Benjamin Graham, David L. Dodd, Sidney Cottle ve Charles Tatham (McGraw-Hill, 4th ed.,1962) tarafından yazılan *Security Analysis* adlı ders kitabımız ilk olarak 1934'te seçilen adını muhafaza ediyor ancak daha çok finansal analizi kapsar.
2. Charles McGolrick, Harper & Row, 1964, ve Harper Business tarafından 1998'de yeniden yayınlanmıştır.

3. Bu rakamlar büyük bir New York tahvil firması olan Salomon Bros.'tan alınmıştır.
4. En azından hisse senedi analistleri ve yatırımcıların oluşturduğu büyük topluluk tarafından değil. Hangi şirketlerin yoğun olarak incelenmeyi hak ettiklerini önceden söyleyebilen, bu imkân ve kapasiteye sahip sıra dışı analistlerin bu işteki başarısı devamlı olabilir. Bu tür bir yaklaşımın ayrıntıları için bkz. Philip Fisher, *Common Stocks and Uncommon Profits*, Harper & Row, 1960.
5. Burada çarpanlarla beklenen büyümeyi ilişkilendiren bir formül ortaya koyduk.
6. Chrysler'in fiyatındaki patlamanın bir kısmı sadece 1963 yılında gerçekleşen ikiye bir hisse senedi bölünmesi -büyük bir şirket için beklenmeyen bir olgu- tarafından esinlenmiştir. 1980 yılı başlarında Lee Iacocca'nın yönetimindeki Chrysler, üç kez üst üste iflasın eşiğinden dönüp Amerika'nın en başarılı hisse senetlerinden biri haline geldi. Fakat şirketleri yeniden güçlendirecek yöneticileri belirlemek göründüğü kadar kolay değil. Al Dunlap, Scott Paper Co.'yu yeniden yapılandırdıktan (ve hisse senetlerini 18 ayda %225 arttırdıktan) sonra 1996'da Sunbeam Corp.'un yönetimini üstlendiğinde Wall Street onu neredeyse İsa'nın ikinci gelişi gibi selamladı. Dunlap sonunda, hesaplarda yolsuzluk yapan ve Sunbeam'in yatırımcılarını -onu işe alan yöneticiler Michael Price ve Michael Steinhardt'ın saygın kazançları dahil- yanlış yönlendirmek için uydurma bilanço düzenleyen bir dolandırıcı olup çıktı. Dunlap'in meslek hayatının harika bir analizi için bkz. John A. Byrne, *Chainsaw* (HarperCollins, New York, 1999).
7. Değer artışı kaydeden hisse senedinin "gerçek değer"ini veren bir formül önermediğimize, bu formülün sadece, şimdilerde moda olan daha ayrıntılı hesaplamaların sonuçlarını yaklaşık olarak değerlendirdiğine dikkat ediniz.

Bölüm 12. Hisse Başına Düşen Kazançla ilgili Dikkate Alınması Gerekli Unsurlar

1. Varant seyreltmesini ele alan yöntem önerimiz aşağıda tartışılmıştır. Varantların piyasa değerini, bir bütün olarak, adi hisse senetlerinin cari piyasa fiyatı şeklinde değerlendirmeyi tercih ediyoruz.

Bölüm 13. Borsada İşlem Gören Dört Şirketin Karşılaştırılması

1. Emery Mart 1972'de 1971 kazançlarının 64 katından satılmıştı!

Bölüm 14. Defansif Yatırımcı için Hisse Senedi Seçimi

1. Yıllar boyunca çok sayıda hisse senedi bölünmesi vb. nedenlerle, DJIA listesinin gerçek ortalama fiyatı 1972 yılı başlarında hisse başına yaklaşık 53$'dı.
2. 1960'ta 29 sanayi şirketinden sadece 2 tanesi cari aktiflerini, cari pasiflerinin iki katına eşitlemeyi başaramadı ve sadece iki tanesi net cari aktiflerinin, borçlarını geçmesini sağlayamadı. Aralık 1970'e gelindiğinde bu sayı her kategoride ikiden onikiye çıkmıştı.
3. Ancak onların birleşik piyasa faaliyetinin Aralık 1970'ten, 1971 yılı başlarına kadar DJIA'nınkinden daha zayıf olduğuna dikkat ediniz. Bu bir kez daha, hiçbir sistem ya da formülün üstün piyasa sonuçlarını garanti etmediğini göstermektedir. Koşullarımız sadece portföy-alıcısının anaparasının değerini korumasını "garantiler".
4. Sonuç olarak gaz boru hattı hisse senetlerinin çoğunu bu işletmeler aşırı ölçüde tahvil sahibi olduklarından dışarıda tutmalıyız. Bunun gerekçesi tahvil ödemelerini "garanti" eden alım kontratlarının altta yatan yapısıdır; ama buradaki değerlendirmeler defansif yatırımcının ihtiyaçları açısından fazla karmaşık olabilir.

Bölüm 15. Girişimci Yatırımcı için Hisse senedi Seçimi

1. *Mutual Funds and Other Institutional Investors: A New Perspective,* I. Friend, M. Blume, and J. Crockett, McGraw-Hill, 1970. İncelediğimiz fonların çoğunun 1966-1970 sonuçlarının Standard & Poor's 500 hisse seneti bileşiğinden biraz ve DJIA'den epey iyi olduğunu eklemeliyiz.
2. Kişisel not: Özel olarak bu şirketteki borsa pirotekniklerinden yıllar önce, Graham onun yıllık 3000$'lık cömert bir aylıkla "finansal başkan-yardımcısı" idi. Şirket gerçekten havai fişek işindeydi. 1929 yılı başında ulusun en büyük havai fişek üreticisi olan Unexcelled Manufacturing Co.'nun finansal başkan yardımcısı Graham oldu. Unexcelled daha sonra farklı alanlara yönelerek bir kimya şirketi haline gelmişti ve artık bağımsız olarak varlığını sürdürmemektedir.
3. *Guide,* 99'dan büyük çarpanları göstermemektedir. Bunların çoğu sıfır noktasının az üzerindeki kazançlardan kaynaklanan matematiksel tuhaflıklardır.

Bölüm 16. Konvertibl Menkul Kıymetler ve Varantlar

1. Bu konu Ford Motor Finance Co.'nun Kasım 1971'de eşzamanlı olarak sunduğu iki ayrı ihraç ile çok güzel gösterilebilir. Bunlardan biri %7 ½ getiri sağlayan 20-yıl konvertibl olmayan tahvildi. Diğeri ise talep sırasıyla birinciye bağlı sadece %4 ½ getiri sağlayan 25-yıl tahviliydi; ama a sıradaki 68 ½ fiyatına karşılık, Ford Motor hisse senedine konvertibl yapılmıştı. Değişim ayrıcalığını elde etmek için alıcı gelirin %40'ından vazgeçti ve ikinci dereceden alacaklı pozisyonunu kabul etti.
2. 1971 yılı sonunda Studebaker-Worthington adi hisse senedinin 38$'e kadar düştüğünü oysa bu sırada 5$'lık imtiyazlı hisse senedinin 77'den satıldığına dikkat ediniz. Spread (iki fiyat arasındaki fark-çn) yıl içinde 2 den 20 puana yükselerek bir defa daha bu tür makasların istenir

olduğunu ve borsanın matematiğe aldırmama eğiliminde olduğunu göstermiştir. (Bu arada imtiyazlı hisse senedinin adi hisse senedi üzerindeki ufak primi, Aralık 1970'de daha yüksek kâr payı dağıtılarak giderilmiştir.)

Bölüm 17. En Uç Noktadaki Dört Olayın Öyküsü

1. Bkz. örneğin, Dr. A. J. Briloff tarafından yazılan "Six Flags at Half Mast" (Yarıya çekilmiş altı bayrak) başlıklı makale, *Barron's*, 11 Ocak 1971.

Bölüm 18. Sekiz Çift Şirketin Karşılaştırması

1. Okuyucu yukarıda, AAA İşletmesi'nin bu işe girmeye çalıştığını, fakat çabucak başarısız olduğunu hatırlayacaktır. Burada Graham paradoksal bir gözlem yapmaktadır: Şirket ne kadar çok para kazanırsa, yüksek getirisi kolay para kazanıldığını açıkça işaret ettiği için, yeni bir rekabetle yüzyüze kalma ihtimali o kadar artar. Bu yeni rekabet de daha düşük fiyatlara ve daha küçük kârlara yol açacaktır. En hayati nokta, erken kazananların avantajlarını sonsuza kadar koruyacaklarına inanan aşırı heyecanlı internet hisse senedi alıcıları tarafından gözden kaçırılmıştır.

Bölüm 19. Hissedarlar ve Yönetim: Temettü Politikası

1. Analitik çalışmalar tipik bir vakada, kâr payı olarak ödenen bir doların piyasa fiyatı üzerindeki olumlu etkisinin, bir dolar dağıtılmamış kazancın dört katı olduğunu göstermiştir. Bu konu, 1950 öncesi pek çok yıl için kamu-hizmetleri grubu tarafından çok güzel gösterilmiştir. Düşük kâr payı veren hisse senetleri düşük kazanç çarpanlarında satılmıştı ve kâr payları daha sonra arttığı için özellikle çekici alımlar oldular. 1950'den itibaren kâr payı oranları sanayi için çok daha tekdüze olmuştur.

Bölüm 20. Yatırımın Temel kavramı olarak "Güvenlik Marjı"

1. Bu argüman Paul Hallingby Jr. tarafından "Speculative Opportunities in Stock-Purchase Warrants," *Analysts' Journal,*'1947 üçüncü üç aylık sayıda savunulmuştur.

Sonsöz

1. Ortaklar, satın alma fiyatının aktif değerle %100 karşılanacağının garantisini istedikleri için hakikat, anlaşmanın neredeyse başarısız olmasının kabulunu gerektirir. Piyasada oluşacak gelecekteki 300 milyon dolar ya da daha fazla bir kazanç, sözgelimi 50 bin dolarlık bir muhabese öğesini harekete geçirir. Acemi şansıyla, israr ettiklerini elde etmişlerdir.

Ekler

1. Benjamin Graham'ın Finansal Analistler Topluluğu Milli Federasyonu'nun Mayıs 1958'deki Yıllık Toplantısı'ndaki konuşması.

Jason Zweig'ın Teşekkürü

Graham'ın çalışmalarını güncellemem için yardım elini uzatanlara yürekten teşekkür ederim. Bunlar: Vizyonu ve ışıltılı enerjisiyle projeyi gün yüzüne çıkartan HarperCollins'ten Edwin Tan; heyecanlı, sabırlı ve koşulsuz destekleriyle bu uğraşı kutsayan, *Money* dergisinden Robert Safian, Denise Martin ve Eric Gelman; edebî temsilcim eşsiz John W. Wright; ve *Money*'den yorulmak bilmeyen Tara Kalwarski. Harika fikirler ve hassas okumalar Theodore Aronson, Kevin Johnson, Marths Ortiz ve Aronson + Johnson + Ortiz, L.P.'nin çalışanlarından geldi; Peter L. Bernstein Inc. başkanı Peter L. Bernstein; Etkinlik Sınır Danışmanları'ndan William Bernstein; the Vanguard Group'tan kurucu John C. Bogle; Greenwich Associates kurucu ortağı Charles D. Ellis; ve Ford Foundation yatırım politikası araştırma müdürü Laurence B. Siegel. Ayrıca aşağıdaki kişilere de minnettarım: Warren Buffet; Nina Munk; Time Inc. Business Information Research Center'ın yorulmak bilmez çalışanlarına; Fridson-Vision LLC'nin icra kurulu başkanı Martin Fridson'a; Center for Financial Research & Analysis başkanı Howard Schilit'e; *Inside Information* editör ve yayıncısı Robert N. Veres'e; Loomis Sayles & Co.'dan Daniel J. Fuss'a; Advent Capital Management'tan F. Barry Nelson'a; American Financial History Müzesi çalışanlarına; the Vanguard Group'tan Brian Mattes ve Gus Sauter'a; RIA Thomson'dan James Seidel'a; Lipper Inc.'dan Camilla Altamura ve Sean McLaughlin'e; Ibbotson Associates'tan Alexa Auerbach'a; Morningstar'dan Anetta Larson'a; New York Federal Reserve Bank'tan Jason Bram'e; ve adını vermek istemeyen bir fon yöneticisine. Hepsinden çok, aylar süren gece gündüz çalışmamın yükünü göğüsleyen karıma ve kızlarıma teşekkür ederim. Sadık sevgi ve tahammülleri olmasa hiçbir şey mümkün olmazdı.

İndeks